KB176871

제2판

인사관리경제학

Edward P. Lazear, Michael Gibbs 지음 | 박재민, 고상원, 김윤식, 이우성, 배성오, 전주용, 김선우 옮김

WILEY   **Σ시그마프레스**

인사관리경제학, 제2판

발행일 | 2015년 4월 10일 1쇄 발행

저자 | Edward P. Lazear, Michael Gibbs
역자 | 박재민, 고상원, 김윤식, 이우성, 배성오, 전주용, 김선우
발행인 | 강학경
발행처 | (주)시그마프레스
디자인 | 이미수
편 집 | 이지선

등록번호 | 제10-2642호
주소 | 서울특별시 영등포구 양평로 22길 21 선유도코오롱디지털타워 A401~403호
전자우편 | sigma@spress.co.kr
홈페이지 | http://www.sigmapress.co.kr
전화 | (02)323-4845, (02)2062-5184~8
팩스 | (02)323-4197

ISBN | 978-89-6866-234-8

PERSONNEL ECONOMICS IN PRACTICE, 2nd Edition

＊ 책값은 뒤표지에 있습니다.

이 도서의 국립중앙도서관 출판예정도서목록(CIP)은 서지정보유통지원시스템 홈페이지 (http://seoji.nl.go.kr)와 국가자료공동목록시스템(http://www.nl.go.kr/kolisnet)에서 이용하실 수 있습니다.(CIP제어번호: CIP2015009126)

˙역˙자˙서˙문˙

이 책은 스탠포드대학교 경영대학원 교수인 Edward Lazear 교수와 시카고대학교 경영대학원의 Michael Gibbs 교수의 Personnel Economics in Practice(제2판)를 완역한 것입니다. 이 책은 1998년 Personnel Economics for Managers로 첫 출간된 이래 혁신기업의 관리자를 위한 지침서로 폭넓게 사용되어 왔습니다. 특히 저자들은 인적자원관리 분야의 세계적 석학들이면서 동시에 경제학적 사고와 분석 모형을 기업이 직면한 인재 및 조직관리 문제에 접목한 인사경제학의 창시자들이기도 합니다. 역자들은 이 책에서 채용기준, 리크루팅, 숙련, 이직, 직무와 조직 구조의 설계, 인센티브, 성과평가와 보상, 복리후생제도 그리고 더 나아가 직원들에 대한 기업가 정신과 사내기업가 정신 문제 그리고 기업과 직원의 관계적 가치를 어떻게 다루어야 하는지와 같은 현실에서 당신이 관리자로서 직면하게 되는 다양하고도 중요한 여러 주제들을 다루고 있습니다. 특히 저자는 이들 문제에 대해 그 나름의 체계화된 이론과 현실에 기초한 사례를 제공함으로써 독자에게 이해와 통찰력을 선사하고 있습니다. 이 책이 독자들이 효과적인 관리자가 되는 데 좋은 준비서가 될 것으로 기대합니다.

더불어 이 책의 번역과 초고의 감수 과정에 참여해 준 여러 동료와 대학원생들에게 모든 역자들과 함께 감사를 전합니다. 특히 조현주 전 KEI 연구원, 건국대학교의 조형례, 이정수, 강승규 연구원 등과 여러 대학의 대학원생들의 참여가 큰 도움이 되었음을 밝힙니다. 더불어 이 책의 출간에 필요했던 긴 시간 동안 지원을 아끼지 않았던 (주)시그마프레스와 계약과 편집, 디자인과 출판 과정에 참여한 모든 임직원들께 특별한 감사를 전합니다.

역자 대표
건국대학교 박재민

˙저˙자˙서˙문˙

●●● 이 책에서는 어떠한 내용을 다루고 있는가

기업조직의 구성과 다양한 경제행위는 결국 사람에 의해 행해지는 것이다. 이는 곧 개개인의 일에 대한 동기와 의사결정 및 행동양식 등이 종합되어 만들어진 결과물이라고 할 수 있다. 개인의 행동은 기술혁신과 경제성장, 더 많은 일자리 그리고 더 나은 제품을 창출하는 것을 목표로 서로 결합된다. 이러한 모든 과정이 현대의 경제 체제와 기업 구조를 창조하는 기적을 만들어낸 원동력이며 이것이 곧 이 책에서 다루고 있는 주제라고 할 수 있다.*

기업이 스스로를 조직하고 직원을 관리하는 방법에 대한 이해와 그 중요성은 과소평가해서는 안된다. 대기업의 경우 모든 비용의 약 4분의 3 정도가 인적자원과 관련된 비용일 정도이다. 유사하게 전 세계 부의 약 70%는 물질적 또는 금융자본이 아닌 기술과 개인의 지식과 같은 인적자본의 형태로 존재한다. 경제는 기업가와 직원의 창의성과 동기부여를 통해 성장하고 변화한다. 현대 많은 기업의 전략은 명시적으로 인적자원에서 비롯된 것들로 고객 맞춤화, 서비스, 혁신을 강조하고 있다.

조직과 경영관리는 독자 개인에게도 중요한 이슈가 될 수 있다. 본문에서 논의된 주제들은 개인의 경력이 쌓임에 따라 점차 그 중요성이 증가할 것이다. 처음에 사람들은 자신만의 전문 분야에 집중하게 된다. 하지만 경력이 쌓임에 따라 개인의 업무는 점차 다른 사람을 관리 감독하는 데 치우치게 된다. 따라서 여러 사람의 업무를 조정하는 일반 관리자의 관점이 점차 필수적

---

* 표지의 노안은 M.C.Escher(1955)의 유명한 석판화인 'Concave and Convex'에서 온 것이다. 그림에서 사람의 형상은 오목하거나 볼록한 표면을 따라 움직이는데, 그 모양은 관찰자가 그림을 계속 보고 있으면 변하게 된다. 인사관리경제학이 포함되어 있는 미시경제학 분야는 종종 인간의 행동을 모델링하기 위해 수학적으로 볼록힘수들을 사용한다. Escher가 의도하지 않았지만, 그의 작품은 미시경제학을 잘 비유하고 있다.

이게 된다. 나아가 경력이 더 쌓여 갈수록, 조직 구조를 세우고 전체 조직을 관리할 수 있는 능력이 더 중요해진다. 그럴수록 기업조직과 기업의 목표, 기업의 주변 환경이 어떻게 연관되는지 기업의 전략적인 개요를 이해해야 한다.

정밀하고 구조화된 프레임워크는 관리자들이 경력 발전단계에 따라 직면하게 될 이슈들을 분석하고 대응하는 데 도움을 준다. 오랜 경험에서 비롯한 직감과 상식, 지혜도 물론 문제를 해결하는 데 매우 유용할 수 있다. 그러나 이슈에 대한 깊은 이해와 함께 이면에 숨겨진 관계에 대한 이해가 합쳐질 때, 더 효과적인 판단과 결정을 내릴 수 있다. 따라서 이 책에서는 조직 설계 및 직원 관리를 이해하기 위한 정밀한 프레임워크를 독자들에게 제공하는 것을 목적으로 한다.

조직 및 인적자원에 관한 연구가 항상 정밀하게 진행되지는 않았지만, 연구는 계속 발전하고 변화해 왔다. 특히 경제학은 이 분야 연구에 정밀성과 구조적인 설명을 제공하고, 여러 중요한 문제를 입증하면서 강력한 접근방법으로 활용되어 왔다. 조직과 인적자원에 관한 경제학의 연구 분야는 인사경제학(Personnel Economics)이라고 하며, 이 분야 초기연구의 대부분은 Edward Lazear에 의해 이루어졌다. 그리고 이 책의 제2판은 Lazear의 *Personnel Economics for Managers* (1998)를 기반으로 작성하였다.

인적자원 및 일반관리 주제에 경제학을 적용하는 것이 다소 이상해 보일 수도 있지만, 사실이는 합리적인 문제 접근방법이다. 경제학은 인간 활동의 많은 분야에 적용되었으며 사회과학 여러 분야에 엄청난 영향을 미친 방법론이다. 경제학적 방법론은 매우 유연하여 인간 행동에 관련된 많은 문제에 적용될 수 있다. 따라서 경제학의 일관성 있는 프레임워크를 적용함으로써 우리는 조직 설계 연구를 위한 유용한 프레임워크를 개발할 수 있다.

경제학적 접근방법이란 무엇인가

경제학에서는 인간행동의 동인으로 두 가지 요소를 설명한다. 하나는 순수 심리학 또는 선호에 관한 것이다. 개인의 선호와 이의 형성과 진화를 이해하는 것은 고전 심리학의 영역이다. 두 번째는 사람들이 자신의 목표를 달성하기 위해 행동하고 있는 주변 환경에 관한 것으로, 이는 경제학의 영역이다. 경제학에서는 예산, 가격, 제약조건, 정보 및 인센티브에 초점을 맞추고 있다. 직원의 동료, 관리자, 고객 등의 요소 역시 직원의 행동에 중요한 동인이 되기 때문에 경제학은 사회적 상호작용 또한 고려 대상으로 포함하고 있다.

개인의 선호와 환경 사이의 구별은 심리학에서도 다루고 있다. 경제학과 마찬가지로 사회심리학의 세부 분야에서는 개인 행동에 대한 환경의 영향에 초점을 맞추고 있다. 하지만 사회심리학 및 인사경제학 분야는 다소 다른 관점을 가지고 있다.

경제학은 개인의 경제행동에 대한 환경의 영향에 초점을 두기 때문에 일반적으로 개별 직원의 선호에 대한 대략적인 가정으로부터 논의를 시작한다. 이는 생각보다 더 나은 방향을 제시하기도 한다. 더 추상적이고 일반적인 모델일수록 더 넓은 분야에 적용할 수 있기 때문이다. 일반적으로 경제학에서는 직원들이 보수를 극대화하려 한다고 가정한다. 여기서 보수는 단순한 보상뿐만 아니라 복지혜택, 작업시설, 작업환경, 그리고 직원들이 가치를 느끼는 회사가 제공하는 다른 모든 것들을 포함한다. 따라서 성과에 대한 보수는 현금지급뿐만 아니라 어떻게 이들에게 동기부여를 하는지에도 관련이 있다.

경제학적 접근법의 핵심은 정보, 자원, 제약조건, 의사결정 및 인센티브와 같은 환경적 변수들이 결과에 어떻게 영향을 미치는지에 관한 것이다. 그리고 이러한 점들이 이 책에서 분석하고자 하는 이슈들이다. 대부분의 분석 결과는 편익과 비용 사이에 균형점을 찾아야 하는 하나 이상의 트레이드오프 관계로 나타난다.

이러한 접근방법은 두 가지 측면에서 가치가 있다. 첫째, 이 책에서 사용되는 경제학적 도구는 다양한 문제를 분석하는 데 사용된다. 따라서 우리가 이 책에서 다루는 주제에 대한 보다 구조화된 접근 방식을 제공할 수 있다. 책의 마지막에서 우리는 전체 조직 설계에 대한 프레임워크도 개발할 것이다.

둘째, 경제학적 접근법은 관리자가 통제 권한을 갖는 변수들에 중점을 두고 있다. 이 책에서 분석하는 주요 요인들은 정보와 의사결정 및 인센티브 등으로, 이는 관리자가 더 나은 조직을 설계하는 데 있어 가장 잘 활용할 수 있는 요소들이다. 조직을 움직이는 데 있어 성과에 대한 인센티브를 변경하는 것은 직원들의 심리를 바꾸는 것보다 훨씬 쉽게 활용될 수 있다.

앞서 경제학과 사회심리학은 비슷한 주제에 대해 서로 다른 관점으로 분석하고 있음을 밝혔다(조직사회학 역시 이 그룹에 추가될 수 있다). 이 책에서 다루고 있는 다양한 이슈들에 대해 경제, 사회, 심리 분야의 학자들 사이에 매우 경쟁적이고 협력적인 건강한 대화의 장이 지금껏 만들어져 왔다. 인사경제학이라는 새로운 분야는 이러한 대화로부터 발전한 것이다. 인사경제학은 노동경제학의 세부 분야(노동시장에 관한 연구)에서부터 시작되었다. 이후 정보경제학의 새로운 통찰을 통합하여 기업 내부 직원 관리에 대해 연구로 발전하게 된 것이다. 인사경제학은 시간이 지남에 따라 더 세련되고 성공적으로 발전하여, 사회심리학 및 조직사회학의 논리와 통찰력, 증거 및 주제들을 통합하기 시작하였다(동시에 인사경제학은 다시 각 분야의 연구가 발전, 진화하는 요인이 되었다고도 할 수 있다). 따라서 이 책에서 등장하는 설명들이 주로 경제학적 접근방식과 논리로 이루어져 있다 할지라도, 이는 경영 관련 이슈를 다룬 서로 다른 사회과학 분야 간의 논의와 통합의 결과물로서 받아들이는 것이 더 적절할 것이다.

물론, 이 책이 이 분야 연구의 시작과 끝 모두를 담고 있다고 할 수는 없다. 인적자원 관리를 완전히 이해하기 위해서는 심리학에 대한 연구와 이해 또한 필요하다. 이 책이 조직 설계에 대한 완성된 결론을 제시하지는 않는다. 오히려 이 책은 보다 전통적인 접근법에 대한 보완적인 역할을 하고, 동시에 대부분의 학생 및 관리자를 위한 새로운 접근법을 제시할 것이다.

이 책의 독자는 누구인가

이 책은 여러 독자들을 대상으로 하고 있다. 대학교 학부 학생들은 이 책을 공부함으로써 전통적인 노동경제학 과정에서 다루는 내용보다 더 많은 것을 배울 수 있을 것이다. 학생들은 인센티브 이론과 같은 미시경제학의 아이디어를 학습하고 적용해 보는 것뿐만 아니라 향후 자신의 경력에 도움이 될 수 있는 여러 원칙들을 배울 수 있다.

비록 책의 내용이 인사정책과 조직 설계에 초점을 두고는 있지만, 이 책은 인적자원관리 분야의 전문가들을 위해 쓰여진 것은 아니다. 일반적으로 전문가를 위한 책들은 연금제도의 설계 및 성능평가 양식 등과 같이 인사정책을 구현하는 방법과 자세한 검사방법 등에 중점을 두고 있다. 그럼에도 불구하고 이 책은 인적자원 정책 관련 전략과 분석에 대한 개요를 제공하고 있기 때문에 인적자원관리 분야 전문가들에게도 상당한 도움이 될 것이다. 책에서 다루고 있는 전략과 분석에 대한 기본적인 개념들은 전문적이고 세부적인 사항에 필요한 폭넓은 관점을 제공해 줄 수 있을 것이다.

이 책의 두 저자 모두 MBA 학생들을 가르치고 있기 때문에 이 책은 자연스럽게 MBA 과정과 MBA 학생의 관점에 맞추어 작성되었다. 이 책은 조직 전체의 설계뿐만 아니라 특정 인적자원 정책에 대해 생각하는 방식을 제공한다. MBA 과정 학생들은 향후 컨설턴트 및 일반관리자 또는 스스로 조직을 운영하는 직책을 맡게 되는 경향이 있기 때문에, 이 책에서 다루는 문제들과 이에 대한 접근방식은 MBA 학생들에게 매우 적합할 것이다. Executive MBA 학생들에게도 이 책은 유용하게 활용될 수 있다. 그들이 얻은 경험과 상식을 이 책을 통해 훨씬 더 강력하고 효과적으로 활용할 수 있도록 도와줄 것이다.

이 책의 개요

이 책은 세 가지 핵심적인 섹션에 이어서 응용 및 요약, 토론의 짧은 섹션으로 구성되어 있다. 처음 몇 장의 내용은 주제가 협소해 보일 수도 있지만, 이는 학습목표에 따라 의도적으로 구성된 것이다. 정밀한 접근법을 개발하기 위해서는 각각의 아이디어를 주의 깊게 다루어 단순화시키고 구조화할 필요가 있기 때문이다. 진도가 진행됨에 따라 보다 정교한 관점이 개발될 것이다. 장에서 장으로, 그리고 섹션에서 섹션으로 진도가 진행되면서 정밀한 접근법과 분석도구가 누적되어 발전해 나갈 것이며, 그 결과 인력 및 조직 설계에 관한 통합적인 모델이 구축될 것이다. 다음은 각 장에 관한 간략한 개요이다.

제1부, 분류 및 직원에 대한 투자

제1부에서는 직원들을 다소 기계적으로 다루고 있다. 즉, 생산을 위해 필요한 투입요소나 여타 자산들과 같이 직원들 역시 임대 또는 관리할 수 있는 하나의 투입요소로 다루어진다. 이 부분

에서 직원은 두 가지 중요한 특징을 갖는다. 한 가지 특징은 직원들의 본래 타고난 능력이며, 나머지 하나는 그들이 학교 또는 직장에서 배우고 쌓아온 기술이다. 직원의 타고난 능력에 대해 중요하게 다루어야 할 이슈는 그들을 적합한 기업과 일자리로 **분류**하는 것이다. 반면 직원들을 학습시켜 생산성을 향상시키는 문제와 관련된 주요 이슈는 직원들에 적절하게 **투자**하는 것이다.

이 부분에서는 직원 경력 전반에 걸친 파이프라인에 중점을 두고 있다. 이는 직원 선발에서 부터 그들이 자신들의 능력을 발전시킬 수 있도록 투자하는 과정 그리고 직원들의 이직을 관리하는 것까지의 전 과정을 포함한다. 처음 두 장은 회사에서 직원을 고용하는 것과 관련된 문제를 다루고 있다. 제1장에서는 간략하게 기업이 자사의 고용기준(그들이 고용하고자 하는 인력의 수준)을 정하는 방법에 대해 다루고 있다. 제2장에서도 고용에 관한 논의를 이어가며, 회사가 고용에 투자하는 자원의 정도와 고용의 효과를 향상시키는 고용 구조에 대해 중점적으로 다룬다.

제3장은 조직에 갓 합류한 신입직원들을 어떻게 다루어야 하는지에 대해 담고 있다. 이 장에서는 직원의 재직훈련에 대한 투자를 분석하는 프레임워크를 제공한다. 또한 직원과 회사 사이의 복잡한 경제적 관계에 관한 이슈에 대해 토론한다. 해당 이슈는 이 책의 전반에 걸쳐 논의될 것이며, 책의 마지막 부분에서 다시 논의될 것이다.

제4장에서는 처음 3개 장에서 소개한 경제적 도구를 적용해 본다. 이 도구는 기업이 직원의 이직률을 효율적으로 관리하는 방법을 이해하는 데 도움을 준다. 이 장에서는 간단한 경제적 도구가 폭넓게 응용되는 방법을 보여준다.

제2부, 조직 및 직무 설계

책의 진도가 진행됨에 따라 직원 관리에 관한 모델은 더욱더 정교화된다. 제2부에서는 직원이 직장에서 실제로 무엇을 하는지를 고려한다. 제5장에서는 의사결정의 트레이드오프 관계를 분석하는 것으로 시작하여 분권화와 집중화에 대한 이슈를 논의할 것이다. 이 논의는 다음과 같은 아이디어를 활용하고 있다. 즉, 기업 조직 내에서도 외부 경제 시스템과 동일한 방식으로 문제를 해결하고 있는지를 살펴보는 것이다. 다시 말해, 경제 시스템의 원리를 조직 설계에 유추하여 적용하는 것에 대한 논의를 진행하고자 한다. 제6장에서는 전반적인 조직 구조에 대한 질문으로 논의를 확장한다.

제7장은 개별 직원의 직무 설계의 수준에 대해 논의한다. 먼저, 직원의 동기부여를 중요한 문제로 다루고 있다. 내재적 동기의 개념 — 직원이 수행하는 일의 유형이 어떻게, 그리고 얼마나 강하게 그들의 일에 중요한 의미를 갖는가 — 에 대해 논의한다. 이 장에서는 최근 수십 년간 직무설계가 어떻게 진화해 왔는지에 대한 개요를 설명한다. 또한 분권화에 대한 경제학적 개념에 내재적 동기에 관한 심리학적 아이디어를 접목한다. 마지막으로 제8장에서는 몇 가지 고급 직

무 설계와 정보 기술이 조직 구조에 미치는 영향에 대해 분석해 볼 것이다.

제3부 성과에 대한 보수

제3부에서는 제7장에서 다룬 동기부여의 이슈를 조금 더 자세히 다룬다. 여기에서는 성과에 대한 보수와 같은 외재적 동기에 중점을 두고 있다. 이 부분에서는 우리의 분석 도구에 경제학의 인센티브 이론과 그 관점을 추가한다. 제9장에서는 직원의 성과를 평가하는 방법을 분석한다. 제10장에서는 더 나은 성과를 독려하는 보상과 평가가 어떻게 연결되는지를 고려하며, 동시에 이에 따라 일반적으로 발생하는 문제점들을 살펴보겠다.

제11장에서는 직원의 진급과 같은 경력의 변화와 성과에 대한 보수 사이의 관계를 검토해 본다. 마지막으로 제12장에서는 성과와 보수에 있어서 매우 중요한 문제들인 '직원의 스톡옵션' 및 '임원의 보상 문제' 라는 특별한 케이스에 대해 아이디어를 적용해 보도록 한다.

제4부 모델의 응용

이 책의 마지막 부분에서는 앞에서 개발된 아이디어를 다른 독자들이 관심을 갖는 특별한 주제에 적용해 본다. 제13장에서는 직원 복지혜택을 분석해 본다. 제14장에서는 기업가 정신 및 사내기업가 정신 또는 스타트업과 오래된 조직 모두에서 혁신과 가치 창출을 촉진하는 방법에 대해 논의한다.

제15장은 제3장에서 제기하였던 주제를 상기하며 회사와 직원 사이의 계약에 대한 암시적 또는 명시적 방법에 관한 주제에 대해 논의한다. 좋은 조직 설계는 공식적인 정책과 비공식적인 정책(예 : 직원의 평가는 일반적으로 수치로 평가되는 것과 주관적인 판단을 포함)이 모두 포함된다. 이 장에서는 이러한 논의를 확장해 볼 것이다. 제15장에서는 앞에서 발전시킨 여러 가지 논의들을 함께 다룸으로써, 여러 이슈들 함께 조직 설계에 대한 폭넓은 관점을 갖출 수 있도록 도울 것이다. 이러한 논의와 관점은 독자 당신이 조직 설계에 대해 고찰할 때 많은 도움을 줄 것이다. 또한 제15장은 이 책의 전체적인 메시지를 전달하는 중요한 부분으로, 제13장 및 제14장을 읽을 시간이 충분하지 않은 경우에는 앞의 세 가지 핵심 섹션 이후에 바로 읽으면 될 것이다.

 참고문헌

Lazear, Edward (1998). *Personnel Economics for Managers*. New York: John Wiley & Sons.

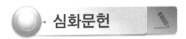 심화문헌

Abrahamson, Eric (1996). "Management Fashion." *Academy of Management Review* 21(1): 254–285.

Becker, Gary (1976). *The Economic Approach to Human Behavior*. Chicago: University of Chicago Press.

Brown, Roger (1986). *Social Psychology*. New York: Free Press.

Lazear, Edward (1995). *Personnel Economics*. Cambridge: MIT Press.

˙차˙례˙

PART 2 조직 및 직무 설계

PART 4

적용

제1부

서론

선별 및 직원에 대한 투자

이 책의 제1부에서는 직원에 대해 매우 단순한 관점을 취하고 있다. 이는 생물학적인 논의와 매우 유사한 것으로, 본래 타고난 능력과 훈련을 통해 얻게 된 능력 사이의 차이를 보는 것이다. 직원들은 신속함, 창의성, 숫자 계산에 능통한 것과 같이 특정한 능력을 타고나기도 한다. 또한 직원들은 교육과 경험, 재직훈련 등을 통해 시간이 지남에 따라 자신들의 능력을 계발, 진보시키기도 한다.

이 섹션의 주제는 직원의 재능과 능력을 고려하여 타고난 능력 또는 역량과 기술에 따라 어떻게 직원들을 분류할 것인지, 또 직원들의 능력계발에 어떻게 투자할 것인지, 그리고 조직에서 떠나는 직원을 어떻게 관리하는지 등에 관한 것이다. 기업의 경력관리 정책은 직원을 고용하고 이들을 개발 및 진급시키고, 마지막에는 이들을 해고하는 과정까지 하나의 파이프라인으로 생각할 수 있다. 이것이 이 섹션의 내용이자 순서이다. 책의 후반부에서는 이러한 관점을 더욱 확대하여 직원들이 수행하는 작업과 이들의 동기부여, 그리고 직원과 회사 사이의 복잡한 이해 관계 등의 이슈를 고려할 것이다.

이러한 문제를 탐색하는 과정에서 정보의 비대칭성과 투자, 그리고 계약에 관한 개념들과 같은 몇 가지 중요한 경제적 개념을 적용할 것이다.

정보의 비대칭성이란 경제적인 거래에 있어서 두 참여자가(여기서는 회사와 직원) 거래와 관련되어 서로 다른 정보를 가지고 있는 상황을 의미한다. 정보 비대칭의 문제는 경제활동과 조직에 관련된 모든 곳에 존재한다(가령 새로운 고용의 질, 직원이 직장에서 성장하려는 노력 여부 등의 정보는 회사와 직원 간에 서로 다를 수 있다). 따라서 잘못된 의사결정과 정보의 부족으로 인한 위험성 증가, 또는 한 참여자가 전체의 효율성을 훼손하며 정보의 이득을 취하는 등의 이유로 비효율적인 상황이 발생하기도 한다.

회사에서 채용을 고려할 때 직원은 회사보다(또는 반대의 경우도 발생할 수 있음) 해당 업무에 대한 본인의 적합성을 더 잘 인식하고 있기 때문에, 직원과 회사 간에는 정보의 비대칭성이 발생하게 된다. 따라서 회사에 있어서 채용은 매우 어려운 작업이다. 이 책에서는 이러한 문제를 해결하기 위한 한 가지 방법으로 경제학에서 사용되는 신호이론을 적용하여, 직원들이 전략적인 방법보다는 건설적인 방법으로 자신의 정보를 활용하도록 장려하는 방안을 고려해 볼 것이다. 신호이론의 아이디어는 사업의 여러 분야에서 적용되고 있으며 우리는 이 중 몇 가지를 짚어볼 것이다. 이는 이 책에서 사용하는 경제적 도구가 고용 이외의 다양한 분야에서도 적용된다는 점을 보여주는 하나의 예시가 될 수 있다.

이 파트에서 소개하는 두 번째 경제적 분석도구는 최적투자에 대한 아이디어이다. 직원과 고용주는 직원의 능력을 향상시키는 데 자원을 투자한다. 이 문제를 해결하기 위해 우리는 금융 분야에서 사용되는 핵심 아이디어를 적용해 볼 것이다.

마지막으로 경제적 거래나 계약에 대해 생각하는 세 가지 접근법에 대해 논의할 것이다. 이 논의는 회사가 일정한 시간에 따라 직원에게 시장가격을 지불하는 간단한 상황에서부터 시작한다. 그러나 더 나은 채용을 위해 회사와 직원 사이의 오랜 기간에 걸친 복잡한 계약에 대해서도 검토해 봐야 할 것이다. 또한 이러한 계약은 직원의 성과에 따라 달라질 수 있다. 마지막으로 항상 모든 상황을 고려하여 완벽하게 정식 계약을 맺을 수는 없기 때문에, 경우에 따라 회사와 직원 사이의 계약에 영향을 미치는 암묵적 혹은 비공식적인 요소 역시 고려해 볼 것이다. 이러한 논의를 통해 전체 고용관계뿐만 아니라 기업문화와 관련된 이슈에 대해 생각해 볼 수 있는 유용한 프레임워크를 제공한다.

이제 논의를 시작하여 전체 구조의 작은 부분부터 살펴보겠다. 회사는 직원의 더 높은 성과(이익에 대한 기여)를 기대하는 동시에 낮은 노동비용의 지출을 바란다. 하지만 이 두 가지 조건은 서로 트레이드오프(trade-off) 관계에 있기 때문에, 둘 사이의 조정과 균형이 불가피하다. 이 책의 첫 여섯 장에서는 직원의 동기부여에 대한 요소는 고려하고 있지 않다. 대신 상황을 단순화하여 타고난 능력과 훈련 및 교육을 통해 획득한 기술의 수준에 따라 직원의 성과가 결정된다는 가정하에 논의를 진행할 것이다.

제1장과 제2장에서는 직원의 능력과 기술에 따라 직원을 분류하는 방법에 대해 다룰 것이다. 제3장에서는 인적자본에 투자하는 방법을 분석할 것이다. 제4장에서는 제1~3장에서 사용한 분석도구를 적용하여 직원들의 이직률 문제를 분석해 볼 것이다. 이는 이직률 문제에 유용한 분석방안을 제공하는 동시에 우리가 사용하는 분석도구가 다른 새로운 질문에 대해서도 통찰력을 줄 수 있다는 점을 보여줄 것이다.

01

채용기준의 설정

당신이 누군가 뛰어난 사람과 함께 있다면 당신 자신의 기준도 높아지는 것이다.

－ 리치 블랙모어, 1973

이 장의 목적은 두 가지이다. 첫 번째는 채용에 관한 주제들을 소개하는 것이고, 두 번째는 이 책에서 이용될 경제학적 접근법을 소개하는 것이다. 예제를 사용해 이 두 가지에 대해 쉽게 접근하도록 하자.

예제 : 불확실한 직원의 고용

옵션으로서의 신규 채용

당신이 런던의 금융가에 위치한 한 투자은행의 경영자라고 가정하자. 그리고 당신은 두 후보자 중에 한 사람을 부투자담당자(associate investment banker)로 채용해야 한다. 굽타는 경제학 학위와 금융분석가로서 몇 년간의 경험, 금융에 초점을 둔 MBA, 투자은행에서 여름 인턴십을 포함하여 대부분의 응시자가 가질 만한 전형적인 배경을 가지고 있다. 당신은 이 사람의 생산성이 극히 예측 가능하고, 연간 200,000파운드를 생산할 수 있다고 느꼈다. 스벤슨은 반대로 다른 후보자와 비교해 특이한 배경을 가지고 있다. 그녀는 경력이 화려하며 재능이 뛰어난 것으로 보이지만 투자금융과 관련된 많은 경험은 가지고 있지 못하다. 따라서 당신은 그녀의 성공이 보다 덜 예측 가능하다고 느낄 것이다. 그녀는 대단히 성공작으로 나타날 수도 있고, 이때 그녀는 연간 500,000파운드를 생산할 수 있을 것이다. 그러나 그녀는 실패작으로 드러날 수도 있고, 이 경우 연간 100,000만 파운드의 손해를 볼 수도 있다. 이 같은 두 결과가 동일한 비중(50%의 확률)으로 일어날 수 있다고 가정해 보자. 그러면 스벤슨으로부터 어느 특정한 한 해에 기대되는 (평균)기대생산은 굽타의 그것과 동일한데 식은 아래와 같다.

$$\text{스벤슨의 기대생산} = \frac{1}{2} \times £500,000 - \frac{1}{2} \times £100,000 = £200,000$$

만일 두 직원에 소요되는 비용(임금, 혜택 등)이 같다면 누구를 고용하는 것이 나을까? 그 해답은 직관과는 달리 회사는 대체로는 위험성이 큰 직원을 채용해야 한다는 것이다.

만일 스벤슨과 굽타 모두 당신의 기업에서 10년 동안 근무할 것을 예상해 보자. 나아가 스벤슨이 스타인지 아닌지를 확인하는 데 꼬박 1년이 소요된다고 가정하자. 연봉은 100,000파운드이고, 잠시 동안 이것이 예측 가능한 미래의 연봉이라고 가정해 보자.[1] 이 경우 당신의 회사는 매년 굽타로부터 100,000파운드의 이윤을 거둘 수 있을 것이고, 10년 동안에는 1백만 파운드가 될 것이다. 그림 1.1의 제일 위 화살표는 이것을 보여준다.

그 대신에 당신은 스벤슨을 고용할 수도 있다. $\frac{1}{2}$의 확률로 스벤슨이 스타로 판명된다면 500,000파운드를 생산할 것이고, 회사는 그를 고용함으로써 400,000파운드의 이윤을 얻으며, 10년 후에는 4백만 파운드에 이를 것이다. 하지만 $\frac{1}{2}$의 확률로 스벤슨은 회사에 손실을 입힐 것이다. 그리고 이 경우 당신은 스벤슨의 고용을 1년 후에 해지할 수 있을 텐데, 따라서 200,000파운드가 총손실이고 그중 100,000파운드는 그의 연봉일 것이다. 이 같은 두 가지 결과가 그림 1.1의 아랫부분에 위치한 가지들에 나타나 있다. 즉, 스벤슨을 고용함으로써 기대되는 이윤은 아래와 같다.

$$\text{스벤슨으로부터의 기대이윤} = \frac{1}{2} \times £4,000,000 - \frac{1}{2} \times £200,000 = £1,900,000$$

그림 1.1 위험성이 높은 혹은 예측 가능한 직원의 채용

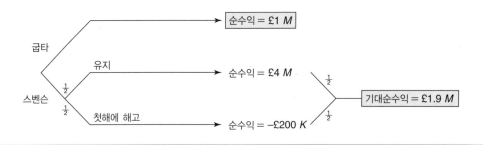

---

1) 이 예시에서 우리는 문제를 단순화하기 위해 이자율이 0이라는 가정하에 현재가치의 문제를 무시하기로 하였다. 우리가 이 책의 예시들에서 이렇게 한 것은, 이것이 언제나 현재가치로 할인했을 경우와 동일한 직관이 도출되기 때문이다. 유사하게 이 책의 모든 예시는 '인플레이션을 감안한' 수치를 사용하였는데 그것 역시 인플레이션이 결론에 영향을 미치지 않기 때문이다.

그러므로 스벤슨은 굽타에 비해 거의 2배의 수익성이 있다! 비록 두 후보자의 기대가치 (expected value)가 동일하지만, 스벤슨의 가치가 더 크다. 회사는 그녀가 좋은 직원으로 판정되면 계속 고용할 수 있고, 나쁜 직원으로 판명나면 그때 해고할 수도 있다. 회사는 성과가 낮은 직원을 해고할 수 있는 선택권을 가지고 있고, 동시에 좋은 직원은 보유할 수 있다.

이것은 간혹 보수적이기보다 잠재성을 기준으로 채용해야 한다는 주장을 증명한 것이기도 하다. 성과가 증명된 직원이 많다면 회사는 보다 나은 성과를 얻을 수 있다. 위험성이 있는 직원에 대해서 회사가 채용을 잘못했음을 알아차릴 수 있다면 반대로 회사는 이 문제점을 신속히 해소할 수도 있다. 동시에 다이아몬드와 같은 직원을 채용했음을 발견하게 될 것이다.

이 단순한 사례는 많은 학생들에게 사뭇 놀라운 것일 텐데, 왜냐하면 이 같은 결과는 기대가치가 동일하다면 위험은 항상 나쁜 것이라는 직관과는 반대되는 것 같기 때문일 것이다. 그러나 위험성은 직원을 채용하는 것과 같은 실물옵션(real option)의 세계에서는 항상 나쁜 징조는 아니다. 이것은 체계적인 경제학적 분석이 나은 결론을 도출할 수 있다는 좋은 사례이다. 이 사례의 경우 우리의 직관은 정답과는 반대되는 곳으로 우리를 인도하였다.

분석

여기에 나타난 구조는 위험성이 있는 고용을 감수할지 말 것인지를 결정하는 데에 있어서 중요한 몇 가지 다른 요인을 보여준다.

하방 리스크

위험성이 있는 지원자를 고용하는 가치는 아주 커서 안전성이 높은 근로자가 더 높은 연간 생산율을 기대하게 해줄지라도 위험성이 있는 지원자를 고용하는 것이 더 나은 전략이 되는 경우도 있다. 비록 스벤슨이 1백만 파운드의 가치를 잃을 절반의 가능성을 지닌 실수투성이의 끔찍한 직원이었을지라도 그녀에 대한 가치를 고려하면 감수할 수도 있는 일이다. 그러나 한 근로자가 가치를 파괴할 위험성이 높을수록 위험성이 높은 근로자를 고용할 가능성은 더 줄어든다.

상방 잠재성

스벤슨이 뛰어난 능력을 보였다면 고수익을 창출해 낼 가능성을 보였기 때문에 가치가 있었다. 그러한 수익이 높을수록 위험성이 높은 고용을 감수할 이유가 더욱 많아진다. 따라서 능력에 있어서의 작은 상승이 가치를 생산하는 데에 있어서의 높은 상승으로 이어지는 직업에서, 위험성이 있는 지원자를 채용하는 것은 오히려 더욱 나을 수 있다(하방 리스크 또한 더 생성되지 않는다는 가정하에). 새로운 경영팀을 구성하려고 하는 기업가를 생각해 보자. 잃을 것은 별로 없지만 얻을 것은 많은 상황이다. 그러한 사례에서는 위험성이 높은 지원자를 채용하는 것이 더 맞는 일이라고 할 수 있다.

해고비용

한 근로자를 해고하는 비용은 위험성 높은 한 지원자의 비용에 상응한다. 하지만 높은 해고비용을 무릅쓰고라도 위험성이 높은 근로자를 고용한 뒤 근로자가 좋은 선택이 아님이 드러날 때 해고하는 것이 더 나을 수 있다. 대부분의 국가에서 회사들은 근로자를 임의로 해고하는 것을 막고 있다. 법적/사회적 제한을 통해 한 근로자를 1년 후에 해고하는 것은 값비싼 선택일 수 있다. 영구적인 채용을 하는 극단적인 상황을 예로 들어보자. 만일 그 회사가 위험성에 대해 중립적일 경우(기대되는 가치가 동일하고 그 회사가 어떠한 위험성이라도 감수하려고 할 경우), 스벤슨에게 기대되는 생산성이 굽타의 생산성과 동일하거나 더욱 뛰어나다면 스벤슨을 고용하는 것이 더욱 이득일 것이다. 더 일반적으로 이야기하면 스벤슨이 뛰어난 역량을 보일 경우의 수익은 아주 높아서 나중의 해고비용이 높아도 스벤슨을 고용하는 것이 나을 수도 있다.

위험기피

어떤 한 회사가 위험회피적이라 하더라도 스벤슨을 채용하는 것은 여전히 최적일 것이다. 스벤슨은 위험성이 있기 때문에 회사에 있어서 다른 방식으로 손실이 큰 근로자일 수 있다. 그러나 기대되는 생산성에서의 차이는 꽤나 크며 일반적인 수준의 위험회피를 보상하고도 남음이 있을 것이다.

이행상의 문제

위험성 반전의 문제는 흥미로운 의문점을 제기한다. 관리자들과 채용 전문가들이 이러한 예시를 들었을 때 그들의 일반적인 반응은 그들이 채용에 있어서 더욱 보수적일 것이라며 앞서 제시된 결론을 거부할 것이다.

이는 무엇 때문인가? 틀린 것은 이론 자체일까, 아니면 관리자들일까? 아마도 둘 다 맞는다고 할 수 있을 것이다. 오히려 분석을 보면 회사가 상대적으로 위험성에 있어서 중립적이라고 가정하고 있다. 그러나 의사결정자들은 일반적으로 위험회피적이며, 이는 그들의 결정에 영향을 줄 것이다. 예를 들어, 그들은 만일 적절치 않은 지원자를 채용할 경우 그들이 비난받거나 좋지 않은 평가를 받을 것이라고 예상할 것이다. 그들이 위험회피를 택할수록 그들이 그러한 결과를 피할 만한 의사결정을 할 가능성 또한 높아진다.

관리자의 위험회피가 고용인의 그것과 다르다는 점에서 '인센티브 문제(incentive problem)'나 '이익의 상충(conflict of interest)'이 나타날 수 있다. 이는 우리가 제9~12장에서 다룰 주제이다. 한편 채용 결정 권한을 가진 자들이 너무 보수적일 경우, 그러한 문제에 대한 해결책은 채용상에서 실수를 할 경우 그들을 되도록 비난하지 않는 것이다. 또 다른 해결책으로는 보다 덜 보수적인 관리자를 채용 담당자로 임명하는 방법이 있겠다.

평가기간

스벤슨이 뛰어난 직원일지 아닐지를 평가하는 시기는 위험성이 있는 지원자를 채용하는 가치에 영향을 준다. 만일 평가가 10년이 걸린다면 우리의 예시에서 스벤슨을 채용할 이유는 없어진다. 만일 평가가 1년밖에 걸리지 않는다면 회사는 채용 실패로 인한 비용과 생산성의 기회비용을 감수할 시간을 1년으로 단축시킬 수 있다.

고용기간

회사가 만일 스벤슨을 10년 이상 고용할 수 있었다면 스벤슨을 고용하는 가치는 오히려 높을 수 있었을 것이다. 예를 들어, 스벤슨이 만일 채용되었을 시 30세였고 퇴직 직전까지 똑같은 보수를 받으며 당신의 회사에서 일할 경우, 스벤슨이 뛰어난 역량을 보여준다면 그녀를 채용하는 것으로부터 창출되는 이익은 1,400만 파운드(연간 400,000파운드×35년)일 것이다. 이는 위험성 있는 채용의 가치는 보통 지원자가 젊을수록 그리고 퇴직이 낮을수록 더욱 높다는 점을 시사한다(그러므로 직원들은 회사에 더욱 오래 머무르게 된다).

반대 의견

우리의 결론은 앞서 언급한 가정들이 성립될 때만 유효하다. 인사문제에 대한 경제적인 접근법의 중요한 요소는 언제 가정들이 적용되거나 그렇지 않은지, 그리고 주요 가정을 바꾸는 영향은 무엇인지를 신중히 고려하는 것이다.

위의 모형에서의 결론은 우리가 역량이 뛰어난 직원을 발견할 때 이득을 볼 수 있다는 한 주요 가정에 달려 있다. 이 가정을 다시 한 번 살펴보자.

만일 스벤슨의 역량이 뛰어나다고 판단되었을 경우, 그녀에게 계속 100,000파운드를 지급할 수 있다고 가정하는 것이 안전한 것일까? 그녀가 더 높은 봉급을 요구할 수도 있지 않을까? 다른 회사에서 그녀를 데려가려고 하지 않을까? 이러한 고려사항들이 적용될 경우 우리의 이론에 어떠한 일이 생기는 것일까?

이러한 질문들은 이 책 전반을 통해 중요한 고려사항을 제기한다. 이는 회사가 언제나 직원의 외부시장가치(outside market value)에 상응해야 한다는 것이다. 보다 더 정확히 얘기하면 회사는 직원에게 많은 특징을 포함하는 '직업 패키지'를 제공하는데, 이는 업무의 종류, 직무를 수행하는 데에 요구되는 노력의 정도, 그리고 직업 안전성 등이 있다. 직원은 직업을 평가하는 데에 있어서 이러한 모든 요소가 담긴 그 '틀'을 고려하며 경쟁사들이 제공하는 대안적인 직업과 그것을 비교할 것이다. 회사는 그가 제공하는 보수와 특징들이 경쟁사가 제시하는 것과 상응한다는 것을 확실히 인식시켜 주어야 한다.

이제 모든 것을 간략히 하고 보수와 생산성에 집중하여 보자. 만일 다른 회사에서 스벤슨이 얼마나 효율적인 직원인지를 관찰할 수 있고 더욱이 스벤슨의 뛰어나거나 혹은 엉망인 생산성이 다른 투자은행에서도 똑같다고 가정해 보자. 이러한 것들은 투자은행에 있어 그 업무가 대부분 매우 공개적이며 대부분의 회사에서 유사하다는 점에서 논의를 시작할 만한 합리적인 가정이라고 하겠다. 이러할 경우 스벤슨이 만일 역량이 뛰어나다면 다른 투자은행은 그녀에게 100,000파운드라는 연봉을 기꺼이 지급하려고 할 것이다. 사실 그들은 그녀의 생산성을 고려해 볼 때 500,000파운드의 연봉이라 할지라도 감수하는 것이 맞을 것이다. 노동시장에서의 경쟁은 스벤슨을 채용하기 위해서라면 이익이 0이 될 때까지 계속될 것이다.

만일 스벤슨이 재앙이라면 그녀를 고용하려고 하는 투자은행은 아무 곳도 없을 것이다. 그녀는 스스로의 능력을 발휘할 수 있는 더 나은 다른 업종에서 직장을 찾게 될 것이다.

이러한 경우 스벤슨을 고용하여 당신의 회사가 얻는 이득은 무엇일까? 전혀 없을 것이다. 그녀가 뛰어난 능력을 가졌을 경우 당신은 그녀를 고용하기 위해서 다른 회사들과 경쟁하고 결국 500,000파운드의 연봉을 지급해야 할 것이다. 다시 말해서, 위험성이 높은 지원자를 고용하는 것이 값질 것이라는 우리의 결론은 스벤슨의 능력이 뛰어날 경우 그녀를 이용하여 수익을 낼 수 있는 우리의 능력에 달렸다는 사실을 보여준다.

스벤슨으로부터 어떻게 이익을 얻을 수 있을까? 다음과 같은 두 가지 가능성이 있다.

비대칭적 정보

경쟁기업은 최소한 지금 당장은 스벤슨의 생산성을 알지 못할 수도 있다. 투자은행의 업무가 종종 꽤나 공개적이기는 하나 그들 중 일부는 그렇지도 않으며, 업무는 일반적으로 팀제로 운영된다. 외부 회사들은 이러한 이유로 스벤슨의 능력을 평가하는 데에 어려움을 겪을 수도 있다. 이는 생산성이 개인에 의존하지 않고 덜 공개적이라면 위험성 있는 지원자를 채용하는 것이 더욱 효과적이라는 것을 의미한다. 게다가 노동시장이 당신 회사의 인재를 발견하는 것을 당신의 회사가 방지할 수 있는 만큼 정보적 측면의 이점 또한 있다. 따라서 당신의 회사는 스벤슨의 능력이 외부에 알려지는 것을 피하는 것이 옳을 것이다.

정보 비대칭성(asymmetric information)의 일반적인 문제는 이 책에 나타나는 주요한 경제학 이론 중 하나이다. 한쪽이 다른 쪽이 가지고 있지 않은 중요한 정보를 보유하고 있을 때 흥미로운 문제가 나타난다. 예를 들어, 만일 한 회사가 최고와 최악의 지원자 간의 문제를 알아내는 것에 어려움을 겪는다면, 이는 비효율적인 채용으로 이어지고 채용에 있어서의 다른 접근법으로 이어지게 될 것이다(이는 제2장에서 이야기할 것이다). 인센티브 문제는 정보 비대칭의 중요한 한 예이다. 이는 회사가 직원의 행동을 완벽히 관찰해 내지 못할 시에 나타난다.

기업 특수적 생산성

스벤슨의 생산성이 다른 회사에서보다 당신의 회사에서 높을 수 있다. 이것이 사실이라면 스벤슨은 당신의 회사에서 뛰어난 능력을 보이지만 다른 회사에서는 덜 뛰어나거나 전혀 능력을 보여주지 못한다는 것이다. 그러면 그들은 스벤슨의 시장가치를 높게 사지 않을 것이고, 결국 당신의 회사는 스벤슨을 채용함으로써 이득을 얻을 수 있다. 제3장에서 우리는 스벤슨의 생산성이 왜 다른 곳에서보다 당신의 회사에서 더 뛰어난지에 대한 두 가지 중요한 이유를 이야기할 것인데, 이는 '기업 특수적 일자리 매치(firm-specific job match)', '인적자본(human capital)'이다. 둘 중 어떤 것이든 더 중요할수록 위험성 있는 지원자를 채용하는 것의 가치는 더욱 높아진다.

이제 마지막 문제를 다뤄 보자. 그녀가 다른 고용주들로부터 얻어낼 수 있는 것에 비교하여 스벤슨을 채용하는 것에 대한 이득이 있다 할지라도, 여전히 그러한 이득이 스벤슨과 채용한 회사 간에 어떻게 나누어지는지에 대한 문제가 남는다. 이는 협상의 문제를 초래한다. 우리는 여기서는 이 문제를 다루지 않을 것이나 제3장에서 기업 특수적 인적자본에서의 투자를 나누는 법을 분석할 때 간략히 다시 다룰 것이다.

채용에 대한 구글의 특이한 접근방법

인터넷 검색엔진 업계의 일류 기업인 구글은 뛰어난 여러 하이테크놀로지 회사들과 경쟁을 벌인다. 구글은 이들만의 개성과 정보문화에 맞는 능력 있고 창의적인 직원들을 필요로 한다. 구글은 남들과는 다른 그들만의 채용을 구현하기 위해 때때로 특이한 방식을 사용한다.

한 사례에서 구글은 한 기술 관련 잡지에 '적성검사'를 게재하였다. 이는 "20면체를 각 면의 세 가지 색깔 중 하나로 칠할 수 있는 방법에는 몇 가지가 있습니까?" 등의 질문을 포함했다. 한 번은 광고판에 '(e의 연속적인 숫자에서 나타나는 첫 번째 10자리 소수). com'이라고 게시하였다. 그리고 이에 대한 정답을 아는 사람은 지원 이력서를 작성할 수 있는 웹사이트로 연결되도록 하였다.[2]

이러한 것에는 세 가지 목적이 있다. 하나는 구글에 맞는 지원자의 유형에 대한 채용 정보를 알려주는 것이다. 또 하나는 구글이 독특한 기업문화를 가지고 있기 때문에 미래의 직원들에게 그러한 분위기를 알려주기 위한 것이다. 모집(recruiting)은 암묵적인 계약을 정의하기 시작하는 중요한 시점인 것이며, 이에 대한 개념은 나머지 장에서 다시 이야기할 것이다. 그리고 세 가지 중 마지막 이유는 이러한 수법이 구글이 언론, 그리고 교과서에서 가치 있는 주목을 받을 수 있도록 해주기 때문이다.

출처 : *Straits Times*(Singapore), 2004년 가을호

2) 20면을 지닌 20면체를 세 가지 색으로 색칠할 경우 3^{20}가지 방법(=3,486,784,401가지 방법)으로 칠할 수 있다(한 가지 색이나 두 가지 색만 이용하는 경우 포함). e의 연속수에서 처음 나오는 10자리 소수는 7,427,466,391이다.

위험성 있는 채용의 예시는 인사문제들을 공부하는 데에 쓰이는 경제학적 접근에 대한 좋은 소개이다. 우리는 복잡한 결정을 분석하기 위해 간단한 모형을 사용했다. 이 모형은 이러한 종류의 채용 결정을 하는 데에 있어서 고려해야 할 중요한 문제들을 제시해 주는 데에 유용하게 쓰였다. 구조가 마련된 뒤 우리는 문제들에 대해 연구할 수 있고 몇몇 간단한 방정식에 대한 생각을 이야기할 수도 있다. 이러한 방정식은 특정한 이론을 적극적으로 표현하는 데에 효과적으로 사용될 수 있다. 우리는 이러한 기술을 이 책 전반에서 사용할 것이다.

복잡한 문제를 단순화시키는 것은 문제를 푸는 것을 보다 쉽게 해주며 명료한 답변을 제공해 준다. 물론 너무 과하거나 적절치 못하게 단순화하는 것은 틀린 답을 가져다주므로 신중해야만 한다. 그러나 현명하게 적용되었을 때, 단순한 경제학적 모형화는 강력하고 실용적인 분석으로 이어질 수 있다.

이 책에서 조직에 관한 문제들을 분석할 때, 우리는 동일한 일련의 경제학적 발상을 계속 반복해서 보게 될 것이다. 이 책의 끝 무렵에서 우리는 모든 종류의 인사문제를 분석하는 데에 쓰일 수 있는 경제학적 기법을 습득하게 될 것이다. 제4장에서도 처음 세 장에서 논의한 원리를 이용하여 특정한 인사정책들을 분석한 사례들을 볼 수 있을 것이다. 위험성 있는 채용을 분석하는 데에 우리가 사용했던 경제학적 개념들은 노동시장 경쟁(직원을 대상으로 하는), 가격(봉급), 정보 비대칭성, 그리고 인센티브가 있다. 경제학을 공부한 사람들에게 이러한 것들은 아마 친숙할 것이리라 생각된다. 회사들이 어떻게 디자인되고 직원들이 어떻게 계약을 맺는지에 관한 문제에 적용된 미시경제학이라 할 수 있다.

●●● 채용기준 마련하기

한 발짝 물러나서 한 회사가 실제로 직원들을 채용하기 이전에 어떤 채용기준들을 마련하고자 하는지를 생각해 보자. 몇몇 유용한 직관을 이끌어 내기 위해서 아주 단순한 사례를 볼 것이다. 다음 내용을 볼 때 회사의 목적은 이윤의 극대화라는 것을 마음에 새겨두기를 바란다. 이제 우리는 한 회사가 얼마만큼의 노동을 필요로 하든 간에 그 회사의 채용능력에는 어떠한 제한도 없다고 가정할 것이다. 또한 회사의 판매 가격과 시간당 직원들에게 지급하는 가격은 일정하다고 가정할 것이다.

수익과 비용 간의 균형

관리자들은 종종 그들의 채용 목표가 최상의 근로자들을 확보하는 것이라고 말한다. 이는 좋은 말처럼 들리지만, 실제로 그러한가? 가장 생산성이 높은 근로자들은 또한 비용이 많이 든다. 돈이 덜 드는 근로자를 채용하는 것으로 목표를 바꾸어야 할까? 간단한 분석이 이 문제에 답을 준다.

표 1.1에 제시된 가상의 생산성 자료를 보자. 이 자료는 대졸자들이 고졸자들보다 약 28% 정도 생산성이 더 높다는 것을 보여준다.

이제 표 1.2에 나온 고졸자와 대졸자의 월별 임금(monthly wage)에 대한 자료를 보자. 대졸자들은 고졸자들보다 비용이 많이 든다.

만일 한 회사가 직원들에게 표 1.2의 마지막 행에 보이는 대로 보수를 지급해야 한다면, 고졸자들과 대졸자들 모두가 채용에 적합할 것이다(완벽한 분석에서 우리는 부가 혜택, 직장 등 고용에 필요한 다른 비용들을 추가적으로 고려할 것이다). 또한 한 사람의 고졸자를 고용하는 것보다 한 사람의 대졸자를 고용하는 것이 더 이익일 것이다.

고졸자를 고용함으로써 얻게 되는 월별 이윤 = $122,917 − $2,198 = $120,719

대졸자를 고용함으로써 얻게 되는 월별 이윤 = $156,944 − $3,455 = $153,489

그러나 이러한 분석은 잘못된 것이다. 당신의 회사가 월별 1백만 달러의 매출을 올릴 수 있을 만큼 충분히 직원들을 채용하기를 원한다고 하자. 이를 위해서는 대졸자 6.4명을 22,112달러에 고용하거나 고졸자 8.1명을 17,804달러에 채용해야만 한다.[3]

고졸자들이 생산단위당 비용이 낮기 때문에 고졸자를 고용하는 것이 사실상 더욱 이익이다.

표 1.1

가설적 직원들의 생산성과 교육수준		
근로자 번호	월매출($)	교육수준
A	100,000	고등학교
B	108,333	대학교
C	125,000	고등학교
D	125,000	고등학교
E	133,333	대학교
F	141,667	고등학교
G	166,667	대학교
H	175,000	대학교
I	175,000	대학교
J	183,333	대학교
고졸 평균 = 122,917달러		
대졸 평균 = 156,944달러		

3) 직원을 소수점 단위로 채용해야 할지 모른다는 사실은 고민할 필요가 없다. 시간제 직원을 고용하거나 근로시간의 일부를 다른 일을 하도록 시켜도 되기 때문이다. 나아가 회사의 규모가 커질수록 불가분성 문제의 의미는 줄어든다.

표 1.2

미국 내 고졸자 및 대졸자 임금

연도	월임금		비율
	고등학교($)	대학교($)	
1990	2,184	3,092	1.42
1991	2,200	3,050	1.39
1992	2,157	2,978	1.38
1993	2,149	3,100	1.44
1994	2,146	3,110	1.45
1995	2,169	3,142	1.45
1996	2,105	3,145	1.49
1997	2,105	3,024	1.44
1998	2,191	3,225	1.47
1999	2,188	3,393	1.55
2000	2,226	3,310	1.49
2001	2,221	3,381	1.52
2002	2,220	3,519	1.59
2003	2,264	3,610	1.59
2004	2,260	3,477	1.54
2005	2,174	3,511	1.62
2006	2,198	3,455	1.57

임금은 2007년 달러 기준으로 제시됨

출처 : U.S. Current Population Survey

보수를 W, 생산력을 Q 라고 했을 때 고졸자 또는 대졸자에 대한 아래의 식이 나온다.

$$\frac{W_H}{Q_H} < \frac{W_C}{Q_C}$$

이 예시에서 대졸자들이 1,000달러의 월별 매출을 낼 때마다 약 22달러의 비용이 드는 반면 고졸자들은 18달러가 든다. 이 조건이 맞는다면 고졸자들을 채용하는 것이 이윤이 높다. 가장 비용효과적인 직원은 가장 낮은 생산량 대비 임금비율을 갖는다. 회사는 이러한 유형을 가려내고 희망하는 수준의 매출에 도달할 수 있도록 그러한 직원들을 많이 고용해야 한다.

이것은 두 가지의 간단하지만 중요한 경제학적 원리들을 묘사한다. 첫 번째는 항상 비용과 이익 간의 트레이드오프를 고려하라는 것이다. 이 예시에서 양질의 직원에 대한 욕구는 그들의 높은 임금과 균형을 맞추어야 한다. 많은 질문들은 어떻게 비용에 반해 주어진 정책의 이득을 평가하는 것으로 압축된다.

두 번째 일반적 원리는 당신의 접근법을 당신의 최상의 대안과 비교하여 보라는 것이다. 이 예시에서 대졸자들은 이윤을 내줄 수 있지만 고졸자들에 비하면 그렇지 않다. 일단 이러한 것들을 중요시한다면 대졸자들은 그 밖의 또 다른 대안에 비해서는 별로 효율적이지 않다.

데이즈인의 직원 선택

호텔 프랜차이즈 기업인 미국 데이즈인은 최저임금을 받고도 기꺼이 일할 젊은 직원들을 예약 센터에 고용하는 것이 전통이었다. 직원들은 잠재 고객들로부터의 전화응대를 하고 예약을 받았다. 그러나 젊고 경험이 부족한 노동자들이 부족해지면서 이들의 임금이 올라가게 되었다. 이에 따라 데이즈인은 예약센터 직원에 대한 채용 대상을 재검토하기로 했다.

경영진은 일의 특성상 오래 앉아 있어야 한다는 점이 나이가 있는 사람들에게 잘 맞는다는 점을 깨달았다. 게다가 노년층은 훈련과 다른 비용들이 포함되었을 때 젊은층에 비해서 약간 더 비용이 높지만 손쉽게 활용할 수 있는 노동력이었다.

그리고 어떻게 되었을까? 생산성을 평균 전화응대 길이와 예약된 숫자의 평균의 합이라 쳤을 때, 보다 나이가 많은 직원들은 전화응대 시간은 더 길었지만 예약을 더욱 많이 성공시켰다. 실제 예약으로 이어진 비율이 높아진 탓에 비록 통화시간은 길었지만 이 추가시간을 상쇄하고 남았다. 고령 직원들은 생산성 대비 급여 비율(salary to productivity ratio)이 낮았고 이는 그들을 최상의 비용효과적인 노동력으로 만들어 주었다. 또 그들은 현저히 낮은 이직률을 보였기 때문에 이익이 더욱 높았다.

출처 : McNaught & Barth(1992)

해외 경쟁

이 분석은 노동시장의 세계화와 해외 경쟁의 역할에 대해 알아보는 데에 유용하다. 노동비용이 낮은 국가들이 노동비용이 높은 국가의 기업들을 망하게 한다고 종종 이야기된다. 이는 맞는 것일까? 표 1.3은 몇몇 국가의 임금과 생산성(GDP, 국내총생산)에 대한 대표적인 통계를 보여준다. 노르웨이가 가장 높은 생산비용을 가진 반면 멕시코는 최저에 머물렀다. 그러나 진짜 문제는 노동이 얼마나 값싼지가 아니라 생산성이 얼마나 높은지가 문제이다. 예를 들어, 일본의 노동비용은 높은 편에 속하지만 생산성은 최고이다. 사실, 일본은 생산성 달러당 노동비용에 있어서 두 번째로 낮다. 일본인과 아르헨티나인 둘 중 한 사람을 채용할 기회가 주어진다면 그 회사는 비록 더 비싸지만 동시에 생산성이 더욱 높은 일본인 근로자를 채용할 것이다.

표 1.3

선택된 국가들의 제조업 근로자들의 생산성과 보수

	근로자 1인당 GDP($)	제조업 연봉($)	GDP 1달러당 비용
멕시코	15,964	5,743	0.360
일본	78,065	33,573	0.430
뉴질랜드	40,690	18,067	0.444
아르헨티나	22,399	9,973	0.445
노르웨이	85,923	38,447	0.447
미국	75,571	34,682	0.459
스웨덴	55,680	27,371	0.492
호주	45,357	25,266	0.557
영국	54,848	36,234	0.661
남아프리카공화국	7,880	7,828	0.993

2000~2002년 평균(2005년 달러 기준)

출처 : United Nations

이러한 숫자는 의미를 확정적이기보다는 사례로 설명하는 것이라고 할 수 있다. 그러나 여전히, 이러한 숫자들은 값싼 노동력이 반드시 낮은 비용의 노동력을 의미하지는 않는다는 점을 보여준다.[4] 유사하게 고생산성 노동력이 반드시 이익이 가장 큰 노동력이라고 할 수 없다. 당신은 임금 탓인지, 높은 생산성 탓인지 아니면 그 둘 다에 의함이든 낮은 산출 단위당 비용을 추구해야 할 것이다.

생산의 방법

지금까지 우리는 마치 생산이 직원들 간에 독립적인 것인 것처럼 말해 왔다. 하지만 사실 생산은 직원들 사이에서 상호의존적이다. 우리는 생산의 방법이 우리의 분석에 있어서 어떤 효과를 나타내는지 알아보기 위해 생산에 대해 각각 다른 접근법을 보여주는 세 가지 시나리오를 볼 것이다. 첫 번째, 생산은 직원들 간에 독립적이다. 두 번째, 근로자의 생산은 동료의 능력에 따라 달라진다. 세 번째, 근로자의 생산은 그가 업무상 사용하는 자본에 의존한다.

---

4) 이 수치들은 집합화에 의한 오차(aggregation error)를 내포할 수 있다. 임금은 제조업 수치인 데 반해 생산성은 국민경제 전체로부터 도출되었다.

의 역할까지도 하기 때문에, 그들의 기여 중 일부는 고졸자들에 대한 영향이라 할 수 있다.

이 분석은 여전히 유효하지만 산출물은 반드시 신중히 정의되어야 한다. 대졸자들의 산출물을 측정했을 때, 고졸자들의 수는 반드시 명시되어야만 한다. 표 1.4는 어떠한 정보가 필요한지에 대한 예를 보여준다.

대졸자들의 생산은 고졸 근로자들의 수와 연관이 있다는 것을 쉽게 볼 수 있다. 예를 들어, 대졸자와 고졸자 각각 100명을 채용하였을 때, 총산출은 63.1단위이다. 그러나 만일 100명에서 110명으로 대졸자의 수가 늘어나면 산출량은 3.7단위 증가한다. 하지만 만일 150명의 고졸자들이 고용되었을 때, 100명에서 110명으로 늘어난 대졸자로부터 얻은 산출량 증가는 4.2단위이다. 10명의 대졸자를 더함으로써 얻은 이득은 더 많은 고졸자들이 주변에 있을 때 더욱 크다. 대졸자들이 고졸자들을 교육하는 역할을 하기 때문에 회사에 가르칠 잠재적 학생이 더 많을 때 그들의 역할은 더욱 값지다고 할 수 있다. 회사에 고졸자들이 많을수록, 거기에 대졸자들을 추가시키는 것이 더욱 좋은 것이다.

유사하게 고졸자들이 가치 있을수록 더 많은 대졸자들이 채용된다. 고졸자들은 그들이 배우는 '교실'이 덜 비좁아질수록 더욱 가치 있어진다. 따라서 회사는 대졸자와 고졸자 간의 균형을 맞추기를 원한다. 이 예시는 상호작용의 중요성을 드러낸다. 이것은 다음과 같이 설명될 수 있다. 근로자들이 업무상 상호작용할 때, 생산에 대한 한 근로자의 공헌은 다른 동료의 생산성에 대한 영향을 포함한다. 그 결과로, 생산이 상호의존적일 때 양질의 직원을 채용하는 것이 바람직하다.

3. 생산성이 동료가 아닌 자본에 의존할 때

세 번째 관리자가 생산과정에 관해 다음과 같이 기술하였다.

우리는 말레이시아에 남성용 셔츠 생산 공장을 가지고 있는 대형 의류 회사이다. 각각의 직원들은 일일대여비가 7.50달러인 바느질 기계를 한 대 사용한다. 우리는 하루에 평균 4개의 셔츠를 생산하는 숙련된 노동자나 하루에 평균 6개의 셔츠를 생산하는 전문가를 사용할 수 있다. 숙련된 노동자는 시간당 7.50달러, 전문가는 12달러가 든다. 재봉기계 회사는 직원당 생산고가 2배로 뛸 수 있는 새로운 기계를 대여해 줄 계획이라고 하지만 그 기계는 일일 대여비가 16.50달러이다. 이 기계를 대여해야 할까? 어떤 인력을 고용해야 할까?

표 1.5

신형 혹은 구형기계의 사용 시 생산성의 분석

(단위 : $)

	생산량	노동비용	자본비용	총비용	비용/생산량
구형기계					
숙련 노동자	4	60.00	7.50	67.50	16.88
전문가	6	96.00	7.50	103.50	17.25
신형기계					
숙련 노동자	8	60.00	16.50	76.50	9.56
전문가	12	96.00	16.50	112.50	9.38

표 1.5에서와 같이 관련 자료가 수집되기만 하면 분석은 쉽다. 첫째로, 낡은 기계들을 고려하자. 표를 보지 않은 상태에서 관리자는 구형기계에 비해 생산성은 2배이지만 비용은 2배가 넘는 신형기계를 대여하는 것을 꺼리게 될 것이다. 그러나 이것은 셔츠를 생산하는 것은 기계와 노동력 모두를 포함한다는 점을 간과한 것이다. 새로운 기계를 대여하면 자본비용은 2배를 넘어서지만 총비용은 2배가 되지 않는다. 이 회사는 당연히 기계를 새로 대여해야 하는 것이다.

더불어 회사가 신형기계를 사용한다고 했을 때, 그들은 숙련된 노동자들보다는 전문가를 고용해야 한다. 구형기계들이 사용될 때 셔츠당 생산비는 숙련 노동자들보다 전문가들에게서 더 높다. 그러나 신형기계가 사용될 때는 그 반대이다. 값비싼 자본이 채택될 때는 이것을 집중적으로 사용하는 것이 비용효과적일 것이다.

전문가들은 기계들을 보다 효율적으로 사용한다. 따라서 다음과 같은 결론을 유도한다. 회사는 그들이 고용하는 직원들의 질을 높이도록 해야 하는데, 이는 그 회사가 보유한 자본의 양과 질을 높여주기 때문이다. 좀 더 구체적으로 말하자면, 그러한 최적의 숙련수준은 노동에 관한 자본 사용의 비율이 높아질수록 따라서 증가된다.

이것은 왜 회사의 사장이 대단히 능력이 뛰어나야 하는지를 설명해 준다. 그 혹은 그녀의 노동력은 어떤 점에서는 그 회사의 전체 자본스톡과 결합되기도 한다. 자본을 무능력한 개인의 관리 아래에 둠으로써 이를 낭비하는 것은 논리가 맞지 않는다.

우리는 이 책의 후반부에서 노동시장이 시간이 경과하면서 상대적으로 고숙련 노동자들을 점점 더 가치 있게 평가하고 있다는 점에 대해 보게 될 것이다. 회사들이 새로운 정보기술의 형태로 가치 있고 생산성 높은 자본을 점점 더 많이 사용하고 있다는 점이 이에 대한 하나의 설명이다.

얼마나 많은 직원을 채용해야 하는가

이 문제에 대한 답은 직설적이다. 회사는 추가 직원을 고용하는 것이 수익을 증가시켜 주는 한 계속 직원을 채용해야 한다.

이 장의 초반부의 예시에서 대졸자와 고졸자 모두 고용으로부터 수익이 있었지만, 고졸자들이 ― 동일한 보수로 더 많은 산출을 생산했기 때문에 ― 수익성이 높았다. 우리는 두 가지의 의사결정원칙(decision rule)을 결합할 수 있다. 보수 1달러당 생산량이 최대이거나 생산단위당 비용이 최소인 근로자 유형을 채용하는 것이다(그렇게 할 때 동료들 혹은 자본과의 상호성의 효과를 물론 고려해야 한다). 그러한 유형의 직원을 채용하는 것이 더 이상 이득을 주지 않는 시점까지 계속 그렇게 하라.

이 접근법은 한계생산성 체감(diminishing marginal productivity)의 법칙 때문에 한 회사가

표 1.6

직원을 추가로 고용할 경우의 한계생산성과 한계비용

(단위 : $)

직원수	총매출	직원의 한계생산성	총노동비용	직원의 한계비용	이윤
0	0	0	0	0	0
1	100,000	100,000	14,404	14,404	85,596
2	141,421	41,421	28,808	14,404	112,613
3	173,205	31,784	43,212	14,404	129,993
4	200,000	26,795	57,616	14,404	142,384
5	223,607	23,607	72,020	14,404	151,587
6	244,949	21,342	86,424	14,404	158,525
7	264,575	19,626	100,828	14,404	163,747
8	282,843	18,268	115,232	14,404	167,611
9	300,000	17,157	129,636	14,404	170,364
10	316,228	16,228	144,040	14,404	172,188
11	331,662	15,434	158,444	14,404	173,218
12	**346,410**	**14,748**	**172,848**	**14,404**	**173,562**
13	**360,555**	**14,145**	**187,252**	**14,404**	**173,303**
14	374,166	13,611	201,656	14,404	172,510
15	387,298	13,132	216,060	14,404	171,238

채용해야 하는 직원의 수에 한계가 있다는 점을 암시한다. 더 많은 직원이 조직에 더해질수록 추가된 한 사람의 가치는 떨어질 것이다. 왜 당신이 더 많은 직원을 채용할수록 한계생산성은 떨어지는 것일까? 주된 원인은 직원들이 다른 자원들, 즉 이는 컴퓨터, 장비, 관리자로서 당신의 시간 등과 결합되기 때문이다. 다른 자원의 양을 고정시킨 채 더 많은 직원을 채용할수록 각 직원들에게 돌아가는 자원의 양은 적어질 것이다. 예를 들어, 당신이 작은 사무실과 직원들, 3대의 컴퓨터를 보유하고 있다고 할 때, 당신이 직원을 더 채용하면 할수록 각 직원들은 컴퓨터를 사용할 수 있는 시간이 점점 적어지고 당신의 관리를 받을 시간도 적어지게 되며, 이러한 것들은 생산성을 감소시킨다. 이 논리는 다른 자원을 고정시켜 두고 어떤 자원을 증가시키는 어떤 경우에도 유효하다.

표 1.6을 보자. 더 많은 직원들이 채용될수록 추가된 각 직원의 한계생산성(추가 판매량)은 감소한다. 이는 어떠한 기업에서도 전형적인 현상이다. 이 표는 또한 직원들이 더 이상 수익성이 없는 수준까지, 즉 한계생산성이 한계노동비용과 동일하거나 그보다 적을 때까지 채용해야 한다는 원칙을 보여준다.

끝에서 두 번째 열은 추가 근로자를 고용함으로써 발생하는 한계비용(보상 및 여타 혜택)을 나타낸다. 만일 이것이 한계생산성보다 적다면 이윤은 더 많은 근로자를 고용함으로써 늘어난다. 만일 한계생산성이 한계비용(가장 하단의 행들), 이윤은 일부 근로자를 해고함으로써 증대될 수 있다.

일반적인 결과는 경제학을 공부하는 누구에게나 친숙하다. 즉, 이윤은 (직원을 포함한) 어떤 자원을 한계편익(marginal benefit)이 한계비용(marginal cost)과 일치하는 수준까지 사용할 경우 극대화된다.

다른 요인들

근로자의 가용성

대부분의 지역에서 고졸자들은 대졸자들보다 더 흔하다. 이는 고졸자들이 값싼 노동력이기 때문에 회사는 그들을 더 많이 채용해야 한다는 뜻일까? 대부분 경우에 대답은 '그렇지 않다'이다. 대부분의 고용주들은 비록 초대형 기업이라 할지라도 지역 노동력의 일부만 채용하게 되므로 얼마나 많은 근로자가 가용한지는 고려사항이 아니다. 단지 두 가지 예외가 있는데, 두 경우 모두 회사가 관련 노동시장의 충분히 큰 부분을 고용하고, 이것이 시장가격에 영향을 미칠 때 발생한다.[5]

첫 번째 사례는 한 회사가 지역 노동력의 아주 많은 부분을 고용하는 경우이다(말하자면, 다른 고용주가 없는 태국의 농촌지역에 위치한 공장처럼). 그러한 경우 특정한 종류의 근로자를 채용하는 것은 임금을 더욱 올리게 된다. 분석은 이전과 같으나 회사는 1달러당 노동비용에 대비한 생산을 분석할 때에 임금 상승을 고려해야 한다.

두 번째 사례는 더욱 중요하다. 고용되는 근로자의 유형이 굉장히 구체적일 때 시장은 좁을 수 있다(이러한 근로자를 필요로 하는 회사는 적다). 만일 그러할 때 적절한 능력을 보유한 직원을 찾는 데 드는 탐색비용(search cost)은 상당할 것이다. 이것은 이러한 유형의 직원을 채용하는 데 드는 비용인 만큼 임금은 이 같은 탐색비용'이 고려되어야 한다. 이것이 고려된다면 분석은 종전과 같다.

회사의 재정상태

회사가 재정적 어려움을 겪고 있다고 하자. 이것이 채용 결정에 어떠한 영향을 주게 될까? 유사하게 만일 회사가 굉장히 성공적인 시기를 맞았다면, 이것이 채용에 영향을 주어야 할까? 다시한 번 말하지만 직감은 틀릴 수 있다. 어떤 분석도 회사의 재정적 여건을 언급하지 않았다. 잘못

5) 이 경우는 수요자가 하나인 경우로 구매자 독점인 상황의 경우를 의미한다.

된 유형의 노동력을 선택하는 것은 재정적 조건을 더욱 악화시킬 뿐이다.

재정적 고충을 겪는 회사는 현금흐름(cash flow) 문제 탓에 임금 지급에 어려움을 겪을 수 있다. 하지만 이것은 재정문제이지 노사문제는 아니다. 이에 대한 최상의 해결책은 단기적 자본흐름 문제를 해결하기 위하여 자금 조달을 하여 이익이 있을 것이라 간주되는 직원들을 채용할 수 있도록 하는 것이다. 만일 이것이 이윤을 낼 수 있다면 종국에는 부채를 상환할 수 있게 될 것이기 때문에 채권자들은 사실 이를 장려해야 한다.

●●● 불완전한 정보에 기반해 의사결정하기

우리는 이 장에 걸쳐 존재하거나 존재한다고 가정한 자료들에 기반하여 분석을 해왔다. 불행히도 필요한 정보는 종종 즉각적으로 이용 가능하지 않거나 상당한 비용을 필요로 한다. 이러한 상황에서 관리자는 어떻게 해야 할까? 세 가지 가능성이 있다. 첫째는 분석과는 별개로 결정을 내리는 것이다. 둘째는 관련성 있는 정보를 바탕으로 추정하는 것이다. 셋째는 실험을 진행하는 것이다.

분석과 상관없는 의사결정

우리는 자주 정보를 획득하기 너무 어렵다는 결론을 내리고 싶은 유혹에 직면한다. 이럴 때의 해결책은 직감, 경험, 또는 일반적 관례에 기반해 단순히 해답을 추측하는 것이다. 이러한 추측은 명시적으로 이루어지지 않은 수차례의 계산이 이루어졌다는 점을 암시한다. 이것은 가장 쉬운 방법이지만 효과적인 결정으로 인도할 가능성은 가장 낮다. 심지어 조금의 '체계적인 사고'만으로도 더 나은 결과로 이어질 수 있으며, 만일 이러한 생각이 관련된 트레이드오프에 관한 몇 가지 추정에 의해 도움을 받는다면 의사결정은 더욱 효과적으로 이루어질 수 있을 것이다. 이 책은 당신에게 더욱 구조적이고, 그렇기에 더 나은 조직 설계에서의 의사결정으로 안내할 것이다.

관련 정보의 추정

관리자는 적절한 행동방침을 정하기 위해 해답을 추측하는 것보다 필요한 핵심적인 수치를 추정하려 할 것이다. 그러한 접근법은 단순한 추측보다 더욱 나은 의사결정으로 인도할 것이다. 게다가 이 책은 그러한 접근을 할 수 있도록 해준다.

예를 들어, 당신이 이 책에 나타난 개념을 이용하여 어떠한 인사문제에 대한 체계적인 분석법을 개발하려고 한다고 하자. 이 분석은 당신이 바른 의사결정을 하는 데에 필요한 정보의 중요한 부분들을 발견하도록 도와줄 것이다. 결론은 고졸자들과 대졸자들이 나란히 함께 일하는 환경에서의 생산성에 대한 영향과 같은 특정한 정보에 의존한다. 그러나 이런 정보가 가용하지 않을 때 이것을 추정하는 것 — 심지어 정보에 입각한 추측 — 이 적절하다.

구조적 접근법은 또한 추정치를 위아래로 바꾸어 보면서 결론이 얼마나 탄탄한지를 알아내는 데에 도움을 준다. 몇몇 사례의 경우 바른 의사결정은 넓은 범위의 값에서도 동일한 것이다. 그러한 경우 정답은 명확하다. 다른 사례에서는 옳은 의사결정은 특정한 수치에 매우 의존적인 것일 수도 있다. 그런 사례에서는 어떤 결정을 내리기 전에 보다 정확한 측정치를 확보하기 위해 추가적인 비용을 들이는 것이 나을 것이다.

이 방법은 경험에 기반한 추측을 필요로 하지만 의사결정은 종종 고려 중에 있는 트레이드오프를 측정하기 위해 가용한 정보들을 활용함으로써 보다 개선될 수 있다. 이는 비용의 극적인 하락과 컴퓨터 수용력의 증가에 의해서 점점 더 실행 가능해지고 있다. 과거 기업들은 접근하기 어렵고 속도가 느린 컴퓨터 테이프로 인사기록을 보관했다. 자료 입력은 비용이 많이 들고 성가셨을 뿐 아니라 정보는 거의 사용되지도 않았기 때문에 기업들은 상세한 데이터베이스를 유지할 인센티브가 적었다. 지금은 기업들이 상세한 인사기록을 손닿는 곳에 두고 있고, 데이터베이스와 다른 소프트웨어를 사용하여 정보분석을 손쉽게 할 수 있다. 더불어 인적자원 전문기관들과 컨설팅 회사들은 다양한 기업 샘플에 걸쳐 실제 사례, 비용, 효과에 대한 추가적인 정보를 제공해 준다. 시간이 지날수록 조직의 전략이 이직률이나 수익성 같은 결과에 미치는 영향에 대한 개략적인 또는 정교한 추정치를 제공하는 것이 더욱 용이해지고 있다.

실험

세 번째 선택은 실험이다. 때로는 이것이 손쉽고 비용도 별로 들지 않는다. 각각 다른 유형의 근로자들의 상대적 생산성에 대한 자료가 없을 때, 회사는 각 유형의 직원을 채용하고(아마도 시간제나 임시직으로) 그들의 성과를 측정할 수도 있을 것이다. 유사하게 영업직에 대한 성과급 계획의 일부로 적정한 수수료율(commission rate)을 파악하고자 할 때, 회사는 전체 조직에 적용하기 전에 다른 지역에서 다른 요율로 실험을 실행해 볼 수 있다.

때로는 실험은 어려우며 잠재적으로 비용이 높다. 관리자가 실험이 올바른 선택인지 결정하기 전에 고려해 볼 만한 다섯 가지 질문이 있다.

1. 우리는 무엇을 알고자 하고 왜 알고자 하는가?
2. 해답을 얻는 것이 수익에 큰 영향을 줄까, 작은 영향을 줄까?
3. 해답을 얻기 위해 어떤 종류의 데이터가 필요할까?
4. 이 데이터를 얻는 데에 비용이 얼마나 들까?
5. 우리가 수집하고자 하는 데이터가 문제에 적절한 해답을 제공할 것인가?

1번 질문은 실험의 실행 이전에 해답이 나와야 할 것이다. 그렇지 않으면 실험자들은 실험하는 데에만 급급하여 원래의 목적을 잊어버리게 될 것이다.

대규모 실험의 명분을 찾기 위해서는 2번 질문에 대한 답이 이윤에 대한 잠재적 영향이 실험 비용에 비하여 커야 한다.

3번 질문에 대해서는 반드시 잘 정의된 답을 얻어야만 한다. 필요한 정보를 미리 명시하는 것이 어렵다면, 실험은 유용한 결과 없이 비용만 낭비하는 셈이 될 수 있다. 관리자들은 만일 결과가 한 방향으로 나타날 때 결정 역시 특정한 방식으로 이루어질 것이라는 사실을 미리 말할 수 있어야 한다. 만일 실험이 다른 방향을 나타낼 때 의사결정은 달라야 할 것이다. 이것이 사전에 명시될 수 없다면 정보를 수집하는 것은 논리에 맞지 않다.

4번 질문은 2번 질문과 보완적인 역할을 한다. 만일 자료를 얻는 데에 드는 비용이 크다면 비록 결과가 이윤에 지대한 영향을 미칠지라도, 실험을 시행하는 것은 비용 효율적이지 않다.

데이터는 제시된 질문에 모호하지 않은 해답을 줄 때 가장 가치가 있다. 만일 수집된 데이터가 큰 오류가 있거나 질문에 답하기에 개략적인 정보만을 준다면, 실험의 가치는 떨어진다.

이러한 접근법들 중에서 첫 번째 것은 거의 항상 최소의 효과만 지닌다. 만일 분석이 복잡하고 정보가 불완전하거나 이용 불가능하다면, 당신은 의사결정에 직관과 본능을 이용해야 할지 모른다. 당신의 직관과 본능은 대체로 당신의 경험에 기반하므로 가치가 없지 않다. 그러나 우리는 이 장에서 분석이 몇몇 반직관적인 결론으로 이끈 사례들을 보았다. 이 책에 묘사된 분석법이 제시하는 것은 보다 엄격한 분석 그리고 중요한 (그리고 덜 중요한) 문제들을 확실하게 함으로써 당신의 의사결정을 향상시킬 수 있다는 것이다. 더불어 보다 체계적인 사고는 당신의 경험이 당신을 바른 방향으로 또는 틀린 방향으로 이끌고 있음을 깨닫게 해준다. 불행히도 이 분야에서 관리자들은 문제가 구조에 기반해서 체계적으로 분석하기에 너무 어렵기 때문에 너무도 자주 직관에 의존한다. 이 책의 마지막 무렵 당신은 인사와 조직 설계에 대한 의사결정의 효과성을 높여줄 수 있는 도구를 확보하게 될 것이다.

●●● 요약

이 장에서는 채용이라는 주제에 대해 간단하고 짧은 소개를 해보았다. 우리는 다음 장에서 일자리 제안에 대해 검토하면서 이를 다시 언급할 것이다. 이 장의 주된 목적은 당신이 경제적 도구를 사용하여 조직문제에 대한 고민을 시작하도록 하는 것이었다. 조금의 형식적 사고가 문제를 명확하게 해주어 때로는 놀라운 결론에 이르는 데에 어느 정도 도움이 되기도 한다.

이 장은 몇몇 문제를 제기했다. 우리는 한 명은 성과가 상대적으로 예측 가능하고 다른 1명은 위험성이 있는 2명의 입사지원자들 중의 선택이라는 시나리오에서 시작하였다. 이직 비용(turnover cost)을 피할 수 있는 한에서, 이것은 사실 고용주에게는 좋은 일이다. 왜냐하면 위험성 있는 지원자가 옵션가치를 갖기 때문이다. 만일 그가 실패로 드러났을 때 회사는 그를 해고할 수 있으므로 손실은 제한되어 있다. 만일 그 직원이 성공작으로 드러난다면 회사는 상당한 이윤을 얻을 수 있다.

그다음으로 우리는 한 직원의 생산을 임금에 대비해 살펴보았다. 최고의 근로자는 가장 싸거나 가장 생산적인 직원이 아니라 비용 대비 생산성 비율이 가장 높은 직원이다. 가장 마지막으로 채용된 직원의 한계생산성이 그 직원의 비용보다 높거나 동일하다면 그를 채용해야 한다.

이 장은 당신이 일상의 사고에 적용을 시작해야 하는 몇몇 중요한 경제적 개념들을 소개했다. 첫째, 당신이 시장 경쟁에 제약되어 있다는 점을 잊지 마라. 인사관리에 있어 당신이 직원들에게 제공하는 '직업 패키지'는 반드시 당신이 원하는 유형의 직원을 끌리게 하고 잡아둘 수 있을 만큼 적정해야 한다. 특히 그들이 성공작이라면 말이다. 둘째, 항상 맞바꾸기와 대안의 측면에서 생각하라. 당신이 의사결정을 분석할 때 편익뿐만 아니라 비용 그리고 둘 사이의 균형 또한 생각하라. 비용은 최적의 인사정책에 제약요인으로 작용하는 노동시장 압력에 의해 결정될 것이다. 고용의 편익은 생산과정에 따라 다른데, 이는 그들이 어떻게 일하며 누구와 일하는지 그리고 어떠한 자본을 가지고 일하는지 등에 의존한다. 몇몇 편익과 비용은 감지하기 어렵거나 무형이지만 이들은 여전히 중요하다. 하나의 좋은 사례는 당신이 의사결정을 할 때 항상 최상의 대안들을 포함하는 것이다. 하나의 선택이 이득을 주는 선택일 수 있지만 다른 선택지가 보다 덜 이득일지도 모르기 때문이다.

연습문제   ♦♦♦

1. 당신은 지금 직원을 모집하고 있다. 당신은 회사가 모집하고자 하는 일자리에 대해 최선을 다해 설명함으로써 구직자에게 일자리를 '판매'하겠는가? 당신은 그 일자리를 가능한 한 좋게 설명해야 하는가? 반대로 지원자의 입장에서 당신이 그 일자리에 완벽한 후보자임을 채용자에게 설득시키기 위해 최대한으로 노력해야 하는가? 다음에 이어지는 몇 장의 내용에 걸쳐 이러한 문제에 대해 생각해 보기를 바란다.

2. 잠재적인 직원들은 여러 가지 방면에서 특이한 특성을 지니고 있을 수 있다. 당신은 지원자들이 지니고 있는 여러 가지 특성 중에 회사에 위험요소가 되기도 하지만 때로는 높은 옵션 가치를 지닐 수도 있는 특성으로 어떠한 것을 꼽을 수 있는가? 또한 어떠한 경우에 지원자가 옵션으로 가치가 높지 않은 지원자가 될까?

3. 기업의 결과물을 생산해 내는 것에 있어 (첨단정보기술을 포함한) 여러 가지 자본이 직원들을 대체할 수 있다. 그뿐만 아니라 자본은 직원의 생산성을 높여 주는 보완적인 역할을 할 수 있다. 당신은 자본의 이 두 가지 역할 중 실제로 어떠한 효과가 더 중요하게 작용할 것이라고 생각하는가? 왜 그렇게 생각하는가? 컴퓨터나 기계가 근로자를 대체할 가능성이 가장 높은 직업은 어떤 종류는 무엇일까? 반대로 컴퓨터나 기계가 근로자를 대체하기 어

려우며 근로자가 더 일을 잘할 수 있는 직업은 무엇일까?

4. 고용에 관한 많은 문제들은 대인관계 및 심리적 요소 또는 정성적인 고려사항 등을 포함하여 매우 복잡하게 구성되어 있다. 따라서 고용문제는 정량화하여 판단하기가 어렵다. 만약 우리가 논의한 문제들 중 일부가 정량화할 수 없는 문제라면, 책에서 개발한 도구들은 사용하는 데에 있어서 부적합하다고 볼 수 있는가? 부적합하다고 생각하는 이유는 무엇인가? 또는 왜 부적합하지 않다고 생각하는가?

5. 이 책의 나머지 부분을 읽으면서 다음 질문에 대해 생각해 보기 바란다. 왜 기업은 대부분의 인적자원 관련 정책의 설계를 HR부서에 위임하고 있는가? 이러한 경우 당신은 어떤 비용과 편익을 생각해 볼 수 있는가? 이외의 가능한 방법에는 무엇이 있는가?

6. 제1부의 도입 부분과 이번 장을 읽은 다음, 당신은 인사경제학의 접근방식을 어떻게 특징 짓고 있는가? 이는 당신이 잘 알고 있는 조직 설계 연구의 접근방식과 어떻게 구별될 수 있는가?

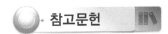

참고문헌

Blackmore, Ritchie (1973). Interviewed in *Guitar Player*, July–August.

McNaught, William & Michael Barth (1992). "Are Older Workers Good Buys? A Case Study of Days Inns of America." *Sloan Management Review*, Spring.

United Nations (various years). *Common Database & World Development Indicators*.

U.S. Department of Labor (various years). *Current Population Survey*.

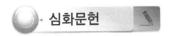

심화문헌

Lazear, Edward (1995). "Hiring Risky Workers." In *Internal Labour Markets, Incentives, and Employment*, ed. Isao Ohashi & Toshiaki Tachibanaki. New York: St. Martins Press, 1998.

부록

이 장의 두 번째 부분의 결론 뒤에 있는 이론들은 경제학의 기본적인 생산이론이다. 기업의 생산량 Q 는 고등학교 졸업자의 노동력 H 와 대학 졸업자의 노동력 C, 그리고 자본 K 의 함수로 가정한다.

$$Q = f(H, C, K)$$

기업은 각 근로자 유형의 고용비중을 조절하여 비용을 최소화하고자 한다. 정해진 생산량에 대해 기업은 H와 C를 조절함으로써 비용을 최소화할 수 있다.

$$\min_{H,C} W_H \times H + W_C \times C + \lambda[Q - f(H, C, K)]$$

여기서 W는 임금률을 나타내며, λ는 라그랑지 승수를 나타낸다. H와 C에 대한 제1계조건은 다음과 같다.

$$W_H - \lambda \frac{\partial f}{\partial H} = 0$$

$$W_C - \lambda \frac{\partial f}{\partial C} = 0$$

이 식은 다음과 같이 다시 정리할 수 있다.

$$\frac{W_H}{W_C} = \frac{\partial f/\partial H}{\partial f/\partial C}$$

또는,

$$\frac{W_H}{\partial f/\partial H} = \frac{W_C}{\partial f/\partial C}$$

승수값 λ는 주어진 생산량 Q에 대한 한계비용을 나타낸다. λ 값이 결정되면, 기업은 한계비용이 한계수입과 같아지는 지점에서 최적 생산량 Q를 결정한다. 아래에서는 본문에서 다루었던 세 가지 시나리오에 대해 설명한다.

● ●

1. 생산성이 직원 간에 독립적일 경우

독립성에 대한 특성은 가법적 생산함수를 통해 쉽게 모델로 표현할 수 있다.

$$f(H, C, K) = [aH + bC]^z$$

각 계수값은 $0 < z < 1$, $0 < a < 1$, $0 < b < 1$을 가정한다. 위 생산함수의 제1계조건은 다음과 같다.

$$\frac{\partial f}{\partial H} = az[aH + bC]^{z-1}$$

$$\frac{\partial f}{\partial C} = bz[aH + bC]^{z-1}$$

이를 정리하면 다음 공식을 유도할 수 있다.

$$\frac{a}{b} = \frac{W_H}{W_C}$$

공식에 나타난 4개의 변수들은 모두 외생적 변수들이다(다만 독점기업의 경우 W 값은 내생적이게 된다). 따라서 제1계조건만으로는 해를 찾을 수 없고, 모서리해에서 최적값을 구할 수 있다. 즉, $H > 0$, $C = 0$, 또는 $H = 0$, $C > 0$인 경우의 값을 구하게 된다. 만약 마지막 식의 좌변값이 우변값보다 크다면 고등학교 졸업자들을 고용해야 하고, 그 반대의 경우에는 대학교 졸업자들을 고용해야 한다.

2. 생산성이 직원들에게 의존적일 경우

이러한 경우에는 다음과 같이 모델을 세울 수 있다.

$$f(H, C, K) = zH^a C^b$$

또한 이전 시나리오와 비슷하게 다음과 같이 공식을 도출할 수 있다.

$$\frac{H}{C} = \frac{aW_C}{bW_H}$$

위 공식을 통해 내부해를 찾을 수 있으며, 최적의 H와 C 값은 서로 영향을 주고받는다.

3. 생산성이 직원 간에는 독립적이지만 자본에 영향을 받는 경우

이러한 경우에는 첫 번째 경우와 유사하게 모델을 만들 수 있지만 H와 C의 한계생산성은 K와 양의 상관관계를 갖게 된다. 이 경우에도 다시 모서리해를 구하게 되지만 최적 H, C 값은 K 값과 양의 상관관계를 갖게 된다. 한편 두 번째 경우와 유사한 접근방식으로 모델을 설정할 수도 있다.

02

채용

나는 클럽에 메시지를 보냈다. "저의 클럽 탈퇴를 부디 받아 주시기 바랍니다. 저는 저를 클럽 회원으로 받아 주는 어떤 곳에도 속하고 싶지 않습니다."

— 그루초 막스, 1959

서론

이 장에서 우리는 기업들이 근로자들을 채용하는 과정과 일단 근로자들이 채용된 이후의 경력 패턴에 대해서 다룬다. 표 2.1은 이러한 우리의 궁금증에 대해서 몇 가지 관련된 자료들을 제시하고 있다. 이 자료는 미국 한 회사의 사무직 근로자들의 인사기록에 대한 20년 이상의 비공개 자료를 바탕으로 하고 있다.[1] 이들 자료는 비공개자료이기 때문에 우리는 이 회사를 Acme 기업이라고 부르기로 한다. 앞으로 몇 개의 장에서 개념들을 설명하기 위해 Acme의 자료들을 제시하게 될 것이다.

Acme는 서비스 산업에 속해 있다. 회사에서의 직급은 모두 8개의 위계구조로 되어 있는데 1단계 신입사원에서부터 8단계의 최고경영자(CEO)까지로 이루어져 있다. 대부분의 사무직 근로자들의 경우 처음의 4단계에 속해 있다. 1단계는 일명 **회사의 출입 관문**이라고 일컫는데, 1단계에 속한 사무직 근로자들의 거의 대부분이 이 단계에서 Acme에 채용된 사람들이다. 이는 일

1) Acme 표는 Baker, Gibbs, & Holmstrom(1994a,b)에 기초한다. Acme 자료는 단일 기업이지만 이책에서 예시하는 Acme 자료의 패턴은 다양한 국가의 다수 기업들에서 사용하는 대표적인 정책들로 보여준다. Gibbs & Hendricks(2004)의 인용 논문 참조

반적으로 거의 모든 회사에서 직급 강등(demotion)은 매우 드문 현상이고 1단계가 사무직 근로자 경력단계의 가장 말단에 있기 때문에 당연한 현상이라고 할 수 있다. 그리고 2~8단계에서의 근로자들은 대부분 외부채용이 아니라 내부 승진의 결과이다.

내부에서의 승진이 대부분이기 때문에 상위 단계의 경영자들은 대부분 평균적으로 Acme에서 상당한 근무경험을 가지고 있다. 예를 들어, 4단계 근로자들의 경우 회사에서 거의 8년에 가까운 근무경험을 가지고 있다. 또한 상위단계에서의 평균 근무연수가 보다 더 긴 것으로 나타나 일반적으로 하위단계에서의 승진이 더 빠르게 이루어지는 것으로 나타난다.

표의 마지막 4개 행은 Acme 사무직들의 이직률과 경력기간에 대해서 몇 가지 시사점을 제시해 주고 있다. 적어도 두 가지 패턴이 나타나는데 첫째, 많은 신입사원들이 회사에 채용된 이후에 곧바로 이직하는 경향이 있다. 예를 들어, 1단계에 채용된 신입사원들의 11%가 1년 안에 회사를 그만두고 그 이듬해에는 추가적으로 10%가 더 회사를 떠난다. 반면에 사무직 근로자가 Acme에서 1년 이상을 근무하게 되면 이들은 상당히 오랜 기간 동안 회사에 근무할 가능성이 매우 높아진다. 예를 들어, 신입사원들의 1/4가량은 5~10년 동안 회사에서 근무하고 1/3가량은 회사에서 10년 이상을 근무하는 것으로 나타난다.

이는 경력기간의 초기 몇 년 동안에 신입사원들을 솎아 내는 과정들이 존재한다는 것을 직접적으로 보여주는 것이다. 회사가 이들을 원하지 않거나 사원들이 회사를 원하지 않든가 어느 경우든 신입사원들의 거의 1/4이 2년 안에 회사를 떠난다. 둘째, 근로자들이 이러한 분류과정에서 살아남는다면 대부분 상당히 오랜 기간 동안 회사에서 근무하게 된다. 이것은 근로자들로 하여금 회사에 남아 있게 하는 것이 회사에 가치가 있다는 것을 의미한다. 이 이슈들은 이 장과 다음 연이은 세 장에서 다루게 될 것이다.

이러한 서론적인 논의들을 염두에 두고 제1장에서 제기되었던 이슈들에 대해서 논의해 보도록 한다. 회사가 어떤 유형의 사원들을 채용할 것인가에 대해서 결정하게 되면 이러한 종류의 인재들을 채용해야 한다. 여기에 두 가지 일반적인 이슈가 존재한다. 첫 번째는 어떻게 원치 않

표 2.1

미국 내 고졸자 및 대졸자 임금

직급	고용 비중 (%)	해당 직급으로 고용된 비중(%)	Acme 재직기간		Acme에 남은 비율(%)			
			현 직급	총 재직기간	1년 이내	1~2년	5~10년	10년 이상
1	25.4	99.0	2.3	2.4	10.7	10.4	25.5	39.8
2	26.2	31.0	2.5	4.5	15.2	10.2	19.7	38.5
3	25.4	31.0	3.0	6.0	10.7	10.1	25.5	35.6
4	20.5	27.0	4.1	7.9	15.3	7.9	24.9	30.7
5~8	2.5	19.0	4.0	9.7	7.1	14.3	42.9	28.6

는 입사지원자들을 가려낼 것인가에 관한 것이다. 어떤 직종들의 경우에는 잘못된 유형의 직원들을 채용하게 되면 심대한 문제점들을 일으킬 수 있는데, 생산과정에 부정적 영향을 미쳐서 단순히 근로자의 임금이 문제가 아니라 기업수익에도 부정적 영향을 끼치는 경우들이 발생한다. 두 번째로 어떻게 회사가 원하는 유형의 사원들을 유인할 것인지를 알아야 한다. 올바른 유형의 근로자들을 유인하는 것은 채용과 이직비용을 줄이고 직장에서의 문제점들을 감소시켜 준다. 단순하게 말한다면 회사는 Acme가 하는 대로 분명 신규사원들을 분류해 낼 수 있어야 한다. 그렇다면 어떻게 해야 가장 생산성이 높은 근로자들을 분류해 낼 수 있다고 생각하는가?

입사지원자 심사

양질의 입사지원자들을 유인하기 위한 전략들 가운데 가장 분명한 것은 높은 수준의 봉급이나 복지혜택을 주는 것이다. 이러한 전략을 통해 많은 수의 신규지원자들을 확보할 수 있을 것이며 당연히 봉급수준이 낮을 때부터 훨씬 양질의 지원자들이 모일 가능성이 높다. 반면에 동시에 낮은 수준의 신규지원자들이 모일 가능성도 높아지게 된다. 인사담당자는 이력서로 넘쳐나게 될 것이고 분명 그 가운데 적은 수의 지원자들만이 그 자리에 적합할 것이다. 아마도 몇몇의 부적합한 지원자들이 채용과정에서 걸러지지 않고 직원이 될 수 있는 반면 몇몇의 적합한 근로자들이 이 과정에서 탈락하고 영원히 고용될 기회를 잃게 될 수도 있다. 따라서 임금수준을 높게 제시하는 것 자체로는 좋은 전략이라고 할 수 없다.

회사에 부적합한 인력이 지원하고 채용되는 문제점을 경제학 용어로는 **역선택**(adverse selection)이라고 한다.[2] 이 문제는 단순히 고용에만 국한된 것이 아니며 경제학에서는 매우 일반화된 문제점이다. 이러한 문제점은 정보의 비대칭성(asymmetric information)으로 인해 나타난다. 신규진입자들은 자신이 어떠한 유형의 지원자인지(이 경우에는 양질의 입사지원자인지 그렇지 않은지) 알고 있는 반면 상대방은 알지 못한다. 이러한 정보를 알고 있는 지원자들은 자신의 개인적 이득을 위하여 이 정보를 전략적으로 활용한다. 자동차 소유주는 분명히 자신들의 중고차 상태를 알고 있다. 상태가 좋은 중고차의 경우에 사람들은 차를 계속 보유하고자 할 가능성이 높은 반면, 오히려 상태가 좋지 않은 중고차를 가진 소유자가 차를 더 팔고자 할 가능성이 높다. 이러한 성향은 시장에 나오는 중고차의 상태가 예상보다 낮을 수 있다는 것을 의미하며 동시에 좋은 성능의 중고차를 가진 자동차 소유자들이 차에 대해서 좋은 값을 받기 어렵다는 것

---

2) 2001년 George Akerlof(1970)는 역선택의 문제에 대한 연구로 노벨경제학상을 수상하였다. Akerlof는 신호하기의 문제를 분석한 Michael Spence(1973)와 공동 수상하였는데, 신호하기는 이 장의 후반부에서 논의한다. Joseph Stiglitz 역시 공동 수상자인데, 그는 정보의 비대칭성 문제를 분석하였다.

을 의미한다. 왜냐하면 중고차 구매자들은 중고차 시장에 나온 차들이 대부분 불량상태라고 믿기 때문이다.

우리의 경우에 있어서 역선택의 문제는 회사에 부적합한 유형의 근로자들이 유입되는 경우에 발생한다. 따라서 채용에 있어서 역선택의 문제를 완화시키기 위해서 다양한 접근들이 사용된다. 먼저 가장 단순한 수단인 성적증명서, 학위증명서 등 자격증의 활용을 알아보자.

자격증

입사지원자들의 이력서를 통해서 지원자들을 분류해 내는 가장 분명한 방법은 지원자들을 돋보이게 하는 자격증을 찾는 것이다. 이러한 자격증들 가운데 중요한 것은 지원자들이 갖고 있는 직장경력(직종과 승진 이력)이나 교육훈련의 종류(예 : 대학 전공 혹은 MBA 졸업장), 혹은 지원자가 졸업한 대학의 질적 수준 등이라고 할 수 있다. 분명 이러한 종류의 정보는 입사지원자들의 이력서에서 가장 중요한 항목이라고 할 수 있다. 채용에 있어서 자격증이 어떻게 유용하게 사용될 수 있을까? 아래에 몇 가지 고려해야 할 사항들이 있다.

자격증의 정보유용성

직장에서 좋은 성과를 낼 수 있는 역량과 자격증을 받을 수 있는 역량은 반드시 양의 상관관계를 지녀야 한다. 예를 들어, 대학학위는 대학 졸업자들이 그 직종에서 보다 나은 생산성을 보인다는 것이 증명될 경우에만 유용한 자격증이라고 할 수 있다. 자격증은 두 가지 점에서 정보유용성을 갖고 있다. 첫째, 자격증의 보유자는 그 직종에 직접적으로 적용할 수 있는 지식이나 기술들을 갖고 있다는 것을 의미할 수 있다. CPA나 MBA 학위를 갖고 있는 것이 이러한 경우에 해당될 수 있다. 둘째, 자격증은 이를 보유한 사람이 그 직종에서 보다 생산적인 내재된 능력을 가지고 있다는 것을 의미하는 것일 수 있다. 이러한 자격증의 사례들로는 적성검사에서의 높은 성적이나 장학금을 받은 기록 등이 될 것이다.

자격증 획득비용

자격증이 가지는 매우 가치 있는 장점은 직종 적합성이 높은 근로자들이 그렇지 못한 근로자들에 비해서 비교적 쉽게 이를 획득할 수 있다는 점이다. 만일 이것이 사실이라고 한다면 자격증은 개개인의 능력을 변별하는 데 있어서 매우 중요한 판단의 근거가 될 수 있다. 예를 들어, 충분한 능력을 갖춘 회계사가 CPA를 통과한다는 것은 그리 어려운 일이 아니지만 회계 분야에 대해서 전혀 교육훈련이 없었던 사람이 이를 통과하기란 거의 불가능한 일이다. 따라서 CPA를 심사요건으로 삼는 것은 직종에 적합한 회계사를 추려내는 데 매우 효과적으로 사용될 수 있다.

반면에 모든 근로자가 동일하게 획득하기 극히 어려운 자격증이 있다면 이는 근로자들을 선별하는 데 좋은 기준이 되기 어렵다. 자격증이 획득하기 어려운 것이라면 매우 적은 수의 지원자들만이 이를 보유하고 있을 것이다. 따라서 자격증이 효과적이기 위해서는 대부분의 적격한 지원자들이 보유하고 있고 대부분의 부적격한 지원자들이 보유하고 있지 못하는 특성을 갖고 있어야 한다. 만일 적격한 지원자들 가운데서도 소수의 사람들만이 갖고 있거나 혹은 부적격한 지원자들 가운데서도 다수의 사람들도 갖고 있다면 그 자격증은 유용성이 적다고 할 수 있다.

자격증에 대한 투자 수익률

만일 자격증을 보유하고 있는 집단과 그렇지 못한 집단 간에 임금의 차이가 크지 않다고 한다면, 자격증의 작은 차이도 개인의 능력을 암시하는 데 있어서 큰 차이를 나타낼 수 있다. 예를 들어, 자격증은 교육이고 대학학위를 획득한 데 따른 임금 상승이 작다면 가장 재능이 있는 사람만이 학위를 취득할 것이다. 이들 재능 있는 사람들에게서 학위 취득(의 비용)이 가장 싸기 때문이다. 학위 취득에 따른 보상이 클 때 능력이 좀 뒤처지는 사람들도 학위를 취득하도록 유인할 수 있다.

신호하기(signaling)는 역선택의 문제를 해결하는 방법 가운데 하나이다. 많은 경우에 우수한 품질의 집단이 자신들이 높은 품질을 보유하고 있다고 신호를 보내는 것은 일정한 비용이 들게 된다. 따라서 만일 낮은 품질의 집단이 이러한 '신호'를 보내는 데 투자하지 않는다면 이러한 '신호' 표시는 우수한 품질의 집단과 낮은 품질의 집단을 구별하는 데 좋은 기준이 될 수 있다. 예를 들어, 우수한 품질의 중고차를 가지고 있는 주인은 품질보증서를 제공할 수 있다. 우수한 입사지원자가 미래의 고용주에게 자신의 우수성에 대해서 신호를 보내는 것 역시 가능하다. 이러한 아이디어에 대해서 더 의논하기 전에 몇 가지 좀 더 단순한 선별과 관련한 이슈들을 살펴보는 것이 유용할 것이다.

근로자 생산성에 대해서 배우기

제1장에서처럼 투자은행 직원모집 광고를 가정해 보자. 모집광고에 따라 입사지원자들로부터 이력서를 받아 보게 된다. 이력서들을 살펴보면서 적합한 자격증을 가진 집단들을 선택하였다. 투자은행과 같은 직종의 경우 능력, 인성 또는 기타 직원 특성에서의 작은 차이는 직무 생산성에 있어서 매우 큰 차이를 보일 수 있다. 그러나 안타깝게도 광고모집에 대한 입사지원자들의 자발적인 선별과 더불어 이력서를 통해서 감별하는 작업들은 오히려 선별을 통해서 추려진 입사지원자들이 더 유사하게 보이게 만들며 이들을 더 구별하기 어렵게 만들게 된다. 일반적으로 선별작업을 많이 거치면 거칠수록 이들 추려진 지원자들 간의 차이는 점점 더 낮아지게 되는 경향이 있다. 그렇다면 다음에는 무엇을 해야 하나?

아마도 이들 선별된 지원자들 가운데 무작위로 한 사람을 고용하고 운에 맡겨 볼 수 있다. 그러나 그러기에는 투자은행에서의 직업이 갖는 중요성이 너무 높기 때문에 따라서 이들을 추가적으로 선별하기 위해 조금 더 많은 재원을 투자하는 것이 바람직하다.

입사지원자들을 선별하기 위해 기업들이 사용하는 매우 다양한 방법이 존재한다. 어떤 기업들은 입사시험을 치르게 하며 특정한 임무에 대해서 어떠한 성과를 내는지 보기도 한다. 이러한 접근법은 고정된 업무성격과 측정 가능한 성과지표를 갖춘 직종에 적합하다고 할 수 있으나 투자은행의 성격상에는 별로 바람직하지 않을 수 있다. 많은 기업이 심리학적인 프로파일 기법을 사용하기도 한다. 하지만 이러한 기법은 대개 실전에서는 제대로 작용하지 않는 경향이 있다. 심리학이 정확하지 않은 과학이라는 점이 하나의 이유가 될 것이다. 또 다른 이유는 입사지원자들은 자신들의 실제 상태보다 더 나은 근로자로 보이기 위해 가장하려고 하는 인센티브가 있다는 점이다. 예를 들어, 한 연구에 의하면 일반적으로 활용되는 심리학 테스트를 치렀던 입사지원자들의 90%가 심리학 테스트 점수를 부풀릴 수 있는 것으로 조사되었다.[3] 마지막으로 거의 모든 기업이 입사지원자들에 대한 개인 인터뷰를 실시한다. 이러한 인터뷰들은 단순한 것에서부터 매우 정교한 것까지 매우 다양하다. 투자은행의 경우 입사지원자들은 여러 인터뷰 과정을 거치게 되며 최종단계에서는 본사에서 며칠간에 걸쳐 고위급 파트너들과 인터뷰를 갖게 된다. 이러한 과정은 비용이 매우 높다.

이들 사례들은 모두 비용이 든다(기업들이 어떠한 선별작업도 거치지 않고 직원들을 채용하는 경우를 제외하고). 다음의 사례를 살펴보고 입사지원자들을 선별하는 데 있어서 어느 정도의 재원을 투입하는 것이 바람직한지 한번 생각해 보자.

은행직원 선별

표 2.2는 투자은행과 상업은행이라는 두 회사에 지원하였던 *A*부터 *E*까지의 다섯 가지 유형의 가상의 입사지원자들에 대한 생산성 수준을 보여주고 있다. 선별작업을 거친 후의 입사자들은 대략 100,000파운드의 연봉을 받고 있으며, 따라서 각각의 은행 관계자들은 그들이 고용하는

표 2.2

입사지원자 유형

		입사지원자 유형				
		A	*B*	*C*	*D*	*E*
입사지원자의 비중(%)		10	20	40	20	10
생산성	투자은행	−250	0	125	200	450
(£1,000)	상업은행	95	100	110	120	125

3) Paul(2004) 참조

사람들에게 대략 이 정도의 임금을 주어야 한다는 것을 알고 있다.

각각의 회사에 있어서 입사지원자들이 어떠한 유형에 속하는지를 아는 것은 분명 매우 중요한 일이다. 투자은행의 경우에는 생산성이 임금보다 낮기 때문에 A와 B유형의 입사지원자들을 피하고 싶을 것이며, 마찬가지로 상업은행은 A유형의 입사지원자들을 피하고자 할 것이다.[4] 은행들은 입사지원자들로 하여금 1인당 2,000파운드의 비용이 드는 일련의 시험을 거치게 한다고 가정해 보자. 그렇다면 이를 통해 얻는 정보의 가치는 얼마나 될까? 다시 말해 각각의 은행들은 입사지원자들을 채용하기 전에 이들을 선별하기 위한 작업들로 어느 정도의 비용을 지불할 의사가 있을까? 표 2.3은 이 질문에 대한 해답에 도움을 주는 숫자들을 제공해 준다(여기서 모든 숫자는 100파운드 단위로 반올림한 수치임).

선별작업이 없다면 두 은행은 새로 고용한 직원들로부터 각각 평균 110,000파운드의 생산성을 얻고 평균 10,000파운드의 수익을 얻게 된다.

선별작업이 있다면 투자은행은 A와 B유형의 입사지원자들을 불합격시키고 전체 지원자의 70%만을 입사시키게 된다. 그리고 C, D, E유형의 근로자 평균생산성은 선별작업이 없었을 때보다 매우 높은 193,000파운드를 기록하게 된다. 이들을 선별하는 데 드는 비용은 1인 근로자당 2,000파운드 × 10/7(은행은 평균 10명 가운데 7명을 선발하기 때문), 즉 1인당 2,857파운드의 비용이 든다. 새로운 고용인력으로부터 얻는 수익은 평균 90,100파운드로 늘어나게 된다. 따라서 투자은행으로서는 입사지원자들을 선별함으로써 얻는 순익이 매우 크다고 할 수 있다.

상업은행이 입사지원자들을 선별하게 된다면 A유형의 지원자들을 불합격시키고 90%의 입사지원자들을 고용하게 된다. 이때의 평균생산성은 112,000파운드로 소규모의 생산성 증가만이 발생한다. 반면 선별비용은 2,000파운드 × 10/9, 대략 신규고용자 1인당 2,222파운드가 발

표 2.3

투자은행과 상업은행의 선별에 따른 수익성

(단위 : £)

	선별 여부	생산성	연봉	선별에 소요된 비용	이윤
투자은행	시행하지 않음	110	100	0.0	10.0
	시행함	193	100	2.9	90.1
상업은행	시행하지 않음	110	100	0.0	10.0
	시행함	112	100	2.2	9.8

4) 제1장으로부터 각 은행들은 보상비용(compensation cost) 파운드 단위당 생산성이 가장 높은 사람을 고용하고자 한다는 것을 상기하기 바란다. 이것은 사실이다. 즉, 기업 또한 기대되는 생산성이 예상 고용비용보다 높기만 한다면 고용을 유지하고 싶어 할 것이다.

생한다. 따라서 선별비용을 제외한 신규고용 1인당 순익은 9,800파운드로 오히려 하락하게 된다. 따라서 상업은행은 선별작업으로부터 이득을 얻지 못한다고 할 수 있다.

왜 이러한 차이가 발생하는가? 두 가지 이유가 존재한다. 먼저 투자은행은 상업은행에 비해 3배나 더 많은 입사지원자들을 선별하여 불합격시킨다. 선별에서 중요한 사항은 생산성이 높지 않은 지원자들을 합격시키는 것을 방지하는 데 있다. 두 번째로는 생산성이 낮은 지원자들을 고용함으로써 발생하는 부정적 영향은 투자은행에서 더욱 높다는 사실이다. 일부 입사지원자들은 생산성에 도움이 되지 못할 수도 있고 다른 지원자들의 경우에는 오히려 기업의 가치를 파괴할 수도 있다. 투자은행은 잘못된 유형의 근로자들을 고용하는 것에 대해 더 많은 위험부담에 놓이게 된다.

이 사례는 선별작업을 벌일 때 고려해야 하는 몇 가지 이슈를 제기한다(부록에서 보다 자세하게 다룸).

검증시험이 보다 효과적일 때 입사지원자들에 대한 선별작업의 가치가 높아진다   검증시험은 몇 가지 측면에서 선별방법들 가운데 보다 효과적인 방법이라고 할 수 있다. 먼저 검증시험은 관리적 측면에서 비용이 적게 든다. 두 번째로 검증시험이 보다 정확할 수 있다. 다른 말로 하면 검증시험은 적합한 입사지원자와 적합하지 않은 입사지원자들을 매우 높은 확률로 보다 정확하게 선별할 수 있게 한다. 하지만 모든 시험이 100% 정확하지는 않다. 더불어 위에서 지적하였듯이 입사지원자들의 경우 실제 자신들의 수준보다 더 나은 지원자로 보이기 위해 노력한다는 점도 분명히 고려되어야 한다. 마지막으로 효과적인 검증시험은 입사지원자에 대해 차별화를 가능하게 해준다. 시험은 입사지원자들의 상당 비율을 불합격시키고 채용대상으로서 소규모의 집단을 추천하게 된다. 예를 들어, 상업은행의 채용과정의 경우 입사지원자들의 10%만이 불합격되었다는 점에서 선별작업의 의미가 별로 없었다고 할 수 있다.

선별작업에 걸린 이해관계가 높을수록 선별작업의 가치가 높아진다   선별작업의 목적은 비생산적인 입사지원자들을 가려내는 것이다. 따라서 부적격한 지원자들을 고용함으로써 발생하는 부정적인 리스크가 높으면 높을수록 선별작업의 가치가 더욱 높아진다고 할 수 있다. 마찬가지로 신규입사자들이 향후 기업에서 일하게 될 기대고용기간이 길면 길수록 선별작업의 가치가 높아지게 된다. 근로자들을 장기간 고용하고자 하는 기업들의 경우에 신규입사자를 뽑기 전에 보다 신중하게 선별작업을 진행하고 이에 대해 보다 많은 투자를 하는 경향이 있다.

선별작업은 가치 있는 일인가, 그렇다면 누구를 위해서인가

투자은행이 입사지원자들에 대한 선별작업을 통해서 신규근로자들을 채용한다면 무작위로 채용하는 경우보다 근로자들의 생산성이 더욱 높아지게 된다. 여기에서 제1장에서 나왔던 스벤슨의 경우에서 나타났던 것과 같은 동일한 이슈가 발생하게 된다(매우 리스크가 높은 채용이었지만 결국에는 그녀가 매우 높은 생산성을 발휘하는 스타 근로자로 판명된다). 노동시장은 우리가 선별하여 채용한 직원들의 가치를 보다 높게 산정할 것이다. 왜냐하면 이들은 우리 투자은행이 설정한 기준을 통과했고, 우리는 이들을 고용하기로 결정했기 때문이다. 따라서 만약 이들의 생산성이 거의 2배 가까이 높은 것으로 판명된다면, 이들에게 계속 100,000파운드의 임금을 지불하게 될 것이라고 가정하는 것은 현실적이지 못하다고 볼 수 있다. 다른 투자은행들이 우리 투자은행이 매우 신중하게 직원들을 선별했다는 사실을 인식하게 된다면, 이들은 우리의 직원들을 스카우트해 가려고 할 것이다.

그렇다면 이들 채용된 근로자들에게 얼마나 높은 임금을 지불하여야 할까? 더 이상의 추가적인 정보가 없다면 판단하기 힘들다. 만일 노동시장이 매우 경쟁적이라고 한다면 심지어는 채용된 근로자들의 생산성인 193,000파운드까지 임금을 주어야 할지도 모른다. 따라서 선별작업은 고용주에게 항상 수익이 남는 것이 아닐 수도 있다. 실제로 일부 기업들은 사원 선발과정이 광범위하게 진행되는 반면 어떤 기업들은 거의 선발과정을 거치지 않고 입사자들을 채용하고 있다.

입사지원자들의 경우는 어떠한가? 만일 기업의 선발과정에서 자신들이 탈락할 것이라는 것을 안다면 왜 그 기업에 지원하고자 하는 것일까? 이것은 이들이 선발과정을 통과하였을 때 얻게 될 수 있는 기대임금이 매우 높기 때문에 입사지원과정에서의 노력과 채용과정에서 나타날 수 있는 리스크를 감수한다고 할 수 있다. 만일 입사지원과정이 그렇게 어렵지 않다면 입사로 인한 추가적인 보상이 그리 높지 않다고 하더라도 입사지원을 시도해 볼 만한 가치가 있다고 느낄 것이다. 반면 선발과정이 매우 심도 있고 광범위한 경우(예 : 아래 절의 수습기간 참조) 입사지원자들이 이러한 복잡하고 어려운 채용과정에 지원하기 위해서는 채용된 입사자들에 대한 보상이 상당히 높아야 할 것이다.

만일 노동시장이 매우 경쟁적이어서 기업들이 선별과정을 통해 별다른 이득을 얻지 못한다면 입사지원자들은 선발과정에 필요한 비용의 대부분 혹은 전부를 부담해야 할지도 모른다. 물론 이러한 경우는 '입사전 선별단계(pre-job market screening)'인 교육이나 전문가 자격증 인증단계에서 이미 발생하는 현상이다. 그렇지만 이 경우에는 바로 '입사선별과정(on the job screening)'에서도 나타날 수 있다. 근로자들은 수습기간에서와 같이 선별기간 동안에 다른 곳에서 일하였다면 받게 될 임금보다 낮은 임금을 받고서도 일할 의사를 보임으로써 채용과정에 대해서 암묵적으로 비용을 지불한다고 할 수 있다.

어떠한 경우이든 선별과정에서 나타나게 될 이득(혹은 비용)을 고용주와 피고용인이 동시에 분담하게 될 가능성이 높다. 선별과정이 광범위한 회사의 경우에는 (1) 채용된 근로자의 생산성이 매우 높을 뿐만 아니라 (2) 입사지원자가 기업에 장기간 고용되기 위해서 투입한 비용과 리스크, 노력들에 대한 보상을 요구할 수 있다는 점에서 선발과정에 대해 회사가 지불하는 비용부담의 비율이 더욱 높을 것이다.

추가적으로 고려해야 할 사항은 피고용인이 자신들의 능력이 높은 수준인지 낮은 수준인지에 대해서 인지하고 있는 경우에 발생한다. 높은 수준의 능력을 갖춘 지원자들은 선발과정을 통과할 확률이 높으며, 따라서 선별과정을 통해서 얻는 이득이 더 많다고 볼 수 있다. 따라서 이들은 채용과정에 참여하고 이에 대해 비용을 지불할 의사가 더 많다고 할 수 있다. 신호하기에 대한 이슈를 논의할 때 이 문제에 대해 다시 다루기로 하자.

수습기간

위에서 설명한 인력선발방법들은 유용할 수 있지만 완벽하지는 않다. 가장 중요한 사항은 이것이 회사가 갖고 있는 진정한 관심인 근로자들의 직무수행능력에 대한 대리변수일 뿐이라는 사실이다. 실제로 많은 경우에 있어서 이 입사지원자가 그 직무에 적합한지 아닌지를 판단하는 유일한 방법은 그 직무에서 실제 일을 수행해 보는 수밖에 없는 경우들도 존재한다. 따라서 선발과정의 마지막 방법은 인터뷰가 진행되는 짧은 기간 동안이나 혹은 일정한 시험의 기간 동안보다 광범위하게 실제로 그 직무를 수행하도록 하는 것이다. 이러한 방법의 가장 중요한 형태는 일정한 수습기간(probation) 동안 근로자를 채용하고 이 수습기간 동안 직무수행성과가 적절하다고 판단되면 채용하는 것이다.

물론 수습기간과 관련된 문제점은 수습기간 후에 근로자들을 채용하지 않는 것에 대한 비용이 상당하다는 점이다. 이탈리아에서는 기업이 법적 요건에 해당되는 장기간 동안 근무한 근로자를 법적 사유 없이 해고한 것이 발각된 경우에 그 기업은 근로자를 다시 고용해야 함은 물론 해고기간 동안의 임금과 사회보험 기여분담금을 지불하고 정부에는 과징금을 내야 한다. 인도네시아에서는 근로자들의 퇴직 시에 근로자가 그 회사에서 일한 기간에 대해서 1년당 1개월 봉급분을 최대 9개월 봉급분까지 지급해야 하며 여기에 추가적으로 봉급의 15%를 '이직에 대한 근로자의 권리'로서 지불해야만 한다.

해고에 대한 비용이 높을수록 고용주들은 매우 다양한 형태의 수습기간제도를 활용하게 된다. 예를 들어, 근로자들은 임시직 고용알선기관을 통해서 임시직으로 고용될 가능성이 있다. 이 가운데서 성과가 높은 근로자들의 경우 정규직으로 전환될 수 있을 것이다. 반면 고용주들 역시 성과가 좋지 못한 근로자들을 해고시킬 필요가 없다. 단순히 임시직 고용알선기관으로부터 재고용을 하지 않으면 된다. 실제로 일부 임시직 고용알선기관의 경우 이러한 종류의 고용주들을 위한 하나의 선별기관으로서의 역할을 공식적인 전략으로 삼고 있는 경우들도 있다.

동일한 접근방법으로 기업들은 일정 기간 동안 임시직 계약으로 입사지원자들을 고용하는 방법을 사용하기도 한다. 계약기간이 끝날 때 기업들은 근로자들 가운데 장기적으로 고용할 사람들을 선택하거나 새로운 임시직 계약을 제시하거나 아예 근로자들을 재고용하지 않을 수 있다. 이러한 계약들은 단순히 저숙련 직무들의 경우에만 활용되는 것이 아니다. 많은 기업이 고위급 컨설턴트들을 이러한 방식으로 고용하고 있다.

많은 실증적 근거들은 최근 증가한 고용관련 규제가 전 세계적인 임시직 고용알선기관들의 최근 성장을 설명하는 하나의 요인이라고 지적하고 있다. 예를 들어, 미국에서는 고용관련 규제가 각각의 주마다 상이하다. 고용해지에 관한 규제가 강한 주들의 경우 기업들이 임시직 근로자들을 더 많이 활용하는 경향이 존재한다. 유럽의 경우 세계 다른 어느 국가들보다 고용관계가 보다 강도 높게 규제되고 있는데 반해 임시직 고용이 매우 일반적인 현상이다. 한 연구에 따르면 EU의 모든 임금 근로자들 가운데 13%가 임시직 계약으로 고용되어 있다. 스페인의 경우 이 비율이 31%에 이르고 30세 이하 근로자들의 거의 절반가량이 임시직 계약으로 고용되어 있다.

프랑스의 해고비용 축소

2005년 9월 프랑스 정부는 20인 이하 근로자들을 고용하고 있는 기업들의 경우 근로자의 채용과 해고를 보다 쉽게 하는 새 법안을 통과시켰다. '신고용계약(New Recruit Contract)'이라고 불린 조항에서는 기업이 고용을 시작한 지 2년 이내의 기간 내에서는 언제든지 근로자들을 아무런 이유 없이 해고할 수 있도록 허용하였다. 이들 해고대상자에게 적어도 2주 정도의 사전통지기간이 필요하며, 실업보험의 혜택이 주어진다. 그렇지만 기업은 프랑스 근로자들에게 이미 사회적으로 표준화된 수준의 퇴직금을 줄 필요는 없다.

노동조합들과 야당 지도자들은 당초부터 프랑스 정부가 의회와의 협의 없이 고용 관련 법규를 제정할 수 있도록 한 '긴급절차(emergency procedure)'에 관한 법령에 의해서 통과된 이 법안을 강도 높게 비판하였다. 2006년 4월 학생들과 노동조합원들, 일반시민들은 파리거리에서 시위행진을 벌였다. 이 결과 이 법안은 자크 시라크(Jacques Chirac) 대통령에 의해서 취소되었다.

출처 : 관련 언론보도자료(2005~2006)

수습기간을 활용한 선별과정의 시사점

기업이 근로자들을 선별하는 방법으로 수습기간을 활용하고, 좋은 성과를 보인 사람들만을 계속 채용하는 경우에 우리는 몇 가지 흥미로운 시사점들을 발견하게 된다. 첫째, 기업은 이러한 선발과정을 통과한 사람들에게 승진기회를 더 많이 제공할 가능성이 높다. 이들은 일반 입사지원자들보다 더 생산적이라는 것이 이미 증명된 셈이다. 일단 이것이 증명된다면 기업은 이들에게 더 많은 책임을 지게 할 것이다.

둘째, 이러한 체계는 일반적으로 '승진연한(up-or-out)'의 방식이 될 것이다. 이는 승진되지 못한 경우에는 일반적으로 재계약되지 못하기 때문이다. 이는 대부분의 전문직 서비스 기업들에서 발견되는 경력승진 단계에서 낮은 수준의 단계들과 매우 흡사하다고 할 수 있다.

셋째, 일반적으로 승진과 함께 큰 폭의 임금인상이 동반된다. 기업들은 생산성이 가장 높은 근로자들을 승진시키게 되고, 따라서 승진을 했다는 것은 다른 평균적인 신규채용자보다 더욱 높은 재능을 보유하고 있다는 것을 의미하며, 이는 이 사람의 시장가치를 높이는 계기가 될 것이다. 이러한 이유로 기업들은 승진 시에 임금인상을 동시에 제시해야만 하며, 그렇지 않다면 이들 승진된 근로자를 다른 기업에 빼앗길 위험이 존재한다. 무엇보다도 승진은 성과에 기반하는데, 이 성과는 근로자가 그 직무에 쏟은 노력에 기인하기 때문에 승진은 '인센티브 급여(incentive pay)'의 한 형태라고도 볼 수 있다. 이 이슈에 대해서는 제11장에서 다시 다루게 될 것이다.

●●● 신호하기

대부분의 사람들은 기술과 능력, 근로윤리의식, 비전 등 피고용인으로서 자신의 장점에 대해서 상당한 정보를 가지고 있다. 그렇다면 여기서 근로자들은 자신이 어떠한 유형의 근로자인지에 대해서 알고 있다고 가정해 보자. 만일 근로자들은 자신이 어떠한 유형인지를 알고 있고 고용주와 정직하게 이러한 정보를 공유한다면, 기업들은 단순히 자신이 찾고 있는 근로자들의 유형을 공고함으로써 그러한 유형의 근로자를 채용할 수 있게 될 것이다. 그러나 불행히도 이는 효과적인 접근방법이라고 보기 어렵다. 이 장에서 제기되었던 고숙련 노동자들에게 높은 임금을 제시하는 문제에 대한 토론을 상기해 보자. 이러한 접근을 시도한 기업들은 자신이 역선택의 문제에 직면하게 되리라는 것을 알게 될 것이다. 고숙련 근로자가 아닌 입사지원자들도 어떻게 해서든 입사하려고 하는 유인을 갖기 때문이다. 이것이 바로 선별과정이 필요한 이유라고 할 수 있다.

입사지원자들이 자신의 채용가능성에 대해서 고용주보다 더 잘 알고 있다면 선별과정은 이러한 역선택의 문제를 해결하는 데 사용될 수 있을 것이다. 결국 선별과정은 근로자들을 분류함으로써 작동되고 직무에 적합하고 생산성이 높은 사람들을 분류해 내고 이들을 계속 고용하도록 해준다. 그리고 이러한 선별과정을 통과한 사람들에게 보다 높은 임금을 지불하게 된다. 그렇다면 이러한 선별과정 자체가 처음부터 우수한 입사지원자들이 지원하도록 하고 그렇지 못한 지원자들이 지원을 포기하게 하는 방법으로 작동하도록 해야 하는 것은 아닌가? 어떻게 이러한 일들이 작동되는지를 사례를 통해서 살펴보도록 하자.

보다 단순한 형태의 투자은행 채용과정에 대해서 살펴보도록 하자. 예를 들어, 단순한 인터뷰 검증이 A 유형부터 C 유형까지의 근로자들을 매우 손쉽게 가려낼 수 있는 반면, D 유형과 E 유형을 구별하기 위해서는 더 많은 선별과정들이 필요하고 어렵다고 가정해 보자. 은행으로서는 당연히 가장 수익을 많이 낼 수 있는 E 형의 근로자들을 고용하고자 할 것이다. 이 경우 선발과정을 사용하는 대신에, E 유형에게 매력적인 수습기간, 승진, 승진에 따른 임금인상 등을 포함하는 고용계약을 제안하고 반면에 D 유형에게는 제공하지 않는 것이 어떠한가?

이러한 상황을 모형화하기 위해서 몇 가지 추가적인 정보가 필요하다. 첫째, 투자은행은 1년이라는 직무수습기간 동안에 이들을 관찰함으로써 이들 근로자가 어떠한 유형인지를 알아낼 수 있다고 가정하자. 그러나 이러한 판단의 정확도는 완벽하지 않다. 전체 결정의 10%가 잘못된 결정이라고 가정하자. 따라서 승진되지 말아야 할 D 유형 가운데 10%의 사람들이 승진하고 반면에 승진해야 할 10%의 E 유형의 사람들이 그렇지 못하게 된다.

이 정보와 더불어 투자은행은 E 유형의 사람들에게는 보다 매력적인 인센티브 패키지를 제공해야 하는 반면에 D 유형의 사람들에게는 낮은 수준을 제공해야 하기 때문에 각 유형의 근로자들이 다른 기업에서는 어느 정도의 임금을 받을 수 있는지에 대한 정보가 필요하다. 예를 들어, D 유형의 사람들은 다른 직장에서 175,000파운드의 임금을 받을 수 있고 E 유형은 200,000파운드를 받을 수 있다고 가정해 보자. 따라서 직무수습기간과 승진이후 기간을 포함한 초기 2년동안 이들 근로자가 다른 직장에서 일한다면 받게 될 임금은 이들 임금의 2배가 될 것이며 각각 D 유형은 350,000파운드, E 유형은 400,000파운드가 될 것이다.

마지막으로 승진을 한 근로자들이 이 투자은행에 얼마나 오래 근무할 것인가에 대해서 알 필요가 있다. 분석을 단순화하기 위해서 승진한 이후에 1년 동안만 더 이 기업에서 일한다고 가정해 보자. 표 2.4는 각 유형에 대해서 입사하게 될 경우 받게 될 2년 간의 기대임금을 각각 W_1과 W_2로 가정하여 계산한 자료를 보여주고 있다(1,000파운드 단위에서 반올림).

첫 번째 연봉계약 제안은 E 유형이 다른 직장에서 받을 수 있는 임금수준과 동일한 연간 200,000파운드이다. 따라서 이 제안은 분명 D 유형의 사람들을 유인할 수 있는 수준이지만 E 유형의 사람은 유인하지 못할 것이다. 두 번째 연봉계약 제안은 수습기간인 첫해 W_1에는 임금수준이 낮지만 두 번째 해인 W_2에서는 임금수준을 인상하게 된다. 표의 행을 따라 내려갈수록 W_1에서의 임금수준은 내려가고 W_2에서의 임금수준은 올라간다. 승진은 보장된 것이 아니기 때문에 투자은행은 E 유형의 입사지원자들을 유인하기 위해서 W_1과 W_2 전체 기간을 통해서 받게 될 총임금을 400,000파운드보다 더 높게 제시하여야 할 것이다. 이러한 이유와 더불어 첫 번째 해에 다른 곳에서 받을 수 있는 임금보다 낮은 수준을 받아들이는 리스크를 부담해야 하는 것을 감안한다면, 초기 임금이 낮아질수록 두 기간을 통해서 승진자가 받게 되는 전체 총임금은 더욱 높아져야 할 것이다. 따라서 행을 따라 내려갈수록 승진자의 총임금 규모도 높아지게 된다.

D 유형과 E 유형의 근로자들이 입사지원을 할 경우 받게 될 실제 임금수준을 계산해 보면, 먼저 첫해에는 모두 W_1의 임금을 받게 된다. 그러나 두 번째 시기에 D 유형은 10%의 확률을 가지고 W_2의 임금을 받게 되고 90%의 확률을 가지고 다른 기업에서 일한다면 받게 될 임금을 받게 된다. 마찬가지로 두 번째 시기에 있어서 E 유형은 90%의 확률을 가지고 W_2의 임금을 받고

표 2.4

구직자의 자기선택 유도하기

(단위 : £)

W_1	W_2	유형					
		D			E		
		기대임금			기대임금		
		대안	지원	지원	대안	지원	지원
200	200	350	378	예	400	400	아니오
180	225	350	360	예	400	403	예
160	250	350	343	아니오	400	405	예
140	275	350	325	아니오	400	408	예
120	300	350	308	아니오	400	410	예
100	325	350	290	아니오	400	413	예

10%의 확률을 가지고 다른 기업에서 일한다면 받게 될 임금을 받는다.

$$D \text{ 유형 근로자의 입사지원 시 기대임금} = W_1 + 0.9 \times £175,000 + 0.1 \times W_2$$
$$E \text{ 유형 근로자의 입사지원 시 기대임금} = W_1 + 0.1 \times £200,000 + 0.9 \times W_2$$

이러한 산식을 통해서 살펴보면 첫 번째 두 행의 고용계약 제안은 D 유형에 매력적인 제안이라고 할 수 있다. 이는 심지어 수습기간에도 D 유형의 근로자가 다른 직장에서 받을 수 있는 임금보다도 높기 때문이다. 따라서 첫 번째 얻을 수 있는 시사점은 회사에서 원하지 않는 입사지원자들이 자발적으로 입사지원을 피하도록 하기 위해서는 이들 지원자가 수습기간 이전에 다른 직장에서 받을 수 있는 임금보다도 더 적게 임금을 책정해야 한다는 점이다.

마찬가지로 마지막 행에 있는 몇 개의 고용계약은 E 유형의 사람들에게 매력적인 제안일 수 있다. 이 경우에 E 유형은 승진될 가능성이 매우 높기 때문에 초기의 낮은 임금이 승진 이후의 높은 임금을 통해서 충분히 보상이 되기 때문이다. 따라서 두 번째의 중요한 시사점은 회사가 원하는 근로자들이 회사에 지원하도록 하기 위해서는 수습기간 이후에 지불되는 임금이 이들이 다른 직장에서 얻을 수 있는 임금보다 더 높게 책정되어야 한다는 점이다.

결국 수습과정은 만일 회사가 수습기간 동안 충분히 낮은 임금을 제시하고 수습기간 이후에 충분히 높은 임금을 제시한다면, 입사지원자들에 대한 매우 훌륭한 자체적인 심사과정이 될 수 있으며 이로써 역선택의 문제를 해결하게 된다. 이 현상을 이해하는 한 가지 방법은 기업들이 실질적으로는 입사지원자들로 하여금 보증금을 예치하도록 한다는 것이다. 입사지원자들은 수습기간 동안 다른 직장에서 받을 수 있는 임금보다 더 적은 임금을 받는 것을 받아들임으로써 실질적으로는 '보증금을 예치' 하는 것과 같은 효과를 갖게 된다. 만일 이들의 성과가 우수하고 승

그림 2.1 선별 메커니즘으로서 지연된 임금

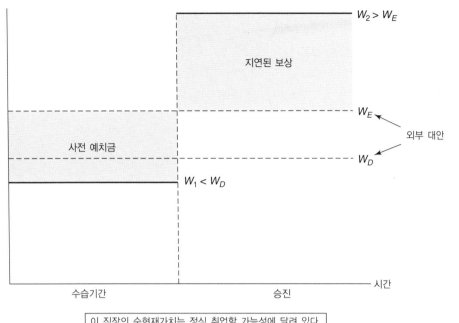

이 직장의 순현재가치는 정식 취업할 가능성에 달려 있다.
단, 지원자의 유형에 따라 취업할 가능성은 달라지게 된다.

진이 이루어진다면 이러한 보증금 예치에 대한 **보상**으로 다른 회사에서 받을 수 있는 임금보다 훨씬 더 많은 임금을 받게 된다. 그림 2.1은 이러한 계약 유형에 대해서 설명하고 있다.

그림 2.1에서 보는 바와 같이 직무능력이 뛰어난 E 유형의 근로자들이 직무능력이 낮은 D 유형의 근로자들보다 수습기간 동안에 더 많은 비용을 지불하고 승진 이후에 더 적은 보상을 받는 것으로 나타난다. E 유형이 지불하는 윗부분 앞쪽의 보증금 규모 $W - W_1$은 이들이 다른 직장에서 받을 수 있는 임금규모가 높기 때문에 더 크다고 할 수 있다. 마찬가지 이유로 수습기간 이후에 발생하는 지연된 보상인 $W_2 - W$는 E 유형이 더 낮다고 할 수 있다. 만일 D 유형의 보증금 예치 규모는 작은 반면 승진 이후에 받게 되는 보상이 더욱 크다면 도대체 어떻게 이러한 유형의 고용계약이 D 유형의 입사지원자들이 자발적으로 지원을 포기할 수 있도록 하고 반면 E 유형이 지원하도록 유인할 수 있는 것인가?

이에 대한 대답은 회사가 근로자들에게 수습기간 이후 승진시키기 이전에 매우 강도 높은 성과평가를 통과하도록 해야 한다는 점이다. 성과평가는 E 유형에 속한 근로자들이 충분히 높은 비율로 승진되고 반면에 D 유형의 근로자들이 충분히 낮은 비율로 승진되도록 해야 한다. D 유형의 승진확률이 낮아질수록 이들이 입사 시 예상하는 기대임금수준이 E 유형에 비해서 낮아지게 된다.

여기서 논의는 일반적으로 경제학에서 말하는 신호하기의 개념을 설명해 주고 있다. 신호하기는 역선택의 문제들을 해결하기 위해 자주 사용되는 방법들 가운데 하나라고 할 수 있다. 높은 직무능력을 보유하고 있는 개인은 높은 초기비용을 부담함으로써 자신의 가치를 시장에 신호한다고 볼 수 있다. 만일 낮은 직무능력의 개인들이 이러한 초기비용을 부담하기를 기피한다면 이러한 신호하기는 효과적이다. 따라서 한 개인이 이러한 비용을 부담하고자 한다면 이는 자신이 높은 직무능력을 가진 유형의 근로자라는 것을 입증하는 셈이다.

누가 비용을 지불하고 누가 이득을 얻게 되는가

신호하기는 입사지원자들에 대한 인센티브 문제가 해결될 때에야 실제로 작동하게 된다. D 유형의 근로자들은 입사지원을 회피해야 하고, E 유형의 근로자들은 지원을 하도록 유인되어야 한다. 따라서 이러한 신호하기 비용의 대부분 혹은 전부를 부담하는 것은 근로자이고, 또한 더불어 신호하기를 통해 얻게 되는 이득의 대부분 혹은 전부를 갖게 되는 것도 근로자라고 할 수 있다. 그림 2.1에서 보듯이 근로자들은 자신이 다른 직장에서 받을 수 있는 임금보다 더 적은 임금을 받아들임으로써 신호하기에 대한 비용을 지불한다. 또한 자신들이 매우 높은 직무능력을 갖고 있음에도 불구하고 (만일 선발과정이 완벽하지 못하다면) 승진을 하지 못할 위험부담을 감당함으로써 추가적인 비용을 지불한다고 할 수 있다. 이들은 차후에 승진을 통해서 다른 직장에서 받는 임금보다 더 높은 임금을 받음으로써 이에 대한 보상을 받게 된다.

고용주도 이러한 수습과정에 대해서 일정부분 비용을 지불하고 이득을 얻게 된다. 이는 궁극적으로는 최종적인 평균임금이 생산성과 비교해서 어떠한 차이를 보이는지에 달려있다. 기업은 수습기간 동안 생산성보다 낮은 임금을 지불함으로써 이득을 얻는 반면 승진 이후에는 생산성보다 높은 임금을 지불함으로써 비용을 지불하게 된다.

사례

신호하기의 사례로서 중고차에 대해 보증기간을 제공하는 판매업자를 들 수 있다. 이 보증기간은 분명 판매업자에게 비용으로 작용하지만 이는 하나의 신호하기라고 할 수 있다. 일반적으로 판매업자들이 보증기간을 제공하지 않는 상황에서 보증기간을 제공하는 판매업자가 있다면 이는 그 중고차가 평균적인 품질보다 더 우수하다는 것에 대한 신호라고 볼 수 있다. 여기서 다룬 고용사례에서 본다면 E 유형의 지원자는 수습기간 동안의 낮은 임금을 받아들이려 한다는 것을 보임으로써 그들이 E 유형(자신들이 좋은 성과를 낼 능력과 승진을 얻을 수 있다는 데 대한 자신감)이라는 것에 대해 신호를 보내는 것이다. 이 방법은 D 유형이 동일한 계약조건을 받아들이지 않을 것이라는 가정하에 작동하게 된다.

비즈니스 세계에서는 이러한 신호하기에 대한 수많은 응용사례들이 존재한다. 예를 들어, 벤처 캐피탈의 경우 일반적으로 기업가들이 그들 가족의 사적자산 모두를 이 신규사업에 투자하도록 요구하는 관행이 있다. 심지어 기업가들로 하여금 자신의 집을 저당 잡히고 그 담보금으로 신생기업에 투자하도록 요구하는 경우들도 있다. 언뜻 보기에는 이러한 현상이 매우 이상하게 보일 수밖에 없다. 벤처 캐피탈이 기업에 필요한 자금을 제공하는 것이 아닌가? 그러나 기업가들이 자신의 모든 자산을 이 게임에 투자하도록 요구하는 것은 바로 벤처 캐피탈로 하여금 이 사업에 대해서 가장 자신 있어 하는 기업가들과 가장 자신 없어 하는 기업가들을 구별하게 해준다는 측면에서 매우 중요한 의미를 갖는다.

또 다른 사례는 두 기업 간의 공동출자회사를 설립하는 경우를 생각해 볼 수 있다. 이 경우 일반적으로 두 기업 모두 자금을 투자하는 것이 일반적인 관행이다. 물론 이러한 관행의 이유는 두 회사 모두 이 신생 공동출자회사가 성공하도록 만드는 데 매우 높은 의지를 갖고 있다는 것에 대해 서로에게 신호를 보내기 위한 것이다.

위에서 설명한 바와 같이 수습과정은 성과에 대한 보상의 한 형태라고 볼 수 있다. 이러한 수습과정은 높은 직무능력을 가진 입사지원자들의 입장에서 좀 위험부담이 있지만 매력적인 미래 경력과 승진을 내포하고 있는 이러한 고용계약을 받아들인다는 하나의 신호하기라고 할 수 있다. 이러한 아이디어는 모든 형태의 성과보상체계에도 동일하게 적용된다. 신규입사자가 리스크가 더 높은 성과보상체계를 받아들일수록 이들이 더 높은 능력을 보유하고 있으며 이 직무에서 높은 성과를 낼 수 있다고 믿는다는 것을 의미하는 하나의 신호로 받아들일 수 있는 것이다. 반대의 경우도 마찬가지이다. 이들이 성과보상비율을 낮추려고 협상한다면 그 반대의 경우가 성립된다. 따라서 성과보상체계도 근로자들에 대한 동기유발뿐만 아니라 근로자들을 선별하는 데도 사용될 수 있다.

신호로서의 교육

교육도 신호하기의 매우 중요한 사례라고 할 수 있다. 논의를 위해서 학생들이 학교에서 유익한 학습을 전혀 하지 않는다는 극단적인 가정을 해보자. 그러나 보다 능력 있는 학생들은 이러한 공부를 보다 더 쉽고 빠르게 할 수 있다고 가정해 보자. 만일 그렇다면 이들 능력 있는 학생은 더 많은 교육에 투자함으로써 능력수준이 낮은 다른 학생들보다 자신이 더 많은 재능을 가지고 있다는 것에 대해 노동시장에 신호를 보낼 수 있게 된다. 교육을 이러한 관점에서 본다면 학교당국은 학생들로 하여금 점점 더 어려운 선별과정을 거치도록 요구하게 될 것이다. 각 단계별로 일부의 학생들은 다음 단계의 선별과정으로 이행하기에는 비용이 너무 높아 이 단계의 교육수준을 획득하지 못하게 될 것이다. 반면에 이 선별과정들이 상대적으로 쉽고 비용이 적게 든다고 느끼는 학생들은 다음 단계의 교육에 등록하게 된다. 노동시장은 이러한 현실을 인식하고, 보다 높은 교육단계를 얻은 학생들에게 더 많은 임금을 지불하게 된다.

실제로 앞 장의 표 1.3은 더 많은 교육을 받은 근로자들이 더 많은 임금을 받고 있다는 것을 보여준다. 이것은 신호하기 때문일까? 분명 가능성이 있지만 이것만이 이유라고 하는 것은 극단적인 설명일 것이다. 만일 교육의 목적이 선별하는 것에만 있다면 분명 학생들이 4년 동안이나 대학에 다니는 것보다는 보다 효율적으로 이를 처리하는 방법이 있을 것이다. 예를 들어 고등학교를 마치는 시점에서 심도 있는 시험을 치르게 하면 될 것이다. 제3장에서는 새로운 기능을 습득하는 것에 대한 투자에 대해 논의할 것이다. 분명 교육은 이 관점에서 매우 중요한 역할을 하고 있다.

　종합해서 말한다면 교육은 분명 근로자들을 선별하는 데 있어서 일정한 역할을 한다는 분명한 실증적 근거가 있다. 예를 들어, 4년제 대학교육을 거의 마쳤지만 학위를 받지 못한 사람과 조금 더 노력하여 학위를 완전히 마친 사람 간에는 임금격차가 존재하는데, 바로 공식적인 학위가 있느냐 없느냐가 임금수준의 격차를 가져오게 하는 것이다. 이것은 기능의 습득과 훈련이라는 측면만으로는 설명하기 어려운 것이다.

보다 공식적으로 신호하기 : 분리 및 공동 균형

신호하기가 어떻게 작동하는가를 보기 위해서 좀 더 상세하게 사례를 살펴보자. 신입 회계사의 경우 교육이나 재직훈련(on the job training)에 투자할 수 있다고 가정해 보자. 이 실무교육훈련을 마치면 이들은 CPA가 된다. 그리고 회계사들 가운데 회계사로서의 능력을 기준으로 '빠른' 유형과 '느린' 유형이 있다고 가정해 보자. 빠른 유형은 더 생산성이 높으며 CPA 시험을 통과하기 위한 교육훈련과정이 보다 쉽다고 느낀다고 가정하자.

　이러한 아이디어를 공식화하기 위해서 한 근로자의 생산성의 현재가치를 Q라고 정의하고 CPA를 따기 위해 투입되는 비용을 C라고 하자. 아래 첨자 q와 s는 두 가지 유형의 회계사를 의미한다.

　또한 노동시장은 이들의 기대 생산성과 완전히 동일한 수준의 임금을 지불한다고 가정하자. 빠른 유형의 회계사 비율은 α라고 하면 느린 유형의 회계사 비율은 $1-\alpha$라고 할 수 있다. 따라서 만일 신호하기가 없다면 노동시장은 두 가지 유형의 회계사를 구별할 수 없고 결과적으로 전체적인 평균생산성만큼 임금을 지불하게 된다.

$$평균생산성 = \overline{Q} = \alpha \times Q_q + (1-\alpha) \times Q_s$$

　반면에 빠른 유형이 자신의 유형을 구별하게 하는 데 성공한다면 이들은 자신의 생산성인 Q_q만큼 임금을 받게 된다. 반면 외부시장에 자신의 능력에 대해서 신호를 보내지 않는 사람들은 느린 유형이라고 가정할 수 있게 되고, 따라서 신호를 보내지 않는 사람들은 Q_s만큼의 임금을 받게 된다.

　빠른 유형의 회계사는 느린 유형의 회계사와 구별되고 더 많은 임금을 받기를 원할 것이다. 동시에 느린 유형의 회계사는 빠른 유형과 섞이고 구별이 어렵게 되기를 바랄 것이다. 이것은 일반적인 역선택 모형이라고 할 수 있다. 더 낮은 수준의 유형은 일반적으로 더 높은 유형과 동화되어 보이기를 바라는 반면, 높은 수준의 유형은 낮은 유형의 사람들과 구별되기를 바란다. 그렇다면 빠른 유형의 경우 CPA를 획득함으로써 자신의 능력에 대해서 신호를 보낼 수 있을까?

신호하기가 작동하기 위해서는 세 가지 조건들이 충족되어야 한다. 먼저 빠른 유형은 모두 신호를 보내고 느린 유형은 그렇지 않다면 빠른 유형에 속한 개인들은 이 신호하기를 통해서 더 나은 보상을 받아야만 할 것이다. 이것은 빠른 유형이 CPA를 얻는 데 드는 비용을 차감한 임금이 CPA를 얻지 않고 느린 유형과 같은 임금을 받았을 때의 임금보다 더 높아야만 한다는 것을 의미한다.

$$Q_q - C_q > Q_s$$

두 번째로 만일 느린 유형은 모두 CPA를 치르지 않고 빠른 유형만이 CPA에 투자한다면, 느린 유형에 속한 개인들도 CPA를 얻지 않고자 하는 경우에 더 나은 보상을 받아야만 신호하기가 효과를 발휘한다. 만일 느린 유형의 사람이 빠른 유형과 동화되기 위하여 CPA를 통과한다면 이 사람은 Q_q의 임금을 받지만 C_s의 비용을 지불해야 한다. 그렇지 않은 경우에 Q_s의 임금을 받게 된다. 따라서 느린 유형에 속한 사람들이 CPA를 얻는 것을 포기하도록 하고자 한다면 아래와 같은 조건이 성립되어야 한다.

$$Q_q - C_s < Q_s$$

이 두 가지 조건을 합하면 다음과 같은 조건을 만족시켜야 한다.

$$C_q < Q_q - Q_s < C_s$$

직관적으로 말한다면 신호하기로부터 얻는 이득은 높은 수준의 유형이 신호하기를 위해 투입되는 비용보다 높아야 하지만 낮은 수준의 유형이 신호하기를 시도하도록 유인할 만큼 높아서는 안 된다는 것을 의미한다.

세 번째로 빠른 유형에 속한 '모든' 사람들이 신호를 보내게 하기 위해서는 그렇게 함으로써 얻는 임금이 이들 가운데 누구도 신호를 보내지 않는 경우에 이들이 얻는 임금보다 높아야 한다. 아무도 신호를 보내지 않는다면 모든 사람은 평균생산성만큼 임금을 받게 된다. 따라서 이것은 아래와 같은 조건을 만족시켜야 한다.

$$Q_q - C_q > \overline{Q}$$

이 조건은 위에서 설명한 두 가지 조건들보다 더 강력한 가정이라고 할 수 있다. 만일 α가 매우 높다고 한다면 평균 노동생산성은 Q_q와 매우 유사한 값이라고 할 수 있으며 이 경우 세 번째 조건이 충족되기 어렵게 한다.

직관적으로 설명한다면 신호하기를 통해 자신들을 구별하는 것이 높은 수준의 유형에게 더 수익이 남게 하기 위해서는 높은 수준 유형의 사람들이 적으면 적을수록 좋다는 것을 의미한다. 만일 높은 수준의 유형이 상당수 존재한다면 낮은 수준의 유형에 속한 사람들이 높은 수준의 집 단 가운데 자신들을 감추기가 상대적으로 더 용이하기 때문이다.

이러한 조건들이 충족되지 않는다면 두 유형 가운데 누구도 자격증을 얻고자 하는 인센티브를 갖지 않게 되며 빠른 유형의 사람들은 자신을 구별시킬 필요성을 느끼지 못하게 된다. 이러한 경우에 신호하기는 일어나지 않는다. 이러한 경우를 가리켜 **공동 균형상태**(pooling equilibrium)라고 말한다. 이 경우는 신호하기가 항상 가능한 것이 아니라는 것을 보여준다.

반면 이러한 조건들이 충족된다면 빠른 유형은 신호를 보내고 느린 유형은 그렇지 않게 된다. 이러한 상태를 **분리 균형상태**(separating equilibrium)라고 말하며 빠른 유형은 자격증에 투자함으로써 느린 유형들로부터 자신들을 분리해 낼 수 있게 된다.

이러한 관점들은 선별과정에 대해서 앞에서 설명하였던 논점들에 대한 보다 정교한 설명을 제공해 준다. 신호하기는 선별과정과 관련되면서 중요한 하나의 구성요소를 추가한다. 즉, 근로자들은 자신의 유형을 알고 있고 기업들은 자신의 기업에 보다 적합한 사람들은 고용조건을 받아들임으로써 자신의 능력에 대한 신호를 보내고, 적합하지 않은 사람들은 고용조건을 받아들이지 않음으로써 또한 신호를 보내도록 하는 고용계약구조를 설계하기 위해 노력한다는 점이다.

어떤 종류의 기업이 신호하기를 보다 더 잘 활용하는가

신호하기는 고용주가 입사지원자의 잠재적 능력을 정확하기 판단하기 위한 충분한 정보를 갖고 있지 못할 때 유용하다. 또한 근로자들 간 능력의 격차가 생산성에 미치는 영향이 매우 높을 때에 유용하다고 할 수 있다. 능력의 차이가 생산성에 크게 영향을 미치지 못한다면 신호하기는 별로 유용한 수단이 되지 못한다. 따라서 고용관행들을 살펴보면 이러한 신호하기와 매우 밀접한 관련을 맺고 있다는 것을 알게 된다.

먼저 신호하기는 직무능력이 중요한 직장에서 보다 큰 의미를 갖는다. 이는 대부분 직장에서 고위직이나 연구개발 부서, 지식집약적인 일들이라고 할 수 있다. 또한 컨설팅, 회계업무, 법률회사, 투자은행 등과 같은 전문직 서비스 기업들에 보다 적합하다고 할 수 있다. 이러한 직종들에서는 재능에 있어서 작은 차이라고 하더라도 직무효율성에 매우 큰 차이를 초래할 수 있으며, 따라서 능력 있는 사람들을 구별해 내는 것은 매우 중요하다. 이러한 이유로 이들 기업은 직원 채용과정에서 선별작업을 매우 신중하게 할 뿐만 아니라 적어도 입사 초기 몇 년 동안에 위에서 논의하였던 수습과정에 해당하는 승진 시스템들을 대부분 갖고 있다.

신호하기는 입사지원자들에 대하여 이용 가능한 정보들이 별로 존재하지 않을 때 사용될 가능성이 높다. 노동시장에 새로 진입한 근로자의 경우(예 : MBA 프로그램이나 대학을 이제 막

졸업한 경우) 이러한 과정들을 겪을 가능성이 높다. 다년간의 경험이 있거나 과거 성과에 대한 광범위한 이력이 존재하는 신규입사자의 경우에는 고용계약에 있어서 이러한 신호하기와 관련된 계약조건이나 입사방침이 그다지 적용되지 않는다고 할 수 있다. 반면에 최상위급에서 경험 있는 인재들을 고용할 경우에도 필요하다면 이러한 기법들을 사용하는 경우가 있다. 예를 들어, 새로운 CEO는 매우 높은 성과보상체계와 함께 일정 기간 계약제로 고용되는 경우가 자주 있다. 회사전략을 집행하는 CEO의 능력에 대해서 평가하기 어려울수록 그리고 이사회의 CEO 선임위원회보다 CEO가 이러한 능력에 대해서 더 많이 알고 있을수록 이 같은 고용관행은 CEO 선발과정을 보다 효과적으로 만든다고 할 수 있다.

요약

기업 인사전략의 중요한 목적 가운데 하나는 기업의 조직 효율성을 높이기 위해서 적합한 직무와 직위에 적합한 재능을 가진 인력을 선별하고 배치하는 일이다. 반면 이러한 채용과정은 불완전하고 대부분 정보의 비대칭성 문제를 갖고 있기 때문에 기업들은 분명 입사지원자들을 선별하는 과정이 필요하다. 높은 임금이 제공될 경우에 자격을 갖추지 못한 사람들도 만일 선발과정을 통과할 상당한 확률이 존재한다면 이 직무에 지원할 인센티브를 갖게 된다. 바로 이것이 경제학의 역선택 문제이다.

기업은 이러한 원치 않는 입사지원자를 선별해 내기 위한 다양한 방법들을 갖고 있다. 한 가지 방법은 직무성과에 대한 중요한 예측지표들로서 자격증을 요구하는 것이다. 이러한 방법은 자격증을 얻는 것이 직무적합성이 높은 사람들에게는 쉽고 부적합한 사람에게는 어려울 때 잘 작동하게 된다.

자격증 이외에 기업들은 신규사원 채용 시 일정 정도의 선별과정을 거치도록 할 수 있다. 여기에는 공식적인 시험이나 심리학적인 프로파일링, 장기간 다단계에 걸친 인터뷰나 직무에서 잠시 동안 일하도록 하는 방법 등이 포함된다. 이들 방법은 모두 유용하지만 직무성과에 대한 완벽한 예측지표로서는 부족하다고 할 수 있다.

가장 정확한 선별방법은 근로자들로 하여금 일정 기간 동안 그 직무에 대해서 수습과정을 거치도록 하는 것이다. 물론 이 방법은 가장 많은 비용이 든다. 근로자들에게는 이 기간 동안 임금이 지불되어야 할 뿐만 아니라 그 직무에 있어서 잘못된 업무수행능력으로 인해 기업가치가 파괴되는 부정적 측면의 리스크가 존재하는 경우에는 심각한 비용을 지불해야 할 수 있다. 많은 기업들은 공식적이든 비공식적이든 채용관행에 있어서 여러 형태의 수습과정을 갖고 있다.

이번 장의 분석사례에서 근로자들은 '조건부 계약'을 제시받았다. 근로자들은 수습기간 동안 충분히 낮은 임금만을 받게 됨으로써 향후 직무성과가 높을 것이라고 자신하는 사람들만이 그 직무에 지원하게 하는 효과를 가진다. 따라서 정교하게 설계된 수습과정과 수습과정 이후 임금체계는 직무 적합성이 낮은 사람들은 입사지원을 회피하고 직무 적합성이 높은 사람들은 입사 지원을 유인하도록 만들 수 있다. 이는 직무에 부적합한 사람들이 수습과정에서 성과평가에 의해 걸러질 수 있고, 적합한 사람이나 그렇지 못한 사람들 모두 다른 직장에서 취업기회가 있을 때 보다 쉽게 그 목적을 달성할 수 있다.

선별과정과 수습과정은 신호하기라고 하는 경제학적 개념을 도입할 수 있게 한다. 신호하기는 일반적으로 역선택의 문제를 해결하는 하나의 방법이라고 할 수 있다. 근로자들이 자신의 능력을 파악하고 있다면 직무 적합성이 높은 근로자는 신호하기를 통해서 고용주에게 이러한 사실을 알리고 싶어 하는 반면, 적합성이 낮은 근로자는 이를 감추기를 바랄 것이다. 따라서 기업들은 적합한 근로자의 지원을 장려하고 부적합한 근로자가 수습과정을 통과하기 어렵게 만드는 채용방침을 설계해야 할 것이다.

또 다른 해결방법은 강력한 성과보상체계를 활용하여 입사지원자들의 자기선택이 이루어지도록 유도하는 방법이다. 실제로 수습과정은 이러한 역할을 하게 되는데 수습과정 이후의 승진과 임금인상이 성과평가와 연계되어 있기 때문이다. 모든 종류의 성과보상체계는 보다 높은 직무 적합성을 가진 근로자들이 보다 강력한 성과보상체계를 받아들일 가능성이 높기 때문에 일반적으로 채용과정의 효율성을 높이게 된다.

기업들은 직무능력이 높은 근로자를 유인하기 위해 수습과정 이후의 조건부 보상체계를 사용할 수 있다. 그러나 이는 공짜가 아니며 더 높은 임금 보상이라는 비용을 포함하게 된다. 이러한 채용방침은 직무능력의 작은 차이가 근로자 생산성에 매우 높은 차이를 가져오는 기업들에서 매우 유용하게 활용될 가능성이 높다. 이는 기업조직의 상위급이나 지적 능력이 강조되는 기업들에서 가장 많이 활용될 것이다. 전문직 서비스 기업이나 기업의 최고위직급에서 이러한 종류의 채용방침을 활용하는 경우가 많다. 이러한 채용방침에는 매우 신중한 신규사원 모집과정과 고용 이후 수년 동안의 심도 높은 성과평가, 승진자에게 매우 높은 보상을 실시하는 '승진연한제'라는 승진체계 등을 포함한다. 여기에는 강도 높은 개인 성과보상체계가 덧붙여지기도 한다.

고전적인 경제학 관점에서 본다면 상품은 수량, 품질, 가격과 관련한 정보들을 가지고 시장에서 사고팔린다. 이번 장에서 우리의 분석은 사뭇 다른 관점을 제시하고 있다. 기업이 지원자들을 선별하기 위해 수습과정이나 조건부 임금체계를 제시하는 경우에 기업은 다단계기간 계약을 제시하게 된다. 이러한 계약은 근로자들의 성과를 바탕으로 **조건부**로 제시된다. 즉, 근로자에 대한 보상체계는 이들의 성과에 달려있게 된다. 마지막으로 이 과정은 향후에 성과가 높은 사람들에게 더 높은 임금으로 보상하겠다는 기업의 약속과 관련되어 있다. 이러한 복잡성은 바로 근로자의 능력과 적합성에 대한 정보가 쉽게 이용 가능한 것이 아니기 때문에 발생한다. 따라서 고용주와 피고용인 간의 경제학적 관계는 복잡한 것이라고 할 수 있다. 다음 장과 제15장에서는 이러한 아이디어에 대해서 보다 심도 있게 논의할 것이다.

연습문제

1. 만일 근로자들이 대학에 의해서 선별이 이루어진다면, 기업이 이들을 선별함으로써 얻는 이득이 있을까? 어떠한 조건하에서 근로자들이 노동시장에 진입하기 이전에 선별과정이 이루어지기보다는 직장에서 선별과정이 이루어지게 될까?

2. 어떠한 유형의 근로자들에게 선별과정이 더욱 중요한가?

3. 어떠한 종류의 기업들이 근로자들에 대한 선별작업을 심도 있게 진행하고 승진연한제라는 경력 시스템을 활용할 가능성이 높은가? 왜 그러한가?

4. 기업들은 어떠한 방법으로 미래의 잠재적인 근로자들에게 현재 채용하고 있는 직무의 중요한 특성들에 대해서 신호를 보낼 수 있을까? 이러한 사례에는 어떠한 것들이 있는가?

5. 본문에서와 다른 직업에서 신호하기의 사례들에는 어떠한 것들이 있는가? 직접 경험한 것이 있다면? 각각의 경우에 이러한 신호를 보내는 데 드는 비용은 무엇이었는가? 어떠한 측면에서 신호를 보내는 사람과 그렇지 않은 사람이 차이점을 갖는가? 이러한 신호하기는 분리 균형상태의 조건들을 만족시키는가?

6. 이 장에서 사례로 제시하였던 초기 2년의 채용기간 동안에 매우 적은 비용으로 근로자들을 해고할 수 있도록 한 프랑스 법안에 대해서 생각해 보자. 이 법안이 통과됨으로써 이득을 얻는 집단은 누구인가? 잠재적인 입사지원자들을 포함해서 근로자들은 이득을 얻는 집단이 있는가? 파리의 소르본대학교에서 반대하던 학생들은 이 법안에 의해서 영향을 받을 가능성이 있는가? 그렇다면 어떠한 방식인가? 노동조합은 어떠한가?

참고문헌

Akerlof, George (1970). "The Market for 'Lemons': Quality Uncertainty and the Market Mechanism." *Quarterly Journal of Economics* 84(3): 488–500.

Baker, George, Michael Gibbs, & Bengt Holmstrom (1994a). "The Internal Economics of the Firm: Evidence from Personnel Data." *Quarterly Journal of Economics* 109: 881–919.

Baker, George, Michael Gibbs, & Bengt Holmstrom (1994b). "The Wage Policy of a Firm." *Quarterly Journal of Economics* 109: 921–955.

Gibbs, Michael, & Wallace Hendricks (2004). "Do Formal Salary Systems Really Matter?" *Industrial & Labor Relations Review* 58(1): 71–93.

Marx, Groucho (1959). *Groucho and Me.* Free New York: Bernard Geis Associates.

Spence, Michael (1973). "Job Market Signaling." *Quarterly Journal of Economics* 87: 355–374.

1. 생산성은 동료 근로자와는 관계가 없다

한 관리자가 그의 부서에서의 생산을 다음과 같이 말한다.

> 나의 팀은 영업 담당이다. 각 영업사원이 독립적으로 일한다. 조직은 나의 직원들과 나로 구성되어 있다. 나는
> 어떠한 직원을 채용해야 할 것인가?

여기서 각 직원의 실적은 다른 직원들의 능력과는 관계없이 그만의 능력과 노력에 달려있다. 이는 위에 묘사된 상황과 적절히 맞아 떨어지므로 대졸자와 고졸자 간의 선택은 지금까지 우리가 중점을 두었던 바로 그것이라고 할 수 있다. 이 사례의 단순함은 이를 다음 사례와 비교해 봄으로써 가장 잘 보인다.

2. 생산성은 동료에 의존한다

두 번째 관리자는 생산에 관해 다음과 같이 기술하였다.

> 나의 회사는 소형 기기들을 생산하는 업체이다. 우리는 여러 유형의 근로자들을 다양하게 채용하는 것이 좋
> 다고 판단했다. 고졸자들은 노동력이 저렴하여 단기로 보았을 때 보다 비용효과적이지만, 우리는 몇몇 대졸
> 자들을 채용하지 않고는 그들의 업무능력을 뒷받침해 줄 수 없을 것이라고 판단했다. 고졸자들은 업무 내용
> 을 숙지하는 데에 어려움을 겪었다. 대졸자들은 그러한 점에서 고졸 직원들을 도와줄 수 있다. 따라서 우리
> 는 두 종류 모두의 직원들과 일하는 것이 좋다고 생각한다. 단지 문제는 그 적절한 비율을 알 수 없다는 것
> 이다.

여기에서 직원들은 서로 상호작용을 한다. 대부분의 직장에서 업무가 상호의존적이기 때문에 이것은 첫 번째 사례보다 훨씬 흔히 볼 수 있다. 대졸자들은 고졸자 직원들의 업무 생산성에 영향을 미치고, 그 반대도 마찬가지이다. 대졸자들이 기기를 생산할 뿐만 아니라 파트타임 교사

표 1.4

함께 일하는 대졸자와 고졸자의 (근로자당) 생산성

		고용된 대졸 근로자 수(명)					
		100	110	120	130	140	150
		생산량					
	100	63.1	66.8	70.4	73.9	77.2	80.5
	110	64.9	68.8	72.4	76.0	79.5	82.8
고용된 고졸 근로자 수 (명)	120	66.6	70.6	74.4	78.0	81.6	85.0
	130	68.3	72.3	76.2	79.9	83.5	87.1
	140	69.8	73.9	77.9	81.7	85.4	89.0
	150	71.3	75.5	79.5	83.4	87.2	90.9

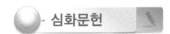

심화문헌

Lazear, Edward (1992). "The Job as a Concept." In *Performance Measurement, Evaluation, and Incentives*, William Bruns, ed. Boston: Harvard Business School Press.

O'Flaherty, Brendan, & Aloysius Siow (1996). "Up-or-Out Rules in the Market for Lawyers." *Journal of Labor Economics* 13: 709–735.

Paul, Annie Murphy (2004). *"You Are What You Score."* Free Press.

부록

스크리닝

여기서 우리는 이 장에서 논의한 스크리닝의 원칙의 한 예를 살펴보겠다. E와 D 두 가지 유형의 지원자가 있다고 가정한다. 생산성을 Q라고 할 때, E 유형의 지원자는 D 유형의 지원자보다 생산성이 더 높다($Q_E > Q_D$). 지원자가 E 유형일 임의의 확률은 p, 지원자가 D 유형일 확률은 $1 - p$와 같다. 기업은 고용한 직원에게 W의 임금을 지불하며, 임금과 생산성의 관계는 $Q_E > W > Q_D$와 같다. 따라서 기업은 E 유형의 직원을 고용할 때 이익을 얻고, D 유형의 직원을 고용할 경우 손해를 보게 된다.

$$\text{무작위 채용을 통한 기대 수익} = p(Q_E - W) + (1 - p)(Q_D - W)$$

기업은 s의 비용과 q의 정확성으로 스크리닝을 할 수 있다. 다시 말하면, q의 확률로 올바른 의사결정을 내릴 수 있고, $1 - q$의 확률로 잘못된 판단을 내릴 수 있다.

$$\text{스크리닝을 실시할 시의 기대 수익} = p \times q(Q_E - W) + (1 - p)(1 - q)(Q_D - W) - s$$

스크리닝을 할 때와 안 할 때의 기업의 수익의 차이는 다음과 같다.

$$\Delta\text{수익} = -p(1 - q)(Q_E - W) - (1 - p)q(Q_D - W) - s$$

첫 번째 항은 음의 값을 갖는다. 이는 E 유형의 지원자를 잘못하여 뽑지 못해 발생하는 손실을 나타낸다. 두 번째 항은 $Q_D < W$이므로 양의 값을 갖는다. 이는 D 유형의 지원자를 올바르게 걸러내어 뽑지 않아 발생하는 이득을 의미한다. 당연히 세 번째 항은 음의 값을 갖는다.

스크리닝은 다음과 같이 더 정확하고, 저렴하고, 차별성을 가질 때 더 효과적일 것이다.

$$\frac{\partial \Delta \text{수익}}{\partial q} > 0, \quad \frac{\partial \Delta \text{수익}}{\partial s} < 0, \quad \frac{\partial \Delta \text{수익}}{\partial p} < 0$$

D 유형의 직원을 채용함으로써 발생하는 손실이 더 클수록($Q_D - W$), 스크리닝을 통해 얻는

편익은 더 커지게 될 것이다. 그리고 잘못된 유형의 직원이 회사에 오래 남아 있을수록, 손해는 더 커지게 될 것이다.

신호하기(시그널링)

이번에는 위에서 설명한 수습기간 모델에 신호와 관련된 내용을 추가한다. 앞에서 우리는 직원들의 신호를 확인하기 위해 매 기간마다 임금이 결정되어야 한다는 논의에 대해 살펴보았다. 위에서 정의된 바와 마찬가지로, E, D 두 가지 유형의 직원이 있다고 가정한다. 기업은 두 기간으로 나눠 W_1과 W_2의 임금을 제시한다. 기업은 첫 번째 기간 동안 직원들의 근무활동을 관찰한다. 이후 두 번째 기간에 업무에 적합한 직원을 진급시키고 W_2의 임금을 지불한다. 진급하지 못한 직원은 해고되고, 외부 노동시장에서 받을 수 있는 만큼의 임금을 벌게 된다. 진급에 대한 결정은 q의 정확성을 갖고 있다고 가정한다.

외부 노동시장에서 받을 수 있는 임금은 $W_E > W_D$와 같다. 외부 노동시장에서 받을 수 있는 임금에 차이가 있다고 가정할 때, 우리는 이 장에서 설명했던 것과 다른 방식을 택해야 한다. 본문에서는 고려하지 않았지만 사실상 직원들은 다른 기업에게도 신호를 보낼 수 있고, E 유형의 직원들은 D 유형에 비해 더 높은 평균소득을 기대할 수 있다.

따라서 D 유형의 직원들을 그만두게 하고, E 유형의 직원들을 유지시키고자 할 때 우리는 다음과 같은 조건을 만족시켜야 한다.

$$W_1 + (1-q)W_2 + q \times W_D < 2 \times W_D$$
$$W_1 + q \times W_2 + (1-q)W_E > 2 \times W_E$$

첫 번째 식을 통해 D 유형의 직원들은 이 회사에 남아 있는 것이 더 좋지 않다는 판단을 할 수 있다. 두 번째 식을 통해 E 유형의 직원들은 더 좋은 보상을 기대할 수 있다. 간단한 계산을 통해 자기선택 방안을 다음과 같이 나타낼 수도 있다.

$$W_1 < W_D + (1-q)(W_D - W_2) < W_D$$
$$W_2 > W_E + (W_E - W_1)/q > W_E$$

그리고 최적의 임금 구조는 (보상비용을 최소화하는) 다음과 같다.

$$W_1 = W_D - \left(\frac{1-q^2}{2q-1}\right)(W_E - W_D)$$
$$W_2 = W_E + \left(\frac{2-q}{2q-1}\right)(W_E - W_D)$$

여기서 $W_1 < W_D < W_E < W_2$와 같은 관계를 정리할 수 있다. 또한 위 2개의 식으로부터 다음과 같이 설명을 할 수 있다.

- 검증이 더 정밀할수록 (더 큰 q 값) W_1 값은 더 증가하며, 따라서 E 유형의 직원들이 예치한 보증금은 작아진다. 유사하게 진급에 대한 보상인 W_2는 검증이 더 정밀할수록 작아지게 된다. 직관적으로 검증이 더 정밀할수록 직원이 신호를 보내는 데 따르는 위험이 작아지므로, E 유형의 직원들은 적은 보상도 기꺼이 받아들이려 한다.
- W_D가 작을수록 W_1은 작아진다. 또한 W_E가 커질수록 W_2가 커진다. 따라서 두 유형 간에 생산성의 차이가 클수록 (외부 노동시장에서의 가치를 반영하여) 진급에 대한 보상은 더욱 커지게 된다.

03

숙련투자

지식에 대한 투자가 가장 높은 수익을 가져온다.

― 벤저민 프랭클린

서론

이 장은 당신이 지금 하고 있는 숙련과 지식에 대한 투자에 대해 설명한다. 이것은 훌륭한 투자이고 프랭클린의 말이 옳았는가? 어떻게 판단할 수 있나? 고용주가 당신의 교육비용을 부담해야 하는가? 훈련비용은?

　이직에 대하여 물어보면 대부분의 기업들은 그들이 근로자의 숙련향상에 투자한 것을 잃게 되는 점에 대해 우려를 표명한다. 이로부터 기업들이 실제로 직원의 훈련에 투자하고 또한 이러한 투자를 할 때는 이직이 발생하지 않기를 원한다는 것이 방증된다.

　표 2.1의 자료는 Acme사의 신규채용자들 사이에서 이직률은 높게 나타나지만 다른 직원들은 비교적 장기간 동안 근속함을 보여준다. Acme사가 수습기간을 통해 신규채용자 중 적절한 사람을 걸러 내는 것으로 해석할 수 있다. 일에 적합하지 못한 사람은 일찍 떠나고, 일에 맞는 사람만 장기간 근무하는 것이다. 그러나 어떤 직원들의 장기근속은 재직훈련의 결과일 수도 있지 않을까?

　또 한 가지 재미있는 사실은 Acme사에서 내부승진이 보편적이라는 점이다. 이것도 역시 적절한 사람을 걸러 내는 것으로 이해될 수 있다. 상위직은 모두 이미 선별과정을 통과한 기존 인력으로 채워진다. 바꾸어 말하면 신규채용자는 내부의 후보자보다 불확실성이 높다. 그런데 이와 같은 내부승진 역시 재직훈련과 연관이 있는 것은 아닐까?

표 3.1은 내부승진이 오로지 선별의 결과라는 생각을 검증하고 있다. 이는 Acme사가 2단계 직위를 채우는 데 있어서 내부 후보자와 신규채용자 간의 미래 성과의 차이에 대해서 비교하고 있다. 만약에 내부 후보자가 이미 선별되었다면, 외부로부터 채용한 자와 비교해 보았을 때 내부 후보자는 2단계에 들어간 후 업무성과에 있어서 편차가 작을 것이다.

자료는 우리의 가설에서도 일관되게 나타난다(Acme사의 서열의 상위수준에서도 비슷한 패턴이 나타남). 예를 들어, 외부로부터 채용한 사람들은 내부 후보자들보다 Acme사를 떠날 확률이 높다. 이는 신규채용자를 대상으로도 선별과정이 필요하다는 것을 입증한다. 외부로부터 채용한 사람들 중 남은 사람들은 강등되거나 승진을 못할 확률이 높다. 그러나 만약 그들이 승진하게 된다면 내부 후보자 중 승진한 사람들보다 더욱 앞서게 될 것이다. 즉, 신규채용자는 강등, 퇴진, 고속 승진 등의 극단의 결과를 가져오는 경향이 클 것이다. 그들은 1단계에 고용되어 2단계로 승진한 사람들과 비교해 보았을 때, Acme사가 가지는 가치에 있어서도 편차가 클 것이다.

신규채용자들은 제1장에서 언급한 것처럼 모험적이고 선택적 가치를 지녔다는 이유로 더욱 가치 있는 존재로 여겨질 수 있을 것이다. 하지만 그들이 Acme사의 내부 후보자들과 다른 면에서도 차이를 보일까? 표 3.2는 2~4단계에 있는 내부와 외부의 후보자들을 대상으로 한 물음에 대한 해답을 제시한다. Acme사의 새로운 고용자들은 내부에서 비슷한 직무로 승진된 사람보다 6개월 내지 1년의 교육기간과 몇 년 이상의 경력을 갖춘 경우가 많다. 즉, 평균 교육기간과

표 3.1

Acme사의 내부 승진자와 신규채용자의 성과							
			2단계에 진입 이후 기간(년)				
			2	3	4	5	10
2단계로 새로 채용	Acme를 떠난 비율		15.4	25.6	33.5	42.0	61.7
	Acme에 남은 사람들 중에…	강등된 비율	1.4	1.6	1.8	2.1	1.0
		여전히 2단계인 비율	79.4	51.5	39.7	33.3	22.0
		승진된 비율	19.2	46.9	58.5	64.6	77.0
		평균적으로 승진된 단계	1.0	1.0	1.7	1.4	1.8
2단계로 승진	Acme를 떠난 비율		11.3	21.1	28.4	33.6	59.1
	Acme에 남은 사람들 중에…	강등된 비율	0.0	0.0	0.0	0.1	0.0
		여전히 2단계인 비율	84.2	49.7	32.1	23.7	8.6
		승진된 비율	15.8	50.3	67.9	76.2	91.4
		평균적으로 승진된 단계	1.0	1.0	1.1	1.3	1.6

표 3.2

Acme사의 내부 승진자와 신규채용자의 인적자본

	수행한 평균기간	단계		
		2	3	4
해당 직급으로 신규 고용	교육기간	16.4	16.5	17.0
해당 직급으로 승진		15.7	16.1	16.5
해당 직급으로 신규 고용	경력	12.9	15.8	20.5
해당 직급으로 승진		12.3	14.0	16.2

경력이 더 높다는 말이다.

이러한 현상을 어떻게 설명할 수 있을까? 한 가지 가능성은 Acme사가 위험 회피적이라는 것이다. 외부로부터 위험성이 있는 후보자를 고용하기 위해 Acme사는 그들에게 내부 후보자들보다 더 뛰어난 자격요건을 요구할지도 모른다. 하지만 위험 회피적인 고용주조차 위험성을 가진 외부 후보자를 그들이 가진 '옵션가치(option value)' 때문에 기꺼이 고용할지도 모른다.

또 다른 설명은 Acme사에서 몇 년 동안 일한 사람들은 회사가 그들의 생산성을 높이기 위해 실시한 훈련과 같은 이점을 가진다는 것이다. 만약 훈련이 Acme사의 업무에 특화되어 있다면 외부의 고용자들은 이 지식을 얻지 못할 것이다. 이것이 내부 후보자가 일자리를 채우는 데 이점을 가져다주는 것이다. 만약 이러하다면 새로운 고용자들은 그 일자리를 얻기 위해 일반적인 경력 같은 또 다른 차원의 역량을 더 많이 갖추어야 할 것이다. 우리가 알고 있는 몇 가지 패턴들은 훈련에 기인할 것이다.

지금까지 우리는 직원 선별의 함의를 분석하기 위해 근로자들이 일정한 역량을 지닌 것으로 가정하였다. 이제 우리는 근로자들이 정규 교육이나 업무를 통해 많은 시간 동안 학습한다는 중요한 사실을 더하고자 한다. 더욱이 Acme사의 자료는 훈련이 근로자의 생산성을 개선할 수 있다는 사실을 나타낸다. 여기서 우리는 전반적인 훈련에 대한 생각들을 구조화하고, 어떻게 훈련을 통한 생산성에 대한 효과가 기업 간에 다르게 나타나는지를 살펴보고자 한다.

매칭

숙련투자를 고려하기 전에 선별과정만으로 경력유형에 대해 설명하는 **매칭이론**을 살펴보자. 만약에 모든 기업의 사업 분야, 조직, 기업문화가 다르다면 비슷한 재능을 가진 직원들이 동일한 고용주에게 동일하게 적합하지는 않을 것이다. 이 경우 직원과 기업은 모두 서로 더 나은 매칭을 찾을 필요가 있다. 두 직원이 비슷한 능력을 가졌을지라도 각자 다른 두 기업에서 더 생산적일 수 있다. 한 기업은 직원의 야근과 주말근무를 기대하는 공격적인 문화를 가지고 있고, 그런 환경에 적합한 근로자와 적합하지 않은 근로자가 있을 수 있다.

만약 이런 매칭이 중요하다면 능력이 다를 때 근로자는 선별되어야 한다. 그러나 선별은 근로자의 숙련 외의 다른 속성들이 기업의 속성과 잘 매칭되는지에 근거하여 이루어질 것이다.[1] 이것은 근로자가 가진 상이한 숙련 포트폴리오, 성격(그리고 기업이나 부서의 문화와 얼마나 조화하는지), 지역 선호도 등과 같은 속성들을 포함한다. 이러한 요소들은 사람들이 조직과 잘 맞는지를 이야기하는 요소들이다.

매칭이 함축하는 것은 근로자와 기업이 잘 맞는지 보기 위해 그 관계를 검증하듯이 경력 초기에 이직이 높고 후반에 이직이 낮아진다는 것이다. 또한 수습기간 이후 급여가 증가하여 회사와 잘 매치가 된다고 검증된 경우 근로자의 경험에 따라 급여가 증가한다는 것을 보여준다.

또한 외부 고용자들은 내부 후보자들보다 고용성과에서 더 큰 분산을 나타낼 것이다. 결국 내부 승진자는 후보일 때 이미 검증 작업을 거쳤으므로 외부 고용자보다 평균적으로 회사에 보다 높은 적합성을 지닐 것이다. 이는 내부 후보자들은 외부 후보자가 이러한 점을 극복하기 위해 교육이나 경력과 같은 자격 요건을 높이는 데 투자하는 노력을 하지 않아도 된다는 이점을 갖는다. 선별이나 매칭에 관한 내용은 근본적으로 특정 업무에서 근로자들의 생산성이 변하지 않는다는 것을 가정하고 있다. 그럼에도 불구하고 사람들은 교육이나 재직훈련을 통해 새로운 기술을 습득하고자 노력한다. 따라서 이와 같은 것을 고려하지 않고서는 경력 패턴을 온전히 설명할 수 없다.

●●● 교육투자

경제학이나 산업사회에서는 교육과 훈련을 일반적인 투자의 개념으로 여긴다. 이런 종류의 투자를 분석하는 것을 **인적자본이론**(human capital theory)이라고 부른다. 이 이론은 노벨상을 두 번이나 받았을 정도로 현대 경제학 분야에서 매우 중요한 위치에 있다.[2] 일찍이 교육은 단지 학생들의 역량에 대한 신호를 제공할 뿐 실질적인 교훈을 제공하지 못한다는 주장이 있었다. 그 관점은 잘못되었다. 교육에 대한 인적자본이론의 분석은 교육에 대한 보다 더 현실적인 생각들을 제공한다.

1) 이 경우 제1장에서 논의하는 주제들을 분석할 때 연애와 결혼의 비유가 종종 사용된다. 실제로 경제학자들은 유사한 원리들을 차용하여 결혼 관련 주제들을 연구한다.
2) Theodore Schultz(1979)와 Gary Becker(1992)

인적자본은 여러 방법으로 얻을 수 있다. 운동이나 건강관리에 대한 투자 또한 방법 중 하나 이다. 하지만 우리가 주목해야 하는 방법은 교육 또는 그 외 노동시장 밖에서 이루어지는 '직업 훈련(pre-labor market training)'과 '재직훈련(on the job training)' 두 가지이다. 먼저 교육 에 대해 분석하고, 다음 절에서 재직훈련에 대해 분석한다.

자본이론에 따르면 투자는 투자로 인해 발생하는 현금의 흐름이나 여타 이익의 현재가치가 투 자비용의 가치를 초과할 때 이루어진다.[3] 이러한 생각을 구조화해 보자. 한 개인이 올해 학업을 포기할지 아니면 졸업할지를 선택하는 시기를 '0 시기'라고 가정하자. 다음해는 1···T로 표기하 고, 경력의 마지막 해는 T가 된다.

만약 학생이 지금 학업을 포기한다면 그녀의 미래 수입은 H_t가 되고 여기서 t는 미래의 시기 를 나타낸다. 만약 그녀가 학업을 지속한다면 미래의 수입은 K_t가 된다. 이 경우 졸업 후 증가 되는 수입은 매년 $K_t - H_t$가 된다.

교육은 수입의 증가를 넘어서 많은 이익을 제공한다. 배움 그 자체의 즐거움도 하나의 이익이 된다. 더불어 교육은 가정생활이나 여가를 더욱 효과적으로 할 수 있게 하고, 여행이나 독서의 즐거움도 높여 준다. 여기서 우리는 노동시장에서 가장 중요한 이익인 '수입'에 주목한다. 하지 만 이 주장은 배움으로부터 오는 비금전적인 이익까지 포함한다. 만약 비금전적인 이익이 있다 면, 그들의 가치는 K_t에 포함되어야 한다. 이러한 이익은 투자에 대한 수익을 증가시키고, 어떤 투자결정에도 고려되어야 한다.

연이율을 r이라고 가정하자. 오늘 투자한 1달러의 가치는 다음 해에 $(1 + r)$이 되고, 2년 후 에는 $(1 + r)^2$이 된다. 다음 해에 받는 1달러의 현재가치는 $1/(1 + r)$이 된다.

이러한 가정하에 교육의 경제적인 이익에 초점을 맞추어 교육투자의 현재가치를 산출하는 방 법은 아래와 같다.

$$교육의 수익(현재가치) = \sum_{t=1}^{T} \frac{K_t - H_t}{(1 + r)^t}$$

교육에는 두 가지 투자비용이 있다. 첫째는 수업료, 교재비 등 직접적인 비용이다. 이를 C_0이 라고 표기한다. 여기서 하첨자 0은 훈련투자의 직접적인 비용은 일반적으로 선불로 발생하고, 할인할 필요가 없다는 점을 의미한다.

두 번째 비용은 교육에 할애하는 시간의 기회비용이다. 예를 들어, 풀타임 MBA 학생들은 높

---

3) 용어에 익숙하지 않은 독자를 위해 설명하자면 현재가치는 오늘날의 관점에서 평가한 미래에 발생하는 비용이나 수익의 가 치를 의미한다. 내년에 벌어들이는 소득은 현재보다 가치가 덜한데 이는 연중 내내 그 자금을 사용할 수 없기 때문이다. 이 자율이란 경제가 미래에 발생하는 현금흐름에 가격을 부여하는 방식이다. 예를 들어, 오늘 5%의 이자를 지급하는 CD(certificate of deposit)에 100달러를 투자한다면 내년에는 105달러와 동등해진다. 바꿔 말하면 내년도 105달러의 현 재가치는 100달러이다.

은 보수의 일자리를 포기하고 18개월 동안 학교로 돌아간다. 그들이 학교로 돌아갈 때 그들은 여러 면에서 직접적인 수업료보다 훨씬 많은 봉급을 포기한다. 파트타임 학생들도 저녁시간과 주말을 공부와 수업을 위해 포기하고, 여가나 휴가를 즐길 시간을 포기한다. 만약 이 학생들이 집이나 농장 또는 가족의 사업에 종사하는 경우 봉급이 없다 할지라도 기회비용은 여전히 존재한다. 왜냐하면 그 일 자체가 가족들에게 가치 있는 일이며, 그 일을 다른 누군가에게 시키고자 할 때 임금을 지급해야 하기 때문이다. 훈련을 포함한 투자의 분석이 적합하려면 직접적인 비용을 추가한 기회비용에 대한 분석을 반드시 포함해야 한다.

따라서 어떤 학생이 졸업 전에 학업을 포기한다면 그가 받을 수 있는 (추가적인) 수입을 포함해야 할 필요가 있다. 만약 그녀가 대학에 머문다면 그녀는 그 같은 수익을 받지 못할 것이다. 그 수익을 F_0이라고 하자. 그러면 대학에서 투자된 비용의 합은 $C_0 + F_0$ 이 된다.

투자의 결정은 투자수익의 현재가치가 투자비용의 현재가치를 초과할 때 이루어진다는 규칙을 따른다. 이러한 순현재가치는 다음과 같다.

$$\text{교육 투자의 순현재가치} = \sum_{t=1}^{T} \frac{K_t - H_t}{(1+r)^t} - (C_0 + F_0) \tag{3.1}$$

식 3.1의 값이 양이면 대학을 졸업하는 것은 좋은 투자라 할 수 있다. 만약 값이 음이면 대학은 좋은 투자가 못 되는 것이다. 바꾸어 말하면 수입의 증가보다 기회비용이 크다면 학업을 포기하고 일을 하는 것이 더욱 좋다는 것이다. 즉, 현재 벌어들이는 수익이 대학 졸업 후 벌어들이는 수익보다 크다는 것이다.

이른 시기의 학교 교육은 수익이 비용을 초과한다. 여기에는 두 가지 이유가 있다. 첫째는 사람은 지식이 매우 적은 상태에서 더 많이 배우게 된다는n 것이다. 이 시기에는 약간의 교육이 생산성을 급격하게 증가시키지만, 점차 수익이 감소하기 시작한다.

둘째는 이른 시기의 학교 교육은 비용이 매우 낮다는 것이다. 교육에 대한 공공보조금으로 인해 실질적으로 대부분의 사회에서 고등학교까지는 직접적인 비용이 거의 들지 않는다. 더욱이 이른 시기의 학교 '교육기간 동안 포기한 수익' F_0도 매우 낮다(일부 아이들은 가업을 돕거나 가사 생산에 참여하기 때문에 완전히 0이지는 않겠지만).

하지만 결국에는 그 반대가 될 것이다. 교육에 투자된 비용이 수익을 초과할 수 있다. 저자 중 1명은 실제로 고위 MBA(executive MBA)를 취득하였다. 그는 대학을 졸업했으며 상위 학위인 박사이자 변호사이다. MBA를 취득한 후 그는 후 박사과정에 진학하기로 하였다. 박사학위가 그의 수익을 증가시켜 줄 것 같지도 않았고, 학위 이수를 위한 직접적인 비용과 기회비용도 절대 되찾을 수 없을 것 같았다. 이러한 점에서 교육 투자란 순전히 소모적인 것이다. 이 경우에 비금전적인 교육의 편익은 매우 높았다.

이러한 내용은 거의 모든 사람이 어떤 정규 교육에 투자를 하지만 개개인에 따라 학업을 그만두는 최적의 시점이 있다는 것이다. 학업을 그만두는 최적의 시점은 식 3.1의 교육 투자의 순현재가치가 양에서 음의 값으로 바뀌는 지점이다.

비용과 편익의 효과
현실에서 식 3.1은 몇 가지 다른 함의를 가진다.

비용
수업료나 다른 비용의 인상은 입학률을 감소시킨다. 그 이유는 (교육의 순현재가치가 0에 가까워지는) 한계에 이른 학생들이 비용이 편익을 초과한다는 것을 알아가기 때문이다.

높은 보수의 일자리를 가진 학생들은 학교로 돌아가기를 꺼린다는 점도 비슷한 이야기이다. 이러한 이유로 대학들과 MBA 과정이 대개 경기가 나쁠 때는 경쟁률이 높고, 경기가 좋을 때는 경쟁률이 낮다. 교육은 기회비용의 문제이기 때문에 일자리가 적을 때 좋은 투자가 되고, 많을 때 나쁜 투자가 된다.

이자율
어떤 투자에 대한 수익이 미래에 실현되는 경우와 마찬가지로 이자율이 높아지면 학교 교육의 최적 수준은 낮아진다. 이자율이 높아질수록 오늘의 관점에서 따져 본 미래의 수익은 점점 더 줄어들게 된다.

이자율이 교육에 대한 투자 결정에 지대한 영향을 미치지는 않는데, 그 이유에는 다음 두 가지가 있다. 첫째로 교육은 '장기적 관점'의 투자인데, 장기 이자율은 단기 이자율에 비하여 보다 중요해지고 이것은 일반적으로 덜 유동적이다. 또한 교육에 대한 투자 결정에 있어서 종종 중요하게 여겨지는 이자율은 부모가 교육에 대해 지불한 비용에 대해 자녀들에게 요구하는 '암묵적인 대부 이자율'이라고 할 수 있다. 부모가 미래에 (만일 있다면) 현물 또는 직접 지불의 형태로 자녀들에게 받는 것은 아이들이 학교에 다닐 당시의 이자율과 직결되지 않을 수도 있다.

경력기간
식 3.1에 추가된 관계식들은 기간 T에 영향을 미친다. 경력기간이 길어질수록 교육에 대한 최적 투자량도 증가한다. 따라서 사람들은 교육으로부터 얻게 될 보상을 오랜 기간 영위하기 위해 보다 젊을 때 교육에 투자하는 것을 선호하는 경향을 보이게 된다.

일반적으로 여성들이 남성들보다 평균수명이 더 긺에도 불구하고, 남성들에 비해 교육에 대한 투자를 적게 하려는 경향을 보이는 것 역시 같은 논리로 설명이 가능하다. 평균적으로 여성들은 남성들보다 노동시장에서 소비하는 시간이 짧기 때문에 교육에 대한 투자의 보상 역시 남성들에 비하여 적을 수밖에 없는 것이다.[4] 이러한 관점은 보다 확장될 수 있다. 여성들이 노동시장에서 비교적 적은 시간 동안의 경력을 갖게 되는 주된 이유는 바로 임신과 출산이다. 여성들은 이로 인해 수년간 자신의 경력을 멈출 수밖에 없게 되고, 결국 자신의 경력을 이어가는 것을 포기하게 된다. 따라서 여성들은 시간이 지남에 따라 그 가치가 비교적 느리게 떨어지는 기술을 활용하는 직업에 대한 교육을 더 선호하게 된다.

인적자본의 전문화

대부분의 학생들은 결국 대학에서 전공과 같이 특정 분야로 전문화된다. 대학 졸업 이후의 교육은 더욱더 전문화되어, 한 분야의 특정 영역을 중심으로 집중된다. 왜 이런 현상이 일어나는 것인가? 교육은 대부분의 투자와 마찬가지로 수확체감의 특성을 지닌다. 이러한 수확체감의 특성으로 인해, 특정 분야에서 추가로 1년을 더 공부한다 할지라도 이전 연도에 공부했을 때만큼의 전문성 확대효과를 기대하기는 어렵다. 따라서 이러한 교육의 수확체감 효과로 인해 발생하는 효율성 문제를 해결하기 위해서는, 한 가지 분야에만 집중된 교육보다는 보다 다양한 분야로 분화된 교육 포트폴리오를 구성하여 투자하는 것이 더 효과적이라는 것을 알 수 있다. 이는 특히 초기 교육과정에서 더 두드러진다. 대부분의 교육 시스템들은 모든 학생들이 다양한 주제에 대해 그리 깊지 않은 수준의 일반화된 지식을 갖출 것을 요구한다. 하지만 이러한 보편적인 교육은 단지 일반화된 지식수준의 확보를 위한 것이기 때문에, 재직훈련과 같이 상대적으로 더 고등한 수준의 교육에 있어서는 특정 분야에 대한 전문화의 가치가 더 중요해진다.

사람들은 일반적으로 고등과정의 교육으로 인해 전문화되는데, 이는 경제학의 가장 중요한 요수인 비교우위 및 거래이득의 개념에 의한 것이다. 우리는 이 개념에 대해 이미 제1장에서 다룬 바 있다. 만약 개인이 각자 하나의 분야에 특화된 전문가가 된다면, 각 개인들은 서로 다른 분야의 전문가들과 자신들의 성과물을 교환함으로써 이익을 얻을 수 있다. 예를 들어, 우리들 모두가 전문화된 약사들이 개발한 새로운 의약제품으로부터 혜택을 얻을 수 있다면, 이러한 약사들은 우리들이 각자 전문화되어 있는 다른 분야로부터 혜택을 얻을 수 있는 것이다.

다시 말해, 일반적으로 한 가지 분야에 대한 교육의 효율성은 시간이 지날수록 점차 감소하는 것이 사실이다. 하지만 경제는 많은 분야에서 상대적으로 전문화된 고등 지식에 대해 더 많은 보상을 하는 경향이 있다. 따라서 한 가지 분야의 전문적인 고등교육에 투자하는 것이 일반적이다.

인적자원의 전문화는 기업 내부에서의 조직 구조 및 직무 설계에 있어 매우 중요한 이슈이다.

---

4) 이 책을 읽는 여성들은 남성들과 노동에 종사하는 기간이 그게 다르지 않을 수도 있다. 특정 전문 영역에 종사하는 여성들은 자신들이 노동시장에서 활동하는 데 필요한 투자를 이미 마쳤을 수도 있다. 더욱이 그들의 고액 연봉은 노동시장에 대한 진입을 촉진하기도 한다.

이에 대해서는 제6~7장에서 다시 다루도록 한다.

교육의 효과

마지막 시사점들은 K의 차이를 중심으로 설명된다. $K - H$는 교육으로부터 얻는 수익을 의미하며, 이는 얼마나 많이 교육을 받았는지 그리고 이를 통해 형성된 업무능력이 노동시장에서 어떻게 평가되는지에 따라 달라진다. $K - H$가 증가하면 교육의 순현재가치(NPV)가 증가하고 학교 교육 역시 증가해야 한다.

선천적으로 더 많은 능력을 지닌 학생들이 보다 효율적으로 학교 교육을 받게 되며, 보다 높은 K값을 얻게 된다는 논리는 타당해 보인다. 만약 그렇다면 선천적으로 재능이 뛰어난 학생들이 학교 교육으로부터 얻게 되는 편익이 더 크고, 보다 영리한 학생들에게 더 많은 교육을 제공해야 한다는 논리가 성립되게 된다.[5] 결국 이러한 논리로 인해 경제사회에서의 능력 및 수입의 불균형이 야기된다.

학교 교육의 질적인 향상은 K값에 긍정적인 영향을 미쳐야 하지만, 반대의 관계 역시 성립될 수 있다. 교육기술의 혁신은 사람들의 교육에 대한 투자의지를 증가시킨다. 마찬가지로 교수법의 효율성 변화 및 교사의 질적인 변화 역시 교육에 대한 투자에 (긍정적이든 부정적이든) 영향을 미치게 된다.

여기서 한 가지 중요하게 짚고 넘어가야 할 부분은 바로 기술수준이 직업과 관련이 되어 있다는 점이다. 비록 대학에서의 교육이 농부들에게도 가치가 있을 수는 있겠지만, 이것이 회계사에게 주는 만큼의 가치에는 미치지 못할 것이다. 교육은 기술적으로 진보된 사회와 상호보완적인 관계에 있다. 고등교육을 받은 화이트칼라 직업을 지닌 사람들이 주를 이루는 사회 속에서 교육의 부재로 인해 글도 읽지 못하고 쉬운 수학 계산 하나 하지 못한다면, 이는 대부분 농부들로 이루어진 사회에서 살 때보다 훨씬 큰 장애로 작용할 것이다. 따라서 K값과 교육의 전반적인 수준은 1900년대보다 오늘날의 진보된 사회에서 더 높다. 이러한 논리를 통해 지금 우리가 다루고 있는 현재 사회 전반에 걸친 교육의 양상과 지난 수십 년간의 교육효과의 동향에 대해 설명할 수 있을 것이다.

벤저민 프랭클린이 옳았는가

이 장의 도입부에서 교육은 좋은 투자라는 말을 인용한 바 있다. 사실 일반적으로 그렇다. 경제학자들은 다양한 나라에서 교육을 통한 내부수익률(투자에 의한 이자수익)을 추산해 오고 있으며, 일반적으로 꽤 높은 수준의 결과가 나온다. 예를 들면, 이 책을 읽는 대부분의 학생들은 대

---

5) 이것이 바로 학력이 자격요건을 보장하는 좋은 지표가 될 수 있는 이유이다.

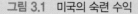

그림 3.1 미국의 숙련 수익

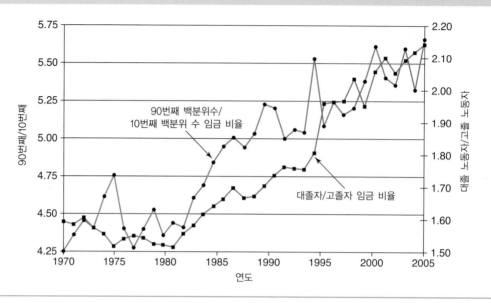

출처 : Current Population Survey, Bureau of Labor Statistics.

학에서 학사 또는 석·박사학위를 위해 투자하는 중일 것이다. 미국, 아시아 또는 유럽에서 교육으로부터 발생하는 내부수익률은 연간 11% 이상으로 추산된다. 이는 위험성을 배제하였을 때의 주식시장에서의 수익률보다 더 좋다고 할 수도 있다.

오직 교육만이 좋은 투자인 것은 아니지만, 적어도 최근 10년간에는 교육이 다른 종류의 투자보다 더 나은 투자라고 볼 수 있었다. 오늘날 노동시장에서는 특정업무기술의 가치를 점점 더 높게 평가하고 있다. 그림 3.1은 미국 노동시장에서의 이러한 현상을 보여주고 있다. 그래프상에서 네모로 표시된 시계열(오른쪽 좌표 눈금)로 표현된 시계열 곡선은 고졸 노동자의 시간당 임금 대비 대졸 노동자의 시간당 임금비율의 변화 추이를 보여준다. 이를 살펴보면 마지막 30여년 동안 대졸 노동자들이 상대적으로 매우 높은 임금을 받고 있는 것을 확인할 수 있다. 1970년대에는 대졸자가 고졸자에 비해 약 50% 정도 더 많은 임금을 받았으나, 2006년에는 거의 2배 이상의 높은 임금을 받았다. 이와 비슷한 경향성은 MBA 또는 MD와 같이 더 높은 학위 취득자의 경우에도 찾아볼 수 있다.

원으로 표시된 시계열 곡선(왼쪽 좌표 눈금)은 높은 수준의 기술을 요하는 노동시장의 가치에 대한 다른 측정방법을 보여준다. 이는 미국 노동자들의 시간당 임금수준의 분포에 대하여 10번째 백분위수와 90번째 백분위수를 비교한 것이다. 10번째 백분위수는 임금수준이 10% 이하인 미국 노동자들을 의미하며, 이는 비교적 저숙련 노동자에 해당하는 자들이 얼마만큼의 임금을 받고 있는지를 나타낸다. 90번째 백분위수는 임금수준이 90% 이하인 미국 노동자들을 나타내며, 이는 비교적 고숙련 노동자에 해당하는 자들이 얼마만큼의 임금을 받고 있는지를 나타낸다. 이 둘을 해마다 비교하면 전체 임금 총액이 어떻게 분배되어 왔는지를 알 수 있다. 그래프를 통해 고숙련자가 저숙련자에 비해 받는 임금차이의 변화 추세를 확인할 수 있다.

이는 대졸자/고졸자를 비교한 그래프의 패턴과 매우 유사하다. 최근 수십 년 사이 미국 경제에서 업무숙련도에 대한 투자 수익이 괄목할 만하게 늘어났다. 1970년대에 90번째 백분위수에서 벌어들인 임금은 10번째 백분위수에서 벌어들인 수익의 4배 정도였지만, 2006년에는 5.5배 이상으로 늘었다.

이와 같은 패턴들은 대부분의 선진국에서 유사하게 나타난다. 경우에 따라서는 선진국이 아니더라도 고숙련 기술에 대한 보상이 상대적으로 높게 나타나기도 한다.

아웃소싱

● ● ● ● ● ● ● ● ● ● ●

업무 아웃소싱은 최근 논쟁이 되고 있는 이슈들 가운데 하나이다. 아웃소싱은 두 가지 종류가 있다. 첫째, 특정 업무를 기업 외부의 공급자에게 할당하는 것이다(물론, 이는 인터넷과 정보통신기술의 발달에 크게 기인한다). 두 번째는 해외의 저임금 노동자들을 이용하는 것이다.

선진국에서 아웃소싱은 제조업과 같이 비교적 기술 숙련을 필요로 하지 않는 업무를 위주로 이루어진다. 그러나 최근에는 고수준의 기술 숙련을 요구하는 업무들을 아웃소싱하는 경우가 많다. 많은 고객서비스센터들이 콜센터를 상당히 먼 지역으로 아웃소싱한다. 게다가 소프트웨어 기술자들마저도 인도, 러시아와 같은 지역으로 아웃소싱하기도 한다. 1980년대에는 소프트웨어 기술자가 고수익이 보장되는 매우 유망한 직업이었다.

고숙련을 요하는 업무가 아웃소싱되는 이유에는 두 가지가 있다. 첫째는 과거에 고숙련자를 필요로 하던 업무가 현재에는 그렇지 않기 때문이다. 최근에는 객체지향 소프트웨어와 같은 소프트웨어 엔지니어링 기술들이 등장함에 따라 10~20년 전과 달리 저숙련 프로그래머들도 충분히 새로운 어플리케이션을 개발할 수 있게 되었다.

두 번째 이유는 숙련에 대한 대가가 높기 때문이다. 자원의 가격이 상승함에 따라 구매자들은 대체자원을 찾게 된다. 그러므로 글로벌화된 노동시장에서 아웃소싱이 원활하게 이루어짐에 따라 숙련에 대한 비용 상승을 경감시킬 수 있다.

그림 3.2는 조금 더 특별한 샘플을 통해 같은 결과를 보여준다. 이 그래프는 미국 기술자들의 업무계층에 따른 평균수입을 나타낸다. 업무계층은 임의로 추출한 기술직 샘플들을 바탕으로 전문 분석가에 의해 결정되었다. 예를 들면, 회사에서 엔지니어가 대략 얼마나 높은 위치에 있는지를 고려한 것이다. 그러므로 계층 6의 엔지니어는 계층 5인 엔지니어보다 더 가치 있는 엔지니어링 기술을 보유하고 있다고 가정할 수 있다.

그래프에서 볼 수 있는 바와 같이 물가상승률을 감안하였을 때 낮은 계층의 엔지니어가 받는

그림 3.2 업무계층에 따른 엔지니어 급여

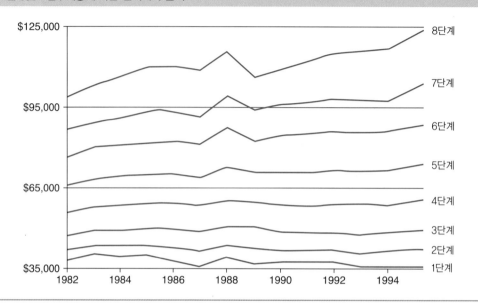

출처 : Bureau of Labor Statistics

임금은 지난 20여 년 동안 크게 변하지 않았다. 그러나 높은 계층에 있는 엔지니어의 임금은 같은 기간 두드러지게 증가한 것을 볼 수 있다. 여기서 우리는 고숙련 노동자와 그렇지 않은 노동자의 임금차이가 과거에 비해 더 커졌음을 알 수 있다.

　어째서 최근 들어 노동시장에서 저숙련 노동자에 비해 고숙련 노동자에 대한 대우가 더욱 좋아졌는가? 이는 최근까지 진행된 연구에 의해서 일부분 설명될 수 있다. 가장 주목할 만한 점은 작업환경에서 컴퓨터 등을 비롯한 진보된 기술의 이용이 증가하였다는 것이다(이러한 이슈에 대해서는 제3부에서 다시 한 번 다룸). 제1장에서 논의된 바와 같이 자본은 숙련 노동력에 의한 산물과 상호 보완적인 관계를 이룬다. 기술을 더 많이 사용할수록, 그리고 더욱 효율적인 기술일수록 고급 숙련자의 가치를 증가시킨다. 이것이 숙련 노동자에 대한 수요를 증가시키고 그들의 시장가치를 증대시키는 것이다.

●●● 재직훈련에 대한 투자

이제 재직훈련에 대하여 살펴보도록 하자. 이러한 투자는 교육에 대한 투자와 여러 가지 측면에서 유사하다. 이러한 투자는 직원의 업무능력과 생산성을 향상시키며 직원과 고용주에게 동시에 이익이 된다. 재직훈련에는 직접적인 비용과 간접적인 비용이 소요되는데, 직접적인 비용은 교재를 비롯한 기타 자원, 트레이너에게 지급되는 급여 등을 말한다. 간접적인 비용은 두 가지 종류가 있다. 첫째로 직원이 재직훈련을 받음으로써 본연의 업무에 투입되어야 할 시간을 뺏기는 문제가 발생할 수 있으며, 업무 집중력 및 생산성의 저하 등이 발생할 수 있다. 둘째는 완벽하게 훈련되지 않은 직원을 업무에 투입하여 그들이 기존에 배웠던 방법대로 일을 하게 하는 것은 완벽하게 훈련된 직원을 투입하였을 때에 비하여 생산성을 저해한다는 것이다.[6]

여기서 함축하는 바는 이전에 다루었던 교육에 대한 투자와 유사하다. 예를 들어, 기업과 근로자는 젊은 근로자를 위한 재직훈련에 더 투자하고자 하는 유인을 가지며, 따라서 젊은 근로자는 광범위한 훈련 기회를 제공하는 직장에 응시하는 것에 더욱 관심을 갖게 될 것이다. 투자는 직장에 대해서 이루어지기 때문에 추가로 흥미로운 시사점이 발생하게 된다. 지금부터 이에 대하여 다루도록 하겠다.

먼저 재직훈련에 대한 투자가 경제적으로 이익이 될 때를 생각해 보자. 이는 다시 말하면 투자비용에 비해 생산성으로부터 얻는 이익이 더 큰지에 관한 이슈이다. 이러한 문제에 답하기 위해서는 특정 업무에 대해 제대로 훈련이 된 직원의 생산물과 그렇지 않은 직원의 생산물을 구분하여 비교해 볼 필요가 있다. 여기서는 (기업이든 직원이든) 누가 투자를 하고 수익을 얻게 되는가에 관한 문제는 차치하기로 한다. 일단 어떠한 투자가 이루어질지를 결정한 후에 기업이나 직원이 그에 대한 계약을 체결할지를 결정할 수 있기 때문이다.[7]

저자가 개인적으로 경험한 사례를 통해 이에 대한 기본적인 개념을 설명해 보도록 하겠다. 실리콘밸리에 위치한 한 작은 회사가 기업용 세금최적화 소프트웨어를 제공하게 되었다. 이 회사의 일반적인 직원들은 자바 프로그래밍에 관한 지식만큼이나 세법에 대해서도 잘 알고 있어야만 했다. 하지만 사실 이러한 업무능력을 가지고 있는 경우는 흔치 않다. 많은 기업이 이러한 두 가지 업무능력에 대해 독립적인 가치를 평가하고 있다. 반면 또 다른 몇몇 고용주들은 이 회사와 마찬가지로 자바와 세법에 대한 전문성을 동시에 갖춘 직원을 더 선호하기도 한다.

따라서 새로운 회사를 찾는 직원이 첫 번째 회사에서 배운 업무능력을 모두 사용할 수 있는 회사를 찾기 위해서는 많은 시간을 소모해야 할 것이다. 두 번째 직장에서는 한 가지 업무능력에 대해서만 가치를 인정해 줄 것이며, 여러 업무능력을 인정해 준다고 하더라도 각각의 업무능력에 대하여 균등하지는 않을 것이다.

당신의 업무에 대해 같은 질문이 당신에게 주어진다. 이 직장에서만 당신의 경력과 업무에 도움을 주는 기술 및 지식들에 얼마만큼 투자할 것인가? 노동시장에서 당신의 직업 진로를 개선할 수 있는 업무능력 배양에 얼마만큼의 투자를 할 것인가?

---

6) 그러나 여기서는 본질적인 동기부여와 지속적인 개선여지로부터 나오는 본연의 효과가 배제되어 있는데, 이에 대해서는 제 7장에서 다루도록 한다.

7) 경제학을 전공한 학생들에게 설명하자면 이는 코즈의 정리의 한 응용 분야이다. 먼저 어떻게 경제적 가치가 창출되는지를 본 후에 기업과 노동자가 이를 분배할지를 고려하는 것이다. 물론, 이러한 접근은 협상비용과 같은 것들이 존재할 경우에는 적절하지 않을 수 있다.

표 **3.3**

자바 및 조세 숙련에 대한 투자수익

	능력	생산성 증가 예상량	이직 안 함		이직함	
			비율(%)	훈련의 가치	비율(%)	훈련의 가치
100% 자바	자바	8	40	3.2	80	6.4
	세금	0	60	0	20	0
				3.2		**6.4**
40% 자바	자바	4	40	1.6	80	3.2
60% 세금	세금	6	60	3.6	20	1.2
				5.2		4.4
100% 세금	자바	0	40	0	80	0
	세금	8	60	4.8	20	1.6
				4.8		1.6

　현재의 생산성이 월 10,000달러(시기 0)로부터 시작하는 한 직원을 가정하자. 표 3.3에서 보는 바와 같이 세 가지의 재직훈련 방법이 있다. 하나는 자바능력을 중점적으로 훈련하는 것이고, 다른 하나는 세금과 관련한 능력을 훈련하는 것이다. 나머지 하나는 고용주가 각 업무에 필요한 능력에 대해 부가한 가치에 맞게, 두 가지 업무능력 훈련시간을 적절한 비율로 나누는 것이다(이는 일반적인 관점에서 설명하고자 하기 때문이다. 물론 훈련방법을 조율하는 여러 가지 방법이 존재할 것이다).

　총훈련비용(직접비용과 훈련 중 잃어버린 생산성으로 인한 간접비용)이 세 가지 선택 모두에 대해 5,000달러로 똑같다고 가정하자. 훈련시간은 자바 프로그래밍과 세금관리 과정에 할당된다. 나머지 훈련 요소들은 제외하여 모델을 단순화시키도록 하자.

　예를 들어, 우선 자바 프로그래밍의 숙련도를 높이기 위한 첫 번째 훈련에 대해 생각해 보자. 만약 직원이 오직 자바 프로그래밍 프로젝트만 수행할 경우, 생산성은 월 8,000달러까지 증가할 것이다. 그러나 이 회사에서는 직원은 자바 훈련에 모든 시간을 할애할 수 없다. 대신 그는 훈련시간의 약 40% 정도만 자바 프로그래밍 훈련에 활용할 수 있으므로 생산성은 그저 3,200달러 정도까지만 증가하게 된다. 또한 이 직원은 세금관리에 대한 훈련은 받지 않기 때문에 세금 관련 업무에 대한 생산성은 변하지 않을 것이다.

　만약 그가 새로운 회사로 옮기고자 한다면 그러한 훈련은 그의 생산성에 어떻게 영향을 미칠 것인가? 이는 그가 찾는 일의 종류에 달려있다. 자바 프로그램 기술과 세법에 대한 지식은 드문 조합이고, 실리콘밸리 같은 곳에서는 세금 지식보다 자바 테크닉이 더 높이 요구되기 때문에, 그가 찾는 일자리는 자바 테크닉을 강조하는 곳이 될 가능성이 높다. 하지만 그의 새 일자리가 100% 자바 프로그래밍만을 하는 곳임에도 불구하고, 세금 소프트웨어에 관한 훈련보다는 그가 지금까지 해왔던 것과는 조금 다른 자바 테크닉에 초점을 맞추고 있을 것이다. 결국 앞으로의 그의 직업훈련은 아마도 세금 관련 소프트웨어를 보다 효율적으로 다룰 수 있도록 하는 것에 초점이 맞추어질 것이다.

따라서 그가 자바 프로그래밍을 능숙하게 다룰 수 있을지라도, 일부 다른 직업군에서는 이러한 자바 프로그래밍 훈련이 완전한 이득을 주지는 못할 수 있는 것이다. 자바 프로그래밍 훈련이 현재 그의 직업에서 약 80% 정도의 효과가 있다고 가정하면, 그의 생산성은 평균 6,400달러까지 올라갈 것이다.

이번에는 세금관리 훈련만을 강조하는 반대의 경우를 생각해 보자. 이 훈련은 세금 관련 업무에서 그의 생산성을 월 8,000달러까지 증가시킬 것이다. 반면 그의 현재 업무에서 60% 정도만 세금 관련 업무에 투자한다면, 그의 생산성은 4,800달러까지만 오를 수 있다. 만약 그가 세금 관련 업무에 대해 약 20% 정도만을 요구하는 다른 직장을 찾게 된다면, 세금관리 훈련은 그 직장에서의 생산성을 월평균 약 1,600달러 정도 증가시킬 것이다.

세 번째 옵션은 두 가지 훈련을 모두 받는 것이다. 이 경우에는 직원이 두 가지 훈련 모두를 조금씩 수행하는 것이 더 효율적이라고 가정한다. 따라서 각각의 훈련으로 인해 증가하게 되는 생산성은 각각 4,000달러, 6,000달러가 되어 두 가지 훈련의 총생산성 증대효과는 10,000달러로 증가하게 될 것이다. 이러한 가정에 대한 논리는 한 가지 분야에만 초점을 맞춰서 훈련하는 경우 또 다른 새로운 분야를 배울 수 있는 시간이 줄어든다는 한계생산성 체감의 원리와 유사하다. 하지만 이러한 가정은 결과에 있어 중요한 것은 아니다.

만약 이 직원이 두 가지 기술에 대한 혼합훈련을 받게 된다면 생산성은 두 업무 모두에 있어서 증가한다. 이때 총생산성의 증가는 5,200달러에 이르게 되는데 이는 외부시장보다는 현재의 회사 안에서 더 높아지게 된다. 왜냐하면 재직훈련은 일반적인 노동시장에서 요구하는 평균적인 업무기술에 맞추어 설계된 것이 아닌, 그의 현재 직업에서 필요한 업무기술에 초점을 맞추어 설계된 것이기 때문이다.

질문과 답 : 직원들을 위한 최상의 재직훈련은 무엇인가? 답은 재직훈련을 받은 후, 그가 어디에 고용되는가에 달려있다. 왜냐하면 다양한 업무들은 두 가지 기술을 다르게 강조하기 때문이다. 최적의 투자는 기대 생산성을 최대화하는 것이다. 만약 그가 현재의 회사에 머물 것이라면, 그는 세법과 자바 프로그램 모두를 훈련받아야 한다. 만약 그가 이 회사를 그만둘 것이라면, 그는 자바 프로그램 훈련에만 집중해야 한다. 답은 그가 회사를 옮길 가능성에 달려있다.

그에게 두 가지 기회가 있다고 가정하자. 하나는 그가 현재의 회사에 남는 것이고, 다른 하나는 그가 다른 회사로 떠나는 것이다(혹은 그 회사가 파산하는 것 등). 그렇다면 어떤 종류의 직업훈련이 가장 좋을까? 만약 그가 현재의 회사에 머물 가능성이 크다면 세금과 자바 프로그램의 혼합 훈련을 받는 것이 좋다. 만약 그가 현재의 회사를 떠날 가능성이 크다면 그는 100% 자바 프로그램 훈련을 받아야 한다.

이는 업무기술에 대한 투자를 바라보는 자연스러운 사고방식을 반영하는 것이다. 업무기술에 대한 최적의 투자 옵션은 당신이 현재의 회사에 오랜 기간 머물 것인지 아니면 곧 새로운 직장을 찾을 것인지에 따라 달라질 것이다. 만약 당신이 현재의 회사에 머무를 생각이라면 최상의 투자전략은 고용주가 가장 중요하게 여기는 가치에 부합하는 기술에 대해 훈련을 받는 것이다. 반면 만약 당신이 현재의 회사를 떠날 생각이라면 이때의 최상의 전략은 **노동시장에서 가장 중요하게 여겨지는 가치에 부합하는 업무기술**을 훈련받는 것이 될 것이다.

일반적 인적자본과 기업 특수적 인적자본

프로그래머 논의에서 자바와 세금 관련 기술은 현재의 고용주와 타고용주 모두에게 가치가 있었다. 그러나 현재의 업무 중에 배우게 되는 기술은 다른 경우보다는 현재의 고용주에게 있어 더 큰 가치가 있다. 다음의 두 가지 극단적인 가능성에 대해 살펴보자. 하나는 재직훈련이 현재의 회사 내부와 외부 모두에서 동일하게 가치가 있다는 가정이고, 다른 하나는 재직훈련이 현재의 회사 외부에서는 가치가 없다는 가정이다. 이 두 가지 경우는 각각 **일반적 인적자본**(General Human Capital, GHC)과 **기업 특수적 인적자본**이라고 불린다. 대부분의 재직훈련은 어떠한 지점 사이에서 가치가 하락한다. 예를 들어 보자.

일반적 인적자본은 노동자가 현재의 고용주와 다른 많은 고용주 모두에게 있어 **동등하게** 생산성을 증가시킬 수 있는 기술과 지식이다. 다시 말해서, 이 기술은 넓은 노동시장에 적용된다. 대부분의 기술은 이 유형에 가깝다. MBA는 GHC이다. 왜냐하면 훌륭한 경영자가 되기 위한 능력은 고용주가 될 가능성이 있는 수천 명의 사람에게 가치가 있는 자질이기 때문이다. 중국어와 같은 외국어에 대한 지식도 이러한 예라 할 수 있다. 경험에 따르면 대학에서와 같이 직장 밖에서 얻을 수 있는 대부분의 기술들은 일반적 인적자본에 해당한다.

기업 특수적 인적자본(FHC)은 일반적 인적자본과는 반대의 특성을 지닌다. 이것은 현재의 직장에서는 생산성을 올려주지만, 다른 직장에서는 전혀 가치를 지니지 **못한다**. 기업 특수적 인적자본을 완전하게 잘 설명할 수 있는 사례를 찾아내는 것은 더 어렵다. 한 회사에서 직원들의 생산성을 향상시켜 주는 대부분의 지식들은 다른 회사에서 역시 적어도 **어느** 정도는 도움이 되기 때문이다. 그럼에도 불구하고 기업 특수적인 재직훈련의 사례가 아예 없는 것은 아니다. 만약 당신의 회사가 그 회사에서만 자체적으로 사용할 수 있도록 고안된 특수한 기계를 가지고 있다면, 현재의 회사에서는 기계작동법에 대한 훈련이 당신의 생산성을 높여 준다. 하지만 만약 당신이 다른 회사로 직장을 옮긴다면 그 훈련의 가치는 없어질 것이다. 이와 같이 특정 기업이나 조직에서만 활용되는 특수한 절차나 방법들이 기업 특수적 인적자본이다.

기업 특수적 훈련에 해당하는 훈련일수록 많은 경우 가시적이지 않은 지식들로 이루어진 경우가 많다. 만약 당신의 회사가 매우 특이한 기업문화를 가지고 있다면 이러한 기업문화에 관한 지식은 현재의 직무에서는 도움이 될지라도 다른 곳에서는 결코 유용하지 않을 것이다. 당신의 회사 내부에 존재하는 비공식적인 네트워크나 사내 권력관계에 대한 이해가 이러한 지식에 해당한다. 마지막으로 당신이 고객과 친밀한 관계를 맺고 있거나 그 고객들의 특정한 조직에 대해 깊은 지식을 지니고 있다면(당신이 이러한 고객들과 함께 일하게 된다거나 그 고객과 함께 새로운 직장을 찾게 되는 경우가 아니라면), 이러한 지식들 역시 기업 특수적 인적자본으로 분류할 수 있을 것이다.

하지만 자바 프로그래머에 대한 논의에서는 이러한 일반적 인적자원과 기업 특수적 인적자본의 개념이 실질적으로 명확하게 구분되지는 않는다. 그 가치의 크기가 다를 수는 있지만 많은 종류의 기술들은 기업의 내부와 외부 모두에서 가치를 지니고 있다. 예를 들어, 자바 프로그래밍에 대한 지식은 다른 직무들에 비해 현재의 직무에서 생산성을 증대시킨다. 만약 이 지식이 현재 종사하고 있는 직장 내부와 외부에서 동등한 생산성 증대효과를 가진다면, 이는 일반적 인적자본에 가까운 것이라고 볼 수 있다. 반면 만약 그 지식이 오로지 기업 내부에서만 생산성을 증대시키는 효과를 가진다면, 이는 기업 특수적 인적자본에 가까운 것이다.

이를 구분하기 위한 더 좋은 방법은, 고용주가 직원들의 재직훈련에 부가하는 가치가 상대적으로 매우 특이한지 그렇지 않은지에 대해 질문하는 것이다. 기업이 다른 기업들과 유사한 직업들의 기술에 가치를 둔다면 이러한 기술들은 일반적 인적자본으로 분류된다. 반면 고용주가 보다 특수한 기술에 가치를 둔다면, 이러한 기술은 기업 특수적 인적자본이라고 볼 수 있다. 자바 프로그래밍과 세금 관련 지식을 동시에 요구하는 것은 매우 특이한 케이스이다. 따라서 이러한 요구를 하는 기업은 재직훈련 시 보다 기업 특수적인 훈련을 제공하게 된다. 이러한 구분법은 누가 훈련비용을 지불할 것인지를 고려할 때에 단기적으로 유용하게 활용할 수 있을 것이다.

사례 : 지적재산권

당신이 연구원으로 고용된 화학자라 가정해 보자. 기업은 당신에게 고가의 연구실과 재료, 장비, 그리고 연구보조원을 제공한다. 이러한 자원들이 다른 직장에서도 사용할 수 있다면 그것들은 우수한 자원이다. 회사는 이미 이 고분자 중합체를 사용해서 상품을 제조할 수 있는 전문지식을 가지고 있기 때문에, 당신에게 다른 연구실에서는 거의 하지 않는 독특하고 애매한 고분자 중합체에 대한 연구를 요구한다. 이 잘 알려지지 않은 고분자 중합체 연구에 대한 투자는 일반적 인적자본에 가까울까, 아니면 기업 특수적 인적자본에 가까울까?

처음에는 이러한 투자가 기업 특수적인 투자로 나타난다. 당신과 고용주가 지적재산권에 대한 투자비용을 공유할 것이기 때문이다. 이러한 기술은 세상에 잘 알려지지 않고 또 자주 사용되지도 않기 때문에, 다른 직업에 있어서는 상대적으로 가치가 덜 할 것이다. 그뿐만 아니라 고용주는 해당 연구에 대한 특허권을 회사 소유로 만들 것을 요구할 것이기 때문에 만약 당신이 회사를 떠날 경우 이러한 특허권에 대한 소유권을 주장할 수 없게 될 것이다.

하지만 또 다른 측면에서 보았을 때 이러한 투자는 보다 일반적 인적자원에 해당한다고 볼 수도 있다. 당신이 새로운 직장을 구할 때 이러한 투자로 인해 몇 가지 이점을 얻을 수가 있기 때문이다. 일반적으로 연구에 대한 지적재산권을 전적으로 고용주가 소유하는 것은 매우 어려운 일이다. 비록 당신이 해당 연구에 대한 특허권을 갖지는 못했을지라도 연구과정을 통해 많은 지식과 아이디어를 얻을 수 있었을 것이고, 이러한 지식들이 경쟁기업의 입장에서는 매우 유용한 자원이 될 수 있기 때문이다.

다시 말해서 지적재산권은 일반적인 동시에 기업 특수적인 투자 요소를 모두 갖고 있다. 기업 특수적 인적자본은 공유 이익을 기대할 수 있는 전형적인 공유 투자이다. 지적재산권은 기술과 지식들이 기업의 전략과 일치하도록 고안되기 때문에, 주로 직원이 현재의 기업에 머무를 경우에 더 높은 가치를 갖는다. 그러므로 둘 모두 직업관계를 유지하도록 하는 동기를 갖는다. 그러나 일반적 인적자본의 경우에는 노동자가 그만둘 시점에 몇몇 이점들을 취하여 경쟁회사로 갈 수가 있다.

경쟁금지계약

● ● ● ● ● ● ● ● ● ● ●

대개 지적재산권인 기업 특수적인 투자는 때때로 기업의 고용계약 시 경쟁금지계약을 맺도록 한다. 이러한 계약은 직원들이 회사를 그만둘 경우에 지적재산권을 가져가지 못하도록 하고자 하는 시도이다. 이러한 계약들은 직원들이 1년 만에 퇴사해 버리는 것처럼 다른 직장으로 이동하는 것을 제한하려는 것이다. 예를 들면, 유사 경쟁업체에서 일할 수 없게 한다거나 혹은 1년 동안 새로운 회사로 가서 기존 고객을 취할 수 없도록 하는 것이다.

경쟁금지계약은 종종 법정에서 그 효력을 주장하기 어렵다. 대부분의 법정이 이러한 계약에 대해 부정적인 입장을 취하고 있다. 이는 모든 사람이 자신들이 원하는 곳에서 자유롭게 일할 수 있다는 원칙(노예계약과 같은 악습을 철폐하기 위한 원칙)에 의거한다. 따라서 기업이 경쟁금지계약을 보다 쉽게 시행하기 위해서는 제약 조항들이 지나치게 부담스럽지는 않은지, 또 계약의 지속기간이 너무 길지는 않은지를 잘 확인해야 한다.

일부 법정은 기업이 직원들에게 경쟁금지계약에 서명하게 한 대가로 보상을 하도록 한다. 사실, 만약 고용계약서에 이러한 계약이 추가된다면 이러한 요청은 필요하고 적절한 것이다. 왜냐하면 이 계약은 직원들이 직장을 얻을 기회를 감소시키기 때문이다.

가능한 조항 일부 조항은 법정 승인을 받기 쉽다.

- 직원은 회사가 대응할 시간을 갖도록 하기 위해 새로운 직장의 의무에 대해 적절한 공지와 설명을 주어야만 한다.
- 직원은 떠나기 전에 승계자를 훈련하고 그에게 중요한 고객을 소개시켜 줘야 한다.
- 직원은 퇴사하면서 동료 직원들을 데리고 가면 안 된다.
- 일부 혜택은 퇴사한 직원이 경쟁금지계약에 따르는지를 보고, 퇴사 후 서서히 지급한다.

대안적 기법　경쟁금지계약과 법적재산권만으로는 직원이 퇴사와 동시에 회사 내부의 지적 재산을 가지고 나가는 것을 완전하게 방지할 수 없다. 따라서 기업들은 이러한 문제들을 개선하기 위해 몇 가지 대안을 가지고 있다. 첫째는 바로 성과에 대한 보상, 즉 지적 재산의 가치를 발전시킨 직원에게 보다 큰 인센티브를 주는 방법이다. 이 방법은 직원들에게 있어 현재의 회사에 머물도록 하는 강력한 동기가 될 뿐만 아니라, 지적 재산의 가치 또한 증가시키는 효과를 미친다. 둘째는 직원들이 회사에 계속 남아 있는 것에 대한 보상을 늦게 지불하는 것이다. 회사는 직원들이 새로운 직장으로 옮겨 자신들과 경쟁하는 것을 방지하기 위해, 직원들의 보너스를 회사를 떠난 후 1년 혹은 2년 후에 지급할 수도 있다. 하지만 이러한 접근들에는 실질적으로 많은 제한이 존재한다.

누가 훈련비용을 지불해야 하나

누가 훈련 투자비용을 지불해야 하는가? 우리는 교육과 재직훈련이라는 두 가지 경우에 대해 생각해 볼 것이다. 교육은 보통 일반적 인적자본에 속한다. 반면 재직훈련은 일반적 인적자본일 수도 있지만 때때로 기업 특수적 인적자본에 속할 수도 있다. 일반적 인적자본의 경우에는 훈련비용 지불에 대한 답이 매우 간단하다. 즉, 노동자가 훈련에 필요한 투자비용을 지불해야 한다는 것이다. 하지만 기업 특수적 인적자본의 경우에는 문제가 조금 더 복잡하다.

교육

몇몇 파트타임 학생들(역주 : 기업에서 교육기관으로 파견한 학생들)에게는 그들의 학비를 지불해 주는 고용주가 있다. 과연 고용주에게 있어 이러한 투자는 과연 좋은 투자일까? 일반적으로 이러한 물음에 대한 답은 그렇지 않다는 것이다. 대부분의 대학 교육은 다른 고용주들 역시 활용할 수 있는 범용성이 넓은 지식을 가르친다. 즉, 이러한 투자는 일반적 인적자본에 대한 투자라는 것이다. 예를 들어, 어떠한 기업이 한 학생에게 대학교 학위를 마칠 때까지의 비용을 지불하는 경우를 상상해 보자. 일단 그녀가 대학 졸업장을 받게 되면 그녀의 시장가치는 증가하게 되고, 이는 곧 임금의 증가와 이직 가능성의 증가로 이어지게 될 것이다. 다시 말해 고용주는 직원에 대한 학비 투자로부터 회수되어야 할 이익의 대부분을 누리지 못하게 될 가능성이 높아진다는 것이다. 반대로 직원의 경우에는 이러한 교육으로 인한 이득의 대부분을 누릴 수 있을 것이다. 그녀가 대학에서의 경력을 쌓아갈수록 수입은 더욱더 높아질 것이기 때문이다.

　이러한 이유로 인해 기업은 직원들에게 대학 학비를 지불하는 것을 꺼리게 된다. 대신에 이에 대한 전형적인 해결책은 투자대상이 되는 개인(혹은 가족)이 노동시장에 진입하기 전에 직접 학비 지원과 같은 투자를 하는 것이다. 대다수의 학생들은 고용주에 의해 지불되는 수업료를 받지 못하고 있다.

　일부 학생들은 수업료의 부분 혹은 전부를 그들의 고용주로부터 지불받는다. 이러한 경우는 법칙의 예외라 할 수 있다. 그러나 예외를 간단하게 설명할 만한 가치는 있다. 기업이 직원들의 수업료를 지불하려고 하는 데에는 몇 가지 이유가 있다.

고용자에 대한 암묵적 비용과 고용주의 편익　　회사로부터 학비 지원을 받는 직원들은 이러한 혜택을 얻기 위해 취업 당시 상대적으로 낮은 봉급을 받아들일 가능성이 있다. 사실, 고용주들에게 있어서는 직원들에게 졸업 후 몇 년 이내에 회사를 그만둘 경우, 이전의 학비 지원금을 회사에 돌려주는 계약을 강요하는 것이 결코 특이한 사례가 아니다. 이러한 퇴사비용의 존재는 회사가 직원들에게 졸업 후 몇 년간 시장가치보다 낮은 임금을 지불함으로써 투자에 대한 이득을 얻는 것을 가능하게 한다.

매칭　　만약 회사가 몇몇 선택된 직원들에게만 학비를 지원한다면, 이 직원들은 고용주와 매우 강하게 매칭되어 있다고 할 수 있다. 회사는 이 직원들이 오랜 기간 회사에 머물러 주기를 기대하며, 이들이 장차 회사의 핵심 인재가 될 수 있도록 훈련시킬 수도 있다. 이러한 경우 만약 그 직원들이 이러한 혜택을 통해 회사에 오랜 기간 머물겠다는 강한 동기를 갖게 된다면, 회사는 학비 지원의 이득을 회수할 수 있을 것이라고 기대할 것이다. 즉, 회사와 직원 모두 교육 투자로부터 오는 이익을 나누어 갖게 되는 것이다. 이는 곧 기업 특수적 인적자본과 비슷한 결론이라고 볼 수 있다. 하지만 여기서 특수한 것은 기술이 아닌 매칭이다.

채용　　이익은 제13장에서 논의할 것이다. 간단히만 말하자면 이익의 제공은 채용에 있어 유용한 자기선택을 발생시킬 수도 있다. 예를 들어, UPS는 직원들에게 등록금을 상환해 준다. 직원의 대부분은 비싼 대학 교육을 받지 않으므로, 이 프로그램은 비용이 많이 들지 않는다. UPS는 보다 열심히 일하고 패기 있는 직원들을 이득으로 얻게 된다. 또 다른 혜택은 직원들의 연령이 젊어지면서 보다 무거운 화물을 취급할 수 있는 직원들을 필요로 하는 회사의 욕구를 충족시킬 수가 있게 된다.

아비트리지　　만약 교육이나 재직훈련에 대한 비용에 세금 혜택이 있다면, 기업은 학비 지원 비용에 있어서 이점을 취할 수 있게 된다.
　　이러한 특수한 상황 이외에는 일반적인 기업들은 직원들에 대한 교육 투자를 지불하지도, 지불해서도 안 된다. 위험한 고용이나 스크리닝, 시그널링 등을 생각해 보면, 이는 이전의 두 장에서 다루었던 것과 동일한 논리임을 주목할 필요가 있다. 회사는 언제나 피고용인의 외부 시장가치를 맞추기 위한 압박에 직면해 있다. 회사 밖에서의 피고용인의 가치를 올리는 모든 것들이 고용주로 하여금 그러한 가치 상승에 걸맞은 보상을 회사 안에서 보장해 주어야 한다는 압력을 받게 만든다. 교육과 일반적 인적자본은 이러한 가치 상승 요소의 가장 중요한 두 가지 예시이다.

바로 이것이 회사가 일반적으로 광범위하고 범용성이 높은 교육 프로그램을 운영하지 않는 이유이다. 더 정확히 말하자면 학교는 독립된 기관으로 조직된다. '컨트롤데이터 사'의 사례는 이러한 모습을 매우 잘 보여주는 예이다. 반면 '위프로테크놀로지'는 대부분의 국가에서 통용되지 않을 법한 매우 대조적인 접근법을 제시한다.

컨트롤데이터 사

컨트롤데이터 사(CDC)은 슈퍼컴퓨터를 처음 출시한 회사 중 하나이다. 1960년대에 그들이 개발한 컴퓨터는 전 세계에서 가장 빠른 컴퓨터 중 하나였다. 1965년에 그들은 전문적인 컴퓨터 기사를 육성하기 위해 컨트롤데이터 사(CDI)를 설립했다. CDI는 컴퓨터 산업계에서 가장 훌륭한 훈련과정을 제공했는데, 이는 CDC가 컴퓨터를 제조하는 회사임을 감안했을 때 그리 놀라운 일은 아니었다.

하지만 CDC는 자회사의 훈련기관에서 훈련을 받은 피고용인들의 상당수가 경쟁사나 그들의 고객사로의 이직을 위해 회사를 그만둔다는 사실을 발견했다. 이러한 문제가 발생했던 이유는 CDI가 제공했던 훈련들이 보통 당시의 노동시장에서 폭넓게 활용될 수 있었던 일반적 인적자본에 해당하는 것이었기 때문이었다. 결국 CDC는 1989년에 CDI를 개별적인 계열사로 분리시키게 된다.

위프로테크놀로지

기술 집약적인 회사들의 폭발적인 성장과 더불어 대체로 일반적 인적자본에 해당하는 소프트웨어 디자인 분야 재직훈련의 광범위함으로 말미암아, 이 인도의 소프트웨어 회사는 자신들의 직원들을 오랫동안 지키는 것이 매우 어렵다는 사실을 깨닫게 되었다. 대부분의 회사들은 직원들과 고용계약을 맺을 때 일정 기간 동안 고용관계를 유지할 것을 보증하기를 원했다. 방갈로르에 위치한 위프로테크놀로지는 여기서 한발짝 더 나아갔다.

위프로는 새로 고용된 직원들이 채용확인서를 받기 전에 75,000루피(1,400달러)의 보증금을 지불할 것을 요구했다. 이 보증금은 은행에 적립된다. 따라서 보증금을 적립할 돈이 없는 직원들은 은행으로부터 대출을 받아야만 했다.

이 적립금은 신입 직원이 위프로에서 3개월간의 연수를 마친 후 최소 12개월 이상 근무할 경우에만 다시 돌려받을 수 있었다. 이공계 학위를 지닌 신입 직원들의 경우에는 6개월간의 훈련을 받은 후에 최소 18개월 이상 근무해야만 적립금을 환불받을 수 있었다.

위프로의 보고에 따르면 이러한 고용정책은 자신들의 대학 캠퍼스에서의 채용능력에 있어서 결코 부정적인 영향을 미치지 않았다고 한다.

출처 : rediff.com, 2005년 1월 22일

재직훈련

일반적 인적자본　　이제 재직훈련에 대해 누가 비용을 지불하는지에 대해 생각해 보자. 우선 훈련 시 배우게 되는 기술들이 완전히 일반적 인적자본으로 구성된 극단적인 케이스에 대해 먼저 고려해 보도록 하겠다. 이러한 경우 새로운 훈련에 대해 현재의 고용주와 다른 회사의 고용주들은 서로 비슷한 가치를 매기게 된다. 이러한 케이스의 논리는 교육에 대한 투자와 비슷하다. 노동자가 훈련을 받으면 그의 시장가치는 상승한다. 그러면 회사는 월급 인상을 통해 증가한 시장가치만큼의 보상을 해주어야 할 뿐만 아니라, 노동자가 이직을 할지도 모르는 위험까지 감수해야 한다. 이러한 이유로 훈련 시 배우게 되는 기술들이 완전히 일반적 인적자본들로 구성된다면, 노동자는 이를 위한 투자의 100%를 지불해야 하며, 그에 대한 혜택 역시 100% 받아야 한다는 일반론적인 규칙을 세울 수 있다.

부분적으로 혹은 완전히 개별 기업 특성에 맞는 인적자본　　조금 더 현실적인 케이스는 재직훈련이 현재 고용주와 노동시장에서 각기 다르게 평가되는 경우이다. 자바 프로그래밍이나 세금 관련 기술(tax skill, 세금 최적화 소프트웨어를 다루는 기술)에 투자한 프로그래머의 사례가 바로 그러한 예이다. 이 케이스에서 프로그래머의 노동시장에서의 가치는 시장에서 훈련의 가치를 인정받음에도 불구하고 회사 내부에서의 평가된 가치보다 낮았다. 대부분의 재직훈련은 이러한 특색을 가진다. 재직훈련은 기본적으로 현재 직업에서 필요한 기술적 역량을 충족시키는 데 초점이 맞추어져 있다. 과연 이 케이스에서는 어떠한 일이 발생하게 될까?

이에 대해 알아보기 위해 그림 3.3에 도시한 바와 같이 소프트웨어 프로그래머를 위한 투자에 대해 살펴보도록 하자. 그가 현재 회사에 머무를 확률이 그에게 자바 프로그래밍과 세법에 관한 훈련을 둘 다 제공할 정도로 높다고 가정해 보자. 이때 훈련을 받는 기간과 훈련을 받은 후의 기간을 설정하였으며, 나머지 기간은 고려하지 않음으로써 모델을 단순화시키기로 한다. 만약 직원이 이러한 재직훈련을 전혀 받지 않을 경우, 이 직원의 생산성은 2개의 기간 모두에서 점선으로 표시된 10,000달러 수준을 유지하게 된다.

하지만 만약 그가 재직훈련을 받게 된다면 처음 훈련기간 동안에는 직·간접적 비용으로 5,000달러가 들게 된다. 따라서 이 직원의 순이익은 5,000달러가 된다. 이는 훈련기간에 표시되어 있는 실선에 해당한다. 이때 훈련비용은 해당 기간 동안 실선과 점선 사이의 음영 처리되어 있는 면적으로 계산된다.

훈련을 받은 후 직원의 생산성은 현재 다니는 회사에서 15,200달러까지, 노동시장에서는 총 14,400달러까지 증가하게 된다. 이 수치들은 초반에 10,000달러부터 시작해 훈련으로 인해 상승된 증가분이 더해진 것이다. 이러한 두 가지 생산성의 증분들은 그림 3.3의 훈련 후 기간에 표시되어 있는 실선들로 나타나 있다. 직원이 회사를 떠날 경우 얻게 되는 보상은 14,400달러의 실선과 10,000달러의 점선 사이에 표시된 옅은 음영 부분이다. 반면 그가 회사에 **머무를**

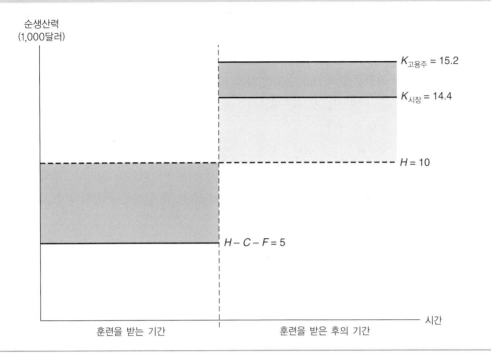

그림 3.3 일반적 인적자본 투자

경우 투자에 대한 보상은 아까 그 영역에 좀 더 어두운 부분의 영역을 합친 만큼이 될 것이다. 15,200달러의 실선과 점선 사이의 전체 영역이 그것이다. 즉, 재직훈련을 받은 직원이 회사에 머무른다면 교육 투자에 대한 보상이 더 커지기 때문에 이 투자는 보다 기업 특수적이라고 볼 수 있다.

이것은 만약 직원이 현재의 회사에 머무를 것이라 믿을 수 있는 강한 이유만 존재한다면 수익성이 있는 투자로 평가할 수 있다. 즉, 직원과 회사 모두로 하여금 훈련에 대한 투자를 진행하고, 훈련 후의 기간 동안에도 직원이 회사에 머무르도록 할 수 있는 인센티브가 발생하게 된다는 것이다.

교육이나 완전히 일반적인 인적자본의 경우와 같이 직원이 훈련에 대한 모든 투자비용을 부담하고, 훈련 이후의 두 번째 기간 동안 이에 대한 수익을 얻게 될 것을 예상하는 상황을 가정해 보자. 다시 말해, 회사는 직원에게 이 두 가지 기간 동안 증가한 생산성만큼을 봉급으로 보상하는 데 동의한다는 것이다. 이러한 계약하에서 회사는 어떠한 기간에서도 이익이나 손실을 경험하지 않는다. 반면 노동자의 경우에는 첫 번째 기간 동안 손실을 입는다(봉급이 다른 곳에서 받을 수 있는 것보다 5,000달러 적기 때문). 그러나 두 번째 기간 동안에는 이득을 얻게 될 것이다(이때의 봉급은 다른 곳에서 받을 수 있는 것보다 5,200달러 많기 때문).

훈련에 대한 투자가 이루어지고 난 후, 즉 투자비용이 매몰비용이 되고 난 이후의 상황을 고려해 보자. 회사는 이제 무엇을 할 것인가? 만약 회사가 15,200달러를 지불한다면 노동자를 회사에 잡아두기 위해 원래 지불해야 하는 양보다 더 많은 비용을 들이는 셈이 된다. 노동자는 다른 회사에서 14,400달러만을 받을 수 있다. 따라서 회사는 훈련에 대한 투자가 이루어지고 난 후, 직원들에게 14,400달러 이상의 봉급을 지급하고 싶지 않은 유혹을 느끼게 될 것이다. 이 경우 회사는 자신들의 직원들을 해고할 수도 있다고 협박을 할 수도 있고, 직원들 역시 다른 회사에 가더라도 14,400달러 이상을 받기는 힘들다는 현실로 인해 자신들의 봉급을 낮추어야 할지를 심각하게 고민해야 할 것이다.

다시 말해, 회사는 약속을 어기고 싶은 유혹을 느끼게 될 것이고, 투자가 끝나는 시점에 새로운 계약을 하고 싶어 할 것이다. 왜냐하면 직원들에게 15,200달러보다 더 적은 봉급을 지급할 경우 직원들에 대한 투자로 인해 만들어진 생산성의 이득에서 조금 더 많은 부분을 차지할 수 있기 때문이다!

만약 당신이 이러한 계약을 처음부터 받아들여야 할지 말지를 결정해야 하는 직원의 입장이라면, 아마도 이러한 위험성에 대해 예측할 수 있을 것이고, 따라서 훈련에 대한 투자를 하지 않으려고 할 것이다. 하지만 재직훈련에 대한 투자는 전체적으로 보았을 때에는 이익이 생길 수 있는 투자이기 때문에, 이러한 선택은 매우 유감스러운 일이 아닐 수 없다. 하지만 당신은 회사가 당신의 투자로 인해 발생한 이익 중 더 많은 몫을 가져가려고 한다는 사실을 우려하게 될 것이기 때문에, 결국 투자를 포기하는 선택을 하게 될 것이다.

이것은 경제학자들이 흔히 **홀드업 문제**(holdup problem)라고 부르는 것으로, 투자가 발생하는 상황에서 흔히 나타나는 것이다. 이 문제는 한쪽이 먼저 투자를 하고서 그에 대한 수익을 나중에 얻게 되고, 또 다른 한쪽은 투자가 이루어지고 난 후에 재협상을 하고자 하는 유혹을 느낄 때 발생하는 것이다. 이러한 위험이 예측 가능하다면 이후에 투자에 대한 보상의 일부 혹은 전부를 재협상해야 하는 상황에 처하는 것을 두려워하게 되어 투자가 일어나지 않을 것이다.

만약 당신이 투자하고 싶지 않다면 회사로 하여금 대신 투자를 하도록 하고 그에 대한 보상 역시 얻도록 하는 방법으로 문제를 해결할 수 있지는 않을까? 다시 말해, 만약 회사가 직원에게 훈련을 제공하면서도 직원에게 그가 투자를 하지 않는 경우에 받게 될 봉급(각 기간당 10,000달러)만을 지급하는 경우에는 어떠한 일이 발생할까? 이 경우 훈련기간 동안에는 직원의 생산성이 봉급보다 더 낮기 때문에, 회사 입장에서 그에 따른 비용을 부담해야 할 것이다. 반면 훈련 후 기간 동안에는 직원의 생산성이 봉급보다 더 높기 때문에, 회사 입장에서 그에 따른 이익을 얻을 수 있을 것이다.

당신은 이 문제에 대해 스스로 답해 볼 수도 있다. 재협상과 같은 위험부담이 있다고 가정하자. 한번 투자가 이루어지면 피고용인은 10,000달러보다 높은 급여를 받는 계약으로 재협상을 하고 싶은 유혹을 느낄 것이다. 결국 그의 시장가치는 14,400달러로 증가했기 때문에 그는 지금의 봉급만으로는 기업에서 나가겠다고 위협할 수 있다. 더군다나 현재의 고용주에게 있어서는 훈련된 직원의 가치가 15,200달러에 이르기 때문에 이에 근접한 월급을 달라고 요구할 수도 있다. 만약 그가 떠나면 회사 입장에서는 5,200달러의 손실을 입기 때문에 회사는 결국 그와 재협상하려 할 것이다. 하지만 이러한 재협상을 하게 되면 그 직원은 회사의 투자로부터 상당한 이익을 얻을 수가 있게 될 것이다!

누가 투자를 하고 또 누가 수익을 기대하든 간에 상대방은 훈련에 대한 투자가 이루어진 이후 기존의 계약을 깨고 재협상하고자 하는 유인을 갖게 된다. 특히 투자자의 경우 재협상에 대한 압력을 받을 수가 있는데, 이는 계약관계가 중단될 경우 투자자 입장에서 더 잃을 것이 많기 때문이다. 불행히도 이러한 **재협상의 위험**은 투자의 보상으로 얻을 수 있는 수익의 수준을 투자가 전혀 이루어지지 않는 지점까지 낮추는 역할을 하게 될 것이다.

이러한 문제를 어떻게 해결할 수 있을까? 여기에는 두 가지 가능성이 있다. 하나는 한쪽 혹은 양쪽 모두의 신뢰도에 의존하는 것이다. 우리는 이에 대해 아래에서 그리고 제15장에서 논의할 것이다. 두 번째는 투자에 대한 비용과 보상을 분할하는 것이다. 이를 어떻게 하는지에 대한 예가 그림 3.4에 소개되어 있다.

이 케이스에서는 훈련기간 동안 발생하는 비용은 실질적인 총생산성과 직원이 다른 현재 회사 이외의 곳에서 받을 수 있는 봉급 사이의 한 지점인 W_1 만큼의 임금을 지불하는 것으로 분할

그림 3.4 기업 특수적 인적자본 투자

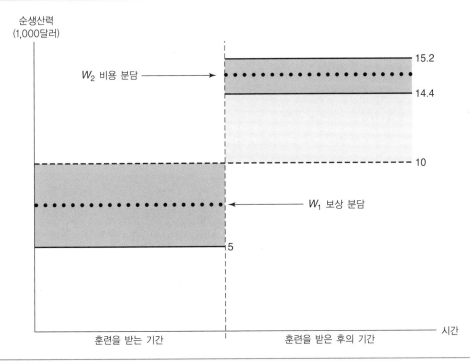

된다(만약 이러한 분할이 50 - 50으로 이루어진다면, $W_1 = 7.5$). 이러한 비용의 분할은 첫 번째 기간 동안의 투자 위험을 줄이는 역할을 한다. 바로 잃을 것이 적어지기 때문이다. 훈련기간이 끝난 후의 기간에 발생하는 수익은 직원이 다른 회사에서 받을 수 있는 임금과 실제 생산성 사이의 W_2에서 분할될 것이다(만약 이러한 분할이 50 - 50으로 이루어진다면, $W_2 = 14.8$). 이러한 수익의 분할은 재협상에 대한 유혹을 완전히 없애지는 못할지라도 상당 부분 줄여 주게 된다. 더군다나 이 경우 계약관계가 깨지게 되면 양쪽 모두 잃을 것이 생기기 때문에 모두가 되도록 재협상을 피하고자 하는 유인을 갖게 될 것이다.

따라서 각 회사에 특성화된 재직훈련에 대한 투자는 일반적 인적자본이나 교육에 대한 투자와는 다른 양상으로 형성될 수 있다. 직원 스스로에 의한 투자와 회사에 의한 투자로 나누어질 공산이 크다. 이는 곧 투자기간 동안의 임금은 다른 회사에서 받을 수 있는 수준에 비해 적지만 총생산성에 비해서는 높을 수가 있다는 것이다. 훈련 후 기간 동안에는 다른 곳에서 받는 임금보다는 더 많이 받겠지만 실제 총생산성에 비해서는 낮은 임금을 받게 될 것이다.

재직훈련에 대한 함의

재직훈련은 고용관계에 있어서 여러 가지 중요한 함의를 담고 있다. 지금까지 이를 위한 투자에 대해 분석했고, 누가 이러한 투자의 비용을 지불하고 또 누가 수익을 얻게 되는지에 대해 살펴보았는데, 이제부터는 그에 대한 함의를 밝혀보고자 한다.

먼저 이에 앞서, 재직훈련은 완전히 일반적인(해당 기업 외의 다른 직장에서도 동일한 가치를 갖는) 훈련부터 순수 기업 특수적인(해당 기업 외에서는 아무런 가치가 없는) 훈련까지의 스펙트럼에 따라 달라질 것이라는 점을 기억해야 한다. 대학에서 받은 교육은 언제나 순전히 일반적 인적자본이다. 재직훈련은 언제나 이러한 두 가지 자본의 특성이 혼합되어 있다. 비록 훈련이 현재 직장에서의 업무 중심으로 이루어져 있다 할지라도, 피고용인들은 훈련을 받음으로써 나중에 그들이 회사를 떠났을 때에도 이익을 얻는 경향이 있다. 따라서 우리는 재직훈련을 일반적 인적자본과 기업 특수적 인적자본의 혼합체로 취급할 것이다.

이직

재직훈련과 관련된 함의 중 하나는 이직과 관련되어 있다. 훈련이 완전하게 일반적인 것이라면 기업은 이직(직원을 교체하는 비용은 무시하면서)에 대해 신경 쓰지 않는다. 회사는 투자를 하지 않고 훈련에 대한 보상도 얻지 않는다. 따라서 직원이 회사를 그만둔다 할지라도 잃을 것이 없다. 마찬가지로 노동자의 입장에서도 재직훈련에 대한 투자를 모두 스스로 부담할 경우, 고용주를 바꾼다 해도 잃을 것이 없을 것이다.

반면 재직훈련이 기업 특수적일수록 회사와 직원 모두 이직에 대해 더 많은 관심을 갖게 된다. 회사와 직원이 서로 기업 특수적 투자를 공유할 경우 직원이 이직을 하게 되면 양자 모두가 손해를 보게 된다. 특히 현재의 회사와 다른 회사 사이의 생산성의 차이가 커질수록 이러한 손실은 더욱 커지게 된다. 따라서 고용주들이 그들의 직원들에 대한 투자의 손실에 대해 고려한다고 말할 때, 이들은 자신들의 회사에 있어서만 상대적으로 특수한 성격을 띠는 인적자본 투자에 대해서도 반드시 언급해야만 할 것이다.

이는 회사가 그들의 피고용인들에 대해 어떻게 생각하는지에 중요한 영향을 미친다. 만약 재직훈련이 일반적이거나 회사에 있어서 중요하지 않을 경우 몇몇 고려사항들을 제외하면 피고용인은 대개 현물시장식의 거래를 통해 고용된다. 그러나 한번 특수한 투자가 중요한 역할을 하게 되면, 노동자와 회사 사이의 관계가 매우 중요해진다. 즉, 기업과 직원들 모두 재직훈련에 투자하고 서로 간의 관계를 유지할 만한 인센티브가 생기게 되는 것이다. 이러한 상황에서 자주 활용되는 말은 회사가 내부 **노동시장**을 강조한다는 것이다. 특정 기업이 근로자에게 필요로 하는 숙련기술의 조합이 독특할수록 고용에 대한 이러한 관점은 더욱더 중요해진다. 이 아이디어는 제15장에서 더 논의될 것이다.

투자

회사의 이직률이 낮을수록 더 많은 노동자들이 현재 직장과 고용주에 대해 적합도가 높은 기술에 투자하려고 할 것이다. 반면 이직률이 높을수록 더 많은 노동자들이 다른 회사에서도 쉽게 응용될 수 있는 기술에 투자하려고 할 것이다. 그러므로 노동자들에게 특수한 기술을 훈련시키고자 하는 회사들은 일반적으로 이직률을 줄이기 위한 정책을 도입할 것이다.

투자 패턴은 재직기간에 따라 변화해야 한다. 한 피고용인이 회사에 근무한 기간이 길수록 그가 이미 그 회사와 밀접하게 연관된 기술을 배우는 데 투자를 받았을 가능성이 더 높을 것이다. 이는 곧 피고용인이 현재의 고용주에게 머물도록 하는 인센티브가 증가하게 됨을 의미하며, 회사들로 하여금 보다 기업 특수적인 기술훈련에 투자하게 만든다. 따라서 재직기간이 길어질수록 노동자들은 그들의 현재 고용주에게 맞추어 더 많은 투자를 하게 된다.

보상

이러한 견해는 보상의 양식에도 중요한 함의를 지닌다. 첫째, 대부분의 직업이 어느 정도의 재직훈련을 제공하기 때문에 급여는 개인의 노동시장에서의 경험에 따라 증가하는 경향이 있을 것이다. 둘째, 종합적인 경험이 수입에 미치는 영향을 넘어서, 회사에서 더 오랜 기간 근무한 직원들은 그들의 능력이 이미 현재 회사에 적합해져 있으며 그들이 이전에 받은 기업 특수적 훈련에 의해 발생하는 수익 역시 얻을 수 있기 때문에, 그렇지 않은 직원들에 비해 더 많은 급여를 받는 경향이 있다.

셋째, 보다 기업 특수적인 기술일수록 직원들이 이직을 할 때에 발생하는 손실은 더욱 커지게 된다. 이러한 기술은 직원이 새로 이직할 직장에서보다는 현재의 직장에서의 업무에 더 잘 맞추

어져 있기 때문이다. 회사를 떠남으로써 받는 보상에 대해 예상되는 손실이 크면 클수록 직원이
회사를 떠나는 가능성은 적어진다. 이는 노동자가 현재의 고용주에게 특화된 기술에 더 많은 투
자를 할수록 그 일에 더 오래 머무는 것을 원하게 되는 경향이 있기 때문이다.

노동시장의 두께

노동시장은 때때로 두껍거나 얇은 성격을 보인다. 두꺼운 시장은 노동자가 그들의 기술을 제대
로 평가해 주는 새로운 직장을 찾는 것이 비교적 쉬운 시장을 말한다. 얇은 시장은 그 반대의 경
우를 의미한다. 노동시장의 두께는 노동자의 직종에 따라 달라진다. 대부분의 도시에서는 학계
에서 활동하는 경제학자보다 변호사를 위한 직종이 더 많다. 또한 노동시장의 두께는 경기순환
에 영향을 받는다. 경제가 후퇴기에 있다면 몇몇 적은 수의 기업들만 고용에 나서기 때문에 현
재의 직업과 비슷한 임금을 제공하는 직업을 얻는 것이 매우 어렵다. 경기가 개선될 때 특히 경
기가 호전되기 시작하는 시점에 있어서는 이와 반대의 현상이 발생하는 경향이 있다. 또한 노동
자가 다른 지역으로 이전할 시에 비용이 발생하는 경우에는 노동시장의 두께가 지역 경제의 크
기에 영향을 받기도 한다.

　마지막으로 노동시장의 두께는 노동자들이 지닌 기술의 조합에 따라 달라진다. 보다 특수한
기술 조합을 지닌 노동자일수록 그를 위한 노동시장의 두께는 얇다. 이러한 논리는 일반적 인적
자본과 기업 특수적 인적자본이라는 대조되는 개념이 내생적임을 보여준다. 이는 노동시장이
얼마나 두꺼운가에 달려있다. 더 두꺼운 시장에서는 노동자가 지닌 기술이 덜 기업 특수적인 경
향이 있다.

기업규모

큰 기업에서 근무하는 노동자는 다음의 두 가지 이유로 고용주에게 특화된 기술 조합에 더 많은
투자를 하는 경향을 보일 것이다. 첫째, 실증적으로 큰 회사는 작은 회사보다 더 낮은 이직률을
보인다. 둘째, 큰 회사는 이직을 원하는 노동자들에 대한 대안을 찾을 수 있는 확률이 더 높다.
실제로 매우 큰 회사는 종종 상대적으로 정형화된 내부 노동시장을 갖추고 있는 경우가 많다.
즉, 회사 내에 공석이 발생했을 때 회사 내에서 보다 능동적으로 후보자를 찾아 배치시킬 수 있
는 인사부를 갖추고 있는 것이다. 특히 같은 회사 내에서는 부서 간의 기술들 간에도 역시 어느
정도 유사성을 보이기 때문에, 큰 회사에서 근무하는 직원이 지닌 기술에 대한 노동시장을 보다
두껍게 만들 것이다.

●●● 지대의 분담과 보상

교육투자와 신호발송의 개념은 전체적인 보상수준에 관해 간단한 논의를 가능하게 해준다. 보

상은 현금과 더불어 노동자에게 지급되는 또 다른 편익들을 의미한다. 편익은 노동자에게 가치가 있기 때문에 노동자들은 이러한 편익에 대한 트레이드오프로서 일정 부분 더 낮은 봉급을 수용할 의사를 갖게 될 것이다.

보상의 전반적인 수준은 어떻게 결정되는가? 추상적으로 기업 간 완전경쟁은 기업이 노동자들로부터 0의 이윤을 얻는다는 것을 내포하고 있다. 이것은 기업이 주주수익 등 회계상의 이익을 얻지 않는다는 것을 의미하는 것이 아니다. 단지 기업이 고용한 노동자들로부터 얻는 회계상의 이익수준이 다른 고용주들이 벌어들인 것과 거의 같다는 것을 의미한다.

이와 유사하게 노동자들 사이의 완전경쟁은 노동자들이 어떠한 기업에서 근무하든 간에 거의 비슷한 수준의 임금을 받게 된다는 것을 의미한다.

이러한 두 가지 조건하에서 노동자와 기업은 그들이 누구를 위하여 일하는지, 누구를 고용하는지, 그리고 직원들의 이직률은 어떠한지 등에 대해 대부분 무관심하다. 이것은 순수 일반적 인적자원에 대한 투자의 경우와 유사하다. 보상의 수준은 비슷한 업무를 하고 있는 다른 기업과 같을 것이고, 또한 기업에서 노동자가 산출한 것에 대한 한계가치와 같을 것이기 때문이다.

분명 이러한 예는 결코 현실적이지 않지만, 이론적으로는 상당히 유용한 기본적인 케이스이다. 물론 현실적으로 노동자들이 고용주를 바꿀 때에는 어느 정도의 손실이 발생하는 경향이 있다. 그리고 고용주는 일반적으로 많은 수의 노동자를 잃는 것을 원하지 않는다. 이러한 의견은 현재의 고용주와 노동자들 모두 서로 다른 고용주나 노동자와 함께 일할 때와 비교했을 때에 비해 어느 정도의 이익(경제적인 전문용어로 지대라 함)을 얻고 있다는 것을 암시한다. 여기에서 두 가지 의문이 발생하게 된다. 첫째, 이러한 지대의 근원은 무엇인가? 둘째, 그렇다면 이러한 논의가 노동시장이 완전경쟁시장이 아니라는 사실을 내포하는 것인가?

이 장에서 우리는 노동자가 현재의 회사에 남을 때 왜 노동자와 기업이 모두 추가적인 이윤을 얻을 수 있는지에 대한 두 가지 이유에 대해 살펴보았다. 첫 번째 이유는 바로 매칭이었다. 어떠한 이유로 노동자가 고용주와 특별하게 잘 맞으면 그 기업에 머무는 노동자에게는 어떠한 편익이 존재하게 된다. 다시 말해 이는 노동자뿐만 아니라 기업 역시 그들의 고용인이나 노동자에 대한 완벽한 대체재를 찾을 수 없다는 것을 의미하기 때문에, 사실상 완전경쟁의 가정에 위배된다고 볼 수 있다. 또한 이러한 경우에는 어느 정도의 독점적 이윤이 존재할 것이다.

또한 노동자와 기업이 협력할 때 생성되는 추가적인 이윤의 두 번째 조건은 기업 특수적인 인적자본이다. 그러나 이러한 경우에 노동시장은 여전히 노동자와 기업 모두에게 완전경쟁적일 수 있다. 이들의 가치에 대한 입찰은 최초의 일자리 제의가 협의될 때 발생할 것이다. 예를 들어, 기업들은 구직자에게 제공하는 훈련 기회에 대해 서로 경쟁적일지도 모른다. 구직자는 고용주로부터 받아들일 의사가 있는 봉급 또는 일의 형태에 대해 서로 경쟁할지도 모른다. 일단 기업 특수적인 투자가 이루어지면 함께 일함에 있어 어떠한 이익이 존재하게 된다. 그러나 투자조건에 있어서 경쟁이 있을 수 있다.

노동자와 기업, 혹은 노동자나 기업이 왜 서로 함께 일을 함으로써 어떠한 지대를 누릴 수가 있는가에 대해서는 또 다른 이유가 있다. 예를 들어, 각각의 집단 모두 새로운 직업이나 새로운 노동자를 찾는 데에는 추가적인 자원이 소요될 것이다. 새로운 직장을 찾거나 기존의 노동자를 대체하는 것에는 많은 비용이 들 것이다. 따라서 두 집단 모두에게 이러한 고용관계의 청산은 어떠한 손실을 발생시키게 된다. 이는 매칭과 기업 특수적 인적자본의 개념과 매우 유사하다. 다시 말해, 새로운 직장에 대한 검색과 새로운 직원의 모집으로부터 발생하는 이윤은 경쟁으로 인해 0으로 수렴할 것이다. 이는 신호발송이나 훈련과 유사한 또 다른 형태의 투자라고 볼 수 있다. 일단 비용이 발생하고 직업 매치가 이루어지면, 투자에 대한 수익을 얻게 된다. 검색이나 모집에 드는 비용이 높다는 것은 노동자와 기업이 서로 협력하기로 했을 때, 그들이 공유할 수 있는 어떠한 잉여가 존재하게 되는 또 다른 이유가 될 것이다.

여기서 중요한 단어는 **분할**이다. 협력을 통해 어떤 지대나 잉여가 발생하는 경우 노동자와 기업이 이러한 지대를 어떻게 나누어야 할지에 대한 의문이 생기게 된다. 우리가 살펴본 대로 이러한 지대는 대개 명시적이고 암시적인 계약 조건들이 정의되는 **고용계약 당시**에 분할된다. 지대 분할방식은 이러한 교섭의 결과에 따라 달라진다. 이는 일정 부분 노동자 및 기업의 교섭능력에 달려있다. 또한 우리가 이미 본 몇몇 경제적인 요인에 따라서도 달라질 수 있다.

비용과 편익이 어떻게 나누어지는지에 대한 한 가지 고려사항은 어느 측이든 정당한 행동을 취하기 위한 인센티브를 향상시킨다는 것이다. 노동자들은 구직 시에 효율적인 자기선택을 유발하기 위해 일반적으로 신호를 보내는 데 대가를 지불한다. 그와 대조적으로 노동자와 기업은 훗날 재협상을 위해 인센티브를 감소시키려고 기업 특수적인 투자를 공유한다.

또 다른 고려사항은 각 측의 교섭능력이다. 만약 노동시장에서 기업들 사이의 경쟁이 치열하다면, 노동자들은 어떠한 잠재적 수익이든지 더 큰 몫을 차지하려고 할 것이다. 반면 노동시장에 비슷한 역량을 지닌 노동자들이 많을 경우에는 노동자들끼리의 경쟁이 발생하기 때문에, 고용주들이 어떠한 이득이든지 더 큰 몫을 차지하고자 할 것이다.

세 번째 고려사항은 각 집단의 평판이다. 우리는 이것을 아래에서 간단히 논의하고 제15장에서 더 자세하게 다루도록 하겠다.

이 부분에서의 요점은 일단 노동자와 기업이 함께 일하기로 결정을 할 경우, 왜 이들이 계속해서 함께 일하기를 원하는지에 대해 몇 가지 이유가 있다는 것이다. 여기에는 때때로 지대나 준지대, 또는 잉여와 같은 조건과 관련이 있다. 이것들은 이직률이나 복잡한 고용계약에 대한 인센티브에 영향을 미친다. 이들은 또한 전반적인 보상의 수준이 노동자와 기업 사이의 복잡한 협상체결에 달려있기 때문에 때때로 두 의견의 중간 수준에서 이루어진다는 사실을 의미한다.

다음 장의 몇몇 케이스에서 논지를 설명하기 위해 노동시장이 완전경쟁이라는 가정을 할 것이다. 어떠한 경우에도 이러한 가정은 문제가 되지 않는다. 이는 단지 논지를 더 명확하게 만들기 위해 모델을 간소화한 것일 뿐이다. 이러한 케이스들에서 보았듯이 당신은 잉여의 또 다른 근원지가 있을지 모른다고 상상할 수 있고 몇 가지 흥정이 그들 사이의 잉여를 나눌지도 모른다고 상상할 수 있다.

암묵적 계약

개인의 현재 고용주와 지적 재산권에 대한 상대적으로 특수한 재직훈련 투자는 보다 일반적인 현상들 중에서도 조금 더 특수한 케이스이다. 언제든 두 집단이 서로 협력을 계속해야만 투자를 통해 이윤을 창출할 수 있는 때에는 **관계 특수적인 투자**를 한다고 할 수 있다. 이러한 이슈는 비즈니스 세계에 있어서 여러 가지 맥락으로 발생한다. 함께 합작투자를 한 두 기업이 있다고 가정해 보자. 만약 그들이 파트너 관계를 중단한다면 합작투자를 통해 발생하는 이윤을 잃게 된다. 이와 유사하게 함께 기업을 시작하는 두 파트너 또한 그들이 세운 기업처럼 관계 특수적인 투자에 관여되어 있다(기업이 보다 큰 가치를 가지고 있을수록 그들은 더욱 오래 함께할 것이다).

더 기업 특수적인 훈련에 대한 우리의 분석은 기업과 노동자가 투자를 공유한다는 사실을 내포한다. 편익의 분할은 이를 얻기 위해 투자를 하는 집단 사이에서 나중에 발생할지 모르는 홀드업 문제의 위험을 감소시킨다. 불행히도 이러한 문제는 편익의 분할만으로는 완벽하게 제거할 수 없다.

우리는 제2장에서 신뢰의 부족에서 기인하는 유사한 문제에 대해 다루었다. 자기선택에 동기를 부여하는 방법으로서 수습기간은 그 기간 이후 구직자에게 생산성보다 더 많은 급여를 지급할 것이라는 기업의 약속을 포함하고 있다. 이것은 기업이 수습기간[8] 이후에 노동자의 손실을 겪을지도 모른다는 것을 의미한다. 우리가 전에 의논하지 않았던 것은, 기업이 한번 분류했던 노동자들에게 했던 약속을 어기고자 하는 유혹에 빠질 수도 있다는 점이다. 만약 이러한 일이 발생할지도 모른다면 우선 높은 능력을 지닌 노동자들이 이러한 직장에 지원하려고 하지 않을 것이다.

따라서 홀드업 문제로 인해 해결책이 소용없어질 수도 있다. 이 문제는 관계 특수적인 투자가 이루어진 어떠한 상황에서도 발생할 수 있다. 과연 이러한 홀드업 문제를 감소시키기 위해 할 수 있는 일이 있을까?

---

8) 이는 반드시 회계적인 손실인 것은 아니나 경제적인 손실이라고 볼 수 있다. 기업은 노동자들에게 자신들과 같은 수습 시스템을 사용하지 않는 다른 기업에 종사하면서 비슷한 생산성을 갖은 노동자에게 지급되는 임금보다 더 많은 임금을 지불할 것이다.

합작투자의 경우 두 기업의 합병이라는 직접적인 해결책이 있다. 일단 그들이 합병하게 되면 그들 사이에는 어떠한 이해관계도 성립하지 않기 때문에 그대로 투자를 이행할 것이다.[9] 하지만 확실히 고용의 경우에는 합병이 가능하지 않기 때문에 이는 재직훈련에 대해서는 약간의 도움밖에 주지 못한다.

이에 대한 대안은 기업과 직원이 비용을 지불하거나 수익을 얻는 모든 상황(예 : 퇴직수당 또는 비경쟁협의)에 대해 명시하는 공식적인 계약서를 작성하는 것이다. 이는 그들 사이의 약속을 깨지 않기 위해 두 집단 모두에게 인센티브를 주는 것이라고 볼 수 있다.

이와 관련된 접근 중 하나는 정부의 규제나 관습법에 의존하는 것이다. 대부분의 경제에서 고용은 매우 통제되고 있다. 아마도 이러한 규제들 중 몇몇은 기업뿐만 아니라 노동자들 또한 (어쩌면 더 많이) 재협상의 시도로부터 보호할 수도 있다. 예를 들어, 대부분의 사회에서 기업은 직원들의 연금 자금에 대한 통제권이 없다. 이는 노동자들이 현재 약속받은 소득이 나중에 사라져 버릴 위험을 감소시킨다.

불행히도 고용관계는 매우 복잡하고 예측 불가능하다. 가능한 모든 우발적 사고들에 대해 조치할 수 있는 계약이나 법, 사법규제를 만드는 것은 불가능한 일이다. 그 밖에 무엇이 또 행해질 수 있을까?

홀드업 문제를 감소시키기 위한 주요한 한 방법은 **암묵적 계약**에 의지하는 것이다. 우리의 예에서 기업은 직원들에게 그들이 만약 좋은 활약을 보이거나 기업에 특화된 기술을 배우는 데 투자한다면 사실상 미래에 더 많은 급여를 받을 것을 약속한다. 기업이 이러한 약속을 지킬 것이라는 믿음에 대한 이유가 충분하다면, 노동자는 기꺼이 그렇게 할지도 모른다.

이러한 접근은 정형화된 계약이나 규칙(이것은 고용관계에서 법률 시스템을 통해 통제하기가 어렵거나 불가능한 부분이다.)과 명백하게 다르기 때문에 암묵적 계약이라 부른다.[10] 법률 시스템이 유효하지 않을 때 집단은 관계 특수적인 투자를 위해 관계에서 어느 정도의 확실성을 부과하는 신뢰나 평판과 같은 암묵적인 메커니즘에 의존해야만 한다.

우리는 이러한 이슈가 제기되는 것을 여러 차례 볼 수 있을 것이다. 예를 들어, 대부분의 인센티브 시스템은 몇몇 주관적인 평가 요소를 포함한다. 하지만 주관적인 평가는 독립적으로 입증되는 것이 어렵기 때문에 암묵적인 계약이 인센티브 관리에 있어서 중요한 부분을 차지하게 된다. 이 주제는 제15장에서 더 광범위하고 체계적으로 논의된다. 지금 논의된 내용은 간략한 소개일 뿐이다.

---

9) Fisher Body Works의 예는 MBA 전략과정에서 매우 중요하게 다루어지는 사례이다. 그 내용은 관계 특수적인 투자로 GM이 FBW에게 자신들의 업무에 특화된 공장을 짓기를 요구했다는 것이다. GM은 홀드업 문제를 해결하기 위하여 마침내 FBW를 인수했다. 외관상으로 이 사실의 대부분은 부정확하며 전반적인 내용은 우화에 가깝지만(Casadesus-Masanell & Spulber, 2000), 합병이 어떻게 문제를 해결할 수 있는지에 대해 설명하는 데에는 매우 적절한 사례라고 할 수 있다.

10) 때때로 사용되는 다른 용어는 관계적 계약과 심리적 계약이다.

요약

이 장에서 우리는 노동자의 기술에 투자하는 것에 대해 분석해 보았다. 교육과 재직훈련은 하나의 경제에서 행해질 수 있는 가장 중요한 투자 중 하나이다. 역사적으로 특히 최근에 이러한 투자는 높은 관심을 얻었다. 우리는 교육에 대한 투자의 결정에 어떠한 요인들이 영향을 미치는지를 논의했다.

교육은 인적자본을 증가시킨다. 인적자본에는 일반적 인적자본과 기업 특수적 인적자본의 두 가지 유형이 있다. 전자는 여러 고용주에게 동등하게 평가되는 기술 혹은 지식을 의미한다(또한 두꺼운 노동시장을 형성함). 후자는 특정한 고용주에게만 예외적인 가치를 지니는 기술이나 지식을 말한다. 재직훈련은 보다 일반적 인적자본에 가까운 학습이나 보다 기업 특수적 인적자본에 가까운 학습들을 포함한다.

우리는 또한 '누가 재직훈련을 위해 투자해야 하는가?'라는 물음에 대해 논의하기도 했다. 우리는 일반적인 훈련의 경우 노동자가 직접비용을 지불해야 하며 훈련기간 동안에는 다른 직장에서 받을 수 있는 보상보다 낮은 임금을 수용해야 한다고 주장했다. 이 경우 노동자는 이후에 투자에 대한 보상으로서 임금 상승과 승진을 통해 이익을 누릴 수 있을 것이다

이것이 진실이라면 기업은 사실상 노동자에게 훈련이라는 서비스를 팔고 있는 것이다. 우리는 앞에서 기업이 때때로 분류과정에서 특별히 효율적인 노동자와 가장 역량이 높은 것으로 확인된 노동자에게 특정한 서비스를 제공하는 경우에서 비슷한 직관을 볼 수 있었다. 이러한 직관은 주변의 고용관계를 자극하기 때문에 매우 흥미롭다. 기업에 서비스를 판매하는 것은 노동자뿐만이 아니다. 때때로 기업은 가치 있는 또 다른 무언가를 노동자에게 판매한다. 우리는 이것을 직무 설계와 성과에 대한 지불 부분에서 다시 볼 것이다. 이것은 노동자와 기업 간의 건강한 계약이 노동자와 기업 모두에게 총편익을 최대화할 수 있는 방법이라는 기본적인 개념에 대해 설명한다. 이것은 단지 두 번째로 분석되었던 편익을 어떻게 나누어야 할지에 대한 이슈에서 첫번째로 고려되어야 하는 사항이다(이는 동기유발, 기업에서의 경쟁적인 압박과 노동시장 제약과 같은 이슈에 의해 결정됨).

일반적인 인적자본에 해당하는 재직훈련을 위해 스스로 투자하는 노동자를 갖는다는 것은 모든 기업이 노동력의 기술 향상을 위해 투자를 해야만 하는 것은 아님을 의미한다. 노동자들에게 두꺼운 노동시장이 있다는 면에서 그들은 자신들의 기술에 투자해야만 하며 기업은 이직률에 대해 신경 써야만 한다.

인적자본이 기업 특수적일 때 훈련비용을 누가 지불해야 하는지는 상당히 복잡한 문제이다. 만약 노동자가 비용을 지불한다면 그들은 기업이 훈련기간 이후에 더 높은 급여에 대한 약속을 어기거나 재협상하기를 바랄지도 모른다는 위험을 갖게 된다. 기업이 훈련비용을 지불할 경우에도 노동자로부터 비슷한 위협을 받게 된다. 이것은 한 집단이 관계 특수적인 투자가 있은 후

에 기간을 재협상하려고 할 때 발생할 수도 있는 홀드업 문제의 예이다.

그러나 노동자는 그들의 기술 조합이 업무에서 요구하는 기술에 더 가까울수록 생산성이 더 높다. 일반적으로 대부분의 기업 업무가 특수한 성격을 지니고 있기 때문에 이는 곧 최선의 재직훈련은 보통 기업 특수적이라는 것을 의미한다. 이러한 경우 새로운 고려사항들이 다수 생겨나게 된다. 노동자와 기업은 홀드업 문제를 완화하기 위해 투자에 대한 비용과 편익을 나누는 경향이 있을 것이다. 따라서 이직은 노동자와 기업 모두에게 비용으로 작용하게 되고, 이는 곧 장기적인 고용관계를 유지하고자 하는 동기가 된다. 그들이 함께 더 오래 일할수록 그들은 서로에게 더 투자하려는 경향을 갖게 되고 또 이러한 효과를 더욱 강화하게 된다.

기술에 대한 투자는 그들을 평가하는 두꺼운 기업시장이 있다는 한도 내에서 변화한다. 시장이 두꺼울 때 기술은 인적자본의 한쪽 끝에 해당하는 일반적 인적자본을 향하게 된다. 대부분 이러한 종류의 기술들은 직장보다는 대학과 같이 전문화된 조직에 의해 제공된다. 그러한 투자는 대부분의 경우 항상 노동자가 지불하고 또 노동자가 수익을 얻게 된다(사회는 종종 이러한 투자에 보조금을 줌). 그러나 몇몇 기술은 실제로 직장에서 일을 함으로써 효율적으로 습득되기도 한다. 이러한 경우에는 기업이 노동자에게 훈련을 제공할 수도 있다.

복잡한 고용관계에서의 계약은 일반적으로 불완전하기 때문에 관계 특수적인 투자가 있을 때 평판과 신뢰는 기업과 노동자에게 그들의 경제관계의 가치를 향상시킬 수 있는 중요한 방법이 된다. 따라서 숙련투자가 보다 특수하고 고용주들과 밀접한 특성을 지니고 있어야 할 경우 고용주들은 자신들의 직원들을 최말단에서부터 시작하여 오랜 기간 동안 차근차근 경력을 쌓아갈 수 있도록 하는 내부 직원 육성 정책을 선택할 것이다. 반대로 숙련투자가 다른 고용주들이 바라는 바와 같이 보다 전형적일 경우 직원들의 이직에 대한 비용이 크지 않기 때문에 보다 적극적으로 외부 인사에 대한 영입에 뛰어들게 될 것이다. 요컨대 고용인과 고용주 사이의 관계에 대한 서로 다른 맥락은 이를 관리하는 데 있어서도 다른 접근방법을 요구하는 것이다.

이 책의 처음 3개 장에서는 근로자와 회사 사이의 간단한 관계부터 복잡한 경제적 관계에 이르기까지를 연속적으로 살펴보았다. 우리는 현물시장에서 대략 그들의 생산성에 해당하는 임금을 받는 노동자들에 대해 생각해 보는 것으로 이러한 논의를 시작했다. 이러한 분석은 위험한 고용의 옵션가치를 활용하고 직원들을 분류하기 위해 즉각적으로 다기간의 계약에 대해 고려하도록 이끌었다. 그다음 단계는 근로자의 기술에 대한 투자이다. 마지막으로 고용관계를 넘어 암묵적 계약의 개념을 추가했다.

암묵적 계약의 개념은 조직 설계에 대한 모델의 중요한 퍼즐 조각을 제공한다. 이들 중 상당수는 인사관리 측면에서 때때로 매우 유연한 측면으로 생각된다. 제기되는 모든 문제에 관해서 이해할 수 있는 공식적인 모델을 개발하는 것은 어렵겠지만, 제15장에서 평판과 신용, 협동 문화에 대한 당신의 생각을 개선시킬 수 경제 프레임워크를 제공할 수 있을 것이다.

연습문제

1. 일반적으로 대학에서 가르치는 기술이 왜 일반적 인적자본이라고 할 수 있는가?

2. 당신이 일하고 있는 직무에 대해 생각해 보라. 그 기술은 기업 특수적인가 아니면 일반적인가? 그렇게 생각하는 이유는 무엇인가?

3. 만약 기업이 고용인들에게 기업의 특성에 맞는 기술의 조합에 대한 투자를 요구한다면 기업에게도 비용이 발생하게 될까? 기업은 직원들이 노동시장에서 손쉽게 팔 수 있는 기술에 대해서도 직업교육을 설계해야 하는가? 설명해 보자.

4. 어떤 기업은 낮은 계급의 직원을 고용하고 광범위하게 훈련시켜서 장기적인 관계를 맺는다. 반면 다른 기업들은 공격적으로 해고를 통지한다. 기업의 어떠한 특성이 이들을 서로 극단적인 방향으로 몰고 가는 것일까? 왜 그럴까? 당신이 생각해 낼 수 있는 한 최대한 많은 특성들에 대해 나열해 보도록 하자.

5. 어떤 기업은 낮은 계급의 직원을 고용하고 광범위하게 훈련시킨 후, 이들이 일정 연한 내에 승진하든지 아니면 해고되든지 둘 중 한 가지의 선택을 강요하는 공격적인 인사정책을 펼치기도 한다. 이런 정책이 회사에 어떤 이익을 줄까?

6. 홀드업 문제란 무엇일까? 왜 이런 일이 일어나는가? 특정한 사례를 들 수 있는가? 이런 문제를 피할 수 있는 방법은 무엇일까?

참고문헌

Casadesus-Masanell, Ramon & Daniel Spulber (2000). "The Fable of Fisher Body." *Journal of Law & Economics* 43(1): 67–104.

Lazear, Edward (2006). "Firm-Specific Human Capital: A Skill-Weights Approach." Working paper, National Bureau of Economic Research.

U.S. Department of Labor, Bureau of Labor Statistics (various years). *Current Population Survey*.

심화문헌

Becker, Gary (1975). *Human Capital: A Theoretical and Empirical Analysis, with Special Reference to Education*. New York: Columbia University Press for the National Bureau of Economic Research.

Mincer, Jacob (1974). *Schooling, Experience & Earnings*. New York: Columbia University Press for the National Bureau of Economic Research.

Murphy, Kevin (1986). "Specialization and Human Capital." PhD thesis, Department of Economics, University of Chicago.

Murphy, Kevin & Finis Welch (1991). "The Structure of Wages." *Quarterly Journal of Economics* 107: 285–326.

부록

본 부록은 직무 훈련 투자에 대한 몇 가지 포인트를 보여주는 간단한 모델이다. 구체적인 내용은 Lazear(2006)를 참고하길 바란다.

이 모델에서 우리는 투자에 있어서 협상에 관한 내용을 무시할 것이다. 즉, 단순히 회사와 근로자가 투자에 대한 비용과 이익을 공유한다고 가정해 보자. 게다가 우리는 협상에 대한 내용은 무시할 것이기 때문에 투자에 대한 결정은 전적으로 고용인에 의해 만들어지는 것으로 간주할 것이다. 물론 만약 협상이 효율적으로 이루어진다면 최선의 투자 결정은 회사와 고용인 사이의 협상을 통해 이루어질 것이다.

한 근로자가 $\frac{1}{2}(J^2 + T^2)$의 비용으로 기술 J(Java)와 T(tax)에 투자한다. 다른 고용주는 기술에 대해 다른 상대적 가치를 가지고 있다. λ를 회사가 기술 J에 주는 가중치로 놓자. 그리고 $1 - \lambda$는 기술 T에 부여된 가중치이다. 그러므로 근로자가 벌어들일 수 있는 잠재적 수입은 현재 회사의 수입과 일치한다.

$$W = \lambda J + (1 - \lambda)T$$

급여는 다른 회사들과 비슷하게 결정된다. 그러나 가중치 λ는 회사마다 다르다. 여기에는 두 가지 기간이 있다. 우선 첫 번째 기간은 근로자가 재직훈련에 투자하는 기간이다. 두 번째 기간은 투자기간 이후에 근로자가 현재 회사에 머물거나 이직을 하여 더 이상 훈련에 대한 투자 없이 근무하는 기간이다. 근로자가 다음 기간에 현재의 회사에 머물 가능성은 p와 같다. 따라서 근로자는 수익을 극대화하는 방향으로 J와 T를 선택한다.

$$\max_{J,T} p[\lambda J + (1 - \lambda)T] + (1 - p)[\bar{\lambda} J + (1 - \bar{\lambda})T] - \frac{1}{2}(J^2 + T^2)$$

$\bar{\lambda}$인 곳은 다른 고용주들에게 있어 자바 프로그래밍 기술의 가치에 가중치가 더해질 것으로 예상되는 지점이다. 여기서의 1계 조건은 다음과 같다.

$$p \times \lambda + (1 - p) \times \bar{\lambda} - J = 0$$
$$p(1 - \lambda) + (1 - p)(1 - \bar{\lambda}) - T = 0$$

투자는 가중치가 분리의 가능성에 의존하는 각각 기업 내부와 기업 외부에서 적절한 기술가치의 가중평균으로 계산된다. 위 식이 주는 함의는 명확하다. 만약 $p = 1$이면 회사의 지속성은 보장된다. 문제는 현재 고용주의 기술 J에 대한 상대적 가치 $\bar{\lambda}$이다. 만약 $p = 0$이면 분리가 보장된다. 현재 회사의 가치는 문제가 되지 않는다. 이런 경우 오직 $\bar{\lambda}$가 문제가 된다.

J^*과 T^*로 투자된 적정 기술가치를 정의해 보자. 이제 투자 이후에 다른 회사로 이직한 근로자에게 무슨 일이 발생하는지 생각해 보자. 두 번째 회사에서의 급여를 W'으로 표시하고, 기술 J에 주어지는 가중은 λ'으로 표시한다. 수입의 변화는 다음과 같다.

$$W' - W = (\lambda' - \lambda)(J^* - T^*)$$

이 공식의 $+/-$ 부호는 확실하지 않다. 전형적인 경우에서는 분리의 가능성이 상대적으로 낮고, 노동자들이 현재의 고용주들이 가치를 부여하고 강조하는 기술에 투자를 하는 모습을 보일 것이다. 그러나 만약 분리의 가능성이 높을 경우 혹은 현재 회사의 상대적 기술가치가 그다지 특수하지 않다면, 그 근로자의 투자는 $\bar{\lambda}$를 향하는 경향이 있을 것이다. 만약 그렇다면 회사를 떠나는 것이 수입에 증가를 가져올 수도 있다. 어떠한 경우든 회사를 바꿔서 생기는 수입의 변화는 근로자가 다음 기간에 회사를 떠날 가능성을 감소시킨다(Lazear 2006).

이는 시장 두께의 증가가 근로자들을 현재 회사의 상대적 기술가치에 대한 일관된 투자 방향으로 이끈다는 것을 보여준다. 그 이유는 시장이 두꺼워지면 근로자는 다른 회사로부터 λ의 추가적인 무작위 추첨효과를 얻기 때문이다. 그러므로 근로자는 원래 고용주의 기술에 대한 평가가 특수할 경우에 현재의 직업과 비슷한 대안적인 직업을 찾을 가능성이 있다. 다시 말해, 인적자원의 기업-특수성은 시장의 두께에 대해 내생적인 성격을 지닌다.

마지막으로 그 모델을 3개의 기간 혹은 그 이상의 기간으로 확장할 수 있다. 은퇴까지 둘 혹은 그 이상의 기간이 남아 있는 노동자들에 대해 생각해 보자. 그들은 현재 고용주의 평가 기준에 강조하는 기술에 투자하고자 하는 유인이 상대적으로 낮을 것이다. 왜냐하면 한 기간 이상 머무를 경우 노동자가 다른 고용주에게로 떠날 확률은 더욱 높아지기 때문이다. 이는 매우 흥미로운 함의를 지닌다. 한 노동자의 재직훈련은 그가 현재의 회사에서 근무한 기간의 길이에 따라 보다 기업 특수적인 특성을 지녀야 한다. 투자는 보다 특수해지며 다른 노동시장에서 잘 적용되지 않게 된다.

04

이직관리

당신과의 연결이 가장 미약하군요. 안녕히 가세요.

– 영국의 TV 게임쇼 'The Weakest Link' 의 슬로건

서론

이 책에서 고려되어야 할 한 가지 사실은 모든 기업에게 적용되는 유일한 최선의 접근방식은 없다는 것이다. 앞의 세 장에서 우리는 채용, (급여, 수습기간, 승진을 위한 최종 선별 등) 제공 일자리의 구조, 숙련투자 등에 대한 경제적 분석법을 설명하였다. 이러한 정책에 대한 기업의 전반적 전략은 매우 상이하게 나타난다. 어떤 기업들은 이직이 새로운 피를 수혈하고 가장 우수한 자를 찾아내는 선별과정을 촉진시키므로 건전한 것으로 인식한다. 반면 다른 기업들은 필요한 업무 특성에 부합하도록 직원 숙련에 투자해야 하기 때문에 이직은 비용이 든다고 한다.

이런 과정에서 우리는 고용의 안과 밖에서 많이 적용되는 몇 가지 경제학적 도구를 개발하였다. 이들은 역선택, 신호하기, 관계 특수적인 투자 등을 포함한다.

이 장에서는 이러한 분석 도구들을 이용하여 직원의 경력관리와 관련된 몇몇 이슈들을 분석하고 이 책의 제1부를 마무리한다. 제1~2장의 주제는 직원들을 조직으로 데려오는 것이었다. 제3장의 주제는 이들이 좀 더 생산적이고 경력의 향상을 꾀하도록 재능을 발전시키는 것이었다. 이 장의 주제는 이직이다. 즉, 어떤 상황하에서 이직이 바람직하고 어떻게 효과적으로 이를 관리할 수 있는가? 경쟁상대로부터 직원을 채용하는 것을 고려할 때 채용의 문제를 간략하게 살펴보지만 대부분의 분석은 이직에 중점을 둔다.

●●● 이직은 좋은가 혹은 나쁜가

직원의 이직에 관하여 고려하는 두 가지 다른 상황이 있다. 하나는 다운사이징을 이유로 근로자를 해고할 필요가 없는 경우이다. 다른 하나는 기업의 정규 인력 유출입을 관리할 필요가 있는 경우이다. 또한 우리는 해고에 대해서도 논의할 것이다. 이번 절에서 경영 환경이 정상적인 경우 기업의 최적 이직에 영향을 미치는 요소에 관해 고려한다. 모든 기업은 경영의 일부로서 일정 수준의 직원 이직을 가지고 있다. 문제는 얼마나 많이 그리고 어떤 종류이냐는 것이다.

이직에 대해 고려할 때 분석의 적정 수준에 관한 의문이 있다.[1] 기업 전반의 이직을 고려해야 하는가 혹은 다른 일자리에 대해 다르게 고려하여야 하는가? 예를 들면, 조직 수준에서 적정 이직 수준에 관하여 고려하여야 하는가 아니면 한 일자리와 다른 일자리간 차이가 있어야 하는가? 일반적으로 후자가 질문의 답변이 된다. 다른 일자리는 다른 성격을 가지고 있다. 일부 일자리는 상당한 이직이 요구될 수도 있지만 다른 일자리에 대해서 기업은 최소 이직을 유지하기를 원할 수도 있다. 논의된 이슈들 중 일부가 기업의 많은 일자리에 적용되는 경우 조직 전반에 걸쳐 패턴이 있을 수 있지만 그러한 케이스가 될 필요는 없다. 사실 대부분의 기업은 상이한 유형의 일자리에 대해 직종, 위계수준(hierarchical level), 지역 등에 따라 상당히 다른 이직률을 보이고 있다.

선별하기의 중요성

일부 이직을 진작하여야 하는 중요한 이유들 중 하나는 선별하기이다. 선별하기는 매 기간 더 많은 후보자들을 스크리닝함으로써 기업으로 하여금 인력의 질을 향상시키는 것을 가능하게 한다. 기업은 신규일자리 후보자를 고려할 기회가 많을수록 능력을 지닌 근로자를 발견할 가능성이 더 커진다. 제3장에 나온 매칭의 개념이 또다시 적용된다. 추가적으로 선별할 경우에는 기업에 보다 우수한 직원으로 채워질 가능성을 높이기 때문이다.

물론 선별하기는 능력(혹은 매칭)의 차이가 중요한 경우에만 의미가 있다. 그러한 하나의 상황은 근로자에 대해 좀 더 알아야 하는 경우이다. 즉, 능력은 좀 더 다양하지만 이에 대해서는 알려진 것이 많지 않다. 예를 들면, 이직은 나이가 어리고 경력이 짧은 신규채용자에게 보다 유용한 경향이 있다. 이직은 또한 새로운 직위에 승진한 직원에게도 어느 정도 바람직하다. 왜냐하면 그들은 새로운 일자리에 적합할 것인지 불확실하기 때문이다. 이것은 우리가 제1~2장에

---

1) 사실 이 이슈는 이 책의 많은 분석에 깔려 있다. 모든 상황에 적용이 가능한 하나의 개인 정책들의 집합을 고려해야 하는지 또는 상이한 일자리, 근로자 그룹 등에 이들을 맞추어야 하는지? 이것은 집중화와 분권화에 관한 실질적인 문제이고 다음 두 장에서 다루는 주제이다.

서 살펴본 아이디어이다.

선별하기는 또한 재능이나 매칭에서의 소소한 차이가 생산성이나 비용에서의 큰 차이로 연계될 때 중요하다. 따라서 특히 능력이 중요한 일자리들은 가장 우수한 사람을 찾기 위해 지원자들을 끊임없이 걸러 내는 높은 이직의 대상이 된다.

이러한 아이디어들을 모두 모아보면 이직이 경력 초기, 전문 서비스 기업, 학계 등에서 왜 그렇게 중요한지 명확해진다. 이들 기업은 지식 근로자들로 풍부하다. 아이디어와 창의성이 중요하고, 능력에서 작은 차이는 지렛대로써 효과적으로 활용될 수 있다. 이러한 기업들은 종종 상당히 적극적인 수습기간과 승진연한(up-or-out, 승진 혹은 퇴사해야 하는) 시스템을 갖추고 있으며, 이를 통해 가용한 가장 숙련된 직원을 지속적으로 선별하게 된다.

기술변화

이직의 중요한 편익은 새로운 피를 조직에 수혈한다는 것이다. 신규직원은 새로운 통찰력과 상이한 시각들을 가지며 가장 최신의 아이디어, 기술 또는 기타 발전들을 이해할 가능성이 더 높다.

그러므로 이직은 기술발전이 보다 빠른 산업에서 높게 나타나기 마련이다. 컴퓨터와 통신이 분명한 예시가 된다. 이직의 일부는 다른 기업들로부터 근로자를 고용하는 것이 될 수 있다. 이는 당신의 기업에 이득이 될 수 있는데, 이는 (불완전한 직원 비경쟁 협약으로 인하여) 경쟁자로부터 새로운 아이디어와 혁신의 일부를 획득할 수 있기 때문이다. 이러한 환경에서는 보다 젊은 근로자를 고용하는 것에서 혜택도 얻을 수 있다. 젊은 근로자들은 대학 혹은 대학원에서 최신의 기술을 배운다. 따라서 많은 혁신이 대학 연구소를 통해 발생하는 경우 임금은 산업에 재직할 때만큼 빠르게 증가하지 않을 것으로 기대할 수 있다.

젊은 노동자와 고령 노동자의 최적 배합 또한 존재한다. 젊은 노동자가 신선한 아이디어와 기술을 가져온다면, 고령 노동자는 업무에 대한 완숙한 이해력을 가지고 있고, 기업 특수적 지식에 투자해 왔을 가능성이 크다. 이들은 젊은 노동자들이 보유한 새로운 아이디어를 적용하여 수익을 만들 수 있는 능력이 더 많다. 이런 의미에서 두 그룹이 상호 간에 협력하거나 동시에 여러 가지 훈련을 하게 하는 기회가 존재한다. 학교에서는 배울 수 없는 특수하지만 필요한 숙련은 (업무는 다소 일반적이지 않기 때문에) 한도에서 젊은 근로자와 고령 근로자를 매칭함으로써 더 많은 이익이 존재할 것이다.

조직변화

조직변화는 또한 일반적으로 새로운 아이디어를 가져오는 이직으로부터 이익을 얻는다. 현재의 직원들은 기업의 현행 업무 수행 방식에서 전문가이다. 불행하게도 기업이 방식을 바꿀 필요가 있다면 이들은 거의 확실하게 더 이상 최선의 적임자는 아니다. 이는 특히 상부 관리자들에게 사실이다.

우리는 이 논의를 뒤에서도 볼 수 있다. 제7~8장에서 보게 될 것인데 때때로 기업들은 자신의 업무를 수행하는 방법을 고도로 최적화시킬 수 있다. 이 경우 기업은 특정 인적자본을 개발하기 위해 하위 부서에서 직원을 채용하고, 그 안에서 승진시키는 경향이 있다. 그러나 이러한 기업들은 산업이 극적으로 변화한다면 중대한 문제에 직면할 것이다. 왜냐하면 이들의 관리는 내부의 것이며(inbred), 대안적 방법에 대한 경험이 거의 없기 때문이다. 심지어 이들은 자신이 이러한 문제에 직면하고 있다는 사실도 깨닫지 못할 수 있다. 왜냐하면 이들은 과거에 성공하였으며 현재 기업 외부에는 거의 노출되지 않았기 때문이다. 이러한 내향적 접근을 피하기 위해 현재 진행되는 기반 위에 외부 경험을 가지고 있는 고용인들을 (모든 단계에서) 적어도 일부 데려오는 것이 도움이 될 수 있다.[2] 외부자를 끊임없이 데려오는 기업들은 시대가 변하는 것을 보다 잘 인지하고 효과적으로 적응한다.

위계구조

조직 구조에서 어떠한 단계에서 위계조직이 급격하게 좁아지고 있음을 발견할 때 더 많은 이직은 필연적이다. 제2장 초반부의 표 2.1을 살펴보자. 두 번째 열은 다양한 단계에서 Acme 근로자의 비율을 나타낸다. 위계조직은 4단계와 5단계 사이에서(간략히 말하면 중간 관리자가 상위 관리자가 되는 지점에서) 급격하게 좁아진다. 4단계 관리자의 경우 승진기회가 거의 없기 때문에 여기서 일부 이직은 불가피하다. 일부 관리자는 실망하고 회사를 떠나 다른 기회를 찾는다.

사실 Acme는 이러한 것을 장려하고 싶어 할 수 있다. 그렇게 하지 않을 경우 4단계는 더 이상 승진하지 못하는 관리자들로 정체되기 때문에 3단계에 주어지는 승진기회는 감소한다. 즉, 이러한 결과는 결국에 이러한 위계구조를 2단계와 1단계로 서서히 전가하게 될 것이다. 이것은 유인을 감소시킬 것이다. 왜냐하면 승진은 성과 보상의 중요한 한 형태이기 때문이다. 또한 승진이 불가한 경우 Acme는 가장 우수한 근로자를 상실할 가능성이 매우 높다. 승진 시스템은 안과 밖에서 지속적인 흐름을 목적으로 하는 파이프와 같다.

특수적 인적자본

제3장에서 살펴본 바와 같이 훈련이 완전히 일반적이면 재직훈련은 이직에 따른 비용을 발생시키지 않는다. 그에 반해 훈련이 기업에 특수적일수록 이직비용은 더 높아지게 된다. 일반적으로 이러한 비용은 투자의 공유로 인하여 근로자와 기업 모두에게 발생하게 된다. 따라서 좀

---

2) 선도적으로 다른 나라로 기업 운영의 확장을 시도하는 한 기업을 사례로 들 수 있다. 이 기업의 경영진은 해외 영업에서 발생하는 많은 문제에 대해 이에 대한 경험을 가진 일부 직원들을 채용하지 않고서는 세세하게 이해하지 못한다.

더 고유한 업무, 방법 혹은 문화를 가진 기업들은 이직이 적게 일어나기를 원하게 된다. 유사하게 금전적 가치가 있는 지적재산이 개발되는 일자리에서는 이직을 줄이려는 노력이 중요하다. 마지막으로 근로자가 고객관계를 강도 높게 발전시키는 곳에서 이직은 많은 비용이 들 수 있다.

보유전략

이직을 줄이기 위해 다양한 수단들을 사용할 수 있다. 가장 분명한 것은 보상을 높여 주는 것이다. 물론 이것은 간단하지만 비용이 많이 든다. 그러나 핵심 직원의 경우 그들이 외부 일자리 제안을 받는다면 어떠한 경우든 당신은 이에 대응해야만 한다(다음 절 참조).

핵심 직원에 대해 이들을 파트너로 대우하는 것을 고려해 보자. 이들은 당신의 조직에 가장 귀중한 것 혹은 혁신을 만드는 소수 직원들이다. 이들은 이직 시 가져갈 수 있는 값비싼 지적재산 혹은 고객관계를 소유하고 있을 가능성이 높다. 이러한 직원을 잃는 것은 커다란 손실이 될 수 있다. 특히 이들은 당신의 경쟁자에게 갈 수도 있고 직접 당신과 경쟁할 수도 있다.

이러한 문제를 피하기 위해 당신은 그들에게 특정 업무 영역에 부여된 성과에 대한 주식, 옵션 혹은 기타 보상을 제공할 수 있다. 극단적인 경우 이러한 핵심 직원은 파트너로 삼아야 할 수도 있다. 결국 어떤 경우에는 이들 직원이 영업 자체이고 영업을 가져갈 수 있다. 이러한 고찰은 왜 그렇게 많은 전문서비스 기업이 파트너십의 형태로 구성되어 있는가를 설명한다. 결론은 당신은 핵심 직원들에게 그들의 시장가치를 지불하여야만 하고 그렇지 않으면 아마도 그들을 잃게 될 것이라는 것이다.

Frank Quattrone의 투자은행 팀

Frank Quattrone은 실리콘밸리 역사에 있어서 초기에 가장 성공한 투자 은행가이다. 그의 경력은 1981년 모건 스탠리의 샌프란시스코 지점에서 시작하였다. Quattrone은 실리콘밸리의 기술 기업들에 대해 매료되어 있었고, 이들 기업과 임원들과 긴밀한 유대관계를 맺어 왔다. 그는 그곳으로 가족과 함께 이주하였고, 마침내 밸리에 모건 스탠리를 위한 최초의 투자은행 사무실을 열었다. 그는 산업계와 긴밀한 유대를 가지면서 실리콘 그래픽스, 시스코 그리고 넷스케이프 등을 포함하는, 가장 유명하고 돈벌이가 되는 주식공개상장(IPOs)을 획득할 수 있었다. 당시 넷스케이프의 IPO는 첫날 가격이 150% 상승한 역사상 가장 성공적인 것이었다.

Quattrone의 모건 스탠리 사무실은 실리콘밸리 투자은행에서 가장 두드러졌기 때문에 그는 회사 내에서 점점 세력이 강해졌다. 그는 사무실의 더 많은 운영상 재량권을 위해 서서히 압박을 가하였다. 1996년 모건 스탠리가 그의 요구사항을 거절하였을 때 Quattrone과 그의 전체 기술 투자은행 팀은 회사를 그만두었고, 도이치뱅크서큐리티를 위해 사무소를 개설하였다. 1998년에 그 팀은 크레디트 스위스 퍼스트 보스턴(CSFB)으로 옮겨갔다.

CSFB는 Quattrone의 팀에게 매우 후한 인센티브 안을 제공하였다. 그의 팀이 창출한 1억 5천만 달러를 상회하는 수입에서 33%를 주기로 하였다. 결과적으로 1998년부터 2000년까지 그 팀은 다음 2개 대형 경쟁사와 비슷한 정도의 IPOs를 성사시켰으며, 그중 하나는 모건 스탠리였다. Quattrone의 그룹은 1990년대 후반 CSFB의 유일하게 가장 중요한 성장요인이었다.

(결국 Quattrone은 증권 관련 사기로 고발되었으며, 이로 인해 그의 그룹은 폐쇄되었고, CSFB에 상당한 경영 문제를 야기하였다.)

출처 : Himelstein, Hamm & Burrows(2003)

당신은 어떠한 다른 보유전략을 채택할 수 있을까? 당신은 일의 특성이나 어떠한 편익들을 근로자의 취향에 맞추어 줌으로써 특정한 직원을 보유할 수도 있다. 예를 들면, 탄력근무시간제는 직원으로 하여금 외부의 관심사를 추구하거나 가정의 의무를 좀 더 쉽게 충족하게 할 수 있다. 이러한 탄력근무시간제를 다른 곳에서 찾기 어렵다면, 그들은 당신의 기업에 머물려고 할 것이다. 이러한 유연성에 얼마나 많은 비용이 드는가에 따라 당신에게도 이익이 될 수 있다.

우수한 직원 또는 당신의 기업에 잘 맞는 사람에게 새로운 기회를 제공하는 것은 그가 새로운 일자리를 찾을 확률을 감소시킬 수 있다. 이는 새로운 훈련, 일자리 향상(제7장) 또는 조기 승진과 관련이 있다. 이러한 것이 도움이 될 수 있는 몇 가지 이유가 있다. 첫째, 새로운 업무나 책임은 일자리를 더욱 재미있게 만든다. 둘째, 훈련은 일자리의 장기적 가치를 증진시킨다. 훈련은 기업에 특수한 것인 만큼 (마지막 장에서와 같이) 당신의 기업에 머물고자 하는 인센티브를 증가시킨다. 셋째, 조기 승진은 기업에서 장기간 고용하는 것에 부여하는 가치를 직원에게 신호할 수 있다.

직원들이 일자리를 떠나는 이유 중 하나는 자신이 적절히 대우받지 못한다고 느끼기 때문이다. 이는 그들의 관리자가 그들을 올바르게 평가하지 않는다고 믿는 경우에 발생할 수 있다. 이는 (훈련, 승진 등에 대한) 어떤 약속이 지켜지지 않았다고 믿기 때문일 수도 있다. 건강한 기업은 건강한 근무 환경을 가지고 있으며, 이러한 종류의 이슈들은 자주 나타나지 않는다. 그리고 발생할 경우 효과적으로 제시한다. 이것이 어떠한 불평과 어떠한 실망한 직원도 없음을 의미하는 것은 아니다. 그러나 직원을 임의적으로 대우하는 정도를 줄임으로써 이직의 문제를 줄일 수 있다.

여기서 간단한 예는 몇 가지 이슈를 보여준다. 사원 모집 시 일자리의 가치를 과대 포장하고자 하는 유혹이 있다. 이렇게 하는 것은 직원으로 하여금 일자리 제안을 수락할 가능성을 높인다. 그러나 가치를 과대 포장하는 것은 직원이 필연적으로 실망하고 그만둔다는 것을 의미한다. 이러한 결과는 근무 환경을 나빠지게 하고 이직을 증가시킨다. 따라서 암묵적 계약 관련 이슈들에 관심을 두는 것은 제15장에서 기술한 바와 같이 모든 직원의 이직을 줄이는 효과적인 수단이 될 수 있다.

특이한 채용 비디오

커민스 엔진은 세계에서 가장 큰 디젤 엔진 제조사 중 하나이다. 1970년대 초 커민스는 뉴욕 제임스타운 공장을 세우기 위해 당시에는 다소 새로운 접근법을 채택하였다. 근로자들은 팀 단위로 조직되었고, 기존 조립 라인의 근로자들보다 훨씬 더 많은 업무와 책임이 주어졌다(우리는 이러한 일반적인 접근법에 대해 제7장에서 논의할 것이다). 팀은 비교적 자치적으로 관리되고, 심지어 자신의 구성원 채용(그리고 잠재적 해고)에도 중요한 역할을 할 것으로 기대되었다.

직무 설계는 그 지역의 다른 공장들과 매우 달랐기 때문에 많은 신규근로자들은 자신의 새로운 일자리에 스트레스가 많음을 알았다. 일부에서 근로자들은 새로운 시스템에 잘 맞지 않았다. 이러한 불안감으로 인하여 한 팀은 구성원을 해고까지 하게 되었다.

남아 있는 팀 구성원들에게 이 사건은 매우 고통스러웠다. 그래서 커민스가 일자리 지원자에게 보여주기 위한 채용 비디오를 자신들이 주도하여 개발하였다. 비디오의 첫 화면은 매우 큰 글자 Stress를 보여주었다. 비디오의 첫 몇 분간은 근로자들과의 인터뷰로 구성되어 있는데, 그들이 처음 시작했을 때 일자리를 찾는 것이 얼마나 어려웠는지, 그리고 이러한 이유로 발생하였던 (업무 내외에서) 개인적인 문제들에 관해 논의하고 있다.

왜 그들은 이러한 채용 비디오를 제작하였을까? 핵심은 일자리 지원자들에게 정확한 기대치를 심어 주고 미래의 고통스러운 이직비용을 피하고자 하는 것이다. 이는 커민스 공장의 특이한 조직 때문에 특히 중요하다. 신규채용자는 이와 같은 것을 다른 어느 곳에서도 볼 수 없었다.

비디오의 두 번째 부분은 근로자들이 어떻게 일자리에 적응했는지, 업무가 도전적이고 자극적인지에 대한 근로자들의 인식을 보여주었다(이것은 제7장을 읽을 때 기억하면 유용하다). 그러나 주된 핵심은 만약 일자리 지원자들이 이러한 특정 직업에 적합하지 않다면 지원하지 않는 것이 보다 나을 수 있다는 것을 숨김없이 알려 주는 것이다. 이것은 매우 효과적인 채용 비디오이다.

출처 : Author's personal knowledge of unpublished video

직원 상실비용 줄이기

부분적으로 이직은 불가피하다. 하지만 기업은 이직으로 인한 비용을 줄이는 전략을 채택할 수 있다. 지난 장에서 우리는 비경쟁 협약(noncompete agreement)을 논의하였다. 비경쟁 협약의 효과는 일반적으로 제한된다. 왜냐하면 법원은 협약에 강력한 조항들을 집행하고자 하지 않고,

직원이 새로운 기업에 가져가는 어떤 정보와 아이디어는 통제하는 것이 불가능하기 때문이다. 그러나 유용한 몇 가지 대안적 접근이 있다.

첫째, 이직은 직원이 다른 직원과 공유할 수 없는 복잡하고 섬세한 지식을 가지고 있을 때 가장 손실이 크다. 세금관리 소프트웨어를 판매하는 실리콘밸리의 소프트웨어 기업의 예로 돌아가 보자. 프로그램의 주요 루틴이 직원 한 사람에 의해 작성되었다면, 기업은 직원이 떠났을 때 심각한 타격을 받는다. 자신이 직접 작성하지 않은 소프트웨어 코드는 매우 복잡하고 이해하기 어렵기 때문이다.

이러한 문제를 사전에 막기 위해 도움이 되는 몇 가지 정책을 제시한다. 첫째, 한 근로자에게 핵심 지식이 독점되지 않도록 핵심 작업을 협업하게 한다. 둘째, 위험을 줄이기 위해 복수의 작업에 익숙하도록 훈련시킨다. 각각의 근로자들이 자신이 하는 일을 동료에게 훈련하게 함으로써 그리고 주기적으로 업무를 교대시킴으로써 각각은 제품이나 공정에 관한 보다 넓은 지식을 개발할 수 있다. 만약 한 사람이 떠나더라도 다른 사람들이 이를 메우기 쉬우며, 그들은 이미 그 일을 빨리 진행할 능력을 가지고 있다.

직무 설계(job design) 역시 이직비용에 영향을 미친다. 업무가 표준화될수록 한 근로자가 떠날 때 기업에 발생하는 비용은 덜하다. 왜냐하면 다른 사람들이 빈자리를 메워 일을 시작할 수 있기 때문이다. 물론 모든 업무가 표준화될 수 있는 것은 아니다. 특히 작은 조직에서 그러하다.

마지막으로 기업은 일반적인 **지식관리**(knowledge management) 전략을 채택할 수 있다. 업무 수행의 일부로써 생성된 지식이 재사용을 위해 문서화되는 과정에 주의를 기울일 수 있다. 예를 들면, 일부 컨설팅 기업은 컨설턴트가 프로젝트에서 고안한 새로운 수단들을 문서로 데이터베이스화하였다. 각각의 컨설턴트는 새로운 프로젝트가 끝날 때 프로젝트에서 생성한 새로운 아이디어와 제품을 기술하고, 지식관리를 책임지는 관리자에게 제출한다. 그리고 관리자는 키워드를 붙여 기술(記述) 내용을 데이터베이스에 입력한다. 나중에 이 지식은 적절한 키워드로 검색하는 다른 이들에게 이용될 수 있다. 그러면 그들은 고생해서 새로운 솔루션을 고안해 낼 필요 없이 검색한 아이디어를 새로운 애플리케이션에 적용할 수 있다. 이러한 시스템이 작동하면 기업은 방법론을 다시 고안할 필요가 없고, 이미 만들어 놓은 것을 지렛대 삼아 이용할 수 있다. 그리고 이 시스템은 직원들이 배운 것을 문서화하는 한, 그들이 그만둘 때 기업이 그들의 지식의 일부를 획득할 수 있게 도와준다.

이직 포용하기

앞에서 언급한 것처럼 이직은 조직에게 항상 나쁜 것만은 아니다. 사실 일부 조직은 이직을 포용하고 있다. 여기 두 가지 예가 있는데, 이직이 왜 이로울 수 있는지, 그리고 기업이 어떻게 인사 정책을 통해 유용하게 이직을 장려하는지를 보여준다.

첫 번째 사례는 승진연한 시스템을 가진 전문서비스 기업이다. 승진연한 시스템은 제2장의 수습기간(probation) 분석과 같이 진급하지 못한 직원은 기업을 떠나 새로운 일자리를 찾아야 하는 제도이다. 이러한 시스템은 전문서비스 기업(예 : 컨설팅, 법률 그리고 회계)과 대학(교수)에서 상당히 일반적이다. 전문서비스 기업에서 직원들은 고객과 가깝게 일하기 때문에 자신의 고객을 위해 일하고자 이직하는 사례가 매우 일반적이다. 이는 기업과 고객 사이에 업무 관계를 강화하고, 서로에게 이익이 된다.

다음 휴렛 팩커드를 살펴보자. 휴렛 팩커드(Hewlett-Packard, HP)는 실리콘밸리의 초기 기술 기업들 중 하나이다. 밸리가 개발됨에 따라 더 많은 기술 기업들이 이 지역으로 들어왔고 HP의 직원과 경쟁하였다. 게다가 많은 HP 직원이 자신의 회사를 세우기 위해 회사를 그만두었고, 종종 HP와 경쟁하게 되었다.

여러 해 동안, 직원이 그만두었을 때 HP는 신규 벤처로 가는 것을 장려하는 반응을 보였다. 그러나 또한 신규 벤처가 성공하지 못할 경우 추후에 HP로 돌아오는 것 역시 장려하였다.

이러한 계획은 HP 근로자들로 하여금 회사 자원을 이용하여 신제품 아이디어를 개발하고, 이러한 아이디어로부터 이윤을 얻기 위해 이직하는 것을 장려하였다. 이는 다른 기업보다 HP에서 덜 위험하였다. 왜냐하면 이 기간 동안 HP는 근로자들이 내부에서 신제품 개발을 장려하는 강력한 내부 정책을 펼치고 있었기 때문이다(제14장 참조). 왜 HP는 이러한 접근법을 취한 것일까?

첫째, 이들 직원은 HP의 근로자들 중에서 가장 우수한 사람들일 수 있다. 이것이 그들에게 그렇게 좋은 외부 기회가 생긴 이유이다. 일부는 나중에 되돌아올 것이기 때문에 HP의 정책은 근로자의 질을 높일 수 있다. 둘째, 전문서비스 기업과 같이 떠난 직원이 HP에 미래의 일거리를 가져다줄 수 있다. 셋째, HP를 떠났다가 되돌아온 직원들은 내외부의 복합적 경험을 가지기 때문에 가치가 있을 수 있다. 이것은 역동적이고 끊임없이 변화하는 산업에서 특히 중요하다.

이러한 전략으로부터 HP에 생기는 부가적인 이득이 있다. 이는 직원이 우수할 때 기업도 잘된다는 관점이다. 그들로 하여금 성공적인 경력을 추구할 수 있도록 장려함으로써 HP는 좀 더 능력 있고 패기 있는 직원을 채용할 수 있었을 것이다. 또한 직원의 이익에까지 마음을 쓰는 고용주로서 평판도 쌓을 수 있었으며, 이것이 작업장 내에서 동기부여를 진작하고 갈등을 줄였을 것이다. 이것은 우리가 이 책에서 살펴볼 대강의 주제이다. 기업과 직원의 이익은 그것이 적절히 고려될 때 충돌하지 않는다. 우리는 책의 후반부에서 이 주제에 대해 다시 언급하기로 한다.

직원 입찰하기

직원이 외부 일자리 제안을 받고 그만두려고 할 때 어떻게 대응하여야 하는가? 우리는 이제 이러한 이슈에 대해 논의한다. 그러나 먼저, 당신이 경쟁 기업으로부터 직원을 스카우트해야 할지 여부와 관련된 문제를 고려한다. 이들 두 가지 예시는 기업들이 직원에 대해, 특히 가장 유능한 직원에 대해 상호 간에 입찰하며 적극적인 경매시장에 참여하고 있음을 보여준다.

다른 기업의 인력 스카우트 : 이익과 위험

때때로 다른 기업에서 일하는 사람이 특별한 매력적인 고용 대상자가 된다. 일반적으로 이러한 경우는 그 사람이 어떤 독특한 일련의 숙련들을 가지고 있을 때이다. 획일적이지 않은 숙련의 특성으로 인하여 자기 선언적인(self-announced) 지원자 풀(pool)에서 채용하는 것보다는 다른 기업에서 스카우트하는 것이 매력적으로 보인다.

어떤 사람이 많은 근로자들에게 공통적으로 발견되는 숙련을 가지고 있는 경우, 다른 기업으로부터 스카우트에 따른 불이익이 지원자 풀로부터 채용에 따른 이익을 상회할 수 있다. 다른 기업으로부터 스카우트하는 것에 따른 주요한 불이익은 근로자의 현재 고용주가 통상적으로 어떤 근로자에 대해서도 외부자보다 더 많이 알고 있다는 점이다. 외부자는 어떤 근로자의 질을 평가함에 있어서 일반적으로 열등한 위치에 있다.

이는 때때로 승자의 저주 문제로 불린다. 대개 빼오기 쉬운 근로자는 빼올 가치가 없는 사람이다. 결국 근로자의 현재 기업은 근로자를 보유하기 위해 월급을 올려 줄 수 있는 선택권을 가진다. 만약 외부 기업이 그 근로자의 현재 고용주보다 높게 입찰한다면 외부자는 아마도 너무 높게 입찰하는 것이다. 이는 제2장 초반부의 그루초 막스의 인용구과 유사하다. 이것은 또한 역선택의 개념에 대한 또 다른 예이다. 당신의 기업은 그들 직원의 능력에 대해 더 좋은 정보를 가진 고용주들과 맞서서 입찰하는 것이다. 당신의 기업은 이러한 환경에서 양질의 지원자를 채용하는 것이 쉽지 않다. 왜냐하면 다른 기업은 당신에 대응하여 입찰 방식을 결정할 때 자신에게 우월한 정보를 이용할 것이기 때문이다.

어떤 근로자의 숙련이 충분하게 희귀할 때 그리고 이러한 숙련이 현재의 고용주를 제외한 다른 고용주와 특히 잘 매치될 때 외부 기업은 인력 스카우트를 하는 것이 이득이 될 수 있다. 그림 4.1은 외부 기업에 의한 직원 스카우트와 관련된 모든 의사결정 가능성을 보여준다. 첫째, 기업은 잠재적 고용을 위해 경쟁자로부터 인력 스카우트를 할 것인지 결정한다. 만약 그러하다면, 입찰 과정에서 수반되는 시간과 기타 자원의 비용이 발생한다. 만약 그렇지 않다면 직접적인 비용은 발생하지 않는다.

따라서 결과는 그 직원이 자신의 현재 고용주에게 좀 더 가치가 있는지 또는 인력 스카우트 기업에 좀 더 가치가 있는지에 달려있다. 결국 이 직원을 좀 더 소중히 여기는 기업이 다른 기업들보다 더 높게 입찰하고, 미래에 이 직원을 얻을 것이다. 이러한 경우가 그림 4.1에서 인력 스카우트 결정의 두 갈래로 예시되어 있다. 이는 외부 기업이 인력 스카우트를 하기로 결정할 때

4개의 가능한 결과로 귀착하고, 하지 않는 경우는 2개의 결과로 연결된다.

　근로자들은 일반적으로 외부자보다는 현재의 고용주에게 자신을 좀 더 가치 있게 하는 특수적 숙련을 가진다. 그러나 이것이 항상 그러한 것은 아니다. 어떤 근로자는 매우 특수하고 다른 기업의 현재 상황에 매우 잘 맞게 숙련되어 있어서, 현재의 고용주보다는 외부자가 기꺼이 더 많이 지급하고자 하는 경우도 있다.

　예를 들어, Lee Iacocca의 사례를 보자. 그는 크라이슬러에 의해 포드로부터 스카우트되었다. 크라이슬러는 폐업 직전이고, 크라이슬러 이사회는 Iacocca를 회사를 되살릴 수 있는 숙련된 몇 안 되는 사람 중 하나로 판단하였다. 이와 같이 Iacocca는 포드보다 크라이슬러에게 좀 더 가치가 있었다. 포드는 그의 재능을 낮게 평가하였거나 또는 포드의 강한 경제적 지위로 인하여 그가 포드에 그만한 가치가 없다고 믿었다.

　Iacocca의 상황은 그림 4.1의 상자 4에 나타나 있다. 이 사례에서 크라이슬러는 Iacocca에게 일자리 제안을 하였고, Iacocca는 포드보다 크라이슬러에게 좀 더 가치가 있다. 결국 크라이슬러는 성공하였다.

그림 4.1 직원 스카우트 여부

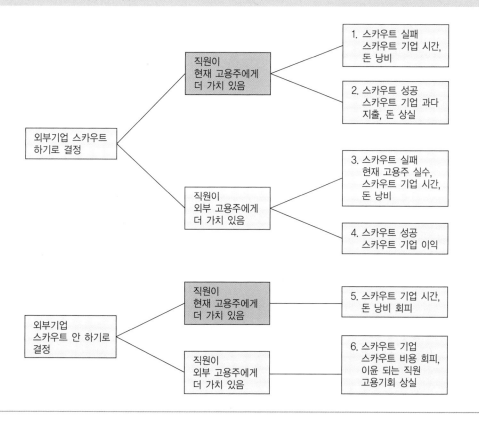

상자 2는 다른 기업에서 인력을 스카우트하는 문제이다. 기업 특수적 인적자본에 대한 투자와 매칭으로 인하여 근로자는 외부자보다 현재 고용주에게 가치가 높을 가능성이 더 크다. 이러한 환경에서 외부자는 인력 스카우트를 하면 안 된다. 그러나 외부자는 근로자의 능력에 관하여 현재 고용주보다 정보가 적고, 때때로 근로자의 잠재적 생산성을 과대평가한다. 만약 그러하다면 외부 기업은 입찰 전쟁에서 승리하여 새로운 직원을 채용할 수도 있다. 이것은 실수일 것이다. 현재 고용주의 당연한 정보 우위 상황에서 이것은 종종 그러한 사례일 수 있다.

기업은 언제 다른 기업으로부터 직원을 스카우트하여야 하는가? 첫 번째, (스카우트) 대상 근로자의 가치가 현재 기업보다 스카우트하려는 기업에게 더 있음을 스카우트 기업이 확신하여야 한다는 것이다. 두 번째, 현재 기업이 대상 근로자를 과대평가하지 않고, 따라서 과대지불하지 않아야 한다는 것이다.

만약 이 근로자가 스카우트 기업보다 현재 기업에게 가치가 더 높다면, 스카우트 기업은 근로자를 획득하지만 너무 많은 보수를 지급한다. 또는 스카우트 기업은 근로자를 끌어오지 못하고 그 과정에서 시간과 돈을 낭비할 수 있다.

(스카우트) 대상 근로자가 현재 기업보다 스카우트 기업에게 가치가 더 높을 때, 그리고 현재 기업이 그 사실을 알고 있을 때 인력 스카우트는 이윤이 남는 결과를 가져올 가능성이 가장 높다. 만약 이 근로자가 현재 기업보다 스카우트 기업에 가치가 더 높고, 현재 기업이 대상 근로자를 과대평가하지 않는다면, 스카우트 기업은 현재 고용주보다 더 높게 입찰을 하고 성취할 것이다.

이득이 되는 인력 스카우트 조건은 어떠한 상황에서 가장 잘 충족될 수 있는가? 근로자가 현재 기업보다 다른 기업에게 가치가 가장 높은 조건은 근로자의 숙련이나 해당 산업에서 최근 변화가 발생하였을 때이다. 몇 가지 예를 생각해 보자.

첫째, 최근 교육 프로그램을 마친 근로자는 선발에 적합하다. 신규 학위취득자는 현재 보유하고 있는 일자리 외에 다른 일자리에서 더 생산적일 수 있다. 현재 기업은 더 나은 일자리를 제시할 수도 있다. 그러나 현재 기업은 적절한 상위 계층 자리에 공석이 없을 가능성이 매우 높다. 아마도 인력 스카우트 기업은 현재 기업으로부터 새로운 졸업생을 성공적으로 끌어올 것이다. 사실 이와 관련된 통계는 인상적이다. 시간제 MBA 프로그램을 가지고 있는 학교들은 대다수 졸업생들이 졸업 후 단기간 내에 대학원 재학 시 다닌 기업을 떠난다고 보고하였다.

둘째, 빠르게 변화하는 산업들, 특히 쇠퇴하는 산업들의 기업에 고용된 근로자들은 인력 스카우트의 좋은 대상이다. 근로자가 현재 고용되어 있는 기업은 변화하고 있기 때문에 당초 근로자를 유인했던 기대치는 아마도 더 이상 충족되지 못한다. 결과적으로 현재 기업에서 근로자의 가치는 아마도 다른 곳에서 가능한 것보다 낮다. 이것은 근로자가 현재 기업에서보다 다른 곳에서 가치가 더 높은 바로 그 상황과 일치한다.

셋째, 급속한 기술적 변화를 겪는 산업의 근로자들은 우수한 스카우트 대상이 될 수 있다. 변화가 빠를 때 이는 중립적이지 않으며, 따라서 어떤 기업은 다른 기업들보다 훨씬 더 급격한 증가를 경험한다. 유능하지만 선두 다음에 자리한 기업의 근로자들은 인력 스카우트의 우수한 후보자이다. 이는 소프트웨어와 하드웨어 기업들 사이에 그렇게 많은 이직이 일어나는 이유를 설명한다. 혁신 기업에서 일을 시작한 근로자는 그 기업이 산업의 후미에 처져 있음을 6개월 내에 깨달을 수 있다. 이 근로자는 아마도 다른 곳에서 가치가 더 있을 것이고, 따라서 그는 새로운 일자리를 찾거나 선도기업에 의해 스카우트될 것이다.

스카우트 기업이 되는 것은 항상 더 좋은가? 만약 그렇다면 모든 기업은 서로 다른 기업으로부터 가장 우수한 직원을 스카우트하고 입증되지 않은 인재들은 어느 누구도 채용하지 않을 것이다. 지원자 풀에서 직접 고용하는 기업들은 모집단의 확률 표본 하나를 갖는다. 일부 근로자는 매우 능력이 높을 것이고, 일부는 능력이 덜 할 것이다. 기업이 근로자의 평균 능력에 상응하는 것 이상으로 지급하지 않는다면 상당히 유지가 잘 될 수 있다. 그러나 기업들은 모든 지원자들을 채용한 기업에 의해 고용된 근로자들의 평균 능력이 전체 모집단의 평균만큼 높지 않다는 사실을 인식하여야 한다. 스카우트 기업은 모집단의 비확률 표본을 가로채는 것이다. 구체적으로 스카우트 기업은 가장 유능한 사람을 가로채는 경향이 있다. 따라서 1순위 고용주가 자신의 근로자에게 지급하는 임금은, 2순위 스카우트 기업이 좀 더 우수한 직원들 일부를 스카우트한 이후에도 손실을 피할 수 있을 만큼 충분히 낮아야 한다. 그래서 예를 들어, 평균 근로자가 시간당 30달러의 가치가 있다면 시간당 30달러의 임금은 기업에 손실을 야기하게 된다. 더 우수한 근로자들은 스카우트되는 경향이 있기 때문에 남겨진 근로자들은 시간당 30달러의 평균생산성을 제공하지 못한다.

일시해고와 빛 좋은 개살구

기업은 어느 근로자를 해고할지에 대한 재량을 가진다. 이는 역선택의 개념이 일자리를 잃은 근로자에게 적용될 수 있음을 함축한다. 노동시장의 관점에서 이러한 직원들은 중고차와 유사하다. 잠재적 고용주들은 근로자의 능력이 높지 않은 것(레몬)을 우려한다. 왜냐하면 이들의 전 고용주가 이들이 퇴사하도록 놔두었기 때문이다. 이것은 (그리고 특수한 인적자본의 부족은) 해고된 사람들로 하여금 새로운 일자리를 빨리 찾는 것을 어렵게 한다. 또한 신규 일자리는 기존 일자리보다 급여가 더 낮아짐을 함축할 수 있다.

연구에 따르면, 리스되었으나 계약이 만기되어 시장에 나오는 중고차들은 레몬 문제의 대상이 아니라고 한다. 그 이유는 리스계약을 끝낸 거의 모든 자동차들은 품질에 상관없이 중고차로 팔릴 것이기 때문이다. 자기 선택이 거의 없고, 따라서 평균적인 품질을 가지는 경향이 있다.

유사한 결과가 노동시장에 적용된다. 연구에 따르면, 모든 근로자들이 일자리를 잃을 때(예 : 공장 폐쇄) 일시해고된 근로자들은 다른 상황에서 해고된 근로자보다 일자리를 보다 빨리 찾을 수 있었으며, 새로운 일자리에서 더 높은 급여를 받았다. 공장 폐쇄를 경험했던 근로자들은 자신의 일자리 상실을 설명할 수 있었으며, 그것이 낙인으로 남지 않았다.

출처 : Gibbons & Katz(1991)

채용제안조건 매칭

우리는 이제 근로자를 놓고 입찰하는 것이 노동시장 내에서 경쟁의 일상적인 부분이라는 것을 알았다. 그러나 때때로 현재 고용주는 외부자의 채용제안조건에 맞추어 줄 것을 거부한다. '채용제안조건 매칭거부(no offer matching)'라고 불릴 수 있는 공표정책은 외부로부터 높은 보상의 채용제안을 얻어 현 직장에서의 임금을 올리려는 직원들의 충성스럽지 못한 시도를 단념시킨다고 간주된다.

외부의 채용조건에 언제 상응하는 것이 합리적이고 언제 하지 않아야 할까? 우선 무엇이 근로자의 직장탐색 행동에 영향을 미치는지를 알아보는 것이 중요하다. 정형화된 예를 들어 보자. 현재 근로자가 시간당 20달러를 받고 있다고 가정하자. 그리고 현재 그에게 이보다 높은 임금을 지불할 일자리는 1개밖에 없고, 임금수준은 시간당 20.5달러라고 추가로 가정하자. 그를 고용할 수 있는 기업은 현 직장 이외에 50개가 있는데, 그중에서 어떤 기업이 현 직장보다 그에게 높은 임금을 제공할지를 모른다고 하자.

근로자는 50개 기업에 대한 지원서를 작성할 수 있다. 지원서 하나하나를 작성하는 데는 시간과 노력이 필요한데, 이를 X로 표시할 수 있다. 이제 문제는 언제 직업탐색을 할 유인이 있는지이다.

만약에 근로자의 현재 기업이 외부의 채용조건에 상응하는 대우를 해주겠다고 동의했다고 가정해 보자. 이 경우 근로자는 직장탐색으로 인한 초과 소득의 현재가치가 비용을 초과하는 한 직장탐색을 할 것이다. 첫 번째 기업에서 직업탐색을 하는 현재가치는 아래와 같다.

$$\frac{1}{50}\sum_{t=0}^{T}\frac{(2000)(0.50)}{(1+r)^t}$$

이것은 인적자본 투자에 대한 수익공식과 같은데 왜냐하면 직업탐색은 인적자본 투자와 유사하기 때문이다. 1/50은 높은 임금을 지불하는 직장을 찾을 확률이다. 만약에 이에 성공한다면, 그의 현 직장이 외부의 채용조건에 상응하는 대우를 해 주기 때문에 앞으로 그의 잔여 근로기간인 T년 동안 매년 2000시간에 대해 0.5달러의 초과임금을 받게 된다. 만약 이 식의 값이 비용인 X보다 크다면 그는 직장탐색을 하게 된다. X값이 낮을수록, T값이 높을수록 직장탐색의 기

대수익은 높아진다.[3]

기업은 근로자가 높은 임금의 일자리를 탐색하는 것이 탐탁지 않다. 외부의 채용조건에 상응하는 대우를 해주는 경우에는 근로자의 직장탐색으로 인해 모든 근로자에게 높은 임금을 지불할 수도 있다. '채용제안조건 매칭거부' 정책은 근로자의 행태에 어떤 영향을 미칠 것인가?

이것은 실제로 근로자가 다른 일자리를 얻어 현 직장을 떠날지의 여부에 달려있다. 근로자가 만약 새로운 일자리를 위해 현 직장을 떠난다면 '채용제안조건 매칭거부' 정책을 공표하는 것은 근로자의 직장탐색 행위에 아무런 영향을 주지 못한다. 탐색으로 인한 근로자의 수익은 변하지 않는다. 단지 차이점이라면 외부의 채용제안에 상응하는 보상을 현 직장에서 해줄 경우에는 이직하겠다고 위협만 하면 되었으나, 현 직장이 매칭을 거부할 경우 근로자는 수익을 얻기 위해서는 이직을 해야 한다.

기업은 어떠한 경우를 선호하는가? 외부 채용제안 조건에 상응하는 보상을 해주지 않을 경우 근로자는 이직한다. 채용제안조건 매칭의 경우 근로자는 이직하지 않는다. 기업이 항상 채용제안조건의 제안에 상응하는 보상을 해주기를 원하진 않겠지만, 기업이 그런 보상을 해줄 수 있는 옵션을 가지고 있는 것을 선호한다는 것은 알 수 있다. 만약 기업이 근로자의 실제가치보다 많이 지불해야 한다면 근로자가 이직하도록 하면 되기 때문이다.

'채용제안조건 매칭거부' 정책이 근로자의 직장탐색을 단념시키지 않는다면 왜 공표할까? 왜냐하면 특수한 상황에서는 일정한 종류의 탐색들을 단념시킬 수 있기 때문이다.

예를 들어, 근로자가 현재 직장에 대한 강한 선호를 가지고 있다고 가정하자. 동료, 위치, 일반적인 근로환경 등이 마음에 들 수 있을 것이다. 근로자는 20.5달러의 높은 임금을 제공하는 타 기업으로 이직할 의사가 없을 수도 있다. 기업은 타 기업의 채용제안인 20.5달러가 근로자의 실제가치보다 낮다면 임금을 이에 상응하도록 올려줄 것이다. 근로자는 이직을 하기 위해서가 아닌 현 직장에서의 임금수준을 높이기 위해 직장탐색을 할 유인이 있다. 이 경우 기업이 채용제안조건 매칭거부 정책을 가졌다면 근로자는 직장탐색을 할 유인이 없다. 이직을 해야만 직장탐색의 편익을 얻을 수 있으나, 이 근로자는 애초에 이직할 생각이 없기 때문이다. 채용제안조건 매칭거부 정책은 이 경우 직장탐색을 단념하게 하고 기업의 비용을 줄여준다.

만약 기업이 근로자가 경쟁기업이 제안한 20.5달러의 임금을 수락하지 않는다는 것을 알았

---

3) 만약 근로자가 첫 번째 기업에 지원하였다가 실패하면 그는 분명히 두 번째 기업에 지원할 것이다. 두 번째 기업에 지원하는 기대수익은 첫 번째보다 높게 나타나는데, 높은 임금을 지불하는 기업을 찾아낼 확률이 1/49로 상승하기 때문이다. 물론 실제로는 근로자가 가장 높은 임금을 지불할 것 같은 기업에 우선적으로 지원할 것이기 때문에 성공확률이 첫 번째에 높게 나타날 수도 있다.

다면, 기업은 근로자에게 이에 상응하는 보상을 하지 않을 것이다. 본질적으로 기업은 근로자가 제안을 받아들일 의사가 없으므로 이에 상응하는 수준으로 임금을 올려 달라는 근로자의 요구가 진정한 위협이 되지 못한다고 선언할 수 있다. 문제는 때에 따라서 기업이 진정한 위협과 근로자가 받아들이지 않는 경쟁자의 채용제안을 구별하기 힘들다는 데 있다. 이 경우에는 기업이 채용제안조건 매칭거부 정책으로부터 편익을 얻을 수 있다. 이 상황은 다음과 같은 조건이 적용될 때 발생할 가능성이 높다.

1. 보상에서 비금전적 요소가 차지하는 비중이 높을 때
2. 근로자들이 실제가치에 못 미치는 임금을 받고 있을 때

비금전적 요소를 포함한 보상

임금은 쉽게 비교할 수 있지만 비금전적 요소를 포함하고 있는 보상 패키지는 비교하기 어려울 수 있다. 금전적 보상을 제외하고서 일자리의 특성이 동일하다면 기업은 근로자가 외부의 제안을 받아들일지의 여부를 신속히 판단할 수 있을 것이다. 만약 경쟁자가 현재 고용주보다 높은 임금을 제시한다면 근로자는 채용제안을 받아들이고 이직할 것이다. 이 경우 외부의 채용제안은 현재의 고용주에게 확실한 위협이 된다.

불행히도 채용제안을 평가하는 것은 쉽지 않다. 근로자가 직장에서 받는 것의 상당 부분은 정신적인 것이다. 근로조건, 지위, 유연성, 특정 지역에서 일할 수 있는 능력 등이 중요할 수 있으나 상이한 근로자에게 상이한 가치를 가진다. 일자리의 비금전적 측면이 중요할 때 고용주가 외부 채용제안의 중요성을 평가하는 것은 어렵다. 따라서 근로자는 현재 고용주가 관찰할 수 없는 정신적 불이익을 보상하는 높은 금전적 보수를 제시하는 외부의 채용제안을 탐색할 가능성이 높다.

보상은 크지만 근로자가 받아들일 의도는 없는 외부 채용제안을 전략적으로 탐색함으로써 근로자에게 돌아가는 이득은 보상의 비금전적 요소가 상당할 때 최대가 된다. 이러한 상황에서는 고용주가 외부의 채용제안조건에 대응하는 보상을 해주지 않겠다고 선언함으로써 근로자의 직업탐색을 단념시킬 수 있다.

근로자가 돈 때문에 현재의 일자리에 머물러 있다면, 비금전적 요소는 덜 중요하다. 이 경우 외부의 채용제안조건에 대응하는 보상을 해주지 않겠다고 선언해서 얻을 수 있는 것이 적다. 외부의 채용제안을 받은 근로자는 다른 기업으로 이직할 것이고 또한 기존 근로자들이 직업탐색하는 것을 단념시킬 수도 없을 것이다. 투자은행들은 외부의 채용제안 조건에 대응하는 보상을 해주지 않겠다고 선언하는 경우가 거의 없는데, 금전적 요소가 이 산업을 끌고 가는 요인이기 때문이다. 정부기관에서는 직업의 안정성, 짧은 근로시간, 낮은 근로강도 등 비금전적 요인이 근로자들에게 매우 중요하다. 이들 기관에게는 금전적 보상이 조금 높은 채용제안이 실제로 위

협이 되는지가 불분명하다. 현 직장에서의 보상수준을 높이기 위해서 외부의 채용제안을 탐색하는 것을 방지하려면, 공공기관은 외부의 채용제안조건에 대응하는 보상을 해주지 않겠다고 선언할 수 있을 것이다.

과소평가된 사원

기업은 근로자 보유로부터 얻는 이득이 많을 때 근로자의 불성실한 일자리 탐색에 가장 민감해 한다. 기업이 근로자에게 그의 가치만큼 정확히 지급하고 있다면 현재 임금을 초과하는 외부자의 일자리 제안은 현재의 고용주에게 반응을 이끌어내지 못할 것이다. 임금을 인상하는 것보다 근로자를 잃는 것이 더 나을 수 있다.

근로자는 기업이 그로 인해 많은 이익을 얻고 있을수록 자신의 임금수준을 높일 가능성이 클 것이다. 이는 실제가치보다 낮은 임금을 받고 있을 경우이다. 근로자는 이직에 대한 위협을 통해 기업이 근로자로 인해 얻고 있는 초과이윤의 일부를 빼앗아 올 수 있다. 이 경우 기업은 외부의 채용제안조건에 대응하는 보상을 해주지 않겠다고 선언하는 것이 유리할 가능성이 높다.

요약하면 일반적으로 유연성을 가지는 것이 경직된 정책을 고수하는 것보다 낫다. 즉, 기업이 외부의 채용제안조건에 대응하는 보상을 해주지 않겠다고 선언하는 것은 보통의 경우 나쁜 생각이다. 그러나 모든 규칙에 예외는 있다. 만약 현재 고용주가 외부의 채용제안을 근로자가 받아들일지의 여부에 대해 모른다면, 외부의 채용제안조건에 대응하는 보상을 해주지 않겠다고 선언하는 것도 좋은 방법이 될 수 있다. 하지만 기업이 현재 근로자에게 실제가치보다 낮은 임금을 지불하고 있다면 그 적절성은 올라갈 수 있다.

일시해고와 보상을 통한 사직유도

불행하게도 기업은 상당수의 근로자를 일시해고하여 가끔 회사규모를 줄여야 한다. 만약 당신의 직원 중 일부를 일시해고해야 한다면 어떻게 이 문제를 고민할 것인가? 예를 들면, 고임금을 받는 근로자를 우선해고 대상으로 삼아야 할까? 근로자들이 스스로 떠나도록 사직유도보상 패키지를 제공하기로 했다면, 어떻게 해야 가장 효과를 거둘 수 있을까?

일시해고의 대상

당신은 가장 임금이 높은 직원을 먼저 해고할 것인가? 최악의 성과를 낸 직원이 먼저인가? 대답은 '꼭 그렇지는 않다' 이지만 이것은 후보자를 뽑는 적절한 시발점이 될 수는 있다.

제1장에서 보았듯이 보상은 생산성에 대응하여 균형을 이루어야 한다. 가장 높은 임금을 받는 직원을 먼저 해고하는 것을 경계해야 하는데, 이들은 보통 생산성이 가장 높기 때문이다. 더

나은 접근법은 다른 근로자와 비교할 때 기업에 손해를 입히는 근로자들을 대상으로 삼는 것이다. 그들은 고임금일 수도 저임금일 수도 있다. 고임금 근로자의 일부는 외부 경쟁 기업의 요구 수준에 맞추어서이거나 어려운 임금교섭 상대이거나, 다른 이유 등으로 높은 보상을 받고 있다. 고임금을 받고 있지만 생산성이 낮은 근로자들이 일시해고의 대상후보자이다.

비슷한 논거가 근로자의 성과에도 적용된다. 성과평가점수가 낮은 근로자들도 보상수준에 비해 생산성이 높을 수도 있으므로 경계해야 한다. 그러나 낮은 성과평가점수는 보통 비슷한 숙련수준과 직무를 가진 다른 근로자와 비교할 때 성과가 나쁘다는 것을 의미한다. 상대적으로 생산적인 동료보다 상대적으로 과다한 보상을 받고 있을 가능성이 높은 것이므로 해고의 대상으로 고려해야 한다.

특수적 인적자본

누구를 해고대상으로 할지 결정하는 데 있어 중요한 요인은 기업 특수적 인적자본의 정도이다.

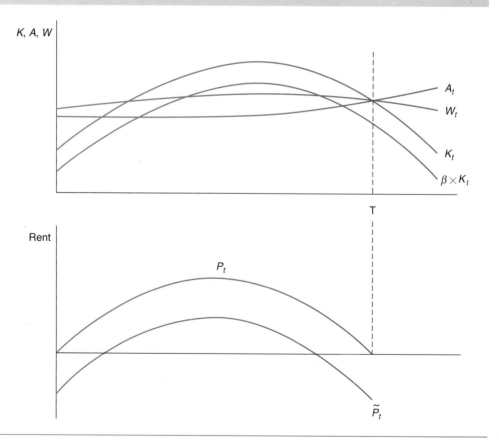

그림 4.2 경력기간 중 소득과 생산성

저번 장에서 보았듯이 근로자가 고용주에 특수한 인적자본을 가지고 있다는 점에서 근로자와 기업은 훈련투자의 비용과 편익을 나누게 된다. 이것은 누구를 해고대상으로 삼아야 하는지를 생각하는 데 있어 중요한 함의를 가진다.

결과는 아주 명확하게 서술할 수 있지만 분석은 다소 장황하다. 기업 특수적 인적자본이 중요할 때에는 기업은 연령분포의 양 끝으로부터 우선적으로 해고함으로써 이익을 극대화할 수 있다. 이들은 최근 근무를 시작한 근로자들과 퇴직이 얼마 남지 않은 근로자들이다.

이 결과의 배후가 될 수 있는 직관이 그림 4.2에 제시되어 있다. 위쪽 패널은 기업 특수적 인적자본을 투자하는 가상적인 근로자의 경력기간의 소득–생산성 곡선이다. 기업에서 근로자의 생산성은 K_t로 표시되고, 임금은 W_t로 표시된다.

기업 밖에 있는 근로자의 최고 대안의 가치는 A_t로 표시된다. 이것은 두 가지 요소에 달려있는데, 첫 번째는 근로자가 다른 직장에서 받을 수 있는 소득의 수준이다. 이것은 특히 젊은 근로자에게 가장 중요한 요소가 된다. 두 번째는 근로자가 여가에 부여하는 가치이다. 고령 근로자일수록 여가에 높은 가치를 부여하는 경향이 있다. 어떤 시점에 이르면 근로자에게 최상의 외부 대안은 퇴직이다. 게다가 결국은 모든 근로자가 퇴직함으로써 더 나아질 수 있는데, 이것은 A_t 곡선이 위로 올라가는 것으로 나타난다. 만약에 고령 근로자의 외부소득이 기업내부에서 벌 수 있는 소득보다 적다면, 퇴직의 적정시점은 A_t가 K_t를 상회하는 $t = T$ 시점이다.

경쟁적 노동시장에서 W_t 곡선의 현재가치는 K_t 곡선의 현재가치와 대략 일치해야 한다.[4] 만약에 $PV(W) > PV(K)$라면, 기업은 근로자의 경력기간 동안 손해를 보게 된다. 만약 $PV(W) < PV(K)$라면, 기업은 근로자를 채용하는 데 어려움을 겪게 된다. 두 곡선의 현재가치는 보통 A_t 곡선의 현재가치를 초과하는데, 만약 아니라면 근로자는 적절하지 못한 기업에 채용되어 있는 것이다. 채용시점에서의 임금과 생산성의 현재가치는 같지만 그 이후에는 그렇지 않다. 근로자의 훈련은 부분적으로 기업 특수적이므로, 근로자와 기업은 훈련의 비용과 편익을 서로 나누게 될 것이다. 따라서 양측 다 처음에는 손해를 감수한다. 훈련이 끝나면 양측은 자신의 투자에 대한 수익을 얻게 된다. 처음에 훈련이 시작되고는 $W_0 > K_0$이다. 따라서 $t = 0$ 이후의 어떤 점에서도 K_t 곡선의 현재가치가 W_t 곡선의 현재가치보다 높게 나타난다. 그 차이는 기업에 의해 향유되는 수익의 부분을 나타낸다.

그림 4.2의 아래쪽 패널은 기업에 발생하는 이윤 P_t의 수준을 그래프로 나타내고 있다. 이윤은 K의 현재가치와 W의 현재가치의 차이로 정의된다. P_t는 어떤 모양을 가지고 있나? 우선 곧 퇴직할 근로자에 대해 생각해 보자. 보수가 생산성보다 낮게 나타나지만, 이 근로자의 경력은 얼마 남지 않아 기업이 근로자로부터 얻을 수 있는 이윤은 적게 나타난다. 유사하게 기업은 신참 직원으로부터 손해를 적게 보는데, 아직 훈련투자를 거의 하지 않았기 때문이다. 양끝 값

---

4) 제3장의 끝부분에 있는 지대공유(rent sharing)에 대한 논의를 보라.

으로 가면, $t = 0$일 때와 $t = T$일 때 $P_t = 0$이 된다. 일반적으로 기업은 훈련을 끝마친 근로자로부터 현재가치로 계산된 가장 큰 이윤을 얻는데, 중년에 있는 이들은 생산성이 높을 뿐만 아니라 아직 상당기간 동안 일할 수 있기 때문이다.

이 논의에 대한 직관을 제공하는 것이 바로 이 점이다. 기업의 제품에 대한 수요와 가격이 하락해서 생산성이 떨어지는 경우를 상상해 보자. 이것은 $\beta < 1$ 일 때 K_t가 $\beta \times K_t$로 떨어지는 것으로 나타난다. 현재 임금수준에서 이것은 P_t의 현재가치를 $\tilde{P}_t$로 하향이동시키는 것에 해당한다. 이제는 젊은 근로자에 대한 투자가 더 이상 수익을 가져다주지 않는다. 유사하게 현재가치가 낮은 고령의 근로자들을 해고하는 것이 이익에 도움이 될 것이다. 이 경우 이윤을 추구하는 기업은 중년의 근로자들만을 고용하게 될 것이다.

일시해고의 비용

젊은 근로자를 해고하는 것은 큰 문제가 될 가능성이 적다. 그들은 보통 법적 보호를 받지 못한다. 게다가 그들은 기업 특수적인 숙련에 거의 투자하지 않았기 때문에 다른 일자리로 옮겨도 잃을 것이 거의 없다. 따라서 후입선출(Last In, First Out, LIFO)적 해고정책은 젊은 근로자의 수를 줄이는 형태로 나타날 수 있다.

나이가 많은 직원을 일시해고하는 것은 상당한 논쟁의 여지가 있으며 불법적인 것이기도 하다. 고령 직원들은 대부분의 나라에서 차별반대 규정에 의해 보호받는다. 기술적으로 회사의 변호사들은 일시적인 해고는 직원 각각의 현재가치에 의거해 이뤄지는 것이라고 주장하지만, 그러한 주장이 받아들여지지는 않을 것으로 보인다. 그러므로 회사는 정부에 의해 기소되고 고령 직원들에 의해 고소될 것이다.

더구나 고령 직원들은 그 회사 특유의 기술에 투자해 왔으며, 회사로부터 (대부분 암시적으로) 약속받았던 투자에 대한 답례를 기대하고 있다. 이러한 직원들을 일시해고하는 것은 연금 등으로 완화한다 하더라도 고용주에 대한 신뢰의 위반으로 이해될 수 있다.

이것은 정말 신뢰에 대한 위반인가? 그것은 명확하지 않다. 모든 암시적인 계약은 회사에 경제 상황이 힘들 경우 직원들을 일시해고할 수 있는 권리를 분명히 제공한다. 하지만 그렇다 할지라도 회사는 여전히 신뢰를 위반했다는 비판(기회주의적인)에 직면할 것이다. 그러므로 회사는 정당한 고용주로서의 평판을 관리하는 정도에서 일시적인 해고를 실행하기 전에 신중하게 고려해야 한다.

예를 들어, 회사가 노동시장에서 높은 평판을 가지고 있고 현지의 경기침체가 일시적인 것이라고 가정해 보자. 이러한 경우에 회사는 그들의 평판에 대해 상당히 관심을 기울여, 일시적인 해고는 회사의 평판을 손상시킨다고 여길 것이다. 하지만 다른 한편으로 산업이 급속도록 침체되거나 회사를 강화시키기 위한 중대한 신호가 필요할 경우에는 극적인 행동이 필요하다.

마지막으로 일시해고에 따른 중요한 비용은 해고 후 발생할 수 있는 소송이다. 왜냐하면 많은 경우 경제정책에서는 직원들이 정당하지 않게 회사를 그만두게 되는 상황을 보호하게 되는데 만약 해고를 당한다면 소송을 일으킬 것이다. 이러한 소송은 손실이 클 뿐만 아니라 만약 소송에서 진다면 손해배상도 해야 한다.

보상을 통한 사직유도

많은 기업들은 일시해고의 비용 때문에 직원들을 해고하는 대신 사직유도를 권하는 것을 택한다. 사직유도는 근로자와 기업 사이에서 발생하는 계약으로, 직원들은 어느 정도의 보상을 받고 회사를 그만두는 것에 동의하는 것이다. 사직유도 합의에는 직원들이 회사를 상대로 부당한 해고의 사유로 고소하지 않고, 공개토론장에서 회사를 비판하지 않는다는 것과 같은 조항들도 포함된다.

아마존의 차별금지 조항

2001년 초 아마존닷컴은 6~8주의 월급을 퇴직보상금으로 주고 1,300명의 직원들을 일시해고했다. 이 때 직원들은 회사의 명예를 떨어뜨릴 수 있는 말을 하는 것을 금지하는 조항에 동의하기를 요구받았으며 이를 거부할 경우 퇴직보상금 지급을 2주로 제한했다. 아마존은 이 조항에 대해 공중의 비판을 받은 후, 사직유도 패키지에서 이러한 내용을 삭제했다.

사직유도 패키지는 매우 특이한 또 다른 특징이 있다. 아마존은 2년 뒤에 팔고, 일시해고를 당한 직원들에게 배분하기 위해 250만 달러 가치의 펀드를 세웠다. 사실상 일시해고를 당한 사람들은 여러 개의 옵션을 받게 된 것이다.

아마존이 왜 이러한 일을 했을까? 첫 번째 이유는 이것이 시장의 폭락 직전에 일어난 것으로, 아직 옵션에 대한 열정이 있었기 때문이라고 할 수 있다. 두 번째는 공중관계, 세 번째는 아마존에서 일시해고를 당한 사람들의 관심을 붙잡아 두기를 원했던 것인데 이는 해고 대상자들이 일시적으로 해고된 것이길 희망하고, 언젠가 다시 고용되기를 바라고 있었기 때문이다.

출처 : Wolverton(2001)

한 가지 걱정되는 것은 역선택의 경우이다. 어디에서나 다른 사람들에 비해 생산성이 뛰어난 사람들이 존재한다. 다시 말하자면, 일부 직원들은 상대적으로 임금을 많이 받고 있고, 또 업무 능력이 뛰어난 또 다른 일부 직원은 상대적으로 임금을 적게 받는다고 할 수 있다. 이처럼 생산성이 뛰어난 직원들은 다른 곳에서 더 좋은 직업을 구할 수 있기 때문에 사직유도를 받아들인다고 해도 잃는 것이 거의 없다. 그래서 이들은 사직유도 제안을 더 잘 수용한다.

1990년대에 스탠퍼드대학교가 55세 이상의 교수들을 대상으로 실시한 조기 은퇴 사직유도의 시도를 고려해 보자. 많은 수의 교수는 그 제안을 받아들였다. 그러나 불행히도 많은 경우에서 제안을 받아들이고 떠난 교수들은 생산성이 가장 높은 사람들이었다. 왜냐하면 그들은 생산성이 떨어지는 교수들에 비해 다른 대학에서 좋은 직업을 획득하기가 쉬운 사람들이기 때문이다. 이에 사직유도 패키지가 신중하게 설계되어 회사의 입장에서 회사를 떠나 주었으면 하는 사람들의 그룹과 그렇지 않은 사람들의 그룹에 대한 동기화 작업들을 각각 해야 한다고 제안한다. 예를 들어, 가능하다면 업무능력이 뛰어난 직원들은 사직유도 제안을 받지 않고, 그렇지 않은 사람들이 사직유도 제안을 받도록 해야 할 것이다.

이와 유사하게 어떻게 사직유도 패키지를 나이에 따라 다양하게 할 것인지에 대해 고려해야 한다. 가장 고위직에 있는 직원들이 일반적으로 주된 고려대상이 되는데 그들은 은퇴에 가까운 나이로 회사를 떠나더라도 잃을 것이 별로 없다. 왜냐하면 그들은 이미 그들이 가진 기술 등 그들이 투자한 것에 대한 대가를 대부분 벌어들였기 때문이다. 때문에 이들은 적은 사직유도 패키지를 바라는데 그치지만 은퇴가 많이 남은 젊은 사람들은 더 큰 사직유도 패키

표 4.1

일시해고 대상에 대한 분석

(단위 : $)

나이	W	A	K	PV(W)	PV(A)	PV(K)	βK	PV(βK)
25	30	20.0	20.0	145.5	99.3	145.5	14.0	101.8
26	30	20.1	23.2	145.5	99.9	158.1	16.2	110.6
27	30	20.3	26.2	145.5	100.5	169.9	18.3	118.9
28	30	20.4	29.1	145.5	101.1	181.1	20.4	126.7
29	30	20.5	31.8	145.5	101.7	191.5	22.3	134.0
30	30	20.6	34.4	145.4	102.3	201.2	24.1	140.8
35	30	21.3	45.0	145.4	105.3	238.6	31.5	167.1
45	30	22.5	55.0	144.3	110.5	258.7	38.5	181.1
55	30	23.8	50.0	134.0	109.1	211.3	35.0	147.9
56	30	23.9	48.7	131.0	105.8	191.2	34.1	141.3
57	30	24.0	47.2	127.3	103.2	179.6	33.0	125.7
58	30	24.1	45.6	122.5	99.7	166.8	31.9	116.7
59	30	24.3	43.8	116.6	95.3	152.7	30.7	106.9
60	30	24.4	41.9	109.1	89.5	137.2	29.3	96.0
61	30	24.5	39.8	99.6	82.0	120.1	27.9	84.0
62	30	24.6	37.6	87.7	72.4	101.1	26.3	70.8
63	30	24.8	35.2	72.7	60.2	80.0	24.6	56.0
64	30	24.9	32.7	53.8	44.7	56.5	22.9	39.5
65	30	25.0	30.0	30.0	25.0	30.0	21.0	21.0

지를 바란다. 이러한 내용을 설명하기 위해 표 4.1은 그림 4.2와 유사한 가상적인 상황을 보여주고 있다.

이 표에서 모든 가치는 1,000달러 단위로 표현된다. 이 표에서는 임금(간단히 표현하기 위해 30,000달러로 통일), 직원의 대체 가치의 최고치 A_t, 생산성 K_t를 보여준다. 또한 각각에 대해 현재의 가치를 계산해 놓았다.[5] 그림 4.2에서와 같이 K와 W의 현재의 가치는 신입과 은퇴 직원 모두에게 동일하다. 마지막으로 끝에 두 단은 회사에서 생산하는 상품의 수요 하락으로 직원의 생산성이 30%($\beta = 0.7$) 떨어진 것이라고 가정한 것이다.

사직유도 B를 받아들이는 것 혹은 그렇지 않은 것을 결정할 때, 직원은 그가 회사에 남음으로써 얻을 수 있는 수익 $PV(W)$과 그가 사직유도 제안을 받아들임으로써 얻는 수익 $B + PV(A)$를 비교할 것이다. 이는 직원이 회사에 남게 될 때보다 사직유도를 받아들였을 때 얻을 것이 더 많을 때만 사직유도 제안을 받아들이게 되는 것을 의미한다.

$$\text{회사에 남음으로써 얻는 이익(사직유도 보상을 거절했을 때)} = PV(W) - PV(A)$$

표에 따르면 모든 직원의 임금은 최선의 대안가치보다 높은 것을 알 수 있다. 따라서 모든 직원은 사직유도를 제안받게 될 것이다.

직원이 떠났을 경우 회사가 얻게 되는 이익은 보상과 생산성의 현재가치에 따라 다르다.

$$\text{직원이 회사를 떠남으로써 얻게 되는 이익 혹은 손실} = PV(W) - PV(K)$$

[생산량이 떨어진 후에 이 공식은 $PV(W) - PV(\beta \times K)$로 바뀐다.] 만약 이렇게 된다면 회사는 직원이 떠나 주기를 바랄 것이다. 그러한 경우에 회사가 제안할 수 있는 사직유도의 **최대** 보상금과 공식은 일치한다. 생산량이 떨어진 경우가 아니라면, 회사는 직원이 남아 주기를 선호할 것이다. 이 표에 따르면 생산성이 떨어지기 전에는 모든 직원이 자신이 받고 있는 가치보다 높은 이익을 내고 있다. 하지만 생산성이 떨어진 후에는 57세 이상과 30세 이하의 직원들은 더 이상 회사에 이윤을 내지 못하고 있으므로 이들은 회사의 사직유도 대상이 되기 쉽다.

우리는 지금 최선의 사직유도를 실행하는 룰을 주고 있다. 회사가 직원을 내보냄으로써 얻는 것이 잃는 것보다 많다면 사직유도는 발생한다. 회사는 회사의 이익을 높이고 직원들이 떠날 때 더 좋은 대우를 받게 하기 위해 사직유도를 제안할 수 있다.

$$PV(W) - PV(K) > PV(W) - PV(A)$$

또는,

$$PV(A) > PV(K)$$

---

5) 이자율은 25%이다. 하지만 이 표에서는 이자율과 상관없이 유효하게 설명되었다.

결과 : 사직유도는 직원들을 내보냄으로써 얻는 대안적 가치가 현재 직원들이 회사에 창출하는 생산 가치보다 클 때 가능하다. 따라서 낮은 생산성과 좋은 대안은 사직유도를 실행할 수 있게 한다.

사직유도가 가능한 사람들을 회사가 굳이 일시해고할 필요가 없다는 사실을 인지하는 것은 중요하다. 반면 생산성이 떨어진 후에 회사는 57세 이상과 30세 이하의 직원들을 해고하고 싶지만 그렇게 할 수는 없고, 오로지 62세 이상인 직원들에게만 제안할 수 있다. 이에 회사는 57~61세인 직원들 때문에 손해를 본다. 사직유도가 나은 옵션이기는 하나 그들이 요구하는 퇴직보상금을 주어야 하므로 충분하다고는 할 수 없다. 이와 비슷한 논리는 30세 이하의 직원들에게도 적용된다.

보상을 통한 사직유도의 시행

윈도우 플랜　　종종 사직유도에 대한 공지는 갑작스럽게 이뤄지고, 직원들에게는 제안을 받아들이는 데 매우 짧은 시간만이 주어진다. 이러한 계획은 윈도우 플랜이라고 불리기도 한다.

회사가 실시하고자 하는 사직유도는 임금과 생산성 사이의 차이에 달려있다는 것을 기억해야 한다. 어떤 사람의 생산성이 낮다면 회사는 그를 회사에서 내보내고 싶고, 이는 사직유도 제안을 하게 한다. 만약에 사직유도가 예측 가능한 것이라면 직원은 생산성을 더 감소시키게 될 것이다. 짧은 도화선은 직원이 중요한 시기에 전략적으로 생산성을 낮추는 것을 방지한다. 또한 이것은 직원들이 조사할 수 있는 시간을 줄임으로써 다른 곳에서 적절한 직업을 찾을 수 있는 기회를 줄인다.

일시해고의 위협　　사직유도를 받아들이는 비율을 높이는 또 다른 방법은 받아들이지 않는 사람들에게 해고의 위협을 조금 가하는 것이다. 가령, 회사에서 사직유도를 받아들이지 않은 사람들의 50%를 무작위로 해고한다는 공지를 냈다고 가정해 보자. 만약 당신이 이러한 제안을 받았다면 어떻게 하겠는가? 아마도 사직유도를 받아들일 가능성이 더 높아질 것이다.

다음과 같이 생각해 보자. 만약에 일자리를 잃은 직원이 새로 얻게 되는 직장에서 현재보다는 적지만 약 10,000달러 정도 받게 될 것을 예측한다고 가정해 보자. 이것은 그가 수용하는 사직유도의 최소 금액이 될 것이다. 그러나 만약 회사가 사직유도를 거부한 사람들의 절반을 해고시킨다는 위협을 했다면 그는 **사직유도 없이 10,000달러를 잃을 가능성이 50%**가 된다. 이렇게 된다면 그는 5,000달러만으로도 사직유도를 받아들일 가능성이 크다(만약 그가 위험을 싫어하는 사람이라면 그보다 조금 들 수도 있다). 부록은 이러한 결과를 공식적으로 입증한다.

물론, 회사가 이러한 전략을 구사하는 것은 비용이 든다. 우리는 이미 이러한 비용에 대해 논의해 왔다. 회사는 사직유도 윈도우(buyout window)가 끝나면 몇몇 해고를 실행하는 데 드는 비용 대신에 적은 사직유도로부터 얻는 이익의 균형을 맞출 필요가 있다. 그러나 사직유도를 거부한 사람들에 대한 해고의 위협은 회사에는 두 가지의 이익이 있다. 직원들이 제안된 사직유도

시 제안된 금액을 받아들일 가능성은 높이고, 직원을 그만두고 싶게 만들기 위해 요구되는 사직
유도는 감소한다.

다운사이징의 속도와 정도　　빠르고 갑작스럽게 이뤄지는 일시해고의 추가적인 이익은 구조적인
트라우마를 줄인다는 것이다. 다운사이징은 매우 감정적이다. 또한 이것이 진행되는 동안 조직
은 전혀 능력이 없는 직원들을 찾는 경향이 있는데 직원들은 매우 자연스럽게 누가 언제 해고될
것인지에 대해 초점을 맞추고 있기 때문에 일반적인 업무를 수행하는 것을 매우 산만하게 만들
수 있다. 그러므로 이러한 일들은 매우 빨리, 예측하지 못한 상태로 진행되어야 한다.

　비슷한 이유로 회사는 처음에 생각했던 것보다 더 많은 해고를 고려해야 한다. 만약에 이것이
이뤄진다면 이내 이러한 일을 다시 하는 작업이 최소화될 것이다(다운사이징한 회사들은 해고
가 끝나기 전에 여러 번 해고의 물결을 겪는다). 추가적인 이익은 근본적인 재조정이 필요했던
조직 전체를 깨끗이 하는 것을 가능하게 한다는 것이다. 왜냐하면 직원을 해고하는 데 드는 비
용은 일시해고를 수행하는 맥락 속에서 낮아지는 경향이 있기 때문이다.

퇴직연금　　희망퇴직이 가까워진 직원들에게 주는 최소한의 사직유도 대가는 상대적으로 적
은 편이나 규정상 56세 이상 64세 이하의 사직유도는 법적 어려움이 있다. 한편 퇴직연금은 법
적인 조항에 어긋나지는 않지만 이와 유사한 효과를 낸다. **퇴직연금**은 직원이 일반적인 은퇴 날
짜까지 회사에서 근무를 지속한 것처럼 계산하여 연금의 목적으로 직원에게 선임권신용제를 주
는 것이다. 예를 들어, 일반적인 은퇴 연령은 65세인데, 직원이 18년 동안 근무하고 55세에 퇴
직한다면 그는 28년 동안 근무한 것으로 다루어진다. 퇴직연금은 나이에 따라 감소하므로 사실
상 나이가 많은 직원은 부하직원들에 비해 적은 사직권고 배당금을 받게 된다.

직업소개 서비스　　회사들은 종종 일시해고나 사직유도 대상 직원들을 위해 직업소개 서비스를
실시한다. 이것이 합리적인가? 혹은 그저 일시적인 해고에 대한 고용주들의 죄책감을 반영한
것인가? 아니면 공중관계를 진전시키기 위한 시도인가?

　이것은 공중관계에도 좋을 뿐만 아니라 비용을 절약하는 일이기도 하다. 이러한 배려를 증진
시킴으로써 직원들은 적은 사직유도 비용으로 외부의 일을 찾아볼 수 있다. 회사가 직원들이 새
로운 직업을 찾는 것을 돕는 정도에 따라 직원들의 대안은 더 좋아지고 회사는 사직유도 비용을
더 적게 들일 수 있을 것이다.

　만약 회사가 이러한 서비스를 제공한다면 (또는 외부의 에이전시와 계약한다면) 서비스는 직
원들이 스스로 정보를 알아볼 때보다 더 저렴하게 서비스를 받을 수 있도록 제공되어야 한다.
만약 그렇지 않으면 회사는 직원들이 외부에서 서비스를 이용할 때 바우처 시스템 등을 통해 싸
고 편하게 사용할 수 있도록 해야 한다. 회사가 다운사이징 등으로 혼란스러운 경우는 더더욱

회사 스스로 제대로 수행하지 못할 것이므로 대부분의 경우에서 이것은 최적의 루트이다. 에이전시 배치는 재배치된 직원들만으로 한정한다.

●●● 요약

모든 회사에서 겪고 있는 내부 노동시장의 움직임에서 가장 적합한 일을 찾기 위해 옮기고자 하는 직원들의 욕망과 직원들의 충성심을 세우고자 하는 회사의 욕망 사이의 기본적인 긴장에 대해 다루고 있다. 옮기는 것은 전반적인 노동시장의 질을 향상시킨다. 충성심은 의욕을 고취하고, 이직비용을 줄이고, 기업 특수적 숙련투자를 장려한다. 건강한 회사는 두 목적의 일부를 달성하기 위해 이들 두 가지 욕망의 균형을 잡아야 한다. 적절한 균형은 회사마다 다르고 이들 요소 각각의 상대적 중요성에 의존한다.

이 장에서 우리는 제1~3장에서 발전시킨 도구들을 사용하여 이러한 트레이드오프를 분석하였다. 신규채용과 이직이 밀접하게 연관되어 있음을 보았다. 최적의 이직에 대한 이해와 이를 고취하는 방법은 몇 가지 경제학적 개념의 활용이 요구된다.

이직은 많은 이점들을 가진다. 이것은 조직으로 하여금 자신의 재능을 지속적으로 향상하도록 한다. 수준을 증가시킬 뿐만 아니라 기업의 숙련이 하락하는 것을 막아 준다. 기술적인 진보로 변화하는 환경에서 이것은 상당히 중요할 수 있다. 이직은 또한 기업이 내부로 과하게 집중하는 함정에 빠지지 않도록 해준다. 기업은 자신이 하는 일에 매우 능숙하지만 산업이 어떻게 변화하는지 의식하지 못하고, 따라서 적응하는 것이 어렵다는 것을 알게 된다. 다양한 외부 경험을 가진 직원들은 이러한 것이 덜 발생하도록 유도해 준다. 이직의 마지막 이점은 회사로 하여금 발전하고 자신의 가장 우수한 직원들을 자극함으로써 승진 기회를 만든다.

이직은 또한 많은 비용이 든다. 기업에게는 신규채용 비용, 그리고 근로자에게는 일자리 탐색 비용이 무의미하다. 좀 덜 무의미한 것은 기업과 근로자 모두 이들이 했던 특수적 숙련투자의 가치를 상실하는 것이다. 더 미묘한 효과는 이직이 높을 경우, 기업과 근로자 모두 처음부터 그러한 투자를 기꺼이 하지 않는다.

이 장은 이 책의 제1부를 마무리한다. 신규채용, 투자 그리고 이직이라는 직원 경력 파이프라인을 분석한 후에 우리는 이제 기업이 직원과 함께 무엇을 하는지 고려한다. 제2부에서 일자리 및 조직 설계에 관한 이슈로 회귀한다.

●●● 연습문제

1. 구글은 최근에 주식공개상장(IPO)을 하였다. 이것과 직원 스톡옵션의 광범위한 활용으로 인하여 많은 구글 직원들은 이제 백만장자이다. 당신은 이 회사에 대해 어떠한 보유 문제를 예

견하는가? 만약 있다면 구글은 무엇을 하는가?

2. 당신과 학교 친구는 함께 컨설팅 기업을 시작하고 있다. 당신은 이 기업을 공동투자로 하고 자 한다. 항상 일이 의도하는 대로 되지 않음을 깨달았을 때 당신은 장래의 갈등으로부터 자신과 당신의 친구들을 보호하기 위해 어떻게 공동투자 합의를 구성할 수 있는가? 이것은 당신 각자가 새로운 기업에서 업무를 수행하는 방식에 어떻게 영향을 줄 것인가?

3. 당신이 일자리 제안을 받는다면 당신의 고용주에게 항상 이야기하는가?

4. 당신은 Frank Quattrone과 그의 팀이 주요 경쟁기업으로 이직하던 당시에 모건 스탠리의 CEO이다. 이것이 위협인가? 당신은 어떻게 구별할 수 있는가? 당신은 어떻게 대응하겠는가? 일단 그 위협이 지나갔다면 당신은 미래에 그러한 사건을 피하기 위해 무엇을 하겠는가?

5. 당신은 잠재적인 새로운 고용주와 협상하고 있다. 한 가지 이슈는 그 기업이 야간 MBA 프로그램에 당신의 등록비를 지급할 것인지 여부이다. 당신의 고용주를 설득하기 위하여 어떠한 주장을 할 것인가? 당신이 고용주라면 어떠한 반론을 할 것인가?

6. 어떠한 유형의 숙련이 재직훈련으로 가장 효과적인가? 어떠한 유형이 교실에서 가장 잘 학습되겠는가?

참고문헌

Gibbons, Robert & Lawrence Katz (1991). "Layoffs and Lemons." *Journal of Labor Economics* 8: 351–380.

Himelstein, Linda, Steve Hamm & Peter Burrows (2003). "Inside Frank Quattrone's Money Machine." *Business Week*, October 13.

Wolverton, Troy (2001). "Amazon Gives Cut Workers More Time to Sign." *Cnet News*, February 21.

심화문헌

Barron, John, Mark Berger, & Dan Black (2006). "Selective Counteroffers." *Journal of Labor Economics* 24(3): 385–409.

Lazear, Edward (1986). "Raids and Offer Matching." *Research in Labor Economics* 8: 141–165.

Lazear, Edward & Richard Freeman (1997). "Relational Investing: The Worker's Perspective." In *Meaningful Relationships: Institutional Investors, Relational Investing and the Future of Corporate Governance*, Ronald Gilson, John Coffee and Louis Lowenstein, eds. New York: Oxford University Press.

Pfann, Gerard & Ben Kriechel (2003). "Heterogeneity Among Displaced Workers." *Royal Economic Society Annual Conference*, 164.

Wilson, Robert (1969). "Competitive Bidding with Disparate Information." *Management Science* 15: 446–518.

 부록

여기서 우리는 기업이 사직유도 제안을 수락하지 않는 근로자들을 p 비율만큼 해고를 위협하는 경우 기업이 더 낮은 계약 해제 지급금을 제안할 수 있음을 증명한다.

상기하면, (사직유도를 거절하고) 남아 있는 근로자에게 이익은 다음과 같다.

$$PV(W) - PV(A) > 0$$

이 식은 양수이거나 스스로 그만둘 것이다. 이제 근로자의 결정을 고려한다(위험 중립성을 가정한다). 사직유도를 수락하는 경우 B와 대안 가치 $PV(A)$를 받는다. 사직유도를 거절하는 경우 $1 - p$의 확률로 고용을 유지하고 $PV(W)$ 소득을 얻는다. 그러나 P의 확률로 해고되고 $PV(A)$ 소득을 얻는다. 따라서 다음과 같은 경우 사직유도를 수락할 것이다.

$$B + PV(A) \geq (1 - p)PV(W) + p \times PV(A)$$

따라서 수락하는 최소 사직유도는 다음과 같다.

$$B^* = (1 - p)[PV(W) - PV(A)]$$

이 식은 $p = 0$일 때 최대이고, $dB^*/dp < 0$이다. 근로자에게 가해지는 해고의 위협이 커질수록 주어진 사직유도 제안을 수락할 가능성은 증가한다. 그리고 기꺼이 수락하게 되는 사직유도의 양은 감소한다.

제 2 부

조직 및 직무 설계

제 1부에서 우리는 기업을 하나의 파이프라인처럼 설명했다. 즉, 기술을 지닌 직원들이 채용되어 그 기술이 강화되고 결국에는 기업을 떠나게 되는 전 과정에 대해 다루었다. 이러한 관점은 기업의 인사시스템을 분석하는 데 매우 유용하지만, 실제 기업이 직원을 고용하였을 경우에 어떤 일이 벌어지는지에 대해서는 잘 설명하지 못한다. 따라서 이번에는 직무 설계에 관한 주제를 다루고자 한다. 이를 위해 우리는 비슷한 원리를 적용하여 전체 조직 설계에 대해서도 분석했다. 제5장과 제6장에서는 조직 구조와 의사결정에 대해 논의하고 있으며, 제7장과 제8장에서는 직원 개인의 직무에 대해 논의한다.

제5장에서는 기존의 논의에서 한 발 물러서서 효과적인 경제를 설계하기 위한 중요한 원리들에 대해 고찰해 볼 것이다. 잘 설계된 경제에서 발생하는 중요한 문제들과 이들 사이의 트레이드오프 관계를 이해함으로써, 기업과 사업 그리고 개인의 직업과 같은 작은 경제단위를 설계하는 데 사용할 수 있는 중요한 아이디어들을 개발할 것이다. 즉, 기업 내부의 조직모델을 외부 시장경제에 빗대어 개발하고 적용할 것이다.

시장에 관한 논의는 여러 가지 중요한 아이디어를 제공한다. 먼저, 시장은 강력한 정보처리 구조이다. 시장은 다른 방법으로는 달성하기 어려운 집단지성을 제공한다. 두 번째로 시장은 (항상 완벽하게 작동하지는 않지만) 서로 다른 경제 주체들 간의 조정과 조화를 이끌어 낸다. 우리는 종종 기업이 정보를 효과적으로 활용하고자 하는 목표와 직원 간, 부서 간 조정을 필요로 하는 트레이드오프 상황에 직면하는 것을 볼 수 있다. 이러한 트레이드오프와 긴장 상태는 우리가 제5장에서 다룰 집중과 분산에 대한 논의의 기반이 될 것이다.

제6장에서는 전체 조직 구조를 분석한다. 주로 직원들 개인의 관리에 집중하고 있는 다른 장들과는 달리, 제6장에서는 보다 거시적인 관점에서 기업과 조직을 분석한다. 즉, 기업이 어떻게 부서단위로 나뉘고, 사업부서 간 활동을 조정하는지에 대해 생각해 볼 것이다.

제7장에서는 다시 미시적인 분석단위로 돌아와서 직원 개인의 직무를 어떻게 설계할지를 고려해 볼 것이다. 사실 이러한 내용에 대해 제5장에서도 함축적으로 다루기는 할 것이지만 직원의 의사결정권은 직무 설계에 있어서도 매우 중요한 요소이기 때문에 추가적인 논의가 필요하다. 따라서 제7장에서는 이러한 논의를 확장하여 어떠한 작업과 분량이 같은 직무로 포함되어야 하는지에 대해 분석할 것이다. 여기에서도 고전경제학적인 아이디어가 적용될 것이다. 또한 직무 설계가 직원의 동기부여와 성과에 어떠한 영향을 미치는지 고찰하는, 심리학의 내재적 동기

이론 또한 활용될 것이다. 그 과정에서 우리는 경제학과 심리학적인 관점이 직무 설계를 설명하는 데 있어서 서로 보완적으로 작용한다는 것을 확인할 수 있다. 이 장에서 조직심리학과 인사경제학의 상호작용이 가장 확연하게 드러날 것이다.

제8장은 제7장에서의 분석을 확장하여 직무 설계에 관한 보다 심화된 주제들에 대해 고찰해 볼 것이다. 이 장에서 중요한 주제는 팀을 조직하고 활용하는 것에 관한 것이다. 또한 우리는 고신뢰조직에 대해서도 논의해 볼 것이다. 이러한 조직은 마치 항공모함과 같이 일반적인 기업들에 비해 위험성(예 : 실패의 비용)이 매우 높아서 조직 및 직무 설계의 균형을 맞추기 매우 어렵다. 이와 같은 조직들이 어떻게 그들의 조직 설계 문제를 해결하는지를 생각해 봄으로써 회사의 문제를 해결하는 데 도움이 되는 통찰을 얻을 수 있을 것이다.

제8장의 세 번째 주제는 정보기술이 직무 설계와 구조에 미치는 영향에 관한 것이다. 제5장의 논의에서 우리는 기업 구조에 있어 정보이용의 중요성과 정보 커뮤니케이션의 비용 측면을 강조하였다. 정보기술은 기업의 의사결정 양식, 계급구조의 활용, 개별 직무 설계 등에 영향을 주어 종종 정보 커뮤니케이션 비용을 극적으로 바꾸기도 한다.

제2부에서 우리는 기업을 설계하는 관점을 개발할 것이다. 위에서 언급한 바와 같이 기업을 하나의 대규모 정보시스템으로 간주하는 관점도 있다. 이러한 기업은 단순히 지식을 처리하는 것이 아니라 지식을 생산하는 역할도 한다. 따라서 이 부분에서 다루고자 하는 주제는 기업이 특정 시점에 최적화를 이루거나 혁신 혹은 적응하기 위해 기업 전체 구조와 개별 직무를 설계하는 것이다. 기업의 이러한 역할은 이번 부의 각 장에서 확인할 수 있다.

위와 같은 내용은 제1부의 주제와 연관하여 생각해 볼 수도 있다. 기업이 지식의 생산과 활용을 중요하게 여긴다는 점에서 우리는 기업들이 왜 직원의 역량과 기량에 높은 가치를 두는지를 이해할 수 있다. 또한 어떠한 종류의 기술이 오늘날 여러 직업들에서 특히 더 큰 가치를 지니는지 이해할 수 있을 것이다. 그리고 제3장에서 논의하였듯이 최근 들어 기술이 왜 더 중요해졌는지를 이해할 수 있을 것이다.

마지막으로 시장은 가치를 창출하는 데 있어 중요한 인센티브를 제공한다. 자산을 소유하고 이를 경쟁시장에서 팔 수 있는 역량은 개인이 이들 자산을 효과적으로 활용하도록 인센티브를 준다. 이러한 점에서 다른 재화와 자산의 가격은 하나의 성과를 측정하는 지표가 될 수 있다. 시장과 마찬가지로 기업들 역시 직원들이 노력하고 효과적으로 의사결정을 하도록 동기를 부여해야 한다. 이는 우리가 제7장에서 내재적 동기부여를 논의하였던 이유이다. 동기부여의 중요성은 성과평가와 성과에 대한 보상을 다루고 있는 이 책의 제3부에서 다시 이어질 것이다.

05

의사결정

실행에 옮기는 것이 힘들다는 말을 누구도 하지 못하게 하라. 행동은 용기, 순간, 충동 등에 의해 도움을 받는다. 세상에서 가장 힘든 일은 의사결정이다.

— 프란츠 그릴파르처, 1844

서론

당신이 방금 새 회사를 설립했다고 가정해 보자. 인재를 채용하는 것과 함께 당신에게 당면한 기본적인 문제는 회사를 조직하는 방법이다. 의사결정을 배분하는 것 역시 당면한 문제의 일부이다. 많은 문제에 대해 의사결정이 요구된다. 누가 무엇을 결정해야 할 것인가? 조직의 리더로서 일관성과 통제의 목적상 당신 자신이 대부분의 의사결정을 해야만 하는가? 아니면 그런 상황이 당신을 압도하는지?

당신은 아마도 경영 관련 보도를 통해 직원에게 권한을 부여하는 최근 추세를 들었을 것이다. 당신도 똑같이 해야만 하는가? 의사결정을 하향에서 하게 하는 경우 어떤 문제가 발생하게 되는가? 직원에게 권한을 부여한다는 것은 정확하게 무슨 의미인지?

보다 근본적으로 의사결정을 한다는 것은 무슨 의미인지? 의사결정에 대한 다른 접근법은 없는지? 어떠한 구조가 올바른 판단 또는 그릇된 판단에 이를 가능성이 큰지? 어느 것이 창의성과 혁신을 저해하는지? 이 장에서는 이러한 문제들을 분석할 것이다.

●●● 경제 조직

이러한 주제들의 분석에 앞서 가장 큰 조직, 즉 경제 자체의 설계에 대해 간략하게 살펴보자. 최적의 경제 조직은 20세기의 가장 큰 이슈 중의 하나였다. 한편에는 대체로 정부에 의해 운영되었던 집중화된 경제(centralized economy)를 옹호하는 사람들이 있었고, 다른 한편에는 정부의 역할이 훨씬 적은 분권화된 경제(decentralized economy)를 지지하는 사람들이 있었다. 이러한 논쟁에서 제기되었던 개념들은 제5장에서 제8장까지 다루어질 주제들을 생각하는 데 유용하다. 20세기 말에 이르러서 보다 분권화되고 시장지향적인 경제가 훨씬 더 효율적이라는 것이 분명해졌다. 이들은 경제성장, 일자리 그리고 전체 번영을 가져오는 데 있어 좀 더 나았으며, 또한 집중화되고 계획된 경제보다 훨씬 더 창의적이고 적응력도 높았다. 왜 그랬을까?

이러한 질문에 답하기 위한 훌륭한 시발점은 경제학의 역사상 가장 유명한 어구들 중에 하나가 된, 분권화된 경제를 비유하는 애덤 스미스의 **보이지 않는 손**이다.

> 오로지 자기 자신의 이익만을 추구하며, 그리고… 보이지 않는 손에 이끌려 자신이 의도하지 않았던 결과를 촉진하고… 자기 자신의 이익을 추구함으로써 사회의 이익을 촉진하려고 실제로 계획했을 때보다 더 사회의 이익을 효과적으로 증진한다.
>
> — 애덤 스미스, 국부론(1776)

개별 주체들은 자신의 이익을 위해 행동한다는 사실에도 불구하고, 스미스는 경제의 작동에 있어 정부의 주요한 역할이 없이도 경제적 가치를 창출하는 시장경제의 놀라운 힘에 대해 언급했다. 분권화된 경제는 효율적이고 **스스로 조직하는** 체계(self-organizing system)이다. 다시 말해서 분권화된 경제는 대체로 자발적으로 생성되고 발전하며, 시장을 지휘하는 중앙의 계획자가 없더라도 균형 가격과 수량에 스스로 도달한다.

시카고대학교 부근에 있는 평범한 동네의 작은 식료잡화점의 사례를 고려해 보자. 이 가게 선반에 있는 제품들은 전 세계로부터 온 것이다. 이 가게는 콜롬비아, 케냐 등의 국가에서 수입한 열두 가지 종류의 원두커피를 팔고 있으며 스리랑카, 중국, 일본에서 들여온 차도 팔고 있다. 이 작은 동네 가게에서 노르망디산 버터, 노르웨이산 훈제연어, 이탈리아산 프로슈토햄을 살 수 있다. 여기서 파는 우유는 위스콘신 산이고, 빵은 캔자스나 캐나다의 앨버타 주에서 길러진 밀로 만든 것이다. 이 가게에서는 근교의 농장에서 재배된 야채와 캘리포니아, 멕시코, 남아프리카에서 재배된 과일, 바르셀로나의 소규모 제조업자가 만든 초콜릿 바 등도 구입할 수 있다.

여하튼 간에 재화는 지구의 여러 곳에서 생산되고 다른 재화의 생산에 중간재로 사용되며 시카고로 운송되어 가게의 선반에 놓인다. 가게의 재화는 주기적으로 공급되어 재고가 바닥나는 일이 거의 없고 상당히 신선하다. 이러한 복잡한 과정을 아무도 지휘하지 않는 상황에서 이것은 놀라운 결과이다. 당신이 한 기업의 내부조직을 설계한다면 논리적인 접근법은 아마도 찾을 수 있는 가장 우수한 사람들을 고용하여 그들로 하여금 당신의 조직을 설계하고 운영하게 하는 것일 수 있다. 또한 이기적인 개별 의사결정자들로 구성된 혼잡하고 통제되지 않는 시장보다도 숙련된 중앙의 계획자가 효율적으로 자원을 배분하고 경제를 운영할 수도 있다. 그러나 그 반대가 사실인 경향이 있다. 왜 그럴까?

정보체계로서 시장

프리드리히 폰 하이에크(Friedrich von Hayek)는 애덤 스미스의 보이지 않는 손 주장에 대해 보다 자세히 설명하며 해답을 제시하였다.[1] 그의 주된 논점은 시장이 집단적 지성(collective intelligence)의 형태이고 중앙의 계획자에 의해 복제될 수 없는 강력한 정보시스템이라는 것이다.

> 상이한 의식 속에 존재하는 단편적인 지식들이 의도적으로 이들을 한 곳에 모을 수 있다면 개개인은 가질 수 없는 지향 의식(directing mind)의 각 부분에 대해 알아야 얻을 수 있는 결과들을 어떻게 가져오는가?
>
> – 폰 하이에크(1945)

하이에크의 주장을 이해하기 위해 당신이 경제를 운영하는 중앙의 계획자라고 상상해 보자. 당신의 많은 업무들 중 하나는 자원을 배분하여 커피를 생산하고 생산된 커피를 다양한 소비자에게 배분하는 것이다. 이러한 자원배분을 효율적으로 수행하려면 어떠한 정보가 필요할까?[2]

첫 번째로 당신은 각각 다른 시민들이 커피에 부여하는 가치를 알아야 한다. 이들이 차보다 커피를 얼마나 더 선호하는지? 혹은 오렌지 주스보다 선호하는지? 양질의 커피를 얻기 위해서 그들이 포기할 수 있는 다른 자원은 어느 정도인가? 다양한 일터에서는 어느 정도의 커피를 가지고 싶어 하는지? 호텔과 레스토랑에서는?

두 번째로 당신은 커피를 어떻게 재배하는지를 알아야 한다. 당신은 비료, 날씨와 토양 등과 관련된 농업기술에 대한 지식이 필요하다. 마찬가지로 중앙의 계획자로서 다른 산업에 대해서도 같은 정보를 가져야 하는데, 커피를 생산하는 데 투입된 자원이 어떤 용도로 쓰일 수 있는지에 대해서도 알아야 하기 때문이다. 커피를 생산하기 위해서는 토지, 물, 노동력, 비료, 물적인 유통체제 등이 필요하다. 이러한 자원들은 모두 다른 재화를 생산하는 데 투입될 수 있어 이 자원들을 커피생산에 사용할 때는 다른 쪽에 투입되지 못한다는 희생을 감수해야만 한다. 경제학 용어로 당신은 커피를 생산하는 데 사용된 자원의 기회비용에 대해 알아야 한다.

이러한 정보들은 경험과 기술적인 전문성을 요구하지만 대개 예측 가능하고 규칙적이며 예상

---

1) 1974년 폰 하이에크는 이러한 주제에 대한 저서로 노벨상을 수상하였다. 1973년 레온티예프도 이와 같이 노벨상을 받았다.

2) 경제분석가의 용어로 말하면 당신은 커피 그리고 모든 다른 재화 및 서비스에 대해서도 마찬가지로 수요곡선과 생산함수를 알 필요가 있다.

할 수 있는 것들이다. 당신이 알아야 하는 세 번째 종류의 정보는 불규칙적이고 예상이 가능하지 않은 것들이다. 예를 들면, 커피 산업을 효과적으로 운영하기 위해서는 커피 열매를 심는 적절한 시점을 알아야 하고 언제 물을 주고 언제 수확해야 하는지에 대해서도 알아야 한다. 이러한 정보는 지역적이며 특이하게 나타난다. 그 특성상 이러한 지식들을 모두 중앙의 계획자에게 전달하는 것은 매우 어려울 것이다. 하이에크를 다시 인용하면,

> 만약 우리가 사회의 경제적인 문제들이 주로 시간과 장소의 특정한 환경변화에 대한 신속한 대응의 하나라는 데 동의할 수 있다면…… 결정은 이러한 상황들을 잘 인지하고 있는 사람들에게 맡겨져야 한다. 이들은 관련된 변화를 직접 알고 있고 이러한 변화에 즉각 대응할 자원들을 가지고 있다. 우리는 각자가 중앙위원회에 우선적으로 이 모든 지식을 알리고, 그 후 중앙위원회가 정보를 통합하고 명령을 내려서 이 문제가 해결될 수 있다고 기대할 수 없을 것이다. 우리는 이 문제를 다른 형태의 분권화로 해결해야만 한다.

하이에크는 '시간과 장소의 특수한 상황'에 대한 정보를 활용하기 위해서 분권화가 중요함을 강조한다. 분권화된 시장은 커피농가 개개인으로 하여금 일상적인 일을 하면서 얻은 개별적인 지식을 활용하여 의사결정을 하게 함으로써 그들의 활동을 최적화하도록 한다. 이러한 정보를 모두 중앙의 계획자에게 제공한다는 것은 실질적으로 불가능하며, 이것이 계획자의 의사결정이 덜 효과적인 이유이다.

동시에 시장은 위에서 설명된 보다 체계적인 종류의 지식을 활용한다. 농부는 커피의 시장가격에 근거하여 결정을 내린다는 점에서 커피가 소비자에게 어떤 가치가 있는지를 감안한다. 또한 노동력, 토지 그리고 다른 생산요소의 시장가격에 근거하여 생산요소를 사용한다는 점에서 농부는 이들 요소가 다른 곳에 쓰일 때의 가치도 감안하는 것이다. 농부는 생산요소들이 어떻게 다르게 쓰일 수 있는지에 대해 알 필요가 없다. 또한 그는 생산한 커피가 시카고에서 소비될 것인지 누구에 의해 소비될 것인지에 대해서도 알 필요가 없다. 그는 생산요소의 가격과 제품의 가격만 알면 된다. 농부가 이들 가격을 의사결정에 사용할 때 암묵적으로 다른 모든 정보들을 반영하는 것이다. 다른 정보는 가질 필요도 없고 가격에 대한 정보만을 가지면 된다.

다시 말하면 가격은 산업 간의 자원배분, 더 나아가서 국가 간의 자원배분을 조화시키는 데 필요한 충분한 정보를 제공하는데, 중앙계획체제하에서 이러한 조화를 이루려면 훨씬 세세한 관련정보가 필요할 것이다. 가격은 경제학적 정보시스템이다.

유인체계로서 시장

시장은 흩어진 지식을 효과적으로 사용하는 것 이외에 또 다른 강력한 편익을 제공한다. 농부의 경우를 다시 한 번 고려해 보자. 그는 농장을 소유하고 있기 때문에 농장이 수익을 내도록 운영할 유인이 있다. 중앙에 의해 계획되는 경제의 경우 그는 관료와 같아 자산을 효율적으로 사용

할 큰 유인이 없을 것이다.

게다가 시장경제가 제공하는 유인은 자원과 결합할 때 가장 가치가 높은 숙련 또는 정보를 소유한 사람에게 자원이 배분됨을 함축한다. 만약 농부가 커피를 잘 재배하지 못한다고 가정해 보자. 분권화된 경제하에서 그는 세 가지 선택을 할 수 있다. 커피재배 기술을 익히는 것, 다른 사람을 고용하거나 땅을 임대하는 것, 땅을 파는 것이다. 만약에 다른 사람을 고용한다면 그는 자산을 효율적으로 활용할 수 있는 사람을 고용할 유인이 있을 것이다. 땅을 임대하거나 판다고 가정해 보자. 누가 가장 높은 가격을 지불할까? 그 땅을 이용하여 가장 많은 이익을 낼 수 있는 기술 또는 정보를 가진 사람일 것이다.

시장과 혁신

시장경제체제의 중요한 편익은 그것이 혁신과 적응의 훌륭한 원천이라는 점이다. 이것은 앞에서 서술한 두 가지 일반원칙으로부터 비롯된다. 유인은 자산 소유자가 문제와 기회에 대해 빠르고 효과적으로 대응하도록 동기부여가 됨을 의미한다. 이것이 또한 의미하는 것은 그들이 이익이 될 만한 곳에 투자를 하고 새로운 상품과 서비스를 창출하려는 유인을 가진다는 것이다.

분권화 또한 대부분의 경우에 혁신과 적응에 도움이 된다. 사회전반에 걸쳐 흩어져 있는 모든 개인의 창의성과 아이디어를 경제가 활용할 수 있게 해준다. 좀 더 중앙에서 계획하는 구조의 경우 중앙의 계획자와 떨어져 있는 사람들의 아이디어는 고려되지 못한다. 마찬가지로 지역 환경에 유연하게 대응할 수 있는 능력은 시장경제가 새로운 상황에 효율적이고 신속하게 대응할 수 있도록 해준다.

중앙 계획의 편익

시장이 완전한 효율성을 가져오지 못하는 경우도 있다. 한 사례는 규모의 경제에 의해 촉발되는 자연독점이다. 기업이 커질 때 평균적인 총비용 또는 생산물 단위당 비용이 줄어드는 경우 기업은 규모의 경제가 존재한다고 한다. 만약에 어떤 재화의 생산에 있어 상당한 생산량까지 규모의 경제가 적용된다면 큰 기업은 작은 기업보다 단위당 생산비용이 낮아진다. 그 결과 작은 기업이 퇴출된다. 이러한 상황은 한 산업에서 독점 혹은 준-독점 상황으로 귀착한다. 규모의 경제는 보통 높은 고정비용에 의해 유발된다. 고정비용은 기업이 사업을 하는 데 수반되는 비용이지만 생산량의 수준과는 관계없는 비용으로 정의된다. 고정비용이 높을 경우 작은 기업이나 큰 기업 모두에게 이 비용이 수반되지만, 큰 기업의 경우는 보다 많은 생산량에 의해 이 비용이 분할될 수 있으므로 작은 기업에 비해 유리하다. 독점은 기업의 비효율적인 독점력을 줄이기 위해 정부에 의해 규제되는 것이 보통이다.

어떤 경우에는 정부가 직접 재화를 공급하는 경우가 있다. 이것은 보통 공공재의 문제에서 비롯된다. 공공재는 비용을 상쇄할 만큼의 가격을 매길 수 없어 이윤을 추구하는 어느 기업도 생산하지 않는 재화이다. 이러한 현상이 나타나는 한 가지 이유는 어떤 재화에 대해서 소비가 배타적으로 이루어질 수 없기 때문이다. 라디오의 예를 들어 보자. 라디오의 전파는 수신기를 가지고 있는 그 누구에게도 잡힐 수 있다. 이러한 이유로 라디오 방송국은 그들의 프로그램을 듣는 청취자들에게 요금을 청구할 수 없는 것이다. 만약에 라디오 방송국이 광고주들로부터 수입을 얻지 못한다면, 민간 라디오 방송국은 존재하지 않을 것이고 그 경우 정부가 라디오 방송 서비스를 제공해야 할 것이다.

시장 비효율성의 또 다른 원인은 긍정적 혹은 부정적인 외부성이다. 외부성은 구매자와 판매자의 계약이 계약당사자가 아닌 제3자에게 비용이나 편익을 수반할 때 발생한다. 부정적 외부성의 고전적인 예는 공해이다. 강철의 판매자와 구매자들은 그들이 만들어내는 공해에 대해 청구되지 않기 때문에 시장경제는 과잉공해에 시달리게 된다. 정부는 공해에 대해서 한계를 정하거나 강철에 과세하는 등의 정책을 통해 상황을 호전시킬 수 있다.

긍정적 외부성의 예는 기술 일출효과(spillover)이다. 많은 경우에 기업들은 다른 기업의 아이디어를 공짜로 모방할 수 있는데 이는 특허와 저작권의 보호가 완벽하지 않기 때문이다. 예를 들어, 특정 제약회사가 자신이 수행한 연구의 편익이 경쟁자에 의해 복제될 수 있다고 믿는다면 R&D 투자에 대한 유인이 줄어들 것이다. 이 경우 시장경제는 혁신에 과소투자할 수 있고, 정부는 R&D 투자에 대한 보조금을 지불함으로써 효율을 증진시킬 수 있다.

관련된 문제는 표준이 중요한 경우에도 발생할 수 있다. 표준은 같은 제품을 사용하는 다수의 소비자들을 확보하는 것이 가치를 가질 때 중요해진다. 이러한 현상을 긍정적 네트워크 외부성이라고 부른다. 좋은 예는 팩스의 전송방식이다. 만약에 팩스가 각기 다른 전송방식을 사용한다면 서로 팩스를 송수신할 수 있다는 것이 보장되지 않아 팩스의 가치가 떨어질 것이다. 분권화된 경제는 종종 기업 간 단일표준을 설정하기 위해 경쟁하게 만든다. 이러한 경쟁이 잘 진행되는 경우도 있으나 유럽과 미국의 휴대폰 표준의 상이성에서 볼 수 있듯이 항상 그렇지는 않다. 중앙의 계획자는 모두를 위한 단일표준을 선정하여 이런 소모적인 경쟁을 줄일 수 있다.

마지막 예는 물론 그렇게 단순한 문제는 아니다. 표준을 설정하기 위한 경쟁은 혁신을 증진시키고 선택 가능성을 넓히며 기술수준을 향상시킬 수도 있다. 이러한 현상은 정부가 표준을 정하는 경우에는 나타나지 않는다. 따라서 중앙정부에 의해 표준이 세워질 경우와 분권화된 기업간의 경쟁에 의해 표준이 결정되는 경우 간에 트레이드오프가 존재한다. 그러나 표준의 설정에 있어 기업 간의 경쟁이 과열될 수 있는 것은 사실이며 이 경우 정부가 이를 조정하는 역할을 수행할 수 있을 것이다.

조직 설계에 대한 시장의 상징성

기업의 조직은 시장과 동일한 중요한 기능을 제공해야 한다. 첫째, 시장은 경제 전체에 분산되어 있는 지식을 활용한다. 가격에는 상당한 정보가 함의되어 있고, 따라서 체제 내에서 적은 비용으로 전달된다. 두 번째로 지식 전달에 비용이 많이 드는 경우에 시장은 인재와 의사결정을 지식이 있는 장소로 효과적으로 이동시킨다. 세 번째로 분권화된 의사결정구조를 지녔음에도 불구하고 가격체계를 통해 조정이 이루어진다. 네 번째로 시장은 효과적인 의사결정, 투자, 창의력에 대해 강력한 유인을 제공한다.

이들은 우리가 다음 8개의 장에서 다룰 개념들이다. 제5장부터 제8장까지의 주요한 질문은 어떻게 조직이 지식을 개발하고 사용할 수 있는가에 관한 것이다. 우리는 소통을 하는 데 저비용 지식과 고비용 지식을 구별한다. 여기서 착안점은 국소적인 지식을 활용하기 위한 분권화이다. 그러나 우리는 경우에 따라 집중화로 귀착하는, 유인이나 다른 메커니즘을 통한 조정의 중요성도 인식하고 있다. 마지막으로 유인체계는 기업이 경제 내에서 소유권의 역할에 접근하는 방식이라 할 수 있다.

따라서 우리의 임무는 기업이 다음과 같은 것들을 할 수 있도록 조직 설계 모형을 개발하는 것이다.

- 중앙과 지역의 지식 모두를 효과적으로 사용한다.
- 필요에 따라 결정들을 조정한다.
- 적절하고 조화로운 결정을 내릴 강력한 유인을 제공한다.
- 혁신하고 적응한다.

HP의 집단지성과 의사결정

시장이 집단지성으로서 역할을 하는 방식들 중 하나는 예측과 위험평가이다. 보험 및 보안 시장은 개인 정보와 개개인이 가지고 있는 위험에 대한 평가에 기초하여 위험에 가격을 부여하는 데 매우 효과적이다. 예를 들어, 어떤 기업의 미래 현금흐름에 대한 현재가치할인은 이 기업의 주식 가격에 요약된다. 주식 가격은 수많은 개별 투자자와 펀드 매니저에 의해 결정되고 기업의 전망에 대한 이들의 지식과 평가를 통합한다.

유사한 사례가 도박 산업에서 발생한다. 예를 들어, 어떤 스포츠 경기에서 한 팀이 우승할 균형 확률은 많은 사람들이 제시한 내기의 결과이고 실제로 그 위험에 대한 가격이 된다.

이들 두 예시에서 시장은 위험평가에 능숙하다. 왜냐하면 가격은 알려진 개인들의 분산된 지식을 통합하고 요약할 뿐만 아니라 투자자와 도박사들은 지능적인 내기를 하고자 하는 유인을 가지기 때문이다.

일부 기업들은 이러한 집단지성 효과를 자신의 조직 내부에 복제하고자 시도한다. HP는 월간 매출 예측을 향상하고자 경제분석가 찰스 플롯을 고용하여 직원들을 위한 계약시스템을 구축하였다. 관련 지식을 가진 일부 직원들에게 소규모 예산(약 50달러)의 계약계좌가 주어졌다. 이들은 자신의 예산을 사용하여 그 달의 컴퓨터 매출─실제는 구매 또는 판매 향후 계약─에 대해 내기하였다. HP는 시장 예측이(직원들 간 계약에서 유추한 가장 유력한 결과가) 그 당시 마케팅 직원 75%가 제시했던 예측보다 우세하다는 것을 알게 되었다. 회사는 이 시스템을 예측에 통합하였으며, 지금은 다른 응용 프로그램들과 함께 실험하고 있다.

출처 : Kiviat(2005)

우리의 첫 번째 단계는 의사결정이 집중화되어야 할지 혹은 분권화되어야 할지를 고려하는 것이다. 기본적인 관점은 단순하다. 최고경영층에 전달되기 어려운 하층의 지식이 가치가 있을수록 우리는 분권화를 기대할 수 있다. 그것이 하이에크가 '시간과 장소의 특별한 상황'에 관한 지식으로 강조하였던 것이다. 반대로 조정과 통제가 중요할수록 우리는 집중화를 기대할 수 있다.

따라서 의사결정을 해야 한다고 가정해 보자. 효과적인 의사결정을 위해서는 정보가 필요하다. 기업은 정보를 의사결정자에게 옮기거나 의사결정권을 정보 보유자에게 부여해야 한다.

만약에 정보를 전달하는 비용이 높지 않다면 의사결정을 분권화할 이유가 없다. 이 경우 기업은 정보를 전달하여 위계상의 높은 수준에서 의사결정을 하면 된다. 이러한 방식은 기업이 정보를 잘 활용하도록 해주고 정합성도 높여 준다. 가장 확실한 조정 메커니즘은 최고경영진이 결정을 내리는 것이기 때문이다.

만약에 정보를 전달하는 비용이 높다면 기업은 트레이드오프에 직면하게 된다. 정보의 가치가 높을수록 분권화가 정답일 가능성이 높다. 그러나 조정의 편익이 높을수록 집중화가 정답일 수 있다.

원리상으로 기업은 유인을 사용하여 조정을 제공하고 결정을 분권화함으로써 시장을 모방할 수 있다. 그러나 기업 내의 유인체계는 항상 완벽하지 못하기 때문에 대부분의 경우 이것이 최상의 접근법은 아니다. 우리가 집중화된 결정을 고려할 때 기억할 점은, 오로지 성과에 대한 보상을 통해서는 조정이 적절하게 이루어지지 못하는 경우가 있다는 것이다. 이것이 기업을 조직함에 있어 시장개념을 도입하는 것이 완전하지 못한 주요한 이유이다. 시장의 가격지표는 기업에게 가용한 성과지표보다 우월하다.[3]

집중화 혹은 분권화 대신 기업은 중도적인 접근방식을 취할 수도 있다. 기업은 의사결정을 직장서열의 중도, 예를 들어 중간관리자에게 맡길 수 있다. 조직의 중간관리자는 기업이 활용하려는 어느 정도의 지식을 가지고 있고 또한 정보가 최고경영층까지 전달될 때보다 낮은 비용으로

---

3) 단기 및 장기 요소들을 정확히 반영하여 성과를 완벽하게 측정할 수 있다면 직원을 외주화하고 이들과 계약을 할 것이다. 모든 노동 계약을 시장에서 계약하는 것이 어렵기 때문에 기업은 부분적으로 존재한다. 앞선 장들에서 이에 대한 이유들을 보았다. 제9장에서 기타 이유들에 대해 살펴볼 것이다.

정보를 접할 수 있다. 동시에 중간관리자는 하위직원보다 조정의 문제를 고려하는 것이 보통이다. 만약 그렇다면 기업은 하위층과 고위층 사이에서 결정함으로써 하위층의 지식을 활용하는 것과 조정하는 것 간의 균형을 달성할 수도 있다.

이 장의 나머지 부분에서 우리는 조직 내에서 하나의 결정을 어디서 어떻게 해야 하는지를 분석한다. 전통적인 계층구조로 기업이 조직되었다고 가정해 보자. 완전히 집중화된 결정은 사장에 의해 내려지고, 반면 완전히 분권화된 결정은 말단실무자에 의해 내려질 것이다. 어떤 결정들은 중간관리자에 의해 내려질 수도 있다. 원칙적으로 결정을 내릴 수 있는 권리는 어떤 계층의 어떤 직원에게도 주어질 수 있다. 이 장의 대부분은 분권화에 초점을 맞출 것이다. 그러나 먼저 의사결정을 집중시킬 때의 편익을 살펴보자.

집중화의 편익

GM의 중앙집중

GM은 1920년 이래 분권화된 구조로 유명세를 이어 왔다. GM은 상대적으로 자율적인 생산부서와 지역분서로 조직되어 왔다. 최근 많은 주요 결정에 대해 더 많은 집중화를 사용하기 위해 조직을 바꾸었다.

특히 현재는 상이한 부서에 의해 제조되는 자동차들이 기본부품을 공통으로 사용하고 제품 설계에 대해 서로 협력하도록 의무화하였다. 이렇게 함으로써 중복적인 노력을 줄이고, 생산과 구매에 있어 규모의 경제를 실현하는 것이 목적이다. GM은 또한 이것이 계층 간 의사소통과 독립된 부문 간 조정에 걸리는 시간과 노력을 줄일 수 있기 때문에 개발주기를 단축시킬 것으로 기대하고 있다.

출처 : Hawkins(2004)

규모의 경제 혹은 공공재

기업의 다른 사업 단위들은 공통의 자산을 공유할 수 있다. 이것은 조직 전체에 대한 규모의 경제 혹은 공공재 효과를 의미할 수 있다. 예를 들면, 다른 부서 간에 같은 기업본부의 공간을 공유할 수 있다. 모든 부서가 설계비용이나 회계 시스템 구현비용을 분담할 수 있다. 공유되는 자산은 가치 있는 브랜드나 기업문화, 특별히 효과적인 리더십 등 무형의 것이 될 수도 있다.

개념적으로 자산은 어떤 종류의 유인체계를 통해 분권화된 의사결정과 공유될 수 있다. 예를 들면, 대부분의 기업은 회계 시스템을 통해 간접비용을 분배하려 노력한다. 그러나 각 사업부문의 특정 자산 사용에 대한 비용 혹은 자산 창출에 대한 기여가 어느 정도인지를 결정하는 것은 매우 어렵다. 공유되는 자산이 무형의 형태일 때에는 이러한 측정의 문제가 더욱 심각하다. 이 경우에는 분권화가 왜곡된 유인과 자산의 비효과적인 활용으로 연결될 수도 있다. 과소한 비용이 청구되는 부서는 자산을 과다 사용하게 될 것이고, 과다한 비용이 청구되는 부서는 반대로 자산을 과소 사용하게 될 것이다. 자산투자에 대해서 충분한 인정을 받지 못하는 자들은 적정수준보다 과소한 투자를 할 것이다.

대안은 공유자산의 창출, 분배, 관리에 대한 책무 중 일부를 집중화시키는 것이다. 예를 들어, 강력한 브랜드 명칭을 가지고 있는 기업은 연관성이 없는 제품들을 가진 기업보다 제품라인에 대한 결정을 집중화시키는 경향이 있다. 고용주로서의 평판이 높은 기업은 인적자원정책을 집중화시키는 경향이 강할 것이다.

중앙 지식의 보다 나은 사용

하이에크는 체제에 두루두루 분산되어 있는 지식의 중요성에 대해 강조하였다. 그러나 어떤 경우에는 가장 중요한 지식은 기업의 최고위층에 존재한다. 많은 지역에서 운영되고 있는 기업을 고려해 보자. 상이한 부서로부터 정보가 유입되면 중앙에서는 부서수준에서 드러나지 않았던 양태와 동향을 볼 수 있을지도 모른다. '기업 전체의 결합된 경험' 이 중요하기 때문에 큰 그림을 볼 필요가 있다는 견해에 따르면 일부 결정은 중앙에서 내려져야만 한다. 많은 경우에 전체적인 전략이 중앙에서 내려져야 할 결정에 포함된다.

유사하게 집중화는 사업부문 간 지식의 전이를 촉진시켜 지식의 활용도를 제고시킬 수 있다. 사업부문 간에 직접 소통을 하지 않는다면 또한 중앙의 경영진이 이러한 교훈을 전달하지 않는다면 서로의 경험으로부터 학습할 수 없다.

조정

무엇보다 중요한 집중화의 편익은 조정을 향상시키는 것이다. 조정의 가치가 클수록 기업은 더 많은 결정을 집중화할 것이다. 조정 문제의 사례에는 어떤 것이 있는가?

조정은 기업의 다른 사업부문에서 산출물이 어떤 방식으로든 결합되어야 하기 때문에 필요하다. 조립라인이 전형적인 예다. 거시적 수준에서 예시는 한 부서의 제품이 다른 부서의 제품생산의 부품으로 사용되는 경우이다. 물론 제품을 생산하는 데 기업 내 각기 다른 부서의 산출물이 결합되어야 하는지의 여부는 내생적으로 결정된다. 기업이 부서의 구조를 정하기 때문이다. 기업은 이러한 조정의 문제를 피할 수도 있다. 그러나 많은 경우에 조정의 문제는 발생한다.

조정의 문제는 다른 사업부서가 서로 동조할 필요가 있을 때 발생한다. 전시의 군대를 고려해 보자. 만약 보병이 포병의 폭격으로 적들의 저항을 완화시키기 전에 전장으로 진군한다면 참사가 일어날 것이다. 전쟁의 경우 부대는 특정한 순서에 따라 행동해야만 한다. 이를 위해서 언제 행동할지의 결정은 집중화되어 있다. [대안은 서로 소통하도록 하는 것인데, 우리가 소위 조정을 위한 측면 메커니즘(lateral mechanism)이라고 부르는 것이 그 예이다.]

전략적 결정도 종종 집중화된다. 정의상 전략은 대부분 혹은 전체 사업단위를 고려하게 되기 때문이다. 그러나 항상 전략적 결정이 집중화되어야 하는지는 명확하지 않다. 어떤 사업에서는 분권화가 기업의 주요 전략이다. 대학의 학과와 같이 혁신이 중요하지만 개별제품이 서로 같이 기능할 필요가 없는 경우를 말한다. 그러나 기업의 제품이 서로 호환성과 일관성을 갖출 수 있도록 전략은 집중화되어야 한다. 이것은 정부가 기술표준을 설정하는 것과 유사하다.

디즈니의 전략적 계획

2005년 초 로버트 아이거는 월트디즈니 사의 저명한 마이클 아이스너에 이어 새로운 사장으로 취임했다.

디즈니는 수많은 사업부문으로 나누어진 대형회사였다. 디즈니의 전략은 중앙본부의 전략기획실에 맡겨져 있었다. 예전에는 사업부문이 새로운 제품이나 합작 벤처 혹은 인수를 시작할 수는 있었지만, 모든 주요한 전략적 결정은 전략기획실의 승인을 받아야만 했다.

취임한 지 채 2주가 되지 않은 시점에서 아이거는 전략기획실을 폐쇄했다. 그리고 모든 권한을 거의 완전히 사업부문으로 분권화했다. 아이스너가 세운 전략기획실을 운영했던 래리 머피에 따르면 '전략기획실의 해체는 집중화 체제에서 분권화된 통제로의 자연스러운 진화'였다고 한다.

이 변화는 몇 가지 사유 때문에 적절하다고 할 수 있다. 우선, 집중화는 디즈니를 개인적으로 키워 오고 회사에서의 오랜 경험으로 운영방식에 대해 잘 알고 있던 아이스너 체제하에 적합했다. 아이거도 디즈니에서 상당 기간 근무했지만 아이스너와 같이 디즈니 사업의 모든 측면에 깊은 지식을 가질 수는 없다. 따라서 많은 결정들이 부서장에 의해서 보다 효과적으로 내려질 수 있었다. 두 번째로 디즈니는 집중화 전략을 오랫동안 고집해 왔는데 그 결과 영화, 비디오 배급, 텔레비전 등 제품군 간 조정의 편익을 이미 상당부분 달성하였다. 세 번째로 부서들이 그들의 창의성을 제한하는 과도한 전략상의 집중화에 불만을 가지고 있었다.

출처 : Marr(2005)

좀 더 추상적으로 말한다면, 조정의 문제는 분권화되었을 때 다른 조직 부문 간에 외부성이 존재할 때 발생한다. 예를 들면, 기업 내 한 부서의 R&D 투자가 다른 부서의 제품에 편익을 가져올 수 있다고 가정해 보자. 만약에 연구개발투자에 대한 결정이 완전히 분권화되어 있다면, R&D 투자를 수행하는 부서는 연구개발투자가 다른 제품에 미칠 효과를 고려하지 않을 것이다. 혹은 한 부서가 다른 부서의 기존 제품과 직접적으로 경쟁할 새로운 상품을 출시한다고 가정해 보자. 이것은 부정적 외부성의 예이다. 만약 제품군에 대한 결정이 완전히 분권화되어 있다면 이런 문제들이 일어나는 경향이 올라갈 것이다.

●●● 분권화의 편익

이제 결정을 분권화하는 편익에 대해 살펴보자. 가장 중요한 착안점은 하이에크의 분석으로부터 직접 도출된다. 하위계층이 중요한 정보를 가지고 있고, 그 정보를 소통하는 데 상당한 비용이 수반되는지의 여부이다. 만약에 그렇다면 기업은 그 정보를 활용하기 위해서 어느 정도 결정을 분권화할 것인지 심각하게 고려해야 한다. 먼저 정보 전달에 수반되는 비용을 결정하는 요인에 초점을 맞춘 후에 분권화의 몇몇 다른 편익을 열거해 보기로 하자.

특수적 지식과 일반적 지식

정보나 지식은 소통되는 비용을 기준으로 아주 저비용부터 아주 고비용까지의 스펙트럼을 가지는 것으로 분류될 수 있다. 예를 들면, 커피 1파운드의 가격은 아주 저비용으로 전달할 수 있다. 이 하나의 숫자는 정보기술에 의해 순간적으로 전송될 수 있다. 반대로 인사경제학의 분야를 전달하는 것은 상당한 비용을 수반한다. 매우 복잡하고 쉽게 수량화되지 않기 때문이다. 문자로 표현한다고 해도 개념을 완전히 설명하기는 힘들다. 학생은 이 개념에 대해서 완전한 설명을 전개해 주는 교수가 필요하다. 또한 사례연구와 같은 예시를 활용하거나 학생의 개인적인 직장경험에 의해서도 이해도를 높일 수 있다.

경제학에서는 소통비용이 적게 드는 정보를 일반적 지식이라고 칭하고, 소통비용이 높은 지식을 특수적 지식이라 부른다. 우리가 정보의 소통비용이 높다고 하는 것은 전달비용이 높은 경우와 전달된 후에 이해되는 비용이 높은 경우를 모두 의미한다. 정보는 한 사람으로부터 다른 사람에게로 전해지지만, 정보를 받은 사람이 이해를 못한다면 소통된 것이 아니다. 그림 5.1은 지식을 분석하는 우리의 스펙트럼을 보여준다. 경제학자들이 쓰는 용어는 상당히 혼란스러울 수 있기

그림 5.1 특수적 지식과 일반적 지식

때문에 용어의 정의를 명확히 하기 위해 잠시 시간을 가져 보자. 특수적 지식과 일반적 지식은 일반적 인적자본과 특수적 인적자본과 비슷하게 들리며 또한 특화와도 유사한 것으로 들린다. 그러나 그것과는 다른 개념이다. 당신의 기억을 새롭게 하자면 특수적 인적자본과 일반적 인적자본은 각각 특정 고용주에게 더욱 가치가 있는 기술과 다수 고용주에게 가치가 있는 기술을 일컫는다. 인적자본은 훈련을 지칭하지만, 우리가 여기에서 지칭하는 것은 당신이 일상 직무를 수행하면서 발생하는 정보이다. 마지막으로 특화는 근로자의 숙련범위 혹은 직무가 좁은지 넓은지를 지칭한다. 대학의 전공을 선택하는 것은 이런 의미에서 특화이고, 반면 광범위한 분야에 대해 조금씩 학습하는 MBA는 상대적으로 덜 특화되어 있다.

여기서는 분권화를 촉진하는 특수적 지식에 대한 이해가 가장 중요하다. 이하에서 정보를 특수하게 만드는 몇 가지 속성들에 대해 알아본다. 이것은 하이에크가 그의 유명한 어구에서 '시간과 장소의 특수한 환경'이라고 언급했을 때 염두에 두었던 그런 정보들이다.

썩기 쉬운 정보

빨리 사용하지 않으면 가치를 잃게 되는 정보는 소통하는 데 높은 비용을 수반한다. 주식시장에서의 증권거래자는 시장의 움직임에 즉각적으로 반응해야 한다. 그렇지 못하면 새로운 정보를 유리하게 이용하는 능력을 잃게 되기 때문에 즉각적으로 매수, 매도 주문을 낸다. 이러한 이유로 증권거래자들은 신중하게 선별되고 훈련되며 대개 계약결정을 스스로 할 수 있는 권한이 주어진다. 유사한 예로, 기업의 판매담당부서가 가끔 주요 고객으로부터 대량의 긴급한 주문을 받는다고 가정해 보자. 만약 주문에 대해 빠르고 확정적인 판매약속을 받지 못하는 경우 고객이 다른 판매자에게로 돌아선다면, 기업은 판매담당자에게 계약조건을 직접 협상하고 주문을 받을지를 결정하는 권한을 주게 될 것이다.

이러한 착상의 사례는 추후에 다시 보게 될 것이다. 집중화와 계층제는 시간이 걸린다. 이 방법을 사용하는 기업은 더 신중하지만 대응과 적응이 느리다.

복잡한 정보

정보의 소통이 고비용을 수반하는 주요한 이유 중의 하나는 복잡하기 때문이다. 복잡하다는 것은 (커피 1파운드의 가격과 반대로) 많은 변수가 있다는 것을 의미한다. 그러나 더욱 중요한 것은 정보의 다른 조각들 간 상호의존이라는 의미에서 복잡성이다. 가격의 단순한 배열로 이루어진 스프레드시트와 많은 숫자와 공식을 포함하고 다수의 셀 간 상호참조를 포함하고 있는 스프레드시트를 비교해 보라. 후자가 소통하는 데 훨씬 고비용이 든다. 왜냐하면 스프레드시트를 받은 자가 공식과 이면의 논리를 이해하여야 하기 때문이다.

우리가 제7장에서 직무 설계에 관해 이야기할 때도 똑같은 의미에서 복잡성이라는 개념을 사용할 것이다. 직무 간 상호의존성은 직무를 다른 일자리로 분리하는 것을 매우 힘들게 만든다.

기술적 숙련을 요하는 정보

중요하고 특별한 한 사례는 전달된 정보가 완전히 이해되기 위해서 고급 인적자본을 필요로 하는 때이다. 이것은 가장 과학적이거나 기술적인 지식의 경우이다. 예를 들어, R&D에 관한 많은 결정은 종종 경영진의 감시 없이 기업의 엔지니어에 의해 이루어져야만 한다. 결정은 엔지니어들만이 소유하는 기술적인 지식을 필요하기 때문이다.

예측 불가한/특이한 정보

정보가 빈번히 소통되어야 하는 경우, 이와 비례해서 소통비용이 올라가기 때문에 그 결과 정보소통비용이 높을 수도 있다. 환경이 동태적이고 임의적인 경우에 해당된다. 그러나 임의적인 환경이라는 것이 꼭 특수한 지식이 존재한다는 것을 의미하지는 않는다. 만약 직무환경이 계속 변하지만 예측 가능한 방향으로만 변한다고 가정해 보자. 이러한 상황이 분권화를 요구하지는 않을 것이다. 대신 기업은 각각 가능한 모든 상황에 대해서 직원들이 표준 직무수행 수칙을 정하면 된다. 환경이 예측 가능하거나 특이할수록 직원은 직무 특수적인 지식을 가지는 성향이 높다.

주관적/경험적 정보

판사가 '개념을 정의할 수는 없으나 보면 알 수 있다'고 판결한 미국 대법원의 유명한 판례가 있다. 이것은 주관적 혹은 경험적 정보의 예이다. 이러한 정보는 본질적으로 소통비용이 높게 나타난다. 이것이 주관적 혹은 정성적이라고 불리는 이유는 정량화하기가 불가능하고 경제적인 방법으로 엄밀히 묘사하기가 힘들기 때문이다. 주관적인 정보의 소통에는 보통 앉아서 상황을 말로 설명하는 과정과 설명을 들은 사람이 명확하지 않은 것에 대해 질문을 하는 것이 포함된다. 어떤 경우에는 주관적인 면이 너무 강해서 정보가 경험적이라고 불린다. 직접 경험을 통해서만 정보를 실제로 이해하게 된다.

주관적이고 경험적인 정보를 효과적으로 활용하기 위해서는 어느 정도의 분권화는 필수적으로 요구된다. 예를 들면, 사무직에 대한 직무성과평가는 보통 상당히 주관적이다. 이러한 이유로 기업들은 평가에 대한 비일관성의 위험과 차별로 인한 법적부담에도 불구하고 보통 관리자에게 평가하도록 한다.

분권화의 기타 편익

관리시간의 절감

일부 결정의 분권화는 과도한 중앙의 관리를 막기 위해서 필수적이다. 덜 중요하고 조정이 덜 필요한 결정은 최고경영층이 자원을 보다 중요한 결정에 집중할 수 있도록 하위경영층에 위임하는 경향이 있다. 같은 원칙이 계층의 모든 수준에 적용되는데, 그 결과 덜 중요하고 조정에 덜 의존하는 결정들은 기업의 하위층으로 밀려난다.

관리 숙련의 개발

분석과 의사결정 숙련은 어느 정도까지 직무를 통해 학습되어야 하는 인적자본의 유형이다. 미래의 훌륭한 관리자를 키워내기 위해서 기업은 하위관리자들이 결정할 수 있는 여지를 만들어 주어야 한다. 첫 단계로 신규관리자에게 덜 중요한 문제들에 대해 재량권을 부여하여야 한다. 실수로 인한 피해를 최소화하기 위해 예산상의 지출한도를 정하는 것과 같은 제약을 설정해야 할 것이다. 관리자의 능력이 개발됨에 따라 중대한 이해관계가 걸린 문제에 대한 결정을 하는 재량권도 주어진다. 이것은 기업이 향후 높은 직위로 승진할 관리자들을 훈련시키는 탁월한 방법이다.

이것이 하위직급에 있는 사람들이 현재 자신의 상사와 유사한 직급으로 승진하는 보편적인 한 가지 이유임을 주목하라. 하위직급에서 직무경험을 쌓을수록 상사는 보다 많은 직무와 결정을 위임해 주는데, 실질적으로는 어떻게 상사의 역할을 할 수 있는지를 훈련시키는 셈이다.

내재적 동기

분권화는 종종 **직무확충**이라 칭하는 것의 한 부분이고, 이에 대해서는 제7장에서 살펴본다. 직무확충의 다른 부분은 보다 많은 임무를 근로자에게 할당하는 것이다. 분권화와 권한이양의 한 가지 편익은 직무가 근로자에게 더욱 의욕을 돋우고 흥미를 유발하는 것이 가능하다는 것이다. 따라서 근로자가 직무를 근면하게 수행할 본질적 동기가 유발된다.

권위와 책무

군대에서 가장 하위직은 이등병이다. 상등병과 하사는 이들 하위직 병사들에 대한 명령과 통제권을 가지고 있다. 하사는 소위와 중위에게 보고하고 이들은 다시 대위에게 보고한다. 대위는 소령 수하에 있고, 소령은 중령과 대령 수하에 있다. 장군은 이 위계체계의 가장 위에 있는데 장군 간의 계급은 별의 수에 따라 정해진다.

군대가 이처럼 엄격한 위계체계를 갖추는 데는 몇 가지 이유가 있다. 가장 분명한 것은 교전상황에서 결정이 빠르게 이루어져야 한다는 점이다. 전시에 있어 집단적인 의사결정은 느리고 비현실적이다. 따라서 부하들이 명령에 이의 없고 지체 없이 복종하도록 명확한 위계체제가 세워져 있다.

촌각을 다투는 결정이 요구되어 상위계층에 대한 무조건적 복종의 체계를 갖추고 생산을 하는 기업은 매우 드물다. 그러나 이러한 범주에 속하는 경영상황이 존재하기도 한다. 심지어는 다른 기업이나 고객과 계약에 대해 논의하는 협상을 할 때에도 한 사람이 팀을 대표해서 말을 해야 하며 의사결정권을 가져야 한다.

직무를 설계할 때 직무와 관련된 권한과 책임을 어느 정도 부여할 것인지를 결정하는 것이 일반적으로 중요하다. 종종 직무와 관련된 권한과 책임의 정도는 누가 직무를 수행하느냐에 달려있다. 몇몇 부사장들은 다른 부사장들보다 많은 권한을 가지고 있는데, 이러한 차이는 아마도 능력의 차이에 의해 결정될 것이다.

직무담당자가 동료에게 전달하려면 높은 소통비용을 수반하지만 기업에게는 가치가 있는 특수한 지식을 어느 정도 소유하였는지의 문제가 중요한 고려사항으로 논의되었다. 또 다른 주요 고려사항은 직무담당자의 직무가 동료들과 얼마나 조정되어야 하는지에 대한 것이다. 우리는 이러한 착안점을 활용하여 결정이 상대적으로 집중화되어야 하는지 혹은 분권화되어야 하는지를 특징짓는다. 쓸모 있기는 하지만 이것은 단순화이다. 이하에서 우리는 특수 지식과 조정 간의 기본적인 트레이드오프를 넘어서 의사결정에 대해 좀 더 조심스럽게 생각해 본다.

다단계 과정으로서 의사결정

결정은 질문에 대한 이원적인 해답이 아니라 심사숙고하는 과정이다. 결정은 몇 개의 단계를 거쳐서 고려하는 것이 도움이 될 수 있다. 많은 유형의 결정에 부합하기 위해 할 수 있는 한 가지 방법은 결정이 4개의 단계를 가진 것으로 특성화하는 것이다.[4]

1. 제안
2. 인가
3. 실행
4. 감독

첫 번째 단계인 제안은 선택 가능한 대안들을 생각해 내는 과정이다. 아마도 창의성과 혁신이 가장 중요한 단계라 할 수 있다. 우리는 가끔 이 단계를 우리의 가능성이 무엇인지를 브레인스토밍하는 단계로 간주한다.

가능성이 파악되었으면 대안들 중 하나가 선택되어야 한다. 이것이 두 번째 단계인 인가이다. 이 단계는 보통 사용되는 기간별 전략과 대응된다. 향후 사업추진의 기본적인 방향이 결정된다.

일단 전략이 선택되면 정해진 전략이 추진될 수 있는 다양한 방법이 있을 수 있다. 이것이 세 번째 단계인 실행이다. 이 단계에 대한 또 다른 용어는 전술이다. 이 단계에서는 응용된 형태이긴 하지만 상당한 정도의 창의성이 작용한다. 종종 언급되듯이 악마는 세부적인 사항에 존재한다.

마지막으로 실행이 두 번째 단계에서 선택된 전략에 합치되는 것이 중요하다. 마지막 네 번째

4) Fama & Jensen(1983)을 참조하라.

단계에서는 실행을 감독한다.

거의 어떤 의사결정과정도 이러한 설명에 어느 정도 부합한다. 만약 당신이 공장의 관리자이고 비용을 내년에 10% 줄이라는 지시를 받았다고 가정해 보자. 당신은 어떻게 할 것인가? 우선, 당신은 어떠한 접근법을 취할 수 있을지 알아낼 필요가 있다. 보수를 깎고 일시해고를 하고 자재를 나은 조건에 구매하고 공장 생산공정의 효율성을 높이는 것 등이 포함될 수 있다. 그리고 이러한 착안점들 중 선택해야 한다. 이 예시에서는 하나 이상의 선택을 할 수 있다. 몇 가지 대안을 선택한 후에는 그것들을 어떻게 실행할지를 알아낼 필요가 있다. 그리고 마지막으로 당신은 한 해의 시시각각마다 진행상황을 감독하고 싶을 것이다. 그리고 분명히 중앙의 사업본부는 이러한 감독을 할 것이다.

의사결정을 여러 단계로 나누는 것이 유용한 이유는 다른 단계들이 다른 사람들에게 할당될 수 있기 때문이다. 특히 1단계인 제안과 3단계인 실행은 분권화되는 경향이 높고, 2단계인 인가와 4단계인 감독은 집중화되는 경향이 높은데, 그 이유는 두 가지이다.

1단계와 3단계를 분권화하고 2단계와 4단계를 집중화하는 첫 번째 이유는 하위계층의 특수한 지식을 활용하는 것과 조정수요 간의 균형을 맞추기 위해서이다. 종종 어떠한 대안이 있는지를 알아내는 데 필요한 정보가 하위계층의 직원들에게 있다. 실행단계에서는 이러한 것이 더욱더 사실이다. 비용을 10% 절감해야 하는 공장 관리자의 사례를 다시 고려해 보자. 그는 참모들에게 어떻게 하는 것이 좋을지 의견을 물을 것이다. 참모들은 다시 자신이 거느리고 있는 직원들에게 의견을 구할 것이다. 이것이 1단계인 제안의 분권화이다. 실행단계에서 관리자는 재차 참모들에게 비용절감을 실행에 옮기는 방법을 고안하라고 지시할 것이다. 왜냐하면 하위계층의 근로자들이 관리자가 모르는 많은 세세한 내용에 대해 알고 있기 때문이다.

그러나 전체적인 비용을 절감하는 전략의 선택은 공장 관리자가 하게 될 것이다. 왜냐하면 그 전략이 기업의 목표와 일관성이 있어야 하기 때문이다. 실행에 대한 감독도 마찬가지이다. 감독을 통해 비용절감 프로그램 간 상충이 없고 기업의 다른 전략과도 갈등이 없도록 하여야 한다. 예를 들어, 품질의 저하를 통한 비용절감은 기업의 다른 전략과 상충될 것이다. 따라서 2단계와 4단계의 상대적인 집중화는 보다 나은 조정을 가져다준다.

1단계 및 3단계와 비교해서 2단계 및 4단계를 집중화해야 하는 두 번째 이유는 직원들이 불완전한 동기를 갖고 있는 경향이 있어서인데, 그들의 이익이 항상 기업의 이익과 일치하지는 않기 때문이다. 이러한 경우에 기업은 권한이 주어진 직원들이 기업의 목표보다 자신의 목표를 달성하기 위해 결정하는 것에 대한 예방책을 강구하여야 한다. 이들의 결정을 인가하는 권리를 보류하고 결정을 실행하는 방식을 감독함으로써 이들의 재량을 제한하는 것이 이러한 예방책을 강구하는 주요한 방법이 될 수 있다. 바꾸어 말하면 의사결정자가 불완전한 동기를 가지고 있을 때에는 어느 정도의 견제와 균형의 체계가 필요하다.

이 생각은 조직의 하위계층뿐만 아니라 최상층에도 적용된다. 이사진의 주요한 역할 중 하나는 불완전한 동기를 가진 최고경영자를 감독하는 것이다. 개인소유의 회사는 보통 이러한 지배 구조에 대해 걱정할 필요가 없다. 왜냐하면 관리자가 바로 주인이어서 동기간의 상충문제가 없기 때문이다.

집중화된 결정과 분권화된 결정을 확연하게 구분하는 것은 너무 단순하다. 실제로 결정은 여러 단계를 거치게 된다. 초기단계의 분권화된 결정에 이어 집중화된 결정을 하고 다시 분권화된 제안과 실행의 단계를 따르는 것이 전형적인 패턴이다. 이러한 방식은 기업이 하위계층의 특수적 지식과 조정의 많은 편익을 동시에 누릴 수 있도록 해준다.

첫 번째와 세 번째 단계는 종종 결정관리라고 불리고, 두 번째와 네 번째 단계는 결정통제라고 불린다. 우리의 기본적인 입장은 결정관리는 분권화되는 경향이 있는 반면 결정통제는 집중화되는 경향이 있다는 것이다.

이렇게 특성을 규정하는 것은 단순하지만 다양한 결정에 대해 생각하는 데 있어 유용한 틀을 제공한다. 예를 들면, 이것은 기업이 어떻게 변화 프로그램을 실행해야 하는지에 대한 당신의 사고에 지침을 제공한다. 더군다나 당신의 직원에게 권한을 부여한다는 것이 어떤 의미인지를 명확하게 해준다. 권한이양은 결정관리 권한을 직원에게 주되, 적어도 어느 정도의 결정통제 권한은 당신이 가지는 것을 의미한다.

마지막으로 결정관리와 결정통제에 대한 구분은 관리자와 그의 직원들이 무엇을 하여야 하는지를 생각할 수 있는 방법을 제공한다. 종종 계층은 정보와 결정을 위아래로 전달하는 것이라고 한다. 중간관리자의 업무는 대부분 두 가지 일로 구성되어 있다. 하나는 직원의 업무를 승인하고 감독하는 것이며, 필요한 경우에 직원들에게 일반지식을 전수한다. 다른 하나는 직원들의 성과를 어떠한 방식으로든 가공하여 계획안이나 실행방법에 대한 입안이나 제안을 상위관리자에게 하는 것이다. 따라서 우리가 계층(hierarchy)에 의해 의미하는 바가 결정통제이다.

우리는 이제 결정관리와 결정통제에 대해 좀 더 세련되게 생각하는 방법을 내놓는다. 기업은 독창적인 단계와 결정관리를 강조할 수 있다. 또한 기업은 통제의 단계인 결정통제를 강조할 수도 있다. 상대적인 주안점은 기업의 유형이 어떤 것인지에 대한 주요한 단서를 제공한다. 얼마나 혁신적인지 얼마나 위험한지 어떠한 문화를 개발하는지 등을 알 수 있다.

수평적 구조와 위계적 구조

기업은 권위주의적 관계를 설정하는 방법에 있어 상당한 자유도를 가지고 있다. 예를 들면, 기업은 각 개인이 어떤 프로젝트가 승인되거나 폐기되어야 하는지에 대한 많은 권한을 가지는 수평적 조직을 운영할 수 있을 것이다. 반대로 기업은 하위계층의 결정에 대해 차상위 계층이 거부할 수 있는 매우 권위적인 가파른 피라미드 형태의 조직으로 구성될 수도 있다. 우리가 방금 정의한 언어에 따르면 수평적 구조는 결정관리를 강조하는 반면, 가파른 구조는 결정통제를 강조한다.

두 종류의 오류 간 트레이드오프

직무가 수평적 혹은 가파른 권위적 구조로 고안되어야 하는지는, 열등한 프로젝트를 받아들이는 것과 우수한 프로젝트를 폐기하는 것에 대한 상대적인 비용에 달려있다. 통계학적 용어로 거짓긍정(false positives, I종 오류)과 거짓부정(false negatives, II종 오류)의 문제이다.

좀 더 구체적인 사례를 들기 위해 여성의류사업에 종사하는 전 스탠퍼드대학교 학생의 경우를 보자. 홍콩 출신인 글래디스와 윌리는 여성의 속옷과 잠옷을 수입하는 뉴욕의 회사를 경영하고 있다. 그들은 자신들을 젊고 파격적인 이미지를 가진 것으로 묘사한다. 글래디스는 좀 더 로맨틱한 속옷 부문으로 진출할지의 여부를 결정해야 한다. 그렇게 하려면 마케팅, 유통뿐만 아니라 생산라인의 확충에도 상당한 선행투자가 필요하다. 만약 판매가 잘되지 않는다면 상당한 손실을 입을 것이다. 그녀는 로맨틱한 속옷 부문에 진출할지 혹은 다른 기회를 기약할지를 결정해야 한다. 그녀는 두 가지 유형의 실수를 범할 수 있다. 실제로 이익이 나지 않을 것인데 신규 생산라인에 투자하는 경우와 이익을 낼 수 있는데 신규 생산라인 투자하지 않는 경우이다. 표 5.1은 가능한 경우를 열거하고 있다.

만약 그녀가 속옷을 생산하기로 했는데 이익을 내지 못했다면, 거짓긍정 오류를 범한 것이다. 거짓긍정 오류는 이익이 나지 않은 프로젝트를 받아들이는 것으로 정의된다. 그녀가 만약 속옷을 생산하지 않기로 했는데 생산라인이 이익을 낼 수 있었다면, 그녀는 거짓부정 오류를 범한 것이다. 거짓부정 오류는 이익이 날 프로젝트를 폐기하는 것으로 정의된다.

거짓긍정 오류와 거짓부정 오류 간에 트레이드오프가 존재한다. 만약에 글래디스가 매우 공격적인 정책을 채택하여 항상 새로운 프로젝트를 받아들인다면 그녀는 거짓부정 오류는 범하지 않을 것이다. 왜냐하면 그녀는 항상 신규생산을 하기 때문에, 새로운 프로젝트가 이익이 나지 않을 때에는 거짓긍정 오류를 범하게 된다. 그녀의 입장이 공격적일수록 거짓긍정 오류의 가능성이 높아지며 거짓부정 오류의 가능성은 낮아진다.

반대로 그녀는 매우 보수적인 입장을 보이며 모든 신규 프로젝트를 받아들이지 않을 수도 있다. 그녀는 신규라인을 통해 생산하지 않기 때문에 생산하지 말아야 했을 제품을 생산하는 일은 없을 것이다. 그녀는 거짓긍정 오류는 범하지 않으나 거짓부정 오류는 종종 범하게 된다. 신규제품이 이익이 날 것이었음에도 불구하고 생산하지 않은 경우 그녀는 거짓부정 오류를 범하게 된다. 그녀가 신규생산을 하지 않기 때문이다. 그녀의 입장이 보수적일수록 거짓긍정 오류의 가

표 **5.1**

올바른 결정 또는 올바르지 않은 결정의 가능한 유형		
	생산하는 경우	생산하지 않는 경우
생산라인이 이익을 낼 경우	적절한 결정	거짓부정 오류
생산라인이 이익을 못 낼 경우	거짓긍정 오류	적절한 결정

능성은 낮아지며, 거짓부정 오류의 가능성은 높아진다.

그림 5.2는 트레이드오프를 보여주고 있다. 가로축은 거짓긍정 오류를 범할 확률을 나타낸다. 즉, 프로젝트가 이익을 내지 못할 것인데 프로젝트를 진행할 확률이다. 세로축은 거짓부정 오류를 범할 확률인데, 프로젝트가 이익을 낼 것임에도 프로젝트를 거부할 확률이다. D점에서는 모든 프로젝트가 받아들여진다. 프로젝트가 이익을 내지 못함에도 불구하고 프로젝트를 수행할 확률이 1이어서 부실한 프로젝트도 확실히 수행하게 된다. C점에서는 모든 프로젝트가 폐기된다. 이익이 날 프로젝트를 거부할 확률은 1이어서 우수한 프로젝트도 확실히 폐기된다. 만약에 어떤 프로젝트는 받아들여지고 어떤 프로젝트는 거부된다면 기업은 A와 같은 내부 점을 선택하는 것이 된다. A점에서는 우수한 프로젝트 중 일부는 거부되고, 부실한 프로젝트 중 일부는 받아들여진다.

새로운 프로젝트를 받아들일 때 얼마나 공격적이 되어야 하는지를 기업이 어떻게 결정할까? 만약에 부실한 프로젝트를 받아들이는 비용이 매우 높으면 기업은 프로젝트의 선택에 좀 더 엄

그림 5.2 오류 트레이드오프와 권위 구조

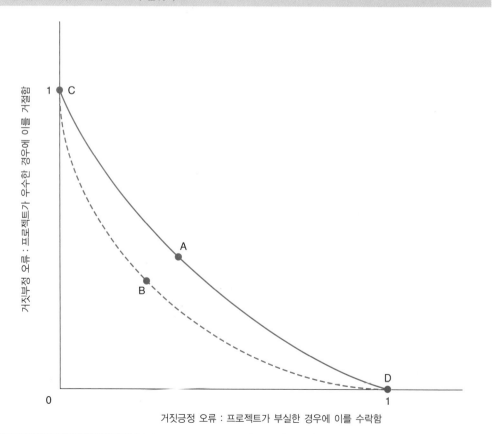

세로축: 거짓부정 오류 : 프로젝트가 우수한 경우에 이를 거절함

가로축: 거짓긍정 오류 : 프로젝트가 부실한 경우에 이를 수락함

격한 법칙을 적용시켜 C 점 가까운 곳에서 결정을 할 것이다. 만약 우수한 프로젝트를 하지 않고 지나치는 비용이 높으면, 기업은 프로젝트의 선택에 좀 더 관대한 법칙을 적용시켜 D 점 가까운 곳에서 결정을 할 것이다.

목표는 각각의 유형에 대해 적은 오류를 범하도록 정보의 집합을 향상시키는 것이다. 만약 결정이 보다 나은 정보하에 이루어진다면 두 유형의 오류 간 트레이드오프는 직선이 아닌 점선을 따라 나타날 것이다. 점선 아래에서는 실선 아래에서보다 두 유형의 오류가 모두 낮게 나타난다. B 점에서는 A 점보다 거짓긍정 오류와 거짓부정 오류가 모두 낮게 나타난다. 기업은 점선을 실선보다 항상 선호할 것이다. 그러나 정보는 비용을 수반한다는 것을 기억하라. 점선에서 더 나은 결정을 하지만 실선에서 점선으로 이행하는 비용은 결정의 지연, 높은 컨설팅비용 등이 될 수 있다.

권위 패턴의 세 가지 사례

이제 직무 설계와 권위 패턴으로 돌아가자. 권위 관계를 상이한 방식으로 구조화함으로써 상이한 유형의 오류를 어느 정도 발생시킨다. 그림 5.3에 나타난 글래디스와 윌리의 두 가지 다른 의사결정 구조를 고려해 보자.

위계적 구조는 의사결정에서 글래디스를 윌리의 위에 놓고 있다. 윌리는 새로운 아이디어를 만들어내고 프로젝트를 거부할 수는 있지만 스스로 어떤 프로젝트도 승인할 권한을 가지고 있지 않다. 그가 할 수 있는 일은 프로젝트를 받아들이도록 권고하는 것이 전부이다. 이것이 우리가 앞서 불렀던 결정관리이다. 그는 새로운 아이디어를 권고하거나 혹은 이미 선택된 아이디어를 어떻게 실행할 것인가를 권고한다. 글래디스가 마지막 결정을 할 권한을 가지고 있다. 이것이 결정통제이다. 새로운 아이디어를 승인하거나 실행을 감독한다. 이러한 구조는 거짓긍정 오류를 줄이고 거짓부정 오류를 늘리는 방향으로 작용한다.

그림 5.3 2개의 가능한 권위 구조

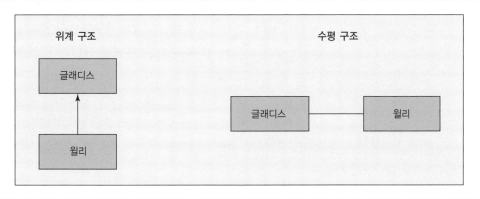

수평권위구조라고 불리는 두 번째 구조는 거짓부정 오류를 줄이고 거짓긍정 오류를 늘리는 경향이 있다. 이 경우 기업은 글래디스와 윌리 모두가 각각 프로젝트를 평가하고 개별적으로 수행할지 또는 수행하지 않을지를 결정한다. 둘 다 프로젝트의 구상과 선정에 시간을 쓰지만 서로 대조하지는 않는다. 위계구조와 비교할 때 결정관리를 강조하고 결정통제를 덜 강조한다.

어떤 구조가 우월한가? 위계적 구조가 수평적 결정 구조보다 적은 프로젝트를 승인한다는 것을 쉽게 볼 수 있다(이 부분에서 논의된 착안점의 정식 도출은 부록을 보라). 위계적 구조는 거짓긍정 오류를 줄이고 거짓부정 오류를 늘린다. 부실한 프로젝트는 승인이 덜되지만, 우수한 프로젝트가 많이 거부된다. 이것은 두 가지 이유 때문이다. 첫 번째로 위계적 구조에서는 한 번이 아닌 두 번의 승인을 받아야 하므로 프로젝트가 더 엄격한 시험을 통과해야 한다. 두 번째로 평가를 위해 두 사람이 필요하므로 결정의 빈도가 적다. 수평적으로 함께 일하는 글래디스와 윌리는 각자가 혼자 일하는 경우보다 더 많은 프로젝트를 평가할 수 있다.

만약에 프로젝트 각각이 글래디스에게 평가받기 전에 윌리에 의해 평가받아야 한다면 그렇지 않은 경우보다 절반만을 대상으로 선별하게 된다. 따라서 승인을 받는 프로젝트가 적어질 것이다. 특정한 프로젝트를 검토하지 않는 것은 암묵적인 거부를 하는 것과 같다. 최종 결론은 하위 직종에 종사하는 자들에게 프로젝트에 대해 최종 결정을 내릴 수 권한을 주지 않는 위계적 결정 구조가 수평적 구조와 수평권위구조보다 더 엄격한 선정기준과 더 적은 프로젝트의 선정으로 귀결된다는 것이다.

세 번째 가능성도 존재한다. 구조를 수평적으로 만들되 2차 소견을 요구할 수 있다. 글래디스를 윌리의 상층에 배치하기보다 윌리에 의해 검토된 모든 프로젝트를 글래디스에 의해서도 검토되게 하고, 반대로 글래디스에 의해 검토된 모든 프로젝트도 윌리가 검토하도록 의무화할 수 있다. 두 사람이 같은 의견을 낸 경우는 명백한 결정을 내릴 수 있으나, 두 사람이 다른 의견을 낸 경우에는 의견의 차이를 조정하기 위해 무엇인가 다른 기준을 사용해야 한다. 몇 가지 가능성이 있을 수 있다. 그러나 우리의 목적을 위해서 조정의 세세한 내용을 검토할 필요는 없다. 조정에 사용되는 기준에 관계없이 2차 소견을 포함한 구조가 위계적 구조보다는 덜 엄격하고 수평적 구조보다는 더 엄격하다는 것은 항상 사실이다.

이것을 다음과 같은 방식으로 생각해 보라. 위계적 구조에서 윌리가 프로젝트를 거부하면 글래디스는 그것을 보지 못한다. 그녀는 윌리가 통과시킨 프로젝트만을 접하게 된다. 2차 소견 구조의 경우 글래디스는 윌리가 거부한 프로젝트를 보게 된다. 만약 글래디스가 프로젝트를 긍정한다면, 둘 사이의 의견을 조정해야 한다. 이러한 조정의 일부가 긍정적인 결과로 이어진다면 위계적 구조에서 선택되지 않을 프로젝트가 2차 소견 구조에서는 선택될 것이다. 따라서 두 구조가 모두 똑같은 수의 프로젝트를 검토하지만 2차 소견 구조가 위계구조보다 덜 엄격하며 더 많은 프로젝트를 승인하게 된다.

다른 한편으로 2차 소견 구조는 수평적 단일결정자 구조보다 더 엄격하다. 2차 소견 구조가 처음에 거부하기로 한 결정을 뒤집기도 하지만, 처음에 통과시키기로 했던 결정 역시 뒤집는다. 2차 소견 구조가 더 엄격한 주요한 이유는 2차 소견이 요구될 때 고려대상인 프로젝트의 수가 적다는 점이다. 만약에 한 사람이 하나의 프로젝트를 검토하는 데 1주일이 소요된다고 가정하면, 단일 의사결정자를 갖는 수평적 구조는 한 사람이 1개씩 일주일에 총 2개의 결정을 내릴 수 있다. 반면 2차 소견 구조는 2명 모두 같은 프로젝트를 검토하기 때문에 일주일에 1개의 결정밖에 내릴 수 없다.

그림 5.4는 그림 5.2를 확장하여 거짓긍정 오류와 거짓부정 오류의 관점에서 상이한 직무 권위 구조의 위치를 보여준다. 기업은 어떠한 구조를 택해야 할까? 선택 간에 암묵적인 상충이 존재하기 때문에 대답은 각각의 결과와 관련되어 있는 수익에 달려있다. 이제 세 가지 구조가 확인되었으니, 그림 5.5에서 5.7까지에 나타난 손익의 세 가지 유형을 고려해 보자.

완만한 상승, 가파른 하락   그림 5.5는 대형 오일 탱커인 엑손 발데즈호에 적합한 수익 구조를 보여 준다. 기억하겠지만 발데즈호는 몇 년 전에 발생한 엑손사에게 금전적으로 책임이 있는 커다란 기름유출 사고와 관련이 깊다. 기름유출과 관련된 손해는 수십억 달러에 이르는데 정화,

그림 5.4 권위 구조와 오류

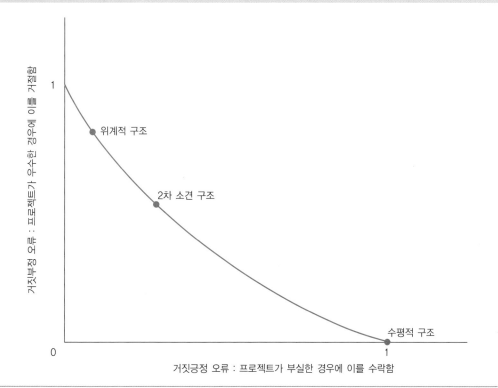

그림 5.5 완만한 상승, 가파른 하락

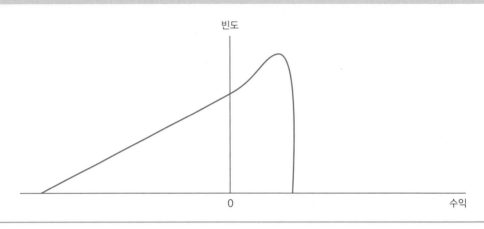

소송, 정착비용을 포함한다. 배의 선장이 사고에 대해 비난을 받았고 음주에 부분적으로 책임이 있다는 증거가 있었다.

　발데즈호의 상황은 한 종류의 수익구조의 전형적인 모습이다. 직무를 아주 잘 수행하는 것은 기대한 것보다 조금 나은 결과를 가져오지만, 실수를 하는 경우 막심한 피해가 나타난다. 수익의 상승은 한계가 있으되 바닥이 없이 하락하는 것은 수십억을 손해 볼 수도 있는 구조라는 것이다.

　발데즈호의 선장은 기름을 조금 일찍 운송함으로써 회사의 이익에 적게 기여할 수 있다. 그러나 음주 중에 배를 운항하는 위험을 무릅쓸 가치가 있는 것은 아니다. 실수의 비용이 너무 크다. 수익구조가 그림 5.5와 같을 때에 기업은 거짓긍정 오류를 최소화하고 높은 수준의 거짓부정 오류를 받아들일 용의가 있다. 이 경우 프로젝트를 술이 깨기 전에 운항하여 항구까지의 도달시간을 줄이는 것이라고 가정해 보자. 술이 깰 때까지 기다린 후 배를 운항해서 사고가 나지 않는 것이 거짓부정 오류이고, 술이 깨기 전에 운항해서 사고가 나는 것이 거짓긍정 오류이다. 거짓긍정 오류의 비용이 너무 크기 때문에 기업은 위험을 최소화할 수 있는 구조인 상대적으로 위계적인 결정과정을 채택한다. 선장은 완전히 술이 깨기 전에 운항할 권한을 가져서는 안 되었다. 만약 그가 승인을 위해서 무선 연락을 취했더라면 기업은 운항을 허락하지 않았을 것이고 참사의 가능성을 줄였을 것이다.

가파른 상승, 완만한 하락　　그림 5.6은 가파른 상승과 완만한 하락의 수익함수를 보여준다. 이것은 많은 신규기업에 해당된다. 대부분의 경우 신규기업은 실패하고 손해를 보거나 아주 적은 이익을 낸다. 가끔 혁신가들이 크게 성공하면 큰 이익을 내게 된다. 어떠한 구조가 상승을 가져올 가능성이 높을까? 감독하는 거부권이 적은 수평적 구조가 거짓부정 오류를 최소화한다. 신생기

그림 5.6 가파른 상승, 완만한 하락

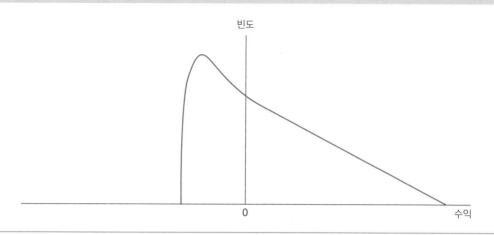

업들은 너무 조심스럽기를 원하지 않는다. 잃어버릴 평판과 자본은 적은 반면 얻을 것은 많기 때문이다. 모험을 하는 편이 낫다. 잘되지 않는 것들은 기업에 큰 해를 끼치지 않고 쉽게 포기될 수 있는데, 워낙 처음부터 잃을 것이 별로 없기 때문이다.

젊은 기업은 종종 개별 근로자에게 상당한 권한을 준다. 위계적인 기업에서는 창조적인 사람들이 제대로 능력을 발휘하지 못한다고 종종 주장된다. 사실이긴 하지만, 문제는 다른 유형의 사람들이 다른 유형의 기업으로 가기 때문이 아닐 수 있다. 주어진 구조에서 사용되는 의사결정의 법칙과 더 큰 관련이 있을 수도 있다. 위계적인 구조에서는 거짓긍정 오류를 최소화하는 방향으로 실수를 하는 성향이 있어서, 몇몇 우수한 프로젝트들을 탈락시키는 것을 용인하기 때문에 위계적 기업이 창의성을 고취하지 않을 수 있다. 수평적인 권한 구조에서는 각각의 근로자가 더 많은 선택을 하는 것을 허용하기 때문에 창의성이 발휘될 수도 있다. 위계적인 구조에서는 거부될 위험하고 황당한 아이디어도 수평적이고 단일결정자 구조에서는 진행이 허용되기도 한다.

이러한 논의는 우리가 앞서 논의하였던 착안점을 보는 다른 방법이기도 하다. 분권화된 구조는 창의성을 고취시키는 성향이 있으며, 집중적 구조는 통제하고 큰 실수를 피하는 데 더 효과적이다.

대칭적인 이익　　　대부분의 기업은 엑손사의 발데즈호가 아니며 신생기업도 아니다. 수익은 대부분의 사업, 특히 안정된 사업에 대해서는 좀 더 대칭적이다. 그림 5.7은 지역 상점의 수익함수를 보여주고 있다. 신규기업에서와 같이 대단한 성과와 혁신적인 활동으로 인해 가파른 상승이 나타날 가능성은 낮다. 낮은 성과와 조잡한 작업은 기업에게 어느 정도의 비용이 되겠지만 기름유출사고가 발생했을 때 엑손사가 져야 했던 손해수준은 아니다. 이 경우에 기업은 거짓긍

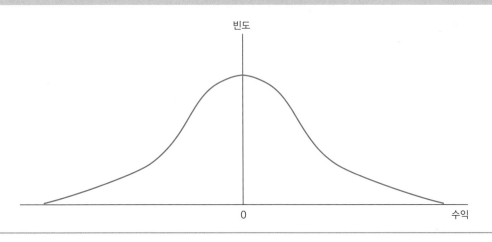

그림 5.7 대칭적인 이익

정 오류와 거짓부정 오류 모두를 어느 정도 용인할 수준까지 무릅쓰는 것을 선호하며, 하나를 줄이기 위해 다른 것을 희생하지 않는다.

양질의 의사결정을 위한 투자

그림 5.2에 두 곡선이 그려져 있는데, 점선이 실선의 안쪽에 있다. 다른 조건이 같다면 점선의 제약이 실선의 제약보다 나은데, 모든 수준의 거짓긍정 오류에 대해서 점선의 거짓부정 오류가 실선보다 낮게 나타난다(끝점은 제외). 바꾸어 말하면 점선에서 거짓긍정 오류와 거짓부정 오류가 모두 실선보다 낮다.

기업은 어떻게 점선으로 이행할 수 있을까? 불행히도 이것은 비용을 수반한다. 점선에서 두 종류의 오류가 모두 낮게 나타나고, 점선에 도달하려면 결정과정을 개선할 필요가 있다. 몇 가지 방법이 있으나 모두가 비용을 수반한다. 기업은 더 능력 있는 자에게 고임금을 지불하여 더 나은 평가자를 채용하는 것을 시도할 수 있다. 평가자에게 프로젝트 단위당 검토시간을 더 줄 수도 있다. 외부의 컨설턴트를 고용하거나 다른 자료를 구입하는 등의 방법으로 평가자가 더 많은 정보를 가용할 수 있게 할 수 있다. 이러한 조치들이 얼마나 이익을 창출할지는 미숙한 결정을 내려서 본 손해와 비교할 때 얼마나 얻을 수 있는지에 달려있을 것이다.

응용 : 비행항로

폭풍을 가로지르는 최단항로를 택할지, 폭풍을 피해 안전하게 우회항로를 택할지를 결정하는 항공기 조종사의 예를 고려해 보자. 표 5.2에 가설적인 정보들이 주어져 있다. 기업은 어떤 결정을 해야 하나? 표에 따르면 만약 항공기 추락사고가 일어나면 기업은 자본과 평판의 상실, 보험료 할증, 소송 등으로 10억 달러의 비용이 발생한다. 두 항로 간에 연료비용, 사고의 확률이 다르기 때문에 기대비용도 다르다. 여기서는 폭풍을 돌아 우회하는 것이 나은 선택이다. 완만한 상승과 급격한 하락으로 특징지어질 수 있는 이 예시는 그림 5.5의 수익구조와 일치한다. 따라서 기업은 계층적인 구조를 설정할 수 있으나, 이 경우는 동기가 정합되지 않는 문제가 존재하기 때문에 조금 다르다. 조종사는 기업의 이익보다 자신의 목숨을 더 소중하게 여길 것이다. 너무 보수적인 성향을 상쇄하기 위해서 항공사는 조종사가 항로이탈의 승인을 받지 않을 경우에는 무조건 최단항로를 선택하도록 규칙으로 정할 수도 있을 것이다. 그러면 폭풍우를 만난 조종사는 고비용의 우회항로를 택하는 것에 대해 승인을 받기 위해 연락을 취할 것이다.

표에 주어진 확률과 수익구조에 따른다면 항공사는 항상 우회항로를 택하는 것을 허락해 줄 것이다. 조종사가 폭풍을 지나 운행할 경우, 기대비용은 다음과 같다.

$$폭풍을\ 통과하는\ 기대비용 = (10^{-5})(\$10억) + \$17,000 = \$27,000$$

첫 번째 항은 조종사가 폭풍 속을 운행할 때 추락사고가 발생할 확률에 비행기 추락사고의 비용을 곱한 값이고, 두 번째 항인 17,000달러 연료비이다.

만약 조종사가 우회 항로를 택한다면, 기대비용은 다음과 같다.

$$우회하는\ 경우의\ 기대비용 = (10^{-9})(\$10억) + \$20,000 = \$20,001$$

첫 번째 항은 조종사가 우회항로를 택할 때 추락사고가 발생할 확률에 추락사고의 비용을 곱한 값이고, 두 번째 항인 20,000달러는 증가된 연료비용을 나타낸다. 우회하는 경우의 기대비용은 폭풍을 지나 최단경로를 택하는 경우보다 낮다.

기업은 조종사가 요구하면 우회항로를 택할 것을 항상 허락하기 때문에, 이 경우에 조종사가 승인을 얻기 위해 연락하는 것은 의미가 없다. 최단항로상에서 폭풍을 만날 때마다 조종사가 스스로 우회항로를 택할 수 있는 권한을 주게 될 것이다. 즉, 수평적 결정구조가 선호될 것이다.

거짓긍정 오류가 발생할 확률이 0임을 주목하라. 폭풍을 통과하는 최단항로를 선택하여 추락사고가 일어나는 경우는 없다. 우회항로 대신 최단항로는 선택되지 않기 때문이다. 반면에 거짓부정 오류가 발생할 확률은 1이다. 폭풍우를 통과하여 최단항로로 지나갔어도 추락사고로 연결

표 5.2

뇌우와 항공여행

	추락 확률	추락비용($)	추락 기대비용($)	연료 기대비용($)
폭풍우 통과	10^{-5}	10억	10,000	17,000
폭풍우 우회	10^{-9}	10억	1	20,000

되지 않았을 경우에도 최단항로는 사용되지 않는다. 위험의 가능성에 직면해서 항상 우회항로가 선택되기 때문이다.

이제 기업이 추가적인 정보를 구입할 수 있다고 가정하자. 새로운 도구인 예측기가 번개를 정확하게 예측할 수 있다고 하자. 예측기는 번개를 예측함으로써 폭풍 속을 운행하는 것이 안전한 시점과 그렇지 않은 시점을 추천해 준다. 표 5.3은 예측기의 정확성에 대한 통계를 제시하고 있다.

예측기는 10,000번 중 9,999번에 대해서 폭풍 속을 통과하는 최단항로를 권고한다. 긍정적 권고를 따르는 경우 추락사고가 일어날 확률은 1억 분의 1이다. 그러나 예측기가 우회할 것을 권고했을 때 최단항로를 선택하면 사고가 일어날 확률이 1/10이다. 예측기는 매우 정확한 정보를 제공함으로써 더 나은 결정을 할 수 있게 해준다. 예측기가 사용될 경우 기업의 입장에서 적정한 선택은 바뀌게 된다. 예전에는 항상 우회항로를 택하는 것을 선호했지만 이제는 예측기가 권고할 때마다 최단경로를 선택하는 것을 선호한다. 긍정적 권고를 했을 때 최단경로를 선택하는 기대비용은 다음과 같다.

$$\text{최단경로를 선택하는 기대비용} = (10^{-8})(\$10억) + \$17,000 = \$17,010$$

이에 비해 우회항로를 선택할 때 기대비용은 여전히 20,001달러이다. 따라서 기업은 예측기가 긍정적인 권고를 할 때마다 폭풍을 통과하는 최단항로를 선호하고, 부정적인 권고를 할 때는 우회항로를 선택하게 된다.

두 가지 의문점이 생긴다. 우선 기업은 예측기를 구매해야 할까? 이 질문에 대한 해답은 예측기의 가격이 어느 정도이고 얼마나 빈번하게 예측기를 사용할지에 달려있다. 더욱 중요한 두 번째 질문은 예측기를 구매한다면 기업은 어떤 종류의 권위 구조를 사용해야 할지의 문제이다.

예측기가 없는 경우에는 조종사가 항로를 결정하도록 맡긴다. 왜냐하면 조종사와 기업의 이해가 일치해서 분권화로 인한 '동기일치의 문제'가 발생하지 않기 때문이다. 예측기가 있는 경우 상황은 달라진다. 항공사는 99.99%의 경우 폭풍을 통과하는 최단항로를 선호한다. 조종사는 다른 견해를 가질 수 있다. 우선 예측기가 최단경로를 권고했을 때 최단항로를 선택한다면

표 5.3

예측기의 정확성				
			추락 확률	
			통과	우회
권고 확률	통과	0.9999	10^{-8}	10^{-9}
	우회	10^{-4}	10^{-1}	10^{-9}

사고가 발생할 확률은 1억 분의 1이다. 이 때 우회항로가 선택되었을 때 사고가 발생할 확률은 10억 분의 1이다. 두 숫자 모두 아주 작지만, 첫 번째 숫자가 두 번째 숫자의 10배이다. 다른 조건이 일정할 때 조종사는 비용면에서 우월한 최단항로보다 사고 확률이 낮은 우회항로를 선호할 것이다. 두 번째로, 추락사고의 가능성을 고려하지 않더라도 폭풍을 통과하여 운항하는 것이 우회하는 것보다 훨씬 힘들 것이다. 두 가지를 고려한다면 조종사는 기업과 다른 결정을 내릴 수도 있을 것이다. 이 경우, 만약 예측기가 구매된다면 권위 구조가 변해야 한다. 기업은 이제 위계적 구조를 선호하게 되는데, 이 구조에서 조종사는 폭풍을 우회해 가기 위해서 기업의 승인을 받아야 하고 기업은 조종사의 승인요구를 묵살할 권한을 가진다.

위의 예는 가용한 정보, 결정구조, 직원에 대한 동기부여가 상호 연관되어 작용함을 보여준다. 예측기와 같이 중앙에서 정보를 보유하는 경우에는 위계구조를 통한 집중화가 적절하다. 그렇지 않은 경우는 분권화가 옳은 방향일 것이다. 그러나 분권화는 결정자와 조직의 이해가 비교적 일치할 때에 한해서 잘 작동한다.

요약 ♠♠♠

조직은 실무를 수행하는 직원의 종합체 이상의 것이다. 특히 현대경제학에서 가치를 더 부여하는 견해에 따르면 조직은 지식의 창출동력이며 연산장치이다. 곧 보여주겠지만 조직의 구조, 직무 설계 등 대부분은 정보를 활용하여 효율성을 높이고 적응하며 혁신하려는 목적이 있다.

경제 자체는 동일한 문제들에 직면한다. 경제의 가장 효과적인 조직은 시장지향적 조직이다. 이러한 조직은 분권화를 통해 시간과 공간의 특수한 지식을 활용할 수 있게 해준다. 경제 전반에 퍼져 있는 지식을 활용하는 것은 생산을 효율적으로 만든다. 이것은 또한 경제의 적응력을 높이는데, 이를 위해서 국지적인 사건에 대한 계속적인 반응을 요구한다. 마지막으로 분권화는 경제를 더욱 창의적으로 만드는데, 왜냐하면 모든 사람이 자신의 아이디어를 개발하고 활용하도록 촉진하기 때문이다.

시장경제는 스스로 조직하는 시스템이다. 중앙의 지시가 거의 없는 체계임에도 불구하고, 시장경제는 상당한 수준의 조정을 달성한다. 이것은 가격을 통해 이루어지는데, 가격은 상이한 재화와 서비스의 가치를 전달한다. 분권화된 의사결정자는 재화와 서비스가 다른 곳에서 어떻게 활용될지, 다른 어떤 수요자가 무슨 용도로 재화와 용역을 수요할지에 대한 자세한 정보가 없이도 가격이라는 정보를 활용하여 의사결정을 한다. 가격은 일반적 지식을 전파하고 경제 전체를 조정하는 효율적인 방법이다.

마지막으로 시장은 자산의 소유권을 통해서 강력한 동기를 부여하기 때문에 잘 작동한다. 개인이 자산을 소유하고 사고 팔기 때문에 자산을 최대한 활용할 동기가 부여된다. 이것은 또한 정보와 결정의 매칭을 향상시키는데, 왜냐하면 정보는 결정권이 있는 곳으로 이동하고 반대로 결정권은 정보가 있는 곳으로 이동하여 양자의 가치를 극대화할 동기가 부여되기 때문이다. 시장경제의 강력한 동기부여는 분권화된 경제가 혁신적이고 동적인 주요한 원인이다.

조직 설계에 관해 고려할 때 시장이 암시하는 은유는 매우 유용하다. 어떤 기업도 시장의 구조를 완벽하게 따라하지는 못하겠지만, 기업의 조직은 가능하다면 시장이 작동하는 방식을 재현하는 것을 기본적 목표로 설정해야 한다. 따라서 조직 구조는 몇 가지 주요한 목표를 달성하도록 설계되어야 한다. 기업과 그들의 고객 및 공급업자들에게 퍼져 있는 특수한 지식의 활용을 포함한 정보의 활용, 기업 간에 필요한 조정, 기업가치를 극대화하기 위한 적절한 동기부여 등이 주요한 목표가 될 수 있다.

조직을 설계하는 것을 고려하는 데 있어서 좋은 시발점은 가장 중요한 특수적 지식을 식별하는 것이다. 한 가지 방법은 특수적 지식에 대해서 누가, 무엇을, 어디서, 언제, 왜라는 질문을 던지는 것이다. 기업 내부 혹은 외부의 누군가 사업적인 가치가 있지만 중앙의 경영진에게 소통하기는 힘든 지식을 가지고 있는가? 그것은 어떤 종류의 지식인가? 그것은 국지적인가 혹은 썩기 쉬운가? 언제 그리고 사업적 측면에서 왜 가치가 있는가? 이러한 질문들에 대한 답을 하다 보면 어떤 결정권을 분권화시키는 것이 중요한 상황에 대해 강력한 지침을 얻을 수 있다.

그다음 단계에서는 위의 분석에서 결정을 제안된 어떤 방식으로 분권화시킬 것이 권고되었다면, 그때 발생하는 조정 문제에 대해 생각해 보아야 할 것이다. 조정 문제가 발생하는 정도에 따라서 세 가지 조치가 취해질 수 있다. 첫 번째는 조정 촉진의 동기를 향상시키는 것이다. 그러나 이것은 종종 제대로 작동하지 않는다. 두 번째는 어떤 결정에 대해서는 좀 더 집중화 쪽으로 균형을 조정하는 방법이다. 세 번째는 다음 장에서 논의될 무엇인가 다른 조정 메커니즘을 실행하는 것이다.

현 단계에서는 의사결정과정에 대해 생각하는 것이 적절하다. 의사결정의 상이한 단계를 분리해 내고 그들에게 상이한 개인 혹은 사업단위를 할당하는 것은 특수적 지식의 활용과 조정을 더욱 향상시킬 수 있다. 추가로, 기업은 결정관리 혹은 결정통제를 더욱 강조하는 상이한 구조를 택할 수 있다. 이것은 기업이 어떤 의사결정체계라도 가지고 있는 창의성과 통제 간의 기본적인 트레이드오프를 어떤 방식으로 접근할지를 선택하도록 한다.

이 장에서 대부분 우리의 논의는 조직 전체의 관점에서 의사결정을 할당하는 문제를 살펴보았다. 그러나 직원에게 주어지는 재량권의 정도는 직무 설계의 주요한 부분이다. 따라서 이 장은 직무 설계라는 주제의 서론 역할도 한다. 제6장에서 전체적인 조직 구조에 대한 추가적인 문제들을 논의한 후 제7장에서 직무 설계의 주제를 다루기로 한다.

●●● 연습문제

1. 특수적 지식과 일반적 지식의 개념을 신중히 정의하라. 돌아가서 인적자본 투자의 특화 개

념을 재검토하고 일반적 인적자본과 특수적 인적자본의 개념도 복습하라. 이들 용어들은 비슷하게 들리지만 다른 것을 의미한다. 따라서 그 차이를 확실히 이해하도록 하라.

2. 당신이 종사하는 일에서 특수한 상황하의 특수적 지식의 예를 들어 보아라. 바꾸어 말하면, 당신의 직무를 수행하는 데 중요하지만 상사에게 그 내용을 명확히 소통시키기는 어려운 지식이나 정보의 예를 들어 보라. 이러한 정보가 요구되는 일에 대한 결정을 당신이 하도록 고용주는 허용하였는가? 왜인가? 혹은 왜 아닌가?

3. 정보기술은 많은 형태의 정보에 대해 소통비용을 낮춘다. 당신은 이러한 현상이 조직 구조에 미치는 효과가 무엇일 것이라고 예측하는가?

4. 당신의 직무는 대형 제약회사의 R&D를 감독하는 것이다. 대형 신약은 부분적으로 장기간의 특허권 덕분에 당신의 회사에 엄청난 이윤을 가져다 줄 수 있다. 신약개발은 엄청난 재정적 투자이다. 실패의 비용은 매우 클 수 있는데 신약은 부작용을 가져올 수 있고, 기업브랜드에 오점을 남길 수도 있다. 마지막으로 정부 식약청은 약이 새로운 제품으로 승인되기 이전의 마지막 단계에서 매우 엄격한 감독을 한다. 일종의 결정통제이다. 당신이 권고할 의사결정과정에 대해 설명하라. 신제품 개발의 상이한 단계에 따라 다른가?(가령 탐색적 기초연구와 최종 약품 개발을 비교한다면 어떤가?)

5. 기업의 의사결정방법은 작은 신규기업에서 중견기업으로 성숙함에 따라 진화하여야 하나? 그렇다면 어떻게 변화해야 하고 왜 그런가? 이러한 변화가 기업의 인력에는 어떠한 영향을 미칠 수 있을까? 기업문화에는? 제품 설계의 중요성을 변화시킬까? 기업이 성숙해지면 강조하는 부문이 변화하는가?

6. 당신의 상사가 당신 기업의 의사결정과정에 절망을 느끼고 있다. 그가 당신에게 이 과정의 비용을 상세히 기록하도록 부탁했다. 당신은 의사결정과정의 비용을 어떻게 측정하겠는가? 특정한 과정으로부터 기업에 대한 비용과 편익은 어느 정도인가?

참고문헌

Fama, Eugene & Michael Jensen (1983). "Separation of Ownership and Control." *Journal of Law & Economics* 26.

Grillparzer, Frank (1844). *Libussa* (opera).

Hawkins, Lee, Jr. (2004). "Reversing 80 Years of History, GM is Reining Global Fiefs." *Wall Street Journal*, October 6.

Kiviat, Barbara (2004). "The End of Management?" *Time*, July 6.

Marr, Merissa (2005). "Disney Cuts Strategic-Planning Unit." *Wall Street Journal*, March 28.

Smith, Adam (1776). *The Wealth of Nations.* Modern Library Classics, 2000.

von Hayek, Friedrich (1945). "The Use of Knowledge in Society." *American Economic Review* 35(4).

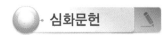

심화문헌

Aghion, Philippe & Jean Tirole (1997). "Formal and Real Authority in Organizations." *Journal of Political Economy* 105(1): 1–29.

Jensen, Michael & William Meckling (1992). "Specific and General Knowledge and Organizational Structure." In *Contract Economics*, Lars Werin & Hans Wijkander, eds. Oxford: Blackwell.

Sah, Raaj Kumar & Joseph Stiglitz (1986). "The Architecture of Economic Systems: Hierarchies and Polyarchies." *American Economic Review* 76: 716–727.

부록

위계적, 수평적, 그리고 2차 소견 구조

여기서 우리는 윌리와 글래디스의 회사 예를 통해 위계적, 수평적, 2차 소견 의사결정 구조를 정식으로 비교하기로 한다. 위계적 구조에서 윌리는 신규 프로젝트를 평가하고 일부를 탈락시킨 후 나머지를 글래디스에게 추천한다. 글래디스는 윌리가 추천한 프로젝트를 평가하고 일부를 탈락시킨 후 나머지를 실행한다. 수평적 구조에서 각자는 다른 신규 프로젝트를 평가한다. 1명이나 2명 모두에게 선택되는 프로젝트는 실행된다. 2차 소견 구조에서 두 사람이 모두 프로젝트를 평가한다. 만약 서로 동의하지 않을 경우 기업은 어떤 분석절차를 사용하여 $\lambda < 1$ 비율의 프로젝트를 수용하고 실행한다. 논의를 단순화하기 위해 두 사람이 동전을 던져 결정한다고 가정하자. 즉, λ는 $\frac{1}{2}$이다. 그러나 λ가 0부터 1까지의 어떤 수라도 동일한 결과를 얻을 수 있음을 보일 수 있다.

각각은 시기별로 N개의 새로운 프로젝트 또는 추천한 프로젝트를 검토한다. 따라서 위계적 구조에서 병목은 윌리이고 N개의 프로젝트가 시기별로 평가된다. 수평적 조직에서 $2N$개의 프로젝트가 평가된다. 2차 소견 구조에서 N개의 프로젝트가 평가되고 각각은 자기 시간의 반을 새로운 프로젝트에 쓰고 이미 자신의 동료가 검토한 프로젝트에 반을 쓴다. 프로젝트는 두 가지 결과를 가진다. 이들은 우수하거나(이익이 있음) 또는 부실하다(이익이 없음).

프로젝트에 대한 첫 번째 평가를 통해서 올바른 결정을 할 확률 p는 $\frac{1}{2}$보다 크다. 만약 확률 p가 $\frac{1}{2}$보다 작다면 오히려 동전을 던져서 결정을 하는 편이 낫다. 프로젝트를 첫 번째 평가할 때 실수할 확률은 $1 - p$이다.

프로젝트에 대해 두 번째 평가를 한다면 의사결정은 더 정확하다. 왜냐하면 첫 번째 단계에서 이미 추천된 프로젝트는 아직 평가되지 않은 프로젝트보다 좋은 프로젝트일 가능성이 높기 때문이다. 따라서 두 번째 평가를 통해 올바른 설성이 내려질 확률 q는 p보다 크다. 이는 실수를 할 확률인 $1 - q$는 $1 - p$보다 작다는 것과 같다. 물론 이것은 위계적 모형과 2차 소견 모형에

그림 5A.1 위계적 구조

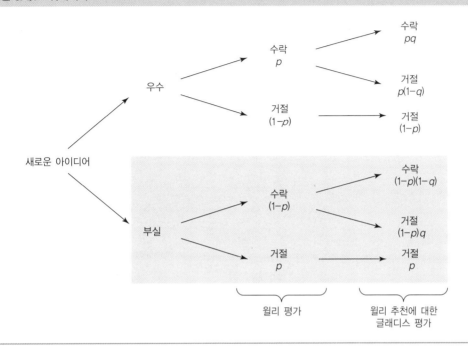

그림 5A.2 수평적 구조

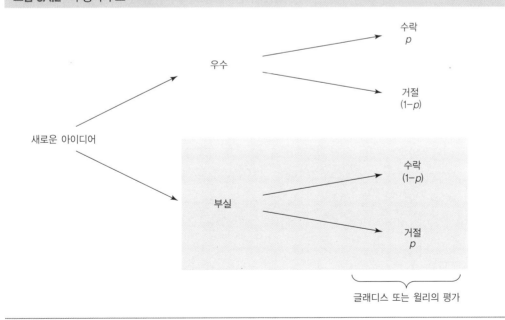

그림 5A.3 2차 소견 구조

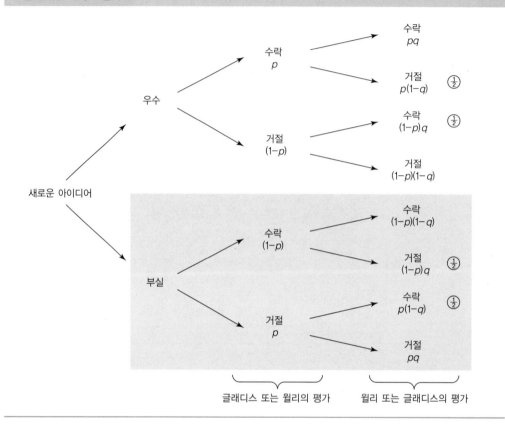

글래디스 또는 윌리의 평가   윌리 또는 글래디스의 평가

만 적용된다.

그림 5A.1-3은 각각의 구조에서 임의의 새로운 아이디어에 대한 흐름도를 나타낸다. 그림 5A.3에서 $\frac{1}{2}$s는 동전을 던지는 것이 필요한 경우를 나타낸다. 이들 프로젝트의 반은 수락되고 반은 거절된다(보다 일반적으로 λ 비율이 수락됨).

표 5A.1은 (올바른 수락과 거절, 두 유형의 오류) 네 가지 최종 결정의 확률들을 나타낸다. 결과는 조금의 연산을 거쳐 단순화될 수 있다. 위쪽 패널에는 한 가지 임의의 아이디어에 대한 확률이 계산되어 있다. 아래쪽 패널에는 기간당 아이디어의 수가 어떻게 되는지가 각 범주에 대해 계산되어 있는데, 이는 수평적 구조는 기간당 2배의 아이디어를 평가한다는 사실을 고려하여 조정한 수치이다.

표 5A.2는 이러한 결과들을 세 가지 구조에 순위를 매기는 좀 더 용이한 형태로 요약하고 있다. 위쪽 패널은 하나의 새로운 아이디어가 각각 발생할 가능성의 순위를 매기고 있다. 아래쪽 패널은 각각의 구조가 평가하는 전체 아이디어 수가 주어졌을 때 실현된 결과의 전체 수에 대해 순위를 매기고 있다.

표 5A.1

위계적 구조의 비교

	수평적 구조	2차 소견 구조	위계적 구조
하나의 새로운 아이디어에 대한 순위			
우수한 아이디어 수락	p	$\frac{1}{2}(p+q)$	pq
거짓부정	$1-p$	$1-\frac{1}{2}(p+q)$	$1-pq$
거짓긍정	$1-p$	$1-\frac{1}{2}(p+q)$	$(1-p)(1-q)$
부실한 아이디어 거절	p	$\frac{1}{2}(p+q)$	$1-(1-p)(1-q)$
전체결과			
우수한 아이디어 수락	$2Np$	$N\frac{1}{2}(p+q)$	Npq
거짓부정	$2N(1-p)$	$N[1-\frac{1}{2}(p+q)]$	$N(1-pq)$
거짓긍정	$2N(1-p)$	$N[1-\frac{1}{2}(p+q)]$	$N(1-p)(1-q)$
부실한 아이디어 거절	$2Np$	$N\frac{1}{2}(p+q)$	$N[1-(1-p)(1-q)]$

아래쪽 패널은 우리가 투입을 고려하면 수평적 구조가 다른 구조보다 전체적으로 많이 실수하는 것을 보여준다. 그러나 수평적 구조는 다른 두 구조보다 더 많은 우수한 아이디어를 실행하기도 한다. 따라서 수평적 구조는 더 많은 변화와 더 많은 새로운 프로젝트의 성공과 실패로 이어진다. 추가로 아이디어는 한 번만 평가되므로 의사결정도 더 빨리 내린다. 수평적 구조는 세 구조 중 가장 독창적이고 변화가 많다. 2차 소견 구조는 중도적 성격이다. 우수한 아이디어는 위계적 구조와 비교할 때 한 번 더 수락할 기회가 주어지고, 부실한 아이디어는 수평적 구조와 비교할 때 한 번 더 거절할 기회가 주어진다. 위계적 구조는 세 구조 중 가장 보수적인 구조이다.

표 5A.2

결과 요약

	최고		중간		최저
하나의 새로운 아이디어에 대한 순위					
우수한 아이디어 수락	2차 소견 구조	>	수평적 구조	>	위계적 구조
거짓부정	위계적 구조	>	수평적 구조	>	2차 소견 구조
거짓긍정	수평적 구조	>	2차 소견 구조	>	위계적 구조
부실한 아이디어 거절	위계적 구조	>	2차 소견 구조	>	수평적 구조
전체결과					
우수한 아이디어 수락	수평적 구조	>	2차 소견 구조	>	위계적 구조
거짓부정	수평적 구조	>	위계적 구조	>	2차 소견 구조
거짓긍정	수평적 구조	>	2차 소견 구조	>	위계적 구조
부실한 아이디어 거절	수평적 구조	>	위계적 구조	>	2차 소견 구조

06

조직 구조

혼돈은 자연의 법칙이며, 질서는 인간의 꿈이다.

－ 헨리 애덤스, 1983

서론

앞 장에서 우리는 개별 결정사안에 초점을 맞추었다면, 이 장에서는 좀 더 밀접한 관계의 거시적 과제라 볼 수 있는 '조직 전반의 구조'에 집중해 보도록 하겠다. 이 주제는 성격상 전체 과정의 대상이 되기 쉬운 광범위한 주제라 할 수 있다. 이번 장에서는 몇 가지 핵심적 질문들에 대해서 살펴보고자 한다.

당신이 큰 항공우주 분야 회사의 새로운 CEO를 위한 경영팀 팀원이라고 가정해 보자. 회사는 성공과 실패를 경험해 왔다. 몇몇 정교한 신제품은 엄청난 성공을 끌어낸 반면, 어떤 제품들은 실패로 돌아갔다. 현재 당신의 회사는 빠르게 성장하는 경쟁 회사들로 인해 더욱 심한 경쟁 구도 속에 놓여 있다. 한 경쟁 회사는 여러 문제로 위기를 맞고 있으며, 당신 회사의 CEO는 앞선 회사들과 같은 유사한 문제를 겪지 않길 원한다. 또한 회사 내 여러 부서 간에는 제품 설계에서 마케팅을 아우르는 다양한 사안에 대한 갈등이 일고 있다. CEO가 당신에게 과거의 성공을 지속시키고 현안을 해결할 수 있는 조직체계의 방안을 내놓으라 한다면, 당신은 어떤 것부터 시작하겠는가?

분명 당신은 회사를 어떤 방식으로 더 작은 세부단위(subunit)로 구분지을까를 생각해야 한다. 큰 회사들의 대부분은 하나의 경영팀이 감독하기에는 너무나 복잡한 체계를 갖고 있다. 여기서 논의되어야 할 한 가지 이슈는 '회사가 어떤 식으로 그 조직을 부 또는 다른 사업 단위로 쪼갤 것인가?'의 문제이다. 두 번째 문제는 '광범위한 방식의 자유재량권을 어떻게 설정하는 가?'이다. 당신의 상사가 빠른 경쟁체제를 걱정하며 회사의 의사결정이 너무 느리다는 의견을 내놓는다. 동시에 당신 회사가 혁신적 제품 생산에 성공하여, 현재의 수준을 유지해야 한다는 압력을 받고 있다. 앞 장에서 논의된 이슈들은 이와 관계되어 있으며, 이는 이번 장에서도 활용될 것이다. 그 예로 제5장의 내용을 통해 당신이 일반적으로 의사결정의 속도와 의사결정 오류 간의 선택을 마주하게 되며, 이것이 의사결정의 '질'을 결정하게 된다는 것을 알게 되었다.

조직의 구조는 직원의 경력 유형에 영향을 미칠 수 있다. 전통적 기능중심 위계는 대부분의 직원이 업무기능 범주(functional area) 내에서 전문적인 지식을 쌓는 데 주력하도록 만든다. 그 외의 다른 구조에서는 구조와 직무 단계 간의 연계성이 약화될 수 있으며, 이로 인해 업무에 요구되는 숙련 역시 약화될 수 있다. 또한 어떠한 조직 구조를 선택하느냐에 따라 성과평가(performance evaluation)의 효율이 달라질 수 있다. 이 점에 관해서는 이 장에서 여러 관점을 언급하도록 하겠다(평가의 문제는 제9장에서는 보다 심층적으로 살펴볼 것이다). 항공회사의 경우 최첨단 기술개발 역량을 지닌 엔지니어를 보유하고 있어야 하므로, 조직 구조에 따른 경력 유형과 개발에 관한 문제는 중요한 관계를 갖는다고 할 수 있다.

마지막으로 부서 간의 갈등은 조직 내에 조정기능(coordination)이 발달되어야 함을 이야기한다. 회사에서 종종 발생하곤 하는 갈등조정 문제의 심각성과 유형에 대해 조직 구조가 갖는 의의는 무엇인가? 어떤 유형이 조정에 유효한가? 이러한 내용이 이 장에서 다루어질 질문의 유형이다.

조직 구조의 추세

대표적 비즈니스 언론들은 지난 20년간의 조직 구조가 수평적으로 변화해 왔다고 이야기한다. 이는 무엇을 의미하는가?

한 연구에서는 미국 내에서 1986년에서 1999년 사이에 활동한 300여 개 대형기업의 최고 경영진 체계를 분석한 결과, CEO와 가장 낮은 지위의 책임자 사이 직급체계 숫자가 기간 내 25% 감소했음을 알아냈다. 동시에 CEO에게 직접 업무보고를 할 수 있는 책임자의 숫자가 급격히 증가했음을 발견했다. 실제로 기업들이 조직 구조를 수평화하고 있는 것이다.

또한 기업의 조직 구조가 평이해지면서 의사결정이 분산됨을 보여주는 증거들이 제시되었다. 이는 책임자가 감독해야 할 하위 조직들이 많을수록, 직접적으로 결정에 참여할 수 있는 시간적 여유가 부족하고, 따라서 결정 권한의 위임자를 더 많이 필요로 함을 의미한다. 또한 수평적인 조직체계를 가진 기업일수록 장기적인 경제적 성과 또는 주식 지분과 같은 광범위한 성과 측정(제9장에서 성과 측정에 대한 구체적인 정의가 이루어질 것이다.)에 기반한 인센티브 보상 방식을 많이 활용하는 경향을 보였다.

출처 : Rajan & Wulf(2006)

조직 구조의 유형 ◆◆◆

이번 절에서는 4개의 일반적 조직 구조 유형에 관해 기술하고자 한다. 이어지는 부문에서는 각 조직 구조가 갖는 강점 요인들을 다룰 것이다. 기본적인 조직 구조에 관한 지식이 있는 사람이라면 이 절은 넘어가도 무방하다.

실제 기업의 구조는 상당히 복잡하다. 간혹 일부 기업들은 이 절에서 제시하는 조직 구조가 결합된 형태를 보이기도 한다. 예를 들면, 한 기업이 여러 부서를 거느리고 있다고 할 때, 일부는 매트릭스 구조를 활용하고, 또 다른 일부는 전통적인 기능중심 위계로 운영하고, 나머지 부서는 비공식적 네트워크 구조를 이용할 수 있다. 구조가 정해진 조직단위에서조차 결합된 구조적 접근이 가능하다. 한 사업 단위는 기능적 위계의 계열을 따라 조직될 수 있으나, 동시에 광범위한 비공식적 커뮤니케이션과 협력 형태 — 네트워크 접근방식 — 를 만들게 된다. 마지막으로 하나의 조직 단위는 결정사항과 구성원들을 한 방향으로 구성할 수 있지만, 다른 결정들은 또 다른 방향으로 구성할 수 있다. 기업이 크고 복잡할수록, 그 조직 구조 역시 여러 요소들을 결합한 형태를 나타내며 조직도로 적절히 보여주기 어려울 수 있다. 따라서 제시되는 4개의 조직 구조 유형을 가장 기본적인 원칙으로 삼고자 한다.

4개의 일반적 조직 구조 유형을 언급하기에 앞서, 이 구조들 중 하나를 제외한 나머지가 앞 장에서 소개된 중요 원칙인 '위계(혹은 체계, hierarchy)'를 광범위하게 활용하고 있음을 밝혀 두는 바이다.

위계적 구조

그림 6.1은 조직 구조 역사상 가장 오랜 역할을 해온 고전적 조직 구조라 할 수 있는 '기능적 위계(functional hierarchy)' 구조를 보여준다. 기능적 위계는 2개의 중요한 요소인 '기능적 구조(functional structure)'와 '위계'를 지니고 있다.

위계란 조직의 하부에서 상부 사이의 분명한 선형경로로 존재하고 대부분의 커뮤니케이션, 관리감독 및 의사결정이 이 경로를 통해 이루어지는 것을 의미한다. 그림 6.1은 각 기능 범주마다 부회장(Executive Vice President, EVP)과 같은 '장(head)'을 두고 있다. 부사장(Vice President, VP)은 부회장에게, 지점장(manager)은 부사장에게, 점원(assistant)은 지점장에게 보고한다. 각 조직구성원은 대개 소속 명령체계에서 다음 계층(위와 아래)에 있는 구성원들과

그림 6.1 기능적 위계

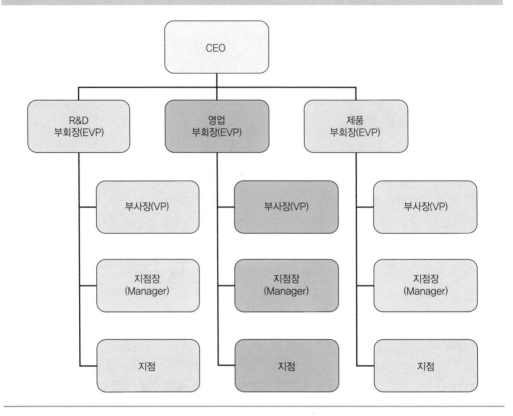

일하는 것이 일반적이며, 두 단계 혹은 그 이상의 상하 계층 차이가 있는 구성원과의 커뮤니케이션은 많지 않다. 이러한 구조 속에서는 누가 누구에게 보고해야 하는가에 대한 모호성이 존재하지 않는다. 이러한 구조가 제5장에서 분석된 구조이다.

위계 구조 속에서는 CEO가 궁극적 권한을 지니고 있다. 그러나 많은 결정들이 앞 장에서 기술된 이유들로 인해 하위계층에서 만들어진다. 분권화는 종종 하위계층의 세부지식 활용과 최고경영층의 의사결정 시간을 단축시키는 데에 필수적으로 작용한다. 분권은 그 후 의사결정의 관리와 통제에 대한 구분으로 이어져 감독과 더 나은 조정기능을 이끌어 낸다.

제5장에서 간단히 언급된 것과 같이 사실상 모든 조직 구조는 단일 의사결정권자(single decision-maker)를 둘 때 갖는 이점 때문에, 이러한 의미에서 위계를 갖추는 것이다. 조직구성원이 누군가에게 보고해야 하는데, 누가 최종 결재권자인가가 명확하지 않을 경우, 조직은 여러 가지 손실을 입게 될 것이다. 집단 내 합의를 필요로 하는 상황에서는 의사결정이 늦어질 가능성이 더 높다. 의문사항에 대해 구성원들이 누구에게 물어야 할지가 분명하지 않으면 더 많은 혼란이 야기될 것이다. 마지막으로 집단의 의사결정은 조직 내에서의 일처리 방식에 대한 정책적 중요

성을 높여 준다. 이러한 이유로 인해 모든 조직 구조가 실질적으로는 의사결정에 있어 위계 구조를 광범위하게 활용하게 되는 것이다.

　대규모 조직 내에서의 위계 유지는 많은 비용을 필요로 할 수 있다. 그 이유를 살펴보기 위해, 어린 시절 전화통화 놀이를 생각해 보면 쉽다. 놀이의 참가자들이 원을 둘러앉는다. 첫 번째 참가자는 옆 사람의 귀에 문구 하나를 속삭여 말한다. 두 번째 참가자는 그가 들은 문구를 다시 그의 옆 사람 귀에 대고 속삭인다. 놀이는 계속 이러한 방식으로 진행되고, 모든 참가자를 완전히 돌면 마지막 참가자는 그가 들은 것을 크게 소리 내어 외친다. 일반적으로 그 결과는 —과정 중의 왜곡으로 — 원 문구와 전혀 다른 문구로 드러난다.

　동일한 일들이 위계, 특히 많은 계층을 가진 위계 속에서도 발생할 수 있다. 어느 낮은 계층의 조직구성원이 CEO가 회사 내 다른 기능들과의 기능조정을 위해 필요로 하는 정보를 가지고 있는 경우를 상상해 보라. 그는 상사에게 그가 가진 정보를 전달할 것이고, 상사는 전달된 방식으로 CEO에게까지 보고할 것이다. 그 정보가 정량화할 수 있는 것이 아닌 이상, 전달되는 과정에서 정보의 내용은 다소 왜곡되기 십상이다. 간혹 정보가 전달되기 전 각 단계에서 다소 가공이 되는 경우 왜곡될 가능성은 더 커진다. 결정사항의 실행을 고려하지 않는 반대 방향에서도 유사한 왜곡 효과가 나타날 수 있다. CEO가 하위계층 직원에게 영향을 미칠 수 있는 결정을 내릴 경우, 이 결정사항은 하부로 전달되어야 한다.

　최초의 공식적 조직들은 정부, 군대, 종교 단체와 같은 초기 대형 공공시설 속에서 발전되었다. 위계는 이러한 모든 초기 조직 구조 내에서 중요한 요소로 작용했고, 오늘날까지 존재하고 있다.

기능적 구조

전통적 구조의 두 번째 요소는 기능적 조직 단위의 활용이다. 일단 기업이 일정 규모로 성장하면, 전반적 구조는 관리가 더 수월한 세부단위로 쪼개져야 하며, 그렇지 않을 경우 최고 경영층은 곤경에 빠질 수 있다. 세부단위로 분리하기 위한 논리적 방법의 한 가지는 어떤 방식으로든 유사한 직원들을 함께 같은 단위로 그룹화하는 것이다. 매우 흔하게 사용되는 방식은 조직을 관련 기술과 업무에 기반한 단위로 분리시키는 것이다.

　그림 6.1을 보면, 회사는 3개의 기능으로 조직되어 있다(현실에서는 더 많은 기능들이 존재할 것이다). 한 그룹은 R&D에 주력하고 있다. 또 다른 그룹은 제품의 생산에 집중하고, 나머지 한 그룹은 판매에 초점을 두고 있다.

　이 조직 구조 속에서 직원의 경력은 기능 내에서만 존재하는 경향을 보인다. 생산직 초기(하위) 계층에 있는 직원은 점차 승진하겠지만, 생산 기능 내에 머물게 될 것이다. 판매직에 있는 직원도 마찬가지로 판매직에서 더 큰 비중의 책임을 맡는 위치에 오르게 될 것이다.

　기능적 구조는 전문화(specialization)의 실질적 이득에 의해 운영된다. 기능적 구조 속에서는 직원이 동일 기능에 종사하는 거의 모든 동료들과 일하게 된다. 기능 간의 커뮤니케이션은 상위계층(극단적인 경우, CEO와 최고 경영층)에서 일어나는 경향을 보인다. 한 기능을 담당하는 직원이 업무를 수행하기 위해 필요로 하는 것은 단지 그의 기능 범주에 관계된 개념과 숙련지식에 국한된다. 회계사는 회계 전문지식을 필요로 하지만, 생산이나 마케팅에 관한 지식은 거의 혹은 전혀 필요로 하지 않는다. 이러한 기능적 구조는 제3장에서 언급했듯이 숙련투자의 엄청난 효율을 만들어낸다.

전문화의 두 번째 이득은 다음 장의 중요 요소이다. 직무는 전문화될 수 있으며, 그 결과 직원들은 직무 수행에 필요한 지식과 기술 내에서 큰 관련성을 갖는 제한적 업무 집합만을 수행한다. 기능적 위계는 제한적인 수의 업무로 된 한정적 직무를 무엇이라 지칭할 것인지 설계하기 수월하게 만든다. 물론 한정적으로 설계된 업무들은 제한적으로 집중 투입되는 인적자본만으로도 상당히 순조롭게 운영되는 경향을 보인다.

기능적 구조는 더욱 원활한 위계의 작용에 추가적인 이점을 가져온다. 직원들은 대개 위계의 하위에서 시작하여 상위계층으로 승진하게 되는데, 기능 구조의 상사는 대개 한때 일했던 업무를 감독하게 된다. 이는 그가 더욱 효율적인 책임자가 될 것임을 의미한다. 그는 감독하는 하위단위에서 제공되는 정보를 더 잘 처리하고, 하위에 지시할 수 있다(즉, 결정사항의 관리와 통제가 좀 더 효율적으로 이루어지기 쉽다). 상사는 그의 하위 직원과 동일한 기술을 갖고 있으므로 커뮤니케이션이 훨씬 수월할 것이다. 직무의 맥락을 이해하고 직원의 노력이나 다른 요인들에 따른 성과의 정도를 결정하는 방식을 알고 있으므로, 성과 역시 정확하게 평가할 수 있을 것이다.

기능적 구조는 훈련, 직무 설계, 의사결정 및 커뮤니케이션이라는 점에서 상당한 이점을 가지고 있다. 그러나 이는 매우 불리한 점을 지닐 수 있다. 전문화는 직원의 일이 조직의 다른 기능에 종사하는 직원들에게 어떤 영향을 주게 될지에 대한 이해가 거의 수반되지 않으므로, 결국에는 다른 기능과의 조정이 매우 불충분한 상태에 이를 수 있다.

이 문제에는 두 가지 원인이 존재한다. 첫 번째 원인은 기술과 업무의 전문화가 직원들이 다른 기능에 종사하는 동료들의 시각을 고려하기 어렵게 만든다는 것이다. 부분적 원인으로는 다른 기능들에 대한 무지와 편협한 인센티브(기능 조직에서 성과평가는 다른 기능들과의 조정을 포기하고 기능적 전문가에게만 초점을 두는 경향이 있다. 제8장에서 그 원인을 이해할 수 있는 일부 기법을 제공할 것이다.)가 될 수 있다. 두 번째 원인은 앞서 설명한 것과 같이 위계에서 발생할 수 있는 커뮤니케이션과 결정사항의 왜곡 유형이다. 기능적 구조에서 대부분의 커뮤니케이션은 기능 간보다는 기능 내에서 상하 전달된다.

부서 구조

기업이 클수록 CEO는 구조를 관리가 수월한 하부 단위로 더 많이 분리해야 할 것이다. 각 단위

내에서 대부분의 주요 결정 권한은 단위 책임자에게 위임된다. 조직을 세분화하는 하나의 방법은 기능으로 나누는 것이다. 이것은 전문화의 주목할 만한 경제적 이점을 활용한다. 그러나 단순한 기능적 위계는 대형 조직에는 적합하지 않은 경우가 대부분이며, 이는 기능적 단위가 효율적으로 관리되기에는 너무 클 수 있기 때문이다(그 예로 앞서 기술된 왜곡 현상이 매우 심각할 수 있다).

게다가 대형기업은 더 복잡한 모습을 띠기 쉽다. 기업들의 생산 계열이 확장되고, 더 많은 지역에서 판매하게 되면, 더 다양한 기법과 기술을 활용하기 시작한다. 이 모두는 기능을 넘나드는 조정 문제가 훨씬 더 심각해질 수 있음을 의미한다. 이러한 이유들 때문에, 대부분의 중규모 기업과 대형 회사들 역시 그들의 구조를 일부 '부서' 형태로 세분화한다. 부서 구조의 사례는 그림 6.2에 제시되고 있다.

이 예에서 회사는 3개의 부서로 나누어져 있다. 각 부서 내에서 회사는 기능적 위계를 가지고 있다. 이는 기업들이 이번 장에서 기술되는 조직 구조의 요소들을 결합하여 사용할 수 있음을 보여준다.

그림 6.2 부서 구조

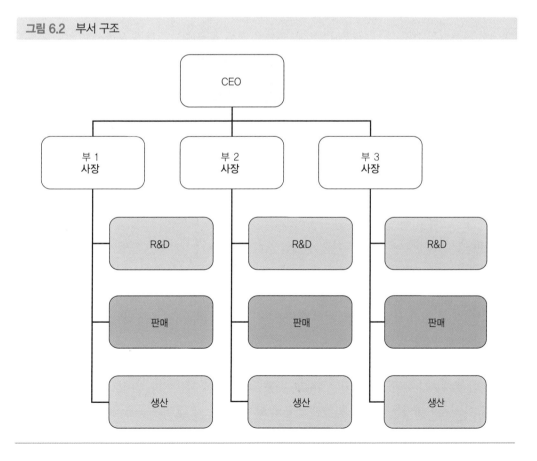

예들 들어, 최첨단 컴퓨터를 설계하여 판매하는 회사가 있다고 생각해 보자. 그 회사는 데스크톱과 노트북, 초소형 컴퓨터들을 교육관계자 고객(학교, 대학)과 기업 고객들에게 판매하고 있다. 어떤 컴퓨터들은 최첨단 기술을 활용한 것으로 매우 우수하나, 다른 것들은 원자재를 이용하였고 매우 기본적인 기능만을 갖추고 있어 저가 제품으로 생산되었다.

이 회사는 고객, 제품 유형과 기술에 있어 중요한 변화량을 지닌 비교적 복잡한 사업을 하고 있다. 만약 이러한 모든 활동들을 감독할 수 있는 하나의 큰 단위가 존재한다면, 최고 경영층은 그들의 노력과 자원 간의 투입 방식에 대한 힘든 계약을 계속해야 할 것이다.

대신 회사는 회사를 다른 '부'로 분리시키는 것을 고려할 수 있다. 각 부는 특정 영역에 집중하도록 임무를 부여받을 것이다. 이는 각 부의 임무와 운영을 단순화할 것이다.

예를 들어, 회사가 제품 부서를 조직하기로 결정했다고 가정해 보자. 그림 6.2의 3개 부서는 데스크톱과 노트북, 초소형 제품 각각을 담당하게 될 것이다. 노트북 제품부서에 근무하는 직원은 노트북의 설계와 제조, 또는 판매를 최상으로 끌어낼 수 있는 방법을 찾는 데 노력을 기울일 것이다. 그는 데스크톱과 초소형 컴퓨터에 관한 일에 신경 쓰지 않아도 되므로, 그의 일은 매우 단순화된다. 노트북 제품 위계에서도 부사장에 이르기까지 마찬가지 상황이 주어진다.

다시 말하면, 전문화는 많은 계열(line)을 따라 일어나게 되는 것이다. 경제학(그리고 본 주제)에서 강조되는 것들은 대개 인적자원과 제한적 직무 설계에의 투자를 포함하고 있다. 그러나 조직 구조 계층에서 동일한 원칙이 작용하게 되며, 전문화는 많은 다른 차원에서 존재할 수 있다.

예를 들어, 우리의 컴퓨터 회사가 고객 유형에 기반하여 여러 부서로 쉽게 조직될 수 있는 것이다. 이러한 경우 교육용과 기업용 컴퓨터를 위한 2개 부서가 생겨날 수 있다. 각 부서의 직원들은 그들의 일을 부서가 책임지고 있는 제품 계열 성공에 초점을 맞추어 구조화시킬 것이다. 이때 그들의 초점이 약간 다를 수 있음을 주목하도록 하자. 지금 직원은 데스크톱, 노트북, 그리고 초소형 컴퓨터에 관해 일을 하지만, 어떻게 설계해야 할지 혹은 교육계 고객에게 어떻게 하면 판매할 수 있을지에 집중하고 있을 것이다.

세 번째로 가능한 부서 구조는 기술적 계열을 따라 조직하는 것이다. 그럴 경우, 우리 컴퓨터 회사는 최첨단의 진보된 기술의 컴퓨터와 저가의 원자재 컴퓨터를 위한 부서들을 보유하게 될 것이다. 이러한 부서 구조 유형은 다른 구조보다 보편적이지는 않지만, 분명 흔히 발견할 수 있는 구조이다. 마지막 보편적 예로 지역에 따른 부서를 조직하는 경우가 있다. 그 기업은 미국, 유럽, 아시아 지역을 담당하는 개별 부서를 갖출 수 있다.

조직구성원이 전문화되는 어떤 때라도, 다른 전문성을 갖춘 구성원 간의 조정비용이 발생할 가능성이 존재한다. 이것은 부서 구조에도 적용된다. 한 회사를 여러 부서로 조직화하는 것은 회사가 어느 정도까지는 자치권을 가진 소규모 회사의 세트가 된다는 것을 의미한다. 일반적으로 한 부서의 사장은 부의 성과에 의해 평가와 보상을 크게 받게 된다. 각 부서 내 인센티브, 전략, 숙련과 직무 설계의 특수화는 각 부서의 일들이 타 부서에 끼칠 수 있는 효과를 적절히 고려하지 않고 있음을 의미할 수 있다.

제5장에서 비유한 '조직 설계에 대한 시장'을 활용해 보자면, 조정 문제는 다른 조직 단위가 서로에게 긍정 혹은 부정적 외적 영향을 부과하게 됨으로써 발생한다. 긍정적인 외적 영향의 경우, 부적절한 협력이 생겨나게 된다. 부정적인 외적 영향의 경우, 과도한 경쟁이 발생한다.

계속 예로 들었던 컴퓨터 회사를 다시 살펴보도록 하겠다. 만약 우리가 회사를 제품 기준으로 부서를 조직한다면, 노트북과 데스크톱 제품 부서들이 서로 판매 경쟁을 벌이게 될 것이다. 이 경쟁은 각 부서가 서로에게 부과하는 부정적 외적 영향을 감안하여 적절치 못한 인센티브를 활용하게 되므로, 수익 전반의 감소를 가져올 수 있다. 따라서 부서 체제 회사의 CEO와 최고경영층의 업무 중 많은 부분은 각 부서의 활동을 감독하여 부서 사이의 조정 문제를 개선시키는 것이다. 이것은 협력에 대해 보상하는 인센티브 체계를 수립하는 부서들의 전략에 대한 결정권 유지와 발생한 분쟁의 안정을 포함할 수 있다.

기업에서는 부서를 어떻게 정의하는가

기업은 어느 부서 구조를 활용할 것인지를 어떻게 결정하는가? 그것은 세부 사업에 대한 지식 없이는 답하기 힘든 질문이다. 이와 같은 질문은 크게 회사가 활동들을 더욱 분화시키는 (differentiate) 데 필요한 면이 어떤 것인가를 결정하는 것으로 요약된다. 예를 들어, 어느 회사가 3개의 제품에 유사한 기술을 필요로 한다고 가정해 보자. 그렇다면 회사를 기술에 기반하여 부서로 조직하는 것은 옳지 않다. 각 부서는 해당 특정 제품 유형에 대한 R&D에 주력할 것이다. 이는 부서들의 중복적이고 비호환적인 R&D 결과로 이어질 것이다. 반면, 제품 유형별로 매우 다른 기술들이 요구된다면, 3개의 다른 제품에 대한 부서별 R&D로 나누는 것이 손실을 일으키지 않을 것이다.

종종 판매와 마케팅을 지리와 제품 또는 고객 유형에 따른 부서로 조직하는 것은 이치에 맞다. 지리적 구조는 특정 지역 내에서 모든 고객을 대상으로 판매하도록 할당받은 경우, 동일 판매 팀이 모든 고객에게 효율적으로 판매하는 것이 합당하다. 또한 지역단위 부서는 다른 언어와 문화를 가진 지역을 대상으로 회사의 마케팅, 제품 정보, 판매기법을 다양화할 수 있는 회사의 경우에 더 적합하다.

제품 또는 고객을 기준으로 판매를 조직하는 경우는 제품에 따라 다른 판매와 마케팅 기법이 요구될 때 더 적절하다 볼 수 있다. 예를 들어, 기업 고객 또는 고성능 기능 사용자 고객들은 가격에 덜 민감하겠지만, 좀 더 정교하고 특별한 제품과 서비스를 요구할 수 있다.

회사의 어떤 계층에서 일을 조직화하기 위한 중요한 원칙 중 하나는 **모듈화**이다. 시스템이 매우 다르고, 기능적으로 분리되는 부분들로 쪼갤 수 있는 정도까지 모듈화된다. 모듈화의 원칙은 소프트웨어 설계에서 진화 생물학과 사회학에 이르기까지 많은 영역에 적용된다. 또한 이는 조직 구조와 직무 설계에까지 적용가능하다.

일을 다른 직무들 또는 업무 그룹, 또는 사업 단위, 부서로 분리하는 것은 분리되는 단위들 간에 조정비용을 발생시킨다. 일이 모듈 단위에 이르는 정도까지는 조정비용이 적게 든다. 그러므로 경험상 부서를 어떻게 정의할 것인가에 대해 생각해 보면, 모듈을 찾는 것이 그 원칙이라 할 수 있다. 당신의 사업을 자체 관리되는 그룹들로 어떻게 나누겠는가? R&D로 분리하는 것은 ─ 컴퓨터 회사의 경우는 그 업무가 쉽게 모듈화되지 않는다 ─ 적합하지 않다고 일찍이 사례로 논의하였다. 반대로 판매 조직을 지역과 제품 기준으로 모듈화하는 것은 상대적으로 간단하다.

모듈화는 외적 영향 또는 조정비용들이 단위 간 크게 들어가지 않는 정도까지가 적합하다. 소프트웨어 설계에 있어, 이 원칙은 가끔 낮은 결합도(low coupling)와 높은 응집도(high cohesion)라 불린다. 업무들이 높은 응집력을 필요로 한다면, 이들을 동일 조직 단위 안에 함께 두거나 강력한 협력 메커니즘을 개발하는 것이 중요하다(상자 참조). 느슨한 결합도를 요구하는 업무들은 다른 모듈(업무, 단위 또는 부서)로 배분되는 좋은 후보들이 될 수 있다. 우리는 다음 장에서 모듈화의 원칙을 다시 활용할 예정이다.

마이크로소프트의 소프트웨어 설계

● ● ● ● ● ● ● ● ● ● ● ●

2007년 초, 마이크로소프트는 많은 기대를 받고 있던 윈도우 운영 시스템 업그레이드를 위한 비스타를 공개하였다. 이는 초기 공개 예상시기보다 1년 남짓 늦게 발표되었는데, 그 이유는 윈도우가 매우 복잡하고, 큰 규모의 소프트웨어 프로그램(기술적으로는 일련의 상호 연계 프로그램) 설계의 부적절한 모듈화 때문이었다.

개별 프로그래머들은 코드 전반에 대한 각자의 부분을 개발하도록 임무를 할당받았다. 이 부분들은 그 후 함께 조립되어 전체 프로그램으로 조합되었다. 그러나 마이크로소프트는 개발 과정이 모듈화 원칙에 부적합한 처리였음을 알게 되었다. 윈도우 개발에 참여하는 4,000명 남짓의 엔지니어들이 있었으며, 이들은 1개의 동일 프로젝트에 의해 모두 함께 관리되었다.

마이크로소프트는 개발 과정을 두 가지 방식으로 대체하였다. 먼저, 회사는 프로젝트를 기업 구조 내의 부서들과 아주 유사하게 하위 프로젝트들로 세분화하였다. 책임자들이 전체 윈도우 프로젝트를 도표로 정렬시켰을 때, 도표는 '세로 8인치, 가로 11인치 크기에 달했고, 몇백 개의 노선이 서로 얽혀 있는 마구잡이 지하철 노선표' 같았다. 프로젝트 책임자들은 프로젝트를 하위 프로젝트로 재설계하여 전체 운영 시스템의 훼손 없이 추가 또는 제거될 수 있도록 하였다.

두 번째, 책임자들은 하위 프로젝트들이 더 큰 단위 프로젝트로 더해지기 전 개별 부분들의 코드에 더 높은 질을 요구함으로서 더 나은 모듈화를 추진하였다. 엔지니어들은 그들이 맡은 프로젝트의 결함을 완벽히 찾아 없애고, 개별 기능의 책임을 맡는 독립적 레고 블록과 같아질 수 있게 설계하도록 지시받았다.

출처 : Guth(2005)

부서 구조에 대한 마지막 주의사항으로, 원칙상 기업은 다른 세트들로 이루어진 업무들을 다른 구조들로 조직할 수 있다. 예를 들면, R&D가 전체 회사를 위한 하나의 그룹으로 중앙에 모여 조직될 수 있다. 회사 전반의 부품 및 제품의 규모와 표준화의 경제면에서 최적의 이익을 끌어낼 것이다. 그렇게 되면 회사는 마케팅과 판매 조직을 고객 기준의 부서로 재개편하여 판매기법의 융통성을 극대화할 수 있다. 생산은 지역을 기준으로 조직하여 분배비용을 최소화할 수 있다. 그러나 회사의 다른 영역들이 완전히 다른 계열에 따라 조직될 경우, 복잡성이 빠르게 증가한다. 제품생산은 그 방식에 맞춰 지역적 변화에 초점을 두게 될 것이고, 판매 혹은 R&D와 원활한 조정이 이루어지지 않게 될 것이다. R&D는 최첨단의 LCD 스크린 기술 개발에 주력하겠지만, 다른 고객 유형에 맞춰 설계를 다양화하는 방법에 대해서는 생각하지 않을 수 있다. 다른 집중영역을 맡아 일하는 이러한 그룹들 간의 조정 업무를 맡는 CEO와 최고경영층은 더 힘든 곤란을 겪게 될 뿐이다. 이런 이유 때문에 구조를 단순하게 유지하고 직원들을 상대적으로 서로 일관되는 부서로 모아 조직하는 이점이 존재하는 것이다.

매트릭스 혹은 프로젝트 구조

부서 구조의 한 가지 약점은 회사가 전문화의 일부 장점과 단순 기능 구조가 제공하는 규모를 효율적으로 활용하지 못하게 된다는 점이다. 예를 들어, 다른 부서들이 각자의 영업 직원을 보유하고 있는 경우, 각 영업 그룹이 별도로 서비스들을 제공하게 되므로 효율성이 떨어질 수 있다. 유사하게 각 부서가 개별 회계과를 갖고 있다면 회사는 여러 개의 비호환적인, 따라서 상대적으로 비싼 회계시스템을 갖추고 있는 셈이다.

이 문제는 특히 대단히 진보된 기술 지식을 요구하는 R&D와 같은 기능들에서 심각하게 나타날 수 있다. 만약 별도로 분리된 부서 안에 다수의 기능 그룹들이 존재한다면, 각 그룹은 기능에 대한 기술적 지식들을 개발(혹은 일정 형태의 지식 관리 시스템을 활용해야 한다. 아래 참조)해야 한다. 그것은 소모적이기 쉽고 이러한 연구 노력들을 하나의 조직 단위 안에 결합하는 것에 비해 비효율적인 R&D라 할 수 있다.

세 번째 구조는 매트릭스 혹은 프로젝트로 부서 구조의 필요성에 반대되는 전문화된 기능 영역 안에서 효율적 규모 활용에 대한 요구가 있을 때 그 균형을 맞추는 데에 이용될 수 있다. 그림 6.3이 그 예를 보여주고 있다. 이 경우 회사는 기능과 부서 그룹 모두를 활용한 형태로 조직되어 있다. 각 직원은 기능 영역과 부서 영역이라는 2개의 그룹으로 배정되어 있다. 예를 들어, 한 엔지니어는 소프트웨어 설계와 노트북 컴퓨터라는 2개의 그룹을 맡게 될 수 있다. 특히 각 직원은 기능에서 1명, 부서에서 1~2명의 상사를 두게 된다.

그림 6.3의 공식 조직 유형은 **매트릭스 구조**(matrix structure)라 불린다. 매트릭스라는 용어는 각 조직구성원이 2개의 조직적 임무를 지니는 2원적 설계를 의미한다. 사실상 그림 6.3의 조직도는 2 × 2 매트릭스처럼 보인다.

많은 회사들이 기능을 지닌 직원들에게 기능들을 걸치고 있는 프로젝트들을 할당한다. 그러한 프로젝트들은 그림 6.3에 제시된 공식적 부서들보다 더 일시적인 성격을 보인다. 프로젝트 구조란 그와 같이 상대적으로 일시적 성격을 보이는 매트릭스 형태 구조를 의미한다. 두 구조 모두 동일한 기법을 사용하지만 차이점은 상대적 불변성과 형식성이다. 마지막으로 특히 단기의 교차기능적(cross-functional) 팀들은 동일한 일반법칙을 활용하지만 프로젝트 구조보다 훨씬 더 일시적이다.

어느 정도까지는 부서 구조에서도 조직구성원이 2개의 조직적 제휴 부서와 부서 내에서의 기능을 갖게 된다는 점은 주목할 만한 가치가 있다. 그러나 매트릭스 구조에서는 이러한 것들이 어렵다. 부서 구조적 접근 방식에서는 각 부서를 위한(예 : 다른 판매 그룹들) 다른 기능들이 존재한다. 매트릭스 구조적 접근 방식에서는 부서들을 걸치게 하는 단독의 기능적 조직이 존재한다. 다시 말하면, 부서 구조에서는 기능들이 부서 내에서만 존재하게 되는 반면, 매트릭스 구조 속에서는 기능들이 부서를 가로질러 걸쳐지는 형태로 존재한다.

매트릭스 혹은 프로젝트 구조는 기능적 구조와 부서 구조의 많은 장점을 수용한다. 기능에 의해 조직된 매트릭스의 한 면을 가짐으로써 기능적 구조의 많은 장점들이 달성된다. 직원은 인적 자원 투자에 집중하게 되고, 일정 주제의 전문가가 되며(더 많은 기능 전문지식이 개발될수록 혹은 기능 계열을 따라), 경력 경로가 명확해진다. 기능적 관리감독자에 의한 성과평가가 더 효과적으로 작용한다.

그림 6.3 매트릭스 혹은 프로젝트 구조

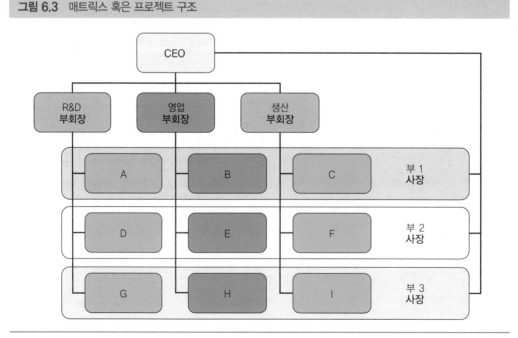

동시에 직원들은 부서 내에서 기능을 잇는(across functions) 그룹을 형성하게 된다. 이는 여러 가지 면에서 조정기능을 상당히 향상시킬 수 있다. 우선, 같은 부서에 속하는 직원들은 공동의 목표를 가지고 있다. 둘째, 각 직원은 부서의 성과를 향상시킬 책임을 가지는 상사를 두게 된다. 셋째, 직원들은 커뮤니케이션하며 다른 기능 영역의 동료들과 좀 더 직접적으로 일하게 된다. 전통적 위계를 비교해보면 대부분의 교차기능적 조정이 각 기능의 경영진층에서 이루어진다. 매트릭스 혹은 프로젝트 접근 방식에서의 중요한 이점은 많은 양의 조정이 하위계층에서 이루어지며, 실질적으로 일이 이루어지는 대부분의 발생 주체에 근접하고 있다는 점이다. 이 아이디어는 다음에 나올 **통합 문제**(integration problem)에 대한 아이디어를 소개할 때 중요한 역할을 할 것이다.

매트릭스 구조들은 기능과 부서 구조 모두의 장점들을 제공하는 것처럼 보인다. 그러나 매트릭스 구조 역시 사실상 불리한 점들을 지니고 있다. 매트릭스 구조는 단일 의사결정권자 원칙을 침해한다. 이러한 구조 속에서는 각 직원이 2명의 상사를 두게 된다. 이 상사들은 서로 갈등을 일으키는 목표들을 가지고 있다. 기능적 상사의 목표는 기능적 전문기술을 최대화하는 것이다. 그 예로 R&D 상사는 세부 제품 부서에 적용되는 응용 R&D보다는 많은 다른 제품들에 적용 가능한 기초 R&D를 더 강조하고자 한다. 상대적으로 엔지니어 부서의 책임자는 엔지니어가 세부 제품 개발에 집중하도록 요구할 것이다.

대부분의 경우 직원의 기초적 충성도는 그의 기능적 상사에게 향하기가 쉬우며, 이는 그의 경력이 기능적 직무 단계 내에서 이루어지기 때문이다. 따라서 매트릭스 구조들은 순수 부서 구조보다 (그러나 기능적 구조보다는 덜) 상대적으로 (부서 성과보다는) 기능적 전문기술을 강조하게 된다.

엔지니어에게는 매트릭스 구조가 매우 견디기 힘든 환경이다. 그는 지속적으로 양 책임자로부터 전혀 다른 영역의 일에 집중하도록 요구받는다. 상사들은 그의 성과가 어떻게 평가되고 보상되어야 하는지에 대해 서로 합의하지 않을 것이다. 따라서 매트릭스 구조들은 사무실 내 정치와 더 많은 갈등, 느린 의사결정, 심각한 관료제(예 : 갈등 해소를 위한 회의에 많은 시간을 소비)가 생겨나는 경향이 있다. 물론, 어느 정도까지는 그것이 요구된다. 갈등은 조정 문제를 드러내고 해소시키는 조정 메커니즘이다. 문제는 그것이 복잡하고 비용을 발생시키는 메커니즘이기 때문에 매트릭스 유형 구조의 이점이 충분할 때에만 활용되어야 한다는 것이다.

네트워크 구조

지난 20년간 지속적으로 관심이 증가해 온 구조가 그림 6.4(원은 회사의 경계를 의미)에 제시된 **네트워크 구조**(network structure)이다. 네트워크 구조는 엄밀히 정의하기가 어렵다. 그것은 조직 안팎의 개인 조직구성원들과 책임자들 사이의 비공식적 관계를 더 강조하는 구조다. 모든 조직에는 공식 조직과 평행하게 운영되는 비공식적 구조가 있다. 이 비공식 구조는 각 책임자의 네트워크 혹은 동료들과 맺어 온 일련의 관계이다. 조직구성원이 어떤 일을 해야 할 때 항상 조직도에 보이는 공식 의사결정 경로를 따르는 것은 아니다. 대신 조직 내 다른 부서 소속의 동료와 직접 접촉하기도 한다. 이러한 비공식적 관계 활용의 장점은 의사결정이 좀 더 빠르게 일어날 수 있으며 정보의 왜곡된 전달이 덜하고 더 나은 조정이 가능하다는 점이다. 그 트레이드오프로 네트워크 구조는 공식 명령 체계를 훼손할 수 있다.

유사하게 대부분의 기업들은 전 영역에서 기술한 것처럼 특별한 목적의 임시 교차기능적 팀을 최소한 일부 활용하고 있다. 이들은 기능적 전문기술과 부서중심의 균형을 맞춰 주지만 고정 매트릭스보다 더 융통성이 있다. 어떤 기업들은 이런 특별 임시 근무 그룹에 큰 의미를 부여하고, 책임자들이 그들의 네트워크와 관계를 직접 커뮤니케이션 및 조정에 활용하도록 장려한다. 그러한 조직들은 때로 네트워크 구조라 불린다.

그림 6.4는 기업이 3개의 다른 팀으로 조직되어 있음을 보여준다. 이 팀들은 특정 신제품의 설계나 특정 고객과의 업무를 담당하도록 임무를 부여받았을 것이다. 회사는 또한 좀 더 전통적

그림 6.4 네트워크 구조

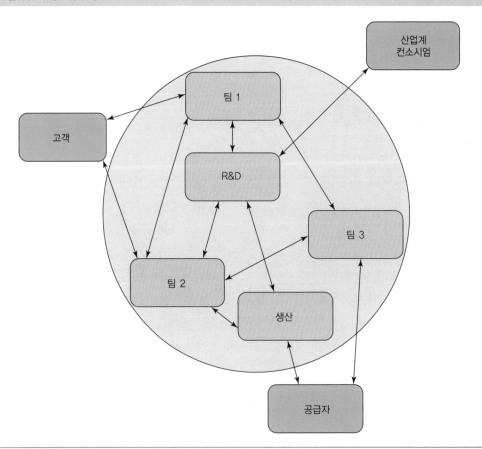

기능 형태의 두 가지 R&D와 제품 조직 단위를 보유하고 있다. 이들은 아마도 규모의 전문화와 효율적 활용을 최적화하기 위한 방식으로 조직되었을 것이다. 마지막으로 이 경우에는 1개 이상의 내부 그룹들과 정기적으로 일하는 4개의 외부 그룹이 존재하며, 이들은 주요 고객들과 산업계 컨소시엄, 핵심 부품 제조업자(공급업자)들이다.

이 아이디어는 네트워크 구조는 모든 일이 전통적 위계 형태로 조직되는 것은 아니라는 것을 강조하기 위한 것이다. 이 사례에서 두 팀의 책임자는 R&D와 생산팀의 다른 책임자들과 좋은 업무 관계를 유지해야 하며, 이는 주요 고객들과도 마찬가지이다.

네트워크 구조를 생각하는 한 가지 방법은 구조가 일을 수행하기 위한 내부 시장 메커니즘 형태라고 간주하는 것이지만, 이 시장 안에서 활용되는 자산의 유형은 금전적 형태가 아니다. 대신 그것은 책임자와 다른 사람 간의 보이지 않는 개인관계로, 종종 사회적 자본(social capital)이라 불린다. 네트워크 분석가들은 구조적 공백(structural holes) —2개의 더 큰 네트워크 사이 격차—을 메꾸는 책임자들이 네트워크 구조의 특정 가치를 가지고 있음을 알아냈다. 이는 책임자들이 네트워크 구조를 완성시키고, 수요에 부응하는 공급을 원활히 하며, 영향력 시장(influence market)이 더 효율적으로 작용할 수 있도록 만들기 때문이다. 그러나 보이지 않는 사회적 자본의 활용은 영향력 시장이 쉽게 식별할 수 있는 트레이드오프(prices)가 아니다. 이러한 이유 때문에 매매는 자연스럽게 많은 타협과 정치적 면모를 포함하게 된다. 따라서 네트워크 구조들은 대단히 흥미로운 방식으로 시장 설계에 가까워지는 반면 불완전한 대체적 존재(substitute)로 남는다.

종합해 보면 일부 기업들은 기능, 부서, 매트릭스 구조들과 관련된 기법을 활용하지만 상대적으로 비영구적이고 유연한 방법으로 사용한다. 그렇게 한 결과로 의사결정과 조정은 공식적인 명령계통보다는 비공식적인 관계들에 기반한다. 실제로 대부분의 기업들은 구조에 관한 네 가지 접근방법 모두와 관련된 요소들을 사용하며, 단지 정도의 차이가 있다고 하겠다.

기업은 어떤 구조를 활용할까

기업은 어떤 구조를 활용해야 하는가? 첫째는 회사 전반에 단독 구조를 활용해서는 안 된다는 점이다. 기업들은 그들 조직에서 다른 부분에 대해 혼합된 구조를 활용한다. 게다가 같은 그룹의 직원들에게조차 여러 개의 다른 구조에서 빌려 온 기법들이 종종 혼합 적용된다. 따라서 이 질문은 "당신 회사의 각 영역에 대해 어떤 구조로 역점을 두어야 하는가?"라고 바꾸는 것이 더 적합하다.

이러한 접근 방식과 무관하게 기억해야 할 두 가지 중요 원동력 —단일 의사결정권자의 원칙과 전문화의 가치— 이 있다. 두 원동력 중 첫 번째는 다음과 같다. 네트워크 유형 구조들은 복잡하여 헷갈리기 때문에 비용이 들어갈 수 있다. 최종 결재권자가 명확하지 않으면 직원들은 엇

갈린 목표를 두고 일하게 될 수 있다. 따라서 네트워크 조직 안에서도 대개 리더와 팀의 목표 그리고 다른 조직 단위들을 명확하게 세분화하는 것이 필요하다. 같은 이유로 네트워크 조직들은 보통 위계적 의사결정을 광범위하게 활용하고 있다. 어떤 네트워크 접근방식은 브레인스토밍과 창조적 활동들 같이 의사결정 관리에 효율적일 수는 있지만 여전히 결정사항의 통제가 필요하다.

두 번째는 전문화이다. 실질적으로 모든 기업들이 광범위하게 기능적 구조를 활용하고 있다. 기능적 구조는 직원들이 그들의 기술과 업무 및 경력에 역점을 두고 일하는 것을 가능하게 한다. 따라서 기능적 위계는 거의 모든 조직에서 중요한 부분을 이루며, 대부분의 조직 구조에 관한 논의를 시작하는 요지가 되어야 한다.

전문화의 중요성과 권한의 단일 창구를 뛰어넘어 중요하게 작용하는 몇 가지 요소들이 있다. 최적의 조직 구조에 영향을 끼치는 세 번째 요인은 사업의 복잡성이다. 복잡성은 기업이 익숙해져야 할 영역들이 많이 있음을 내포한다. 전문화를 통한 획득의 요구는 이에 따라 더 작은, 많은 조직 단위로 분화되어야 한다는 필요성으로 이어진다. 이것은 기능적 조직뿐만 아니라 부서와 하위 부서들까지도 움직인다. 따라서 사업이 복잡해질수록 더 정교한 조직 구조(부서, 매트릭스 혹은 네트워크)가 발생하는 것이다.

다음 장에서 논의하고자 하는 바와 같이 복잡성은 또한 조직 내 하위계층에 세부 지식이 더 존재하게 됨을 뜻하는 경향을 보인다. 이 때문에 상당한 복잡성은 보통 회사가 분권을 더 많이 활용해야 한다는 것을 의미한다. 따라서 부서 간 및 부서 내에서 부서와 같이 더 복잡한 구조들과 분권의 활용 간에 긍정적 관계가 형성되어 있다.

조직을 하위단위로 분권 및 분화하는 경우에는 조정의 니즈가 발생한다. 따라서 조직 구조에 이러한 접근방식을 활용하고자 하는 기업들은 조정 메커니즘을 최대한 활용해야 한다. 조정 메커니즘은 다음과 같이 다양하다.

최적의 조직 구조에 영향을 미치는 네 번째 요소는 기업의 사업 환경 안정도이다. 환경이 안정적일수록 하위계층에서의 세부지식은 덜 중요해지고 회사의 결정사항이 중앙집권화될 수 있다. 또한 안정도라는 것은 기업이 사업 과정을 능숙하게 익혔다는 것을 의미하기 때문에 공식 절차를 갖출 수 있다. 이런 경우 관련 결정사항들에 집중하는 하위단위로 분화시키는 것에 가치를 덜 두게 된다. 이는 결정해야 할 중요 사안들이 적기 때문이다.

제5장에서 우리는 위계적 구조가 강할수록 더 많은 통제가 이루어지지만 의사결정이 더 느리고 창의성이 떨어진다는 비용도 살펴보았다. 더 빠르게 움직이며 창의성에 대한 큰 전략적 수요를 가지고 하락할 위험이 적은 기업들의 경우 더 분권화시키고 위계를 적게 활용하는 것이 바람직하다.

최적의 구조를 결정하는 다섯 번째 요인은 조정 문제의 본질에 대한 것이다. 다음 부분에서는 조정 문제의 두 가지 유형을 정의해 보고자 한다. 두 번째 유형으로 등장할 '통합 문제'는 매트릭스 또는 네트워크 접근방식이 더 적합하고, 전자의 경우 더 단순한 부서적 접근방식을 따르고 있다.

조정

조정의 두 가지 유형

조정은 조직의 2개 이상 하부단위의 업무가 회사의 가치를 더 크게 만드는 방식으로 통합되어야 할 때 필요하다. 단순한 예로서 조립 계열을 들 수 있는데, 조립라인에서는 한 직원의 성과물이 그다음 사람에게 주어지고 다음 사람은 그 성과물에 일을 더하여 계열을 따라 계속 전달된다. 이 직원들은 서로 본인 성과의 양과 타이밍을 조정해야 한다. 또한 그들은 좀 더 세심한 방식으로 조정하여 그들의 부품이 함께 잘 들어맞아 질적인 문제를 발생시키지 않도록 해야 한다.

조정 문제의 두 가지 일반적 유형을 구분해 보도록 하겠다. 첫 번째 조정 문제는 조정을 위해 단위들끼리 서로 커뮤니케이션할 필요가 없는 문제들이다. 이것을 **동기화 문제**(synchronization problem)라 부른다. 직원들의 성과는 어떤 방식으로든 동시에 발생되어야 하지만, 직원끼리 서로 이야기할 필요는 없다. 조립 계열 업무의 양과 타이밍은 대표적인 사례라 할 수 있다.

또 다른 예는 유명 브랜드 인지도를 가진 다제품 생산 회사다. 이 경우 제품들은 회사가 구축하고자 하는 전반적 제품 이미지와 질, 룩앤필(look-and-feel)과 부합할 수 있는 형태로 디자인되어야 한다. 그러나 개별 제품 계열 책임자들이 매일 서로와 커뮤니케이션할 필요는 없다. 마지막 사례는 모든 도매 지점에서 유니폼서비스를 제공하는 전략을 추진하고 있는 회사의 경우이다. 각 지점들은 서로 커뮤니케이션할 필요는 없지만, 서로 조정을 통해 고객에게 동질의 서비스를 제공할 수 있어야 한다.

두 번째 조정 문제 유형은 **통합 문제**(integration problem)이다. 우리 회사의 노트북 컴퓨터 제품 설계에 문제가 있다고 가정해 보자. 지난 장에서 우리는 기업이 기업가치를 만들어 내기 위해 조직 내에서 활용해야 할 세부 지식을 결정할 때는 '누가/무엇을/어디서/언제/왜'로 물어야 한다고 논의하였다. 그 후 기업이 특정 지식을 소유하고 있는 직원에게 결정권한을 위임해야 한다는 것도 논의하였다. 노트북 컴퓨터 디자인에 대해 생각해 보자. 이익이 될만한 노트북 컴퓨터를 디자인하기 위해서는 어떤 세부 지식이 필요한가?

분명 공학적 지식이 결정적이다. 전기전자공학 전문지식은 마더보드와 다른 컴퓨터 부품을 설계하는 데에 필수적이다. 소프트웨어 공학 전문지식은 운영 체제와 그 응용기능을 설계하는 데 필요하다. 재료 공학 전문지식은 케이스와 부품 설계에 필요한 것들이다. 이 모든 지식들은 일반 지식보다 더 세부적이라 할 수 있는데, 이는 다른 사람과 커뮤니케이션하기에는 비용이 드는 내용들이기 때문이다. 따라서 앞에서 논한 바에 따르면 우리는 노트북 설계에 관한 결정권한을 R&D 직원들에게 위임하는 것이 옳다.

그러나 노트북 컴퓨터 설계에 중요한 다른 세부지식들이 있다. 한 가지 예는 컴퓨터에 대한 고객들의 요구사항에 관한 지식이다. 수천 개의 노트북 설계 가능성이 존재한다. 각각은 다른 특징들(예 : 컴퓨팅 파워, 배터리 수명, 무게, 가격) 대신 일부 특징들을 채택하고 있다. 이익을 가져올 만한 노트북을 설계하기 위해 기업은 어떤 특징의 조합을 생산하여 판매할 것인지 결정해야 한다. 어떤 유형의 설계가 가장 잘 팔릴 것인지를 가늠하기 위해 요구되는 지식은 영업과 마케팅 직원들이 (그리고 고객이) 지니고 있을 것이다. 이 지식 역시 일반적 지식보다 일부 세부적 내용으로, 다소 복잡하고 지식의 많은 부분이 질적인 내용을 포함한다. 따라서 이러한 세부 지식을 최대한 활용하기 위해서는 노트북 컴퓨터 설계가 판매와 마케팅 쪽으로 분권화되어야 한다.

제품 단가, 생산 및 배급을 포함하는 다른 종류의 세부 지식 역시 노트북 설계에 중요하게 작용한다. 이러한 모든 것을 모아놓고 보면 우리는 문제에 직면하게 된다. 노트북 컴퓨터 설계 방식을 결정하기 위해 결합되어야 할 다양한 종류의 세부 지식들이 존재한다는 것이다. 회사는 관련 그룹들 중 한곳으로만 권한을 위임할 수 없으며, 한곳에 위임할 경우 해당 그룹의 전문화된 지식은 나머지 그룹들의 지식들을 배제하게 된다. 이것이 우리가 **통합 문제**라 부르는 상황이다.

통합 문제의 해결이 가능한 두 가지 방법이 있다. 하나는 상위계층에서 관련된 모든 그룹들을 조정하는 것이다. 예를 들어, CEO가 제품 설계를 감독할 수 있다. 그러나 이는 각 정보들이 CEO에게 전달되기까지의 비용이 크고, 정보의 양 역시 많기 때문에 실패할 가능성이 크다.

이 문제를 푸는 최적의 방법은 대개 하위계층에서 측면 조정 메커니즘을 이용하여, 다른 세부 지식들을 소유하고 있는 직원들이 함께 결정에 참여할 수 있도록 만드는 것이다. 이것은 매트릭스 또는 프로젝트 구조가 지향하는 바와 맞아떨어진다. 따라서 매트릭스 유형 구조들은 중요한 결정을 내리기 위해 함께 **통합**되어야 하는 세부 지식들이 존재할 때 가장 많이 사용된다. 그다지 놀랄 만한 것은 아니지만, (교차기능적 팀과 네트워크 구조를 포함하는) 매트릭스 유형 구조들이 신제품 개발에 가장 흔하게 활용되고 있다.

조정 메커니즘

지금까지 우리는 2개의 조정 메커니즘 유형을 살펴봤다. 그 하나는 중앙집권형이다. 이것은 지식이 커뮤니케이션되기 쉬울 때에 잘 작용한다. 두 번째는 교차기능적 팀 또는 매트릭스 구조, 혹은 비공식 구조(예 : 네트워크 구조)와 같은 측면 조정 메커니즘이다. 이러한 구조들은 구조가 복잡하고, 혼란을 야기하며 관리하기에 비용이 많이 늘어간다는 점 때문에 곤란을 겪는다. 그러나 이러한 구조들은 대게 기업이 통합 문제를 겪게 될 때 필요악으로 작용한다.

동시성 문제는 다양한 메커니즘을 통해 단위들 간의 커뮤니케이션을 최소화하기 때문에 훨씬 더 쉽게 조정될 수 있다. 잠시 간략하게 그 실례를 살펴보도록 하겠다.

중앙예산 및 기획

기업들은 공식적인 연차별 예산배분과 기획과정을 갖추고 있다. 조직단위에서 계획과 다음 회계연도에 필요로 하는 예산을 신청한다. 이것들은 다음 상위계층, 마지막에는 각 부서 계층에서 취합된다. 중앙 조정 본부는 각 부서에서 전달된 각 신청서들을 검토하고, 투자대비 수익과 비교하여, 다시 각 부서로 예산을 배분해 준다. 그때 각 부서는 예산을 받아 하위계층으로 재배분해 주고, 이 과정이 조직의 가장 하위단위로까지 계속 이어진다.

이러한 접근방식이 비시장(nonmarket) 경제학에서의 중앙의 계획과 유사한 방식이라는 점은 놀라운 일이다. 이러한 기법은 제5장에서 기술된 것처럼 중앙집권의 수익이 큰 기업들에게 더 중요하게 작용한다.

이 과정은 여러 방식의 조정을 거친다. 우선, 이 과정은 일정한 통제를 가하게 되는데, 이는 각 단위의 소비에 대한 자유재량을 제한하기 때문이다. 두 번째, 상향식 과정은 회사 경영층에서 처리되고 축적될 엄청난 양의 정보를 생성해 낸다는 것이다. 이는 의사결정 관리(정보가 왜곡되지 않는 정도까지)를 통해 중앙의 의사결정권자들이 더 효율적인 투자와 전략적 의사결정을 할 수 있도록 돕는다. 세 번째, 상부에서 하위단위로 예산과 연차 계획을 작성하도록 지시하는 것은 다음 회계연도 동안의 부서 활동이 서로 일관되게 이루어지도록 광범위하게 조정하는 기회를 제공한다.

훈련 및 표준화 과정

직원들과 조직 단위들의 일관성을 강화하는 훌륭한 방법은 사례(practices)를 표준화하는 것이다. 모든 가게에 표준화된 고객응대 경험을 도입하고자 하는 기업들은 직원들이 통일된 유니폼을 입도록 요구할 것이다. 그들은 업무에 어떻게 대응해야 하는지 좀 더 집중적인 교육훈련과정을 투입하는 경향이 있다. 표준화된 과정의 활용이 많을수록, 조직 전반의 정규 교육훈련에 대한 투자가 더 많이 이루어지게 되며, 직원의 대응태도는 더욱 예측 가능해진다. 그럴 경우 예측 가능성은 커뮤니케이션이 필요 없는 조정을 가능하게 한다.

기업문화

강력하고 지속적인 기업문화가 갖는 한 가지 장점은 직원들이 비슷한 방식으로 행동하는 경향을 보인다는 것이다. 이것은 바로 위에서 제시한 표준 운영 과정과 집중 교육훈련 효과와 상당히 유사하다. 예를 들면, 모든 직원들이 조정의 가치를 이해하는 기업문화의 경우 단위를 넘어 더 많은 조정기능을 촉진한다. 그러나 강력한 기업문화가 반드시 조정기능을 향상시키는 것은 아니다. 수년간 애플 컴퓨터는 강력한 개인주의(individualism) 문화를 가진 기업으로 유명했다.

직원들은 종종 교차된 목적을 두고 근무했고, 이 때문에 조직 내 엄청난 갈등과 조정 미흡 현상이 존재했다.

커뮤니케이션

조정기능을 개선시키는 또 다른 방법은 조직을 가로지르는 커뮤니케이션 시스템들을 개발하는 것이다. 이 시스템들은 사보, 연차 회의, 중앙 경영진의 편지를 비롯한 많은 예들을 포함할 수 있다. 이러한 커뮤니케이션은 분산된 사업 단위들이 조직이 제시하는 목표와 방식을 즉시 이해하는 정도까지 확대되었을 때 조정기능을 개선시킬 수 있다.

일반관리자, 교섭, 그리고 직무순환

상당한 조정기능은 책임자들이 전문가 사이에서 중간역할을 함으로써 이루어진다. 그림 6.1에서 CEO는 조정기능을 제공한다. CEO가 회사의 각 부서에 대한 이해도가 크다면 R&D, 생산 및 영업 부문을 더 훌륭하게 조정할 수 있을 것이다. 따라서 덜 전문화된 경험을 지닌 책임자는 전문가보다 더 나은 조정기능을 수행할 수 있다. 이러한 이유로 전문가보다는 다방면의 일반적 지식을 가진 사람들에게 더 큰 가치를 두고 책임자 보직을 맡기는 기업들이 생겨나는 것이다.[1] 대부분의 직원은 전문가들이기 때문에 회사는 이 책에서 기술된 전문화의 효율적 이익을 취할 수 있는 것이다. 그때 이 소규모의 책임자들은 상대적으로 얕은 지식들을 개발시킴으로써 전문가들을 상대로 광범위한 기능들에 대한 조정을 성실히 수행해 낸다.

일반적 지식을 가진 이들을 계발시키는 한 가지 방법은 직무순환을 통해 이루어진다. 기업들은 간혹 미래가 촉망되는 하위 책임자들을 소수 선발하여 공식 직무순환 프로그램에 참가시킨다. 이 책임자들은 전문화 원칙을 무시하고 회사의 한 부분에서 다른 부분으로 시간을 두어 이동한다. 이 과정에서 그들은 다른 기능들에 대한 일부 지식을 습득하게 되지만 이는 어떤 단독 기능의 심화된 지식은 아니다. 그들은 전문가로서 기능하기보다는 회사의 큰 그림에 대한 지식을 얻게 된다. 마침내 그들은 조직을 망라하는 네트워크를 확보하게 되고, 이는 그들이 나중에 조정기능을 수행하는 데에 도움이 되는 기반이다.

이 조정 역할은 또한 MBA를 위한 가장 중요한 역할 중 하나이다. 정의에 따르면, MBA 커리큘럼은 전형적인 회사의 가장 보편적 기능 영역에 대한 일부 실행 지식을 제공하는 일반적 경영 커리큘럼이다. 대개 MBA는 각 영역에 대한 심화 지식을 제공하지 않는다. MBA는 전문가들보다는 조정역할이 중요한 직책으로 고용되거나 승진하기에 더 쉬운 과정이다.

---

1) 소기업에서는 제너럴리스트(generalist)가 더 중요한데, 이는 특정 업무에 전문화된 인력을 충원하기 쉽지 않기 때문이다. 자세한 내용은 제14장 기업가 정신 파트에서 언급하기로 한다.

인성

조정이 필요한 어떤 직책에서든 책임자의 인성은 중요한 문제다. 조정은 동료들 중 의견을 대표하고 선동하는 직원과 대화하고 이해하고 함께 일할 수 있는 능력을 요구한다. 또한 조정은 협상을 맺고, 더 많은 관계 또는 정치적 상황 속에서 일할 수 있는 능력을 필요로 한다. 이런 이유 때문에 MBA 출신자, 교섭전문가, 매트릭스 혹은 네트워크 구조에서 일하는 사람들은 전문화된 영역 내에서 단독으로 일하는 방향을 선택하기보다는 다소 다른 일련의 대인관계를 맺는 기술들을 필요로 한다. 기업은 전문가와 일반적 지식을 가진 이들을 모집하고 훈련시킴에 있어서 이 점을 주지해야 한다.

네트워크

기업 문화와 인성의 예에서 볼 수 있듯이 조정기능은 때로 공식적인 메커니즘뿐 아니라 비공식적 메커니즘을 통해 실행된다. 네트워크 조직의 한 가지 장점은 두 조직단위 사이에 조정이 필요할 때마다 관련 책임자들은 상위계층에 공식 보고하는 단계를 걱정하지 않고 간단하게 서로 커뮤니케이션할 수 있다는 것이다. 더 일반적으로는 조직 사회학자들에 의해 책임자들이 조직 안팎으로 강력한 네트워크를 구성하는 것의 가치가 강조되고 있다. 그룹마다 긴밀한 연락책을 두고 연결되어 있는 사람은 조직 내에서 상당한 영향력을 행사할 수 있으며, 네트워크 내 **구조적 공백**[2]을 메꾸게 된다. 효과적 책임자는 네트워크 개발에 기업가다운 면모를 보이는 자로, 그는 그룹 간 조정을 효율화할 수 있는 기회를 알아채고 십분 활용한다.

성과평가 및 인센티브

마지막으로 남겨진 주요 공식적 조정 메커니즘은 성과평가와 인센티브이다. 조직 안에서 성과에 대한 급여는 시장경제학에서의 가격 체계와 비슷하다. 폰 하이에크가 논한 바와 같이, 가격은 엄청난 양의 조정기능을 일으킨다(통합 문제보다는 동기화 문제로 용어를 정의한 계열을 따라). 이는 가격들이 한계비용과 자원 수익에 대한 상당량의 정보에 대한 충분한 통계이기 때문이다. 시장 가격에 기반한 의사결정은 결정권자들이 대체 활용할 수 있는 것들이 무엇인지 알지 못하더라도 대안의 활용 — 조정 — 속에서 자원들의 가치를 고려하고 있음을 의미한다.

  조직이 적절히 구조화된다면 기업 내에서 훌륭한 인센티브 시스템이 바로 이러한 조정기능을 제공하게 된다. 이것은 직원의 활동들이 동료들에게 갖는 영향력을 포함하는 방식의 성과평가를 통해서도 이루어질 수 있다. 다시 말하면 훌륭한 성과평가가 직원이 회사 내 나머지 부분에 끼칠 수 있는 긍정 혹은 부정적 외적 영향의 효과를 포괄하여 측정할 수 있어야 한다는 것이다.

---

2) Burt(1995)를 참조하라.

이 주제가 상당히 중요하기는 하지만, 제9장에서 제12장까지 교재의 전반적인 세 번째 영역을 이루는 주제이므로 더 이상의 논의는 마지막으로 미뤄 두도록 하겠다. 성과평가가 불완전할 경우(보통 불완전하게 평가되며, 사례를 또 발견하게 될 것이다.), 기업은 앞에서 기술된 것과 같이 조정기능을 향상시킬 수 있는 추가적인 메커니즘을 활용하고자 할지 모른다.

이제 우리는 조직 구조의 설계와 실행에 대한 추가적 이슈로 주제를 전환해 보도록 하겠다.

●●● 실행

위계적 구조에서 통제 범위 및 위계 계층의 수

앞서 살펴본 바와 같이 사실상 모든 기업이 어느 정도까지는 위계 구조를 활용하고 있다. 제5장에서 우리는 한 위계 구조 안에서 어떻게 더 많은 결정권한 통제 계층이 혁신을 트레이드오프로서 조직의 통제를 증가시키는지 논의하였다. 이제 우리는 논의를 확장하여 위계 계층의 숫자에 영향을 주는 요인들을 알아보고자 한다.

그림 6.5에 나타나는 것처럼 기업들은 위계를 어떤 방식으로 조직해야 하는가에 대한 선택의 기로에 놓인다. 계층의 수가 많으면 덜 혁신적일 뿐만 아니라, 여러 가지 면에서 비용을 증가시킨다. 정보가 더 많은 책임자들 사이를 오가게 되며, 앞에서 기술한 것처럼 정보 왜곡의 정도도 심해진다. 커뮤니케이션 단계마다 일정 시간을 소비하게 되므로, 정보 처리와 의사결정 시간도 더 길어진다.

기업이 위계 계층의 수를 줄이고자 한다면, 각 계층 내 책임자들의 수를 늘려 동일한 일의 양을 수행할 수 있도록 만들어야 한다. 수평적 구조는 통제 범위가 더 넓거나 각 책임자에게 보고하는 직원의 수가 더 많아진다. 수직적인 구조는 더 좁은 통제 범위를 갖는다.

수평적인 통제 범위는 위계에 층들을 추가함으로써 발생하는 비용을 감소시키지만, 자체 비

그림 6.5 통제 범위 대 계층의 수

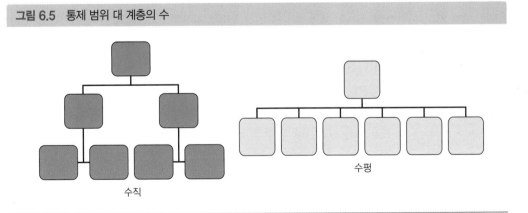

수직

수평

용을 생성한다. 이렇게 되면 각 책임자들은 하부조직들을 감독하고 좀 더 직접적으로 지시해야 한다. 이러한 상황은 책임자들의 시간을 더 많이 소비하게 만들어 다른 업무에 쏟을 수 있는 시간을 뺏는다. 또한 이것은 책임자의 주의가 더 얕아지기 때문에 관리감독의 효율성을 떨어뜨린다. 예를 들어, 하위조직의 업무를 감독하는 능력은 더 약해질 것이며 그들의 업무는 퇴보하게 된다. 서로 효과적으로 커뮤니케이션하고 활동들을 지시하고 훈련시키는 역량이 줄어들 것이다.

따라서 위계는 계층의 숫자와 통제 범위 중 선택을 감행하게 된다. 위계에서 최적의 통제 범위와 계층의 수에 영향을 주는 많은 요인들이 있다. 대개 하위조직의 관리감독 비용을 더 낮추는 것은 어떤 것이든 더 긴 최상의 통제 범위를 의미한다. 이는 다른 하위조직에 의한 통제 범위 확대의 한계비용이 더 낮기 때문이다. 마찬가지로 정보의 획득 또는 전달에 들어가는 비용을 낮추는 어떤 것이든 위계 내 최적 층들의 수를 증가시킬 것이다. 그것은 새로운 층을 추가하는 한계비용을 낮추기 때문이다.

수행할 업무의 유형

수행할 업무의 유형은 위계의 최적 구조에 영향을 준다. 업무가 더 일반화된 것일수록 책임자의 직원 감독이 더 수월해진다. 책임자는 하위조직의 교육훈련에 시간을 덜 사용하고, 비정형화된 상황에서 어떻게 처리할 것인지를 결정해야 한다(또는 하위조직이 결정할 수 있도록 돕는다). 관리감독 업무의 많은 부분은 일반적 규정에 대한 단순 지시와 현황에 대한 정보 전달을 포함한다. 따라서 일상적 업무가 많다는 것은 통제 범위가 더 커지는 것을 의미하며, 또한 위계 계층의 수가 더 적다는 것을 뜻하게 될 것이다.

반면 복잡하고 다양한 일은 감독자에게 더 많은 양의 정보입력을 요구한다. 하위조직은 감독자의 경험과 기술을 통해 상황을 분석하고 해야 할 일이 무엇인지 결정하려는 경향을 보인다. 표준화된 운영 과정을 통해 하위계층의 업무를 사전 분석하는 일도 적다. 직원이 복잡하고 다양한 일을 택하는 방식이 다양하고, 선택이 더 중요하기 때문에 더 많은 모니터링이 요구된다. 따라서 더 복잡하고 다양한 일은 통제 범위의 최적화가 덜 되어 있으며, 위계상 계층의 숫자도 더 많다.[3]

책임자와 하위조직의 숙련도

책임자와 하위조직 모두 높은 기술을 가지고 있을수록 최적의 통제 범위를 증가시키는 경향을

---

3) 길항효과(countervailing effect)는 기업이 보다 신속하게 의사결정을 필요로 하는 곳과 혁신이 더 중요한 기업, 즉 복잡한 환경에서 나타난다. 자세한 논의는 제2부에서 이루어질 것이다. 이 효과는 적은 수준의 계층 구조에서 나타난다. 또한 규모의 경제와 반대적으로 나타난다. 혁신과 빠른 의사결정은 규모가 작은 기업에서 더 선호된다.

보일 것이며 위계 계층의 숫자를 감소시킬 것이다. 각 책임자와 하위조직은 더 많은 정보를 처리하고 어려운 문제들을 더 많이 해결할 수 있다. 재능있는 책임자일수록 관리감독과 지시를 효율적으로 수행할 것이다. 훌륭한 책임자는 상사의 지시사항 역시 효율적으로 실행할 것이다. 거의 모든 기업들이 훌륭한 책임자를 더 상위계층에 배치시키므로, 이 효과는 하위계층보다는 상위계층에서 최적의 통제 범위를 증가시킨다.

인센티브의 문제

위계는 일부 결정권의 위임을 의미한다. 마찬가지로 위임은 직원이 개인의 목적보다는 회사의 목적 달성을 위해 업무를 수행하는 것에 대한 합당한 인센티브를 받도록 회사가 보장해 주어야 함을 의미한다. 인센티브를 지급하는 두 가지 방식이 있다. 첫 번째는 성과평가와 인센티브 시스템을 개발하는 것이다. 이것은 제3부의 주제이다. 또 다른 하나는 하부조직이 퇴보하고 있는지 감지하기 위해 좀 더 면밀히 관찰하는 것이다. 성과평가가 더 효율적이라면 모니터링의 필요성이 감소하고, 감독자의 시간적 여유를 더해 줄 것이다. 따라서 더 나은 인센티브 계획을 세우는 기업일수록 통제 범위는 더 크다. 간략히 말하자면 성과평가가 훌륭할수록 책임자는 위계에서 최고 경영진에 가까워진다는 것이다. 이는 책임자의 행동들이 회사의 가치에 좀 더 직접적인 영향을 끼치고, 유효한 성과 측정(특히 회계 숫자)에 더 많이 반영되기 때문이다. 이러한 효과는 위계의 상위계층에서 통제 범위를 증가시키는 경향을 보인다.

지식의 습득 및 커뮤니케이션 비용

최적의 위계 구조를 결정하는 중요 결정인자는 지식의 습득 및 커뮤니케이션 비용이다. 지식 습득의 비용을 낮추면 위계 속에서 지식을 가진 직원들의 생산성이 높아진다. 반대로 이것은 책임자의 통제 범위가 증가할 수 있음을 의미한다. 예를 들어, 스프레드시트나 통계 분석 프로그램과 같은 저렴한 분석 도구를 접할 수 있는 기회가 증가하면 책임자가 하위조직에서 수집한 정보를 분석하는 능력이 향상되어 더 많은 하위조직의 정보들을 분석할 수 있을 것이다. 마찬가지로 하위조직들은 감독자에 의해 주어진 복잡한 문제를 더 잘 풀 수 있게 될 것이다. 이것은 위에 기술된 바와 같이, 하위조직의 기술 증가에 유사한 효과를 보일 것이다.

　또 다른 방식을 생각해 보자면, 현대의 정보 기술이 위계 내 책임자의 일을 대체하기보다는 보완해 주는 경향이 있다. 이것은 책임자의 생산성, 특히 하위계층에 있지만 기술이 뛰어난 책임자들의 생산성을 높여 준다.

　커뮤니케이션 비용을 낮추면 유사한 효과가 나타난다. 책임자들과 하위조직은 더 효율적으로(왜곡이 덜하며), 저렴하게, 빠르게 커뮤니케이션할 수 있다. 이로 인해 책임자는 더 많은 하위조직을 감독할 수 있게 된다. 따라서 정보 기술의 발전에 따른 효과는 통제의 범위를 증가시키며 조직의 수평화를 유도한다. 이것이 바로 이 장 초반에 Rajan과 Wulf에 의해 기술된 연구에서 밝혀진 내용이다.

그러나 정보 기술의 진보는 위계 속 층의 숫자에 불명확한 영향을 끼쳐 왔다. 커뮤니케이션 비용이 더 낮으면 커뮤니케이션이 더 빠르고 각 단계별 왜곡이 덜하므로, 최적의 층 숫자는 증가한다. 반면 지식을 기반으로 하는 직원의 생산성이 높아질수록 더 상위 통제 범위와 결합하게 되고, 위계 속 각 층에 의한 성과도 증가하기 때문에 주어진 계층의 성과에는 층이 덜 필요함을 의미한다.

숙련도, 급여와 구조

기업은 거의 공통적으로 신입직원을 위계 상하위 계층에 배치시키며, 직원의 경력이 개발될수록 우수성과자를 더 높은 계층로 승진시킨다. 이처럼 직원을 분류하고 직원들이 경험을 쌓으면서 책임자들이 그들의 인적자본을 증가시키는 일은 기업들이 가장 유능한 책임자들을 최고의 위계 계층에 배치시킨다는 것을 뜻한다.

이러한 패턴은 이치에 맞다. 그림 6.5에 묘사된 수직적 위계를 다시 살펴보도록 하자. 각 책임자는 그의 해당 상사와 하위조직과 커뮤니케이션한다. 본인이 담당하고 있는 하위조직을 좀 더 효율적으로 일할 수 있도록 만드는 정도까지 이 효과는 마찬가지로 원 책임자보다 2계층 아래 하위조직의 생산성도 증가시킨다. 상위계층 책임자의 생산성이 증가하면 책임자 아래 모든 직원들의 생산성도 향상되는 연쇄효과가 있다.

반대 상황에서는 여러 가지 이유로 동일한 효과를 누리지 못한다. 우선, 하위계층 책임자는 단독의 상위계층 책임자와만 직접 일하게 되고, 대부분의 직접 커뮤니케이션은 하향식이다. 두 번째, 설계상 책임자는 하위구조의 생산성에 더 큰 영향력을 갖고 있다. 책임자가 하위조직을 감시하여 업무 부진을 막고 성과를 평가한다. 책임자는 방향과 훈련과정을 제공한다. 반면 하위조직의 일은 종종 감독자에 의해 정보로 활용되어 동일 위계 계층상의 다른 동료들과 결합되기도 한다.

이러한 이유들 때문에 능력(그리고 노력)의 효과는 위계 계층에서 일어난다. 이것은 매우 중요한 몇 가지 의미를 지닌다. 첫째, 이미 강조한 것처럼 회사는 유능한 직원을 분류하여 조직 최고 경영층으로까지 승진시켜야 한다. 이것은 기초 단계에서 직원을 고용하여, 직원 경력을 넘어서는 상향식 승진을 이끄는 **내부 노동시장**(internal labor market)을 의미한다(이 시스템은 특히 기능적 위계에 적합하다).

이 효과는 또한 보상이 위계 계층과 함께 발생해야 한다는 것을 뜻한다. 이러한 효과는 유능한 직원의 상위계층에 배치되어 그들이 낸 더 많은 성과와 더 나은 시장가치로 인해 더 많은 급여를 받아야 하기 때문에 생겨난다. 그러나 급여에 대한 효과는 위계 내에서 능력이 발생하는 것보다 더 빠른 속도로 생산성이 발생한다는 사실로 강조된다. 따라서 대부분의 기업에서는 급여가 위계 계층에 따라 일어날 뿐만 아니라 각각의 새로운 단계 조직의 최상의 계층에 이르기까지 더 빠르게 일어난다. 이 예로서 제11장의 그림 11.1을 참고하도록 하자.

이번 부분과 전 부문은 제3장에서 시작되어 논의를 이어온 기술의 수익 발생을 강조하고 있다. 지식의 획득 및 커뮤니케이션 비용의 감소는 책임자의 생산성을 증가시킨다. 위계에서 이러한 효과들은 상위계층에서 더 큰 효과를 발휘한다. 그것은 정보 기술의 진보가 다른 기술 계층에 따라 광범위하게 분포하는 급여에 주는 영향력을 더 강화시킨다. 이 이슈들은 제8장에서 다시 언급할 것이다.

기업 구조의 진화

기업의 최적 구조는 시간에 따라 여러 가지 방식으로 진화할 수 있다. 첫째, 앞 장과 이번 부분에서 다루는 내용들을 검토해 보도록 하자. 신생기업들은 의사결정 관리를 더 강조하는 경향을 보인다. 즉, 그들은 위계를 덜 활용하고자 하는 것이다. 그러한 기업들일수록 혁신을 주도하고 위험을 감수하는 것이 중요하다. 실수로 인한 하락위험은 매우 낮고, 새로운 프로젝트의 성공으로 인한 상승 가능성은 상대적으로 높다.

또한 신생기업들은 작은 회사 형태가 많다. 회사가 작을수록 네트워크 구조는 더 활용성이 높아진다. 대부분의 직원들은 서로를 잘 알 것이고 직원들이 필요한 경우 직접 커뮤니케이션할 수 있는 시스템의 개발이 쉽다.

그러나 기업이 성숙하고 성장할수록 더 공식적인 (부서 또는 매트릭스 형태의) 조직 구조를 개발하게 되며, 이는 직원 수가 늘어나면서 비공식적 네트워크 구조의 효율성이 저하되기 때문이다. 또한 기업은 체계적으로 수립된 제품 계열과 브랜드명을 갖추고 있어, 자연스럽게 의사결정에 좀 더 보수적인 성향을 띄게 되므로, 더 공식적인 위계를 받아들이기 쉽다. 성장하는 회사들이 마주하는 핵심 이슈는 기존 조직 문화를 해치지 않고 좀 더 공식적인 조직 구조를 점차적으로 소개할 수 있는 능력이다.

기업이 성장하면서 과정을 더 표준화하는 것은 가능하다. 기업은 효율적 방식을 배울 시간을 가져왔다. 마찬가지로 기업이 생존해 왔다는 사실은 관련 산업이 상대적으로 생존에 실패한 신생기업들의 것보다 안정적임을 의미한다. 두 가지 효과는 기업이 이제 축적해 온 지식을 제도화할 수 있음을 뜻한다. 과정을 표준화하는 것은 중앙집권화의 형태이며, 이는 하위계층에 속하는 직원들의 자유재량권을 제거하는 것이기 때문이다. 따라서 이런 방식으로 더 성숙한 조직들이 더 공식적이고 보수적이고 위계적인 모습을 띄는 경향을 보인다.

흥미로운 현상은 조직 구조의 변화이다. 기업들의 그들 조직 구조의 일부 요소를 꽤 자주 바꾸는 것을 발견할 수 있다. 한 극단적 예시의 경우 애플 컴퓨터는 4년간 14차례 조직의 일부를 개편하였다. 왜 이러한 사례가 생기는가?

타당성 있는 설명은 어떤 구조도 완벽하지 않다는 점이다. 어떻게 설정된 조직이든 상대적으로 기업의 일부 목표 달성에 부합할 수 있지만, 다른 목적에 대해서는 효율성이 떨어질 수 있다. 예를 들어, 애플 사의 구조는 엔지니어링 그룹에는 오랫동안 선호되었지만, 고객의 취향이 반영된 지식을 생산하는 데는 취약했다. 투입에서 판매와 마케팅으로 재조직화함으로써 이러한 문제를 완화시켰다. 어떤 기업들은 지역별 조직이 회사를 더 효율적으로 — 지역별 제품과 마케팅을 차별화하고 글로벌화 전략을 활용하는 등 — 운영될 수도 있다. 그러나 몇몇 지역에서는 규모의 경제에 대한 비용이 나올 수 있다. 이것 또한 다른 목적이 더 강조될 때 재조직화될 수 있다.

요약

큰 기업일수록 조직 구조는 아주 복잡할 수 있다. 그 결과로 기업은 어느 정도의 관료주의를 취하게 된다. 이런 기업들은 의사결정과정이 느리며, 작고 젊은 기업들에 비해 개혁적이거나 동태적이지 못하다. 이런 패턴은 자주 비판의 대상으로 오르내리지만 이는 잘못된 것이다. 조정 유형에 있어서 크고 복잡한 기업을 관리하는 것은 매우 어려운 문제이다. 시장의 은유(market metaphor)만이 유일하게 기업의 내부 조직을 설계하는 것을 알려주었다. 결국 시장 조직이 작동하려면 적어도 우리는 기업이 왜 큰 조직으로서 존재하는 하는지를 알아야 한다.

미시경제에서 경쟁 시장에서의 기업의 균형적 크기는 규모의 경제(생산량이 증가하면 기업의 단위당 비용이 감소)의 정도에 따라 결정된다. 한 기업의 제품 라인은 범위의 경제(한 제품 생산량의 증가가 다른 제품의 단위당 생산 비용을 감소)의 정도에 따라 결정된다.

조직 구조의 이러한 관료적 비용은 규모와 범위의 마이너스 경제 정책(diseconomies) 모두에 있어 중요한 요소 중 하나이다. 먼저, 규모의 측면에서 마이너스 경제 정책을 생각해 보자. 기업의 규모가 커질수록 더 많은 근로자들이 필요하다. 이것은 감독과 관리가 필요하고 경영관리가 요구된다. 기업이 커짐에 따라 더 많은 계급층과 더 많은 부서 또는 나른 하위단위들이 추가될 가능성이 있다. 이들은 의사결정을 느리게 하고 보수적인 기업으로 만든다. 의사소통하는 데 정보와 의사결정이 혼동되는 정도가 증가함으로써 낮은 직급의 근로자들과 최고 경영자 간 서로의 거리가 멀어진다. 더 유능한 거액의 관리자들이 경영(영업)을 감독하는 데 필요하다.

이제 범위의 측면에서 마이너스 경제 정책을 고려해 보자. 기업의 경영이 복잡해질수록 차별화된 부서와 다른 하위단위들이 더 많이 필요하게 될 것이다. 비록 기업이 효과적으로 모듈방식을 이용할 수 있을지라도 관리를 위한 모듈(부서) 간 연결은 더 많이 존재한다. 조정은 전문화 스펙트럼을 감독하는 것이 필요하기 때문에 큰 문제가 된다. 조정비용(coordination cost)은 일반적으로 위계가 복잡한 조직일수록 증가한다. 우선 위계가 복잡한 조직일수록 유능한 고액의 관리자들이 더 많이 필요해진다. 이러한 현상이 더해질수록 기업의 제품 라인은 더 다양해진다. 사실 기업이 자신의 핵심 역량에 집중해야 한다는 논의의 관점에서 보면 기업의 영업 다각화가 운영비용을 증가시킨다고 볼 수 있는 것이다.

심지어 모든 기업이 네트워크 조직 구조와 같이 혁신이 시행되는 경우에도 기능계층 구조를 광범위하게 사용할 수 있다. 이것은 두 가지 중요한 요소 때문이다. 첫째는 조직에서 단일 의사 결정자가 거의 항상 더 효율적인 경우인데, 기업은 민주주의 또는 그에 가까운 어떤 형태로써 조직화되지 않는다. 이것은 계층 구조가 가장 기본적이고 보편적인 조직 구조의 요소라는 것을 의미한다.

두 번째 요소는 전문 인력의 기술과 업무로부터의 이득이다. 기술의 전문성은 인적자본의 투자비용을 절약하고, 일반적으로 인적자본 투자 수익률을 증가시킨다(MBA 졸업생들과 같은 제너럴리스트에 대한 기대 등). 다음 장에서 보겠지만, 직무 설계의 전문성 또한 더 큰 이익을 가질 수 있다. 기능 조직은 전문성에서 얻을 수 있는 이익을 극대화하면서 기술의 다양한 종류에 따라 기업을 조직화한다. 또한 기능 조직은 경력 경로가 분명히 정해지고 이해하기 쉬우며 감독, 관리, 성과평가가 보다 효율적이라는 측면에서 이득을 지니고 있다.

기업이 단순한 기능계층 구조를 선택하더라도 대형 혹은 복잡한 기업은 그 조직을 관리 가능한 하위단위로 분리하는 것이 필요할 것이다. 그렇게 하는 가장 일반적인 방법은 주로 제품 라인, 지역, 소비자 유형, 또는 기술에 기초하여 부서를 만드는 것이다. 각 부서마다 그들만의 이득과 비용이 수반된다. 일반적으로 기업은 어떤 종류의 변화가 조직을 구조화(예 : 고객 유형 또는 지역 등)하는 데 중요한지 결정해야 하고, 각 부서의 설립을 안내하는 방향으로 작용해야 한다.

구조는 전문화나 위계화만을 의미하는 것이 아니라 로컬한 지식과 조정을 사용하는 의사결정 권의 배분과 관련이 있다. 어떤 의사결정은 전통적인 중앙집권식 위계방식에 따라 상위계층에서 이루어질 것이고, 전문화된 지식에 대한 접근은 하위계층에서 이루어질 수도 있다.

하위계층에서 의사결정이 되면 의사결정자들은 기업의 이익에서 행동하기 위한 동기부여가 필요하다. 이 내용은 이 책의 제3부에서 다루고 있다. 성과 측정이 적합하게 선택되었을 때 인센티브는 중요한 조정 메커니즘으로 작용한다. 이것은 시장에서 가격의 역할과 유사하다. 기업은 이익에 대한 잉여 권리(residual right)를 제공하고, 사내창업 촉진을 활용하여 직무를 직원들에게 준다.

인센티브 계획이 불완전하기 때문에 기업들은 다수의 다른 조정 메커니즘을 사용한다. 이것은 MBA, 표준 운영 절차, 훈련, 기업문화 그리고 의사소통을 포함한다.

가장 어려운 조직 구조 문제는 2개 또는 그 이상의 그룹들이 의사결정을 하기 위해 결합해야만 하는 특정 지식을 소유하는 경우에 발생한다. 이를 '통합의 문제'라고 부른다. 여기에 단순하게 하나의 그룹 또는 다른 그룹에게 분산시키기 어려운 의사결정이 있다고 하자. 게다가 그 의사결정은 하나의 관리자에게 감독을 받아야 하거나 또는 관련 지식을 보유하고 있는 그룹들과 합쳐야 한다. 매트릭스 조직 구조 또는 프로젝트 조직 구조와 같이 가장 복잡한 조직 구조는 이 문제를 제기하기 위해 발생한다. 비록 운영하거나 관리하기 어렵지만, 중요한 통합 문제에 직면하고 있는 기업들의 이런 계획들에 작은 대안책이 있다.

거의 모든 기업들이 전통적인 기능계층 구조를 사용하는 것처럼, 모든 기업들이 더 많은 공식적인 조직도를 별도로 두고 비공식 의사소통과 조정 조직 구조를 사용하도록 한다. 따라서 관리자의 동료 네트워크는 추가적인 조정 메커니즘이다. 상관적이고 유동적인 조직 구조를 특히 강조하는 기업들은 주로 네트워크 조직 구조를 가지고 있다고 할 수 있다.

그 조직 구조는 기업의 제품과 환경이 전략을 유도하는 것을 설명하는 특정 지식에 의해 유도된다. 복잡한 기업일수록 다른 부서들로 구분 짓는 경향이 있다. 기업들은 또한 분산된 접근 방법을 사용하는 경향이 있다. 다음 장에서 논의되듯이 이것은 직무 설계에 또한 영향을 줄 것이다. 그러한 기업들은 또한 조정 문제에 부딪힐 가능성이 있고 따라서 더 복잡한 조직 구조를 적용한다.

연습문제 ●●●

1. 당신의 기업 또는 대학은 어떻게 조직화되었는가? 이것이 이 장에서 논의된 원칙에 어떻게 영향을 미치는지 설명하라.

2. 전통적인 기능적 위계 구조가 군대에서 효과적인 조직 구조인가? 왜 그런가 혹은 왜 그렇지 않은가? 전통적인 기능적 위계 구조 조직이 전쟁 중에 더 적합한가 아니면 평화로울 때 더 적합한가?

3. 규모의 경제(전체 생산량이 증가함에 따라 단위당 비용이 감소하는 것)가 자동차와 철강 산업에서 역사적으로 중요하게 여겨졌다. 그러나 근대 생산 방법으로 두 산업에서 모두 규모의 경제의 중요성이 크게 감소했다. 이들 산업에서 이것이 기업들의 최적 조직 구조에 영향을 미칠 것인지 어떻게 예측하는가? 과거에 규모의 경제를 중요하게 여겨 두각을 나타냈던 기업들의 경쟁 위치에 이것이 어떤 영향을 미치겠는가?

4. 우선 프로젝트 조직은 항공 산업에서 중요해졌다. 이들 기업들은 아주 복잡한 첨단기술 제품(예 : 제트 비행기 또는 로켓)을 생산했다. 프로젝트 또는 매트릭스 조직 구조가 또한 컨설팅 기업에서는 아주 일반적인 구조이다. 이런 종류의 기업들에 이 조직 구조가 타당한지 이유를 설명하라.

5. 프로젝트 또는 네트워크 조직 구조는 복잡성과 운영의 어려움 때문에 자주 비판받는다(특히 실제로 그 조직 구조 안에서 일하는 사람들로부터 비판받음). 비판의 원인이 되는 요소들을 설명하라.

6. 네트워크 조직 구조가 20년 전보다 지금 훨씬 인기가 많은 이유는 무엇인가? 다음의 가능성 있는 결과를 각각 설명하라(아웃소싱 사용의 증가와 주요 공급자와의 닫힌 전략 관계, 정보

기술의 비용 감소, 빠른 기술적 변화와 경쟁 변화의 측면).

7. 기업들이 현실에서 (실제로) 조직 구조의 변화를 어려워하는 것이 자주 발견된다. 조직 구조를 변경하기로 결정한 기업이 어떤 비용을 치를 것으로 예상하는가?

8. 이전 질문에 이어, 이 장에서 언급된 일반적인 조직 구조 중에서 어느 구조가 가장 변화하기 쉽다고 예측하는가? 이유는 무엇인가?

9. 이 책의 여러 장에서 기업의 한 예로 사용된 Acme는 초보 수준의 경영진(사원)부터 CEO까지 8단계의 경영 계층 구조를 가진다. 1969년부터 1988년까지 이 기업은 간부급 직원의 수가 3배가 되었다(Baker, Gibbs, & Holmstrom, 1994). 그러나 Acme는 새로운 계층을 추가하지 않았다. 최소 2개 이상의 설명을 제시하라.

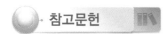

참고문헌

Adams, Henry (1995). *Collected Works*. New York: Penguin Classics.

Burt, Ronald (1995). *Structural Holes: The Social Structure of Competition*. Cambridge, MA: Harvard University Press.

Guth, Robert (2005). "Battling Google, Microsoft Changes How it Builds Software." *Wall Street Journal*, September 23.

Rajan, Raghuram & Julie Wulf (2006). "The Flattening of the Firm: Evidence from Panel Data on the Changing Nature of Corporate Hierarchies." *Review of Economics & Statistics* 88(4): 759–773.

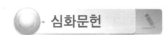

심화문헌

Baker, George, Michael Gibbs, & Bengt Holmstrom (1994). "The Internal Economics of the Firm: Evidence from Personnel Data." *Quarterly Journal of Economics* 109: 881–919.

Bolton, Patrick & Mathias Dewatripont (1994). "The Firm as a Communication Network." *Quarterly Journal of Economics* 109: 809–839.

Calvo, Guillermo & Stanislaw Wellisz (1978). "Supervision, Loss of Control, and the Optimum Size of the Firm." *Journal of Political Economy* 86: 943–952.

Chandler, Alfred (1962). *Strategy and Structure: Chapters in the History of the American Industrial Enterprise*. Cambridge, MA: MIT Press.

Garicano, Luis (2000). "Hierarchies and the Organization of Knowledge in Production." *Journal of Political Economy* 108: 874–904.

Geanakoplos, John & Paul Milgrom (1991). "A Theory of Hierarchies Based on Limited Managerial Attention." *Journal of the Japanese and International Economies* 5: 205–225.

Lawrence, Paul & Jay Lorsch (1967). *Organization and Environment*. Boston: Harvard Business School Press.

Qian, Yingyi (1994). "Incentives and Loss of Control in an Optimal Hierarchy." *Review of*

Economic Studies 61: 527–544.

Rosen, Sherwin (1982). "Authority, Control and the Distribution of Earnings." *Bell Journal of Economics* 13: 311–323.

Van Creveld, Martin (1987). *Command in War*. Cambridge, MA: Harvard University Press.

07

직무 설계

일은 노동과 놀이의 중간에 위치한다. 업무가 노동 또는 일로 구분되는 것은 업무 그 자체에 의한 것이 아니라 업무를 수행하는 개인의 흥미에 달려있다.

– W. H. 오든, 1970

서론

당신의 회사에 한 사람의 직원 채용이 필요하여 일자리에 대한 광고를 낸다고 하자. 대부분의 광고는 지원자가 반드시 지니고 있어야 하는 자질에 대해 자세히 나열하는 형태이지만, 다음 광고는 일자리 자체에만 중점을 두고 있다. 따라서 일자리에 대한 설명이 일부 빠져 있을 수도 있다. 다음 광고를 살펴보자.

> 직원구함 : 엔지니어링 전공 학위 필요. 전화 +55-5555-6482

위 광고는 근무시간, 근무처, 급여와 같은 직무에 대한 설명이나 회사의 종류, 담당 업무, 승진기회 등의 세부사항이 거의 언급되어 있지 않아 일자리에 적합한 지원자들의 흥미를 끌지 못할 것이다.

이러한 상황은 다음과 같은 폭넓은 의미의 질문을 가져다 준다. 일자리란 무엇이며, 어떻게 설명되어야 하는가? 일자리에 대해 생각해 볼 수 있는 가장 중요한 특징은 무엇인가? 어떤 직무를 어떤 일자리에 부여해야 하는가? 어느 정도의 권한을 그 일을 맡은 개인에게 부여할 수 있는가?

추가적으로 고려해야 할 것은 이러한 직무 설계(job design)가 직원의 행동에 영향을 미칠 수 있다는 것이다. 어떤 직무 설계 구조가 창의성과 혁신을 이끌어 내는 것을 저해하는가? 특히 다른 직무 설계에 의해 직원들이 동기를 부여받는 형태가 존재하는가? 만약 그렇다면 당신은 어떻게 이러한 요인들을 유념하면서 직무 설계를 할 수 있는가?

●●● 직무 설계의 패턴

아래 표 7.1은 미국 노동통계청에서 조사한 모든 사기업 분야와 비농업 부문의 일자리 중에서 무작위로 샘플을 선택하여 직무 설계의 방법에 대해 연구한 것이다. 표에서는 멀티태스킹(multitasking), 자유재량(discretion), 기술(skill), 상호의존성(interdependence)이라는 네 가지의 직무 특성을 분석했다.

멀티태스킹에서는 해당 일자리의 직원이 업무를 몇 개나 처리하는지 측정했다. 수치가 클수록 더 많은 업무 처리를 요구받는다. 자유재량은 분권화(decentralization)에 해당한다. 자유재량의 수치가 클수록 직원은 더 많은 결정을 내리도록 요구받을 것이다. 그러므로 멀티태스킹과 자유재량으로 일자리를 구성하고 있는 업무의 수와 의사결정의 수를 측정할 수 있다.

표 7.1

일관적 직무 설계와 비일관적 직무 설계

		한계확률		
	L	M	H	Σ
	(<중간)	(중간)	(>중간)	
기술	0.251	0.540	0.209	1
자유재량	0.190	0.610	0.200	1
멀티태스킹	0.194	0.603	0.203	1
상호의존성	0.185	0.619	0.196	1

		예상	실제	(실제/예상)
	일관적			
	LLLL	0.0017	0.0541	31.6
	MMMM	0.1230	0.2502	2.0
	HHHH	0.0017	0.0626	37.6
직무 설계 특징의 결합	비일관적			
	1L, 3H	0.0068	0.0007	0.1
	2L, 2H	0.0102	<0.001	>0.1
	3L, 1H	0.0068	0.0007	0.1

출처 : Gibbs, Levenson, & Zoghi(2008)

기술은 해당 일자리에 대한 자격 조건을 갖춘 직원에게 요구하는 능력과 인적자본의 폭과 깊이를 측정한다. 여기에서는 기술의 수준(예 : 기본적인지, 높은 수준인지)뿐만 아니라 기술의 형태도 측정한다. 기술에 대한 수치가 클수록 직원은 더욱 수준 높은 훈련을 받아야 하고, 다양한 기술이 필요하다.

마지막으로 상호의존성은 조직 내에서 해당 직무가 다른 직무와 연관이 있는지를 측정한다. 이는 직원이 처리한 업무 결과가 다른 동료나 고객들에게 얼마나 영향을 미치는가를 평가하는 것이다. 이 수치가 클수록 상호의존성이 높고, 생산과정이 더욱 연계되어 있다는 것을 의미한다. 또는 협동이 얼마나 중요한지를 측정하는 것이라 볼 수도 있다.

위의 측정은 설문조사 대상 회사의 HR 직원들과의 인터뷰를 기반으로 한 것이다. 기술의 경우 1~9점, 자유재량 1~5점, 멀티태스킹과 상호의존성의 경우에는 1~6점으로 점수를 매기도록 했다. 범주가 서로 다른 일의 비교를 용이하게 하기 위해서, 평균(중간) 점수는 각기 다른 직업군에 따라 계산했다. 예를 들어, 멀티태스킹에서의 평균 점수는 전화 교환원들 중에서만 계산한 수치이다. 그런 다음 각 직무의 계산 수치를 동일 직업군의 업무와 비교하여 *L*(low, 같은 업계와 직업의 평균값보다 낮은 경우), *M*(medium, 중간 수치와 동일한 경우), *H*(high, 평균보다 수치가 높을 경우)로 기록했다.

표의 윗부분은 네 가지의 직무 특징에 대한 분포도를 보여준다. 임의로 선택한 직무의 약 25%(0.251)는 해당 직업에 대한 필요 기술 수준이 상대적으로 낮다는 것을 의미한다. 또한 약 54%(0.540)는 평균 수준의 기술을 가지고 있으며 21%(0.209)는 상대적으로 높은 수준의 기술을 가지고 있다는 것을 보여준다. 따라서 행의 합은 100%(1)가 된다.

표의 아래쪽은 직무 특징 관련성을 보여준다. 측정 방식에 대한 이해를 돕기 위해 당신이 프랑스의 한 지방에서 생산된 와인의 비교 온도(*L*, *M*, *H*)와 비교가격에 대한 자료를 가지고 있다고 가정해 보자. 당신은 와인의 가격이 포도가 자란 계절의 기온과 관련이 있는지 관심이 있다. 만약 어떤 와인 가격 수준의 확률이 특정 기온의 확률과 관련이 없다면, 기온이 낮은 해에 생산된 와인 가격이 낮을 확률은 어떻게 될까? 그것은 단순히 (기온에 상관없이) 와인 가격이 낮을 확률과 (가격에 상관없이) 기온이 낮을 확률을 곱한 것이 될 것이다.[1]

LL(낮은 온도, 낮은 가격)의 예상 확률 = 확률(낮은 온도) × 확률(낮은 가격)

만약 온도가 낮을 때의 실제 낮은 가격 발생률이 위의 공식으로 계산한 값과 다르다는 것을 발견하면, 당신은 그 두 변수 사이에 통계적 관련이 있을 것이라고 결론을 내릴 것이다. 예를 들

---

1) 더 공식적으로 확률(*LL*) = 확률(낮은 온도, 낮은 가격) × 확률(낮은 온도) × 확률(낮은 온도일 때 낮은 가격)이다. 변수는 서로 연관성이 없다고 가정한다. 그러므로 위 공식은 변수 사이의 연관성이 0이고 혹은 변수 사이에 통계적인 독립성이 확립된 것으로 가정하고 있다.

어, 온도가 낮을수록 와인 가격이 더 낮은 경향을 보인다면, *LL*의 실질 확률은 계산한 예상 확률보다 높을 것이다. 만약 와인 가격이 온도가 낮을수록 높은 경향을 보인다면, 그 반대가 될 것이다.

이러한 논리를 표 7.1의 직무 설계에 적용시켜 보고, 4개의 직무 특성이 함께 결정되는 것인지 아니면 각각 별개의 것인지 살펴보자. 만약 직무 특성 4개가 각각 별개로 결정되는 것이라면, 임의로 선택한 직무가 4개의 직무 특성에서 모두 낮은 점수(*LLLL*)를 가질 확률은 상단 표에 있는 L열의 4개의 주변 확률을 모두 곱한 값과 같다.

$$\text{예상 확률}(LLLL) = 0.251 \times 0.190 \times 0.194 \times 0.185 = 0.0017$$

하단 표의 '예상' 열은 이렇게 계산한 수치를, '실제' 열은 실제 확률을 보여준다. 즉, 임의로 선택한 직무가 4개의 모든 특성에서 낮은 수치(*LLLL*)를 기록할 확률은 0.0541이다. 0.0541/0.0017은 약 31.6이므로, 이는 각 직무 특성이 서로 연관이 없을 시 *LLLL* 직무는 예상한 것보다 30배 더 자주 관찰된다는 것을 의미한다.

비슷한 방식으로 *HHHH* 직무(4개의 특성에서 모두 높은 수치를 나타내는 경우)의 예상 확률은 0.0017이다. 하지만 실제적으로는 이 예상 수치보다 40배 더 자주 관찰된다. *MMMM* 직무는 25%의 실제 확률 수치를 갖지만 예상 수치는 이보다 약 절반가량 더 낮다.

이러한 결과는 회사가 일관된 직무 설계를 하는 경향이 있다는 것을 뚜렷이 보여준다. 즉, 한 직무가 4개의 특성에서 모두 낮거나 중간이거나 높거나 하는 경우가 적다는 것이다. 이를 다시 확인하기 위해, 표 7.1의 마지막 3개의 행은 위와 같은 절차를 반복하였다. 그러나 이번 경우에는 어떤 측면에서 높은 수치를 나타낸 직무가 다른 측면에서는 낮은 수치를 나타내는 비일관적 직무 설계의 예상 확률과 실제 확률을 비교하였다. 비일관적 직무 설계는 예상 확률보다 1/10만큼 적게 관찰되었다. 위 표에서 보여주진 않았지만, 더욱 일관된(완벽하게 일관되진 않더라도) 직무가 예상 확률보다 더 많이 관찰되었고 덜 일관된 직무일수록 예상 확률보다 수치가 더 낮았다.

이를 바탕으로 직무는 일관된 설계를 가지는 경향이 뚜렷하다는 것을 알 수 있다. 만약 근로자에게 더 많은 결정권한을 부여하면, 더 많은 일을 처리하고 더욱 폭넓고 깊은 인적자원을 가져야 할 가능성이 커진다. 나아가 해당 직무는 복잡한 생산과정의 부분으로 다른 직무와 깊은 상호의존성을 가질 가능성이 크거나 그 반대로 생각할 수 있다.

표 7.2는 또 다른 흥미로운 직무 설계 패턴을 보여준다. 자료는 최근 광범위한 조직 변화를 겪은 영국 근로자들을 대상으로 한 설문조사에 기인한 것이다. 응답자들은 조직변화가 자신들의 직무 설계에 어떠한 영향을 미쳤느지에 대해 답했다. 설문조사의 질문들은 표 7.1에서 우리가 분석한 변수와 부합하는 것이었다. 표 7.2는 직무 설계에 조직변화가 가져온 놀라운 영향을 보여준다. 조직변화를 통해 멀티태스킹, 분권화, 기술 요건이 증가한 것을 보여주

표 7.2

조직 변화가 직무 설계에 미치는 영향

(단위 : %)

	직원의 비중	
	더 많아졌다	줄어들었다
과업	63	6
책임	46	3
필요기술	50	4

출처 : Caroli & Van Reenen(2001)

었다.

이러한 표들(표 7.1, 7.2)은 여러 가지 중요한 정보를 제공한다. 요약하면 첫째, 직무 설계에 있어서 중요한 두 가지 요소는 직원이 수행하는 일과 의사결정 정도이다. 둘째, 직무 설계에는 분명한 패턴이 존재한다. 멀티태스킹은 더 많은 자유재량과 연관이 있고, 이 둘은 또한 높은 수준의 기술을 보유한 근로자와 연관이 깊다는 것이다. 이러한 측면에서 낮은 수치를 기록하는 직무는 한정된 업무(narrow job)라고 명칭하고, 반대로 높은 수치를 기록하는 직무를 보통 광범위한 직무(enriched job)라고 부른다.

셋째, 우리는 직무가 더 한정되거나 혹은 더 광범위해지도록 설계되어야 하는 상황에 대한 정보를 가지고 있다. 상호의존성이 높은 생산과정의 일부로서의 직무는 더욱 광범위해지는 경향이 있다. 또한 회사가 최근 조직변화를 겪은 경우 더욱 광범위한 직무를 필요로 하는 경향을 보인다.

마지막으로 지난 수십 년간 나타난 경향은 광범위한 역할의 직무는 점차 많아지고 있는 데 반해 한정된 역할만 하는 직무는 줄어들고 있다는 것이다. 이는 비즈니스 프레스(business press)에서 보이는 견해 즉, 회사가 점차 근로자의 권한 강화를 활용하고 있다는 것과 일치한다. 그럼에도 불구하고 이것이 단지 전반적인 패턴이며 경향이라는 점을 인식하는 것은 중요하다. 여전히 많은 회사들이 근로자들의 권한은 거의 없고 낮은 기술로 한정된 일자리를 활용하고 있다

이번 장에서는 이러한 패턴과 경향에 대한 설명을 더 자세히 다루고자 한다. 또한 퍼즐에서 가장 중요한 조각이라 할 수 있는, 동일한 일자리에 어떤 업무들이 포함되어야 하는지에 대한 설명도 하고자 한다. 근로자가 해야 하는 일과 형태는 가지고 있는 기술과 긴밀히 연결되어 있기 때문에, 특정 직무 설계에서 필요로 하는 기술에 대해서도 다루도록 하겠다. 마지막으로 직무 설계 논의와 연관되어 있으며, 마지막 두 장의 중심이 되는 의사결정에 대한 사안을 다시 다룰 것이다.

●●● 최적의 직무 설계 : 기술, 과업 그리고 의사결정

멀티스킬링과 멀티태스킹

기술

멀티태스킹이란 한 근로자가 많은 일을 처리해야 하는 상황을 의미한다. 멀티스킬링은 근로자가 다양한 일을 처리할 수 있는 능력을 가진 것을 일컫는다. 멀티태스킹으로 인한 장점 중의 많은 부분이 사실 멀티스킬링의 장점에서 나온다. 처리해야 하는 일이 직무와 꼭 관련이 없더라도, 근로자가 필요하다면 그러한 일을 처리할 수 있는 능력을 갖추고 있기 때문에 그 일을 처리하는 경우도 종종 있다. 멀티스킬링의 장점은 다음과 같다.

유연성　　다양한 업무에 대해 아는 근로자는 다른 근로자를 대신하여 일할 수 있다. 유연성(flexibility)은 규모가 큰 회사보다는 규모가 작은 회사에서 더욱 가치 있게 빛난다. 대규모인 회사에서는 동일한 직무를 수행하고 있는 사람들이 많기 때문에 한 사람이 다양한 업무를 아는 것이 덜 중요하다(이는 첨부 자료로 확인할 수 있다).

캐세이 퍼시픽 항공의 예약업무를 예로 들어 보자. 많은 수의 예약 담당자들이 동시에 일하기 때문에 한 사람의 담당자가 결근하여도 예약 업무를 할 수 있는 다른 사람이 대신할 수 있다. 공항 게이트 담당자가 예약 부서로 지원 나가야 하는 필요성은 희박하다. 이런 이유로 게이트 직원은 자신의 업무가 아닌 예약 업무에 대한 지식을 습득할 필요가 없다. 단지 게이트 담당자로서의 책임만 충실히 수행하여도 손해 볼 것이 없다.

이와 반대로 작은 레스토랑을 한번 생각해 보자. 초기에는 레스토랑 사장이 매니저이자 요리사, 구매상, 웨이터, 계산원, 사장의 역할을 모두 수행한다. 레스토랑이 성장하면 아마도 사장은 테이블을 정리하고 손님을 안내할 직원을 고용할지 모른다. 한편 직원 수만 500명이 되는 규모가 큰 레스토랑의 경우에는 야채 다듬기 담당과 같이 세분화된 많은 일이 존재한다. 레스토랑이 작은 경우 웨이터가 요리하는 법을 모른다면 요리사가 병으로 결근했을 때 문을 닫을 수밖에 없다. 업무형태가 많지 않아 한정된 일이 대부분인 작은 회사에서 멀티스킬링은 유연성을 제공한다.

의사소통　　멀티스킬링은 회사 내에서 다른 업무를 담당하고 있는 직원들 사이의 의사소통을 촉진할 수 있다. 이는 주어진 상황에 대해 무지한 직원보다는 지식이 있는 직원과 사안에 대해 이야기하는 것이 훨씬 쉽기 때문이다.

집을 짓는 건축 팀에 속한 목수와 전기공의 예를 들어 보자. 전기공은 특정 형태로 전선을 배열하기를 원하고, 이를 위해서는 집의 전체적인 목공 형태가 전기공의 요구를 수용해야 한다.

만약 전기공이 목공에 대한 지식이 있다면, 목수와의 의사소통이 훨씬 용이할 것이다.

위의 예는 그냥 우연히 선택한 것이 아니다. 집을 건축하는 일은 팀 생산(Team Production)에 있어 아주 중요한 요소라고 할 수 있다. 멀티스킬링으로 인한 활발한 의사소통의 혜택은 서로 다른 업무가 긴밀히 상호작용하는 팀이라는 환경하에서 더 크게 나타나는 경향이 있다.

혁신　　멀티스킬링은 최소 두 가지 이상의 메커니즘을 통해 업무에 대한 혁신을 만드는 데 일조할 수 있다. 첫째, 의사소통을 하는 것과 마찬가지로 한 직원이 생산의 많은 부분에 대한 지식을 가지고 있을 때, 생산과정을 개선하는 기술을 개발하는 것이 쉬워진다. 앞서 언급한 목수의 예처럼, 전기공의 일을 이해하고 있다면 그에 맞는 목공 형태를 만드는 것이 훨씬 수월해질 것이다. 이러한 효과는 후에 다루게 될 멀티태스킹이 업무 학습(job learning)에 미치는 영향과 아주 비슷하다.

혁신에 대한 멀티스킬링의 두 번째 효과는 직원들이 고도로 전문화된 경우, 한 가지 기술의 혁신만으로도 그 기술을 가졌던 모두가 시대에 뒤처지게 될 수도 있다는 것이다. 블랙스미스(Blacksmiths, 금속가공업체)는 자동차의 발명으로 사실상 사라졌다. 만약 블랙스미스가 철 가공 직원들을 전문화시키지 않고 일반화시켰더라면, 자동차가 발명되었어도 일부 기술만이 사장되었을 것이고 나머지 다른 기술은 더욱 가치 있게 활용되었을 것이다.

자신의 기술이 시대에 뒤떨어진 것이 되어 가는 것을 지켜보는 직원은 혁신을 반대할 가능성이 크기 때문에 이는 중요한 대목이다. 비록 시장은 비혁신적인 회사를 결국 퇴출시키는 방향으로 혁신을 받아들이겠지만, 어느 회사도 그러한 방식으로 시장에서 퇴출당하고 싶어 하지 않을 것이다. 폭넓은 기술을 가진 직원을 보유하는 것이 회사의 변화 적응력을 강화하는 길이다.

과업

전문화 vs. 멀티태스킹　　직무 설계의 가장 중요한 원칙 중 하나는 애덤 스미스의 **국부론**에서 기인한다. 애덤 스미스는 전문화의 정도는 시장에 따라 제한된다고 서술한다. 핀을 만드는 공장을 예로 들면, 공장에서는 각 근로자가 핀 생산의 전부를 담당할 수도 있고, 핀 끝을 뾰족하게 다듬는 공정만을 담당하는 등 핀 생산의 한 단계만 담당할 수도 있다.[2] 직원이 제한된 하나의 업무만을 담당하게 하려면 충분히 많은 주문으로 인해 많은 수의 근로자가 필요할 경우이다. 즉, 핀 시장의 수요가 하루에 핀 5개의 생산만을 필요로 한다면 조립라인 과정이나 극히 한정된 업무는 실효성이 없다. 회사는 그 대신 한 사람의 숙련공을 두어 5개의 핀 모두를 생산해 내도록 할

---

2) 애덤 스미스가 핀이라고 부른 물체를 우리는 못(물론, 아주 큰 핀의 일종이다.)이라고 부른다. 전문화에 대한 그의 예시의 근원은 800년 전의 페르시아로 거슬러 올라간다(Hosseini 1998).

것이다.

위와 같이 작은 규모의 회사일수록 큰 규모의 회사보다 직원들에게 멀티스킬링을 강조하는 경향을 보이는 것처럼 직무 설계에서 멀티태스킹을 이용할 가능성이 높다.

애덤 스미스의 분석이 보여주는 가장 중요한 메시지는 멀티태스킹에 반대의 의미를 지닌, 전문화(specialization)에 대한 아이디어이다.[3] 핀 공장에서 핀 하나를 생산하는 과정에는 최대 18개의 다른 일이 포함된다. 업무를 세분화시킨 공장은 10명의 직원을 두고 이러한 업무를 담당하게 할 수 있다. 한 직원의 업무는 하루 종일 단순히 전선을 곧게 펴는 것일 수 있는데, 이는 제조업에서 자주 관찰되는 한정된 일을 반복적으로 계속 되풀이하는 업무의 극단적인 예이다. 회사가 이런 과정을 채택하면 하루에 20파운드의 핀을 생산해 낼 수 있다. 애덤 스미스는 1명의 일꾼이 생산과정 전부를 담당할 경우 하루에 약 20개의 핀을 생산해 낼 수 있다고 이야기하고 있다. 그러므로 생산과정을 세분화시키고 근로자들이 전문화된 업무를 수행하도록 하면 이는 생산성의 엄청난 향상으로 이어질 수 있다.

전문화를 통해 생산성의 엄청난 향상을 이룰 수 있다는 인식은 결코 지나친 강조가 아니다. 전문화를 통해서 얻을 수 있는 혜택은 아주 광범위하기 때문에 이를 항상 기억해야 한다. 따라서 전문화를 배제시키려면 뚜렷하고 정당한 근거가 뒷받침되어야 한다.

왜 전문화가 생산성을 증가시키는가? 한 가지 이유는 한 근로자가 제한된 숫자의 일을 처리할 때, 그 일을 아주 완벽하게 해낼 수 있는 확률이 높아지기 때문이다. 만약 한 사람이 너무 많은 일을 처리하게 된다면, 여러 가지 일을 해낼 수는 있지만 진짜로 잘하는 것은 없는 직원이 될 가능성이 있다. 반대로 직원이 전문화되면 그 일만큼은 전문적으로 잘할 수 있는 직원이 된다. 전문화의 또 다른 혜택은 여러 가지 일을 처리할 때 한 일에서 다른 일로의 전환시간을 절약(또한 정신적인 집중도)할 수 있다는 점이다. 마지막으로 전문화를 통해 전문화된 인적자본 투자가 가능해지고 훈련 비용을 절약할 수 있다.

전문화는 생산성에 엄청난 향상을 가져다주기 때문에 현대 경제에서 가장 중요한 요소 중 하나이다. 이는 애덤 스미스의 국부론 첫 번째 장의 주제로 다루었다는 사실에서도 잘 드러난다. 또한 전문화는 경제의 기반이기도 하다. 사람들이 전문화될 때 그들은 더욱 생산적이고 전문화되지 않았을 때보다 더욱 모두에게 혜택을 준다.

멀티태스킹

멀티태스킹은 전문화와는 조금 다른 개념인데 한 직원에게 여러 가지 일을 처리하도록 하는 것

---

3) 학술적 용어와 혼동해서는 안 될 것이다. 전문화(specialization)는 일반적으로 직무 설계에서 한정된 업무를 지칭하는 것이다. 때론 제3장과 같이 인적자원에 대한 한정된 투자를 지칭하기도 한다. 전문화된(specialized)은 제5장에서 논의한 것과 같이 특정 지식과 같은 것이 아니다. 또한 제3장과 같이 특정 투자와 동일시해서도 안된다.

이다. 전문화를 통해 혜택을 얻을 수도 있지만 동시에 비용을 수반한다. 멀티태스킹이 주는 혜택은 아래와 같다.

거래비용 감소　　직원들이 전문화되면 여러 가지 비용이 증가할 수 있는데, 이러한 비용은 멀티태스킹을 통해 감소시킬 수 있다. 운송 시간을 예로 들어 보자. 보험청구의 일부 과정은 시카고에서 이루어지고 나머지 일부 과정이 애틀랜타 사무실에서 이루어진다고 가정해 보자. 관련서류는 시카고에서 애틀랜타로 보내야 할 것이고 이는 시간을 지체시킬 것이다. 멀티태스킹은 이러한 비용을 줄일 수 있다. 그러나 정보 기술이 점차 일반화되면서 멀티태스킹으로 인한 혜택이 점차 줄어들고 있다는 사실에 주목할 필요가 있다(같은 주제에 대해서는 다음 장을 참조하라).

　마찬가지로 보험청구 한 건이 한 직원에서 다른 직원으로 넘어가게 되면 다른 제3의 직원이 이 건의 세부사항에 대해서 반드시 알아야 할 것이다. 이 세 사람이 한 파일에 대해서 일하게 되면, 이 파일은 한 번이 아니라 세 번 검토된다. 한 가지 일을 세분화시켜서 얻을 수 있는 혜택만큼이나 멀티태스킹은 시간을 절약할 수 있다.

　위와 같은 비용(setup cost) 이외에도 전문화는 관료비용(bureaucracy cost)을 수반할 수 있다. 프로젝트가 실행되고 일이 한 직원에서 다른 직원으로 넘어가는 과정에서 얼마간 일을 미루려는 경향이 나타날 수 있다. 조직에 걸리는 시간을 최소한으로 축소한다 하더라도, 미루려는 경향은 프로젝트가 여러 사람의 손을 거쳐야 할수록 완료되는 시간이 늦어진다는 것을 의미한다.

공급에 대한 고려　　한 가지 일을 수행하는 데 필요한 기술을 가지고 있으면 직원들은 종종 그와 관련된 다른 일도 수행할 수 있다. 예를 들어, 복잡한 소득세 환급을 신청할 만큼의 충분한 세법지식을 가지고 있는 세무사는 다음 해의 세금 부담을 최소화할 수 있게 고객에게 조언할 수도 있다. 바로 이것이 세무사가 세금신고 시기에 종종 고객들에게 투자수단에 대한 조언해 주는 이유이다. 그러나 한 가지 일을 수행하기 위해 필요한 기술이 단지 그 일에 국한되어 쓰인다면, 멀티태스킹은 비용낭비가 될 것이다. 이것이 사환의 역할까지 담당하는 학교 양호교사가 거의 없는 이유이다. 비록 사환이나 양호교사나 하루 종일 매달려야 하는 일은 아니지만, 그에 필요한 기술이 너무나 다르기 때문에 멀티태스킹은 불가능하다.

　여러 가지 직무가 합쳐진 하나의 일을 해야 할 때, 직원은 그 일을 처리하는 데 필요한 기술을 습득해야 한다. 배관공은 보통 전선의 복잡성을 알 수 없기 때문에, 새 집 건축에 필요한 배관과 전선에 대한 두 가지 일을 한 사람에게 배정하는 일은 드물다. 대신, 배관공은 비슷한 기술을 요하는 수도를 달고 세탁실의 배수관을 설치하는 일을 맡을 것이다.

생산에서의 보완성   생산 관련 일들이 서로 상호보완적일 때, 전문화보다 멀티태스킹이 더욱 선호된다. *A*업무(혹은 *B*업무)를 수행하는 것이 *B*업무(*A*업무)를 수행하는 데 직원의 효율성을 더욱 높여 준다면 *A*업무와 *B*업무는 보완적인 관계에 있다. 고장 수리를 예로 들어 보자. 문제를 발견한 사람이 수리를 하는 것이 일반적인 경우이다. 세탁기 수리공은 고장 난 세탁기를 고치는 데 적임자이다. 문제를 발견한 사람과 수리하는 사람이 분리되어 있을 경우, 수리공은 고장 난 부분의 수리를 직접 하게 될 다른 사람에게 문제를 설명해 줄 수 있지만, 이러한 경우 일이 중복된다.

업무가 전체 생산과정에서 긴밀히 연결되었을 경우, 업무는 더욱 보완적인 관계를 맺게 되고 종종 특정 상황에 대한 지식을 필요로 한다. 고장 난 제품을 수리해야 하는 경우, 고장을 발견하는 일 자체가 담당자에게 세부사항과 경험, 특정 기기 수리에 관한 지식을 제공해 준다. 담당 직원은 이러한 지식을 수리 담당 직원에게 전달할 수 있지만, 그러한 전달에 드는 비용은 비교적 높을 수 있다.

상품이나 과정이 복잡할 경우에 업무의 보완성은 더욱 드러나는 경향이 있다. 애덤 스미스의 핀 생산 예에서는 그 과정이 간단하고 생산과정의 단계 사이의 상호의존성이 크지 않다. 그러나 반대로 디젤 엔진을 제조하는 공장과 같은 경우, 각 부품이 다른 부품이나 소켓과 들어맞아야 하는 것이 매우 중요하다. 그렇기 때문에 함께 수행해야 하는 부품공정은 한 가지 업무로 묶일 수 있는 좋은 예이다.

제5장과 제6장에서 살펴본 원칙들은 개별 업무를 설계하는 데 적절한 것이다. 일들이 서로 상호의존적인 관계에 있을 때 전문화를 추구하면, 서로 다른 업무를 수행하는 2명의 직원 사이에서 조정비용이 발생한다. 비용 상승, 생산 지연, 품질 저하 등의 조정 문제를 해결하려면, 가장 의존 관계에 있는 업무를 하나로 묶어서 문제를 해결해야 한다.

직무 설계에 있어서 모듈성의 원칙은 개개의 직무 설계에 잘 적용될 뿐만 아니라 같은 방식으로 전체적인 조직 구조에도 적용된다. 그러므로 직무 설계 시, 회사의 업무과정을 모듈화하는 방법을 찾아야 한다. 만약 업무가 모듈화되어 상호의존성이 가장 높은 직무가 하나의 모듈로 묶이면, 조정비용이 절감될 수 있다. 비록 업무나 모듈 사이의 조정비용은 여전히 존재하겠지만, 모듈이 적절히 정의되면 비용을 절감할 수 있다.

소프트웨어 공학은 직무 설계에서의 모듈화에 좋은 예이다. 운영 시스템이나 대규모 어플리케이션과 같은 대규모 프로그래밍 프로젝트는 1명의 프로그래머가 담당하기엔 너무나 많은 일을 포함한다. 그래서 한 프로젝트는 많은 업무로 나눠지게 될 수밖에 없다. 전형적으로 1명의 프로그래머는 하나 혹은 그 이상의 특정 서브루틴(subroutine)이나 소프트웨어를 담당한다. 물론 이러한 것들이 전체 프로그램의 모듈이다. 서브루틴으로 선택하는 이유는 가장 긴밀하게 연결된 업무들을 함께 수행할 수 있도록 하기 위해서이다. 프로젝트 매니저는 이러한 서브루틴 사이의 인터페이스를 관리(조정)해야 하지만, 모듈화가 잘 된 프로젝트에서 이는 그리 어렵지 않다. 사실 현대의 소프트웨어 도구나 원칙들은 모듈성을 염두에 두고 설계되었다. 소프트웨어 엔지니어는 비교적 독립적인 부품과 같이 프로그램을 설계하도록 교육받았지만 동시에 전체적인 설계와 프로그램 운영에 있어서 조정 문제를 최소화할 수 있도록 소프트웨어 간의 인터페이스 및 데이터 구조를 설계하도록 교육받았다.

업무학습　　업무 의존성에서 중요한 한 가지는 멀티태스킹을 수행하는 직원들이 생산과정이나 상품을 개선시키는 방법을 배우려는 성향이 더 강하다는 것이다. 과정을 완벽하게 수행하는 데 가장 어려운 부분은 복잡하고 상호의존성이 높은 업무이다. 또한 이러한 업무가 멀티태스킹이 일어날 가능성이 더 높은 경우이기도 하다. 1명의 직원이 긴밀히 연관된 업무를 모두 수행할 때, 더 효율적인 결과를 얻을 수 있는 방법을 찾아낼 가능성이 많다.

디젤 엔진 생산의 예를 다시 한 번 생각해 보자. 두 가지의 부품이 서로 맞지 않아서 마찰을 일으키고 결국 엔진 결함으로까지 이어지는 문제를 회사가 겪고 있다고 가정해 보자. 회사가 전문화를 중심으로 직무를 조직하면, 해당 두 부품은 서로 다른 근로자가 만들어낼 것이다. 각 근로자는 할 수 있는 한 효율적으로 자신이 맡은 부품을 생산해 낼 것이다. 그러나 다른 부품들과의 조합은 그리 생각하지 않을 가능성이 높다. 반대로, 두 부품을 생산한 근로자가 맡게 되면 부품들이 어떻게 조합되어 작동하게 될 것인지에 대해 더욱 고려하게 될 것이다.

또 다른 예로 보험청구 처리회사를 생각해 보자. 청구과정이 서로 다른 직무로 구분되어 있다면, 직원들은 각 단계로 수행 방법에 대한 좁은 시야를 가지고 있을 가능성이 높다. 만약 한 직원이 처음부터 끝까지 전체 청구업무를 모두 수행한다면 전체 과정(업무 본질, task identity이라 부름)을 다 볼 수 있는 시야를 가지고 있을 것이다. 이는 각 업무의 비교 중요도를 파악하고 각 업무가 전체적으로 어떻게 작동하는지에 대한 그림을 더 잘 볼 수 있다. 결국 이러한 지식으로 직원은 고객에게 더 나은 서비스를 제공할 가능성이 높아진다.

감독의 어려움　　업무를 하나로 엮는 일은 종종 직원이 한 업무에만 치중하고 다른 업무를 소홀하게 만들기도 한다. 판매와 고객 관계 개발이라는 두 가지 업무를 모두 담당하고 있는 직원은 판매에만 집중하고 후자 업무는 소홀할 가능성이 높다. 고객 관계 개발보다는 판매가 훨씬 쉽게 측정할 수 있고 회사가 판매와 관련해서 직접적인 인센티브를 지불할 가능성이 높기 때문에 이러한 업무를 엮는다는 것은 하나의 업무를 위해서 다른 하나를 희생하게 할 수 있다. 대체 방안은 근무시간당 임금을 지불하는 것인데, 이는 판매당 성과금을 제공하여 얻을 수 있는 혜택을 희생하게 한다. 이러한 업무는 분리함으로써 회사는 더 나은 이득을 얻을 수 있다. 세부 내용은 제9장과 제10장을 참조하라.

내재적 동기　　애덤 스미스에 의하면 매우 한정되고 고도로 전문화된 일은 직원이 싫증을 느낄 수 있다고 한다. 직원의 내재된 동기(일로 인한 정신적 의욕)를 유발시킬 수 있다는 점이 멀티태스킹의 장점이다. 이번 장의 후반에서 이러한 효과에 대해 다룰 것이다.

결정

멀티태스킹은 일에 대한 학습을 더욱 가능하게 하기 때문에 위에서 언급된 증거들이 보여주고 있는 것처럼 더 많은 업무가 주어진 직원이 더 많은 결정권을 갖는다는 사실은 그리 놀랍지 않다. 멀티태스킹에서 직원이 발전시키는 지식은 복잡하고 경험적인 것이기 때문에 비교적 특정 지식(소통하는 데 비용이 드는)일 경우가 많다. 그러므로 이러한 학습을 이용하기 위해서 회사는 일반적으로 직원들이 새로운 방법을 시도하게끔 하여, 성공적인 방법을 실행으로 옮겨야 한다.

위의 내용을 한 단계 더 나아가 생각해 보자. 회사는 멀티태스킹을 통해 직원의 학습을 개선시킬 수 있기 때문에 멀티태스킹은 분석과 의사 결정 기술의 중요성을 더욱 부각시킨다. 그러므로 멀티태스킹은 직원이 각 직무를 수행하기 위해 필요한 광범위한 기술을 발전시키도록 할 뿐만 아니라 더 넓은 사고 능력을 가진 직원을 중시하게 한다. 이런 부분에 대해서는 다음 장에서 더욱 중요하게 다루고 있다.

생산 근로자를 위한 과학적 훈련

이번 장에서 다룬 원칙에 적용된 전사적 품질 경영(Total Quality Management, TOQ) 방법을 많은 회사들이 사용한다. TOQ는 품질 개선에 중점을 두고 있는 방식이다. 대부분의 품질 관련 문제들이 일에 대한 과도한 전문화로 인해 생기는데, 이는 직원이 자신이 수행한 일의 결과물이 과정의 다른 단계와 작용하는지에 대한 고려가 없기 때문이다. 그러므로 TOQ는 보통 멀티태스킹의 확대를 의미한다(다음 장의 주제인 팀에 의해 수행되는 멀티태스킹을 의미하기도 한다). 또한 직원의 일에 대한 학습 개선을 활용하기 위해 더 폭넓은 직원의 의사결정을 의미하기도 한다. TOQ방법은 품질을 개선하거나 작업 처리량 향상이나 효율성 증가와 같은 다른 조직의 목표를 달성하기 위해 사용될 수 있다.

TOQ 프로그램은 또한 회사가 추가적으로 훈련을 제공하는 것이 필요하다는 것을 이야기한다. TOQ 방법 사용 후 그 이전보다 직원이 더 많은 업무를 실행할 수 있기 때문에 새로운 어떤 기술을 필요로 하기도 한다. 그러나 훈련은 종종 직원에게 의사결정 기술을 학습시키는 과정이 포함되기도 한다. 이에 대한 적절한 예가 유명한 TOQ 컨설턴트인 조셉 주란이 주장하는 방식이다. 주란은 자신의 고객들이 현장 근로자들에게 다음 열거된 일곱 가지 단계에 따라 문제를 진단하고 수정 방법을 찾아내서 해결안을 실행하도록 훈련시킬 것을 조언했다.

1. 현상 분석
2. 가능 원인 파악

3. 원인 확인

4. 원인 확정

5. 해결책 고안

6. 실제 환경에서 해결책 확인

7. 이득을 얻기 위한 통제 확립

　　세 번째 단계까지는 과학적 방식이다. 다음 이어지는 세 단계 또한 더욱 응용된 형식이다. 즉, 주란은 비교적 숙련이 덜 된 근로자라도 일을 수행할 때 생기는 특정 지식을 발전시키고 최대한 활용할 수 있도록 이에 필요한 높은 수준의 사고기술을 가르쳐야 한다고 주장한다.

출처 : Josen & Wruck(1994)

상보성과 직무 설계

위와 같은 분석은 표 7.1에서 보여주는 사실을 쉽게 설명해 준다. 멀티태스킹은 업무가 상호의 존적일 때 가치가 더욱 빛나는데, 이는 업무 사이의 보완성이 높고 직원이 학습할 수 있는 기회 또한 더 많이 제공되기 때문이다. 멀티태스킹이 사용되고 직원이 일에 대해 배울 때 직원에게 자유재량을 더욱 보장(권한 확대)해 주는 것이 중요하다. 이로써 직원은 자신이 축적한 아이디어 와 지식을 활용할 수 있게 되는 것이다. 멀티태스킹은 두 가지 방식에서 직원이 소유해야 하는 기술 정도와 긍정적인 관련이 있다. 첫째, 더 넓은 범위의 업무를 수행한다는 것은 직원이 더 많 은 기술을 필요로 한다는 것을 의미한다. 둘째, 의사결정을 하고 학습을 한다는 것은 멀티태스 킹을 하는 직원이 분석과 사고 기술을 필요로 할 경향이 높다는 것을 의미한다.

　　그러므로 표 7.1에서 나열된 네 가지의 직무 설계 특성이 긍정적으로 연결되어야 한다는 것을 상식적으로 알 수 있다. 만약 업무의 한 가지 특성에서 높은 점수를 받았다면 다른 특성에서도 그럴 가능성이 높다는 것이다(또한 그 반대도 가능하다).

　　그러나 이런 연결이 모든 업무가 광범위해야 한다는 것을 의미하는 것은 아니다. 그 반증으로 표 7.1에 따르면 회사는 광범위한 업무와 전통적인 낮은 수준의 기술을 필요로 하는 한정적인 업무 둘 다를 이용해야 한다.

　　즉, 인적자원 정책은 시스템의 보완적 부품으로서 설계되어야 한다. 어떠한 정책도 회사에서 실시하는 다른 정책에 대한 고려 없이 설계되어서는 안 된다. 우리가 제시한 직무 설계 예에서 살펴본 것처럼, 직원이 한정된 업무와 낮은 수준의 기술을 가지고 있고, 활용할 수 있는 경제적 가치를 지닌 지식이 별로 없다면 분권화하는 것은 그리 권장할 만한 방법이 아니다. 본문에서 우리는 일반적으로 특정 정책을 나눠서 다루는데, 이는 조직 설계와 같은 복잡한 사안을 분석하 기 위해서 간소화와 중점화가 필요하기 때문이다. 그러나 실제로 정책들은 가능한 긴밀히 서로 연관되어 있으며 (연관되어야 하고) 함께 설계된 것이라는 사실을 기억해야 한다.

고객 만족 개선을 지시받은 지점 매니저를 예로 들어 보자. 매니저는 고객 만족 설문조사를 기반으로 직원들에게 보너스를 지급하는 형태의 인센티브 제도를 시행하는 것이 가장 좋은 방법이라고 결정한다. 만약 이러한 설계가 직원의 직무 설계에 대한 변경 없이 실시되었다면, 결과는 실망으로 이어질 가능성이 높다. 직원은 자신들의 업무수행 성적을 높이길 원하지만, 그렇게 하는 데 제한이 따른다는 것을 발견할 것이다. 또한 직무 설계는 변경되었지만 인센티브는 그대로라면 결과는 예상보다 실망스러울 것이다. 체계적인 접근 방식을 취하고, 직무 설계의 다양한 특성을 변경하고 업무 평가와 인센티브를 변경하는 것을 고려하는 것이 회사에 더욱 이득을 가져올 것이다.

제도 조직 설계와 생산성

한 연구에서 강철 생산에서 다른 직무 설계 형태와 인센티브 정책이 생산성에 미치는 영향을 아주 신중하게 살펴보았다. 이를 위해 연구원들은 다양한 인적자원 정책에 대한 정보와 생산성 및 상품의 품질에 대한 정보를 상세하게 수집하였다. 이 프로젝트의 한 가지 특징은 연구대상이었던 모든 회사가 특정 형태의 제조과정을 가지고 있었기 때문에 조직 설계 외의 요소로 인한 생산성 차이가 발생할 가능성이 거의 없었다는 점이다.

연구원들은 연구 샘플의 조직 설계를 네 가지 형태로 나누었다. 일부 회사는 표 7.1의 LLLL 형태와 비슷한 정책을 가지고 있었는데, 전문화되어 있고 직원의 자유재량은 거의 없었으며 낮은 수준의 기술을 보여주는 형태였다. 또 다른 일부 회사들은 HHHH형태(광범위한 업무)와 비슷한 정책을 사용하고 있었다. 양적 측정 이외의 측정에 기반을 둔 인센티브는 업무의 범위 확대(job enrichment)와 보완적이라는 주장하에 연구에는 또한 인센티브 계획의 형태도 포함되었다(그 이유에 대해서는 제9장을 참조하라). 이러한 두 가지 형태는 조직 설계의 일관된 접근방식에 대한 예가 된다. 그 외 두 가지 형태는 앞서 말한 형태와 비교해 봤을 때 일관되지 못한 접근방식을 가지고 있는 예이다.

연구는 몇 가지 흥미로운 사실을 밝혀냈다. 첫째, 한정된 직무 설계, 중앙집중된 의사결정 및 낮은 수준의 기술을 보유한 노동력과 같이 전통적인 접근 방식을 추구할수록 생산성과 상품의 품질에서 낮은 점수를 기록했다.

둘째, 단 하나의 인적자원 정책은 그 자체의 효과가 작거나 거의 미미했다. 회사가 보완적인 정책을 채택하면 할수록 생산성과 품질은 더욱 높아졌다. 품질과 새로운 기술 습득에 기반을 둔 인센티브와 업무 확대를 포함하는 일관된 설계를 회사가 채택할 때, 가장 큰 혜택을 얻을 수 있었다. 이는 바로 조직 설계에 있어서 체계적인 접근방식이 가장 효과적이라는 것을 보여주는 증거이다.

출처 : Ichniowski, Shaw, & Prennushi(1997)

다른 직무 설계를 이용해야 할 시기

이번 장에서 이제까지 우리가 다룬 내용은 다음 몇 가지의 질문으로 이어진다. 왜 회사는 더욱 현대적인 직무 설계를 채택하지 않는 것인가? 왜 많은 회사들이 여전히 전통적인 방식을 고집하고 있는가? 전체 정책을 변경하는 것이 더욱 효과적이라면 왜 회사는 일부 변경만을 선택하는가?

이에 대해 다음과 같은 몇 가지 설명을 할 수 있다. 하나는 정책 변경은 비용을 수반하는데 비용이 너무 많이 든다면, 회사는 덜 효과적인 현 정책을 고수하는 것이 더 유리할 수 있다는 것이다. 체계적인 조직 설계가 가장 효과적이긴 하지만, 그만큼 비용 또한 더욱 많이 든다. 조직 설계를 위해서 회사는 더 많은 정책을 변경해야 하고 이러한 변경은 동시에 잘 조정된 방식으로 이뤄져야 한다.

또 다른 설명은 관리자들이 항상 가장 좋은 정책이 무엇인지 이해하지 못한다는 점이다. 불완전한 지식이란 회사가 가장 최적의 정책을 항상 채택하지는 못한다는 의미이다. 이와 마찬가지로 관리자들이 변경을 계획하고 실행하는 것과 같이 힘든 일에 대한 충분한 인센티브를 갖고 있지 못할 수도 있다. 그러나 시간이 흐를수록 회사끼리의 경쟁과 효과적 사례(effective practice)에 대한 정보(Ichniowski, Shaw, & Prennushi의 연구와 같은)가 축적되면서 회사는 더 나은 사례를 채택하게 할 것이다. 이러한 설명은 충분치 못하다고 할 수 있고, 또한 최고의 경영진을 고용하라는 것 이외의 다른 지침을 제공하지는 못한다.

테일러리즘

왜 업무 확장 형태가 항상 채택되지 않는지에 대한 세 번째 설명은 그것이 항상 우수 사례가 아니기 때문이다. 일부 회사, 업계, 기술 또는 상품(강철 공정)에서는 조직 설계에 있어 이러한 접근법은 아주 효과적이나 반대로 다른 이들에게는 전문화와 중앙집중화를 강조하는 전통적인 접근법이 더 적절할 수 있다. 만약 그렇다면 회사의 형태에 따라 우수 사례가 되는 설계 형태는 다를 것이다. 여기에서는 이러한 생각에 대해 살펴보겠다.

이를 위해서 앞서 언급했던 경영 이론, 특히 20세기의 과학적 경영 관리법(scientific management movement)에 대해 살펴보는 것이 도움이 될 것이다. 이 경영법은 이를 고안해 내는 데 가장 앞장섰던 프레드릭 테일러(Frederick Taylor)를 기념하여 테일러리즘(Taylorism)이라고도 부른다.

테일러리즘의 기본 아이디어는 아주 명백하다. 회사는 우수한 엔지니어를 고용하여 생산을 조직하고 각 업무를 수행하기 위한 가장 좋은 방법을 찾아내서 실행해야 한다는 것이다. 그리고 이 접근법은 아주 논리적이며 흥미로운 조직적 의미를 내포하고 있다. 가장 유능하고 고도로 잘 훈련된 직원의 전문성을 이용하고 이들의 아이디어를 다른 이들과 공유한다. 이런 방식이 잘 실행된다면 효율성을 증진하고 품질을 개선하는 가장 유용한 방법이 될 것이다.

　이런 관리법에서 엔지니어는 일반적으로 생산과정을 개별 단계로 나누는데, 이는 애덤 스미스의 핀 제조와 아주 유사하다. 그런 다음 각 단계를 수행하는 방식을 완전하게 하기 위해 노력할 것이다. 명백한 것은 만약 엔지니어들이 비교적 효과적인 설계를 고안해 낸다면, 직원들에게 재량권은 주어지지 않는다는 것이다. 엔지니어들이 설계한 업무대로 자신의 업무를 수행해야 할 것이다. 당연한 결과로 직원들은 의사결정 기술을 포함한 다른 기술을 보유할 필요성이 없을 것이다. 이 접근법은 주란의 TQM방식과는 정반대이다.

　전체 과정을 각 단계로 나누고 일에 대한 학습에 중점을 두지 않는 것은 직무 설계의 전문화로 이어진다. 이러한 방식은 근로자가 제한된 업무를 반복적으로 수행하고, 다음 업무를 수행하는 동료에게 업무가 이어지는 조립라인을 설계할 때와 같은 경우 아주 효과적이다. 또한 각 단계별 과정을 일상화시키는 것은 종종 대부분의 일을 자동화시킨다(현대에서는 전산화되는 과정으로 귀결된다).

UPS 배송 트럭 기사들의 직무 설계

UPS는 포장 배달 부문에서 세계 1위인 업체이다. 같은 비즈니스를 거의 100년 동안 지속해 오고 있는데, 회사가 다루는 상품은 비교적 간단하다. A지점에서 B지점으로 소포를 배달하는 일이다. 트럭으로 소포를 배송하는 일에 대한 기본적인 것들은 지난 100년 동안 거의 변한 것이 없다. UPS는 테일러리즘 원칙을 적용한 아주 훌륭한 현대적 사례이다.

　회사는 소포 배송에 대한 폭넓은 훈련을 트럭 운전사에게 제공한다. 왼쪽 발을 먼저 사용해서 트럭에 오르도록 하고(오른쪽 발보다 왼쪽 발을 딛는 것이 더 빠르기 때문에), 차를 세우기 위해 커브를 돌 때 경적을 울리고(고객의 주의를 끌어 문 앞까지 배송하는 시간을 줄이기 위해), 오른쪽 손의 중지로 자동차 키를 들고(배송 후 시동 거는 시간을 줄이기 위해), 트럭의 기어를 1단에 놓게(운전 속도를 내기 위해) 하는 등의 훈련을 시킨다. 이렇게 방대한 정책과 절차 지침을 UPS는 사용하고 있다.

　UPS는 산업공학을 더욱 발전시켰다. 수년에 걸쳐 배달 트럭의 디자인을 바꾸어 효율성을 증진시킨 것이다. 예를 들어, UPS의 엔지니어들은 운전사 좌석의 모서리를 사선으로 바꾸면 운전사가 타고 내리는 게 더욱 용이해진다는 사실을 발견했다.

　이러한 정책들은 효율성이라는 면에서 그리 큰 효과를 가져오지 못할 것처럼 보인다. 그러나 이러한 정책들이 합쳐져서 운전사가 하루에 여러 개의 소포를 더 배송할 수 있는 결과를 가져왔다. 이익률이 낮은 경쟁 업계에서 이러한 작은 이득이야말로 큰 차이를 가져올 수 있는 것이고, 이러한 이익이 UPS의 방대한 인력풀에 걸쳐 일어난다면 그것이야말로 정말 큰 차이로 이어지는 것이다.

출처 : Vogel & Hawkins(1990)

회사 조직에 있어서 테일러리즘은 중앙의 계획과 비슷하며, 직원들이 더 많은 결정권을 가지고 있는 광범위한 업무는 시장 기반의 접근법과 비슷하다. 제5장의 원칙은 전체 조직 설계에 있어서 적용되듯이 직무 설계에 있어서도 적용된다. 만약 업계 엔지니어들이 최적에 가까운 생산 방식을 발견해 낸다면 특정 상황에 대한 특정 지식이 거의 필요 없기 때문에 직원들에게 업무 학습에 대한 필요성은 없어진다. 그런 경우, 분권화는 비용이 수반되기 때문에 집중화가 더 적합하다.

경제 설계와 마찬가지로 회사는 직무 설계를 최적화하기 위해 두 가지의 폭넓은 접근법을 이용한다. 스펙트럼의 한쪽 끝은 테일러리즘과 같은 방식을 통한 **최적화**(exante optimization)이다. 이는 비교적 집중화된 조직 구조, 한정된 직무 설계, 낮은 수준의 기술을 보유한 직원들을 의미한다. 스펙트럼의 또 다른 끝은 멀티태스킹, 분권화 그리고 높은 수준의 기술을 가지고 있는 직원을 통한 지속적인 개선이다.

물론, 대부분의 회사가 이러한 극도의 두 가지 방식에서 어느 절충점을 선택하고 있다. 많은 공장의 산업 공학자들은 생산라인을 설계하고 품질 관리를 하는 데 있어 중앙집중화된 접근법을 채택하고 있지만, 계속적인 개선을 이루어 내기 위해서 직원들의 의견을 받아들이기 위한 TQM 방식도 또한 이용하고 있다. 문제는 '회사가 어떠한 방식을 채택하고 있느냐'가 아니라 '어떤 직원들에게 어떤 방식을 사용하느냐'이다.

테일러리즘이나 지속적 개선을 요구하는 요인

최적화와 계속적인 개선을 구분하는 것은 회사가 더욱 전통적인(테일러리즘) 혹은 현대적인(지속적인 개선) 구조를 선호할 때 분석할 수 있는 방식이다. 만약 회사가 업무를 수행하는 데 가장 좋은 방식을 찾았다면, 직원들은 자신들이 찾아낸 방법을 실험해 볼 이유가 없다. 한편, 테일러리즘이 효과적이지 않다면, 분권화와 폭넓은 직무 설계를 통해 추가적인 개선을 이끌어 낼 가능성이 충분히 존재한다는 뜻이다. 그러므로 문제는 '테일러리즘이 언제 효과적인지 그리고 언제 효과를 발휘하지 못하는지'이다.

테일러리즘을 투자라고 생각해 보자. 회사가 테일러리즘에 투자하는 정도는 이익과 비용에 달려있다. 생산의 최적 방식을 찾아내기 위해서 회사는 산업 공학자를 고용하고 다른 방식의 접근법을 분석하고 테스트하게 함으로써 비용을 부담할 수밖에 없다. 그리고 이러한 설계 실행 방식에 대해 직원들을 교육시켜야 한다. 최적의 조직과 직무 설계를 찾아내는 일은 실제적인 프로젝트라 할 수 있다. 투자에 대한 수익이 커질수록 회사는 테일러리즘에 투자를 더 하게 될 것이고, 수익이 작아질수록 투자를 적게 할 것이다. 최적화에 대한 투자를 적게 할 때 회사는 대체 수단으로 지속적인 개선 방식을 채택할 가능성이 높아진다.

투자 수익은 효율적인 생산 방식을 찾는 데 필요한 비용에 따라 달라진다. 또한 이런 방식은 회사가 실제로 얻을 수 있는 혜택에 따라 달라진다. 회사가 집중화된 접근법 혹은 지속적인 개선 접근법을 사용할지 선택하는 데 영향을 미치는 중요한 요소들이 아래에 설명되어 있다.

회사 규모 회사 규모가 클수록 최적화로 얻을 수 있는 이득은 더 커지고 다른 점들은 비슷한 수준을 유지한다. 큰 회사는 비슷한 업무를 수행하는 직원들이 더 많고 개선을 이루면 이것으로 인한 영향을 미치는 인력은 훨씬 많다. 즉, 최적의 방식 발견에 투자하는 데 있어 규모의 경제를 이루게 한다.

복잡성 비슷한 과정은 미리 최적화시키는 것이 더 쉽다. 핀을 효과적으로 생산하는 방법을 분석하는 것이 디젤 엔진보다 훨씬 더 쉽다. 복잡성은 테일러리즘을 실현하는 데 비용을 더 많이 들게 하고, 이로써 최적화에 대한 투자를 덜 하게 되고 직원들이 업무에 대한 개선을 이루게 할 기회는 더 많아 진다.

복잡성은 여러 방식으로 작용한다. 비즈니스 과정에 포함된 총 단계의 숫자나 또는 부품의 숫자가 이에 포함된다. 핀은 2개의 부품(머리 부분과 몸통)으로 이루어져 있지만, 디젤 엔진은 수천 개의 부품으로 이루어져 있다. 마찬가지로 보험청구를 처리하는 과정은 몇 단계로 이루어져 있지만 은행의 위험관리 평가는 이보다 훨씬 복잡한 단계로 이루어져 있다. 보험청구 처리과정은 표준화되어 있는 경향이 강하기 때문에, 위험관리 분석과 비교해 봤을 때 더 간단한 업무와 낮은 수준의 분권화, 비교적 낮은 기술을 가진 직원으로 특징지어질 수 있다. 위험관리조차도 컨설팅 회사와 같은 경우에는 비용을 줄이고 서비스 개선을 위해 가능한 많은 과정을 표준화시키려는 경향이 강할 것이다. 그러나 분석 대상이 너무 복잡하다면 과정의 대부분을 표준화시키는 것은 불가능할 것이다.

복잡성은 상품라인에서도 연관성이 있을 수 있다. 회사가 하나의 상품만 생산한다면, 완전하게 하려는 생산과정 또한 하나일 것이다. 그러나 여러 상품을 생산한다면, 최적화와 관련된 문제의 어려움은 배가된다(비록 한 상품의 생산을 최적화시키는 과정에서 배운 교훈을 다른 상품에 적용시킬 수 있다 하더라도 말이다). 상품을 각 주문별 맞춤 생산을 하는 회사의 경우 생산방식의 최적화란 더 큰 도전이 될 것이다.

또한 업무 간의 긴밀한 상호의존성(조합비용, combination cost)에 의해서도 복잡성이 생겨날 수 있다. 많은 단계를 거쳐야 하지만 각 단계가 독립적인 과정은 비교적 쉽게 최적화시킬 수 있다. 그러나 각 단계들이 서로 연관되어 있다면, 단계를 모두 함께 고려해야 하기 때문에 일반적으로 최적화가 더 어려워진다. 표 7.1에 따르면 과정이 상호의존적이면 직무 설계에 있어 회사는 테일러리즘 접근법을 덜 선호하는 경향을 가지고 있다.

복잡성은 지식을 소통하는 데 드는 비용이 높은지 낮은지를 결정하는 요소 중 하나이다. 일반적인 지식일 경우 테일러리즘과 중앙집중화가 가장 잘 적용된다. 복잡성은 직원들이 직무를 수행할 때 경제적 가치를 지닌 특정 지식을 습득할 가능성을 높여 주기도 한다.

예측성   최적의 방식을 발견하고 이를 어떻게 활용하는지 직원에게 훈련하는 과정이 최적화에 포함된다. 직원이 처한 상황을 알아내는 것이 어려울 때에는 이러한 접근법은 잘 작용하지 않는다. 예측(predictability)이 불가능한 환경일수록 지속적인 개선 접근법이 선호된다. 만약 생산 환경이 일정치 않지만 같은 상황이 반복되어 나타난다면 테일러리즘 방식은 잘 작용될 수 있다. 이러한 경우 회사는 일어나는 각 상황에서 유용하게 쓰일 수 있는 절차와 훈련을 직원에게 제공할 수 있다. 그러나 일어날 수 있는 위급상황이 많아질수록 최적화와 관련된 문제는 더욱 많아진다. 비연속적으로 일어나는 상황들의 대부분이 예측 불가능한 것들이다. 이렇게 되면 회사는 직무 수행 방법에 대한 지침을 제공하는 일반적인 절차를 세울 수 있다. 하지만 지침은 모든 상황을 포함하지 않기 때문에 직원이 상황 처리 방법에 대한 결정을 내려야 하는 부분이 생기게 된다.

경영 컨설팅을 예로 들어 보자. 고객에게 제공하는 컨설팅은 매번 달라진다. 일부 과정과 방식이 똑같이 적용될 수도 있으나 새로운 방식과 응용을 개발할 필요성에 당면하기도 한다. 또한 어떤 방식을 적용할 것인지에 대한 판단도 요구된다.

시계   비즈니스 과정 최적화에 있어 수익률을 결정하는 또 하나의 요소는 회사의 과거와 미래를 포함한 시계(time horizon)이다. 한 회사가 오랜 세월 동안 비즈니스를 이어 왔고, 특히 회사의 환경이 안정적이라면 아주 효과적인 방법을 소유하고 있을 가능성이 높다. 반대로 새로 사업을 시작한 회사라면 업무 수행의 최적의 방식을 찾아냈을 가능성이 적다. 그러므로 조직 구조와 직무 설계는 회사의 라이프 사이클을 따르는 경우가 많다. 회사가 설립되면, 성장하기 위한 방식을 찾아내는 것과 마찬가지로 지속적인 개선 접근법을 채택한다. 회사가 궤도에 오르면 형식적인 절차와 정책을 사용하려는 경향을 보이고 의사결정을 더욱 중앙화시킨다.

안정성은 시간이 갈수록 더욱 중요성을 띤다. 한 회사가 시장 환경의 기본이 앞으로 10년 동안 많이 변하지 않을 것이라 기대한다고 생각해 보자. 그러면 회사는 장기간 투자에 대한 수익을 얻을 기대로 우수 사례를 찾는 데 더 많이 투자할 것이다. 역동적인 업계에 있는 어떤 회사가 앞으로 기술적인 변화를 겪을 것이라 예측하고 있다고 해보자. 이 회사는 최적화 방안을 찾는 데 많은 투자를 할 가능성이 없다. 최적화 방안을 찾는다 해도 이러한 방안은 곧 변화를 겪게 될 것이기 때문이다. 대신, 회사는 운영을 구조화하는 데 더욱 중점을 두어 새로운 기술과 환경에 계속 적응해 나갈 수 있도록 할 것이다.

인텔의 '동일 방식'

인텔은 새로운 반도체 제조 시설을 가동했을 때 '동일방식(copy exactly)'이라는 평범하지 않은 접근법을 채택했다. 정책에 따라서 개별 공장들은 새로운 방식을 시도하는 것을 지양하도록 지시받았다. 그 대신 인텔은 모든 공장에 걸쳐서 똑같은 방식을 사용하도록 했다. 직원의 장갑 색이나 벽의 페인트와 같이 사소한 모든 것들을 가능한 똑같이 따라 하도록 지시했다.

인텔의 비즈니스는 고도로 복잡하고 상호의존적이었으며 빠르게 변화했기 때문에 이러한 접근법은 우리가 일반적으로 기대하는 것과는 상반되는 방법이었다. 그러나 인텔의 이러한 접근법에는 장점이 있다. 첫째, 동종 업계에서는 실수로 인한 비용이 상당했는데, 인텔은 새로운 아이디어를 실행하기 위해서 통제할 수 있는 중앙집중화된 위계 방식이 절실했다(제5장에서 언급한 내용을 참조하라). 둘째, 모든 공장이 동일한 방식을 채택하게 되면, 인텔은 다른 공장의 성과를 벤치마크하여 생산 상의 문제를 발견하고 진단하는 것이 용이해진다. 이것이 바로 제5장에서 중앙 지식이라고 명명한 실례이다.

위와 같은 예는 조직과 직무 설계에 있어서 모두에게 적용되는 단 한 가지 방식이 존재하지 않는다는 것을 보여준다. 회사의 환경이나 목적, 리스크에 따라서 다른 방식이 가장 잘 작용할 수 있는 것이다.

출처 : Clark(2002)

이러한 아이디어를 종합해 보면, 더 단순하고 안정적이고 예측 가능한 업계에 있는 회사가 테일러리즘 방법을 사용할 가능성이 더 높다. 이러한 회사의 직무 설계는 전문화, 집중화, 낮은 수준의 기술을 보유한 노동력을 추구하는 경향을 가질 것이다.

복잡하고 역동적이고 예측 불가능한 환경에 놓인 회사도 어느 정도는 테일러리즘 방식을 활용할 것이다. 그러나 이러한 회사의 직원들은 특정 지식을 소유하고 있을 것이다. 분권화, 멀티태스킹, 높은 수준의 기술을 가진 노동력을 추구하고자 하는 경향이 이러한 회사들에서 목격된다.

이러한 시각은 이번 장에서 앞서 설명한 패턴과 경향을 설명할 수 있다. 조직변화를 겪고 있는 회사는 지속적인 개선 방식을 채택할 경향이 높다는 것이 표 7.2에 잘 나타나 있다. 변화는 종전의 방식이 더 이상 적용되지 않으며 직원들은 과정을 개선시키기 위한 방법을 고안해야 한다는 것을 의미하기 때문이다.

마찬가지로 지난 수십 년 동안 목격된 경향은 지속적인 개선이다. 이는 많은 업계에서 많은 변화가 진행될수록 규제완화, 국제 교역 및 놀랄 만한 속도로 발전하는 정보 기술로 인해 더욱 뚜렷이 드러나는 경향이다.

이러한 분석은 사실 제3장에서 설명한 일부 패턴을 설명하는 데 도움이 된다. 기술에 대한 투자의 수익은 지난 몇십 년간 놀랄 만큼 증가했다는 것을 생각해 보라. 만약 많은 회사들이 자신의 비즈니스 환경이 더 역동적이고 지속적인 개선 방식으로 향하고 있다는 사실을 알게 된다면, 이들은 숙련된 직원들에게 더욱 가치를 부여하게 될 것이다. 이는 앞으로 더욱 가치가 높아질 기술에 대해 예측할 수 있게 한다. 주란이 주장했던 일반적으로 적용할 수 있는 문제해결 기술이 그 예이다. 이러한 기술로 인해 직원들이 재배치될 뿐만 아니라 효과적인 지속적 개선에 관여하게 될 것이다. 다음 장에서 정보 기술의 효과에 대해 논의할 때 이 사안에 대해 더 이야기해 보도록 하자.

내재적 동기부여

직무 설계에 있어 우리가 논의해야 할 중요한 고려사항이 한 가지 있다. 업무를 전문화하게 되면 직원은 지루함을 느끼게 되어 의욕을 상실할 수 있다. 반면 동일한 이유로 업무범위를 확대하면 직원들에게 동기를 부여할 수 있다.

사회심리학의 중요한 주제 중 하나가 '어떻게 내재된 동기를 유발할 수 있도록 업무를 설계하는가'이다. 심리학자들이 이 사안에 대해서 생각하고 있는 방법을 잠깐 설명하겠다. 심리학적인 접근법이 직무 설계 사안에 있어서 아주 적절히 적용된다는 사실이 밝혀졌다. 사실 많은 원칙들이 기본적으로 동일하며, 이 부분은 이 책의 서론 부분에서 이미 언급했다. 조직 설계에 있어 경제적인, 심리학적인 접근법은 보완적이며 심리학적이라고 밝혀진 많은 현상들이 실제로는 심리학적인 것이 아니다.

내재적 동기(intrinsic motivation)에 대한 가장 잘 알려진 심리학적인 모델은 Richard Hackman과 그의 공동 집필자들에 의해 개발되었다. 그림 7.1은 그 모델을 나타낸다. 여기에 따르면, 직원의 동기를 높이기 위해서는 기술 다양성, 업무 본질, 업무의 중요도, 자율성, 피드백과 같은 다섯 가지의 직무 설계의 핵심 특성을 이용할 수 있다.

자율성과 피드백은 쉽게 이해가 갈 것이다. 이 둘은 분권화와 관련이 있다. 자율성은 직원에게 일의 방식에 대한 더 많은 자유재량을 부여하고 결정권을 주는 것을 의미한다. 피드백은 직원이 문제를 진단하고 새로운 아이디어를 테스트하고 가능성 있는 아이디어를 실행에 옮기게 하기 위해 꼭 필요하다. 그러므로 이 두 가지 특성은 꼭 심리학적인 요소라 할 수 없다.

심리학자들에 따르면 나머지 세 특성은 직원들에게 업무를 더욱 의미 있게 한다고 한다. 그래서 성과에 대한 트레이드오프 없이도 더 높은 동기를 부여받는다고 한다. 그렇다면 어떻게 이 세 특성을 이해해야 하는가?

업무 중요도(task significance)는 직원이 스스로 상품이나 서비스를 얼마나 가치 있게 생각하느냐 하는 것이다. 즉, 기계공은 잔디깎기 기계를 수리하는 것보다 많은 생명이 연관되어 있는 비행기를 수리하는 것을 더욱 가치 있다고 생각할 것이다. 후자보다는 전자에서 업무에 대한 동기를 더욱 느낄 가능성이 높다. 마찬가지로 비영리 집단이나 대학에 근무하는 직원들은 자신

그림 7.1 내재된 동기의 심리학적 모델

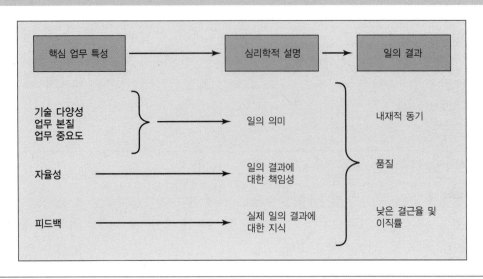

출처 : Hackman & Oldham(1976)

이 개인적으로 가치를 두는 대의에 기여하고 있다는 기분으로 종종 동기를 높이기도 한다. 물론 이러한 것은 완전한 심리학적 효과이다.

안타깝게도 업무 중요도는 직원에게 동기부여를 하기 위해 관리자가 어떤 조치를 취할 수 있는 부분이 아니다. 업무 중요도를 높이기 위해서 조직 전체의 임무를 바꾸는 것은 일반적으로 불가능하다. 일부 업계는 다른 업계보다 업무의 중요도가 높다. 보통 직급이 높은 직원일수록 실질적인 방법으로 임무에 영향을 미치는 행동을 취할 수 있는 능력을 가지고 있을 가능성이 높기 때문에 중요도가 높은 업무를 맡고 있는 경우가 대부분이다.

심리학자들에게 업무 본질이란 관찰 가능한 전체적인 일을 완료하는 데 있어서 한 직원이 수행하는 일이 기여하는 정도를 말한다. 이는 자신이 맡은 일에 대해 완결감(sense of closure)에서 심리적으로 동기를 부여받는다는 것은 아니다. 만약 비즈니스 과정이 현대화될 수 있다면, 직원은 긴밀하게 연결된 여러 가지 업무를 부여받을 수 있고 다른 업무에 자신의 수행 결과가 미치는 영향을 걱정하지 않아도 된다. 이 모델의 업무 본질은 심리학적 효과가 아니다. 이는 서로 긴밀히 연관된 업무를 묶을 수 있는 회사의 능력을 보여준다.

심리학적 모델의 마지막 부분은 업무 혹은 기술의 다양성이다. 기술의 다양성은 바로 멀티스킬링이다. 직무 설계에 대한 원 심리학적 저술은 기술의 다양성에 강조를 두었지만 실제 업무의 다양성(멀티태스킹)이 이에 못지않게 중요하다.

멀티스킬링과 멀티태스킹으로 인한 경제적 혜택에 대해서는 이미 서술한 바 있다. 그러나 심리학자들은 애덤 스미스와 마찬가지로 지루함에 대해 같은 의견을 주장했다. 즉, 직원에게 더 많은 업무를 수행하게 하고 더 많은 기술을 배우게 하는 일은 더 큰 내재된 동기를 유발할 가능성이 있다는 것이다.

직원이 일에 대해 학습할 기회를 가질 때 내재된 동기가 더욱 강해진다는 것이 기본 아이디어이다. 학습은 멀티스킬링을 통해 새로운 인적자원에 대한 학습이 될 수도 있지만, 새로운 업무를 학습하거나 기존 업무를 수행하는 데 활용할 수 있는 새로운 방법에 대한 학습일 수도 있다. 일찍이 주장한 바와 같이 후자 형태의 학습은 멀티태스킹을 포함하는 업무에서 더욱 뚜렷이 드러난다. 특히 복잡하고 상호의존적인 일에 있어서 더욱 그러하다.

이러한 아이디어를 더욱 발전시키면 직원이 일로 인해 지적으로 도전을 받을 때(intellectually challenged)[4] 내재된 동기가 살아난다는 것이다. 지루함은 어떠한 사고를 필요로 하지 않는 반복적인 업무를 수행하는 직원이 느끼는 결과이다. 그러므로 직원들은 새로운 업무 수행을 요구받거나 아직 숙달되지 못한 기술을 발전시키는 것을 요구하는 일에서 동기를 더욱 부여받는다.

내재된 동기가 멀티스킬링과 멀티태스킹 두 가지 모두에 의해 자극될 수 있지만, 멀티태스킹이 직무 설계에 있어 더욱 유용한 경향을 보여준다. 업무 학습의 서로 다른 형태는 회사에 여러 다른 가치를 가져오기 때문이다. 직원이 여러 가지 새로운 기술을 배운다고 해서 생산성이 반드시 향상되는 것은 아니다. 대신 직원의 학습이 지속적인 개선에 중점이 맞춰져 있으면 회사는 직접적으로 직원의 노력으로 인한 혜택을 볼 수 있고 증가된 직원의 동기로 인해서도 이득을 보게 된다. 그래서 회사는 단순히 새로운 기술 습득을 위한 학습이 아니라 비즈니스에 가치가 있는 학습을 극대화시키는 방향으로 업무를 설계할 필요가 있는 것이다.

이러한 아이디어는 광범위한 업무의 심리학적인 혜택과 경제학적인 혜택의 보완적인 관계를 잘 보여준다. 과정이 아직 완전하지 않을 때, 회사는 직무 설계를 통해서 직원이 지속적 개선을 이룰 수 있게 하고 결국 회사가 운영에 대한 개선을 이룰 기회를 더 많이 부여받는다. 또한 회사가 직원들에게 연관된 일을 더 많이 주고 재량권을 더 많이 부여할 때도 그러하다. 회사는 직원들에게 문제해결 기술을 포함한 더 다양한 기술을 제공한다. 직원들의 지식을 발전시키고 활용하기 위해 기본적인 경제적 원칙을 사용하는 것이다.

회사가 이러한 방식을 따르게 되면, 직원은 심리적으로 자신이 맡은 업무에 대한 동기를 더욱 부여받게 된다. 즉, 자신이 하는 일에 대해 더 많은 관심을 쏟고 흥미를 느끼면 생각하게 된다는 의미이다. 물론 이러한 심리학적 효과는 직원의 지속적인 개선의 효과를 더욱 강화시키는 결과를 가져온다.

결론적으로 그림 7.1의 내재된 동기 모델의 다섯 가지 요소 중 두 가지, 업무 중요도와 기술 다양성은 순수한 심리학적 효과이고 다른 요소들은 위에서 설명한 바와 같이 다른 성질의 요소

---

4) 심리학자들은 사람들이 도덕적인 일(효용함수에의 경제학 용어)에 대한 흥미가 서로 다르다고 인식했다. 내재된 동기의 정도에 대한 차이를 지칭하기 위해 이들이 사용한 용어는 개개인이 자신의 성장욕구수준이 다르다고 이야기하는 것이다.

이다. 업무 범위의 확대에 대한 경제학적 시각(지속적인 개선과 직원의 특정 지식을 활용하기 위해 설계된 것)과 심리학적 시각(직원들이 수행하는 업무에 대해 더 많이 생각하도록 해야 한다는 것) 사이에는 긴밀하고 일관된 관계가 있다.

●●● 요약

직무 설계에는 세 가지 목표가 있다. 첫째, 업무 수행에 있어 직원의 효율성을 개선할 것. 둘째, 일에 대한 직원의 지식을 창조하고 활용할 것. 셋째, 직원의 동기를 높일 것. 때때로 이 세 가지 목표는 서로 상충하기도 한다. 그러한 경우 직무 설계에서는 (일반적으로 전문화와 다른 목표 사이의) 절충이 필요하다. 그러나 상충되는 경우는 적기 때문에 세 가지 목표를 모두 달성할 수 있도록 업무를 설계해야 한다. 이러한 경우 잘 설계된 업무는 강력한 효과를 일으킬 수 있다.

우리의 논의는 직무 설계에 대한 두 가지 특징을 강조하였다. 업무 범위의 확대(job enrichment)와 직원 권한 강화(worker empowerment)가 바로 그 두 가지 특징인데, 더욱 상세히 표현하자면 멀티태스킹과 분권화이다. 특정 업무를 설계하는 일은 두 가지 주요 질문으로 이어진다. 어떠한 업무를 함께 묶어야 하는가? 해당 업무를 맡은 직원에게 어떤 결정권을 주어야 하는가?

이러한 질문에 대한 답은 여러 가지 요소에 따라 다르다. 멀티태스킹은 전문화에서 멀어지는 것을 의미한다. 직무 설계에서 가장 중요한 원칙 중 하나는 경제학에서도 가장 중요한 원칙인데, 바로 전문화로 인한 혜택이다. 회사의 조직이 크면 직원 개개인은 자신의 기술과 업무를 전문화하여 한정된 부분에서 전문가가 될 수 있고 결국 최종 상품을 창조해 낸다. 만약 직무 설계가 전문화에서 멀어졌다면 그럴만한 마땅한 이유가 있어야 한다. 왜냐하면 이는 전문화로부터 얻을 수 있는 혜택의 일부를 포기해야 한다는 것을 의미하기 때문이다.

그럼에도 불구하고 전문화를 지양하고 멀티태스킹을 추구하는 데에 따른 많은 혜택이 존재한다. 업무가 서로 긴밀히 연관되어 있을 경우 얻게 되는 가장 중요한 혜택은 직원이 필요한 비슷한 기술이나 다른 자원을 이용하여 두 가지 일을 함께 수행할 수 있다는 것이다. 한 가지 업무를 수행하는 일은 다른 업무를 수행하는 능력을 증진시켜 줄 수도 있다. 더욱이 긴밀히 연관된 업무를 함께 묶어 놓게 되면 이를 수행하는 직원은 과정을 개선시킬 방도를 찾기 위해 노력할 가능성이 더욱 커진다. 이는 품질 개선에 있어서 특히나 좋은 방법인데, 품질 관련 문제는 서로 의존적인 관계에 있는 업무 간의 원만하지 않은 조정으로 인해 생기는 경우도 많기 때문이다.

멀티태스킹은 직원 학습을 촉진시키는 경향을 가지고 있기 때문에 분권화는 자연스럽게 멀티태스킹과 잘 어울리게 된다. 반대로 한정된 업무에서는 직원들에게 적은 자유재량을 주게 된다. 마찬가지로 직무 설계는 직원이 지닌 기술의 깊이와 폭에 있어서도 중요한 영향을 미치게 된다. 한정된 업무는 좁은 범위의 기술을 필요로 하고, 멀티태스킹은 멀티스킬링을 의미하게 된다. 홍미로운 사실은 직원에게 더 많은 업무와 결정권을 부여하게 되면 문제해결 기술은 더욱 가치를 지니게 되어 직원들이 범위가 넓은 업무에서 다양한 기술을 획득하려는 경향을 보이게 된다는 것이다.

수행 업무 숫자, 자유재량의 정도, 업무 수행에 필요한 기술이 어떻게 서로 어울려 작용하는지에 대한 논리는 인적자원 정책의 보완성 원칙의 예이다. 인적자원 정책은 다른 정책을 어떻게 지지하고 혹은 손상시키는지에 대한 것을 항상 염두에 두면서 수립되어야 한다.

이러한 논리는 표 7.1에서 설명된 것과 같이 직무 설계 패턴이 왜 존재하는지를 이해하는 데 도움이 된다. 또한 이는 일부 회사들이 왜 서로 다른 형태의 직무 설계를 하는지를 설명해 주기도 한다. 가능한 한 회사들은 우수 사례에 대한 지식을 발전시키고 이러한 사례를 중앙집중적으로 실행한다. 이렇게 실행하는 공식적인 방식이 산업 공학을 통한 것이다. 그러나 회사는 점차적인 변화를 통해서 비공식적으로도 노력을 기울인다. 안정적인 우수 사례가 존재하는 경우 직원 학습을 극대화시킬 수 있게 업무를 설계하는 일은 그리 많은 혜택을 가져오지 못하기 때문에, 회사는 전문화된 업무, 적은 권한 부여, 낮은 수준의 기술을 보유한 직원을 추구하는 경향을 보인다. 우수 사례가 아직 발견되지 못했거나 계속 변화하는 경우, 회사는 지속적인 개선을 고려해 보아야 한다. 이에는 멀티태스킹, 분권화, 높은 수준의 기술을 보유한 직원이 포함된다.

그러므로 회사들은 자신의 상황에 따라 서로 다른 직무 설계 접근법을 채택하고 있다. 좀 더 복잡하고 예측 불가능하며 불안정한 환경에서 비즈니스를 영위하는 회사는 지속적인 개선에 중점을 두는 경향이 있고, 안정되고 예측 가능한 성숙한 회사와 단순한 비즈니스를 하는 회사는 중앙집중화와 전문화에 더욱 중점을 두게 된다.

이 장에서 사용된 아이디어의 많은 부분이 이전 두 장의 발전된 원칙에서 비롯되었다. 경제 국가와 마찬가지로 회사들은 중앙의 계획(중앙집중화)을 어느 정도 활용할 것인지 혹은 분권화 접근법을 더 활용할 것인지에 대한 질문에 봉착한다. 지속적인 개선은 기술 수준이 낮은 직원의 특정 지식을 창조하고 활용하는 것을 극대화시키기 위한 분권화를 통해 달성할 수 있다. 멀티태스킹은 긴밀히 연관되어 있는 업무의 조정이 개선되기 때문에 어느 정도의 생산성 향상을 이뤄낼 수 있다. 마지막으로 모듈성이라는 아이디어는 전체 조직 구조와 마찬가지로 직무 설계에도 적용할 수 있다. 이는 기본적인 아이디어(국부론의 맨 처음부터 등장하는)인 거시적인 그리고 미시적인 조직 설계 관련 질문을 이해하는 데 유용한 경제적 접근법에 힘을 주는 증거가 된다.

이런 유추법을 한 단계 더 발전시키면 시장 경제 국가의 장점 중 하나는 이들이 계속해서 발전하고 재정비되고 혁신한다는 것이다. 이로써 경제 국가는 새로운 경제 도전에 잘 대응할 수 있게 된다. 같은 방식으로 지속적인 개선은 회사가 점차적으로 발전하고 변화하는 환경에 적응해 나갈 수 있도록 돕는다. 그러나 시장과 마찬가지로 분권화는 최고경영진들이 조직에 대한 통제권을 어느 정도 상실할 수도 있다. 대규모의 변화가 일어난 경우에 분권화는 최소한 의사 결정(전략)의 초기단계에서 이득이 된다. 회사 내 분권화는 보통 점차적인 개선과 전략의 실행에서 가장 효과적이다.

마지막으로 직무 설계는 직원의 내재적 동기를 결정하는 주요 요소이다. 심리학자들은 직무 설계를 통해 직원들이 자신이 수행하는 일을 더욱 도전적으로 받아들이게 되어 동기가 촉진된다고 한다. 즉, 직원들이 업무를 어떻게 수행해야 하는지에 대해 더욱 생각하게 된다는 것인데, 이는 직원의 특정 지식을 활용하기 위해 수립된 지속적인 개선이라는 목표와 서로 상보성을 갖는다.

회사는 내재된 동기(성과에 대한 보답이나 다른 보상)를 통해 직원들의 동기를 유발시킬 수 있다. 제5장에서와 같이 인센티브 제도는 의사결정과 직원들 사이의 조정을 효과적으로 달성할 수 있는 좋은 방법이다. 내재적 동기에 대한 사안은 제9~12장에서 더 자세하게 다룰 것이다. 분명한 것은 내재적 동기가 강하면 회사는 외재적 동기(extrinsic motivation)에 덜 의존할 수 있다는 점이다. 이런 면에서 우리는 외재적, 내재적 동기 접근법을 서로 대체적으로 사용할 수 있다. 그러나 내재적 동기와 성과에 대한 보상 사이에 다른 상호 연관 관계가 있을까? 이러한 질문은 제9장에서 간단히 다뤄 보도록 하겠다.

●●● 연습문제

1. 서로 상호의존성이 큰 업무를 예로 들어 보라. 즉, 서로 긴밀히 연관되어 있기 때문에 2명의 직원이 담당했을 때, 심각한 조정 문제로 이어질 수 있는 업무를 예로 들어 보라.

2. 회사가 어떻게 비즈니스 과정을 모듈화할 수 있는지 예를 들어 보라. 제조업과 전문 서비스업, 그리고 다른 맥락에서의 예들을 생각해 보라.

3. 직무 설계에서 전문화의 원칙이 블루칼라 일에만 국한되어 적용되는가? 그러한 이유나 혹은 그렇지 않은 이유를 설명하라. 관리자나 지식 근로자와 같은 일에 왜 이 개념이 적용이 되지 않는지(혹은 되는지)에 대한 예를 논의하라.

4. 테일러리즘이란 무엇인가? 회사는 언제 이러한 방법을 채택해야 하는가? 지속적 개선 방법은 언제 추구해야 하는가?

5. 회사가 테일러리즘 접근법을 사용할 때, 어떤 특성의 직원을 고용해야 하는가? 그리고 지속적 개선 접근법일 때의 직원 특성도 생각해 보라.

6. 과거에 종사했거나 혹은 지금 하고 있는 일을 생각해 보라. 업무가 내재적 동기를 유발했는가? 그렇다면 (혹은 그렇지 않다면) 그 이유는 무엇인가? 이유를 그림 7.1의 심리학적 모델과 연계하여 설명할 수 있는가? 업무에서 당신의 동기에 영향을 주는 다른 요소들은 무엇인가?

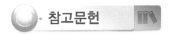 **참고문헌**

Auden, W. H. (1970). "Work, Labor, and Play." In *A Certain World: A Commonplace Book.* New York: Viking.

Caroli, Eve & John Van Reenen (2001). "Skill-Biased Organizational Change? Evidence From A Panel of British and French Establishments." *Quarterly Journal of Economics,* 116(4): 1449–1492.

Clark, Don (2002). "Intel Clones Its Past Factories, Right Down to Paint on Walls." *Wall Street Journal,* October 28.

Gibbs, Michael, Alec Levenson & Cindy Zoghi (2008). "Why Are Jobs Designed the Way They Are?" Working paper, University of Chicago.

Hackman, J. Richard & Greg Oldham (1976). "Motivation Through the Design of Work: Test of a Theory." *Organizational Behavior & Human Performance* 16: 250–279.

Hosseini, Hamid (1998). "Seeking the Roots of Adam Smith's Division of Labor in Medieval Persia." *History of Political Economy* 30(4): 653–681.

Ichniowski, Casey, Kathryn Shaw, & Giovanni Prennushi (1997). "The Effects of Human Resource Management Practices on Productivity: A Study of Steel Finishing Lines." *American Economic Review* 87(3): 291–313.

Jensen, Michael & Karen Wruck (1994). "Science, Specific Knowledge, and Total Quality Management." *Journal of Accounting and Economics* 18(3): 247–287.

Smith, Adam (1776). *The Wealth of Nations.* Modern Library Classics, 2000.

Taylor, Frederick (1923). *The Principles of Scientific Management.* New York: Harper.

Vogel, Todd & Chuck Hawkins (1990). "Can UPS Deliver the Goods in a New World?" *Business Week,* June 4.

 **심화문헌**

Carmichael, Lorne & Bentley MacLeod (1992). "Multiskilling, Technical Change, and the Japanese Firm." *Quarterly Journal of Economics* 107: 1137–1160.

Gilbreth, Frank Jr. & Ernestine Gilbreth Carey (1948). *Cheaper by the Dozen.* New York: Harper & Row.

부록

유연성은 큰 회사보다는 소규모 회사에서 더욱 가치를 발한다

유연성은 직원이 결근을 할 가능성이 높을 때 그 가치를 발한다. 업무를 알고 있고 이를 실행할 수 있는 다른 직원을 보유함으로써 혜택을 얻을 수 있다. 그러나 회사의 규모가 크다면 혜택은 그리 크지 않다.

한 직원이 특정 날짜에 출근할 확률을 p 라고 하자. 직원들이 결근할 확률은 $1 - p$ 이다. 만약 회사가 N명의 직원을 고용하고 있다면, 특정 날 출근할 직원의 기대 수는 $p \times N$이다. 출근한 직원 수의 편차는 $p(1-p)N$이므로 표준편차 값은

$$\sqrt{p(1-p)N}$$

N이 커질수록 이항분포는 정규분포에 가까워진다. 그러므로 97.5%의 확률로 실제로 출근한 직원의 숫자는 다음을 초과한다.

$$pN - 1.96\sqrt{p(1-p)N}$$

왜냐하면 일반적으로 확률 변수는 평균 97.5% 이하인 1.96 표준편차보다 크기 때문이다. 그러므로 회사가 $p \times N$의 직원 수의 노동력을 계획하고 있다면, 97.5%의 확률로 회사는 다음과 같은 직원 비례 계산법을 얻게 될 것이다.

$$비중 = \frac{pN - 1.96\sqrt{p(1-p)N}}{pN}$$

이는 N에서 증가하는데, 왜냐하면

$$\frac{\partial 비중}{\partial N} = \frac{1.96\sqrt{1-p}}{2\sqrt{pN^3}} > 0$$

표 7A.1이 보여주는 것은 '확률이 N에 따라서 어떻게 달라지는가'이다. $p = 0.95$이기 때문에 출근일수 20일 중 19일은 출근하는 것으로 보인다. 첫 번째 열은 회사의 총직원 숫자이고 두 번째 열은 다음과 같이 z의 수치이다.

$$확률(출근할 직원의 숫자 \geq z) = 0.975$$

표 7.A1

출근할 직원의 확률

N	z	비중
10	8.8	0.972
15	13.4	0.941
25	22.7	0.954
50	46.0	0.968
100	92.8	0.977
1,000	943.1	0.993
5,000	4,734.6	0.997
10,000	9,478.2	0.998

세 번째 열은 z를 구성하고 있는 회사의 확률을 보여준다.

$P = 0.95$이고 직원의 수가 100명일 때, 95명의 직원은 출근할 것으로 기대된다. 그러나 97.5%의 경우 최소한 92.8%의 직원이 출근한다. 0.977이라는 확률로 95명이라는 출근 기대 숫자보다 2명 남짓 모자라게 출근한 것이다. 만약 총 10명의 직원이 있다면, 9.5명은 출근할 것으로 기대할 수 있다. 그러나 97.5%의 경우 8.81명이 0.927의 확률로 출근한다.

직원의 숫자가 커질수록 회사가 기대 수치보다 훨씬 적은 직원의 출근을 경험할 확률은 낮아진다. 그러므로 다양한 업무를 수행할 직원의 필요성은 회사의 규모가 커질수록 작아지는 것이다.

08

발전된 직무 설계

변화하는 것이 많아질수록, 변화하지 않는 것도 더 많아진다.

— 알퐁스 카, 1849

서론

이번 장에서는 직무 설계에 대한 논의를 확장하여 더 발전된 주제에 대해서 다루고자 한다. 이를 통해 우리는 직무 설계의 원칙이 상당 부분, 전반적 조직 설계에 적용되는 원칙과 같다는 점을 다시금 확인할 것이다.

우리가 아직 다루지 않은 주제 중 가장 중요한 주제는 바로 팀이다. '전체는 부분의 합보다 크다'는 속담처럼 기업이 존재하는 가장 큰 이유는 혼자 일하는 것보다 함께 일하는 것이 더 생산적이기 때문이다. 개인들이 모여 보다 생산적으로 함께 일하도록 하기 위해서, 기업은 어떻게 팀을 구성하고 팀원들에게 동기를 부여할지 알아야 한다. 최근 몇 년간 팀워크(teamwork)라는 용어가 매우 일상적인 전문용어로 자리잡았다. 그 이유는 무엇인가? 팀 단위로 업무를 조직하는 것의 가치는 얼마나 될까? 이 질문을 보다 명확하게 하기 위해 만약 당신의 직원들을 팀으로 구성하고자 고려하고 있다면, 항상 기억해야 할 것이 있다. 팀의 또 다른 이름이 위원회라는 것이다. 위원회가 관료주의로 평판이 높기 때문에 효율성 증대를 위해 팀을 구성하는 것이 항상 좋은 방법인 것은 아니다. 이번 장의 주요 논의는 팀 생산의 이점과 비용에 초점을 맞추고 있다. 또한 우리는 팀제(프로젝트 팀의 경영)의 증가를 앞 장의 분석과 연결시켜 설명하고자 한다.

오늘날 직장에서의 또 다른 중요한 이슈 중 하나는 정보기술이다. 지난 몇십 년간 컴퓨터와 기타 여러 기술들이 혁신적으로 발전해 왔다. 이번 주제가 '기업이 어떻게 정보를 창출하고 이용하는가' 이기 때문에, 직무 설계와 전반적 구조에서의 정보기술의 효과는 너무도 뻔한 질문이다. 앞으로 살펴보겠지만 정보기술은 직무 설계와 전반적 구조 모두에 엄청난 효과를 가져올 수 있다.

마지막으로 이 장의 마지막 부분에서는 일반적인 기업들과 같은 도전에 직면했으나 더 혹독한 트레이드오프(trade off)를 치르는 조직들에 대해 간단하게 논의해 보고자 한다. 이 조직들은 오차비용이 매우 크고 신속한 조치가 상당히 필요하며 조정 필요성이 매우 큰 기업들이다. 이들 몇몇 조직들이 '일반적인 기업들이 직면하고 있는 더 혹독한 트레이드오프들을 어떻게 해결하는지' 는 모든 조직들에게 유용한 교훈이 될 것이다.

●●● 팀

관리자들은 팀워크의 미덕을 과찬하는 경향이 있다. 이는 마치 인기 축구선수가 그의 뛰어난 플레이에 대한 질문을 받았을 때, 팀원들이 없었다면 해낼 수 없었을 것이라고 말하는 뻔한 대답을 상기시킨다. 이러한 거짓된 겸손은 스포츠에서뿐만 아니라 비즈니스의 세계에서도 흔하게 볼 수 있다. 팀워크가 중요할 때와 그렇지 않을 때를 알고 이를 제대로 적용하는 것은 중요하다. 팀제를 사용하는 데 주의를 기울여야 하는 두 가지 이유는 다음과 같다.

집단 의사결정

팀제의 첫 번째 문제점은 팀제가 위계질서의 분명한 원칙을 침해한다는 것이다. 의사결정은 단일하고 확실한 지도자가 있을 때 더 빠르고 간단하게 이뤄진다. 팀원들이 집단 의사결정에 참여하게 되면, 직원들은 핵심 의사결정에 대한 너무 많은 논의와 정치적 문제로 곤란을 겪게 된다. 또한 합의된 결과가 최상의 결정과 동떨어질 수도 있다.

따라서 분쟁이 더 커지기 전에 효율적으로 팀원들과 분쟁을 해결할 수 있는 분명한 팀장, 감독관 또는 메커니즘을 정하는 것이 중요하다. 또한 팀을 구성할 때 팀원들의 의사결정권의 일부를 팀장이나 감독관에게 부여하는 것도 중요하다. 일반적으로 팀의 역할은 의사결정 관리뿐 아니라 서로 협력해서 일에 대한 새로운 아이디어나 접근법을 제시하는 것이지만 최종 감독권한은 팀원들에게서 분리되어야 한다.

무임승차효과

팀제의 두 번째 문제는 다른 직원들의 생산성에 무임승차해서 업무 동기를 흐리게 한다는 것이다. 이것이 무임승차효과이다. 로마에 친구 9명과 함께 피자를 먹으러 간다고 가정해 보자. 회계사나 보험계리인들을 제외한 일반적인 경우, 식사비용은 식사를 한 모든 사람이 공평하게 나누어 낸다. 모든 사람이 와인을 한 잔씩 마신다고 생각해 보자. 바롤로와인 한 잔은 8유로이고 키안티 와인은 한 잔에 3유로이다. 만약 한 사람이 바롤로를 주문하면 그가 지불할 몫은 80유로센트, 키안티를 주문하면 지불할 몫은 30유로센트이다. 일인당 50유로센트의 비용 차이가 발생하는 것이다. 따라서 바롤로가 키안티보다 50유로센트 이상 비싸다면 바롤로를 주문할 것이다. 다른 친구들도 마찬가지이다. 각자 자신이 마시는 와인에 대해 지불할 몫이 80유로센트에 불과하다고 생각하겠지만, 모든 사람이 바롤로를 주문하면 결국 일인당 50유로센트를 더 내야 한다.

사무실에서도 이와 유사한 상황이 발생한다. 한 직원이 4명의 다른 직원들과 한 팀에서 일한다고 가정해 보자. 이 팀은 시한 내에 완료해야 하는 프로젝트를 지시받았다. 각 직원들은 프로젝트를 시한보다 일찍 끝내면 하루에 100유로씩의 보너스를 받게 되며, 이 보너스는 팀원들에게 공평하게 분배된다. 팀원인 조반니가 프로젝트를 위해 야근을 할 것인지에 대해 고민하고 있다. 조반니는 사무실에 남아서 일을 할 수도 있고 집에 가서 월드컵을 시청할 수도 있다. 그는 월드컵을 좋아하지만, 일을 빨리 끝내고 보너스를 받고 싶기도 하다. 그는 오늘 야근을 하면 프로젝트 완성을 하루 앞당길 수 있다는 사실을 깨달았다. 이렇게 하면 그의 팀은 100유로의 이익을 볼 수 있으나, 5명의 팀원들이 100유로를 동등하게 나눠야 하므로 그에게 돌아올 몫은 20유로 밖에 안된다. 생각이 여기에 이르자 조반니는 일찍 퇴근해서 월드컵을 시청하기로 결정한다. 그러나 조반니 혼자 100유로를 받을 수 있다면 그는 야근을 했을 것이다.

노력에 비해 효율이 떨어지는 이유는 고통을 감수하는 직원이 트레이드오프를 온전히 지불받지 못하기 때문이다. 그렇다면 기업은 왜 팀원들의 노력에 대해 개인별로 트레이드오프를 지불하지 않고 팀별로 트레이드오프를 지불하는가? 개인의 노력이 입증된다면 트레이드오프를 지불 안 할 이유가 없다. 그러나 팀 환경에서 개인의 노력을 팀 전체의 노력과 성과에서 따로 분리해서 측정하기는 어렵다. 그렇기 때문에 팀원들 간에 상호의존성이 높은 업무의 경우 팀을 구성하는 것이다. 쉽게 말해, 개인적 성과를 정확하게 측정하기 어렵다는 것이다. 이 문제에 대해서는 다음 장에서 보다 자세히 알아보자.

비효율적인 의사결정과 무임승차효과라는 팀의 생산성에 대한 두 가지 문제점 때문에 팀을 위원회라고 부르는 것이다. 그러나 위원회는 효율성의 본보기가 되지 못한다. 따라서 팀제는 납득할만한 이유가 있을 때만 사용되어야 한다.

팀제가 필요한 경우

상기 문제점들을 고려해 볼 때, 기업은 어떤 경우에 팀을 구성해야 하는가? 여기에 대한 답은 혜택이 가장 크고 비용은 가장 낮을 때일 것이다. 이 문제에 대해 더 논의해 보자.

팀제를 사용할 경우 1차적 이점은 이전 장에서 다뤄진 멀티태스킹에 대한 논의에서 파생된다. 업무 간에 상호의존도가 높을 경우에는 효율성 증대를 위해 여러 가지 업무를 동일한 업무로 판단하여 처리하기 때문에 멀티태스킹이 가치가 있다. 그러나 많은 경우 상호의존적인 직무가 너무 많아서 파생되는 업무가 한 직원에게 몰리게 된다. 이 경우 회사는 직무를 분리하거나 (제5장에서 논의된 바와 같이 조정의 문제를 야기) 직원을 '증가'시켜야 한다. 직원을 증가시키는 방법은 두 가지다. 하나는 제7장에서 논의된 바와 같이 직무기술의 깊이와 범위를 확장시키는 것이고, 또 다른 방법은 함께 일하는 팀을 구성하는 것이다.

제6장에서 논의된 것처럼 수평적 조정을 위해 팀이 구성되었을 때도 동일한 아이디어가 적용된다. 조정은 개인별 직무 또는 직원 사이에만 필요한 것이 아니라 조직단위 간에도 필요하다. 조정이 가장 중요한 경우는 서로 다른 조직단위의 업무 상호보완성이 가장 클 때이며, 이는 곧 기업이 각각의 관련 조직단위에서 선발된 구성원들로 조정 그룹을 구성할 때이다. 이를 입증하는 가장 강력한 예가 바로 제6장에서 다루어진 통합의 문제이다.

이는 왜 팀원들(또는 업무단위)의 업무 간에 강한 상호보완성이 있을 때 팀제를 운영해야 하는지를 설명해 준다. 속담을 빌자면, 전체가 부분의 합보다 클 때 팀제를 운영하는 것이 일반적인 원칙이다. 예를 들어, 한 사람이 들기에는 너무 무겁지만 두 사람이 함께 들면 그렇게 무겁지 않은 짐을 옮길 때 팀워크가 필요한 것이다. 마찬가지로 컨설턴트 1명이 마감시한을 맞추기는 불가능하지만 2명의 컨설턴트가 함께 일해서 마감시한을 맞출 수 있다면 고객은 기꺼이 더 높은 비용을 지불할 것이다. 이 경우 팀을 구성하는 것은 좋은 생각이다.

팀제가 증가하는 이유

최근 몇 십 년간 다양한 형태의 팀 생산(품질분임제와 같은 방법을 포함)이 증가했다는 여러 증거가 있다. 그러나 비효율적인 집단 의사결정과 무임승차효과 등 팀제로 인한 비용은 변함이 없다. 그렇다면 팀제로 인한 혜택이 증가했음이 틀림없다.

위에서 말한 것처럼 업무 조정 또는 지속적 개선을 뒷받침하기 때문에 팀제는 업무 간 상호의존성이 높을 때 가치가 있다. 사전적 최적화의 효과가 떨어질 경우 이러한 목표가 기업에서 가장 중요하다. 지난 몇 십 년간 사업환경이 더 복잡해지고 빠른 속도로 변화하면서 지속적 개선 방법이 점차 중요해지고 있다는 내용이 앞 장 마지막 부분에서 다루어졌다. 팀은 동일한 조직 설계 문제의 한 단면이기 때문에 팀제의 효과는 왜 팀제가 증가하고 있는지도 설명해준다.

최근 팀제가 증가하고 있음에도 불구하고 팀제가 그 자체로 해결책은 아니라는 것을 기억하는 것은 중요하다. 팀제는 *직무습득이나 조정을 뒷받침할 때*만 가치가 있으며 부가 비용을 발생시킬 수 있다.

이제 캐세이 퍼시픽 항공의 탑승수속직원들을 예로 들어 보자. 탑승수속직원은 종종 다른 직원과 함께 일하지만 항상 같은 직원과 일하는 것은 아니다. 특정 항공편의 체크인 카운터에는 2개의 수속창구가 있다. 2명의 직원 간에 어느 정도 상호보완성은 있을 수 있으나, 각 직원이 담당하는 일은 독립적이다. 즉, 부분이 전체의 합보다 그리 크지 않은 경우다. 그렇다고 팀워크로 인한 이점이 전혀 없는 것은 아니다. 함께 일하는 두 직원은 정보를 공유하고 업무를 더 잘 조정할 수 있다. 그러나 어떤 혜택이 생기든 그 혜택은 두 직원을 한 팀으로 구성하면서 발생하는 비용으로 상쇄된다.

팀제로 인한 첫 번째 비용은 무임승차효과로 인한 생산성 손실이다. 2명의 탑승수속직원이 팀의 업무성과를 기준으로 보상을 받는다면 개별 직원의 근로 동기가 감소한다. 예를 들어서, 2명의 직원이 각자의 탑승객 수속처리 속도를 기준으로 보상을 받는다고 가정하자.

직원들은 승객들에게 온라인으로 수속을 처리하거나 다른 직원에게 가도록 권할 수 있다. 이러한 환경에서 개별 직원에게 팀워크로 인해 어떤 혜택이 발생하든 감독자는 이를 관찰하기가 어렵고, 따라서 그에 대한 보상도 어렵다. 팀워크를 장려하는 유일한 방법이 팀의 업무성과를 기준으로 보상을 하는 것이지만, 이 경우 필연적으로 무임승차효과가 발생한다.[1]

표의 각 활동은 팀제의 비용과 혜택에 따라 순위가 매겨진다. 혜택의 순위가 높고 비용의

표 8.1

팀워크의 비용과 혜택

| 활동 | 순위(1 = 최고순위) | | 비고 |
	혜택	비용	
낚시터 고르기	3	3	다수의 판단이 유용할 수 있으나 다수가 논의를 하는 위원회식 의사결정은 더디고 어렵다는 문제가 있음
소형 어선에서 낚시하기	2	5	혼자서 수행할 수 없는 직무과제로 팀원들을 모니터링하는 비용이 낮기 때문에 생산성이 낮은 팀원은 다른 팀원들에 의해 팀에서 제외될 수 있음
대형 어선에서 낚시하기	1	4	직무의 규모가 큰 대형 어선의 경우, 팀워크는 더 중요해지지만 무임승차 문제가 더 커질 수 있음
도매로 생선 판매	5	1	판매원 혼자 일할 수 있으며 동료 간의 모니터링이 어렵고, 판매원을 한 그룹으로 모니터링할 경우 무임승차 문제가 커짐
매출 계산	4	2	회계사는 함께 일함으로써 얻는 혜택이 거의 없고 특히 모든 장부를 혼자 관리할 수 있는 (소기업의) 회계사의 경우 더욱 그러하며 회계업무는 상대적으로 개인성과를 평가하기가 쉬운 편임

---

1) 이 예에서 한 가지 설득력 있는 방법은 다른 직원과 비교해 한 직원이 수속을 담당한 승객의 수를 세는 것이다. 그러나 이 방법은 직원 간의 경쟁만 유발시킬 뿐이어서 결국 팀워크를 장려하는 데는 더 좋지 않다. 제11장의 협력과 태업에 대한 논의를 참조하라.

순위가 낮은 생산활동은 팀 단위로 수행되어야 한다. 표 8.1은 수산회사를 예로 들고 있다. 팀 생산에 가장 적합한 활동은 고기를 잡는 것이고, 가장 적합하지 않은 활동은 잡은 물고기를 판매하는 것이다.

팀 생산의 기타 혜택

전문화

제7장에서 살펴본 바와 같이 전문화는 직무 설계에 있어 가장 중요한 요소 중 하나이며, 개인들이 함께 일해야 하는 이유이기도 하다. 팀 내에서 각 개인은 자신의 인적자본 투자를 전문화할 수 있고 전체 사업 프로세스에서 필수적인 모든 직무과제를 할당받을 수 있다. 이런 점에서 기업은 각 직원들이 자신의 업무를 전문화할 수 있는 팀의 합이라고 볼 수 있다. 그러나 이것이 반드시 팀이라는 용어가 뜻하는 바는 아니다. 팀이라는 용어는 개인 간의 직무 연관성이 높은 집단을 의미한다. 그렇기 때문에 팀 내의 직원들은 흔히 협력하려는 경향이 있다.

전문화는 팀에서 중요한 역할을 한다. 그러나 멀티태스킹의 가장 중요한 이점이 지속적 개선이라는 점을 다시 한번 떠올려 보자. 상호보완적 직무들이 어떻게 공동으로 수행되는지 이해함으로써(심리학자들은 이를 직무정체성이라고 지칭한다.) 직원은 자신의 직무를 보다 잘 수행할 수 있다. 자신의 직무가 전체 프로세스 중 다른 부분과 어떻게 연결되는지 더 잘 이해할 수 있기 때문이다. 나아가 직원은 개별 직무가 다른 직무와 어떻게 연결되는지 이해하게 되면, 비용을 줄이고 생산 속도를 향상시키거나 품질을 개선시키는 방안을 찾으려고 한다. 이러한 직무 상호보완성이라는 이점을 얻기 위해서 직원들은 반드시 밀접하게 관련된 개별 직무들을 이해해야 한다.

그러나 직원이 반드시 실제로 위의 직무들을 정기적으로 수행해야 하는 것은 아니다. 대부분의 경우 밀접하게 연관된 단계 또는 직무를 이해하고 이들이 어떻게 맞물려 있는지를 이해하기만 하면 된다. 이를 위해서는 위에서 언급한 것과 같이 멀티태스킹을 이용하여 특정 시점에 모든 직무를 그 직원에게 할당하면 된다. 그러나 시간을 두고 직무순환(job rotation)을 통해 직원에게 모든 직무를 할당할 수도 있다. 직무순환은 멀티태스킹보다 중요한 혜택을 갖고 있는데 특정 보직을 할당받은 직원은 세분화된 직무에만 집중할 수 있기 때문에 전문화를 통해 얻을 수 있는 대부분의 생산 이득을 실현할 수 있다.

따라서 다른 팀원의 직무를 이해하는 데 도움이 되기는 하지만 대부분의 경우 1명의 팀원이 모든 직무를 수행하지는 않는다. 대신 직원들은 전문화를 하고 기간을 두고 여러 직무를 순환하면서 수행한다. 직원들이 개별 직무를 수행할 때 그들은 정보를 공유하기 위해 서로 협력하고 의사소통을 한다. 직원들이 순환보직을 통해 기간을 두고 서로의 직무를 배움으로써 협력과 의사소통은 한층 강화된다. 이를 통해 직무 간 학습의 여러 가지 이점을 얻는 동시에 전문화로 인한 이점도 잃지 않는다.

지식이전

지식이전은 팀 생산의 두 번째 이점이며, 전문화로 인한 혜택이 크지 않을 때 발생한다. 가치 있는 지식이전을 발생시키려면 개인들은 반드시 상호연관성이 있는 독창적 정보를 가지고 있어야 한다. 정보 간 중첩이 너무 클 경우 팀워크는 많은 지식이전을 발생시키지 못한다. 그리고 상호연관성이 없는 정보의 경우 지식이전의 가치가 없다. 팀원 각자는 직무에 필요하지만 다른 팀원들이 가지고 있지 않은 지식의 일부를 처리해야 하며, 팀원들은 필요한 모든 지식을 함께 처리해야 한다. 그림 8.1은 성공적인 지식이전에 도움이 되는 조건들을 나타낸다.

토르와 케이트라는 2명의 직원이 있다고 하자. 좌측의 직사각형(T)는 토르가 가진 정보를 나타낸다. 우측의 직사각형(K)는 케이트가 가진 정보를 나타낸다. 2개의 직사각형이 겹치는 부분이 있는데 이는 두 직원이 공유하고 있는 정보를 나타낸다. 그러나 아직 대부분의 정보가 공유되지 않았다. 이는 케이트가 가진 정보를 토르는 갖고 있지 않고 마찬가지로 토르가 가진 정보를 케이트가 갖고 있지 않다는 것을 말한다. 따라서 정보의 많은 부분이 중첩되지 않았기 때문에 지식이전을 통한 팀워크로 얻을 수 있는 잠재적 이득이 있다고 볼 수 있다.

팀워크의 가치 유무는 두 직무의 정보 요건에 따라 결정된다. 그림 8.1은 두 가지 경우를 보여준다. 실선으로 표시된 타원형이 직무수행을 위해 필요한 정보를 나타낸다. 케이트는 자신의 직무 중 절반을 수행할 수 있는 지식(케이트의 직무수행에 필요한 정보를 표시하는 실선으로 그

그림 8.1 상당 부분 중첩되는 정보

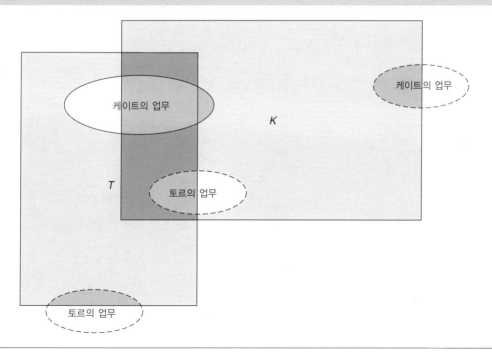

려진 타원형의 절반이 토르가 가진 정보를 나타내는 직사각형 내부에 있다.)을 가지고 있다. 마찬가지로 토르는 자신의 직무 중 절반을 수행할 수 있는 정보를 가지고 있다. 둘이 한 팀이 되어 일함으로써 토르는 케이트가 직무를 수행하는 데 필요한 모든 지식을 이전할 수 있고 케이트도 토르의 직무수행에 필요한 지식을 이전할 수 있다. 따라서 케이트와 토르는 직무수행에 필요하지만 자신이 가지고 있지 않은 지식을 서로 이전받을 수 있다. 이렇게 지식을 이전함으로써 둘은 더 많은 직무를 수행할 수 있다.

그러면 직무수행에 필요한 정보가 점선으로 그려진 타원형이라고 가정해 보자. 위에서 말한 것처럼 토르는 케이트가 갖고 있지 않은 상당한 정보를 알고 있고, 케이트도 마찬가지이다. 또한 케이트의 직무를 표시하는 점선으로 그려진 타원형 중 절반이 케이트가 가진 정보를 표시하는 직사각형 밖으로 나와 있기 때문에 케이트는 직무수행에 필요한 정보를 절반 밖에 갖고 있지 않다. 그러나 케이트의 직무를 나타내는 점선 타원형의 절반이 토르의 정보를 나타내는 직사각형의 밖으로 나와 있다. 토르는 케이트에게 없는 많은 정보를 가지고 있지만 이는 케이트에게 도움이 되지 않는 정보이다. 그 반대의 경우도 마찬가지다. 이런 경우 자신의 정보가 다른 팀원에게 도움이 되지 않기 때문에 정보가 중첩되지 않는 부분은 무의미하다.

따라서 팀워크는 다음의 두 가지 조건이 부합될 때 가치 있는 지식이전이 이루어진다.

1. 팀의 구성원들이 팀의 다른 구성원들에게 이전할 수 있는 독창적인 정보를 보유해야 한다.
2. 한 팀원이 보유한 독창적인 정보가 다른 팀원들에게 가치 있는 것이어야 한다.

그림 8.2 거의 중첩되지 않는 정보

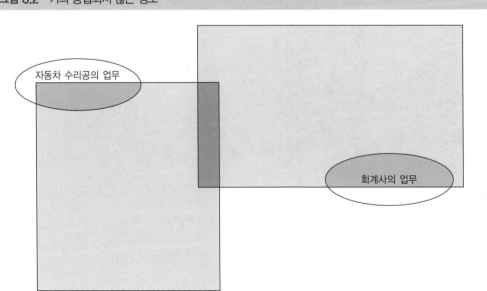

그림 8.3 중첩되는 정보

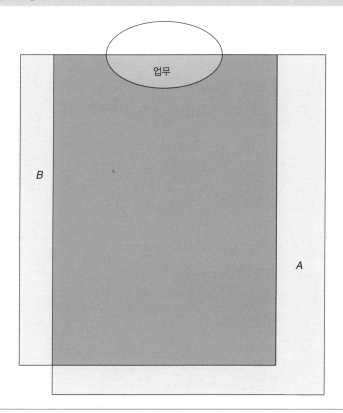

이러한 두 가지 조건은 팀의 구성원을 선택하는 데 도움이 된다. 예를 들어, 자동차 수리공과 회계사는 좋은 팀을 이룰 수 없다. 둘의 정보가 중첩되지 않는 것은 사실이지만, 각자의 정보가 상대에게는 의미가 없기 때문이다.

그림 8.2가 이러한 상황을 나타낸다. 중첩되는 정보는 거의 없지만, 자동차 수리공은 회계사가 필요로 하는 정보를 갖고 있지 않고 그 반대 경우도 마찬가지다. 상대방의 정보를 통해 학습하는 것은 지식을 늘려줄 수 있지만, 직무를 수행하는 데는 도움이 되지 않는다. 자동차 수리공은 자신의 일을 하는 데 필요한 많은 지식에 대해 무지하다. 그림을 보면 수리공의 직무를 나타내는 타원의 상당 부분이 수리공이 보유한 정보의 외부에 위치한다. 그러나 수리공의 직무는 회계사가 보유한 정보와도 겹치지 않는다. 수리공에게 필요하지만 수리공이 갖지 못한 정보를 회계사도 갖고 있지 않다. 그 반대 경우도 마찬가지이다.

그림 8.3을 보자. 동일하게 훈련 받은 2명의 회계사 *A*, *B*가 있다. *A*와 *B* 모두 상대에게 도움이 되는 정보를 가지고 있음에도 불구하고 둘 사이에 많은 지식이전이 일어나지는 않을 것으로 보인다. 둘의 경험과 지식 기반이 거의 일치하기 때문이다. 둘이 가진 정보가 너무 유사하기 때

문에 모든 직무를 수행할 수 없는 것은 아니지만, 1명이 수행할 수 없는 직무는 다른 1명도 수행할 수 없을 것으로 보인다.

팀제의 이행

우리는 전문화의 이점과 직무 간 학습의 이득에 균형을 맞추기 위한 순환보직 등 팀제의 이행에 있어 고려할 몇 가지 요소들에 대해 알아보았다. 이제 이외에 고려해야 할 요소에 대해 논의해 보겠다.

이상적인 팀의 규모

팀의 규모도 생각해 볼 문제이다. 팀이 작으면 상호 학습의 기회가 적어 충분한 정보이전이 이루어지지 않는다. 그러나 팀이 크면 의사소통의 문제가 발생한다. 위원회와 같은 환경에서 어떤 목표를 달성하려고 시도해 본 사람은 규모가 큰 그룹 내에서 일을 진척시키기 어렵다는 것을 잘 알 것이다. 팀원들 간의 목표가 상충되고 단순한 의사소통을 하는 데 시간을 허비하기도 한다. 어떨 때는 그룹 내에서 의사소통에 문제가 발생하고 파벌이 생겨서 통제가 불가능해진다.

동료 간 모니터링과 무임승차효과 감소를 위한 규범

이상적인 그룹의 크기를 결정하는 데 있어 추가적으로 고려해야 할 중요한 요소는 무임승차효과이다. 그룹 크기가 작으면 무임승차는 큰 문제가 되지 않는다. 예를 들어, 팀과 멜리사가 운영하는 작은 드라이클리닝 가게가 있다고 생각해 보자. 이 경우에도 팀은 자신이 일한 것의 절반밖에 트레이드오프를 지불받지 못하기 때문에 무임승차효과가 발생한다. 그러나 큰 문제는 되지 않는다. 동료간모니터링이 있기 때문이다. 우선 멜리사는 팀이 하고 있는 일에 대한 정보를 많이 가지고 있고, 팀의 경우도 마찬가지다. 둘 중 한 사람이 지나치게 업무에 태만하면 파트너십은 무너진다. 파트너십 파괴라는 위협이 더 열심히 일하도록 동기를 부여한다.

동료 간 모니터링은 작은 그룹에서 더 효과적이다. 큰 그룹보다 작은 그룹 내에서 직원들은 다른 직원들이 하고 있는 일에 대해 더 많이 알 수 있으며, 업무에 태만한 직원에 대해 제재를 가하려는 유인이 강하다. 작은 그룹(예 : 두 직원 간의 파트너십) 내에서 한 파트너가 업무에 태만하면 이는 다른 파트너의 수입에 상당한 영향을 준다. 파트너에게 업무에 태만하다고 비난하는 것이 난처할지라도, 파트너가 2명 밖에 없다면 그렇게 하지 않을 경우에 치러야 할 비용이 상대적으로 더 크다.

대규모 파트너십의 경우, 동료 간 모니터링은 다음과 같은 두 가지 이유 때문에 효과적이지 않다. 첫째, 한 멤버의 업무태만에 다른 멤버들은 큰 관심을 갖지 않는다. 마찬가지로 동료들을 모니터링함으로써 얻는 혜택도 다수의 파트너와 공유하기 때문에 줄어든다. 따라서 업무태만에 대한 제재를 가하려는 유인이 감소하는 것이다. 둘째, 큰 팀에서는 업무에 태만한 멤버를 찾아내기가 더 어렵다. 많은 사람들이 함께 일하고 직무가 복잡할 경우, 문제의 근원을 지목하는 것이 어려울 수 있다. 그러므로 무임승차효과는 큰 팀에서 더 문제가 된다.

동료압력은 동료 간 모니터링과 비슷한 방식으로 무임승차를 줄이는 데 도움을 준다. 그룹 내의 동료압력은 규범의 형태를 띠는 경우가 많다. 규범은 대다수 그룹에서 채택하고 있는 비공식 정책 또는 관행 또는 신념의 결집체이다. 일반적 관행 또는 신념은 그룹 내의 문화, 윤리나 에티켓을 만드는 데 도움이 된다. 이것들은 직원들의 업무를 부분적으로 좌우하는 암묵적 계약의 일부이다. 우리는 제3장에서 암묵적 계약에 대해 논의한 바 있고 제15장에서 이 주제에 대해 좀 더 상세히 알아볼 것이다. 이제 기업이 어떻게 규범을 만들고 적용하는지 알아보자.

예를 들어, 관리자가 자발적으로 토요일에 일하는 것이 그룹 문화의 일부라면 직원들은 이러한 행동에서 벗어나려고 하지 않을 것이다. 토요일 근무는 유용한 노동력을 제공해 주고 추가 수익을 발생시킨다. 물론, 토요일 근무는 비용도 발생시킨다. 토요일 근무가 규범인 회사의 직원들은 그렇지 않은 회사의 직원에 비해 더 많은 트레이드오프를 받아야 한다.

토요일 근무에 대한 급여지불이라는 직접적 비용뿐 아니라 규범을 만들고 유지하는 데 드는 비용도 발생한다. 규범을 만들고 유지하는 노력의 수준은 규범을 위반했을 때 가해지는 벌칙의 유형에 의해 좌우된다. 사소한 비난은 효과가 없을 수 있지만 그룹 내에서의 배척이라는 위협은 큰 효과를 가질 것이다.

동료들이 부담하는 집행비용은 계속 유지되는 경향이 있다. 압력이 줄어들고 집행이 연기되면 규범은 파괴되는 경향이 있다. 토요일 근무를 예로 들어 보자. 직원들이 토요일에 출근하지 않는다면 어떻게 되겠는가? 규범에 강제성이 없거나 규범 위반에 대한 징벌이 없다면, 직원들이 일탈행동을 반복할 가능성이 커진다. 더 나쁜 것은 직원 한 사람이 토요일 근무를 하지 않으면 이러한 행동은 다른 직원들에게 확산되어 규범의 파괴를 야기한다. 이러한 일을 막으려면 규범을 어긴 사람을 처벌해야 한다.

규범을 수립하고 집행하는 비용 중 일부는 지속되지 않는다. 이 비용은 오히려 일시 지급되는 경향이 있다. 예를 들어, 군대에서는 자긍심과 충성심을 세뇌시키면서 신규채용에 큰 투자를 한다. 신병훈련소에서는 신규채용자들이 동료들 및 군대에 전반적으로 유대감을 가질 수 있게 하기 위해 상당한 노력을 기울인다. 군인 경력 초기에 자리잡은 유대감은 시간이 지나서도 군대생활을 잘 할 수 있도록 도움을 준다. 동료들에 대한 충성심과 공감은 군대에 대한 충성심과 동료들과의 전우애를 향상시키는 데 들어간 초기 투자의 결과이다.

기업들은 또한 그룹 혹은 회사 내의 동료애를 형성하는 여러 가지 활동을 한다. 기업 내의 많은 관행들은 기업들의 통상적인 업무수행보다는 공감, 충성심 및 잠재적 죄의식 형성과 더 많은 관련이 있다. 예를 들어, 직원들이 최상의 직무수행 방법을 논의하는 품질분임조(quality circle)는 직원들이 자신이 회사의 일부라고 느끼도록 하고 동료들에 대한 충성심을 갖게 하는 데 더 유용할 수 있다. 품질분임조의 제안은 이행되지 않는 경우가 많지만 그렇다고 그것이 시간낭비라는 뜻은 아니다. 품질분임조가 가치 있는 규범을 발전시키고 유지한다면, 그들이 소비한 시간은 유용하게 쓰인 것이다.

서로를 처벌함으로써 개인들이 규범을 이행할 유인을 제공하는 한 가지 방법은 그룹별 할당량 또는 보상을 설정하는 것이다. 기업은 팀에게 보너스를 줄 것을 약속하고 할당량을 채우지 못할 경우 징벌을 부과한다. 직원이 객관적 기준 이하로 업무를 게을리하면 그룹 내의 타 직원에게 피해를 준다. 결과적으로 업무를 게을리한 직원은 동료압력을 느끼고 규범을 지키려고 한다. 동료들이 할당량을 채우지 못한 부분에 대한 금전 및 기타 손실을 입기 때문에 규범이 이행된다. 이 경우 근본적 인센티브와 부대적 인센티브(보너스와 동료압력)가 상호작용을 한다.

규범을 위반하는 것이 항상 부정적인 것만은 아니다. 어떤 경우, 동료들은 너무 열심히 일하는 동료들에게 제제를 가하기도 한다. 이는 제조업 근로자들 간에 가장 흔하게 발생하는 상황이다. 만약 한 직원이 너무 빠른 속도로 일하면 기업이 허용한 시간보다 더 빨리 업무를 완수할 수 있다는 것을 근로감독자가 알게 되기 때문에 그 직원은 동료압력을 느끼게 될 것이다. 이로 인해 제조라인 전체의 업무 가속화가 발생하고, 업무 속도를 늘리고 싶지 않은 동료 직원들에게 피해를 준다.

팀 구성

감독자가 팀에 개인을 배치해야 할까? 아니면 팀이 자유롭게 구성원들을 골라야 할까? 가장 보편적인 방법은 감독자가 개인을 팀에 배치하는 것이다. 이 방법은 감독자가 개별 직원보다 더 많은 정보를 갖고 있을 때 효과적이다. 새 직원이 그룹에 합류하면 감독자가 가진 정보와 개별 직원들이 가진 정보는 비슷하다. 이 경우 정보가 없는 직원들이 새 직원을 그룹 내로 영입하도록 하는 것은 의미가 없다. 어떤 경우에는 감독자보다 직원들이 서로에 대해 더 많은 정보를 알고 있다. 예를 들어, 개인들이 오랜 시간 함께 일한 경우 새 직원이 기존 직원의 친구인 경우 또는 개별 직원이 고도로 전문화된 업무에 종사하거나 감독자가 가진 정보의 범위 밖에 있는 업무를 수행할 경우에는 직원들 스스로 팀을 구성하도록 하는 것이 더 나을 수 있다. 이제 팀 구성원 선택을 위한 두 가지 메커니즘에 대해 알아보자.

교대로 뽑기

가장 간단한 방법은 아이들이 야구팀을 만들 때 자주 사용하는 방법인 교대로 뽑기이다. I과 II라는 두 팀이 있고 앨리슨, 브룩, 찰스, 데이비드라는 4명의 신입선수가 있다. 한 가지 방법은 각 팀 주장이 번갈아 가며 새 멤버를 고르도록 하는 것이다. 표 8.2의 패널 *a*는 선수의 선호 순

표 8.2

팀 선호

순위	a. 선호도	
	I팀	II팀
1	앨리슨	브룩
2	브룩	찰스
3	찰스	데이비드
4	데이비드	앨리슨
순위	b. 효율성	
	I팀	II팀
1	앨리슨	데이비드
2	찰스	브룩
3	브룩	찰스
4	데이비드	앨리슨

위를 나타내고, 패널 b 는 효율성 순위를 나타낸다.[2]

위의 표에서 보다시피, 양팀 모두 찰스보다 브룩을 선호한다. 그러나 효율성 순위를 보면 앨리슨과 찰스는 I팀, 브룩과 데이비드는 II팀에 들어가야 한다. 다른 선수들에게 변동사항이 없다면 브룩은 I팀보다 II팀에 더 유용하다. 마찬가지로, 양팀 모두 데이비드보다 찰스를 선호하지만 찰스의 부가가치는 II팀에서보다 I팀에서 더 크다.

동전을 던져서 I팀이 이겼다고 하자. I팀은 제일 먼저 앨리슨을 선택할 것이다. II팀은 브룩을 선택하고, 그다음 I팀은 찰스를 선택하고, II팀은 데이비드를 선택할 것이다. 효율성 순위에 따른 팀원 배치가 이뤄진 것이다. 만약 동전 던지기에서 II팀이 이겼다면 어떻게 됐을까? II팀은 제일 먼저 브룩을 선택할 것이다. I팀은 앨리슨을 선택할 것이다. 그 다음 II팀은 찰스, I팀은 데이비드를 고를 것이다. 결국 앨리슨과 데이비드는 I팀, 브룩과 찰스는 II팀에 배치된다. 이 경우 효율성 순위와 어긋나는 팀 배치가 이뤄진다.

위의 예에서 효율성 순위대로 팀 배치가 이루어지느냐 아니냐는 동전 던지기의 결과에 따라 좌우된다. 이는 팀 구성원 선택에 있어 바람직한 결과는 아니다. 그리고 이러한 결과는 위의 예에서만 나타나는 것이 아니다. 아무런 조건 없이 각 팀이 번갈아 가면서 구성원을 선택하도록 하면 일반적으로 효율성 순위와 어긋나는 팀 배치가 이루어진다. 따라서 팀 멤버 선택의 결과가

---

2) 팀원에 대한 대안의 제비뽑기나 입찰과 비교하면서 우리는 팀의 동기에 관한 동기에 관한 중요한 쟁점은 고려하지 않았다. 인센티브는 제3부의 주제이다.

해당 팀뿐 아니라 다른 팀에게도 영향을 주기 때문에 각 팀이 자신들의 선택으로 인한 결과에 책임을 지도록 할 필요가 있다.

팀원 입찰하기

다른 한 가지 대안은 각 팀이 팀 멤버를 입찰하도록 하는 방법이다. 즉, 특정 멤버를 대상으로 최고가를 부른 팀이 그 멤버를 데려오는 영국식 경매를 하는 것이다. 최고가를 부른 입찰자가 나올 때까지 입찰자들이 자유롭게 입찰가를 올릴 수 있는 가장 익숙한 방식의 경매이다.

팀 멤버 영입을 위해, 팀은 수익의 일부를 포기해야 하는데 이는 팀 멤버의 보수에 영향을 준다. 앨리슨의 노동력을 놓고 경매를 해보자. 효율성 순위에 따르면 앨리슨의 능력은 I팀 멤버 중 가장 높다. 즉, 앨리슨은 II팀보다 I팀의 수익에 더 많은 기여를 한다. 따라서 I팀은 앨리슨을 영입하기 위해 II팀보다 더 많은 수익금액을 입찰가로 부를 것이다. 브룩을 대상으로 경매를 하면 그 반대 경우가 발생한다. 찰스와 데이비드의 경우에도 동일한 메커니즘이 적용된다. 따라서 앨리슨과 찰스는 I팀, 브룩과 데이비드는 II팀에 배치된다. 일반적으로 경매는 자원의 효율적 배분이라는 결과를 가져오며, 팀 멤버 배치에 있어서 교대로 뽑기보다 더 바람직한 방법이다.

각 팀에 배치되는 멤버의 수를 지시하는 것은 불필요하며 바람직하지 않다. I팀에서 세 번째 신입직원을 영입하는 것의 가치가 II팀이 두 번째 신입직원을 영입하는 것보다 더 가치가 크다면, I팀이 3명의 신입직원을 데려오고 II팀은 한 사람만 데려오는 것이 더 나은 선택이다. 경매 절차가 이 문제를 해결해 준다.

이는 기업 내부에 시장원리를 적용하는 것과 같다. 유용한 자원은 개인들이 높은 입찰가를 부를 유인을 제공하기 때문에 시장에서 원활한 분배가 이루어진다. 만약 기업에 구성원 입찰을 할 팀이 없다면, 개별 직원을 팀에 배치하는 임원은 개별 직원이 각 팀에서 갖는 가치를 판단하고 그 원칙에 따라 직원들을 배치한다. 각 부서가 직원 영입을 위해 경쟁하도록 하기 때문에 기업 입장에서는 효율적인 방법이다.

알래스카의 연어낚시

알래스카에서는 낚시를 배 위에서 한다. 물고기가 가장 잘 잡히는 자리를 아는 것은 낚시에 있어 중요하다. 물고기를 잘 잡는 어부들과 물고기의 행태를 잘 이해하는 사람들이 있다. 알래스카의 수산회사는 파트너십에 기반하여 설립되지만 파트너십이라는 것은 다소 유동적이다. 개인이 물고기를 잘 잡거나, 고기가 잘 잡히는 자리를 잘 찾아내는 능력이 있다는 것이 알려지면 그의 시장가치는 상승한다. 그 결과 그는 수익의 많은 부분을 차지할 수 있다.

때로는 어부의 현재 파트너십 내에서 협상하기도 한다. 파트너들은 물고기를 잘 잡거나 고기가 잘 잡히는 자리를 찾아내는 능력을 가진 어부의 시장가치가 상승했음을 인지하고 그에게 더 좋은 협상조건을 제시한다. 수익 중 지분에 변동이 생기면 어부는 현재 파트너십 관계를 깨고 다른 파트너십을 맺는 경우도 있다.

기존 파트너십과 신규 파트너십과의 협상과정은 위에서 말한 입찰과정과 똑같다. 이를 통해, 업계 전반에 걸쳐 효율적인 노동력의 분배가 이루어질 것이다.

출처 : Farrell & Scotchmer(1988)

직원소유기업

일부 기업은 직원들에게 주식을 발행한다. 이는 팀워크 고취를 목적으로 하는 경우가 많다. 직원들이 주식 중 상당 지분을 소유하고 있는 회사들을 직원소유기업이라고 부른다. 대규모 직원소유기업의 대표적인 예가 유나이티드 에어라인이다. 이러한 직원소유기업은 어떻게 운영되고 있을까?

수익을 극대화시키도록 CEO와 경영진을 임명한다는 점에서 이들 기업의 운영방식은 일반 기업의 운영방식과 상당 부분 같다. 그러나 직원소유기업은 소유구조가 기업의 의사결정, 특히 노동정책과 관련한 의사결정에 영향을 준다. 그리고 기업이 효율성을 무시하고 인력배치를 할 경우 기업의 건전성에 악영향을 준다(유나이티드 에어라인은 결국 파산절차를 밟고 있다).

이를 살펴보기 위해 미국의 퍼시픽 노스웨스트 목재조합을 예로 들어보자.[3] 퍼시픽 노스웨스트 목재조합은 몇 개의 합판제조회사들이 조합을 이루고 있다. 일부 직원들은 단순히 회사의 직원으로 고용되어 있으나, 실제로 회사의 지분을 보유한 직원도 있다. 그리고 이 지분들은 주식거래소에서 공개적으로 계약이 되지는 않으나 시장성이 있다. 이 지분들은 지역신문을 통해 광고되고 판매된다.

이와 같은 상대적으로 소규모 회사의 직원소유주들은 경영진을 임명하는 이사진을 선임할 권리가 있다. 경영진은 어떻게 행동하는가? 직원소유기업이 아닌 회사와 비교해 볼 때 이들 기업은 직원 소유주의 고용에 대해 보다 보호적 입장을 취한다. 업계 경기가 나쁠 때 조합들이 직원을 해고할 가능성은 낮고 모든 직원의 임금을 삭감할 가능성이 더 크다. 이것이 좋은 일일까? 나쁜 일일까?

이에 대한 증거는 애매하다. 노동조합의 주가는 크게 올랐으나 직원소유기업이 아닌 회사의 주가만큼 많이 오르지는 않는다. 1950년대 전체 생산량 중 조합의 생산량이 차지하는 비율은 35%였으나, 1980년대 말에는 20% 이하로 떨어졌다. 지역 내 수요이동도 부분적 이유가 되겠

---

3) Craig & Pencavel(1992) 참조

으나 조합의 직원 1인당 비용이 직원소유회사가 아닌 회사보다 더 높은 것도 한 이유다.

명백하게도 직원들은 급여의 일부를 고용안정성 증가라는 형태로 취하고 있다. 그러나 고용안전성 보장에는 비용이 든다. 조지아 퍼시픽 같은 직원소유기업이 아닌 회사에 조합을 매각하여 인수한 회사의 단순 직원으로서의 지위를 받아들임으로써 직원들은 재정적으로 더 부유해질 수도 있었다. 사실 일부 조합은 위와 같이 했으나 조합구조를 유지하는 조합들도 있다. 일부 직원들은 조합의 소유주가 되어 통제권을 행사하는 데 기꺼이 트레이드오프를 지불할 의사가 있다.

●●● 정보기술의 효과

지난 몇십 년간 정보기술의 속도와 역량이 극적으로 향상되었고, 급격한 가격하락이 있었다. 조직 및 직무 설계에 있어 정보기술 혁명은 어떤 효과를 가질까?

조직 구조에 미치는 영향

중앙집권화인가 분권인가

중앙집권화 경향   일반적으로 사업적 압력은 정보기술(IT)이 분권화, 직원 권한부여, 전통적 의사결정 구조의 와해를 야기시키고 이를 보다 비공식적 구조로 교체했다는 시각을 지지한다. 하지만 이것이 사실일까? 저렴하고 성능 좋은 컴퓨터로 인해 의사소통 비용이 현저하게 감소했다. 다시 말해, IT의 중요한 효과는 기존에는 특수적 지식이었던 것을 일반적 지식으로 전환시킨다는 것이다. 이 말이 사실이라면 IT는 의사결정의 중앙집권화(centralization)의 강화를 이끌어야 한다. 여기 몇 가지 사례가 있다.

오늘날 장거리 수송 트럭 산업에서 트럭에 광범위한 기술을 적용하는 것은 일반적인 일이다. 계기판에는 트럭운전사와 본사 간 양방향 커뮤니케이션이 되는 컴퓨터(휴대전화로도 커뮤니케이션이 가능)가 내장되어 있는 경우가 많다. 많은 트럭들은 GPS가 장착된 차량 지붕에 위성접시를 달고 있다.

이러한 신기술이 트럭운전사들의 의사결정을 분권화하는 데 이용되었는가? 전혀 그렇지 않다. 트럭회사는 마치 조지 오웰의 소설 1984에 나오는 빅브라더처럼 운전사들을 감시할 수 있다. GPS를 이용해 언제든 모든 트럭의 정확한 위치를 파악할 수 있고 모든 움직임을 추적할 수 있다. 회사는 언제 운전사들이 휴식을 취하기 위해 차를 세우고 얼마나 오래 휴식시간을 갖는지 알 수 있다. 운전사들이 방향을 잘못 진입하거나 예정에 없던 장소에 들르는 것(개인적 이익을 위해 택배를 배달하는 등)도 알 수 있다. 또 회사는 운전사들이 고속도로에서 얼마나 빠른 속도로 달리는지도 알고 있다. 즉, IT가 밀접한 감시를 가능하게 해주는 것이다.

또한 실시간 커뮤니케이션을 통해 회사는 운전사들에게 언제든 지시를 내릴 수 있다. 중앙집권화된 조정은 트럭산업에 있어 유용하다. 회사가 트럭에 짐을 가득 실었는지, 고객들에게 빠르게 대응했는지 확인해서 트럭을 효과적으로 배치할 수 있기 때문이다. 기술을 이용해 회사는 운전사에게 코스를 변경하고 새 짐을 싣도록 지시함으로써 일과 중 운전사의 일정을 바꿀 수 있다. 마찬가지로 회사는 운전사에게 교통체증을 피해 루트를 변경하거나 회사의 보험사 요건을 맞추기 위해 속도를 줄이도록 지시할 수도 있다.

이 같은 강력한 중앙집권화 경향은 업계의 조직 구조도 변경시키고 있다. 과거에는 아웃소싱의 형태로 많은 운전사들이 독자적 소유주 및 경영자여서 트럭산업이 훨씬 분권화되어 있었다. 그러나 오늘날은 소유−경영자인 트럭 운전사 이용이 줄고 운전사를 직원으로 고용하고 있는 기업소유의 트럭 이용이 크게 늘고 있는 추세다.

미시즈필즈쿠키 주식회사는 조직 내에 IT를 도입한 또 하나의 흥미로운 사례이다.[4] 이 회사는 각기 다른 상품의 매출 예상을 위해 특정 매장의 현재 상황(일주일 중 특정 요일, 공휴일, 기후, 특정일자에 쇼핑몰에서 세일을 했는가 등)에 대한 정보와 각 매장의 매출 데이터 등을 이용하는 전문가 시스템을 개발했다. 그리고 매장 관리인에게 종류별로 쿠키를 몇 판씩 구울 것인가 등 여러 가지 권고사항을 매일 아침 알려준다. 또한 반죽이 상할 수 있으므로 반죽을 하고 나서 두 시간이 지나기 전에 처분해야 한다는 등의 제안사항을 제공한다.

매장관리인의 일에 IT는 더욱 광범위하게 이용된다. 신규직원이 필요하면 지원자는 컴퓨터로 면접을 볼 수 있다. 소프트웨어를 통해 어떤 지원자를 2차 면접에 부를 것인지, 어떤 시점에 컴퓨터로 다른 질문에 대한 답을 작성하도록 할 것인지 등의 권고를 할 수 있다. 필즈 여사는 우수한 지원자가 누구인지 예측하기 위해 지원자의 응답을 기존 직원에 대한 데이터와 연관시킨다.

데비 필즈 여사는 어떻게 이 모든 일을 하는 걸까? 매출, 채용 등에 대한 데이터를 기업본사로 전송하는 것이다. 그러면 기업본사는 모든 매장의 누적된 경험을 이용해 사업모형을 설계한다. 그리고 이를 필즈 여사의 매장관리 지식과 결합시킨다. 이 모든 것이 어떻게 의사결정을 할 것인지에 대한 소프트웨어 규칙을 만드는 전문가 시스템을 통해 이루어진다. 테일러리즘(과학적 경영법)에 입각하여 고도로 중앙집권화된 최적화가 컴퓨터를 통해 이뤄지는 것이다.

잠시 전으로 돌아가 쿠키매장사업 어디에 특수적 지식이 있는지 질문을 던져 보자. 지역 쇼핑몰의 일별 매출을 포함한 중요한 정보의 대부분이 기업본사로 전송되기 때문에 각 매장에서 필요한 지식은 거의 없다. 매장 운영에 필요한 유일한 특수적 지식은 매장에 오는 특정고객에게 어떻게 '상향판매'를 하고 직원을 어떻게 다룰 것인가 등이다.

동시에 필즈 여사의 모델은 데비 필즈의 재능 및 기업본사에서 개발한 다른 전문지식에 대해 규모의 경제를 실현한다. 중앙컴퓨터 내의 전문가 시스템에 내장된 사업모델은 가치 있는 자산

---

4) 데비 필즈의 남편 랜디는 경제학 학사 학위를 가진 컴퓨터 컨설턴트였다.

이고 각 매장에서 계속적으로 사용이 가능하다. 현실적으로 필즈 여사의 사업모델은 데비의 전문지식과 다른 매장들과의 경험을 통해 모아 온 누적된 지식을 복제해서 이를 전 세계 모든 매장에서 사용하도록 하기 위한 것이다.

미시즈필즈쿠키 주식회사에서 이 시스템이 매장 관리인의 일에 미치는 영향은 분명하다. 매장 관리인의 재량권은 거의 없다. 엄격히 말해 매장 관리인은 전문가 시스템의 권고를 무시할 권리는 있다. 그러나 권고를 빈번히 무시하면 기업본사의 주의를 끌게 된다. 컴퓨터의 예측보다 매출이 뛰어나지 못할 경우 매장 관리인은 일을 그만두도록 요구받는다. 전문가 시스템이 수년간의 경영경험과 매출데이터의 데이터베이스에 근거하기 때문에 매장 관리인의 예측이 전문가 시스템의 예측보다 정확할 가능성은 낮다.

일에 재량권이 없기 때문에 매장 관리인들에게는 높은 기술이 필요 없고 훈련도 거의 필요 없다. 마찬가지로 기업고유의 인적자원이 거의 없다. 당연히 이직률이 업계평균보다 높지만 필즈 여사는 이를 감수할 용의가 있다.

마지막으로 트럭산업에서와 같이 IT를 이용한 중앙집권화는 미시즈필즈쿠키 주식회사를 더욱 수직적으로 통합되도록 만들었다. 필즈 여사의 경쟁자 대부분은 아웃소싱과 상당 부분 유사한 프랜차이즈 모델을 이용한다. 이와 반대로 미시즈필즈 주식회사의 매장들은 회사소유이다.

위의 두 가지 예는 IT의 효과에 대한 일반적인 시각이 틀렸거나 적어도 더욱 복잡하다는 것을 보여준다는 점에서 중요하다. IT가 강화된 중앙집권화와 좁아진 직무 설계, 숙련된 직원에 대한 가치의 절하를 야기했다는 예는 많다. 그리고 우리가 일반적 지식과 특수적 지식의 개념을 기억한다면 이는 완벽하게 맞는 말이다.

분권화 경향　　그럼에도 불구하고 IT를 통해 분권화를 유도하는 몇 가지 방법이 있다. 중요한 것은 이 방법이 직급이 낮은 직원들이 본인 스스로의 의사결정을 지지할 수 있는 정보를 제공한다는 것이다. **통계적 공정관리**(Statistical Process Control, SPC)가 그 좋은 예이다. SPC는 제조업 현장의 직원들에게 판금 가공 시 판금의 두께 등 생산의 여러 측면에 대한 실시간 데이터를 제공한다. 신속한 측정과 의사소통에는 비용이 너무 많이 들기 때문에 과거에는 이러한 데이터를 실시간으로 제공하기 어려웠다. SPC는 여러 방법으로 사용될 수 있는 정보를 직원들에게 제공한다. 예를 들어, 데이터는 사라지기 쉬우므로 신속하게 사용되어야 하고 그렇지 않으면 가치가 사라진다. 이 경우, 직원들이 (금속 두께의 변동 등에) 응답을 하도록 하는 것이 더 합리적이다. 내재적 동기의 심리적 모델에서 언급된 바와 같이 피드백은 분권화에서 중요한 요소이다. 실시간 피드백은 직원들이 문제를 진단하고 잠재적 해결책을 시험해 볼 수 있게 해준다.

컴퓨터의 저렴한 비용이란 오늘날 대부분의 직원들이 성능 좋은 컴퓨터와 스프레드시트 그리고 데이터베이스 같은 분석 도구에 접근할 수 있다는 뜻이다. 또한 그들은 회사 내부에서 인터넷을 통해 방대한 양의 정보에 쉽게 접근할 수 있다. 이는 직원들이 **스스로** 정보를 수집하고 분석하는 경우가 많다는 뜻이다. 사실상 이 직원들은 감독자들이 자신들에게 부여하지 않았을 자율권을 갖는 것이다. 모든 직원들이 지휘체계의 고하를 막론하고 동료와 직속 상사보다 높은 권한의 사람들과 조직 내의 다른 부서에도 자유롭게 연락하도록 해주는 이메일에서도 비슷한 효과가 발생한다. 결과적으로 감독자는 부하직원에 대한 통제권한의 일부를 상실하고 공식적 지휘체계 밖에서도 커뮤니케이션이 발생한다.

구조에 미치는 다른 영향

IT가 장기적으로 기업의 규모를 크게 만들지 작게 만들지에 대해서는 논란이 있다. 이 질문에 명확한 답을 하기에는 아직 이르지만 몇 가지 가능성에 대해서는 논의해 볼 수 있다. 첫째, 같은 수의 직원으로도 생산성을 더 높일 수 있고, 어떤 경우에는 생산성이 대폭 향상될 수 있다. 최근 선진국을 중심으로 생산성 증가율이 높았고 그 가장 주요한 이유는 정보기술의 발전으로 보인다. 같은 수의 직원이 더 많은 결과물을 산출해 낸다면 이는 직원의 수를 놓고 봤을 때는 기업의 규모 축소로 이어질 것이다. 그러나 전체 산출물(또는 시장점유율)을 놓고 봤을 때는 기업의 규모 확장으로 이어지기도 한다. 이는 기업이 규모의 경제를 실현할 수 있기 때문이다.

우리는 트럭산업과 미시즈필즈쿠키 주식회사의 사례에서 수직적 통합에 대해 논의해 보았다. 기업의 중앙집권화가 촉진될 경우, 기업은 더욱 통합될 것이다. 그러나 IT도 외부 공급업체와의 사업관계를 저렴한 비용으로 관리하도록 해줌으로써 계약비용을 감소시킨다. 따라서 IT는 직원뿐 아니라 아웃소싱을 오프쇼어링(외부위탁)함으로써 조직의 와해를 가져올 수 있다. 사실 이는 오늘날 아웃소싱 추세를 강화시키는 가장 큰 요인 중 하나이다.

빅맥 포장

● ● ● ● ● ● ● ● ● ● ●

당신이 미주리주 케이프 지라도 근처의 고속도로 옆에 있는 맥도날드의 드라이브인 차선에 들어서면 약 1,000마일이나 떨어진 콜로라도주 콜로라도 스프링스에 있는 직원이 당신의 주문을 받을 것이다. 이 주문은 중앙집권화된 콜센터에서 처리되어 IT를 이용해 당신이 있는 맥도날드로 재전송된다. 콜센터는 맥도날드의 프랜차이즈 업주가 운영하며 맥도날드 주식회사의 일부는 아니다.

여기서 한 단계 더 나아가 상상해 보자. 다음에 당신이 맥도날드에 들러 드라이브인 주문을 하면 인도 뱅갈로어에 있는 직원이 당신의 주문을 받을지도 모른다.

출처 : Fitzgerald(2004)

IT가 기업구조와 전략에 주목할만한 효과를 가져오기도 한다. IT는 커뮤니케이션을 가속화하고, 컴퓨터를 통해 즉각적 분석이 가능하기 때문에 의사결정 속도를 획기적으로 늘려 주기도한다. 이는 앞 장에서 논의된 시간기준 경쟁과 생산 싸이클 단축이라는 추세를 강화시켜 준다. 나아가 일반적으로 IT는 맞춤생산 비용을 낮춰 주고 기업들이 복합적 생산라인을 도입하도록유도한다. 이러한 것들이 테일러식 직무 설계 접근방법과는 다른 직무확충 추세의 이유라는 점은 주목할 만하다.

직무 설계에 미치는 영향

IT가 직무 설계에 어떻게 영향을 주는가는 매우 흥미로운 질문이다. 많은 사람들이 전산화가 실업률을 증가시킨다고 비난한다. 사실일까? 이미 언급했듯이 IT는 재량권과 기술이 필요 없는구식 직무 설계를 야기할 수 있다. 그럼에도 불구하고 IT는 직무확충을 지지할 수도 있다. 어떤업무가 어떤 방식으로 영향을 받을 것인지에 대해 어떻게 생각해 볼 것인가?[5]

이 질문의 초점을 맞추는 방법은 컴퓨터가 사람의 일을 대체할 때(substitute)와 컴퓨터가 사람의 일을 보완할 때(complement)가 언제인가를 묻는 것이다. 우선 컴퓨터가 사람을 대신할 때가언제인지에 대해서 알아보자. 비교우위의 원칙에 의하면 컴퓨터가 상대적으로 직무수행을 더잘할 때 기업들은 사람 대신 컴퓨터를 쓸 것이다. 즉 컴퓨터를 이용할 때의 비용이 저렴하거나생산성이 더 클 때, 혹은 둘 모두를 만족시킬 때 기업들은 컴퓨터를 쓸 것이다.

(제조업에서의 기계처럼) 컴퓨터는 직원에 비해 상당한 우위를 가지고 있다. 컴퓨터는 신뢰할수 있고 (수리만 잘되어 있다면) 매일 회사에 나올 수 있다. 컴퓨터는 동기부여에 대한 문제가없으므로, 경영진은 내재적 동기부여나 성과에 대한 보상에 대해 고민할 필요가 없다. 컴퓨터는예측 가능하다. 일반적으로 컴퓨터는 매번 똑같은 방식으로 정보를 분석하거나 직무를 수행한다. 사실 이 책에서는 기업 입장에서 직원을 고용하면 비용이 많이 들지만 컴퓨터와 기계는 그렇지 않으며, 이 문제를 어떻게 해결할 것인지에 대해 다루고 있다. 예를 들어, 사람과 달리 컴퓨터는 정보의 비대칭성이나 이직에 대한 문제가 없다.

이는 곧 기계나 컴퓨터가 사람처럼 직무를 잘 수행한다면 기계나 **컴퓨터가 그 직무를 수행해야**한다는 것이다. 그때가 언제인가?

컴퓨터의 가장 뛰어난 부분은 단순한 규칙 기반 논리의 적용이다. 소프트웨어는 각 돌발상황에 대처하는 방법을 명시한 지시이다. 예를 들어, 필즈 여사는 채용 지원자에게 일련의 질문을 하고 데이터를 처리하고 이진법적 권고(채용할 것인지 말 것인지)를 하는 소프트웨어를 개발했다. 당신이 이와 같은 직원채용 소프트웨어를 설계 중이라고 생각해 보자. 지원자의 기술

---

5) 이 주제에 대해 자세히 알고 싶으면 Levy & Murnane(2004)을 참조하라.

적 지식 여부 또는 기업문화에 부합하는지 여부와 같은 분석을 요하는 복잡한 문제가 있는 직무는 컴퓨터로 수행하기가 어려울 것이다. 이러한 소프트웨어는 직무의 폭이 좁고 재량권이 거의 없으며 기술도 요구되지 않는 미시즈필즈쿠키 주식회사의 캐셔 직무를 더 잘 수행할 것이다.

따라서 테일러리즘(과학적 경영법)이 가장 효과를 나타낼 때 전산화도 가장 좋은 효과를 나타낸다. 환경이 복잡하지 않고 단순하다면 소프트웨어에서 정의할 규칙은 더 적어진다. 직무간 상호의존성이 낮으면 각각의 직무를 분리하고 개별 직무 수행방법을 정확히 결정하기가 더 쉽다. 업무가 예측가능하면 각기 다른 돌발상황을 미리 명시하고 소프트웨어에서 이를 규범화시킬 수 있다.

닭고기 수프 생산을 위한 전문가 시스템

전 세계에서 판매되는 캠벨 사의 닭고기 수프 통조림을 한 번쯤은 먹어본 적이 있을 것이다. 이 수프는 매우 큰 산업 조리 시스템에서 만들어진다. 이 공정의 핵심요소는 수프에 박테리아가 들어가지 못하도록 하는 정수 소독기 또는 조리기이다. 박테리아가 시스템 내부에 침입하면 생산 중인 모든 캔에 침투해 제품을 손상시키고 혼란을 야기할 것이다.

45년 경력의 직원인 알도 시미노는 주요 공장 중 한 군데에서 조리기를 작동시켰다. 캠벨 사는 그가 곧 은퇴할 것이고 그러면 그의 인적자원을 잃게 된다는 사실을 깨달았다. 그들은 텍사스 인스트루먼트를 고용해 시미노와 함께 시미노가 일하는 방식과 동일하게 업무를 수행하는 전문가 시스템을 개발하도록 했다. 이것이 산업현장에서 전문가 시스템이 사용된 최초의 사례 중 하나다.

전문가 시스템 설계에 몇 달이 걸렸고, 이 시스템이 완벽히 업무를 수행하게 하는 데 더 많은 시간이 걸렸다. 이 시스템에는 150개의 규칙이 들어 있다. 이 시스템은 진단된 문제점들을 상당 부분 해결해서 시미노보다 경력과 전문성이 떨어지는 직원들이 시미노와 똑같이 일할 수 있게 해주었다. 이 시스템은 시미노의 특수적 지식 중 상당 부분을 일반적 지식으로 바꾸어 놓았다.

출처 : Edmunds(1988)

사람들이 업무에 적용하는 규칙을 분류해 내기 어려울 때는 좀 어려운 상황이 발생한다. 컴퓨터 과학자들은 이러한 경우를 규칙이 확정적이지 않고 개연성을 갖는 경우로 분류한다. 사람은 패턴인식에 매우 뛰어나지만 컴퓨터는 그렇지 않다. 이것은 전문가 시스템이나 신경네트워크 같은 기술의 영역이다. 이러한 기술들은 전산화할 수 있는 직무의 범위를 확장시켰으나 사람이 직무를 수행하는 방식을 성공적으로 복제하는 것과는 거리가 멀다(쿠키 매장관리인의 경우는 제외).

의사결정권이 있고 직무를 통해 학습할 것으로 보이는 직원에게 필요한 핵심 기술 중 하나는 특정 상황에서 일반적인 원칙을 발전시키고 일반적 원칙을 새로운 상황에 적용시키는 추상화 기술이다(제7장의 매장 직원의 문제해결 훈련에 대한 주란의 권고를 다시 떠올려 보라). 컴퓨터는 추상화 기술을 가지고 있지 않기 때문에 이 분야에서는 사람이 컴퓨터에 비해 상당한 비교우위를 가진다. 컴퓨터는 사전에 미리 명시되지 않은 상황에 직면하면 어떻게 대응해야 할지를 모른다.

마지막으로 창의적 업무는 전산화가 불가능하다. 창의성은 외부요인에 대한 반응을 필요로 하며 새로운 돌발상황을 만들어낸다.

따라서 컴퓨터가 직원을 대체할 수 있는 업무 분야는 재량권이 낮고 멀티태스킹 빈도가 낮으며 높은 기술을 필요로 하지 않는다. 이러한 업무에는 사무업무와 낮은 직급 또는 중간 직급의 관리자업무와 같이 규격화된 정보처리도 포함된다.

리엔지니어링이란 무엇인가

리엔지니어링이란 현대화된 업무현장에서 선진화된 컴퓨터 기술을 적용하기 위해 과학적 경영법의 전통적 방식을 이용하는 관행을 말한다. 대표적인 예가 보험회사나 은행이다. 정보처리가 핵심업무인 기업들은 가장 전형적으로 리엔지니어링된 기업으로, 정보처리업무는 컴퓨터가 특히 잘 수행할 수 있는 업무이기 때문이다.

이 경우 많은 업무와 직무를 전산화할 수 있어서 리엔지니어링은 사무직 직원 및 낮은 직급 또는 중간 직급 관리자의 대량해고로 이어질 수 있다. 리엔지니어링은 전체적인 업무흐름도 재조직한다. 따라서 리엔지니어링은 대규모의 중앙집권화된 변화로 주로 외부 컨설팅회사의 도움을 받아 이루어진다.

리엔지니어링은 일반적으로 많은 업무를 컴퓨터로 대체하기 때문에 대체되지 않고 남아 있는 직무는 확충된다. 예를 들어, 전통적으로 보험회사 직원은 전체적인 고객의 서비스 요청 처리 과정 중 한 단계인 클레임 양식을 처리하는 업무를 담당해 왔다. 리엔지니어링 후에는 그 직원은 컴퓨터를 이용해 서비스요청 처리의 시작부터 끝까지 전 단계를 처리하는 업무를 담당하게 된다. 이는 더 나은 직무정체성(심리학 용어로는 내재적 동기부여) 또는 직무단위를 제공한다. 전반적인 서비스요청을 처리함으로써 서비스의 질과 고객만족도가 올라가고 처리시간은 줄어든다. IT는 직원이 고객과의 전반적 계약을 처리할 수 있도록 해준다.

자동화와 전산화의 효과는 모든 직무에 적용된다. 전문화의 원칙과 같은 과학적 경영법의 원칙은 어느 정도 연관성이 있다. 예를 들어, 의료기기에 결합된 컴퓨터 기술은 과거 의사가 담당했던 일도 일부 처리한다. 과거 노동력을 많이 필요로 하는 기술적 절차였던 실험실에서의 실험 중 상당 부분이 자동화되었다. 이와 유사하게 일부 병원은 의사들의 의사결정 지원 도구로써 컴퓨터를 이용한다. 의사는 환자의 특징과 증상에 대한 데이터를 입력한다. 소프트웨어는 이 정보를 과거 데이터베이스와 비교해서 의사에게 추가 진단 및 치료에 대한 제안(미시즈필즈쿠키 주식

회사가 특정 매장의 현상황과 다른 매장의 경험을 비교한 것과 유사함)을 한다. 이를 통해 의사들은 보다 독창적이고 창의적인 업무에 전념할 수 있다.

요약하자면 IT는 앞 장에서 논의한 전형적인 *LLLL* 유형의 직무에서 직원을 대체할 수 있다. 따라서 컴퓨터는 어떤 유형의 직업을 없앨 수도 있지만, 동시에 새로운 유형의 직업을 창출해 내기도 한다. 그렇기 때문에 제3장에서 논의된 바와 같이 노동시장에서 고도로 숙련된 노동자에 대한 가치가 올라갔고, 전산화가 전반적인 실업률 상승을 유도한 것은 아니다. 선진 기술은 숙련된 노동자의 생산성을 향상시켜주어 그들의 가치를 상승시킨다. 또한 이는 노동시장에서의 인지기술의 중요성과 인적자원에 대한 지속적 투자를 재확인시켜 준다.

신뢰성이 높은 조직 ◆◆◆

우리는 이 절에서 제시한 아이디어와 주제를 통합하는 방법에 대한 좋은 예가 되는 특정 유형의 조직인 신뢰성 높은 조직(High Reliability Organizations, HROs)에 대해 알아보았다. HROs는 오차비용이 매우 높은 조직이다. HROs는 예상치 못한 상황에 직면하고 이에 신속히 대처해야 하기 때문에 분권화를 통한 이점이 많은 곳이다. 그러나 HROs의 운영은 상호 밀접하게 관련된 경우가 많아서 조정의 혜택이 큰 곳이기도 하다. 따라서 HROs는 일반적인 회사들과 같은 문제에 직면하지만 이해관계가 훨씬 크고 이를 상쇄하기가 훨씬 어렵다. 극단적인 사례는 일반적인 사례 연구에서는 명확히 드러나지 않는 핵심 이슈들을 명료화시켜 주기 때문에 의료 분야에서처럼 병리학을 연구해 볼 만한 가치가 있다.

전시의 군대, 착륙하는 항공기, 병원 응급실 및 많은 계약을 처리하는 국제금융회사 등 HROs의 예는 많다. HROs의 원칙 중 많은 부분이 일반적인 리스크 관리에 보다 유용하게 적용될 수 있다.

HROs의 일반적 조직원칙은 2개의 별도의 병렬 구조를 만드는 것으로, 하나는 통상적 운영, 다른 하나는 리스크가 매우 높은 경우 높은 압력을 받는 시기의 운영구조이다. 이러한 구분은 군대(전시와 평상시) 또는 응급실(많은 환자 또는 소수의 환자)에서 더욱 명확하다. 평상시 조직의 가장 큰 목적은 압력이 높은 시기를 대비하는 것이다. 평상시의 의사결정은 더 더디고 중앙집권화되어 있으며, 조직은 훈련과 대비에 집중할 수 있다. 리스크가 높은 시기가 시작되면 이러한 조직들은 일반적으로 의사결정을 분권화하고 이를 즉각적으로 이행하는 데 중점을 둔다.

두 번째 일반적 원칙은 과학적 경영법을 최대한 많이 사용하는 것이다. 평상시에는 조직이 가능한 많은 경우를 예측하고 이러한 상황이 발생한 경우 준수해야 할 규칙과 절차를 수립하면서 돌발상황 대비에 자원을 집중적으로 배치한다.

부록은 그 예로 미국 군대의 **실행 행렬**을 제시한다. 이 행렬(실제로 스프레드시트로 유닛에 제공됨)은 일부 돌발상황 또는 전쟁 시 발생할 수 있는 상황을 제시하고 있다. 이것이 행렬의 열이다. 이 열은 조직단위별로 각 돌발상황 발생 시 취해야 할 조치들을 명시하고 있다.

이론적으로 모든 돌발상황이 명시될 수 없고 각 단위(또는 개인)이 취해야 할 적합한 조치를 파악하기 어려울 경우, 이러한 접근법은 완벽한 조정을 제공하고 개별 단위가 고유의 특수적 지식을 이용할 수 있게 해준다(결과적으로 어떤 열을 적용해야 하는지 파악하는 것과 상응함). 또한 커뮤니케이션 비용이 전혀 없고, 모든 조치는 지체 없이 이행될 수 있다.

부록의 행렬이 가진 단점은 제한적 접근이다. 초기 실행행렬은 7개의 조직적 단위에 대한 시작조건과 13개의 돌발상황 발생 시 취해야 할 조치만 제시한다. 이는 포괄적인 사전적 최적화와는 거리가 멀다.

직원이 모든 돌발상황 시 취해야 할 완벽하게 정해진 규칙과 절차를 제시받지 못할 경우, 다음 단계는 훈련이다. HROs는 매우 포괄적인 훈련을 실행한다. 이는 대부분의 HRO 직원이 '평상시'에 취하는 일차적 활동이다. 이러한 훈련의 대부분은 직원들이 실제로 문제가 발생하면 신속하고 신뢰성 있게 대처하도록 준비할 수 있게 실제상황을 시뮬레이션하고 문제가 발생하기 전에 문제를 진단하고 어떤 조치를 취해야 할지를 학습하는 훈련이다.

이 훈련은 직원이 발생 가능성이 있는 각 돌발상황에 어떻게 대처해야 할지 정확하게 명시하지는 않는다. 그 대신 직원에게 추상화 원칙을 지도하여 훈련 때 제시되지 않은 상황 발생 시 어떻게 대처하는지를 알려준다. 훈련에는 조직 사명, 즉 조직의 목표와 각 목표의 상대적 비중의 반복 주입이 포함된다. 이 훈련은 직원들에게 새로운 상황에서 무엇이 최선의 행동인지 파악하는 데 사용하는 객관적 기능을 가르친다. 높은 직급의 직원들에게는 훈련의 상당 부분이 문제해결 기술-발생한 문제 또는 질문에 대한 해결책을 찾아내는 방법-에 대한 것이다. 예를 들어, 군대에서 학사장교는 사례연구를 논의하고 무엇이 최선의 조치가 될지 분석한다. 이 과정에서 그들은 전략적으로 사고하는 법을 배운다.

더욱 중요한 것은 사례연구가 직원들에게도 같은 방식으로 문제를 분석하고 조직 전체의 목표와 동일한 목표를 갖도록 비슷하게 생각하는 법을 가르친다는 것이다. HROs의 전반적 훈련 과정의 목적은 직원들을 최대한 서로 유사하게 만드는 것이다. 이것이 성공하면 개인의 행동이 예측 가능하고 일관적이기 때문에 많은 커뮤니케이션 없이도 조정이 향상된다.

강력한 훈련과 행동의 단일성 강화라는 목표는 HROs에서 규범의 강력한 집행을 통해 한층 강화된다. 우리는 이미 위에서 군대가 신병훈련소에서 어떻게 충성심과 동료애를 전파하는지에 대해 알아보면서 이에 대해 언급한 바 있다. 이러한 조직들은 아주 강력한 팀워크를 발전시킨다.

집중적 훈련과 강력한 문화를 통해 분권화와 더불어 조정의 상당 부분이 성취되지만, 이러한 조직들은 여전히 커뮤니케이션을 할 필요가 있다. 예를 들어, 돌발상황이 발생하고 한 직원이 이를 감지한 경우 그 정보를 모든 동료들에게 전달하는 것은 중요하다. 마찬가지로 커뮤니케이션은 조직단위에 피드백을 제공해 더 나은 의사결정을 하도록 한다. 이러한 이유로 HROs의 공통적 특징은 모든 방향으로의 실시간 커뮤니케이션을 광범위하게 사용한다는 것이다. 예를 들어, 응급실에서 의사는 항상 간호사와 커뮤니케이션을 한다. 간호사는 명령을 반복하여 의사에게 정확한 지시를 받았다는 피드백을 주고 명령을 이행하는 것이다.

마지막으로 HROs는 통상적으로 오차율 감소의 방편으로 잉여 시스템에 투자한다. 여기에는 신뢰성이 매우 높은 장비, 백업 시스템, 예비 재고, 압력이 높은 시기에 취해야 할 절차 등이 포함된다. 또한 직원들이 필요할 때 서로를 대체할 수 있도록 하는 상호 훈련도 포함된다. 끝으로 의사소통의 이중확인 및 오차 감지(제5장에서 기술된 프로젝트 평가의 추가층위와 유사함)를 포함한다.

이러한 절차는 특히 수평적 조직 구조, 엄격한 훈련과 재훈련, 잉여 시스템은 비용이 많이 든다. 모든 조직이 동일한 정책을 도입할 수는 없다. 그러나 그 교훈은 모든 조직에 적용된다. 다시 한번 우리는 직무 또는 의사결정이 사전에 분석될 수 있다면 그렇게 되어야 한다는 점을 확인할 수 있다. 수평적 조직 구조는 표준화를 가능하게 해주고 직원들에게 더 많은 가이드라인을 제시해주어 오차를 줄이고 일관성을 향상시킨다.

문화적 규범은 방법의 표준화를 강화하는 데 이용될 수 있다. 또한 규범은 조직목표의 이해를 돕고 목표를 존중하도록 함으로써 인센티브 관련 문제를 감소시킨다. 이 모든 것들이 조직으로 하여금 동시화되어야 하지만 의사소통을 요구하지 않는 더 나은 직무조정을 할 수 있게 한다.

표준화와 규범은 전산화와 동일한 역할을 수행한다. 표준화와 규범은 직원들이 보다 발전된 인지적 직무에 전념하도록 도와준다. 이는 효율성을 향상시킬 뿐 아니라 창의력과 수용력도 증가시킨다. 끝으로 조정을 위해 의사소통이 필요한 직무에는 정보기술이 핵심적 역할을 수행한다.

요약 ◆◆◆

비즈니스 관련 매체와 조직들은 조직 설계의 유행을 따르는 경향이 있다. 한 회사가 매우 성공적인 관행을 도입하면 경쟁자들은 그 관행이 자신들이 처한 상황에 적합한지 제대로 분석하지 않고 그 회사를 모방한다. 나아가 새로운 관행과 최신 동향을 과거의 것과 근본적으로 다르다고 간주하려는 경향이 있다. 이번 장과 제2부에는 이러한 시각에 대한 비판을 제공한다. 이번 장 도입부의 인용구절처럼 조직 설계의 기본 개념은 200년 전과 똑같이 적용된다. 변화하는 것이 많아질수록 변화하지 않는 것도 많아지는 것이다. 기본개념에 대한 이해는 당신에게 어떠한 관행이 왜, 어떤 상황에서 잘 작동할 것인지 알아내도록 도움을 주는 직무 설계의 모델을 제공해 줄 것이다.

훌륭한 조직 설계의 기본목표는 변하지 않는다. 근본적으로 직원의 전문화로 인한 이익은 훈련비용 절감과 전문화로 인한 학습 향상에 있어 중요하다. 이 둘은 지속적 개선을 향상시켜 주는 상호보완성이 높은 업무를 함께 처리함으로써 얻는 이익과의 균형을 맞추어야 한다. 그러한 측면에서 볼 때, 조직의 또 다른 근본적 목표는 지식을 창출하고 사용하는 것이다. 이를 위해서는 분권화가 중요하지만, 조정비용과의 균형이 맞추어져야 한다.

팀은 항상 조직 설계에 있어서 중요한 부분이다. 팀은 한 직원이 처리해야 할 업무가 너무 많을 경우 밀접하게 관련된 직무를 조정한다. 팀은 이러한 조정으로 인한 이점과 개별 직무의 전문화로 인한 이익 간의 균형을 맞추도록 해준다. 또한 폭넓은 의사결정이 필요할 때는 조직 전체의 특수적 지식을 하나로 통합할 수도 있다. 그러나 이 경우 의사결정의 비효율성과 무임승차라는 두 가지 비용이 발생한다. 또한 이상적인 팀의 크기를 정하는 것도 어렵다. 따라서 팀은 신중하게 구성되어야 하며, 혜택이 비용보다 많을 때만 구성되어야 한다.

직무 설계의 역사는 두 힘 간의 긴장의 연속이었고 앞으로도 그럴 것이다. 정보기술이 이러한 긴장을 고조시킨다.

두 가지 힘 중 하나는 직무와 의사결정을 표준화하려는 욕구이다. 그 목표는 직무 수행에 있어 최선의 방법을 찾고 최선의 방법을 단일적으로 이행하는 것이다. 과학적 경영법은 100년 전의 사례지만, 리엔지니어링은 오늘날 유사한 사례를 보여준다. 조직이 표준운영절차, 규정, 가이드라인을 이용하거나 일부 직무를 전산화할 때는 언제든 그러한 방향으로 움직인다. 이것이 지배적인 힘이라고 볼 때, 조직은 잠재적 최적화, 전문화된 업무, 중앙집권화 및 직원 기술에 대한 낮은 투자에 중점을 둔다.

그 반대의 힘은 기계나 컴퓨터가 갖지 못한 능력을 가진 사람을 고용하는 것의 경제적 가치를 증가시키려는 욕구이다. 이러한 업무는 복잡하고 예측하지 못한 상황에 대처하는 추상적 사고, 패턴 인식, 창의력을 이용하는 업무이다. 쉽게 말해 지식이 명문화될 수 없는 경우, 특정 상황에 대한 특수적 지식이 있고, 이러한 지식을 사용하는 최선의 방법은 그 지식을 보유한 직원에게 의지하는 것이다. 이 힘이 지배적일 때 조직은 지속적 개선, 멀티태스킹, 분권화 및 직원 기술(인지 기술을 포함)에 대한 높은 투자에 중점을 둔다.

지난 몇 십 년 동안에는 두 가지 힘 중 전자보다 후자를 선호하는 경향이 있었다. 그러나 중요한 것은 이러한 경향이 지속될 것이라고 단정짓지 않는 것이다. 조직들이 세계화, 선진기술 및 기타 최신 변화를 도입하면서, 그들은 점차 자신들이 얻은 교훈을 표준화할 것이다. 그렇게 함으로써 조직들은 여러 가지 상황에서 보다 전통적인 조직 및 직무 설계 기술로 돌아가려고 할 것이다. 이로 인해 미시즈쿠키 주식회사는 와해되었다.

제2부의 주요 주제는 직원의 의사결정과 학습이었다. 직원의 근로동기와 회사의 동기를 일치시키는 것은 중요한 문제다. 우리는 내재적 동기부여에 대해 논의함으로써 이 문제를 소개한 바 있다. 이제 제3부의 성과보상제도라는 주제로 넘어가도록 하자.

연습문제

1. 조직의 각 부서가 가진 특수적 지식을 통합하려는 목표를 가진 생산설계팀을 구성할 때, 팀 구성의 원칙이 어떻게 적용되는가?

2. 심리학자들은 직무단위의 이상적 크기가 5명 내지 6명이며, 그 이상도 그 이하도 적합하지 않다고 주장한다. 이를 설명하는 요인은 무엇인가? 이 주장이 당신의 경험과 일치하는가?

3. 학교의 아이들은 왜 효율성을 증가시키는 방법 대신 교대로 뽑는 방식을 통해 팀을 구성하는가? (힌트 : 서로를 입찰할 방법이 없기 때문은 아니다. 아이들의 목적은 팀 효율성이 아니라 그 외의 것이기 때문이다.)

4. 정보기술이 당신의 직무를 어떻게 바꾸어 놓았나? 요구되는 기술의 깊이와 폭을 늘려 직무를 확충시켰나? 아니면 그 반대인가?

5. 정보기술이 비서의 업무를 어떻게 바꾸어 놓았나? 비서 업무의 일부 또는 전체를 컴퓨터가 대체한 사례가 있는가? 그에 대해 설명해 보라.

6. 정보기술은 여러 형태의 정보를 주고받는 비용을 획기적으로 낮추었다. 그러면 제5장에서 논의된 중앙집권식 계획 모델이 더 중요성을 갖는다는 것인가? 동의한다면 혹은 그렇지 않다면 그 이유는 무엇인가? 그 외에 관련된 요인은 무엇인가?

7. 전문가 시스템의 궁극적 한계는 무엇이라고 생각하는가? 그 이유는?

8. 분산된 특수적 지식의 사용, 조정 또는 낮은 오차율에 대한 아주 강한 압력을 받는 조직의 예를 들어 보라. 이 조직들이 이러한 문제를 해결하기 위해 사용해 온 방식은 무엇인가?

9. 8번 질문의 답에 근거하여, 보다 일반적인 기업을 설계할 때 적용할 수 있는 교훈은 무엇인가?

참고문헌

Craig, Ben & John Pencavel (1992). "The Behavior of Worker Cooperatives: The Plywood Companies of the Pacific Northwest." *American Economic Review* 82(5): 1083–1105.

Edmunds, Robert (1988). *The Prentice Hall Guide to Expert Systems*. Englewood Cliffs, NJ: Prentice Hall.

Farrell, Joseph & Suzanne Scotchmer (1988). "Partnerships." *Quarterly Journal of Economics* 103: 279–297.

Fitzgerald, Michael (2004). "A Drive-Through Lane to the Next Time Zone." *New York Times*, July 18.

Kandel, Eugene & Edward Lazear (1992). "Peer Pressure and Partnerships." *Journal of Political Economy* 100(4): 41–62.

Karr, Alphonse (1849). *Les Guêpes*, January.

Levy, Frank & Richard Murnane (2004). *The New Division of Labor: How Computers Are Creating the Next Job Market*. Princeton: Princeton University Press.

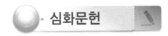 심화문헌

Cash, James & Keri Ostrofsky (1993). "Mrs. Fields Cookies." Harvard Business School case #9-189-056.

Hackman, J. Richard (1990). *Groups That Work (And Those That Don't)*. New York: Jossey-Bass.

Hubbard, Thomas (2000). "The Demand for Monitoring Technologies: The Case of Trucking." *Quarterly Journal of Economics*, May: 533–560.

Pfeiffer, John (1989). "The Secret of Life at the Limits: Cogs Become Big Wheels." *Smithsonian*, July.

 부록

I. 규범

여기서 우리는 규범에 대한 공식적 논의를 간단히 소개하겠다.[6] 규범의 수준은 규범 위반 시 가해지는 처벌의 유형에 따라 달라진다. 또한 모든 처벌과 관련해 규범에 설정되어야 할 기업 내 노력의 평형수준이 존재한다. 이를 확인하기 위해, 개인의 유용성 함수를 다음과 같이 쓴다.

$$\text{유용성} = Pay(e) - C(e) - P(e - e^*)$$

e가 개인의 노력수준일 때, $Pay(e)$는 노력 함수로써 받는 소득, $C(e)$는 노력수준 e와 연관된 직원의 비효율성의 통화적 가치, P는 동료압력을 행사하는 직원에 대한 비용이다.

동료압력은 직원의 노력함수 e, 내부적으로 정해진 노력 기준 함수인 e^*이다. 직원들이 동료에게 더 많이 노력하기를 원할 때, $dP/de < 0$으로 한 개인의 노력 감소는 동료압력을 증가시킨다. 직원들이 동료에게 노력을 덜하기를 원할 경우에는 $dP/de > 0$이다. $d^2Pay/de^2 \leq 0$, 이 조건이 부합될 때 노력수준을 정상화시킬 수 있다. 추가업무는 직원들을 더욱 지치게 만들기 때문에 $dC/de > 0$, $d^2C/de^2 \geq 0$이다.

동료압력이 다음의 형태를 띤다고 가정하자.

$$P(e - e^*) = -\gamma(e - e^*)$$

6) Kandel & Lazear(1992) 참조

γ이 일정할 때 한 직원이 받는 동료압력이 개인의 노력을 나타내는 e와 외부적으로 결정된 노력수준인 e^* 간의 차이의 선형함수를 나타낸다. 이 형태는 간단하기 때문에 선택되었다. 모든 동료압력 함수에 대한 유사한 분석도 적용될 수 있다. 이는 개인의 노력이 기준인 e^*보다 낮은 모든 업무단위의 경우, 해당 직원은 자신에 대해 달라는 동일한 돈을 지급받는 동료들로부터 압력을 받는다는 뜻이다.

해당 직원의 최대화 문제는 1차 조건을 산출하며,

$$\frac{d\,Pay}{de} - \frac{dC}{de} + \gamma = 0$$

일반적으로 이 문제의 해답도 있다. 모든 직원들이 동일하기 때문에 간단히 e^*가 이 산식의 답이다. 따라서 노력의 기준 값이 정해진 것이다. 음의 함수 정리를 이용하면,

$$\frac{de}{d\gamma} = -1 \bigg/ \left[\frac{d^2 Pay}{de^2} - \frac{d^2 C}{de^2} \right]$$

직원의 최대화 문제의 2차 조건에 의해 양의 값이 된다. 따라서 γ의 증가는 직원의 노력값을 상승시킨다. 기준값에서 벗어나는 것에 대한 제재와 동료압력이 증가함에 따라 노력의 기준값도 상승한다.

II. 실행행렬의 예

표 8A.1

실행행렬

돌발상황	단위						
	1대대	2대대	보병여단	진군부대	보병	공병여단	기병여단
연습 시작	구역 내 방어	구역 내 방어	공격 대비	전방부대에 대한 작전	특정 지점의 보병	생존성과 기동 지원	1구역 감시, 2구역 견제
1대대 구역을 향해 동쪽으로 진군	구역 내 방어	구역 내 방어	공격 대비	구역별 정찰이 감지될 시 C중대에 보고	특정 지점의 보병	생존성(우선 순위)과 기동 지원 직무 지속	2구역 견제, 방어선 후방 통과 실행과 전투 이양 대비
1차/2차 대대를 따라 동쪽으로 진군	적군 부대가 특정 위치를 지나고 32대대가 이동 방어에 이용 되었으면 2대대에 대한 역공격	구역 내 방어	2대대 구역의 공격을 위한 경고 명령 (이동방어)	동쪽이나 남쪽으로 이동하는 차량이 30대 이상이면 C중대에 보고	특정 지점에 다른 유닛의 이동이 있을 시 엄호 사격	X지점의 남동쪽 지뢰밭으로 배치	Y위치로 이동 하여 구역 변경
2대대 구역을 향해 남쪽으로 진군	적군이 다른 구역으로 진입할 시 유사한 지시						
1대대 남쪽 구역을 향해 남서쪽으로 진군		구역 내 방어	2대대에 아무 활동이 없으면 1대대 구역으로의 공격에 대비	역공격에 대한 경고 명령	특정 지점에 사격 지원		역공격에 대한 경고 명령

예측 가능성 돌발상황(13개 명시된 것 중에서)

비고 : 기재되지 않은 다른 돌발상황도 내용은 유사함

이 예시는 미국 예비군에서 실제 사용되는 실행행렬에 기초하여 상기 기재된 돌발상황 및 대처조치와 유사한 부분은 삭제하여 간단화하였음

제 3 부

성과보상

제7장에서 중요하게 다룬 내용은 내재적 동기에 관한 것이었다. 또한 우리는 제5장에서 직원들 개인의 동기와 조직의 목적을 일치시키는 것이 필요하다는 점에 대해 설명했다. 다음에 이어질 몇 개의 장에서는 이러한 논의를 발전시켜 성과에 대한 지불과 외재적 동기에 대해 논의할 것이다. 제9장에서는 여러 인센티브 시스템이 마주하게 되는, 성과평가에 관한 문제를 살펴볼 것이다. 제10장에서는 성과평가를 위해 무엇을 해야 하는지에 대해 고찰해 보고, 제11장과 제12장에서는 진급에서의 인센티브, 직원 스톡옵션, 임원 급여와 같은 특수한 주제들을 다룰 것이다. 논의를 시작하기에 앞서 전반적인 주제에 대해 소개를 하는 것이 도움이 될 것이다. 우선 성과에 대한 지불이 왜 중요한지에 대해 생각해 보도록 하자.

첫째, 직원이 인센티브에 강하게 반응한다는 것은 명백하다. 만약 인센티브 구조가 잘 설계되어 있다면, 이는 가치 창출에 있어 중요한 요소로 작용할 것이다. 하지만 반대로 인센티브 구조가 어설프게 설계되어 있다면, 이는 오히려 가치를 훼손하는 요소로 작용할 수 있을 것이다.

둘째, 직원들의 동기는 조직의 목표와 제대로 일치되지 않을 것이기 때문에, 직원 개개인이 매우 강력한 내재적 동기를 지니고 있다 할지라도 인센티브가 매우 중요한 역할을 할 수 있다. 예를 들어, 각자의 업무에 대해 강한 내재적 동기를 지니고 있는 기업 R&D 센터의 연구원들과 병원 의사들 두 그룹이 있다고 가정해 보자. 공통적으로 이들의 고용자들은 직원들의 동기를 적절하게 조정하기 위해 인센티브 구조를 활용하고 있다. 기업은 R&D 센터의 연구원들이 미래의 첨단 분야에 대한 연구에 매진하는 것보다는, 당장 수익성을 낼 수 있는 혁신적인 연구에 집중하도록 동기를 부여할 수도 있다. 의료제공자들은 의사들이 치료의 질과 비용 간의 트레이드오프 문제를 신경 쓰도록 동기를 부여할 수도 있다.

셋째, 사람들은 흔히 인센티브의 중요성을 과소평가한다. 심리학에서는 사람들이 인간의 행동을 평가할 때 기본적 귀인오류를 범한다고 설명하고 있다. 다시 말해, 사람들은 인센티브가 행동에 미치는 영향을 과소평가하는 것이다. 하지만 실제로 많은 경우에 매우 작은 인센티브의 차이로도 직원들은 복잡한 작업을 추진하기로 마음먹기도 한다.

이는 직원들의 동기부여에 있어서 매우 중요한 포인트이다. 채용과 직무 설계를 통해 약간의 변화를 일으킬 수는 있지만, 일반적으로 직원들의 심리는 쉽게 변하지 않는다. 반면 인센티브는 이러한 직원들의 심리를 비교적 쉽게 변화시킨다. 따라서 성과에 대한 지불과 다른 유형의 외재적 보상은 직원들의 동기부여를 위해 관리자들이 활용할 수 있는 중요한 도구이다.

넷째, 성과에 대한 보상은 많은 직원들의 목표가 회사의 목표를 향하도록 개선한다. 우리는 앞에서 이러한 경우를 여러 차례 확인할 수 있었다. 예를 들어, 성과에 따른 거치 지불금으로 채용 과정에서 자기선택을 향상시킬 수 있다. 비슷하게 성과급은 인적자본에 대한 투자수익률을 증가시키고, 직원들이 스스로 역량 계발에 투자할 수 있도록 동기를 부여한다. 더 나은 인센티브는 직원들의 의사결정 능력을 향상시키고, 자신의 지식을 회사의 이윤에 알맞게 활용하도록 장려한다. 대부분의 인적자원 정책들은 인센티브 제도를 포함하고 있다. 보다 광범위하게 볼 때 인센티브 제도는 현대 경제를 이끄는 주요한 요소라고 할 수 있다. 인센티브에 관한 기본적인 이론을 이해하는 것은 여러 가지 맥락에서의 사업적 직관을 제공해 줄 것이다.[*]

이제부터 우리는 경제학자들이 인센티브 문제를 어떻게 고민하고 공식화하였는지 살펴볼 것이다. 성과에 따른 지불에 대한 논의에 대해 공부하면서 지불은 은유적인 의미로 생각하기 바란다. 이는 단순히 금전적인 보상만이 아닌, 직원의 성과에 대한 보상 형태의 함축적인 의미로 생각하기 바란다. 물론 현실에서는 보너스, 스톡옵션과 같은 금전적 보상이 가장 중요하게 다루어지지만, 기업들은 내재적인 보상을 포함한 여러 가지 보상을 활용하고 있다. 예를 들어, 우수한 성과를 낸 직원은 더 좋은 사무실과 유연한 근무시간, 보다 흥미로운 업무 등을 통해 보상받을 수 있다. 이들 모두 성과에 기반한 보상이므로 모두 외재적 인센티브라고 볼 수 있으며, 제3부에서 설명하는 원칙이 적용될 것이다.

주인-대리인 문제

경제학에서 대부분의 인센티브 문제를 분석하는 데 사용하는 기본적인 프레임워크로는 주인-대리인 문제 이론이 있다. 이 이론과 관련된 문헌들은 상당히 복잡한 기술적 언어로 표현되기도 하지만, 여기서는 독자가 보다 직관적으로 이해하고 좀 더 실제적으로 받아들일 수 있도록 간략하게 설명하도록 하겠다. 이론과 논리는 결국 수식으로 표현하겠지만, 복잡한 수학적 기교들을 필요로 하지는 않는다. 본문에서 사용되는 수식들은 우리의 생각과 직관을 좀 더 명확히 하는 데 도움을 줄 것이다.

인센티브 문제는 대리인(이 책의 맥락에서는 직원)이 주인(기업의 소유자)을 대신할 때, 하지만 주인의 목표와는 다른 목적을 갖고 있을 때 발생한다. 기업의 소유와 운영을 동시에 하는 벤처 사업가의 입장에서 생각해 보자. 이러한 경우에는 대리인이 곧 주인이므로, 이해갈등 상황이나

---

[*] 기업재무나 관리회계 같은 상당수 현대 경영대학원의 교육과정은 인센티브 이론을 응용한 것이다.

인센티브 문제가 발생하지 않을 것이다. 하지만 현대 기업들은 일반적으로 소유권과 경영권이 분리되어 있는 형태를 취하는 경우가 많으므로, 경영자들은 주주들에게 고용되어 그들을 대신하여 기업을 운영하고 있다. 따라서 최고경영진의 인센티브 문제도 제기될 수 있으며, 이 주제는 제12장에서 다룰 것이다.

그렇다면 이러한 갈등을 어떻게 객관적으로 분석할 수 있을까? 우리는 주인과 대리인 양쪽의 목적을 모델화해야 할 것이다. 주인의 목적이 기업의 할인현재가치를 최대화하는 것이라 가정해 보자. 시장에 공개된 회사라면 이는 주가총액과 같을 것이다. 만약 우리가 주인의 목적을 다르게 정의한다면 위의 가정은 새롭게 만들어져야 할 것이다(예 : 정부기관이나 비영리기관 등). 하지만 중요한 점은 이해관계에 의한 갈등이 발생한다는 것이다.

직원들은 회사에 다른 종류의 활동을 제공한다. 그리고 이러한 활동은 기업이 원하는 바에 따라서 동기가 부여된 활동으로, 기업의 가치에 영향을 준다. 회사가 바라는 활동들에는 여러 업무를 동시에 다루면서 더 열심히, 더 빨리, 그리고 더 오래 일하는 것과 의사결정을 하기 전에 좀 더 깊이 생각하는 것, 동료들과 협력하는 것 또는 고객들에게 도움이 되는 것 등을 포함할 수 있다.

제2부에서 우리는 멀티태스킹을 직무 설계의 한 특성으로서 논의하였다. 멀티태스킹은 동시에 한 가지 이상의 활동을 하는 것을 의미한다. 우리는 제3부의 뒷부분에서 인센티브 시스템에 관한 멀티태스킹의 영향을 논의할 것이다. 그러나 여기에서 직원은 오직 한 가지 업무만을 맡고 있는 것으로 가정하고, 기업 역시 직원이 한 가지 유형의 활동인 e에 대해서만 기대하는 상황을 설명할 것이다.

직원이 기업가치 Q에 기여한 정도는 직원 활동의 함수로 나타난다. 즉, $Q = Q(e)$로 표현될 수 있다. 여기서 Q는 기업의 전체 수익을 의미하는 것이 아니라 직원에 의해 창출된 기업 수익의 할인현재가치에서 직원의 보수를 제외한 값을 의미한다. 따라서 이 직원에게서 기인한 기업의 수익은 $Q(e) - Pay$와 같다.

이해관계에 의한 갈등은 직원이 너무 적거나 많은 동기를 가지고 있을 때 발생한다. 전형적인 예로 직원의 내재적 동기가 매우 낮은 것에 반해 기업은 직원이 더 성실하고 열심히 일하기를 바라는 경우를 들 수 있다. 이러한 갈등상황을 공식화하는 방법은 여러 가지 경우에 직원들의 행동들이 비용으로 작용할 것이라 가정하는 것이다. 즉, 직원들은 보다 느리고 부주의하게 일하는 것을 선호한다는 것이나. 이러한 아이디어에 기반하여, 직원이 더 많은 업무를 할 때 직원에게 더 큰 심리적 비용이 발생한다고 생각할 수 있다. 이러한 비용을 **노력의 비효용**이라고 한다.

이를 $C(e)$라고 표시하겠다. 이 비용은 직원에게 발생하는 심리적 비용이지, 금전적인 형태의 비용은 아니다.** 비록 비금전적인 개념이라 하더라도 금전적 용어로 표현할 수 있다(제13장 참조). 예를 들어, 우리는 직원에게 일을 더 하라고 요청하였을 때 증가하는 보수에 따라 노력의 비용을 정량화할 수 있다.

만약 직원들의 급여가 성과에 의해서만 결정된다면 이는 오직 인센티브의 형태로 지불될 것이다. 기업이 직원의 기여도 Q를 측정하는 성과 측정 도구 PM이 있다고 가정한다. 만약 성과를 완벽하게 측정한다면 $PM = Q$의 관계가 성립될 것이지만, 일반적으로 완벽한 경우는 잘 없다. 따라서 보수는 PM의 함수, $Pay = Pay(PM)$으로 나타낼 수 있다. 그리고 측정이 불완전하다면 우리는 $PM = Q + \varepsilon$와 같은 모델을 생각할 수 있다. ε는 성과측정 에러를 나타내는 확률변수이다.

성과측정의 정확도가 완벽하기는 거의 불가능하기 때문에 성과에 따라서만 보수를 지급한다는 생각은 자칫 위험할 수가 있다. 사람들은 일반적으로 위험 회피적인 성향을 갖고 있기 때문에, 근로자가 회사에서 일하는 것에는 추가적인 비용이 발생한다. 즉, 보수의 위험성에 의한 비용이 발생한다. 지금부터 의사결정이론 분야에서 자주 사용되는 방식으로 이 비용 문제를 모델화시켜 보도록 하겠다. 직원이 부담하게 되는 위험의 비용은 **확실성등가**와 반대되는 것으로, 직원이 위험을 회피하기 위해 지불할 용의가 있는 금액과 일치한다. 이를 모델화하는 표준적인 방법은 확실성등가 $= \frac{1}{2} \times R \times \sigma_{Pay}^2$과 같다. 이 공식에서는 적절한 위험의 측정값을 보수의 분산값이라고 가정한다. R은 **절대위험회피계수**를 의미한다. 이는 직원의 위험회피 정도를 반영하는 매개변수이다. 위험회피 정도가 작은 사람은 작은 R값을 갖고, 반대로 위험회피 정도가 큰 사람은 큰 R값을 갖는다. 위 수식들을 모두 정리하면, 직원이 회사에서 일하면서 얻는 순가치는 $Pay(PM) - C(e) - \frac{1}{2} \times R \times \sigma_{Pay}^2$과 같다.

위에서 언급하였듯이 직원으로부터 창출된 기업의 가치는 $Q(e) \times Pay$와 같다. 기업은 직원으로부터 얻는 가치의 순수익을 최대화하는 보상제도 $Pay(PM)$을 선정한다. 여기서 제한 조건은 직원에게 지급하는 총보수가 직원의 노동시장가치보다 높거나 같아야 한다는 것이다. 이러한 이유에서 기업은 자신들의 인센티브 제도에 따라 노력비용 C와 위험비용 R에 대해 직원에게 보상을 제공해야 한다.

** 일반적으로 e가 상승하면 $C(e)$는 증가하는 비율로 상승한다고 가정된다. 이것은 노력이 비용을 수반한다는 것과 그들이 더욱 열심히 일할수록 추가적인 비용이 더 비싸진다는 인식을 반영한 것이다.

●●●● 직원의 인센티브는 무엇에 의해 결정되는가

무엇이 직원의 인센티브를 결정하는가? 모든 경제활동들에서 의사결정은 한 개인의 행동이 변화했을 때 발생하는 한계편익과 한계비용이 균형을 이룰 경우 이루어진다. 이 경우 직원 개인은 일을 더 열심히 할지 그러지 않을지 판단해야 한다. 일을 더 열심히 하는 데 따른 비효용으로 발생하는 한계비용은 다음과 같다. ***

$$\text{직원 업무강도의 한계비용} = \frac{\Delta C}{\Delta e}$$

보수는 성과측정에 따라 다르고, 성과측정은 직원의 업무활동에 따라 다르므로, 일을 열심히 하는 것에 대한 한계편익은 다음과 같다.

$$\text{직원 업무강도의 한계편익} = \frac{\Delta Pay}{\Delta e} = \frac{\Delta Pay}{\Delta PM} \times \frac{\Delta PM}{\Delta e}$$

직원은 위의 한계편익과 한계비용의 균형을 잡으려 하기 때문에, 한계편익이 증가하게 된다면 자연스레 직원의 활동도 증가할 것이다. 두 번째 식은 우리가 집중해야 할 두 가지 요인을 보여준다. 첫 번째 요인은 성과의 측정이 직원의 활동에 따라 어떻게 달라지는지에 관한 것이다. 만약 성과측정이 직원들의 활동을 잘 반영한다면, 활동의 증가에 따라 직원의 인센티브 역시 증가할 것이다. 두 번째 요인은 측정된 성과에 따라 보수가 어떻게 달라지는가에 관한 것이다. 만약 이러한 요인이 강하게 작용한다면, 인센티브 역시 높게 책정될 것이다. 이러한 두 가지 요인에 대해 다음의 두 장에서 자세히 다룰 것이다. 제9장에서는 기업이 기업가치에 대한 직원의 기여도를 어떻게 측정하는지에 대해 분석한다. 제10장에서는 기업이 어떻게 평가와 보상을 연관짓는지 분석한다.

이제 우리는 기업과 직원 사이의 이해관계에 따른 갈등이 발생하게 되는 원인을 살펴보겠다. 기업이 내재적으로 가지고 있는 비용인 C와 $R \times \sigma$에 대해 생각해 보기 바란다. 이들은 직원의 업무가 지닌 가치를 떨어뜨리고, 따라서 직원들은 높은 C와 $R \times \sigma$에 대해 높은 보상을 요구할 것이다. 이러한 면에서 인센티브 시스템의 비용 C와 R은 직원과 회사 간의 이해관계에 의한

*** 추가적인 노력이 지불위험성(the riskiness of pay)에 영향을 미치지 않는 것으로 가정한다.

갈등을 일으키지는 않는다. 이들은 생산 투입요소에 따르는 비용과 같이 그저 사업 과정에서 발생하는 비용이다. 만약 강한 인센티브가 직원들을 열심히 일하도록 동기를 부여한다면, 다시 말해 $C(e)$가 증가한다면 기업들은 이에 대해 직원들에게 합당한 보상을 제공할 것이다.

$$직원\ 업무강도에\ 대한\ 기업의\ 한계비용 = \frac{\Delta C}{\Delta e}$$

따라서 기업과 직원은 직원의 업무처리에 대해 동일한 비용 $C(e) + R \times \sigma$을 지니고, 동일한 한계비용을 갖게 된다. 갈등이 발생하는 진짜 요인은 직원의 편익(Pay)이 일반적으로 기업의 편익(Q)과 같지 않기 때문이다.

$$직원\ 업무강도에\ 대한\ 기업의\ 한계편익 = \frac{\Delta Q}{\Delta e}$$

기업의 한계편익은 위의 식과 같고, 이는 일반적으로 직원의 한계편익과 다르게 나타난다. 이는 성과를 완벽하게 측정하지 못하거나 보수가 직원의 기여를 충분히 반영하지 못하기 때문에 발생하는 것이다. 이러한 인센티브 문제는 책의 뒷부분에서도 계속해서 제기될 것이다. 다음 본문에서 우리는 성과급에 대한 논의를 수식적으로 분석하지는 않지만, 논의된 기본적인 아이디어를 활용하여 구조화하고 정밀하게 만들어 나갈 것이다.

09

성과평가

측정할 수 없는 지식은 불완전하고 불만족스럽다.

— 켈빈 경, 시카고대학교 사회과학대학 건물 비석에 새겨진 글

어떻게든 측정하라!

— 프랭크 나이트

서론

어느 인센티브 제도이든 가장 어려운 부분은 성과평가이다. 당신이 경영인이고 기업가치에 대한 직원들의 개인적 기여를 정량화하여 측정하고 싶다고 생각해 보자. 어떻게 정확한 측정을 할 것인가? 직원들은 그룹으로 함께 일을 하는 경우가 많기 때문에 누구에게 책임이 있고 누구에게 책임이 없는지 구분하기란 어렵다. 어떤 직원이 다른 직원의 성과에 무임승차를 할 수도 있고 매우 협조적일 수도 있지만, 당신은 항상 직원들을 감독할 수 없기 때문에 이러한 것들을 늘 확인하기는 어렵다. 게다가 직원이 단지 운이 좋아서 좋은 성과를 냈을 수도 있고 적절한 장소에서 꼭 맞는 기회에 새로운 고객이 찾아와서 대규모 계약을 따낼 수도 있다. 또는 그 반대로 핵심고객이 예기치 못하게 거래를 중단하면서 직원이 매출에 손실을 가져올 수도 있다. 결국 직원들을 명확하게 관찰했더라도 직원의 기여를 정확하게 정량화하기는 어렵다. 당신은 직원들이 그룹 규범에 미치는 영향, 부하직원에 대한 멘토링, 고객 만족을 어떻게 측정할 것인가?

효과적인 성과평가는 매우 어려울 뿐만 아니라 비용도 많이 든다. 주관적 평가를 위해서는 일반적으로 경영시간의 상당 부분을 할애해야 한다. 정확한 성과지표(회계 시스템의 일부로서 생성되는 지표도 포함)를 수집하는 데는 상당한 자원이 필요하다.

평가가 직원의 기여를 정확하게 반영하지 못한다면 여러 가지 부정적인 결과를 초래할 수 있

다. 직원은 성과와 급여 간의 관계가 명확하지 않다고 생각하여 리스크에 대한 보상을 요구할 수 있고 이로 인해 비용이 상승할 수 있다. 또한 직원의 사기가 저하될 수도 있다. 더 나쁜 것은 직원들이 강한 동기를 갖고 있다고 하더라도 잘못된 행동에 동기부여가 될 경우 기업가치에 부정적인 영향을 줄 수 있다. 따라서 어렵고 비용이 많이 들더라도 평가는 훌륭한 보상체계를 위한 필수요소이므로, 기업 입장에서는 효과적인 성과측정 방법과 절차를 도입하기 위해 노력하는 것이 매우 중요하다. 이번 장에서 우리는 성과를 평가할 때 발생하는 주요 이슈들에 대해 논의하려 한다.

성과평가의 목적

여러 요인들 중 직원들의 성과를 좌우하는 것은 고유역량, 누적된 기술 또는 인적자원 및 노력이다. 위에서 논의한 주인-대리인 문제의 개요에 근거하여 단순화시키면 Q는 역량 A, 누적된 인적자원 H, 노력 e_i에 좌우된다. $Q = Q(A, H, e_1 \cdots, e_k)$

이 공식은 평가가 그 목적에 따라 역량 A, 누적된 인적자원 H 또는 노력 e_i에 중점을 둔다는 것을 보여준다. 이 문제에 대해서는 아래에서 다시 다루기로 한다. 이번 장의 많은 부분에서 우리는 성과측정의 방법과 동기부여를 통해 더 많은 노력을 하게 만드는 평가의 활용을 집중적으로 다루고자 한다.

성과평가의 방법

기업가치에 대한 직원의 기여를 공식화한 $Q = Q(e_1 \cdots, e_k)$는 성과측정을 위한 여러 가지 접근법을 제시한다. 첫째, 우리는 Q를 전반적으로 측정(광의의 측정)할 수 있다. 상장회사의 임원에게 중요한 주가를 하나의 예로 들 수 있다. 둘째, 우리는 성과의 각기 다른 측면을 측정(협의의 측정)할 수 있다. 제조회사에서 널리 사용되는 성과측정은 직원이 생산한 양을 측정하는 것이다. 다른 측정법은 품질(예 : 불량품 수)의 측정이다. 셋째, 우리는 성과의 다양한 측면을 측정하기 위해 여러 측정법을 결합할 수 있다. 예를 들어, 공장 관리자는 수입 또는 비용 또는 수익(수익 빼기 비용)으로 측정될 수 있다.

Q의 구성요소를 측정하려고 한다는 점에서 이 모든 접근법은 **산출물**에 기반한 성과측정이다. 그 대안인 협의적 접근은 근무시간, 완료된 일과, 직무 등 직원의 투입 e_i를 측정한다.

마지막으로 평가는 정량적이거나 정성적일 수 있다. 우리는 먼저 정량적 성과측정에 대해 다루고 그다음 섹션에서 주관적 평가에 대해 논의하고자 한다.

●●● 정량적 성과측정

조직은 기업가치에 대한 직원의 기여를 정량화하기 위해 많은 노력을 기울이고 있다. 정량적 측정은 몇 가지 장점을 가지고 있다. 먼저 정량적 측정은 결과가 수치로 나타나기 때문에 보다 쉽게 보상에 반영할 수 있다(예 : 공식을 이용해 보너스를 계산함). 또한 통상적인 사업과정을 통해 많은 성과지표들이 쉽게 만들어진다. 예를 들어, 회계 시스템은 대규모의 성과측정 시스템이다. 직원의 기여와 회계수치가 일치하면, 승진결정을 위한 자료로써 보너스를 계산하는 데 사용되기도 한다. 기업은 또한 평가에 필요 자료로 근로시간, 고객만족도 및 기타 계량적 정보를 이용하기도 한다.

끝으로 정량적 성과측정은 평가에 있어 개인적 판단보다 객관적인 방법으로 인식된다. 실제로 정량적 성과측정은 '객관적' 성과측정이라고 불린다. 그러나 정량적 지표가 객관적인지는 분명하지 않다. 정량적 측정법은 직원, 감독자, 회사에 의해 많은 지표가 조작될 수 있고, 평가가 조작되지 않았다 하더라도 의도했던 바를 정확히 측정하지 못할 수 있다. 예를 들어, 한 로펌이 파트너들에게 새로운 일거리를 찾도록 동기를 유발하고자 신규고객을 회사로 데려오는 변호사에게 보상하기로 하였다. 이는 정량화하기 쉬운 성과이다. 그러나 어떤 경우 변호사는 단지 신규고객에게서 걸려 온 전화만 받고도 새로운 일거리를 가져올 수 있다. 이런 이유로 우리는 정량적 측정이 객관적 성과측정이라는 용어를 사용하지 않지만 주관적 평가보다는 더 객관적이라고 볼 수 있다.

인센티브를 위한 공정한 척도를 결정하기 위해 관리자가 살펴보아야 할 성과측정의 특질에는 무엇이 있는가? 우리는 다섯 가지의 일반적 특질인 측정법의 리스크 프로파일, 왜곡, 범위, 직무 설계와의 매치, 조작 가능성에 대해 알아볼 것이다.

리스크 프로파일

회계학 책에서는 성과측정을 할 때 직원에 의해 통제 가능한 모든 것을 포함하되, 통제 불가능한 모든 것은 제외하라고 말한다. 모든 성과측정 법은 리스크를 내재하고 있다. 리스크는 시기에 따라 예기치 못하게 달라진다. 우리는 이미 직원들이 리스크를 회피하기 때문에 성과측정 상의 리스크는 인센티브 제도에 있어 문제를 야기할 수 있다는 사실을 알고 있다. 그러나 이 문제는 그리 간단하지 않다. 성과측정에 있어 반드시 고려해야 할 중요한 유형의 리스크가 있으며, 이는 이상적인 인센티브 제도에 매우 다른 의미를 갖는다. 우리는 **통제 불가능한 리스크**(uncontrollable risk)와 **통제 가능한 리스크**(controllable risk)를 구분할 것이다. 이러한 구분은 제2부에서 매우 중요한 부분인 특수적 지식이라는 중요한 개념에 의존한다.

통제 불가능한 리스크는 리스크의 전통적 정의(통제 역량을 넘어선 직원 성과의 변동)와 일치한다. 주가가 성과척도인 상장회사의 CEO가 있다. 주가는 CEO의 재능과 노력에 따라 달라지기 때문에 논리적인 성과측정이라 할 수 있다. 그러나 주가는 거시경제의 부침, 업계 변화, 기술적 변화, 특정 경쟁자의 행동, 인플레이션, 금리, 환율 등 외적 요인에 따라서도 달라진다. CEO는 이러한 변수에 영향을 줄 수 없고, 주가에 주는 영향을 감소시킬 능력이 없다(뒷부분에서 다률 통제 가능성에 대한 보다 세부적인 논의를 참조하라).

이러한 변수는 CEO가 통제할 수 없지만 성과평가에는 영향을 주기 때문에 CEO에게 리스크를 창출한다. 기업은 성과측정에 있어 이러한 리스크에 몇 가지 방법으로 대응할 수 있다. 리스크가 적은 다른 측정법을 선택하거나, 다음 장에 기술된 바와 같이 급여와 성과 간의 연관성을 약화시킬 수 있다. 또한 CEO의 리스크를 보상하기 위해 기본급을 인상하고 리스크 프리미엄을 지불할 수도 있다.

통제 가능한 리스크는 감지하기가 더 힘들지만 매우 중요하다. 이는 직원이 통제할 능력이 있는 작업환경에서 발생하는 변수이다. 예를 들어, CEO는 경쟁기업의 전략적 조치를 통제할 수 없지만 이런 상황을 예상하고 경쟁기업이 전략적 조치를 취하면, 이에 대비할 수 있다. 전략적 조치를 취한 후에 이에 대응할 수도 있다. 또 다른 예로, 업무상 판매와 고객서비스라는 두 가지 직무를 수행해야 하는 직원이 있다고 가정하자. 어떤 유형의 고객 전화를 받느냐에 따라 날마다 그가 한 가지 직무를 수행하는 데 사용하는 시간이 달라진다. 고객의 상대적 요구는 무작위 변수이다. 그러나 이러한 무작위 요구가 기업가치에 가져오는 영향은 대부분 직원에 의해 통제가 가능하다. 그는 업무를 수행하는 방식을 매일 바꿈으로써 대응할 수 있다. 따라서 고객 요구가 기업가치에 미치는 영향은 대부분 직원이 통제할 수 있다.

보다 일반적으로 모든 직원은 직무를 수행하면서 특수적 지식을 갖게 된다. 위 단락의 두 가지 예는 모두 직원이 특수적 지식을 보유한 유형이라고 볼 수 있다. 인센티브 제도를 설계할 때는 이러한 지식을 사용할 수 없기 때문에 무작위 변수라고 할 수 있다. 그러나 이것은 특수적 지식이 직원에게 완전한 리스크이거나 직원에 의해 통제 불가능하다는 사실이 아니다.

일반적으로 통제 가능한 리스크(특수적 지식, specific knowledge)가 인센티브 제도에 미치는 영향은 통제 불가능한 리스크가 미치는 영향과 정반대이다. 직원의 직무 설계에 그가 시간과 장소에 대한 더 많은 특수적 지식을 가지고 있다는 내용이 포함되어 있으면, 기업은 직원이 그러한 특수적 지식을 기업가치의 상승을 위해 사용하도록 동기를 유발하기 위해 인센티브의 강도를 증가시켜야 한다. 이러한 리스크가 직원에 의해 통제 가능하기 때문에 기업은 리스크 프리미엄을 지불할 필요가 없다.

우리는 아래 주관적 성과평가의 논의에서 이런 주요 개념들을 정교화시키고자 한다. 이때 중요한 것은 직원이 통제 불가능한 리스크와 통제 가능한 리스크를 구분하는 것이다. 리스크가 통제 불가능할 때 기업은 협의의 성과측정을 고려할 것이며, 이는 인센티브를 약화시키는 경향이 있기 때문에 기업은 리스크 프리미엄을 지불해야 할 수도 있다.

이와 반대로 리스크가 통제 가능할 때에는(직원이 중요한 특수적 지식을 갖고 있을 때) 시장 논리가 적합하다. 기업은 직원들에게 분권화를 해야 하고, 직원들이 기업의 목표를 추진하는 데 득수석 지식을 사용하도록 동기유발을 하기 위해 상대적으로 강력한 인센티브를 주어야 한다. 이러한 경우 우리는 광의의 성과측정과 주관적 성과평가를 이용하는 경향이 있다는 사실에 대해 알아볼 것이다.

따라서 성과측정에 대해 물어볼 첫 번째 질문은 다음과 같다. 신호 대 잡음비는 무엇인가? 성과측정의 편차 중 어느 정도가 직원의 입장에서 사실인가? 그것은 전통적인 리스크 요인 때문인가? 직원이 업무를 수행할 때 발생하는 상황에서 직원 특수적 지식을 반영하는 요인 때문인가?

리스크 대 왜곡 : 성과측정 범위

이러한 개념들을 발전시켜 이상적인 성과측정은 기업가치에 직원이 미치는 총체적 영향만을 반영해야 한다. 동일한 기업에서 일하는 2명의 직원, CEO와 청소부의 적절한 성과측정의 맥락에서 이 문제를 생각해 보자.

(상장기업의) CEO의 보상에 가장 일반적으로 사용되는 성과척도는 기업의 주가(또는 주가에 발행주식 수를 곱한 주식가치)이다.[1] 정의에 의하면, 이것이 기업가치이다. 따라서 이 척도는 CEO가 통제 가능한 모든 요소들을 포함하고 있다. CEO가 기업가치를 상승 또는 하락시키기 위해 할 수 있는 것들이 있다면, 성과측정에 반영될 것이다. 이런 점에서 보면 이 척도는 완벽해 보인다.

그러나 기업의 주가에 영향을 미치는 요소 중에는 경쟁기업의 조치, 거시경제적 요인, 통화가치 변동 등과 같이 CEO가 통제할 수 없는 것들이 많이 있다. 이러한 이유로 성과측정은 CEO에게도 리스크가 크다. 성과측정 오류는 통제 불가능한 리스크에 의해 발생된다.

이제 동일한 논리를 적용하여 청소부에 대해 이야기해 보자. 주가는 청소부가 통제할 수 있는 모든 것에서 기업가치에 미치는 영향을 포함하기 때문에 좋은 척도라고 할 수 있다. 그러나 주가는 통제 불가능한 리스크도 많이 포함하고 있다. 사실 통제 불가능한 것이 통제 가능한 것보다 훨씬 많기 때문에 청소부의 성과측정으로 주가를 사용하는 것은 터무니 없을 수도 있다. 따라서 그렇게 하는 것은 로또 복권과 같은 보상이 된다. 청소부는 리스크를 회피하기 때문에 기업이 상당한 리스크 프리미엄을 청소부에게 지불해야 하고 이로 인해 보상비용이 비싸진다.

주가가 청소부의 성과를 측정하는 적합한 척도가 아니라면, 어떠한 지표를 선택해야 할까? 우리는 청소부의 업무에 더 가까운 바닥의 청결도, 교대시간당 버린 쓰레기 무게 등의 척도를 고려해 볼 수 있다. 우리는 직원이 통제 가능한 요소에 더 중점을 두고 통제 불가능한 요소는 배제하여 성과측정의 리스크를 줄인다. 마찬가지로 CEO에게는 회계이익을 척도로 적용할 수 있

---

1) 실제로 최고경영진에게 주식시장이 대규모 성과측정 시스템이라는 점을 알아두라. 이것은 금융시장에서 가장 중요한 역할 중 하나이며, 현대 기업재무 분석의 근간이다.

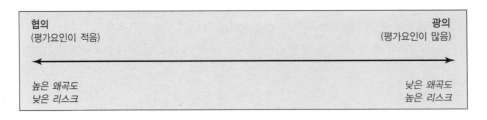

그림 9.1 광의 또는 협의의 성과측정 간의 교환조건

협의 (평가요인이 적음)	광의 (평가요인이 많음)
←	→
높은 왜곡도 낮은 리스크	낮은 왜곡도 높은 리스크

다. 회계이익은 회계 시스템이 생성하는 수익에 대한 더 나은 대안[2] 중 하나이기 때문에 CEO의 기여를 정량화함에 있어 올바른 시작점이다. 또한 CEO가 통제할 수 없는 요인보다 통제할 수 있는 요인에 상대적으로 더 많은 영향을 받으므로 리스크가 더 적다.

그러나 안타깝게도 협의의 측정법은 새로운 문제를 초래하는데 바로 인센티브를 왜곡시킨다는 것이다. 청소부의 경우, 바닥의 청결도가 직원들로 하여금 비용을 절감하도록 동기를 유발하지 않는다. 청소부가 버린 쓰레기의 무게를 측정할 경우, 청소부가 너무 많은 쓰레기를 버리도록 하거나 무거운 물건만 버리도록 만든다. 또한 회계이익으로 CEO를 평가할 경우에도 수익이 단기성과에 근거하기 때문에 CEO가 너무 단기이익에만 치중하도록 만든다. 모든 성과측정법에는 어느 정도의 왜곡이 있다. 어떤 경우에는 왜곡이 미세할 수 있으므로 인센티브를 위한 측정법에 너무 많은 비중을 두기에 앞서 이를 신중히 생각해 볼 필요가 있다.

이러한 예는 가장 정략적인 성과측정법을 선택한 기업들이 직면하는 가장 흔한 교환조건인 측정의 범위를 보여준다(그림 9.1). 광의의 측정은 성과에 대해 더 많은 측면을 포함한다. 상장회사에서는 주가가 기업의 가치이기 때문에 가장 광의의 측정치다. 광의의 측정의 장점은 인센티브를 덜 왜곡시킨다는 것이다. 광의의 측정은 평가에 있어 직원 업무의 많은 측면(통제 가능한 것이 더 많음)을 포함하기 때문에 왜곡이 적다. 그러나 동시에 통제 불가능한 것들도 포함하고 있어서 측정 오차가 발생할 수 있고 인센티브 제도의 리스크를 키운다.

리스크를 줄이는 자연스러운 방법은 주가 대신 회계이익 등 협의의 성과측정을 이용하는 것이다. 측정이 쉽기 때문에 협의의 측정이 선택될 수 있다. 협의의 측정이 자주 선택되는 또 다른 중요한 이유는 많은 통제 불가능 요소들을 배제함으로써 직원 리스크를 감소시키기 때문이다. 그러나 직원에 의해 통제 가능한 요소 중 일부를 배제하지 않고 통제 불가능한 요소만을 배제하는 것은 거의 불가능하다. 따라서 협의의 측정은 리스크가 적으나 인센티브를 더 왜곡시킨다.

---

2) 물론, 회계 수치가 경제학 개념의 완벽한 대안이 아니기 때문에 회계이익은 실제 경제적 이익을 측정하지 않는다. EVA(경제적 부가가치) 등 경제적 실상을 더 잘 반영하기 위해 회계수치를 조정하려는 보다 정교한 방법들이 있다.

표 9.1

광의적 혹은 협의적 성과측정 시 고려되는 측면	
평가에서 고려해야 할 성과의 측면	예시
어떤 직무를 포함시키고 어떤 직무를 배제할 것인가?	양 VS 질
가능한 지표를 사용할 것인가 아니면 기업의 정성적 정보를 이용할 것인가?	회계수치는 무형의 요소나 기회비용을 무시하는 경향이 있다.
어떤 단위별로 측정되어야 하는가	개인 VS 팀 VS 업무단위 VS 부서 VS 전사적 성과측정
어떠한 시계(time horizon)가 사용되어야 하는가?	작년 매출 VS 고객 유지/성장

성과측정에서의 일반적 왜곡

대부분의 업무와 전반적 기업가치에 영향을 주는 것들에는 여러 가지 측면이 있기 때문에 리스크와 왜곡 간의 교환조건은 다양한 방식으로 전개될 수 있다.

표 9.1은 성과 측면과 각 측면에 대해 광의의 지표를 이용함으로써 발생하는 왜곡의 종류를 예시하고 있다.

인센티브 왜곡의 전형적인 원인은 양만 측정하고 품질을 무시하는 등 업무상 일부 직무만을 측정하는 성과측정이다. 그러나 왜곡된 성과측정에는 이 외에도 몇 가지 공통적 원인이 있다. 각 원인은 유형적 요인 대 무형적 요인, 그룹 크기 또는 시계(time horizon) 등으로 상대적으로 협의의 측정을 이용함으로써 발생한다.

무형적 요인　　정의에 따르면, 무형적 요인(intangible)은 정량화하기가 어렵다. 품질이 그 대표적인 예이다. 정량적 측정(제조업에서의 생산율 등)에 근거한 모든 인센티브는 인센티브를 품질로부터 왜곡시킨다. 그러나 업무에는 정량화하기 어려운 부분들이 많이 있다. 서비스업에서는 고객만족도가 고객 설문조사와 같은 방법을 통해 불완전하게 측정된다. 이와 유사하게 전문적 서비스 회사는 특정 고객으로부터의 수입과 수익을 쉽게 계산할 수 있지만 고객을 얼마나 잘 만족시켰는지는 알 수 없다.

기회비용　　표준 회계수치와 관련한 중요한 문제는 회계수치가 다른 대안을 포기하는 데 드는 비용인 기회비용(opportunity cost)을 반영하지 않는다는 것이다. 예를 들어, 어떤 회사가 공장을 소유하고 있는데 회계상으로 그 공장의 가치가 완전히 감가상각되었다면, 재무제표에서는 공장이 아무런 가치도 없는 것으로 보일 것이다. 또는 공장을 지을 당시의 건축비용만큼을 장부 가치로 기재할 수도 있다. 공장 건물의 진짜 가치는 '회사가 그 건물을 다른 사람에게 얼마에 매각할 수 있는가'이다. 회사가 그 건물을 사용하기로 했다면 그들은 건물의 가치를 포기하는 것이다. 따라서 자산 이용에 대한 결정은 회계수치상에서 조정하지 않는 한 심각하게 왜곡될 수 있다.

　회사가 각 부서에 내부 공급업체에서만 서비스를 공급받으라고 요구할 때 유사한 문제가 발생한다. 그 부서는 독점권을 승인받았기 때문에 실제 성과를 측정하기는 어려울 수 있다. 그러나 회사가 외부 벤더로부터의 서비스 구매를 허용한다면, 경쟁을 유도할 뿐 아니라(내부 공급업체에 더 좋은 성과를 내도록 동기를 유발함) 서비스의 시장가격이라는 중요한 성과지표를 제시할 수 있다.

그룹 크기　　기업은 항상 평가를 실행할 그룹의 크기(group size)의 선택이라는 문제에 직면한다. 직원들은 생산과정에서 상호의존적이기 때문에 개인 성과와 같은 협의의 측정은 인센티브를 왜곡하는 경향이 있다. 동료와 협력하는 것에 대한 인센티브는 줄어든다. 불행하게도 그룹 또는 사업단위별 성과와 같은 광의의 측정을 이용하면 측정의 통제 가능성이 줄어들고 리스크가 커진다. 예를 들어, 개인의 인센티브를 그룹 성과에 근거하는 것은 직원이 완전히 통제할 수 없는, 동료가 취한 행동에 대해서 책임을 져야 한다는 것을 의미한다(그러나 부분적으로는 통제가 가능하며 이는 차후에 논의하도록 하자). 성과측정에 이용되는 그룹의 크기가 커질수록 직원들은 자신의 업무가 회사 내의 다른 직원들에게 어떻게 영향을 주는지 더 많이 고려하게 되지만, 측정은 리스크가 더 커진다. 우리는 **직원 수익 배분 계획**이라는 주제로 이 문제에 대해 더 논의해 볼 것이다.

시계　　대부분의 성과측정은 과거지향적이며, 이미 일어난 일을 측정한다. 이는 이러한 성과측정이 장기적으로 영향을 미치는 행동에 대한 인센티브를 왜곡하는 경향이 있다는 것이다. 일반적으로 이러한 행동에는 다양한 형태의 투자(예 : 신기술, 브랜드명 또는 직원교육에 대한 투자)이다. 종종 사용되는 한 가지 접근법은 일정 기간 동안 보상을 미루는 것이다. 이를 통해 기업은 장기적 성과가 어떤지 기다려서 확인할 수 있다. 이 접근법의 분명한 문제점은 보상이 지급되기 전에 회사를 그만두는 직원에게 있어 조금 다른 방식으로 리스크를 갖는다는 것이다.

성과측정과 직무 설계의 조화

성과측정의 목적이 회사 목표에 대한 직원의 기여를 측정하는 것이기 때문에 성과측정은 직무설계와 조화를 맞추는 것이 중요하다. 우리는 이미 이 문제를 검토한 바 있다. 직원이 시간과 장소에 대해 더 많은 특수적 지식을 가지고 있을 때 기업은 직원이 통제 가능한 리스크를 수익성 있게 활용하도록 동기를 부여하는 측정법을 찾아야 한다. 마찬가지로 측정의 범위는 우리가 제2부에서 강조했던 두 가지 직무 설계의 요소인 분권화와 멀티태스킹의 측면에서 광범위하거나 협소한 직원의 업무와 연관시켜야 한다.

부서장의 성과측정에 대해 생각해 보자.[3] 기업이 사용하는 전형적인 측정법은 부서를 비용센터, 수입센터, 또는 수익센터로 정의하는 것이다. 비용과 수익의 측정은 상대적으로 협의의 측정이다. 수익은 광의의 측정으로 이는 비용과 수익 측정을 결합한다. 이러한 이유로 수익 측정은 수입과 비용에 각각 반영된 통제 가능한 모든 요소를 반영하고, 통제 불가능한 요소도 모두 반영한다.

때때로 기업들은 성과측정을 더 확장시키면서 부서를 투자센터로 정의한다. 기업들은 자산의 기회비용(표준 회계수치에서는 무시될 수 있음)에 측정을 포함시키기 위해 회계수익(EVA 등)이라는 폭넓은 개념을 이용한다. 또한 수익은 기업가치에 대한 단기적 기여를 측정하는 한편, 투자센터는 절하된 수익의 현재가치를 계산하기 위해 성과측정을 이용한다.

그리고 기업들은 더 나아가 부서를 거의 독립적인 사업체로 설립한다. 프랜차이즈가 이러한 접근의 예이다. 프랜차이즈는 더 광범위한 성과측정을 이용한다. 프랜차이즈 업주의 1차적 목표가 프랜차이즈의 재매각 가치를 극대화하는 것이기 때문이다. 성과측정이 기업가치와 등가가 되면서 궁극적인 광의의 성과측정인 오너십에 가까워진다.

부서장이 가할 수 있는 제약과 부서장이 하도록 허용된 의사결정은 성과측정의 범위에 따라 달라진다. 예를 들어, 비용센터 관리자는 통상적으로 사용된 투입물, 조달, 생산방법 및 인사에 관한 의사결정을 하도록 허용된다. 수입센터 관리자는 판매기술과 판매인력 관련 의사결정을 하도록 허용된다. 그 외 대부분의 의사결정은 관리자 이상의 직급에서 중앙집권화된다. 수익센터 관리자는 일반적으로 비용센터와 수입센터의 관리자들에게 허용된 모든 의사결정을 할 수 있다. 또한 생산내역, 가격측정 및 제품 품질에 대한 의사결정권을 부여받는다.

투자센터 관리자는 일반적으로 수익센터 관리자가 갖는 모든 의사결정권을 갖고 있지만 제약은 더 적다. 그들은 주요 자산 매입과 물리적 자본에 대한 장기 투자에 대해 더 많은 의사결정을 할 수 있다. 이는 투자센터 관리자의 성과측정이 투자에 대한 재정적 수익을 반영하도록 확장된다는 사실을 나타낸다.

프랜차이즈 관리자는 일반적으로 투자센터 관리자보다 더 많은 의사결정권을 갖고 제약은 더 적다. 이들은 프랜차이즈를 매각할 권리도 있다(가능하다면, 다른 프랜차이즈 업주에게 매각하고 최소한 프랜차이즈 본사에 매각할 수 있음). 그리고 물론 기업의 소유주는(법적 제약을 제외한) 아무런 제약을 받지 않고, 기업을 어떻게 운영할 것인지에 대한 의사결정을 할 수 있는 능력이 있다.

주목해야 할 중요한 점은 협의의 측정에서 광의의 측정으로 옮겨갈 때 제약과 의사결정권이

3) Jensen & Meckling(1998)에 근거함

어떻게 변화하는가이다. 성과측정이 광범위해질수록 제약은 적어지고 각 부서별 분권화는 강화된다. 간단히 말해, 협의의 직무 설계(직무와 의사결정 두 가지 면에서)는 협의의 성과측정과 연관되어 있고 그 반대의 경우도 마찬가지다.

이는 완벽하게 들어맞는 말이다. 직원에게 더 많은 직무나 권한이 부여되면 협의의 성과측정은 더 많은 왜곡을 초래할 것이다. 따라서 업무의 추가적 측면을 모두 포함하는 광의의 측정을 이용하면 측정상 리스크가 커진다고 할지라도, 이를 이용함으로써 왜곡과 리스크의 균형이 이루어진다.

전문화된 업무나 멀티태스크 업무의 개념에도 동일한 원칙이 적용된다. 다른 조건이 동일할 때 직원에게 더 많은 업무가 할당될수록 성과측정도 더 광범위해져야 한다. 이는 직원이 담당한 직무가 평가에 반영되도록 하기 위한 것이다.

실제로 성과평가와 직무 설계의 조화는 자동적으로 이루어질 것이다. 매우 광범위한 성과측정법으로 평가를 받지만 재량권은 거의 없는 직원이 있다고 하자. 이는 성과측정에 많은 통제 불가능 요소가 있다는 뜻이다. 리스크를 줄이기 위해 직원은 추가적 책임을 부담하거나 이를 요구할 것이다. 직원이 통제할 수 없는 요인들로 인해 처벌받는 것을 피하기 위한 것이다.

마지막으로 직원의 업무는 시간이 지나면서 진화하기 마련이다(일반적으로 직원의 기술이 늘어나면서 재량권이 더 많은 광범위한 업무로 진화함). 그렇기 때문에 주로 주관적 평가를 통해 직원에게 더 많은 책임을 부과함으로써 평가는 근속년수에 따라 광범위해진다.

조작

정량적 성과측정의 마지막 문제점은 조작이 가능하다는 것이다. 자신이 청소한 쓰레기의 무게에 따라 평가를 받는 청소부에 대해 다시 생각해 보자. 이 경우 청소부는 평가되는 성과를 높이기 위해 쓰레기를 외부에서 가져올 수 있다. 그러나 이는 기업가치에는 도움을 주지 않는다.

물론 어느 쪽도 측정을 조작할 수 있다. 두 회사 간의 합작회사에서 한 회사가 다른 회사에 서비스를 제공하고, 서비스를 제공한 회사는 합작회사의 수익의 일부를 보상으로 지급받는다. 이 경우 서비스를 제공하는 회사가 합작회사 측에 너무 많은 비용을 부담시킬 수 있고 이로 인해 수익이 감소될 수 있다. 실제로 영화 **포레스트 검프**와 관련해 이런 상황이 발생했다. 작가 하워드 그룹은 큰 성공을 거둔 영화가 손실을 초래했다고 말한 제작사를 고소했다. 그룹은 수익의 일부를 분배받기로 약속했다. 이 경우 비용은 수입보다 조작하기가 쉽기 때문에 계약이 수입에 근거했다면 이러한 갈등이 발생할 가능성은 낮았을 것이다.

조작은 인센티브의 왜곡 문제와 유사하지만 어떤 면에서는 다르다. 왜곡의 문제는 인센티브 제도에서 업무의 각기 다른 측면에 부적합한 상대적 평가비중(0이 될 수도 있음)을 둠으로써 직원이 어떤 측면에는 과도하게 집중하고 다른 측면에는 관심을 두지 않게 할 수 있다. 직원 또는 고용인이 시간과 장소에 대한 특수적 지식을 가지고 있기 때문에 조작이 일어난다. 성과지표가 선택된 후에 평가를 향상시키기 위해 이러한 정보를 전략적으로 이용하기도 하는데, 그러한 행동이 기업가치를 향상시키지 않을 때에도 그렇게 한다. 조작은 인센티브 제도가 설계된 후에 직원이 업무를 하면서 얻은 특수적 지식인 비대칭정보를 전략적으로 이용할 때 발생한다.

조작의 개념은 앞에서 언급된 성과측정 범위의 개념과 관련이 있다. 왜곡과 마찬가지로 조작은 협의의 성과측정에서 발생할 확률이 높다. 협의의 성과측정이 직원의 업무에 더 적은 부분을 반영하기 때문에 업무의 한 가지 측면만을 따라서 행동을 바꾸는 것은 측정된 성과에 큰 영향을 준다. 이와 반대로 광의의 측정은 직원이 측정을 조작하기 위해 성과의 더 많은 측면을 바꾸어야 하기 때문에 조작에 덜 취약하다.

조작의 함축적 의미는 인센티브를 목표로 사용되면 시간이 지나면서 성과지표의 질이 떨어진다는 것이다. 직원의 보너스 계산에 이전에는 사용되지 않았던 측정법이 있다. 기업은 이 측정치가 기업가치와 잘 연관되어 있다고 생각해서, 직원에게 이 측정치에 근거해 보너스를 주기로 한다. 직원은 부분적으로는 조작된 행동을 통해서 측정치의 가치를 향상시켜 인센티브를 얻는다. 만약 조작이 있다면 조작은 측정치와 기업가치 간의 상호연관성을 감소시킴으로써 성과측정의 유용성을 떨어뜨린다. 직원이 측정치에 근거해 보너스를 받는 기간이 길수록 측정에 대한 인센티브는 커지고 이러한 현상이 문제가 될 가능성도 커진다. 따라서 결과적으로 기업은 점진적으로 가치가 하락하는 다른 성과측정법들을 찾아야 한다는 사실을 알게 된다.

주관적 평가

우리는 정량적 성과측정과 그 한계에 대해 공부했다. 이제 주관적 성과평가의 장점과 한계에 대해 생각해 보자.

아마 관리자에게 가장 힘든 업무는 주관적 성과평가일 것이다. 많은 업무에서 직원들은 1년에 한 번 또는 두 번의 주관적 등급(보통 등급은 1−5, A−E의 척도로 매겨짐)을 부여받는다. 그림 9.2는 Acme의 직원들에게 매겨지는 이러한 등급의 실제적 분배를 나타낸다(1이 최고등급, 5가 최저 등급임). 이러한 분배는 대부분 기업에서 가장 일반적으로 사용되는 것이고 우려를 야기하는 몇 가지 특징을 보여준다. 먼저 등급 인플레이션이 있다. 평균 등급은 중간 점수보다 훨씬 위에 있다. 마찬가지로 관리자들은 낮은 등급을 주는 것을 꺼린다. 직원 중 1%만이 최저 등급 또는 그 위의 등급을 받는다. 또한 등급에 대한 피드백이 거의 없다. 약 30%가 최고 등급을 받고 50% 정도가 그다음 등급을 받는다. 등급 매기기의 목표가 성과를 구분하고 성과가 제일 좋은 사람과 제일 나쁜 사람을 찾아내는 것이라면 이러한 등급 분배는 그다지 효과적이지 않다.

그림 9.2 ACME의 성과 등급 분배

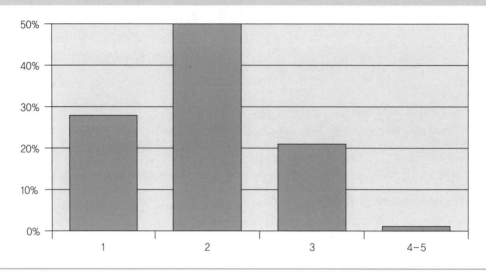

출처 : Gibbs(1995)

관리자들에게 부정적 피드백이나 낮은 평가점수를 주는 걸 왜 꺼리느냐고 묻자, 많은 관리자들이 그로 인해 직원의 사기가 저하될까봐 우려된다고 대답했다. 좋은 인센티브 제도는 긍정적, 부정적 피드백을 모두 제공해야 하기 때문에 이러한 반응은 이해하기 어렵다. 제11장에서 승진에 기반한 인센티브에 대해 논의할 때 이 같은 현상에 대한 한 가지 설명을 제시하겠다.

관리자들은 부분적으로 누군가에게 나쁜 소식을 전하고 싶지 않기 때문에 낮은 등급을 주는 것을 꺼린다. 따라서 왜 낮은 등급을 받는 직원이 거의 없는지 설명해 주는 관대성 편의라는 것이 있다. 또한 직원들이 등급을 바꿔 달라고 관리자를 압박할 수도 있다. 관리자로서는 난감한 일일 것이다.

물론 직원들은 주관적 평가도 싫어한다. 가장 큰 우려는 주관적 평가가 산술적 평가보다 더 주관적이라는 것이다. 노력과 보상 간에 인식된 연결고리가 약화되기 때문에 직원들은 평가가 감독자의 개인적 의견이나 편견을 반영할 것을 걱정한다. 또한 주관적 평가는 직원들을 리스크에 노출시킨다.

이러한 단점들에도 불구하고 거의 모든 직업에서 주관적 평가를 중요한 수단으로 사용한다. 채용, 승진, 해고에 대한 의사결정에는 주관성이 요구된다. 정성적 지식 업무에 종사하는 중간 관리자에게 적합한 정량적 성과측정법은 존재하지 않을 수 있으므로, 승진과 보너스는 주로 주관적 평가에 근거한다. 주관성은 성과를 정량화하기가 가장 쉬운 판매자들에게도 중요한 역할을 한다. 예를 들어, 매출 전망 또는 교육 기회는 주관적으로 분배될 수 있다. 마지막으로 이사진에게 가장 중요한 역할 중 하나는 CEO 성과의 주관적 평가이다.

왜 주관적 평가를 이용하는가

공장을 운영하는 관리인이 있다. 이 관리인의 연간 보너스는 평균적으로 봉급의 40%로 공장 연간수익의 퍼센트로 계산된다(즉, 공장은 수익센터). 이 공장은 지은 지 40년 되었고 지붕은 합금으로 만들어졌다. 어느 날 토네이도가 마을을 휩쓸었고 공장의 지붕을 망가뜨렸다. 이로 인한 막심한 피해로 공장은 한동안 정상가동을 할 수 없었고 그 해에는 수익보다 손실이 더 많았다. 만약 당신이 공장 관리인의 상사라면 토네이도가 발생한 다음 날 공장에 도착했을 때, 관리인의 성과를 어떻게 평가할 것인가?

한 가지 공통적 반응은 토네이도는 천재지변으로 통제 불가능한 요소이므로 관리인은 처벌을 받지 않아야 한다는 것이다. 그러나 또 다른 반응은 관리인이 공장에 대한 근본적 책임을 지고 있으므로 가혹한 처벌을 받거나 해고되어야 한다는 것이다. 어떤 시각이 옳은가? 상세한 정보 없이는 판단하기 어렵다. 상황에 따라 두 가지 반응 모두 정당화될 수 있다.

예를 들어, 토네이도가 50년 만에 이 지역에 처음 발생한 것이고 관리인이 공장에서 일한 지 얼마 되지 않았다면, 관리인을 처벌하지 않는 것이 맞다. 반면 토네이도가 이 지역에서 종종 발생하고 직원이 공장에서 오랫동안 일해 왔을 수도 있다. 그리고 지붕은 수리가 필요했으나 관리인이 수리를 미루었다. 이 경우 관리인은 최소한 토네이도가 기업가치에 미치는 영향에 대해 부분적으로라도 책임이 있다.

또 다른 사례도 있다. 조직도 상에서 지붕수리에 대한 책임이 있는 사람이 회사의 모든 공장의 구조물을 관리하는 공장 기술자라고 하자. 이 경우 공장 관리자에게 책임을 묻지 말아야 한다. 그러나 공장 관리인이 지붕 상태에 대한 정보를 들었으나 이를 기술자에게 전하지 않았을 수도 있다. 그렇다면 공장 관리자는 분명히 처벌을 받아야 한다.

마지막으로 관리자가 토네이도 피해를 예상할 방법이 전혀 없었을 경우에도, 적절히 대처하지 못한 점에 대해 관리자를 처벌할 필요가 있을 수 있다. 우리는 관리인이 즉각적인 안전문제를 해결하고 생산을 위한 2차 공급업체를 확보하고 공장을 다시 일으켜 가능한 빨리 가동시키도록 동기를 유발하고자 한다. 이 사례는 다음과 같이 몇 가지 포인트를 제시한다.

'통제 가능 요인'과 '통제 불가능 요인'은 무엇인가

위의 사례에서 관리자는 재해 발생 전, 발생 시, 발생 후 기업이 입은 피해를 줄이기 위한 조치를 취할 수 있기 때문에 천재지변에 대해서도 관리자를 처벌할 수 있는 몇 가지 경우가 있다. 재해가 무작위인가 그렇지 않은가는 무엇이 통제 가능한지 또는 통제 불가능한지에 대한 적합한 정의가 아니다. 이제까지의 논의는 우리에게 두 가지 유형의 리스크를 구분하는 정교한 방법을 말해 준다.

직원이 기업가치에 미치는 사건의 효과에 영향을 줄 수 있다면 사건은 최소한 부분적으로라
도 통제 가능하다. 부정적 사건의 경우 직원은 그로 인한 피해를 방지하거나 줄일 수 있다.
긍정적 사건의 경우 직원은 기회에 대비하거나 기회를 활용할 수 있다.

이러한 정의를 고려할 때 직원이 전혀 통제할 수 없는 사건은 거의 없다. 그러므로 직원의
'과실'이 아닌 것에 대해 직원을 처벌하거나 보상할 수 있는 많은 상황들이 있을 수 있다.

직원이 책임을 져야 할 때는 언제인가

공장 관리자에게 지붕 수리에 대한 공식적 책임이 없더라도 관리자는 지붕의 상태에 대한 특수
적 지식을 가지고 있었을 수 있다. 분권화에 대한 논의에서 살펴본 바와 같이 직원이 특수적 지
식을 가지고 있을 때 우리는 그 직원에게 특수적 지식에 근거하여 행동하도록 어느 정도의 의사
결정권(책임)과 인센티브를 주고 싶을 수도 있다. 따라서 신중한 주관적 성과평가와 관련해 우
리가 하는 일의 대부분은 어떤 직원이 책임을 져야 하는가, 또는 그렇지 않은가를 결정하는 것
이다. 직원이 상황에 대해 어느 정도 연관성이 있는 특수적 지식을 가지고 있기 때문에 부분적
으로 통제 가능한 사건이 발생했을 때 언제든 그 직원에게 최소한의 부분적 책임을 지게 하는
것을 고려해 보아야 한다. 이미 우리가 살펴본 바와 같이 직원은 사건 발생 전, 발생 시 또는 발
생 후에 이러한 정보를 가지고 있을 수 있다. 그렇다면 직원에게는 사건을 예측하고 비상대책을
세우고 실시간으로 사건에 대응하고 사건 발생 후 후속조치를 취할 어느 정도의 책임이 있다.
바로 이것이 직원이 주도적으로 일하도록 동기를 유발하고자 할 때를 의미한다.

주관적 평가를 어떻게 실시하는가

위의 논의는 직원을 어떻게 평가할 것인지 생각할 수 있는 유용한 기회를 제공한다. 당신
이 연말 성과평가를 위해 부하직원을 평가한다고 가정하자. 위의 예에서 과거의 일을 회상
하는 것부터 시작하는 것은 자연스러운 일이다. 직원이 한 일과 지난해 일어난 일들을 떠올
려 본다.

그때 후판단 편향(hindsight bias)을 피하는 것이 중요하다. 사건 발생 시 직원이 알고 있던 사
건의 내용을 당신은 사건이 일어난 후에 알게 될 가능성이 높다. 위의 예에서 우리는 토네이도
가 발생했고 지붕이 약하다는 것을 알게 되었다. 그러나 직원은 사건 당시 이를 알고 있었나?
이를 판단하기 위해 처음에 해야 할 일은 '무엇을 알고 있었는가? 언제 그것을 알게 되었나?'라
고 묻는 것이다. 상황을 고려할 때 직원의 조치가 적절했는지 판단하기 위해 이를 확인해야 하
는 것이다.

이는 사건의 예측 가능한 범위에 대한 광범위한 분석으로 이어진다. 중요한 것은 직원이 예측
가능한 사건에 대비를 했는지에 근거해 직원을 평가하고, 예측 불가능한 사건에 대해 합리적인

수준으로 비상대책과 절차를 세웠는지에 근거해 직원을 평가해야 한다는 것이다.

이제까지 평가는 과거의 일과 그것에 따른 직원의 보상(등급, 보너스, 임금인상, 승진 등)에 중점을 두었다. 그러나 훌륭한 주관적 평가의 가장 중요한 결과는 미래를 전망하는 사고방식에서 도출된다. 어떤 일이 발생했는지, 직원들이 무엇을 했는지, 왜 그랬는지, 그 일 대신 했어야 하는 일이 무엇인지에 대해 직원과 이야기하는 절차는 향후 직원의 업무에 대해 의사소통하는 좋은 방법이다. 실제로 평가는 업무를 결정하고 미래에 무엇에 대해 보상을 받고 처벌을 받는지 전례를 만드는 것이다. 복잡한 업무 환경에서 직원의 책임이 무엇인지 서면으로 정확히 정의하는 것은 매우 어렵다. 주관적 평가에 대한 논의는 주관적 평가를 명료하게 정리할 수 있는 중요한 시간이다. 그 장점은 더 나은 의사결정과 직원의 인센티브와 기업 목표와의 더 나은 조화를 포함한다.

마지막으로 좋은 평가는 '이것이 당신의 성과등급입니다' 라는 단계에서 나아가 미래에 대한 건설적 논의를 하는 것이다. 관리자는 직원에게 중점을 두어야 할 업무와 무엇에 대해 책임을 져야 하는지 또는 그렇지 않은지를 명확히 말해 주어야 한다. 이는 직원이 어떤 기술이 부족하지만 그와 관련한 업무를 잘 수행해야 하므로 새로운 교육을 받을 필요가 있다는 점을 생각할 수 있는 좋은 기회이다. 마찬가지로 작년의 성과를 되돌아봄으로써 직원이 업무를 효과적으로 수행하기 위해 필요한 추가적 정보와 자원이 무엇인지 알 수 있다.

당신은 어떻게 주관적 평가를 받는가

당신이 상사로부터 어떻게 최고 등급을 받을 수 있는지 생각해 보는 것도 유용하다. 상사들은 "제 잘못이 아닙니다."라는 말을 듣기 싫어한다. 이는 마치 "그 일은 통제가 불가능했습니다." 라는 말과 같다. 위에서 살펴본 바와 같이 통제가 완전히 불가능한 일은 거의 없다. 대신 당신의 상사는 당신이 주도적으로 일하기를 원할 것이다. 당신의 실수와 잘못에 대해 생각해 보라. 이를 인정하고 그로부터 배운 점이 무엇인지, 그 결과 향후 업무를 어떻게 변화시킬 것인지 상사에게 말하라.

다음, 평가를 당신의 업무를 향상시킬 수 있는 기회로 이용하라. 관리자에게 더 좋은 성과를 내기 위한 조언과 제안을 요구하라. 업무를 향상시켜 줄 새로운 교육, 정보, 자원을 요청하라. 당신이 자발적으로 나선다면 평가는 훌륭한 기회가 된다.

주관적 평가의 혜택

토네이도 사례에서 공장 관리인의 정량적 성과측정, 즉 수익은 0(또는 마이너스)으로 하락했다. 그 결과 관리인의 보너스는 사라졌다. 결과는 정확히 모든 관련 요인들에 대한 평가 후에 우리가 도출한 결과와 똑같지만 이는 단순한 우연일 뿐이다. 다시 말해, 관리자에게 정량적 보너스 제도를 엄격히 적용하는 것은 확실히 잘못된 결과를 초래한다. 성과지표나 보상을 산출할 때 성과지표에 부과되는 비중 가운데 둘 중 하나가 잘못되었거나 잘못되었다면 이를 수정하는 유일한 방법은 인센티브 제도에 재량권을 도입하는 것이다.

이제 주관적 평가가 초래하는 많은 어려움에도 불구하고 왜 주관적 평가가 매우 중요한가라는 질문으로 돌아가 보자. 토네이도 사례에 대한 논의는 주관적 평가가 잘 이루어진다면 많은 혜택이 있다는 점을 알려준다.

정량적 성과측정을 강화하라　주관적 평가는 정량적 평가의 전형적인 문제점들을 피하기 위해 사용된다. 신중한 주관적 평가는 통제 가능한 요인들을 올바르게 정의하고 관리자가 책임을 지도록 만든다. 또한 통제 불가능한 요인을 배제할 수 있어서 관리인의 리스크를 줄여 준다. 토네이도 사례에서 좋은 의견은 공장 관리인에 대한 평가에서 정말 예측이 불가능했고 관리인에게 부과된 적절한 책임이 아닌 것들로 인한 영향을 제거할 수 있다. 이런 점에서 성과측정 오류는 정량적 지표만 고수하는 것보다 낫다.

유사하게 주관적 평가는 인센티브의 왜곡을 줄일 수 있다. 직업 중에는 정량화하기 어려운 직업이 있다. 성과평가 시 이러한 부분을 적절히 강조하는 것은 그러한 직무에 대한 동기를 유발할 수 있다. 대표적인 예는 업무가 질, 창의성 및 다른 무형요소들을 포함하고 있을 때이다. 이는 수치로 표현하기 어렵기 때문에 동기를 유발하기 위해서는 이러한 업무들이 주관적 의견에 따라 평가되고 보상을 받아야만 한다.

끝으로 주관성은 인센티브 제도의 조작을 줄일 수 있다. 직원이 정량적 지표를 조작하면 관리자는 이를 사후에 감지할 수 있다(또는 그러한 행동에 대해 강한 의심을 할 수 있다). 주관성은 관리자로 하여금 조정을 하도록 해준다. 조작이 예측 가능하다면 지나치게 공격적으로 수치를 조작하는 것은 단념하게 될 것이다.

리스크 감수에 대한 인센티브를 개선하라　앞에서 언급되었듯이 좋은 주관적 평가는 직원의 전반적 평가에서 정말 통제 불가능한 요소들을 배제함으로써 리스크를 줄인다. 또한 관리자에게는 실수에 대한 처벌을 동시에 하지 않고 좋은 성과에 대한 보상을 하는 것이 쉽기 때문에 리스크 감수에 대한 인센티브를 향상시킬 수 있다. 실제로 좋은 주관적 평가는 하위집단을 처벌하지 않으면서도 상위집단에 보상을 제공할 수 있는 더 큰 유연성을 준다.

의사결정을 개선하라　살펴본 바와 같이 무작위 사건에 대해 직원들을 부분적으로라도 보상하거나 처벌을 하는 것은 일리가 있다. 이는 직원이 장소와 시간에 대한 특수적 지식을 이용하도록(또한 발전시키도록) 동기를 유발한다. 보다 효과적인 준비, 실시간 대응, 사건 발생 후 사후조치는 직원이 더 나은 의사결정을 하도록 동기를 유발하는 세 가지 방법이다.

인센티브 제도에 유연성을 강화하라   매년 초에 시행되는 인센티브 제도는 상황이 변하면 더 이상 이상적인 제도가 아니게 된다. 이런 일이 발생할 때 기업은 인센티브 제도를 바꿀 수 있다. 그러나 그럴 경우 불공평하다고 간주되어 리스크를 발생시키기도 한다(다음 장에서 공부할 톱니바퀴 효과처럼). 직원은 이미 상사로부터의 의견을 예상하고 있기 때문에 주관성의 효과적 사용은 인센티브의 변동을 수용할 의향이 더 크다는 것을 의미한다. 이로 인해 관리자가 직원들에게 연중 인센티브의 변동이 있다고 말하기가 더 쉬워진다.

커뮤니케이션을 강화하라   앞으로 돌아가서 주관적 평가를 어떻게 할 것인지에 대한 논의를 다시 읽어보면 주관적 평가가 나타내는 것은 단순한 일상적 관리라는 것을 알게 된다. 상사는 직원과 함께 일하기 때문에 최고의 주관적 평가는 거의 매일 이뤄진다. 관리자는 직원이 무엇을 했고 왜 했는지 감시하고 조정하며 개선을 제안한다. 평가를 위해 연말까지 기다리지 않고 연중 언제나 직원과 이런 대화를 나누는 것은 직원의 업무 효과를 향상시키고 감독자와의 직무관계를 향상시킨다. 이를 통해 잠재적 계약 조건을 명료화할 수 있다. 또한 분명한 커뮤니케이션은 직원이 주관적 평가를 신뢰하도록 만들고, 평가를 더 효과적으로 만든다.

훈련을 개선하라   관리자는 그의 경험에서 우러나온 직원에 대한 교훈을 제공하기 위해 주관적 평가를 이용한다. 주관적 평가가 정기적으로 잘 이뤄지면 이는 훌륭한 일상적 훈련이 된다.
    또한 제대로 이뤄진다면 주관적 평가는 많은 장점이 있다. 그리고 효과적이고 일상적인 관리에도 많은 혜택이 있다. 이런 혜택들을 고려할 때 주관성으로 인해 발생되는 많은 어려움과 비용에도 불구하고 주관성이 평가에 있어 중요한 것은 당연하다.

평가의 세부사항

오하이오 주 클리블랜드 소재 링컨전기 주식회사는 비즈니스 역사상 가장 유명한 인센티브 제도를 시행하고 있다. 전 직원에게 지급되는 연간 수익분배 보너스는 가장 중요한 요소이다. 수익분배제도가 일반적으로 동기를 유발하지 못하지만 링컨전기는 다음 두 가지 이유로 동기유발에 성공했다. 첫째, 높은 보상이 걸려 있어 무임승차 효과가 감소한다. 보너스가 직원의 평상시 급여를 2배로 만들어 준다. 둘째, 보너스는 대부분 수익분배제도가 그렇듯 전사적 측정이 아닌 *개인* 성과 측정에 근거한다.
    이 제도에서 성과 측정치는 주관적 성과등급이다. 링컨은 인센티브제도를 성공의 핵심이라고 보고 주관적 평가를 그 필수요소로 꼽았다. 모든 평가는 기업의 최고 경영진이 체크하여 관리자는 이를 매우 진지하게 받아들인다. 평가는 1년에 두 번 이뤄지고 회사측에 따르면 보통 관리자들은 부하직원 평가에 3주, 즉 1년에 6주 정도를 사용한다.

> 효과적인 주관적 평가는 어려운 일이지만 큰 혜택을 가져올 수 있다. 또한 관리자의 가장 중요한 업무 중 하나
> 이다.
>
> ───────────
> 출처 : 공장 방문 및 관리자와의 대화

실질적 고려

누가 누구를 평가하는가

직원들의 사기 저하, 빈약한 승진 결정, 왜곡된 의사결정과 같이 관리자의 인센티브는 불완전하기 때문에 관리자에게 평가를 분권화하는 것은 기업입장에서 많은 리스크가 있다. 또한 주관성이 편애와 차별가능성을 높여 기업은 법적 책임을 져야 할 수도 있다. 이러한 문제에도 불구하고 리스크를 통제하기 위한 평가가 중앙집권화되지는 않는다. 그 이유는 간단하다. 평가는 서로 의사소통하기 위해 많은 비용이 드는 주관적, 경험적 지식의 예이기 때문이다. 대부분의 평가는 이러한 지식을 활용하기 위해 특히 올바른 산술적 성과지표가 제공되지 않는 복잡한 업무환경에서 불가피하게 직속 상사가 하게 된다.

일부 기업은 360도 평가를 활용한다. 360도 평가는 상사를 평가하는 데 부하를 참여시키고 상사에게 피드백을 준다. 이 방법의 목적은 무엇인가? 이론적으로 관리자로부터 관리받는 사람들이 피드백을 주기 때문에 경영을 향상시킬 수 있다. 그러나 부하가 상사를 비판했을 때 보복을 당할 가능성이 크기 때문에 문제가 발생할 수도 있다.

이러한 이유로 360도 평가는 비밀리에 이루어지며, 상사에게 코멘트를 한 부하직원의 이름을 상사에게 말해 주지 않는다. 이 방법은 감독자가 누가 어떤 피드백을 주었는지 쉽게 예상할 수 있는 소규모그룹에서는 도움이 안 된다. 따라서 360도 평가의 효과는 한정적이다. 그렇다고 해도 많은 기업들이 감독과 의사소통을 강화하고 전반적 업무환경을 개선하기 위한 도구 중 하나로 360도 평가법을 사용한다. 이 평가법은 공개적 의사소통과 의사결정과정에 직원의 참여를 강조하는 문화적 규범과 직무 설계를 가진 조직에 더 효과적이다.

공정성, 편향성과 영향 비용

주관성은 관리자가 차별과 편애를 하기 쉽고, 보상의 배분 시 편향적이 되기 쉽다. 그리고 성과 이외의 요소가 보상에 영향을 준다는 점에서 인센티브를 감소시키고 평가에 있어 미묘한 형태의 리스크가 발생한다. 달리 말하면, 주관성이 관여되면 인센티브 문제에 추가적인 층이 생긴다는 것이다. 기업은 관리자들이 자기 자신보다는 기업의 이익과 일치하는 시스템을 이행하도록 하는 인센티브에 대해 걱정해야 한다.

이러한 제안은 관리인의 인센티브가 잘 설계되었다면 낮은 수준에서는 거의 문제가 발생하지

않는다고 우리는 예상한다. 또한 평가 시 제약이 더 많아졌다. 예를 들어, 평가 시 다양한 종류의 상대평가곡선을 부과한다. 일부 기업은 제11장에서 상대적 성과평가라는 주제하에 이 시스템에 대해 논의할 것이다.

또 다른 명백한 포인트는 직원이 평가에 대해 갖는 신뢰가 클수록 인센티브 제도의 일부로서의 주관성은 효과가 좋아진다는 것이다. 따라서 신뢰성 고려가 핵심적 역할을 한다.

관리자의 평판은 실제 인센티브가 어떻게 전개되는가에 대해 상당한 영향을 준다. 변덕스럽거나 편향된 관리자는 특정한 행동을 유도할 것이고 자신과 함께 일하고 싶어 하는 부류의 직원들을 설득할 것이다. 만약 관리자가 공정성과 신중한 평가로 평판이 높다면 아래 기술된 방식으로 보상시스템을 개선하여 주관성을 효과적으로 이용하기가 더 쉬울 것이다. 그러므로 이러한 개인적 의견이 중요한 업무에서 관리자는 효과적인 관리자로서 훌륭한 평판에 투자하려고 할 것이다. 이와 유사하게 기업은 이처럼 평판이 핵심적 역할을 하는 포지션에 현명한 관리자를 배치하려고 해야 한다.

또한 조직은 일반적으로 평가시스템에 높은 수준의 공정성을 갖고자 공식적 정책을 도입한다. 예를 들어, 직원들은 자신에 대한 평가에 불만이 있으면 재평가를 요구할 권리를 갖고 있다. 일부 기업에서는 감독자의 상사가 평가를 체크한다. 이러한 감독의 목적은 감독자들로 하여금 공정하게 평가하도록 동기를 유발하는 것이다. 어떤 경우 한 직원에 대해 여러 명의 평가자가 평가를 할 수도 있다. 이는 각기 다른 관리자가 다른 편향성을 가지고 있기 때문에 최종 평가가 편향성을 가질 가능성을 줄여준다.

물론 실제 이러한 정책이 어떻게 이행되는가는 그 정책이 효과적인지 눈가림일 뿐인지를 결정하기 때문에 여기에 중요한 기업문화의 요소가 있다.

감독자 의견도 직원의 인센티브를 왜곡할 수 있다. 직원은 노력을 통해서가 아니라 감독자에게 다른 방식으로 영향을 줌으로써 자신에 대한 평가를 개선시키려는 인센티브를 가질 것이다. 예를 들어, 직원들은 임금 상승, 더 많은 자원 등을 위해 상사에게 로비를 하는 데 시간과 자원을 소비할 수 있다. 직원들은 상사에게 아부하고 이와 유사한 외부적 이해관계를 갖는 등의 행동을 할 수 있다. 이러한 행동이 생산적 노력 대신 취해지고, 평가를 바꾼다면 직원들은 조직에 **영향력 비용**을 부과한다. 영향력 비용이란 무엇인가? 감소하거나 왜곡된 인센티브와 능력에 근거하지 않는 승진이 그 비용이다.

편향성과 영향력을 주는 행동으로 보다 미세한 편향성 비용은 의사결정을 왜곡할 수 있다. 관리자의 의견이 직원의 보상에 영향을 줄 때, 직원은 관리자에게 그가 하는 말을 왜곡할 수 있다. 따라서 업무에 대한 **정보의 질**이 왜곡될 수 있다. 원칙적으로 좋은 관리자는 부하로부터 진실을 듣기를 원할 것이고 이것이 가능한 기업문화를 수립하려고 노력할 것이다. 예를 들어, 관리자는 직원들이 자유롭게 말하도록 장려하고 심지어 관리자의 분석을 비판하는 부하직원에게도 보상을 하는 문화적 규칙을 만드는 것이다.

이것이 도움이 되기는 하겠으나 문제를 완전히 해소하지는 못할 것이다. 관리자가 자신의 의견과 다른 부하직원의 의견을 제출받았다. 새로운 의견이 옳을 수도 관리자의 의견이 옳을 수도 있다(둘 다 틀릴 수도 있다). 전략적 문제로서 관리자는 각각의 가능성에 비중을 두어야 한다. 그러나 직원은 이를 실행한다. 직원의 반대의견이 실수로 보여질 가능성이 있고, 옳다고 하더라도 직원들에게는 관리자의 초기 의견 방향에 따라 보고서를 변화시키려는 인센티브가 있다. 이것이 예스맨 현상을 발생시킨다. 이는 적절한 분석의 중요성, 복합성 및 의사결정 절차를 강조한다. 이러한 절차는 기업문화를 감안하고(가능한 정도까지 공동 설계되어야 하고) 분석가와 의사결정자의 명시적인 인센티브를 고려할 필요가 있다.

평가의 다른 역할

이 장의 도입 부분에 살펴본 바와 같이 직원의 성과는 역량, 누적된 인적자원 및 노력에 좌우된다. 따라서 평가는 이 셋 중 어느 하나를 평가하기 위해 사용할 수 있다. 실제로 이 세 요소의 영향을 분리하기는 매우 어렵다. 업무를 아주 잘 수행하는 직원이 있다고 하자. 그러한 유형의 직무에 재능이 있기 때문일까? 기술과 경험 때문일까? 열심히 일했기 때문일까? 각기 다른 목적의 성과평가는 내재적 역량, 인적자원, 노력을 평가하는 데 각기 다른 비중을 내포하고 있다.

성과평가의 한 가지 목적은 누구를 고용하고, 어떤 견습직원을 계속 유지할 것인지 결정하는 것이다. 이러한 결정에 있어 H나 ei보다는 직원의 내재적 역량인 A를 측정하는 것이 합리적이다. 추가적 기술과 노력이 필요하면 직원은 훈련을 받거나 자신에게 할당된 업무에서 동기를 부여받을 수 있다. 이와 유사하게 승진 또는 업무분장의 변화가 있을 때는 내적 역량을 평가하는 것이 더 중요하다. 물론 누적된 기술 H도 이러한 결정과 관련이 있다.

빈약한 평가는 초기에는 심각하게 받아들여질 가능성이 더 많다. 초기에는 정보가 거의 없어서 각 평가가 정보를 제공하기 때문이다. 직원에 대한 데이터가 누적되면 새로운 평가의 정보성이 줄어든다.[4] 같은 이유로 역량의 사소한 차이의 가치가 업무에 있어 중요할 때, 그리고 직업이 보다 복합적이고 평가하기 어려울 때는 시험적 평가가 더 오래 지속되어야 한다. 따라서 비서업무에 대한 견습기간은 매우 짧을 수 있지만 전문적 업무에 대해서는 견습기간이 매우 길어질 수 있다. 전문적 서비스 회사와 대학에서 최초의 승진은 업무 시작 후 몇 년이 지난 후에 할 수 있고 파트너십과 근속 결정은 6년 또는 그 이상 걸리기도 한다.

평가의 두 번째 목표는 직원이 인적자원을 개발하는 범위를 측정하는 것이다. 특히 커리어 초기에 감독자들은 부하직원에게 집중적 교육을 제공한다. 이 경우 감독자들은 성과평가에 있어

---

4) 통계적으로 기업은 성과에 대한 새로운 평가를 우선시하지만 데이터가 누적되면서 초기 성과에 대한 비중을 높인다.

인적자원의 변화(*H*의 성장률)를 강조한다.

평가의 세 번째 목적은 직원들에게 더 열심히 일하도록 동기를 유발하는 것이다. 이 경우 평가는 직원이 얼마만큼의 재능이 있는가가 아니라 직원이 업무에 투입하는 다양한 종류의 노력을 측정하기를 원할 것이다.

어떤 경우 평가의 다른 목표 간 상충이 생기기도 한다. 예를 들어, 현재 성과에 대한 피드백은 직원에게 발전을 위한 정기적 전망에 대한 실마리를 줄 것이고 이는 실제 동기를 감소시킬 수 있다(제11장 참조).

이를 피하기 위해 많은 기업들은 현재 보상을 위한 평가에서 코칭과 개발을 위한 평가를 분리하고 6개월마다 각각 두 가지 유형의 평가를 실행한다. 그러나 실제로 둘을 분리하기는 어렵다.

얼마나 자주 평가해야 하는가

추가적 목적의 평가는 기업이 보상으로 지불하고자 하는 금액을 결정하기 위해 기업가치에 대한 직원의 기여를 측정하는 것이다. 예를 들자면, 이는 외부 제안을 받아들일 것인지 결정하는 데 유용하다. 회사에 주당 1,000달러의 가치를 갖는 직원이 있는데, 800달러밖에 받지 못한다고 하자. 그는 다른 회사에서는 900달러의 가치를 갖고, 875달러를 제안받는다. 현재 회사가 그에게 900달러를 지불한다면 그가 회사를 그만두는 것보다 회사와 직원 모두에게 더 낫다. 일반적 규칙은 그 직원의 생산성이 현재 회사에서 가장 높다면, 회사는 직원이 회사에 남도록 유도하는 데 충분한 금액을 제안해야 한다.

어떤 직원이 현재 회사에서 자신의 가치를 초과하는 더 높은 생산성을 가질까? 기업 특수적 인적자원을 가진 직원이다. 이러한 이유로 평가는 직원이 더 많은 기업특수적 인적자원을 가지고 있을 때는 기업과 직원의 분리를 초래하는 정보를 생산할 가능성이 낮다. 이는 기업특수적 인적자원이 더 중요할 때 비용이 많이 드는 평가의 빈도도 감소해야 한다는 뜻이다.

두 가지 이유로 회사의 현재 업무에서 직원의 경험과 함께 평가의 빈도는 줄어든다. 한 가지 이유는 분류의 효과이다. 직원이 한 회사(그리고 유사하게 특정 포지션)에 오래 있을수록 그 직원이 업무에 잘 맞는지 회사와 직원 모두 더 잘 알게 된다. 따라서 평가가 포지션의 변동으로 이어질 확률이 더 작아진다. 두 번째 이유는 직원이 회사와 현재 업무에 오래 종사할수록, 평가의 피드백과 훈련적 측면이 덜 중요해지기 때문이다.

요약

성과평가는 잘 설계된 인센티브 제도에서 가장 어렵고 아마 가장 중요한 부분일 것이다. 회계수치와 같은 정량적 성과측정은 평가의 중요한 요소이다. 또한 주관적 평가도 동등하게 중요한 요소이다.

인센티브가 목적일 때 이상적인 성과평가는 직원이 기업가치에 미친 영향만을 반영하는 평가 방법이다. 이는 통제 가능 요인과 통제 불가능 요인이라고 불리지만 실제로 정의가 제대로 수립되지 않았다. 이 두 용어에 대해 정교하게 생각하는 좋은 방법은 직원이 어떤 행사를 통해 기업가치에 미치는 효과에 대해 영향을 줄 수 있다면 이는 최소한 부분적으로라도 통제 가능한 것이다. 따라서 순전히 무작위적인 사건도 어느 정도는 통제가 가능하고, 대부분의 사건은 부분적으로 통제가 가능하고 부분적으로 통제가 불가능하다.

리스크가 통제 가능한가 통제 불가능한가에 따라 인센티브 제도 설계에 갖는 영향력이 크게 달라지기 때문에 이러한 구분은 성과측정법을 선택함에 있어 가장 먼저 고려해야 할 것들이다. 리스크가 통제 불가능하다면 성과측정은 직원에게 리스크를 부과한다. 그러면 기업은 인센티브를 약화시키고 리스크 프리미엄을 지불하고 보다 협의의 성과측정 또는 주관적 평가를 선택해야 한다. 이와 반대로 리스크가 상당 부분 통제 가능하다면 기업은 그 반대의 조치를 취해야 한다. 기업은 직원에게 분권화를 하고 직원이 기업가치 향상을 위해 특수적 지식을 이용하도록 강력한 인센티브를 제공해야 한다. 후자의 경우가 조직 설계의 향상을 위해 시장 접근법을 회사 내부로 도입하는 좋은 예이다.

정량적 성과측정이 직면하는 기본적 교환조건은 측정의 범위이다. 광범위하고 보다 포괄적인 측정법은 통제 가능, 통제 불가능 요인을 더 많이 포함하는 경향이 있다. 협의의 측정법은 이 반대의 특징을 갖는다. 첫 번째 효과는 광의의 측정일수록 배제하는 범위가 적기 때문에 인센티브를 덜 왜곡시킨다는 것이다. 그러나 이는 광의의 측정이 더 많은 측정오류를 갖게 되어 리스크가 커진다는 의미이기도 하다. 직원들은 리스크를 회피하기 때문에 인센티브 제도에서 리스크의 비용이 커진다.

주가와 같은 광의의 측정치는 리스크 때문에 실제로 사용되는 대부분의 성과측정이 훨씬 더 협의의 측정이다. 성과측정의 선택은 리스크와 왜곡 간의 균형을 맞추는 것이다. 이는 어떠한 측정법도 어느 정도 인센티브를 왜곡시킨다는 것을 보장한다. 따라서 인센티브 제도 관리 시 중요하게 고려할 사항은 왜곡(및 측정의 조작과 관련된 문제들)을 신중하게 관찰하고 추가적 인센티브를 이용하거나 이러한 문제를 줄일 수 있는 재량권을 이용하는 것이다.

성과측정과 주관적 평가는 직원의 직무 설계와 최대한 가깝게 조화를 이루어야 한다. 이를 통해 측정이 업무의 가장 중요한 통제 가능한 부분을 포함하도록 하여 왜곡을 줄인다. 주관적 평가는 직원의 업무와 책임을 정의하는 방법으로 인식된다.

주관적 평가는 성과평가의 대안이다. 주관적 평가가 개인적 의견을 요구하기 때문에 관리자가 이를 진지하게 받아들이지 않거나 관리자에게 적절한 동기부여를 하지 못하면 많은 문제를 야기할 수 있다. 예를 들어, 재량권을 통해 편애와 편향적 평가를 하기가 쉽다. 재량권은 관리자에게 성과가 좋은 사람과 나쁜 사람을 구분하는 어려운 결정을 하도록 만들고, 부하들에게 불평과 로비를 받는 와중에도 건설적 피드백을 제공하도록 요구한다. 그러나 효과적으로 수행될 경우, 주관성은 인센티브제도의 모든 부분을 개선시키는 효과적인 방법이다.

연습문제

1. 거시경제에서 규칙사용 대 재량권 사용에 대한 논쟁이 있다. 이 논쟁은 통화정책이 중앙은 행장의 재량권에 따라 지배되는가 아니면 대체될 수 없는 상대적으로 고정된 규칙에 의해 지배되는가에 대한 논의를 포함한다. 이 장의 개념을 이용해 각 접근법을 옹호하는 주장을 제시할 수 있는가? 이와 유사한 딜레마가 있는 다른 비즈니스 상황을 예로 들어 보라.

2. 로펌에서 소송업무는 주로 독립적으로 일하는 업무에서 평판을 얻은 변호사가 처리한다. 이 와 반대로 기업법무는 각기 다른 전문가들로 구성된 팀이 담당하며 로펌은 브랜드명을 갖는다. 같은 회사 내에 소송전문변호사와 기업변호사를 둠으로써 어떤 갈등이 발생한다고 생각하는가? 당신의 분석이 성과평가의 질과 기업의 조직 구조 간의 관계에 대한 분석을 제시하는가?

3. 많은 비즈니스 전문가들은 직원 인센티브 관리에 있어 **목표관리(MBO)**와 같은 시스템을 옹호한다. MBO에 따라 감독자는 1년 동안 진행해야 할 상호 합의된 목표들을 직원들과 협상한다. 연말에 보상은 목표가 성공적으로 달성되었는가 그렇지 않은가에 따라 지급된다. 당신의 부하들과 목표를 '협상' 함으로써 어떤 비용과 혜택이 있다고 보는가?

4. 여전히 기업들은 360도 평가를 이용한다. 이 평가법에 따라 기업은 관리자의 부하직원과 동료 및 고객들에게 관리자의 성과에 대한 피드백을 하도록 요청한다. 이 평가법의 장점과 단점은 무엇인가? 어떤 정책들을 이용하면 이 접근법이 당신이 생각하는 문제에 대한 취약성을 줄일 수 있을까? 이와 같은 업무에 대한 평가를 하기 위해서는 어떤 문화가 필수적인가?

5. 당신의 경험으로부터 각 개념의 예를 제시하라.
   • 통제 가능 리스크와 통제 불가능 리스크
   • 왜곡된 인센티브
   • 협의와 광의의 성과측정
   • 성과측정의 조작

6. 기업이 주관적 성과평가를 위해 어떤 방법을 사용하는 것을 보았는가? 어떠한 관행이 그 효과를 저해하는가?

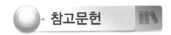 **참고문헌**

Gibbs, Michael (1995). "Incentive Compensation in a Corporate Hierarchy." *Journal of Accounting & Economics/Journal of Labor Economics* joint issue, 19(2–3): 247–277.

Jensen, Michael & William Meckling (1998). "Divisional Performance Measurement." In *Foundations of Organizational Strategy*, Michael Jensen, ed. Boston: Harvard University Press.

심화문헌

Baker, George (2002). "Distortion and Risk in Optimal Incentive Contracts." *Journal of Human Resources* 37(4): 696–727.

Courty, Pascal & Gerald Marschke (2008). "A General Test for Distortions in Performance Measures." *Review of Economics & Statistics* 90(3).

Gibbs, Michael, Kenneth Merchant, Wim Van der Stede, & Mark Vargus (2004). "Determinants and Effects of Subjectivity in Incentives." *The Accounting Review* 79(2): 409–436.

Gibbs, Michael, Kenneth Merchant, Wim Van der Stede, & Mark Vargus (2008). "Performance Measure Properties and Incentive Plan Design." Working paper, University of Chicago Graduate School of Business.

Lazear, Edward (1990). "The Timing of Raises and Other Payments." *Carnegie-Rochester Conference Series on Public Policy* 33: 13–48.

Milgrom, Paul (1988). "Employment Contracts, Influence Activities, and Efficient Organizational Design." *Journal of Political Economy* 96: 42–60.

Murphy, Kevin J. (1993). "Performance Measurement and Appraisal: Motivating Managers to Identify and Reward Performance." In *Performance Measurement, Evaluation, and Incentives*, William Bruns, ed. Boston: Harvard Business School Press.

Murphy, Kevin J. & Paul Oyer (2005). "Discretion in Executive Incentive Contracts." Working paper, University of Southern California Marshall School of Business.

Prendergast, Canice (1993). "A Theory of 'Yes Men'." *American Economic Review* 83: 757–770.

Prendergast, Canice (2002). "The Tenuous Tradeoff Between Risk and Incentives." *Journal of Political Economy* 110: 1071–1102.

Prendergast, Canice & Robert Topel (1996). "Favoritism in Organizations." *Journal of Political Economy* 104: 958–978.

10

성과에 대한 보상

기여가 없으면 보상도 없다.

- 중국 속담

서론

지금까지 우리는 수행평가에 대해서 논의하였다. 따라서 '직원들에게 동기를 부여하기 위해 기업은 평가제도를 어떻게 활용할 것인가'와 같은 논리적으로 당연한 질문을 할 수 있다.

그러나 평가제도를 활용하는 방법에 대해 논의하기 전에 이미 앞에서도 언급했던 것처럼, 성과에 대해 보상하는 것은 직원들에게 동기를 부여하는 것 외에 그들의 능력을 개선하는 데도 도움이 된다는 것을 고려해야 한다. 이는 매우 중요한 내용으로 다음 주제로 넘어가기 전에 이를 제대로 짚고 넘어갈 필요가 있다. 직원들의 동기부여와 관련된 문제는 전혀 없다고 가정하고서, 여전히 개인의 성과에 대해서는 보상할 때 기업은 어떤 혜택을 얻을 수 있을까?

우리는 이미 개인의 성과를 보상할 때 기업이 얻는 혜택과 직원의 분류방법에 대하여 살펴보았다. 직원들의 성과에 근거하여 수습기간에 대한 방식을 책정하거나 임금을 유예하면 직원들은 자신의 능력을 개선하기 위해 노력하게 되고, 이는 결과적으로 기업의 실적을 개선시키는 데 도움이 된다. 이를 보다 일반적인 형태로 나타내기 위해 수습기간을 두거나 임금 지불을 유예하는 형태는 아니지만 기업이 어떤 추상적인 방식으로 직원들의 성과를 평가한다고 가정하자.

능력 A와 축적된 인적자본 H가 서로 다른 잠재적인 직원들이 있다. 직원들의 성과 PM은 능력 A와 인적자본 H에 대한 함수인 $PM = PM(A, H)$라고 가정하였다. 임금지급액이 개인 성과의 함수라고 가정하면, 이는 다시 개인의 능력과 인적자본에 대한 함수가 된다. 능력이나 기술이 뛰어난 직원들은 그렇지 못한 직원들보다 더 많은 임금을 받을 것이다. 이를 수식으로 나타내면 다음과 같다.

$$\frac{\Delta Pay}{\Delta A} = \frac{\Delta Pay}{\Delta PM} \times \frac{\Delta PM}{\Delta A} > 0, \quad \frac{\Delta Pay}{\Delta H} = \frac{\Delta Pay}{\Delta PM} \times \frac{\Delta PM}{\Delta H} > 0$$

분명히 한 기업 내에서 생산성이 제일 높다고 생각하는 사람은 더 좋은 기업에 지원하거나 직장을 그대로 유지할 것이다. 제2장에서 논의된 수습의 사례는 이런 추상적 개념에 대한 특별한 경우이다. 이처럼 개인의 성과가 임금과 연계된다면 기술에 대한 보상이 크기 때문에 직원들은 자신의 기술개발을 위한 투자에 더 큰 동기를 가지게 된다.

세이프라이트 유리회사의 사례

세이프라이트 유리회사는 세계에서 가장 큰 자동차 앞유리 설치회사이다. 1994년 이 회사의 CEO, Garen Staglin과 회장인 John Barlow는 유리 설치기사들에 대한 임금체계를 바꾸었다. 변화 이전에 기사들은 시간당으로 임금을 지급받았지만 새로운 임금체계에서는 기사들이 설치한 유리의 수량에 따라서 임금을 지급받았다. 임금체계가 바뀐 후 직원 일인당 생산성은 36%나 상승하였다. 이러한 생산성 향상 중에서 어느 정도가 기사들이 열심히 일한 부분이며 직원들을 능력에 따라 선별한 효과일까?

이런 두 가지 효과에 대한 정도는 직접적인 수치로 나타낼 수 있다. 직원들의 노력에 의한 생산성 향상 효과는 주어진 직원들을 대상으로 임금체계 변화 이후 생산량이 증가한 부분을 계산하면 구할 수 있다. 이러한 인센티브 효과는 약 20% 정도로 추정되었다.

나머지 16%는 능력에 따른 선별효과에 의한 것이다. 세이프라이트 사의 새로운 임금체계는 능력이 뛰어난 직원들이 더 많은 임금을 지급받는 것으로 생산성이 높은 직원들을 계속 기업에서 일하게 하고 능력이 뛰어난 신입직원을 채용할 수 있었다. 생산성이 매우 높은 직원들의 이직률은 하락하는 반면, 생산성이 매우 낮은 직원들의 이직률은 상승하였다.

출처 : Lazear(2000)

인센티브의 중요성은 아무리 강조해도 지나치지 않다. 시장을 기반으로 하는 현대의 경제는 기업주에게 자신의 자산을 잘 활용하여 기업을 운영하고 혁신할 수 있도록 훌륭한 인센티브를 제공하기 때문에 아주 효과적으로 작동한다. 따라서 인센티브는 효과적인 경제뿐만 아니라 효과적인 조직에서도 핵심적인 역할을 할 수 있다.

물론, 임금을 성과와 연계시키는 가장 중요한 이유는 직원들의 노력을 유도하고 기업의 관심에 따라 직원들을 적절히 배치하여 효율성을 높이기 위함이다. 이는 이번 장에서 집중적으로 다

그림 10.1 인센티브와 임금과의 관계

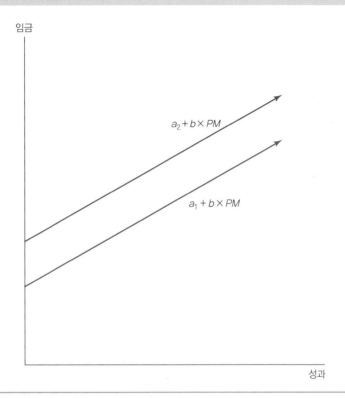

룰 주제이다. 우리는 제3부의 서론에서 직원들의 노력에 따라 성과가 어떻게 달라지는지, 평가에 따라 성과가 어떻게 변화하는지를 살펴보았다. 그리고 '기업은 직원들의 평가 결과에 따라 어떻게 임금을 변화시켜야 하는가?'를 분석하기 위해서 가장 일반적인 형태의 성과에 대한 임금지급체계에 대하여 살펴보고자 한다. 직원들은 기본급 a 에 추가적으로 상여금을 받는다. 상여금은 요율(commission rate)에 성과평가지표를 곱한 것으로 계산된다.

즉,

$$Pay = a + b \times PM$$

그림 10.1에서 요율은 b 로 동일하지만 기본급이 다른 2개의 임금체계를 나타낸 것이다. 어느 임금체계가 더 강한 인센티브를 제공하고 있는가? 이런 질문을 처음 접했다면 대답이 쉽지 않을 것이다. 한 임금체계의 기본급이 다른 임금체계보다 높기는 하지만 대략적으로 볼 때 2개의 임금체계는 비슷한 인센티브와 성과를 제공한다. 이를 이해하기 위해서는 질문을 조금 다르게 해볼 수 있다. 직원들이 더 열심히 일하여 성과 목표를 더 증가시켰다면(예 : 세이프라이트 회사의 직원들이 차유리를 하나 더 부착하였을 경우), 보상은 어떻게 되겠는가? 그에 대한 보상은

둘의 임금체계에서 동일하다. 왜냐하면 직원들은 추가로 생산한 상품 한 단위당 b달러만큼의 상여금을 받기 때문이다. 즉, 중요한 것은 성과에 따라 바뀌는 성과급이지 직원들이 받는 전체 급여수준이 아니다.

이 점은 자격조건에 따라 달라진다. 직원들이 추가적인 노력을 할 때 소득의 증가에 따라 직원의 한계비효용(marginal disutility)이 증가한다(소득효과). 소득이 증가함에 따라 비효용도 증가한다고 할 때 성과급이 증가하면 그림 10.1에서 두 번째 임금체계의 효용가치가 더 작다. 따라서 두 번째 임금체계가 더 낮은 동기를 제공한다. 하지만 소득효과는 일반적으로 실질적인 영향이 거의 없기 때문에 인센티브 계획을 세울 때 고려하지 않아도 된다. 그 이유는 동일한 직원에게 적용되는 2개의 인센티브 체계를 고려할 때 기본급의 차이는 인센티브에 큰 영향을 줄 만큼 크지 않다. 특히 임금과 성과 사이의 기울기로 나타나는 인센티브의 효과를 비교할 때는 더욱 그러하다.

전체 임금수준이 직원들의 일하려는 동기에 일부 영향을 줄 수도 있다. 직원의 성과가 매우 낮다면 직원들은 해고될 것이다. 기본급이 높을수록 더 많은 직원들이 해고를 당하지 않으려고 할 것이다. 이런 이유 때문에 기본급이 높으면 직원들이 더 열심히 일하려는 동기를 가질 수 있겠지만, 해고의 위협이 매우 심각한 경우가 아니라면 이런 경우는 거의 나타나지 않는다. 거의 대부분의 경우 기본급을 높여 주는 것은 아주 약한 인센티브 효과를 가진다.

인센티브를 올바르게 이해하기 위해서는 전체 임금수준보다는 임금의 기울기 즉, $\Delta Pay/\Delta PM$에 초점을 맞추는 것이 중요하다. 앞의 예에서 a보다는 b에 초점을 맞추어야 한다는 것이다. 임금수준은 주로 노동시장의 경쟁 정도(경쟁은 직원의 기술수준에 따라 가격을 결정함)와 기업이 채용하고자 하는 직원의 기술수준에 대한 함수이다. 성과에 대한 임금의 기울기는 인센티브 집중도(incentive intensity)라 한다. 따라서 우리는 '그렇다면 무엇이 이런 인센티브 집중도를 결정하는가'와 같은 질문을 할 수 있다.

만약 당신이 직원의 임금 보상체계를 고안하려고 한다면, 세 단계 접근방식을 취하는 것이 가장 적절하다. 첫 번째 단계에서는 성과와 그에 따른 평가 문제를 고려해야 한다(제9장). 어떤 매트릭스가 이용 가능하고 리스크, 왜곡 등의 측면에서 매트릭스 각각의 요소가 가지는 특성은 무엇인가? 주관적인 평가도 이용되어야 하는가? 그렇다면 어떻게 할 것인가? 그리고 이런 평가와 관련된 문제들이 충분히 고찰되었다면 어떻게 평가를 보상과 연계시킬 것인가를 고려해야 한다(제10장). 인센티브 이슈가 해결된 이후에야 임금수준을 고려할 수 있다. 전체적인 임금수준은 노동시장에서 평가하는 직원의 기술수준 및 직종의 성격에 따라 결정된다.

인센티브는 얼마나 높아야 하는가   •••

직관적 접근

직원의 성과는 여러 가지 형태의 노력에 의존하지만 일단은 가장 단순한 경우를 고려해 보자. 즉, 직원들이 해당 직업에 대하여 단 한 종류의 노력, e를 제공한다고 가정한다. 이 경우에 인센티브 체계의 역할은 분명하다. 추가적인 노력을 제공함으로써 발생하는 비용이 편익을 초과하는 수준까지 직원들이 노력하도록 동기를 부여하면 된다.

개인용 컴퓨터를 판매하는 판매사원에 대해 생각해 보자. 컴퓨터를 생산하기 전에 이미 기업은 1백만 달러의 고정비용을 지출해야 한다. 이제 컴퓨터 한 대를 생산하는 데 소요되는 추가 비용이 9,000달러라면 9,000달러는 한계비용이 되고 컴퓨터 1대당 10,000달러에 판매한다고 하면 한계수입은 1,000달러가 된다. 판매사원에 대한 수수료가 한계수입인 1,000달러를 초과하지 않는 한 이런 방식으로 기업은 추가로 컴퓨터를 판매할 때마다 추가적인 이윤을 얻게 된다.

생산의 한계비용 외에도 기업은 판매사원에 대한 보상을 해야 한다. 기업은 판매사원에게 상여금을 지급하되 상여금은 해당 사원이 판매한 수입의 일정 비율로 계산된다고 가정해 보자. 판매수입은 판매사원에 대한 논리적인 성과지표 가운데 하나이다. 왜냐하면 판매사원은 생산비용에 대해서는 어떠한 영향도 줄 수 없지만 판매수입에는 큰 영향을 줄 수 있기 때문이다. 판매수입은 각 사원에게 할당된 업무와 잘 부합된다. 기업은 기본급을 지급할 수도 있지만 하지 않을 수도 있다. 기업이 기본급을 지급한다면 이는 추가적인 고정비용이 된다. 기업이 이윤을 내기 위해서는 고정비용을 커버해야 하므로 기업이 일정한 수량, 예를 들어 주당 10대의 컴퓨터를 초과하여 판매한 수량에 대해서만 상여금을 지급한다고 가정해 보자.

서론에서 언급했듯이 컴퓨터 한 대가 판매될 때마다 기업에는 추가적인 비용이 발생한다. 판매사원들이 판매량을 늘리기 위해 노력을 하게 되면 그와 동시에 사원들의 비효용이 더 증가할 것이다. 판매사원들은 이러한 비효용에 대해 보상을 요구할 것이고 그러한 보상을 $C(e)$라고 하자. 당분간은 성과평가 지표에 문제가 없어 직원들이 리스크를 감수할 필요가 없다고 가정하자.

표 10.1에서 두 번째 열이 판매사원의 노력에 대한 비효용 $C(e)$를 나타낸다고 가정하면, (모든 수치는 1주를 기준으로 계산되었다.) 판매사원은 첫 번째 컴퓨터를 판매하기 위해서 적어도 20달러가 필요하다. 한 대를 판매한 사원이 추가로 한 대를 더 판매하도록 유도하기 위해서는 적어도 60달러(=80달러-20달러) 이상을 지급받아야 한다. 마찬가지로 22대의 컴퓨터가 판매된 상황(판매사원들은 이미 열심히 일하고 있는 상태이다.)에서 추가로 한 대 더 판매하도록 판매사원들을 유도하기 위해서는 추가적인 노력에 대해 900달러를 지급하여야 한다. 이런 수치가 주어졌다고 할 때 최적의 생산수준은 무엇일까? 다음 내용으로 넘어가기 전에 이 질문에

표 10.1

판매사원의 노력에 대한 비효용		(단위 : $)
판매수준에 따른 보상수준		
컴퓨터 판매대수	노력에 대한 총비효용	노력의 한계 비효용
1	20	20
2	80	60
3	180	100
4	320	140
5	500	180
…	…	…
10	2,000	380
…	…	…
15	4,500	580
…	…	…
20	8,000	780
…	…	…
23	10,058	900
24	11,520	940
25	12,500	980
26	13,520	1,020
27	14,580	1,060

답해 보자.

최적 판매수준은 25대이다. 이 수준까지는 추가적인 판매수입이 생산비용과 판매사원의 노력에 대한 한계 비효용을 합한 것보다 크기 때문에 기업은 이윤을 얻는다. 25대에서 26대로 판매량을 늘리는 데 소요되는 비용은 한계생산비용에 비효용을 합한 것보다 크다. 좀 더 쉽게 이야기하면, 판매사원의 노력에 대한 비효용은 25대까지는 1,000보다 작았다.

그렇다면 최적의 수당(판매수당)은 얼마가 적당할까? 먼저 판매사원이 컴퓨터 1대당 8% 혹은 800달러의 수당을 받는다고 가정해 보자. 판매사원은 20대를 판매할 때까지는 노력하지만 그 이상의 수량은 판매하지 않을 것이다. 이런 경우에 판매량 자체가 너무 적어 기업은 이윤을 얻을 수 없다. 여기서 판매수당을 조금 인상한다면 판매사원은 좀 더 열심히 일할 것이고 기업의 이윤은 증가할 것이다. 사실상 기업이 25대를 판매할 때까지 순이윤이 증가하기 때문에 대당 판매수당을 10% 혹은 1,000달러로 인상할 수 있다.

그러나 기업은 10% 이상의 판매수당은 지급하지 않을 것이다. 판매수당을 10% 이상 지급하게 되면 수입은 늘어나지만 사실상 추가로 발생하는 한계생산비용과 판매수당의 합보다 기업의 추가적인 수입이 적다. 따라서 최적의 판매수당은 추가적인 생산에 따른 수입과 정확히 같아야 한다. 이것은 일반적인 경제원칙이기도 하다. 직원들은 한계편익(판매수입)과 한계비용(생산비용과 노력의 비효용) 사이의 균형을 유지할 것이다. 달리 말하면, 최적 수수료율(인센티브 집중도)은 직원들의 전체 한계비용과 전체 한계편익이 같아지는 수준에서 정해진다.

$$최적\ 수수료율 = b^* = 수입 - 한계비용 = 한계이윤$$

성과지표가 판매수입이고 최적 수수료율이 10%라면, 이는 성과지표로써 개별 판매에 따른 한계이윤(marginal profit, 1,000달러 = 10,000달러 − 9,000달러)에 대한 수수료율이 100%인 것과 동일하다. 달리 말하면, 최적 수수료율은 컴퓨터를 추가로 판매하면서 발생하는 이윤 전체를 판매수수료로 제공하는 것이 된다. 따라서 우리는 성과지표를 이윤의 단위로 재조정할 수 있다. Q를 판매수량이라고 하면 최적의 인센티브 체계는 다음과 같다.

$$임금 = a + b × 수익 = a + Q × (한\ 단위\ 판매당\ 이익) = a + 직원의\ 판매로부터의\ 이익$$

이러한 보상체계에서 기업의 이윤은 다음과 같다.

$$기업의\ 이익 = 직원의\ 판매로부터의\ 이익 - 임금 = -a$$

상여금 지급체계는 판매사원의 추가적인 노력으로부터 발생하는 추가적인 이윤 전체를 판매사원의 수당으로 지급하는 것이 된다. 기업은 또한 기본급도 지급한다. 따라서 기업이 이윤을 얻을 수 있는 유일한 방법은 음의 기본급(negative base salary)을 지급하는 것뿐이다.

직업의 판매

경제학 이론은 밖으로 드러나는 것보다 더 유용하고 현실적일 때가 있다. 이는 판매사원에게 정확한 인센티브를 제공하기 위해, 기업이 판매사원에게 '직업을 판매(sell the job)' 해야만 하는 예를 통해 설명할 수 있다. 사실 많은 고용 계약에서 이런 경우와 매우 유사한 사례를 엿볼수 있다. 다음의 예를 살펴보자.

택시 운전사　　많은 도시에서 택시운전사들이 택시회사로부터 차(택시나 택시운영권)를 임차하여 운행한다. 그리고 택시운전사들은 그들이 택시 운행으로 벌어들이는 수입의 상당 부분(어떤 경우에는 100%)을 가지고, 택시운행에 따라 발생하는 추가비용(가솔린 비용)을 100% 부담한다. 이것은 사실상 택시운전사가 자산(택시나 택시운영권)을 소유한 회사로부터 직업을 임차하거나 구매한 것과 동일하다. 이러한 인센티브로 인해 택시운전사들은 자신이 임차하고 있는 동안 자산의 가치를 최대한 활용한다.

증권거래자　　주식 채권, 옵션, 선물거래 등을 하려는 사람은 거래소 내의 좌석을 소유해야 한다. 거래소 내의 이러한 좌석 가격은 수십만 달러에 이른다. 좌석을 소유한다는 것은 좌석 소유주에게 좌석을 효과적으로 이용할 수 있는 강한 인센티브를 제공할 뿐만 아니라 직업으로써 거래를 할 수 있는 권리를 제공한다.

식당의 웨이터　어떤 문화권에서는 고객으로부터 받는 팁이 웨이터의 임금을 구성하는 중요한 구성요소 가운데 하나이다. 팁은 고객이 받은 서비스의 질에 기반하기 때문에 일종의 성과에 대한 보상이라고 볼 수 있다. 미국 식당은 최저임금 적용대상에서 제외되어 있어서 이곳의 웨이터는 종종 법적 최저임금 이하로 임금을 받는다. 그러나 웨이터는 열심히 일하면 팁을 충분히 받을 수 있다고 기대하기 때문에 다른 직업보다 그들의 월급이 적다는 기회 비용에도 불구하고 그 직업을 산다. 기회 비용에도 불구하고 그 직업을 산다.[1]

식당 웨이터의 임금에 대한 또 다른 장치

● ● ● ● ● ● ● ● ● ●

시카고에 있는 유명 레스토랑 가운데 하나인 버그호프(최근에 문닫음)는 웨이터에 대한 통상적인 임금체계 외에 또 다른 장치를 하나 도입했다. 식당은 웨이터들이 판매하는 음식과 음료에 대해 비용을 부과하였다. 그리고 웨이터들에게 수입에 대하여 판매액에 팁을 더한 크레디트를 부여하였다(그것은 이윤의 일부를 보류하는 방식이라 할 수 있다). 이러한 제도가 잘 작동한 이유는 무엇일까?

　하나의 설명은 그러한 비용을 웨이터들에게 부과함으로써 웨이터들이 식당을 속이려는 유혹(예 : 바텐더들은 종종 더 많은 팁을 받기 위해 중요한 고객에게 추가적인 비용 없이 술이나 음료를 추가로 제공하기도 함)을 감소시킨다는 것이다. 또 다른 설명은 웨이터들의 성과에 대한 지표로써 이윤을 이용하는 것은 판매수입을 이용하는 것보다 인센티브 체계를 더 왜곡시킨다. 웨이터들은 다른 것보다 와인과 같이 마진이 더 높은 품목을 파는 노력을 통해 인센티브를 더 받고자 한다.

하청 판매　몇몇 기업은 자신들의 고용인을 활용하여 상품을 판매하기도 하지만 일부 기업은 하청을 통해 상품을 판매하기도 한다. 예를 들면, 보험회사는 이런 두 가지 판매방법이 모두 매우 일반적으로 행해진다. 기업이 상품의 판매를 하청을 준다면 그것은 실질적으로 직업을 판매하는 것과 동일하다. 하청 계약자는 상품을 구매하고 해당 상품의 재판매로부터 얻는 이윤의 상

---

1) 이러한 체계는 사실 레스토랑이 반복적인 사업을 영위할 경우에 잘 작동한다. 그러나 만약 고객이 레스토랑으로 돌아가기를 기대하지 않는다면, 그들은 팁을 주지 않고 떠난다거나 단점의 응징 없이 떠나기를 원하게 될 수 있다. 팁을 주고받는 것은 고객이 인센티브 체계 — 사회적 수준에서의 암묵적 계약의 형태 — 를 이행하도록 동기부여하는 문화적 규범을 필요로 한다. 이러한 사실은 왜 팁 문화가 서로 다른 문화에서 각기 다른 모습으로 나타나는지를 설명하는 데 도움을 준다.)

당 부분(일반적으로 100%)을 가져간다.

사실상 어떤 경우는 사업에 필요한 일부분(제조업의 경우에는 부품)을 제공하는 공급자를 활용하기도 한다. 이것도 어떤 의미에서는 직업을 판매하는 것과 동일하다. 하청의 우선적인 혜택 가운데 하나는 하청 계약자에게 더 강한 인센티브를 제공한다는 점이다. 하청이 좀 더 효과적으로 작동하면 다음과 같은 하청의 기초이론을 성립하는 것이 가능하다. 수행하는 사업 가운데 다른 부문과 분리 가능하고 해당 부문에 대한 성과를 완벽하게 평가할 수 있는 부문이 많을수록, 해당 부문은 하청의 우선적인 후보군이 된다. 하청을 주게 되면 하청업체에 주문을 하고 계약 수행을 감시하는 비용이 따른다. 기업들은 일반적으로 조직 내 다른 부문과 상호 연관성이 높은 부문은 하청을 주지 않는다. 이는 기업에서 직접 채용한 직원들과는 장기적이고 암묵적인 관계를 발전시킬 수 있지만 하청업체와는 그것이 쉽지 않기 때문이다.

중간 관리자　　위에서 제시한 모든 사례들은 개인에 대한 평가가 상대적으로 쉬운 경우들이다. 그러나 '직업을 판매'하는 개념은 사실상 모든 직업에 적용될 수 있기 때문에 쉽지 않은 경우도 있다. 졸업을 앞두고 2개의 기업으로부터 입사 제안을 받은 MBA학생을 고려해 보자. 첫 번째 기업은 표준적인 임금에 더하여 작은 규모의 상여금을 지급한다고 한다. 첫 번째 기업과 업무는 유사하지만 두 번째 기업의 경우 기본급은 아주 낮은 반면, 평가 결과에 따라 많은 상여금을 받을 수 있는 기회를 제공하고 있다. 만약 MBA학생이 두 번째 기업을 선택한다면 학생은 다른 기업에서 받을 수 있는 것보다 낮은 기본급을 선택한 것에 따른 기회비용이 발생하기 때문에 일정 정도 직업을 구매하는 것이 된다. 하지만 학생은 더 열심히 일함으로써 더 많은 상여금을 받을 수 있으므로 기회비용을 만회할 수 있을 것이다. 따라서 능력 있는 학생일수록 성과에 따라 더 많은 상여금을 받을 수 있는 두 번째 기업의 제안을 수용할 가능성이 높다.

일반적으로 평가 결과에 따라 더 많은 상여금을 받을 수 있는 직업은 다른 직업보다 기본급이 낮은 경향이 있지만 사실상 강한 인센티브 체계를 가진 경우일수록 전체 임금도 높은 경향이 있다. 이것은 다음 세 가지 이유로 발생한다.

첫째, 직원들에게 더 열심히 일할 동기를 부여하고 그러한 노력에 대해 더 많은 보상을 지급하기 때문이다. 둘째, 강한 인센티브는 더 능력 있는 사람들을 해당 직종으로 유인하기 때문이다. 이러한 인재들은 시장 가치가 높으므로 당연히 기업들은 높은 임금을 지급해야 한다. 셋째, 인센티브가 높다는 것은 그만큼 리스크도 높다는 것을 의미하므로 기업은 직원들에게 높은 리스크로 인한 프리미엄을 지급해야 한다.

이러한 논의는 단순해 보이지만 성과에 대한 임금을 지급한다는 측면에서 매우 중요한 직관을 제공하다. 인센티브 체계가 직원들에게 '직업을 판매'하는 형태라면 직원들은 열심히 일할 수 있는 완벽한 인센티브를 받게 된다. 이러한 형태로 인센티브 체계가 설계된다면 직원들은 일종의 1인 기업가가 된다. 이러한 인센티브는 직원들 스스로가 들인 노력에 대한 한계비용과 한계편익 사이에 균형을 유지하도록 유도한다. 이것이 기업가 정신이 경제 활력에 중요한 이유이다. 기업가는 강력한 인센티브를 제공함으로써 능력 있는 인재가 열심히 일하도록 유도하고 동시에 능력 있는 직원들이 그들의 창의력을 최대로 활용하여 더 높은 지위에 올라가기 위해 노력하도록 만든다.

많은 조직들이 일정 정도 관료적이고 비효율적으로 보이는 것도 이러한 이유 때문이다. 대부분 직종의 인센티브 체계는 이론과 비교할 때 불완전하다. 따라서 중간관리자들 심지어 대기업의 CEO들조차도 완전히 소유권을 가진 소유주보다는 상대적으로 약한 인센티브를 가지게 마련이다. 하지만 이러한 주장이 이런 종류의 인센티브가 최적이 아니라는 것을 의미하는 것은 아니다. 인센티브 체계는 트레이드오프가 있기 마련이고 인센티브와 효율성은 불완전하다.

불완전한 평가 및 최적의 인센티브

측정 오류

앞 장에서 언급했듯이 오류가 전혀 없는 평가 수단을 개발하는 것은 사실상 불가능하다. 임금이 성과와 연계되어 있다면 직원들은 통제가 불가능한 요소에 의해 보상을 받기도 하고 벌칙을 받기도 한다. 따라서 임금은 가변변수가 된다. 이러한 리스크가 임금과 최적의 인센티브에 어떤 영향을 미치는가?

개인은 리스크 기피적인 성향을 가진다. 따라서 가변적인 임금에는 심리적인 비용이 따른다. 이러한 리스크를 모델화하는 가장 쉬운 방법은 직원들이 임금의 리스크로부터 $\frac{1}{2} \times R \times \sigma_{Pay}^2$ 만큼의 비효용을 가진다고 가정하는 것이다. 여기서 R은 개인이 얼마나 리스크를 기피하는가를 나타내는 리스크 기피 계수이다. 리스크를 기피하는 정도가 작은 사람은 R의 값이 적을 것이고 반대의 경우에는 R의 값이 클 것이다. 따라서 해당 직원에 대한 총비용은 $C(e) + \frac{1}{2} \times R \times \sigma_{Pay}^2$이 된다.

예를 들어, 직원들이 기업에 기여하는 정도를 Q라 하자. 그러나 평가지표가 Q를 불완전하게 측정하여 ε만큼의 오류가 발생한다고 하면, 성과는 $PM = Q + \varepsilon$와 같이 나타낼 수 있다. ε는 표준편차가 σ_ε인 확률변수(random variable)이다. 따라서,

$$Pay = a + b \times PM = a + b \times Q + b \times \varepsilon$$

통계학 이론에 따르면 $\sigma_{pay} = b \times \sigma_\varepsilon$이다. 직원 1인의 전체비용은 다음과 같다.

$$C(e) + \frac{1}{2} \times R \times b^2 \times \sigma_\varepsilon^2$$

해당 직원이 더 열심히 일하도록 하기 위해 기업은 추가적인 노력뿐만 아니라 추가적인 리스크에 대해서도 적절한 보상을 해야 한다. 평가가 불완전할수록 리스크에 대한 프리미엄은 높

아진다. 기업이 많은 비용을 들여 직원을 감독하고 성과를 조심스럽게 측정하며 평가에서 통제 불가능한 요소를 최대한 배제하는 데 많은 비용을 사용하는 것도 이러한 이유 때문이다. 이러한 비용은 성과측정의 정확성을 증가시키기 때문에 임금으로 지급되는 비용을 낮춤으로써 적어도 부분적으로는 상쇄된다(이러한 비용은 성과측정과정에서 발생하는 왜곡을 줄임으로써 상쇄된다).

마지막 식이 가지고 있는 재미있는 특징은 리스크 프리미엄과 연관이 있는 둘째 항이 b에 대하여 증가함수라는 점이다. 인센티브 집중도가 높을수록 직원들에게 적용되는 인센티브 계획의 리스크도 함께 증가한다. 이것은 직관적으로 이해될 수 있다. 임금을 성과와 더욱 강하게 연계시킨다는 것은 측정오류의 효과가 확대됨을 의미한다. 운이 좋은 직원은 훨씬 더 많은 임금을 보상받을 것이고, 운이 나쁜 직원은 더 심하게 불이익을 받게 될 것이다.

여기서 우리는 트레이드오프를 고려해야 한다. 인센티브가 강할수록 직원들이 더 많은 노력을 기울이도록 유도할 수 있지만, 그와 동시에 리스크에 따른 프리미엄도 증가하여 전체 보상 비용이 증가한다. 이런 이유 때문에 최적의 인센티브는 우리가 이론적으로 살펴보았던 수준보다는 낮게 형성된다. 우리가 부분적으로 직원들에게 직업을 판매하지만 일반적인 인센티브 체계에서 직원들이 이윤에 기여한 부분을 100% 다 보상받을 수 있는 방법은 없다. 왜냐하면 그렇게 하기 위해서는 리스크 부담이 너무 크기 때문이다. 성과지표가 부정확할수록 최적의 인센티브도 약해진다.

사실상 이러한 사례는 일상적으로 볼 수 있는데 건강보험 등 다양한 분야에서 많이 발견된다. 보험의 경우, 보험금이 커질수록 사고를 예방하려는 인센티브는 작아진다.

왜곡과 다(多)업무 인센티브

성과지표와 관련된 두 번째 문제는 거의 모든 경우에 일정한 왜곡을 초래한다는 점이다. 성과지표가 직원들의 기여도를 왜곡할수록 인센티브에 대한 관심도는 낮아진다. 여기서 위험도는 우리에게 익숙한 표현인 '싼 게 비지떡(You get what you pay for)'으로 요약될 수 있다. 특정 업무에 강한 인센티브를 제공하면 직원들은 해당 특정업무에 대해 관심을 가지게 된다.

왜곡된 인센티브 문제에 대해서 좀 더 구체적으로 살펴보기 위해 두 가지 종류의 노력, e_1와 e_2을 요구하는 직업을 가정하자. 직원들의 비효용은 $C(e_1 + e_2)$이다. 앞에서 살펴본 판매사원의 경우를 적용하면, 첫 번째 노력은 새로운 컴퓨터를 판매하는 일이 되고 두 번째 노력은 고객에게 컴퓨터를 설치하는 서비스가 될 것이다. 판매사원의 기여도는 $Q = q_1 \times e_1 + q_2 \times e_2$가 된다. 업무가 복잡해짐에 따라 인센티브 체계는 더욱 복잡해질 것이다.

그렇다면 이런 경우 성과는 어떻게 측정하며 임금과 어떻게 연계시킬 것인가? 많은 직업에서 기업은 직원들의 업무를 1차원적으로 측정할 수 있는 매트릭스를 가지고 있다. 판매사원의 예에서 판매수입은 측정하기 매우 쉬운 지표이다. 하지만 고객에 대한 서비스는 구체화하기 쉽지 않고 수량화하기 어렵다. 그럼에도 불구하고 기업은 고객만족도 조사와 같은 방법을 통해 서비스에 대한 매트릭스를 만든다. 이것은 기업이 판매사원에 대한 다음의 세 가지 성과 매트릭스를 가지고 있을 수 있음을 의미한다.

$$PM_1 = q_1 \times e_1 + \varepsilon_1$$
$$PM_2 = q_2 \times e_2 + \varepsilon_2$$
$$PM_3 = \alpha \times PM_1 + \beta \times PM_2$$

첫 번째 수식은 판매수입에 대한 판매사원의 기여도를 나타낸다(매우 정확하게 측정되고 있기 때문에 σ_1^2은 작은 값을 가질 것이다). 두 번째 식은 판매사원이 고객서비스를 통해 기업에 기여한 정도를 나타낸다(구체적이지 않은 것을 수량화하였으므로 부정확할 수 있다). 세 번째 식은 첫 번째와 두 번째 식의 조합이며, 처음 두 식에서 가중 평균된 세 번째 성과지표를 통해 구할 수 있다. 그리고 이것은 서로 다른 임금 비율을 가진 PM_1과 PM_2에 근거하여 두 종류의 상이한 상여금을 지급하는 것과 동일하다.

만약 기업이 PM_1에 근거하여 상여금을 지급한다면, 고객에게 서비스를 제공하는 것에 대한 인센티브가 없기 때문에 강한 왜곡이 생긴다. 기업은 단기간에 많은 판매수입을 올릴 수 있겠지만, 많은 고객들이 서비스에 불만을 가지게 될 것이고 결국 불만족스러웠던 고객들은 더 이상 거래하지 않으려고 할 것이다. 이러한 문제가 발생했을 때 기업은 자연스럽게 PM_2에 근거한 두 번째 상여금을 지급하는 방안을 고려한다. 이는 서로 다른 업무 사이에 **균형적인 인센티브**를 제공하기 위함이다.

그러나 불행하게도 이러한 방법이 불균형의 문제를 근본적으로 해결할 것 같지는 않다. σ_1^2이 상대적으로 작기 때문에 PM_1에 대한 임금지급률은 상대적으로 높아야 한다. 같은 논리로 σ_1^2이 상대적으로 크기 때문에 PM_2에 대한 임금지급률은 상대적으로 낮아야 한다. 따라서 여전히 불균형적인 인센티브를 가지게 된다.

이 문제를 해결하는 한 가지 방법은 다른 두 업무를 분리하는 것이다. 기업은 성과를 측정하기 쉬운 업무에 높은 임금을 지급할 수 있고, 성과를 측정하기 어려운 업무에 대해서는 낮은 인센티브를 제공할 수 있다. 이후 기업은 인력을 포함해 더 많은 자원을 인센티브가 적은 업무에 투자하여 전체적인 산출이 균형을 이루도록 할 수 있다. 앞에서 제시한 예와 같이 사실상 많은 기업들이 판매와 분리하여 서비스를 제공하고, 이런 업무에 대해서는 별도의 접근방식을 취한다.

하지만 성과지표에 맞춰 업무를 바꾸는 것은 말 앞에 마차를 두는 것과 같다. 그보다는 업무에 적합하도록 성과에 대한 평가방법과 인센티브를 전환하는 것이 더 적절해 보인다. 그렇다면 기업은 이것을 어떻게 할까?

한 가지 가능한 해결책은 PM_3와 같이 여러 가지 방법으로 매트릭스를 결합하는 것이다. 2개의 매트릭스를 일정한 가중치로 결합시키면 결합된 매트릭스는 인센티브를 덜 왜곡시킨다. 위의 예에서 $\alpha = \beta$라면, PM_3는 직원들이 2개의 업무에 들이는 노력에 대해 적용되는 인센티브를 왜곡시키지 않는다(임금지급률은 모든 항을 α로 나눔으로써 재조정되어 전체적인 보상 수준은 리스크 기피적인 성향 때문에 직원들의 기여도와 동일해질 수 있다).

　물론, 다른 두 업무의 상대적인 가중치를 적절하게 현실에 적용하는 것은 쉽지 않다. 어느 정도의 가중치가 고객만족 업무에 두어져야 할 것인가? 그리고 그것은 수량화된 어떤 수치로 제시되어야 한다. 시간을 두고 기업들은 두 가지의 업무에 적용되는 상대적인 가중치에 대해 합리적인 추정치를 얻을 수도 있다. 또는 상대적으로 다른 여러 개의 가중치에 대한 실험을 통하여 합리적인 균형점에 도달할 수도 있다.

　사업의 세계는 매우 유동적이기 때문에 별도의 업무에 적용되는 인센티브의 상대적인 가중치도 자주 바뀐다. 따라서 α와 β에 특정한 수치의 가중치를 적용하는 접근방식은 잘 작동하지 않을 수 있다. 이런 경우에 최선의 접근방식은 여러 가지 업무에 균형 잡힌 인센티브를 제공하는 주관적인 평가를 활용하여 판단하는 것이다. 사실상 업무가 복잡해질수록 평가가 주관적으로 이루어질 가능성이 높아지고 성과에 대한 보상체계도 더욱 더 비공식적인 방법에 의존하게 된다.

요약 : 인센티브는 얼마나 높아야 하는가

어떤 요소가 최적의 인센티브 집중도에 어떻게 영향을 미치는가에 대해 요약해 보자. 직원들이 리스크에 중립적이거나 성과를 아주 정확하게 측정할 수 있다면, 직원들이 기업의 가치에 추가적으로 기여하는 정도에 따라 임금지급률을 결정할 수 있다. 하지만 현실적으로 직원들은 리스크를 기피하고 성과지표는 불완전하다. 따라서 현실에서의 인센티브는 이론보다 훨씬 약하다. 현실에서는 다음과 같은 요소들을 고려해야 한다.

직원들의 노력에 대한 가치　　기업의 이윤에 직원들의 추가적인 노력이 기여하는 정도가 클수록 인센티브는 강해진다. 예를 들어, 표 10.1에서 이윤 비율이 상승했다면 기업의 임금지급률 비율도 상승했을 것이다. 이러한 이유 때문에 인센티브는 대부분 승진으로 인해 임금수준이 높아질수록 더 강해지게 된다.

능력에 따른 직원 분류의 중요성　　인센티브는 또한 자기 선택을 유도한다. 기업이 직원들의 능력이나 축적된 기술수준에 따라 이루어지는 직원 분류를 중요하게 여길수록 성과에 대한 임금도 더 높아진다. 따라서 높은 기술수준을 요하는 직업의 인센티브가 해당 업무를 처음 접하는 신입직원에게 적용되는 인센티브보다 일반적으로 크다.

측정 오류 측정지표가 더 정확해질수록 그것에 주어지는 인센티브 또한 강해진다.

리스크 기피 성향 직원들의 성향이 리스크 선호적일수록 인센티브 집중도는 더 강해진다. 인센티브가 높은 분야에서 신입직원을 채용할 때, 기업은 리스크 기피 성향을 채용 시 하나의 요인으로 고려하는 경향이 있다.

신뢰와 주관성 인센티브 체계에 주관적인 판단(평가, 보상에 대한 가중치)이 개입되면 다양한 형태의 측정오류와 리스크 기피 성향의 문제가 발생한다. 직원들은 평가자의 '호의적인 면'과 '편향적인 면'이라는 리스크에 직면하게 된다. 따라서 직원들이 평가자를 신뢰할수록 평가자는 더 나은 판단을 내릴 수 있다. 평가과정이 보다 효과적일수록 인센티브는 강해진다.

왜곡과 대(多)업무에 대한 인센티브 평가지표가 왜곡될수록 보상을 강화하기 위한 추가적인 인센티브의 필요성은 높아진다. 이것은 여러 가지의 공식적인 인센티브를 적용하는 것을 의미할 수도 있고, 인센티브에 대한 더 넓고 더 주관적이며 암묵적인 접근방식을 활용하고 있음을 의미할 수도 있다.

잠재적인 조작 가능성 직원들이 성과지표를 조작할 가능성이 적을수록 인센티브에 대한 집중도는 강해진다.

●●● 성과에 대한 임금 : 일반적인 사례

우리는 지금까지 가장 단순한 형태의 경우에서 성과와 임금 사이의 선형관계를 살펴보았다. 이런 경우에 인센티브 집중도에 대한 질문은 그림 10.1에서의 기울기가 얼마나 가파른가 혹은 평평한가에 대한 것으로 단순화된다. 이번에는 일반적으로 관찰되는 임금과 성과의 여러 관계를 살펴볼 것이다.

보상 혹은 불이익

그림 10.2는 두 가지 서로 다른 임금과 성과의 관계를 나타낸다. 왼쪽 그림은 성과가 일정 수준보다 적은 경우에는 기본급만 지급되고 성과가 일정 수준 T를 초과할 때만 성과에 비례하여 상여금이 지급된다는 점을 제외하고는 앞에서 살펴본 그림 10.1과 유사한 **보상체계**(reward scheme)를 가지고 있다. 오른쪽 그림은 상당히 높은 수준의 성과까지는 기본급이 지급되는 반면, 성과가 일정 수준 T보다 낮으면 임금이 감소하는 **불이익형 체계**(penalty scheme)를 나타낸다.

가장 일반적인 형태의 임금체계는 왼쪽 그림이다. 그러면 기업은 왜 기준점(threshold)을 두는가? 한 가지 이유는 리스크 기피적인 성향과 관련이 있다. 일정 수준까지 기본급을 지급하면 기본급은 자신의 능력이 아닌 불운과 같은 외적인 요인에 대한 일종의 **보험**과 같은 역할을 한다. 직원들이 열심히 일하지 않아서 성과가 낮을 수 있지만 행운이 따라주지 않아서 낮을 수도 있다. 리스크 기피적인 개인은 최악의 상황을 피하는 데 관심이 많다. 그러므로 보험 성격을 가진 이런 종류의 임금체계는 직원들의 리스크 기피적인 성향을 감소시키는 데 매우 효과적이다.

이것은 두 가지 이점이 있다. 기업은 인센티브 집중도를 T의 오른쪽 부분까지 증가시킬 수 있다. T가 너무 높게 책정되지만 않는다면, 이것은 직원들이 더 강한 인센티브를 가질 수 있음을 의미한다. 둘째, 직원들은 실수 또는 성공하지 못한 것에 대해 불이익을 당할 가능성이 훨씬 적어지기 때문에 전보다 더 기꺼이 리스크를 감수하려고 할 것이다. 이러한 임금체계는 혁신을 유도하거나 일정 정도 리스크를 감수해야 하는 업무에 도움이 될 수 있다. 두 번째 효과는 임금이 직원들에게 스톡옵션 형태로 주어질 때 중요하다. 그림 10.2에 나타난 보상체계와 매우 유사한 것이 일반직원들에게 제공되는 스톡옵션인데, 이에 대해서는 제12장에서 살펴볼 것이다.

불이익을 주는 임금체계는 현실에서 일반적이지는 않다. 언제 그러한 임금체계가 이용될까? 불이익형 체계에서 성과가 낮을 때는 기울기가 양이지만 성과가 높을 때의 기울기는 0이다. 이러한 보상체계에서 직원들은 일정 수준 T를 넘는 성과를 낸 이후에는 열심히 일하려는 인센티브를 거의 가지지 않는다. 따라서 불이익형 임금체계는 직원들의 성과가 일정 수준을 넘으면 기업에 기여하는 정도가 매우 적거나 없는 경우에 유용하다.

현실에서 이런 사례를 찾는다면 아시아의 작은 국가에서 전력 체계를 관리하는 MBA 학생을 들 수 있다. 전력회사의 '가동시간'(전체 시간 가운데 전력이 이용 가능한 시간의 비율)은

그림 10.2 보상적인 인센티브와 불이익형 인센티브 체계

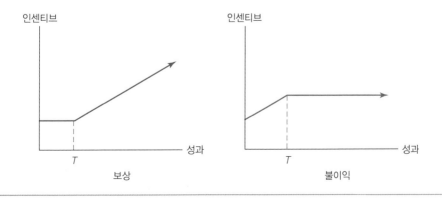

99.96%로 거의 완벽에 가깝다. 성과지표 PM이 가동시간 비율이라고 가정하자. 전력회사가 99.96% 이상으로 가동시간을 증가시킬 수도 있지만, 성과가 완벽에 가깝기 때문에 그렇게 하는 데 드는 비용은 매우 높다. 이런 경우에 성과를 증가시키는 것이 기업에 이익이 되지 않는다. 또한 성과지표가 기업의 실제 이윤이나 가치를 반영하는 것도 아니다. 그러면 전력회사는 앞에서 소개한 불이익형 보상체계를 도입하여, 전력 관리자의 성과가 일정 수준 이하로 하락하는 것은 피하면서 동시에 그 이상 증가하지 않게 관리하도록 유도할 수 있다.

따라서 보상체계는 직원들의 업무가 성과를 증대시키는 방향으로 잠재력이 큰 경우에 유용하다. 이 경우에 직원들의 성과가 높아지면 기업의 가치도 성장한다. 감소하는 방향으로의 잠재력이 거의 없는 경우에는 그림 10.2의 왼쪽 그림에서 보여준 종류의 보험을 제공하는 것이 합리적이다. 이러한 사례에 완벽하게 맞는 것이 스톡옵션이다. 불이익형 임금체계는 직원들이 기업의 가치에 손해를 끼칠 수 있는 가능성이 아래쪽으로는 존재하지만 위쪽으로 거의 없는 경우에 유용하다. 이런 종류의 업무를 종종 보호자 업무(guardian job)라 한다. 경호 업무가 아주 좋은 사례이다.

인센티브 체계의 구조

심리학자들은 종종 긍정적인 체계가 부정적인 체계보다 더 강력한 힘을 발휘한다고 주장한다. 이 주장을 우리 논의에 적용해 보면, 성과가 증가하면 그에 따라 직원들의 임금도 증가한다는 측면에서 불이익형 체계보다는 보상형 체계가 더 효과적임을 의미한다.

하지만 우리가 조금만 더 생각을 해보면 이러한 주장이 그렇게 분명한 것은 아님을 알 수 있다. 불이익형 인센티브 체계의 오른쪽 부분은 상여금에 상한이 있는 단순한 형태의 인센티브 체계와 동일하다. 성과가 T보다 아래인 경우에는 긍정적인 인센티브 체계를 가진다. 따라서 이를 달리 말하면, 이 체계는 불이익형 인센티브 체계라기보다는 상한이 있는 보상체계로 볼 수 있다.

인센티브 체계의 이름이 중요하다면, '불이익(penalty)' 또는 '벌칙(punishment)' 등의 용어는 피하는 것이 좋다. 하지만 이러한 용어들은 의도적으로 이용되기도 한다. 그림 10.2의 왼쪽 그림을 '보상'이라 부르고 오른쪽 그림을 '불이익'이라고 부름으로써 기업은 해당 업무의 성격과 기업이 기대하는 성과수준 등이 어느 정도인지에 대해 직원들에게 알려주게 된다. 왼쪽의 인센티브 체계는 기업이 기대하는 성과가 T의 오른쪽 부분일 때 사용하는 것이 적절하다. 이러한 인센티브 체계는 기업은 직원들이 매출을 늘리기 위해 노력하기를 원하고 좀 더 리스크를 감수하기를 원한다는 신호를 직원들에게 보낸다. 대조적으로 오른쪽 그림은 기업이 기대하는 성과수준이 T보다 작을 때 사용하는 것이 적절하다. 이러한 인센티브 체계는 매출이 감소해서는 안 되며 따라서 리스크를 감수하기보다는 보수적일 필요가 있다는 신호를 보내는 것이 된다.

이러한 인센티브 체계에서 중요한 한 가지 이슈는 기준이 되는 T를 어떻게 책정하는가 하는 점이다. 보상형 인센티브 체계를 살펴보자. T의 왼쪽에서는 기울기는 0이고 오른쪽에서는 양이다. 만약 T가 너무 높게 책정된다면 직원들의 운이 아주 좋은 경우(측정오류가 크고 양인 경우)라고 하더라도 성과가 T를 초과하기 힘들 것이다. 이것이 사실이라면 $\Delta PM/\Delta e$은 대략 0과 같은 값을 가질 것이고, 열심히 일한 직원들은 인센티브를 거의 가지지 못하게 된다. 마찬가지로 불이익형 인센티브 체계에서도 T가 지나치게 낮게 책정된다면 직원들은 일한 인센티브가 거의 없게 된다.

사실상 인센티브 체계를 처음 실행할 때 적절한 수준의 기준점을 설정하는 것은 어려운 문제이다. 환경이 바뀌기 때문에 더욱 그렇다. 예를 들어, 직원들이 해당 업무에 익숙해질 수도 있고 생산 방법 자체가 바뀔 수도 있다. 이러한 변화들로 인해 최초 주어진 수준의 성과는 쉽게 달성될 수 있다. 이 경우에는 기준점 T의 수준도 바뀌어야 한다. 기업이 기준점 T를 바꾸는 이유는 많지만 가장 전형적인 이유는 생산기술과 방법이 개선되면서 T의 수준도 조정될 필요가 있기 때문이다.

하지만 기준점 T를 조정하는 것은 까다로운 면이 있다. 그림 10.2의 보상체계에서 다른 요인이 변하지 않는 상황에서 기준점 T만 상승했다면 직원들은 상여금을 받기 더 어려워질 뿐만 아니라 전과 동일한 수준의 성과에 대해서 더 적은 상여금을 받게 될 것이므로 전보다 불행해질 것이다. 직원들은 기업이 직원들의 노력에 대한 보상을 줄이려 한다고 인식하게 될 것이다.

더욱이 관리자들이 임금 지급체계를 도입한 후 생산량과 이윤이 기대했던 수준보다 더 많이 증가했다고 해보자(아마도 관리자가 인센티브의 효과를 과소평가했을 가능성이 높다). 자연스러운 반응은 기준점 T를 끌어올리거나 기울기를 줄이거나 기본금을 줄이는 것이 될 것이다. 이것이 임금비용을 줄일 수는 있지만 부정적인 효과 또한 나타날 것이다. 위에서 살펴본 두 가지 사례 모두 기업이 임금체계에 대해 암묵적으로 했던 약속을 어기고 있다고 직원들이 느낄 수 있는 리스크가 있다.

따라서 인센티브에 대한 일반적인 관점은 인센티브 체계가 단순할수록 가치가 있다는 것이다. 적용이 가능하기만 하다면 가장 단순한 직선 형태의 인센티브 체계가 가장 효과적이다. 기준점, 인센티브 집중도의 변화, 정액제 임금 등은 종종 다양한 문제를 일으킨다. 더욱이 복잡한 인센티브 체계는 직원들이 성과를 어떻게 보상받을지 이해하기 어렵게 만들어 인센티브 자체를 감소시킬 수도 있다. 복잡한 임금체계는 경영진에 대한 신뢰문제를 불러일으킬 수도 있다. 몇몇 직원들은 정확한 방법은 모르지만 경영진이 어떤 형태로든 자신들을 이용하기 위해 복잡한 임금체계를 활용한다고 믿을 수도 있다.

톱니바퀴 효과

높은 성과에 대하여 기준점 T를 더 올리거나 임금률 b를 더 낮추는 방식으로 기업이 반응했을 때 나타날 수 있는 현상에 대해 고려해 보자. 이러한 기업의 반응에 대하여 직원들은 자신들이 얻은 높은 성과에 대하여 사실상 벌칙을 받고 있다는 결론에 도달하게 된다. 이러한 상황이 벌어지면 일하려는 인센티브는 감소하게 될 것이다. 따라서 기업은 인센티브 체계를 어떻게 바꿀 것인가에 대해 매우 조심할 필요가 있다. 인센티브 체계를 바꿀 충분한 이유가 있다면 기업은 직원들과 이에 대해 명확히 의견을 교류해야 한다. 더욱이 인센티브 체계가 이미 도입되어 있는 경우라면 향후 체계를 변화시키는 것을 자제해야 한다. 기업과 직원들 사이의 신뢰 정도가 높을수록 이러한 톱니바퀴 이슈가 문제가 될 가능성은 작아진다. 톱니바퀴 효과에 대해서는 부록에서 자세히 다룬다.

정액제 임금, 강등 및 승진

그림 10.3은 성과에 관련된 가장 일반적인 형태의 임금체계를 보여준다. 성과가 기준점보다 높다면 보상 수준은 한 단계 상승하게 된다. 이런 형태의 인센티브 체계가 왜 현실에서 가장 일반적일까? 이러한 형태의 가장 대표적인 것이 승진이다. 대부분의 승진은 많은 임금 상승(여기에 다른 형태의 혜택도 포함하여)과 함께 이루어진다. 대부분의 경우에서처럼 승진이 성과에 기초하고 있다면 승진은 중요한 인센티브가 된다. 이러한 사례는 매우 중요하기 때문에 다음 장에서는 이 문제를 본격적으로 다룰 것이다. 직원들이 강등이나 해고로 인해 금전적인 손실을 본다면 해고나 강등 등의 위협도 승진과 유사한 효과를 가진다.

그림 10.3에 나타난 임금과 성과 사이의 또 다른 예는 정액 상여금(lump sum bonus)이다.

그림 10.3 정액 보상

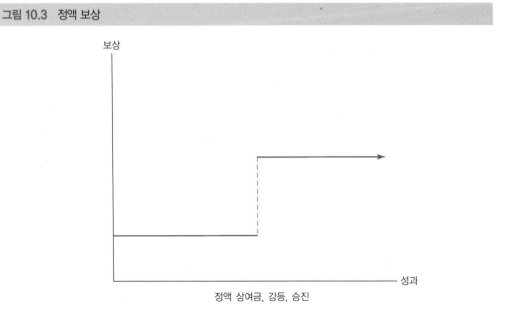

정액 상여금, 강등, 승진

종종 기업은 직원들이 일정한 목표를 달성했을 때 정액 상여금을 지급한다. 예를 들어, 자동차 딜러는 목표 판매량을 충족한 직원 또는 가장 판매량이 많은 직원에게 1,000달러를 지급할 수 있다.

하지만 그림 10.3과 같은 인센티브 체계는 쉽게 깨질 수 있다. 이것은 그림 10.2의 보상체계에서 기준점 T가 지나치게 높게 책정된 경우와 비슷하다. 직원들의 성과가 기준점 이하라면 성과에 따른 임금의 기울기는 0이고, 성과가 기준점 근처에 있을 경우에 기울기는 무한대가 된다. 성과가 기준점을 넘어서면 기울기는 다시 0이 된다. 이러한 임금체계는 직원의 성과수준이 기준점 바로 근처에 있을 경우에만 매우 강한 인센티브를 제공한다. 하지만 기준점보다 훨씬 아래에 있거나 위에 있다면 이러한 인센티브는 직원들의 일손을 놓게 만드는 경향이 있다(어떤 스포츠 팀이 다른 팀보다 많이 앞서 있다면 그 팀이 무엇을 할 것인가를 생각해 보라. 2급팀을 투입함으로써 속도를 늦출 것이다). 이것이 바람직하지 않다면 성과에 대한 임금이 점진적으로 상승하는 형태의 임금체계가 적절하다.

인센티브 체계 혹은 기울기가 기준점 근처에서 크게 변화할 때 직원들의 행동이 문제가 될 수 있다. 그림 10.3에서와 같은 전부 아니면 전무(all-or-nothing) 형태의 보상체계는 기준점 근처에 있는 직원들이 더 열심히 일하도록 동기를 부여하기도 하지만 그와 동시에 가능하다면 직원들이 성과를 조작하도록 유도하기도 한다. 성과를 조작하는 것은 모든 인센티브 체계에서 문제가 되지만 조작에 의한 보상이 큰 경우에는 특히 문제가 된다. 하지만 작은 성과의 변화로 직원들이 급격한 임금의 변화에 직면하게 된다면 이는 더욱 큰 문제가 된다. 이와는 대조적으로 성과에 따라 임금이 점진적으로 상승한다면 직원들을 지속적으로 열심히 일하려는 인센티브를 가지게 될 것이다. 따라서 기준점이 있고 기준점을 초과했을 때 거액의 정액 상여금이 주어지는 인센티브 체계는 부정한 행위를 하도록 직원들을 유도할 가능성이 높다.

한편 기업은 직원들 사이의 성과가 큰 차이가 나지 않도록 종종 관리할 필요가 있다. 개별 직원의 성과가 다른 직원들에 비해 지나치게 낮거나 지나치게 높다면 기업가치를 떨어뜨릴 수 있기 때문이다. 공장의 조립라인에서 일하는 직원을 예로 들어보자. 너무 느리게 일하거나 너무 빨리 일한다면, 다른 직원들과의 협조에서 문제를 일으킬 수 있다. 또 다른 예로 공장의 운영자를 들 수 있다. 기업은 특정 수량을 최적의 비용으로 생산한다. 생산량이 정해진 수량보다 너무 높거나 너무 낮을 경우 평균비용은 급상승한다. 기업이 직원들의 실적을 예측 가능하도록 만들기 위해서는 직원들의 노동 속도를 조절하거나 최적의 생산량을 통제할 필요가 있다(가령 기업은 예산을 해당 부문에 독점적으로 사용할 수도 있다). 이 모든 경우에 기업이 목표로 하는 근처까지 직원들이 실적을 내도록 유도할 수 있는 인센티브 체계가 필요하다.

직원들의 실적이 주관적으로 평가되는 경우에도 정액 상여금은 중요한 역할을 한다. 감독관이 직원들의 실적을 정확하게 평가하려고 노력했는지 증명하기 어렵기 때문에 주관적인 평가는 직원들의 신뢰를 얻기 쉽지 않다. 더욱이 주관적인 평가는 업무의 질적인 측면과 관련이 있기 때문에 상당히 부정확한 면이 있다. 그럼에도 불구하고 직원의 실적과 기업 목표의 차이가 얼마나 되는지 분명하지 않은 경우도 있지만, 어떤 경우 감독관은 직원의 성과가 특정 기준보다 높은지 또는 낮은지를 상당히 정확하게 평가할 수 있다. 또한 어떤 경우에는 직원들이 감독관의 판단에 대하여 상당히 동의하기도 한다. 사례를 두고 토론 형식으로 진행되는 수업에서 학생들이 토론 참여 정도에 따라 학점을 받는 경우를 생각해 보자. 교수가 학생들의 토론 참여 정도에 따라 처음부터 끝까지 모든 학생에게 점수를 준다면 상당히 부정확한 결과를 초래할 수 있다. 수강하는 학생수가 많은 경우에는 더욱 그런 현상이 발생한다. 그러나 학생이 토론에 성실하게 참여하려고 노력하는지에 대한 판단은 생각보다 쉬울 수 있다. 이런 조건이 충족될 경우 주관적인 평가이긴 하지만 감독관은 직원들이 기준을 달성했는지에 대해서 상당히 정확하고 신뢰할 만한 평가를 할 수 있다.

정액 상여금이 유용한 마지막 사례는 직원들의 실적이 연속적으로 평가되지 않고 특정 목표를 달성했는지 혹은 실패했는지 두 가지로만 평가되는 경우이다. 예를 들어, 작가는 원고의 마감시간을 지킴으로써 상여금을 받을 수 있고, 판매사원은 새로운 고객을 유치함으로써 상여금을 받을 수도 있다. 하지만 이러한 평가체계는 생각보다 일반화되어 있지 않다. 일반화되어 있지 않은 가장 큰 이유는 목표의 달성 여부가 직원의 성과를 평가하는 여러 요소들 가운데 하나일 뿐이기 때문이다. 예를 들어, 작가의 경우 마감시간을 지키는 것 외에도 원고의 질적인 면도 성과에 중요한 영향을 미치며, 판매사원이 유치한 새로운 고객들 가운데에서도 어떤 고객은 다른 고객보다 기업 이윤에 더 많이 기여하기도 한다. 이런 경우의 대안은 고객이 기업의 이윤에 기여한 정도에 따라 상여금을 지급하는 것이다.

보상 상한

그림 10.4에서 우리가 고려해야 할 마지막 체계는 상한이 있는 보상체계다. 상한은 직원이 받을 수 있는 최대의 상여금액을 뜻한다. 어떤 상여금 체계에는 상한이 있고 어떤 경우에는 상한이 없다. 그렇다면 기업은 왜 상여금 체계에 상한을 이용하는 것일까?

경영자들은 직원들이 지나치게 많은 임금을 받는 것을 방지하고자 종종 상여금에 상한을 두기도 한다. 그러나 이런 주장은 다음 몇 가지 이유로 아주 조심스럽게 접근할 필요가 있다. 첫째, 임금수준을 낮추는 것이 목적이라면 상한을 두지 않고 기본급을 낮추는 것으로도(그림 10.4에서 그래프 전체를 아래로 이동시키는 경우) 가능하다. 둘째, 어떤 직원의 임금이 높다면 그것은 그 직원이 일을 잘했기 때문일 수도 있다. 성과지표가 직원이 기업에 기여한 정도를 합리적으로 반영한다면, 기업은 이러한 추가적인 성과에서도 아마 이윤을 얻고 있을 수 있다(앞에서 논의했듯이 이것은 성과에 따른 임금률이 직원이 기여도를 100% 모두 반영하지 않기 때문). 임금에 상한을 누면 인센티브(두 번째 기준점을 넘어서는)가 감소할 것이고, 이는 결국 기업의 이윤을 감소시킬 것이다. 사실 어떤 경우 경영진은 자신들보다 직원들이 더 많은 임금을 받는 상황이 싫

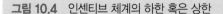

그림 10.4 인센티브 체계의 하한 혹은 상한

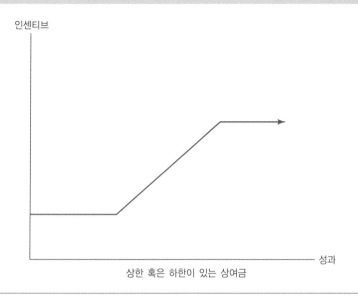

상한 혹은 하한이 있는 상여금

어서 상한을 두기도 한다. 그러나 이러한 종류의 상한을 두고자 하는 동기들은 톱니바퀴와 같은 효과가 나타날 것이다(부록 참조).

한편 임금에 상한을 두는 것은 다음과 같은 이유로 정당화될 수도 있다. 상여금은 성과지표에 근거하여 지급되고, 성과지표는 직원이 기업에 실제로 기여하는 정도를 불완전하게 측정하는 대리변수이다. 성과지표는 직원의 노력 함수이기도 하지만 직원의 행운 함수이기도 하다. 성과 지표는 조작될 수도 있고 직원들의 인센티브를 왜곡시킬 수도 있다. 어떤 직업에서 직원의 노력이나 능력만으로는 극단적으로 높은 성과를 낼 수 없는 직업도 있다. 이런 종류의 직업에서는 성과가 높을수록 성과 자체가 운에 의한 것이거나 조작에 의한 것일 가능성이 높다. 이런 경우에 기업은 운에 대해 보상하거나 인센티브 체계를 조작할 유인책을 없애기 위하여 상한을 고려할 수 있다.

이런 사례로 비벌리힐스에 있는 드렉셀 번햄 램버트라는 '정크본드' 그룹의 회장이었던 Michael Milken을 들 수 있다. Milken 회장의 임금체계는 아주 강력한 인센티브 집중도를 가지고 있었다. 다시 말하면 성과와 임금 사이의 기울기가 아주 가팔랐다. 또한 상한도 두지 않았다. 첫해, 그의 성과는 매우 좋아서 5억 달러 이상의 상여금을 받기도 하였다. 하지만 불행하게도 다음 해부터는 전과 같이 높은 성과를 내기가 점차 어려워졌다. 그의 그룹은 많은 사람들이 비윤리적이라고 여기는 방법으로 사업을 하고 거래하기 시작하였으며, 결국 그는 기소되어 감옥에서 상당한 시간을 보내야 했다. 드렉셀은 파산하여 결국 문을 닫게 되었다. 만약 Milken이 자신의 인센티브에 상한을 두고 있었다면 이런 일은 일어나지 않았을 수도 있었다(어쨌든 그는 자신 내부적으로 그렇게 강한 동기를 가지고 있었을 수도 있다).

   그렇지만 상한을 두는 것에도 문제는 있다. 이는 Ross Perot의 이야기를 통해 살펴볼 필요가 있다. 1992년 대통령 후보 선거에서 지기 전까지 Ross Perot는 대단히 성공한 사업가였다. Ross Perot의 첫 번째 직업은 IBM의 컴퓨터 본체를 파는 것이었다. 당시에는 컴퓨터 본체를 파는 사업의 초창기였기 때문에 이런 직업은 아주 좋은 기회가 될 수 있었다. Ross Perot에게는 행운도 따라주었지만 Ross Perot는 사업에 매우 재능이 있었을 뿐만 아니라 일도 열심히 하였다. 사실상 그는 IBM 내에서 판매 실적이 가장 좋았다. 한번은 IBM의 회계연도가 1월에 시작하는데 1월 19일에 그의 할당량을 모두 판매하기도 하였다. Ross Perot는 당황했고 그의 재능을 좀 더 잘 활용하고 싶었다. 당시에는 IBM도 컴퓨터 부품을 낱개로 팔던 때였는데 Ross Perot는 필요한 소프트웨어까지 모두 설치되어 있는 컴퓨터 시스템을 통째로 팔자는 새로운 아이디어를 IBM에 제시하였다. 그러나 IBM은 그의 제안을 검토만 하고 수용하지는 않았다.[2] 그러자 Ross Perot는 IBM을 그만두고 EDS(Electronic Data Systems)라는 회사를 설립하여 곧바로 IBM과 경쟁하기 시작하였다. 그 과정에서 그는 수십만 달러를 벌었고, IBM은 그의 혜택을 공유하지 못했다.

   Ross Perot의 이야기는 실적이 매우 좋은 직원에 대한 보상을 제한하는 상한제도 혹은 일반적인 톱니바퀴 효과 형태의 시도가 어떤 리스크를 가지고 있는지를 보여준다. 기업이 실적에 대한 보상에 상한을 둔다는 것은 가장 유능한 인재를 잃을 수 있는 리스크를 기업이 감수해야 한다는 것을 의미한다. 아마도 이런 리스크가 드렉셀이 Milken의 상여금에 상한을 두지 않은 이유일 것이다. 투자은행 업계에서 뛰어난 재능을 가진 직원은 충분한 보상이 이루어지지 않을 경우 직접 회사를 설립하여 기존 회사와 경쟁하게 되는데, 드렉셀은 그러한 사실을 알고 있었을 것이다. 기업들은 직원들의 시장가치만큼 임금을 지급해야 한다. 고난도 기술을 요하는 직업에 종사하는 직원은 높은 임금을 받는다. 이는 사실상 직원들에 의해 창출된 이윤 가운데 나머지 부분의 일부 혹은 전부를 직원들에게 상여금으로 지급해야 함을 의미한다. 즉, 기업들은 직업을 팔아야 한다(sell the job). 이런 근본적인 이유로 인해 지식 집중도가 높은 분야(투자은행, 법률, 컨설팅, 학문적인 분야 등)의 조직에서는 가장 돈을 잘 벌 수 있는 생산성 높은 파트너와 직업적인 '파트너십'을 형성한다.

---

2) Porot는 "IBM에서는 조직의 최고관리층에 아이디어를 가져갔지만, 궁극적으로 그들은 나의 계획을 거절했다."고 밝혔다 (2005, p. 72). 물론 IBM은 제6장에 묘사된 바와 같이 매우 위계적이었고 보수적인 조직이었다. 따라서 이것은 그리 놀라운 사실이 아니다.

응용

이윤 공유와 우리사주신탁

많은 기업들이 넓은 의미에서 이윤 공유(profit sharing), 소득 공유(gain sharing), 우리사주신탁(employee stock ownership) 등의 보상체계를 가지고 있다. 경영진들은 이런 보상체계로 직원들이 '일종의 주인의식(a sense of ownership)'과 '우리는 하나(we are all in this together)'라는 느낌을 가지게 된다고 주장한다. 이런 보상체계는 합리적인가? 이론적으로 보면 합리적이지 않다. 그렇다면 비합리적인 보상체계와 반대되는 주장을 고려해 보고 그것이 왜 합리적인지 살펴보자.

인센티브 체계를 분석하기 위해서는 이 장과 마지막 장에서 제시하는 원칙을 사용하라. 처음 제기할 두 가지 질문은 '성과평가의 특징은 무엇인가'와 '성과와 평가는 어떻게 연계되는가'이다.

성과평가

이윤을 공유하거나 자사주를 소유하도록 하는 보상체계에 대한 평가는 매우 광범위하다. 공장이나 일반 조직체에서 이윤공유의 수단은 단위수량당 이윤 혹은 수입이 된다. 기업 전반에 걸친 이윤 공유의 경우에는 기업 전체의 이윤이 기준이 된다. 자사주 매입의 경우에는 주식이 이윤 공유의 수단이 된다.

이미 당신의 머릿속에는 이러한 보상체계에 대해 경계의 벨이 울리고 있을 수도 있다. 위에서 제시한 보상체계는 일반적인 직원에게 적용하는 것이 적절하지 않다. 직원들이 기업의 가치를 상승시킬 수도 있지만, 기업의 핵심적인 위치에 있지 않는 개별 직원 한 사람의 노력으로 기업 전체의 가치가 크게 상승하는 경우는 많지 않기 때문이다. 이윤을 공유하는 보상체계는 대부분의 직원들에게는 완전히 통제 불가능한 것들이다. 따라서 이러한 보상체계는 직원들에게 어떤 인센티브도 제공하지 못한다. 많은 연구들에 따르면 이윤을 공유하는 형태의 보상체계는 생산성이나 이윤 등에 효과가 거의 없다.

임금과 성과 사이의 관계

이러한 보상체계가 가지고 있는 또 다른 문제는 성과지표가 아무리 훌륭한 것이라 하더라도 인센티브 집중도는 매우 낮은 경향이다. 이런 현상이 나타나는 근본적인 원인은 무임승차자(freerider) 때문이다. 당신이 그룹으로 어떤 임무를 수행할 때 그룹 내에 어떤 직원이 역할을 충분히 하지 못했다고 하자. 그룹 내의 모든 직원이 동일한 평가를 받았다면 역할을 충분히 하지 못했던 직원도 어떤 식으로든 열심히 일한 직원들과 보상을 공유하게 된다. 그룹 내에서 무임승차자가 되는 것이다. 문제는 직원들의 노력이 일부 변화하더라도 보상에서의 변화는 거의 나타나지 않는다는 데 있다.

보상을 동일하게 나누는 그룹보상체계에서는 무임승차자 문제를 피할 수 없다. N명으로 구성된 그룹이 있고 보상은 각 사람에게 1/N으로 동일하게 분배된다고 해보자. 물론 N이 커지면 1/N은 빠르게 0으로 접근한다. 따라서 그룹 크기가 작지 않은 한 인센티브 집중도는 0에 가까울 수밖에 없다.[3] 극단적인 사례로 독일의 거대기업인 지멘스(Siemens)는 이윤을 직원들과 공유하는 보상체계를 가지고 있다. 2007년 지멘스 직원 수는 400,000명으로 모든 직원이 동일한 비율로 보상을 받는다면 커미션 비율(또는 인센티브 집중도)은

$$b = \frac{1}{400,000} = 0.0000025$$

이 된다. 이것은 매우 작은 인센티브 집중도이다. 지멘스가 극단적인 사례이긴 하지만 무임승차자 문제와 이런 보상체계를 인센티브 체계에 적용하는 것이 얼마나 어려운가를 단편적으로 잘 보여준다.

반론

그렇다면 왜 많은 기업들이 위와 같은 임금체계를 이용하는 것일까? 한 가지 가능한 설명으로 이들이 이론을 잘못 이해하고 있다는 주장이 있는데 어느 정도 사실인 것처럼 보인다. 하지만 이런 주장 외에도 몇 가지 반론이 존재한다.

첫째, 동료간의 압력이 무임승차자 문제를 어느 정도 해소할 수 있다. 그룹 내 모든 직원들이 노력의 정도와 관계없이 동일한 몫의 상여금을 받는다면, 직원들은 다른 동료들이 더 열심히 일하도록 압력을 행사할 동기를 가지게 된다. 이러한 방법이 적용된다면 최적의 그룹 크기는 더 커질 수 있다. 동료 사이의 압력은 다른 이유로 기업의 생산성을 증가시키기도 한다. 직원들이 서로 협력하여야만 업무가 진행되는 경우나 기업이 팀워크를 광범위하게 활용하는 경우라면, 그룹별로 인센티브를 주는 것은 매우 합리적인 접근방식일 뿐 아니라 협력의 중요성을 강조하는 기업문화 조성에도 도움이 될 수 있다. 우리사주신탁(ESOP)이나 이윤 공유 방식의 보상체계가 긍정적인 효과가 있음을 보여준 일부 연구들은 이러한 보상체계가 팀으로 생산이 이루어지는 기업에 특히 도움이 될 수 있음을 발견하였다.

하지만 무임승차자 문제는 매우 보편적이므로 대부분의 경우 동료들의 압력만으로 무임승차자 문제를 극복하는 것이 불가능하다는 것을 그룹으로 일해본 사람은(모든 사람이 저녁식사 비용을 동일하게 분배하는 경우와 같이) 누구나 알고 있다.

두 번째, 이윤공유 형태의 보상체계에서는 직원들의 성과가 상승하면 보수도 증가하고 성과

---

3) 사회심리학자들은 종종 최적의 그룹 규모는 대략 5명 혹은 6명 정도라고 주장한다. 이와 같은 주장의 중요한 이유 중 하나로 보다 큰 그룹에서는 급속도로 무임승차 문제에 맞닥뜨리게 된다는 점이 있을 수 있다.

가 하락하면 보수도 감소하므로 직원들에 대한 보수는 고정비용이라기보다는 가변비용이 된다. 이것은 기업의 금융 리스크를 하락시켜 자본비용을 감소시키는 결과를 가져온다. 하지만 이러한 설명은 그것이 자본비용을 감소시키기도 하지만 직원들의 임금비용을 더욱 인상하여 자본비용을 줄일 수도 있다는 측면에서 논리적이지 못하다. 이는 일반적으로 직원들이 투자자보다 리스크를 훨씬 더 기피하는 성향을 가지고 있을 뿐만 아니라, 보수에 대한 리스크를 수용하는 경우에도 주식소유자보다 훨씬 높은 리스크 프리미엄을 요구하기 때문이다. 이 문제는 직원들에 대한 스톡옵션을 고려할 때 광범위하게 다시 다룰 것이다.

또 다른 설명은 공공적인 측면과 관련이 있다는 주장이다. 고위 임원진에게 대규모 스톡과 옵션을 부여하고 기업의 성과가 좋으면 관대한 보수를 제공하는 데는 충분한 이유가 있다. 하지만 좋은 성과에 따라 임원진에게 많은 보수를 지급하면 기업은 종종 주주, 노동조합, 언론, 또는 다른 단체로부터의 압력에 직면하기도 한다. 이런 비난은 하위 직원들에게까지 주식을 제공하거나 이윤을 공유하는 기업에게는 적용되지 않는다. 따라서 이러한 보상체계는 공익적인 측면에서는 바람직할 수 있지만 인센티브로서는 적절치 않다.

마지막 설명은 기업의 최고경영진이 주식가격을 끌어올리기 위한 하나의 방편으로 자사주를 직원들에게 제공함으로써 해당 기업의 주식에 대한 수요를 증가시키려 한다는 주장이다. 예를 들어, 어떤 기업들은 직원들의 연금 적립금의 상당 부분을 자사주에 투자하기도 한다. 하지만 이러한 관행은 연금 적립금이 분산 투자되지 않고 하나의 회사에 집중 투자된다는 점에서 직원들의 관심과는 반대된다. 이 경우 연금 적립금의 수익은 직원들의 인적자본과 밀접하게 연관되게 된다.

조직의 형태와 계약

우리가 여기서 제시한 대부분의 원칙은 고용관계뿐만 아니라 비즈니스 전반에 걸쳐 적용될 수 있는 것들이다. 몇 가지 예를 통해 이런 원칙이 어떻게 실제 사업에 적용되는지를 살펴보자.

독점판매권 또는 프랜차이즈

독점판매권은 인센티브의 원칙을 의사결정 및 특정 지식을 활용하는 원칙에 결합한 특별한 조직적 형태를 가진다. 독점판매권한을 부여받은 사람은 소유주와 직원 사이의 중간쯤 되는 위치에 해당된다. 반면 독점판매권을 가지고 있는 사람은 외부조달과 자체 생산의 중간쯤에 해당된다.

분명 독점판매권은 가장 일반적인 성과지표이며 순수 소유권에 해당된다. 전형적인 프랜차이즈는 프랜차이즈 운영권을 위해 거액의 수수료를 지급해야 한다. 독점판매권을 부여받은 사람은 해당 사업을 운영할 권리(일부 제약이 있지만)를 가지게 된다. 독점판매 권한을 부여받은 사람이 해당 상품을 시장가격으로 판매할 수 있기 때문에 성과는 독립적인 가게의 소유주가 가진 권리와 아주 유사하다. 이것은 무형자산, 투자, 장기적인 의사결정 등의 측면에서 성과를 측정하는 데 대한 왜곡이 거의 없음을 의미한다.

하지만 프랜차이즈는 완전한 소유권과는 다소 거리가 있다. 왜냐하면 프랜차이즈 소유자는 일부 의사결정에 대한 권한을 여전히 보유하고 있기 때문이다. 예를 들어, 프랜차이즈 소유자는 일반적으로 특정 생산라인을 지정할 수 있으며, 특정한 공급품(맥도날드가 특정 지역의 쇠고기만을 햄버거에 사용하는 것과 같이)만을 사용하도록 요구할 수도 있다. 또한 프랜차이즈 소유자는 직원들이 특정 유니폼을 입도록 요구할 수 있으며 매장의 디자인까지 통제한다.

이러한 조직 형태는 의사결정의 중앙화와 분산화를 효과적으로 활용한 형태이다. 프랜차이즈 소유자는 브랜드명에 영향을 주는 상품, 품질 관리, 고객 관리, 마케팅 등의 요소들에 대한 의사결정 권한을 가지고 있다. 상품의 일관성을 유지하려는 것은 일관성에 영향을 미치는 의사결정 과정을 중앙화함으로써 얻을 수 있는 중요한 편익이 있음을 의미한다.

그 외 다른 의사결정 권한은 프랜차이즈 구매자에게 부여함으로써 프랜차이즈 구매자가 매장이 위치한 지역의 특성을 고려하여 의사결정 하도록 의사결정을 분산화한다. 일반적으로 프랜차이즈 구매자는 직원의 채용과 훈련에서부터 임금과 인센티브 등을 결정할 권한을 가지고 있다. 많은 의사결정 권한이 프랜차이즈 구매자 손에 있기 때문에 이러한 업종에는 광범위한 성과지표가 적절하다.

원가가산 계약과 고정비용 계약

당신의 기업이 건물을 신축하기 위해 건축가를 고용했다고 가정해 보자. 어떤 형태의 계약서를 작성해야 하는가? 건설부문에서 흔히 이용되는 계약방식은 원가가산(cost-plus)과 고정비용(fixed-fee) 방식이다. 원가가산 계약은 건물을 신축하는 데 필요한 모든 재료와 인건비에 더하여 건축가의 일정 이윤까지 포함하여 대금을 지급하는 방식이다. 고정비용 계약은 빌딩의 형태와 건축에 필요한 재료까지 구체적으로 지정하고 건물이 완공되면 고정 액수의 대금을 지급하는 방식이다. 고정비용 계약은 건물의 건축 단계별로 다양한 형태로 대금을 지급하도록 지정할 수 있기 때문에 보다 정교한 계약이라 할 수 있다.

원가가산 계약에서는 모든 투입재에 대한 비용이 지급되기 때문에 건축가가 건축물의 품질을 떨어뜨릴 인센티브를 가지고 있지 않다. 사실상 이런 계약의 경우, 건축가의 이윤이 전체 비용의 일정 비율로 결정되기 때문에 건축가는 건축물의 품질을 향상시키려는 매우 강한 인센티브를 가지는 경향이 있다. 대부분의 정부 계약은 원가가산 방식으로 이루어지는데, 이런 경우 건물이 필요 이상으로 많이 지어지는 결과가 나타나기도 한다. 마진이 높을수록 원가가산 방식의 계약으로부터 기대되는 건물의 품질은 높아진다(그리고 공사기간도 길어진다).

고정비용 방식의 계약이 가진 문제점은 건물의 품질을 개선시키고자 하는 인센티브가 아주 약하다는 점이다. 이런 계약에서 건축가는 계약조건을 충족시키는 최소한의 품질로 건물을 완공하려는 인센티브를 가지게 된다(물론, 이런 부분은 건축가가 자신의 평판과 미래에 있을 계약에 대하여 신경을 쓴다면 일정 정도 완화될 수 있다). 고정비용 방식의 계약은 (가능한 한 많은 임금을 청구하는 원가가산 방식의 계약과 비교할 때) 건축가가 매우 서둘러 건축물을 완성하도록 하는 동기를 부여한다.

하지만 어떤 고정비용 방식의 계약에서는 고객이 일의 진척 정도에 따라 대금을 지급한다고 구체적으로 명시하기도 한다. 따라서 너무 많은 비용이 이미 지급되어 프로젝트 완료에 따른 대금이 적절치 않을 경우 일을 마무리하기 위해 고정비용 방식의 계약을 체결하는 것은 어려울 수 있다. 두 가지 계약방식 모두에서 이런 문제를 해결하는 한 가지 방법은 완공시기를 맞추는 것에 대한 보상과 벌금을 명확하게 명시하는 것이다.

어떤 방식이 더 좋을까? 일의 성질이 쉽게 관찰 가능하고 검증될 수 있는 프로젝트라면, 계약보다 결과가 좋지 못할 경우 피계약자가 벌칙을 받는 프로젝트 기반 지급 방식이 더 낫다. 하지만 관찰이 쉽게 가능하지 않고 완료하는 데 시간이 필요한 프로젝트라면, 계약기간 이상으로 시간이 소요될 경우 벌칙을 줄 수 있는 원가가산 방식을 활용하는 것이 더 낫다.

복잡하고 세심한 방식으로 인센티브에 대한 고민을 많이 할수록 당신은 다양한 조건에서 나타나는 경제적인 행위를 더 잘 이해할 수 있게 될 것이다. 나아가 인센티브의 원리를 보다 효과적으로 적용할 수 있게 될 것이다.

창조성에 대한 동기 부여

성과에 대한 보상체계가 자주 비난 받는 것은(특히 사회 심리학자에게서) 그러한 체계가 직원들의 내재적 동기를 파괴할 수 있기 때문이다. 이러한 현상이 나타나는 메커니즘이 항상 분명하게 제시되는 것은 아니지만, 한 가지 가능한 설명은 그러한 임금체계로 인해 직원들이 '통제받고 있다'는 느낌을 받게 되고 그에 따라 직원들은 내적인 동기를 잃게 되어 노력을 덜하게 된다는 주장이다.

그러나 이런 문제를 생각할 수 있는 매우 쉬운 방법이 있으며 그 방법으로 자주 인용되는 사례들을 설명할 수 있다. 내재적인 동기는 직원들의 복잡하고 지적인 도전을 필요로 하는 업무에서 매우 중요하다. 특히 내재적 동기는 창조성과 학습을 필요로 하는 직업에서 가장 중요하다. 이런 종류의 업무에서는 본질적으로 좋은 평가지표를 개발하는 것이 매우 어렵다. 그 이유 가운데 하나는 지적인 업무를 수량화하기가 매우 어렵기 때문이다. 창조성을 요하는 업무에서도 창조적인 상품의 가치를 미리 평가하기가 매우 어렵다. 이런 경우 성과를 수량화한 매트릭스는 인센티브를 크게 왜곡시킬 우려가 있다. 나아가 성과가 수량화될 수 있는 업무는 창조성을 필요로 하지 않는 업무인 경우가 많다(교수에 대한 평가가 완전히 수량화되어 특정 편수의 논문을 발표한 교수에게만 정년을 보장해 주는 대학교를 상상해 보라).

수치화될 수 있는 성과에 강한 인센티브가 주어진다면, 직원들은 측정이 가능하고 쉽게 보상을 받을 수 있는 업무에만 초점을 맞추고 창조성이 필요한 업무에는 관심을 두지 않을 것이다. 그러나 이러한 왜곡된 인센티브는 심리학적인 요소 때문이 아니라 단순히 부적절한 평가지표 때문에 나타나는 현상이다.

(불완전하지만) 합리적인 매트릭스를 이용 가능한 몇몇 경우에 성과에 따라 보수를 지급하는 방식으로 직원들의 창조적인 동기를 자극할 수도 있다. 예를 들어, 어떤 기업에서는 과거 2년 동안 부서별로 새롭게 개발하여 판매한 상품의 수량을 평가하여 판매량의 일정 비율을 부서장에게 보상한다. 이러한 보상체계에서 보상을 받기 위해서는 상품이 새로워야 할 뿐 아니라 고객들도 만족시켜야 하기 때문에 이러한 보상체계는 직원들의 혁신을 유도하는 데 아주 효과적이다. 하지만 대부분의 경우 직원들의 성과를 주관적으로 조심스럽게 평가하는 방법 외에는 적절한 대안이 없다. 연구를 많이 하는 대학교에서 바로 이런 평가방식을 이용한다. 교수들은 일반적으로 2년에 한 번 평가를 받는데, 교수의 논문이 해당 분야에 창조적으로 기여한 정도로 평가받는다. 따라서 이는 매우 주관적인 평가라고 할 수 있다.

●●● 요약

인센티브는 경제학뿐만 아니라 기업의 구조에도 핵심적인 요소이다. 기업의 구조나 직원들의 행위를 이해하기 위해서는 인센티브를 철저하게 이해할 필요가 있다.

우리는 판매사원에 대한 상여금 사례를 통해 인센티브를 분석하였다. 직관적으로 볼 때 인센티브의 역할은 매우 보편적인 것이다. 이러한 직관은 공식적이든 비공식적이든, 그리고 의도된 것이든 우연하게 만들어진 것이든 모든 종류의 인센티브에 적용될 수 있다. 현실의 인센티브는 매우 미묘한 측면이 있다. 따라서 당신은 인센티브의 미묘한 측면과 함께 이러한 미묘한 특성이 어떻게 개인들의 행위나 조직의 성과에 영향을 미치는가를 이해할 필요가 있다.

성과에 따라 직원들에게 임금을 지급하는 이유는 직원들이 주인 의식이나 기업가 정신을 따르도록 하기 위한 것이다. 우리는 앞에서 가장 완전한 형태의 인센티브는 직원들에 직업을 판매하는 것이라는 점을 살펴보았다. 이 경우 직원들은 소규모의 기업가가 된다.

하지만 현실에서의 인센티브는 위와 같이 이상적인 형태와는 다소 거리가 있다. 이러한 현상이 나타나는 가장 큰 이유는 성과를 평가하는 것과 관련이 있다. 이 이슈는 매우 중요하기 때문에 우리는 한 장을 할애하여 이에 대해 설명하였다. 평가가 본질적으로 불완전할 수밖에 없기 때문에 직원들의 인센티브와 기업가(혹은 소유주)의 인센티브 사이에 괴리가 발생한다. 성과지표가 완전하지 못하는 한, 기업은 직원들을 감독하고 평가하는 데 더 많은 자원을 투자할 것이다. 또한 최적의 인센티브가 제공되면 그렇지 않았을 때보다 노력을 덜 하게 되므로 인센티브가 약화된다는 것도 사실이다.

이러한 이유 때문에 기업들은 종종 효율적이지 못한 것처럼 보이기도 한다. 만약 시장을 복제하는 것이 가능하다면(즉, 시장에서 정확한 성과지표 역할을 하는 가격 체계가 존재한다면), 기업들은 직원을 채용하지 않고 외부에서 모두 조달할 것이다. 직원들에 대한 평가가 불완전할 수밖에 없기 때문에 직원과 기업 사이에 장기 채용계약을 체결하는 경향이 나타난다. 예를 들어, 어떤 직원이 여러 가지 복잡한 업무를 동시에 처리하고 있다고 할 때 이러한 효과는 단기에 구체적으로 나타나지 않는다. 또한 업무의 특성상 다른 직원들과 협력해야 할 경우, 개별 직원의 성과를 분리하여 평가하는 것은 매우 어렵다.

성과를 왜곡시키거나 조작하는 등의 문제들도 인센티브의 역할을 약화시킬 수 있다. 이러한 문제들로 인해 인센티브 체계는 판매사원의 사례에서 본 것과 같이 단순하지 않고 매우 복잡해진다. 예를 들어, 여러 가지 업무가 동시에 추진되는 경우 종종 성과가 왜곡되기도 한다(이런 문제는 평가에서 리스크를 줄이려는 시도로 나타나기도 한다). 왜곡을 줄이기 위해서는 업무의 여러 가지 특성을 고려한 균형 잡힌 인센티브를 마련해야 한다. 평가에 다른 요소 혹은 다른 접근방식을 활용하여 추가적인 보상을 하거나 주관적인 평가를 통해 암묵적인 보상을 하는 방법 등이 있을 수 있다.

직원들이 자신들의 성과를 조작할 가능성이 많아지면 감독관은 직원들을 감시하고 부정한 내용을 찾아내기 위해 더 많은 시간을 들여야 한다. 이러한 요인 또한 주관적인 평가 및 암묵적인 보상이 이루어지도록 유도한다.

이러한 아이디어를 모두 결합하면 인센티브 체계는 여러 가지 요소(감독, 성과지표, 주관적 평가, 명시적 보상 및 암묵적 보상 등)가 서로 매우 얽힌 체계가 된다. 이렇게 복잡한 인센티브 체계를 설계하고 운영하는 것은 일종의 예술행위와 비슷하며, CEO에게는 매우 중요한 업무가 된다.

연습문제

1. 당신이 자신의 모든 자본을 투자하여 어려움에 처한 기업을 매수하고 이제 정상화시키려고 한다고 해보자. 당신은 변화를 유도하기 위한 첫 번째 도구로 직원들의 인센티브를 바꾸어야 하는가? 그렇다면 왜 그런지 설명하고 그렇지 않다면 왜 그런지 설명하라. 당신이 조직의 변화를 유도할 목적으로 인센티브를 활용한다고 할 때 그밖에 어떤 요소를 변화시키는 것이 중요한가?

2. 만약 당신 회사의 직원들이 인센티브 체계와 일종의 게임을 하고 있다면, 당신은 어떻게 그것을 찾아내겠는가? 구체적인 사례를 들어 설명하라.

3. 중요한 의료서비스를 결정해야 하는 상황을 고려해 보자. 이러한 결정은 환자가 하는 것이 적절한가 아니면 의사가 하는 것이 적절한가? 어떤 요소들이 중요한가? 당신의 대답이 주어졌다고 할 때 의료비용과 서비스의 품질 사이에 균형을 맞추기 위해 당신은 어떻게 인센티

브 구조를 설계하겠는가?

4. 제9장부터 제10장에서 설명한 인센티브의 원리를 비영리조직에도 적용할 수 있겠는가? 정
   치가에게는? 가능하다면 그리고 가능하지 않다면 어떤 이유 때문인지를 설명하라.

5. 현실에서 '직업을 판매' 하는 사례는 어떤 것이 있는가?

6. R&D 부문 직원들의 창조성을 유도하기 위해 당신은 어떤 평가방법을 사용하겠는가? 그러
   한 인센티브를 강화하기 위해 이 장에서 논의한 방법 가운데에서 어떤 것을 사용하겠는가?

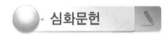 **참고문헌**

Gibbons, Robert (1987). "Piece-Rate Incentive Schemes." *Journal of Labor Economics* 4: 413–429.

Lazear, Edward (1986). "Salaries & Piece Rates." *Journal of Business* 59: 405–431.

Lazear, Edward (2000). "Performance Pay and Productivity." *American Economic Review* 90(5): 1346–1361.

Perot, Ross (1996). *My Life & the Principles for Success*. Arlington, TX: The Summit Publishing Group.

 **심화문헌**

Gaynor, Martin, James Rebitzer, & Lowell Taylor (2004). "Physician Incentives in HMOs." *Journal of Political Economy* 112: 915–931.

Holmstrom, Bengt & Paul Milgrom (1991). "Multitask Principal-Agent Analyses: Incentive Contracts, Asset Ownership, and Job Design." *Journal of Law, Economics, and Organization* 7: 24–52.

Lazear, Edward (2005). Speeding, Tax Fraud, and Teaching to the Test. Working paper, National Bureau of Economic Research.

Roy, Donald (1957). "Quota Restriction and Goldbricking in a Machine Shop." *American Journal of Sociology* 67(2): 427–442.

부록

최적 인센티브 분석

I. 최적의 요율

직원들이 리스크 기피적인 성향을 가지고 있지 않다고 할 때, 기업의 이윤은 요율이 순수입과
같아질 때 극대화된다. 이를 통해 직원들에게 직업을 판매하는 아이디어도 엄밀하게 살펴볼 수
있다.

문제를 두 가지로 나누어 접근해 보자. 첫째, 근로자(직원)의 최적 행위를 분석한다. 다음으로 근로자의 행위를 고려하여 기업의 최적 요율을 유도한다. 논의의 편리를 위해 노력 e를 단순화하여 1단위의 e는 1달러의 추가적인 이윤을 기업에 제공한다고 해보자. 즉, $Q = e$이다. 기업의 성과는 노력의 추정치이며, 추정치의 오차 ε은 평균이 0이고 분산이 σ_ε^2이다. 직원이 받는 임금은 $pay = a + b \times PM = a + b(e + \varepsilon)$으로 나타낼 수 있으므로, 임금의 분산은 $b^2 \times \sigma_\varepsilon^2$이 된다. 근로자는 효용을 극대화하는 노력을 선택하게 된다.

$$\max_e a + b \times e - C(e) - \frac{1}{2} \times R \times \sigma_{Pay}^2$$

직원들이 리스크 중립적인 성향을 가지고 있다면 $R = 0$이다. 최적의 노력 수준은 $C'(e) = b$인 곳에서 결정되고, 그에 따라 근로자의 노력 공급 수준도 결정된다. 이것은 기울기 b의 변화에 따라 근로자들이 어떻게 반응하는가를 나타낸다. 즉, 근로자들은 노력의 한계비용이 노력의 한계수입인 b와 같아지는 수준에서 노력의 수준을 결정한다.

기업은 a와 b를 결정하는 데 두 가지 제약요인이 있다. 첫째, b를 어떻게 선택하는가에 따라 근로자의 노력인 e가 영향을 받는다. 둘째, 근로자들이 어떤 노력 수준을 선택하든, 가령 e^*라 할 때, 기업이 지급하는 보수 총액은 $C(e^*)$를 초과하여야 한다. 그렇지 않으면 근로자들은 해당 직업을 받아들이지 않을 것이다. 이것은 다음을 의미한다.

$$Pay = a + b \times e^* = C(e^*)$$

기업은 근로자의 임금을 제외한 순수입을 극대화한다. 순수입은 e와 같고, 따라서 기업은 $e^* - a - b^* \times e$를 극대화하게 된다. 위의 식을 a에 대해서 푼 후, 이를 앞의 식에 대입하면 다음을 얻는다.

$$\max_b e^* - C(e^*)$$

$C'(e^*) = b$라는 전제하에서 먼저 두 가지 사실에 주목하자. 첫째, 기본금 a는 근로자가 e^*를 선택하는 데 전혀 영향을 주지 않기 때문에 위의 식에 포함되어 있지 않다. 둘째, 위의 식은 기업과 근로자가 만들어낸 순잉여(net surplus)를 나타낸다. 즉, 근로자에게 추가적인 임금을 지급한 이후의 순이윤이 된다. 사실상 기업의 최적 행위는 **총경제가치**(total economics value)를 극대화하는 것이다. 기본금 a는 이 가치를 근로자와 기업이 공유하도록 하는 역할을 한다. 기업의 1계 조건은 다음과 같다.

$$[1 - C'(e)] \times \frac{de}{db} = 0$$

따라서 b는 $C'(e^*) = 1$이 되도록 결정되어야 한다. 위에서 $C'(e^*) = b$이었으므로, 결국 $b^* = 1$이 된다. 이는 순수입의 100%를 직원들에 준다는 것을 의미한다. $b^* = 1$가 구해졌으므로 e^*도 결정된다.

기업은 근로자가 현재의 업무와 차선의 업무 사이에 차이를 느끼지 못하는 수준에서 a^*를 설정한다. 즉,

$$a^* + e^* = C(e^*)$$

직원들이 기업의 소유주와 같이 행동한다면 문제는 아주 수월해질 것이다. 리스크 기피적인 성향이 없다면, 이 모델에서는 이해의 충돌도 발생하지 않는다.

표 10.1의 판매사원의 예에서 $C(e^*) = 2 \times e^2$이다. 이 사례에서 $b^* = 1$, $e^* = 1/4$, $a^* = -1/8$이 되는지를 보여라(우리는 여기서 미분을 사용하였다. 표 10.1의 세 번째 열은 편미분이라기보다는 ΔC의 근사치임에 유의할 것).

II. 리스크 기피

이제 $R > 0$이라고 해보자. 즉, 직원들이 리스크 기피적인 성향을 가지고 있다. 그러면 근로자들의 가치는 $a + b \times e - C(e) - \frac{1}{2} \times R \times b^2 \times \sigma_\varepsilon^2$이 된다. 리스크에 대한 프리미엄이 e에 따라 변하지 않기 때문에 이것은 근로자의 최적 노력 수준 e^*에도 영향을 미치지 않는다.

단지 기업의 최적 조건만 바뀌게 된다. 이제 기업은 근로자의 노력과 리스크 모두에 대하여 보상하여야 한다. 리스크는 b의 수준에 영향을 받는다. 기업은 임금수준을 적어도 다음과 같이 되도록 설정하여야 한다.

$$Pay = a + b \times e^* = C(e^*) + \frac{1}{2} \times R \times b^2 \times \sigma_\varepsilon^2$$

따라서 기업의 최적화 문제는 다음과 같이 바뀐다.

$$\max_b \; e^* - C(e^*) - \frac{1}{2} \times R \times b^2 \times \sigma_\varepsilon^2$$

1계 조건은 다음과 같다.

$$[1 - C'(e^*)] \times \frac{de^*}{db} - R \times b \times \sigma_\varepsilon^2 = 0$$

직원들의 1계 조건으로부터 $C' = b$, 그리고 $de^*/db = 1/C''$을 얻는다. 따라서

$$b^* = 1 \Big/ \left(1 + R \times \sigma_\varepsilon^2 \times C''\right)$$

위의 식이 의미하는 바를 정리하면 다음과 같다. 첫째, 요율 b가 작을수록 직원들의 리스크 기피적인 성향은 강해진다. 인센티브가 강해지면(기울기 b가 커지면), 기업은 수입과 인센티브의 추가비용 사이에 균형을 맞추어야 하기 때문에 리스크가 더 커진다. 둘째, 성과지표가 부정확할수록 요율은 낮아진다. 셋째, 추가적인 노력이 점점 힘들어지면(c''이 커지면), 추가적인 노

력에 따른 비용이 빠르게 증가하기 때문에 요율은 낮아진다. 넷째, 인센티브 집중도가 작아지면, 근로자들이 제공하는 노력의 정도 e^*도 작아진다.

III. 톱니바퀴 효과

우리는 기업이 다음 해의 목표를 올해의 성과를 기준으로 설정할 때 나타나는 톱니바퀴 효과가 다기간 인센티브 체계를 통해 상쇄될 수 있음을 보일 것이다.[4] 논의의 편의상 직원들이 리스크 중립적인 성향을 가지고 있다고 가정하자. 즉, $R = 0$이다. 직원들이 리스크 기피적인 성향을 가지고 있다고 하더라도 유사한 결론을 얻을 수 있다.

우리는 두 기간 모델을 활용하여 이 문제를 분석할 것이다. 기업은 〈기간 1〉에 특정한 요율을 지급하겠다고 약속하였지만, 근로자들은 그러한 약속에도 불구하고 기업이 다음 기간에 다른 행위를 할 수 있다고 믿는다고 가정해 보자(달리 말하면, 이런 경우에 암묵적인 계약이 존재하지 않음을 뜻한다).

기업은 근로자들이 다른 기업에서 받을 수 있는 만큼 수입을 얻는 수준까지만 근로자들을 이용할 것이다.

이제 $Q_t = e_t(t = 1, 2)$라고 해보자. 근로자들은 각 기간에 $C(e_t)$만큼의 비효용을 갖는다. 근로자의 노력비용은 기업에 알려져 있지 않지만, 〈기간 1〉에서 근로자들이 선택한 노력수준은 〈기간 2〉의 보상수준을 결정하는 데 기초 정보를 제공해 준다.

〈기간 2〉가 마지막 시기이기 때문에 기업이 선택하는 인센티브 체계는 앞에서 살펴본 단일기간 문제와 동일하다. 즉, $b_2 = 1$이고, a_2는 다음과 같이 결정될 것이다.

$$a_2 + e_2 - \tilde{C}(e_2) = 0$$

여기서 $\tilde{C}$는 기업이 C를 확률변수로 간주한다는 것을 의미하며, 〈기간 1〉에 근거한 추정치 $\hat{C}$를 구성한다. 이 효과로 인해 근로자는 〈기간 1〉에서 게으름을 피우게 된다. 즉, 근로자는 〈기간 1〉에서 열심히 일하면 해당 기간에 높은 임금을 받지만, 이는 〈기간 2〉에서는 a_2를 감소시키는 역할을 한다.

그렇다면 근로자들은 〈기간 1〉에서 어떻게 행동해야 할까? 근로자들은 기업이 〈기간 1〉에서의 산출량을 근거로 근로자들의 비용을 추정할 것이며, 〈기간 1〉에서 산출량이 많을수록 기업은 근로자들의 일이 상대적으로 쉬웠다고 유추한다는 사실을 알고 있다. 즉,

$$\frac{\partial \hat{C}(e_2)}{\partial e_1} < 0$$

---

4) Lazear(1986)과 Gibbons(1987)을 참조

〈기간 2〉에서 기업은 $a_2 = \hat{C}(e_2) - e_2$가 되도록 a_2를 선택한다. $\hat{C}$이 e_1에 따라 감소하기 때문에

$$\frac{\partial a_2}{\partial e_1} < 0$$

이 성립한다. 〈기간 2〉에서 근로자들의 극대화 문제는 다음과 같다.

$$\max_{e_2} a_2 + e_2 - \tilde{C}(e_2)$$

따라서 근로자들은 $\tilde{C}'(e_2) = 1$이 되도록 한다. 이렇게 함으로써 기업은 〈기간 2〉에서 이윤을 극대화할 수 있다는 점에서 이 결과는 기업이 원하는 것이라 할 수 있다. 근로자들은 〈기간 1〉에 열심히 일하면 〈기간 2〉에서 급여가 삭감될 수 있다는 사실을 알기 때문에 〈기간 1〉에서 노력을 줄이게 된다. 따라서 문제는 〈기간 1〉에서 발생한다. 〈기간 1〉에서 근로자들의 극대화 문제는 다음과 같다.

$$\max_{e_1} a_1 + b_1 e_1 - \tilde{C}(e_1) + a_2(e_1) + b_2 e_2 - \tilde{C}(e_2)$$

$\tilde{C}'(e_2) = 1$이라는 전제하에서 1계 조건은 다음과 같다.

$$\tilde{C}'(e_1) = b_1 + \frac{\partial a_2}{\partial e_1} < b_1$$

등호 다음의 두 번째 항이 톱니효과를 나타낸다. 〈기간 1〉에서 열심히 일하면 근로자들은 〈기간 2〉에서 보수가 작아지는 보이지 않는 벌칙을 받기 때문에 〈기간 1〉에서 노력을 감소시킬 것이다.

이윤을 극대화하기 위해 기업은 근로자들이 〈기간 1〉에서도 효율적으로 행동하도록 유도해야 할 필요가 있다(〈기간 2〉에서는 이미 효율적으로 행동하고 있다). 즉, 기업은 근로자들의 노력이 $\tilde{C}'(e_1) = 1$과 $\tilde{C}'(e_2) = 1$이 되도록 유도해야 한다. 근로자가 $\tilde{C}'(e_1) = 1$이 되도록 설정하기 위해서는 다음의 조건이 필요하다.

$$b_1 + \frac{\partial a_2}{\partial e_1} = 1, \quad \text{따라서} \quad b_1 = 1 - \frac{\partial a_2}{\partial e_1} > 1$$

따라서 〈기간 1〉에서 근로자들이 효율적으로 행동하도록 유도하려면 기업은 〈기간 1〉에서 근로자들에게 성과 이상의 임금을 지급하여야 한다. 이렇게 되면 〈기간 1〉에서 열심히 일함으로써 발생하는 〈기간 2〉에서의 임금 감소에 따른 인센티브 손실을 보상할 수 있게 된다. 따라서 요율은 시간이 지남에 따라 하락한다.

마지막으로 기업이 근로자들을 끌어들이기 위해서는 a_1을 상당히 높게 책정해야 한다. $a_2 = \hat{C}(e_2) - e_2$로 주어졌다면, 근로자들은 다음 조건이 만족될 때 해당 기업으로 이직을 하게 될 것이다.

$$a_1 + b_1 e_1 - \tilde{C}(e_1) + a_2 + b_2 e_2 - \tilde{C}(e_2) \geq 0$$

위의 모델에서 노동자들은 노력의 비용이 각각 다른 것으로 나타난다. a_1이 클수록 더 많은 근로자들(그리고 더 작은 노력 비용을 가진 근로자, 즉 능력이 뛰어난 근로자들)이 이 기업으로 옮겨올 것이다.

11

경력 기반 인센티브

조직체에서 모든 직원은 자신의 무능력이 드러날 때까지 승진하려는 경향을 보인다(피터의 원리).

— 로렌스 피터 & 레이먼드 헐, 1969

서론

••••

지금까지 우리는 주로 '정해진 업무에 대한 성과의 보상체계를 어떻게 설계할 것인가'에 대해 다루어 왔다. 직원들은 장기간에 걸쳐 자신의 경력을 쌓으려는 인센티브를 가지게 되는데, 지금부터는 이런 외적 동기에 대해 살펴보고자 한다. 대부분의 직원들은 승진과 임금인상을 통해 경력이 쌓이면서 수입이 증가하는 경험을 하게 된다. 승진과 임금인상도 성과를 기초로 하고 있기 때문에 인센티브 체계의 한 유형이라고 할 수 있다.

그림 11.1는 특정시기 Acme사 직원들의 평균임금 자료를 나타낸 것이다. 이 회사는 신입직원부터 CEO까지 8단계의 직급을 가지고 있다. 각 직급 내의 직원들 가운데서 하위 5%와 상위 5%도 함께 나타낸 것이다. 직급 내에는 한 가지 이상의 다른 업무가 있지만 직원들의 보수, 기술 수준, 책임 정도가 거의 비슷하다.

그림 11.1을 통해 다음과 같은 몇 가지 사실을 발견할 수 있다. 첫째, 하위 직급에서는 직원들 사이의 임금 차이가 상대적으로 크지 않은 반면, 상위 직급에서는 차이가 크게 나고 있다. 둘째, 평균임금의 직급 간 차이는 상위 직급으로 갈수록 커진다. 하위 직급에서조차 직급 내의 임금 차이보다 직급 사이의 임금 차이가 더 중요한 것처럼 보이는데, 이는 결국 승진을 하려는 욕구가 중요한 인센티브가 될 수 있음을 의미한다. 셋째, 고위직으로 올라갈수록 평균임금은 급격하게 상승한다. 이러한 경향은 최상위 직급으로 갈수록 두드러지게 나타난다. 여기에 주로

그림 11.1 Acme사의 직급에 따른 임금의 변화

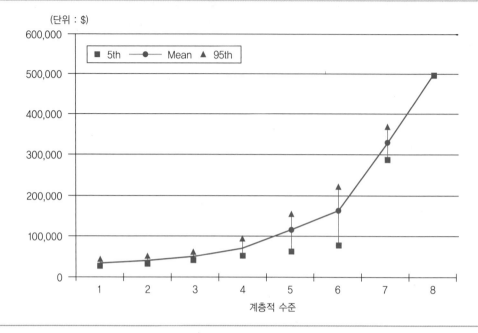

(단위 : $)

고위직 임원진에게 주어지는 상여금, 주식, 다른 형태의 인센티브 등을 포함하면 차이는 더욱 커진다.

표 11.1은 업무 변화에 따라 Acme사 직원들이 받게 되는 임금의 변화를 나타낸 것이다. 각 직급별로 열은 왼쪽부터 직급에 변화가 없는 직원, 직급이 하락한 직원, 승진한 직원들의 평균 임금 변화율을 나타낸다. 마지막 열은 해당 직급의 평균임금과 바로 아래 직급의 평균임금의 차

표 11.1

Acme 사의 직급에 따른 임금의 변화				(단위 : %)
직급	정체	강등	승진	아래 직급과의 임금 차이
1	−0.5	−0.7	−	−
2	−0.4	−0.2	5.1	18
3	0.1	−3.2	5.6	23
4	0.8	0.4	7.4	47
5	−0.1	0.5	8.7	64
6	0.1	−	4.5	40
7	−0.9	−	22.3	107
8	0.0	−	14.8	48
1~8	0.0	−0.9	5.8	−

이를 퍼센트로 나타낸 것이다. 예를 들어, CEO의 임금(CEO에게 주어지는 다양한 인센티브는 포함되지 않음)과 7단계 직원들의 평균임금과는 48%의 차이가 있다.

직급이 낮아지면 실질 임금도 작다는 사실은 그리 놀라운 일이 아니다. 반면 어떤 경우에는 직급이 낮아져도 임금이 높은 경우도 있다. 20년 동안 53,000개의 승진 및 강등 자료 가운데 강등 자료는 157개에 불과한 것으로 볼 때, 직급이 낮아지는 것은 이 회사에서 매우 드문 일로 보인다. 따라서 강등 자료에 많은 비중을 둘 필요는 없다.

승진, 강등, 전보

강등은 매우 드문 경우에 해당되고 동일 직급 내에서의 이동 또한 승진에 비해 그리 일반적이지 않다. 그렇다면 왜 직급은 일반적으로 상향 이동하는 경향이 나타날까? 여기에는 몇 가지 이유가 있다.

먼저 강등의 경우를 생각해 보자. 강등은 일종의 벌칙으로서의 의미가 강하기 때문에 직원이 기업의 가치를 증가시키기보다 파괴시킬 가능성이 높은 특수한 상황이 아니면 잘 적용하지 않는다. 그러나 강등(그리고 해고)은 암묵적이기는 하지만 밖으로 드러나는 것보다 더 일반적인 상황일 수 있다. 기업이 성과가 좋지 않은 직원을 위로하고 새로운 직업을 찾도록 독려하는 것은 노사 모두에게 이득이다. 기업은 해고비용과 향후 있을 수도 있는 소송을 피하게 되고, 직원들은 강등이라는 불명예를 피할 수 있다.

보통 기업은 보수적이어서 직원들의 능력이 검증된 후에야 중요한 직급의 일을 맡기기 때문에 강등이 드물게 나타날 수 있다. 승진의 사다리는 제7장에서 살펴본 프로젝트 평가와 비슷한 면이 있다. 프로젝트가 받아들여진 직원은 승진할 수 있지만 프로젝트가 거부된 직원은 승진하지 못한다. 기업은 조심스러운 훈련과정을 통해 능력 있는 사람만이 고위직으로 승진할 수 있도록 한다.

강등은 축적된 인적자본 때문에 드물 수도 있다. 직원들이 오랜 시간에 걸쳐 기술이 개선되었다면 성과도 증가할 것이다. 따라서 숙련기술자를 상위직급에 배치하는 것이 적절하다면, 직급의 이동은 강등보다는 승진이 많은, 상향 이동하는 경향을 보일 것이다.

동일 직급 내에서의 전보는 일반적으로 직원에게 새로운 기술을 배우게 하기 위한 의도로 진행되는 경우가 많다. 전문화의 원칙에 위배되기는 하지만 처음 직원 배치 시 그들의 능력에 맞게 배정되지 않았다면 전보는 합리적인 방법이 될 수 있다. 직원이 잘못 배치되면 그에 대한 수정은 상대적으로 빨리 이루어진다.

전보는 능력은 있지만 당장의 승진기회가 없어서 직장을 잃을 수도 있는 직원을 보호하기 위한 방법으로 이용되기도 한다.

마지막으로 동일 직급 간 이동은 여러 영역 사이를 조정 업무가 주인 총괄 관리자에게 다양한 영역을 경험하도록 하기 위해 이용되기도 한다.

더 흥미로운 사실은 직원이 승진하지 못하면 평균임금 증가율도 0이 된다는 점이다(마지막 행 참조). 이 기업에서 승진하는 것은 직원이 물가상승률 이상으로 임금을 벌 수 있는 유일한 방법이다. 그리고 승진을 하게 되면 실질임금에서 약 5.8% 상승된 임금을 제공한다. 표의 마지막

열을 보면 장기적으로 승진을 통해 5.8% 이상의 임금이 증가하였다. 직급 사이의 평균적인 임금 격차는 승진시기의 임금 상승보다 크다.

이것은 두 가지 이유가 있다. 첫째, 승진을 한 직원은 새로운 업무를 맡게 되면서 임금이 추가적으로 상승하는 반면, 승진을 하지 못한 직원은 실질 임금이 느리게 증가하는 (심지어 감소하는) 경향이 있다. 둘째, 승진을 한 직원은 더 높은 직급으로 승진할 수 있는 자격을 가지게 된다. 그림과 표에서 보았듯이 상위 직급으로 올라갈수록 금전적인 혜택은 커진다.

위의 증거로 볼 때 자신의 경력에 대한 장기적인 전망, 특히 승진의 형태로 나타나는 전망 자체가 직원들에게 중요한 인센티브가 될 수 있다는 것은 분명해 보인다. 승진에 따른 보상은 크고 가장 성과가 뛰어난 직원들이 승진할 가능성이 높다. 사실상 대부분의 기업에서 중간관리자는 성과를 주관적으로 평가받는데, 이런 경우 승진은 가장 중요한 외생적인 동기가 된다.

이번 장에서 우리는 경력에 바탕을 둔 인센티브에 대해 알아보았으며, 그 첫 번째로 승진에 대해 살펴보았다. 승진이 중요한 동기가 되는 경우 승진에 대한 인센티브를 이해하는 데 기업 내의 조직의 구조와 임금체계가 중요한 역할을 한다. 다음으로 우리는 좀더 일반적인 경력에 기반을 두고 있는 인센티브에 대해 간략히 살펴볼 것이다. 또한 마지막으로 기업 내에서 근무한 연수에 따라 급여를 지급하는 것과 같은 장기적인 인센티브 활용에 대해 살펴볼 것이다.

●●●● 승진과 인센티브

승진이 인센티브 체계에 이용되어야 하는가

모순되는 두 가지 역할

당신의 경영진이 누군가를 고용해야 하는 상황이고 하위직에 있는 누군가를 승진시키고자 한다. 당신은 그 자리를 누구에게 줄 것인가? 기업은 종종 하위 직급에서 최고의 실적을 낸 직원을 승진시킨다. 기업이 이렇게 하는 것은 승진을 인센티브로 활용하고 있음을 의미하는 것이다. 또 다른 관점은 상위 직급에서 가장 큰 성과를 낼 잠재력이 많은 직원을 승진시켜야 한다는 것이다. 즉, 승진은 능력에 따라 직원을 적합한 업무에 배치하는 역할과 인센티브 역할과 같은 두 가지의 역할을 가진다.

하위 직급에서 최상의 실적을 낸 직원이 상위 직급에서는 실적을 내지 못하게 될 때 이 두 가지 역할은 서로 모순이 된다. 예를 들어, 연구조직에서 연구에서는 최고의 실적을 낸 연구원이지만 경영에서는 그렇지 못한 경우를 흔하게 볼 수 있다. 최고의 연구원을 승진시켜 그룹을 운영하도록 하는 것은 경영을 악화시킬 뿐 아니라 연구의 효율성도 감소시키는 결과를 가져온다.

능력에 따라 직원을 배치하는 역할과 인센티브 역할 사이의 모순이 심한 경우에는 승진을 인센티브로 활용하는 것을 피하는 것이 좋다. 연구조직의 사례에서 최고의 과학자를 경영진으로 승진시키는 대신 연구를 계속하도록 하되 높은 연봉을 제공하거나 연구과제의 선택 시 더 많은 유연성을 부여하거나 더 많은 연구비를 배정하는 것과 같은 별도의 인센티브를 제공하는 것이 더 적절할 것이다. 그리고 실적이 우수한 연구자 대신 경영에 능력을 보이는 연구자를 선정하여 그를 경영진으로 승진시키면 된다.

하지만 대부분의 경우에 다행스럽게도 승진의 두 가지 역할이 심하게 대치되지는 않는다. 경영자는 아래 직급 직원들의 업무에 대해 잘 알고 있을 필요가 있다. 경영자가 그러한 지식을 가지고 있으면 직원들에게 지시하고 직원들을 감독 및 평가하기가 훨씬 수월해진다. 그러나 승진의 역할이 상호 모순될 때 기업이 명시적으로 인센티브를 유도하기 위해 승진을 이용하는지 분명하지 않지만 추가적인 복잡성(additional complication)은 있다. 흔히 승진 시스템 자체가 인센티브를 만들기도 하기 때문에 기업이 이 문제에 대해 완전한 선택권을 가지고 있다고 할 수는 없다.

의도적이거나 비의도적인 인센티브

기업이 인센티브 효과만을 고려하여 전 직급에 걸친 승진 시스템과 보상 구조를 설계하는 것은 쉽지 않다. 직급에 따른 보상 시스템은 적어도 어느 정도까지 외부 노동시장에 의해 제한을 받는다. 직원들의 인적자본이 해당기업에 특화된 것이 아니라면 직원들은 다른 직원들과 함께 쉽게 이직할 수 있다. 이런 이유 때문에 기업은 승진을 두고 경쟁하는 직원들에게 낮은 연봉을 제시할 수 없게 된다.

둘째, 기업이 회사의 직급 구조를 바꾸고 승진하는 사람들의 능력 차이를 수용하는 능력은 제한될 가능성이 높다. 이러한 이유 때문에 많은 경우 기업의 직급체계나 급여체계가 인센티브를 최적화하기 위하여 설계되었다고 보는 것은 적절하지 않다. 대신 기업이 승진을 인센티브로 활용하지 않는다고 하더라도 종종 승진 자체가 인센티브가 되고 불가피한 '비의도적인 인센티브 시스템(accidental incentive system)'이 된다.

이에 대한 논리는 단순하다. 기업이 최상의 실적을 낸 직원을 승진시키고 노동시장에서보다 직원들의 능력을 더 잘 파악하고 있다고 가정하자. 당신이 승진을 했다면, 노동시장에서는 당신의 능력이 과거 생각했던 것보다 좋다고 판단하게 될 것이다. 결국 당신의 고용주가 그런 신호를 시장에 보낸 것이 된다. 이런 이유 때문에 승진한 날 바로 시장에서 당신의 가치는 올라갈 것이다. 따라서 당신을 회사에 계속 머물게 하기 위해서 고용주는 승진에 따른 급여 인상을 제안하게 될 것이다.[1]

이것은 승진을 하려는 희망 자체가 인센티브가 된다는 것을 의미한다. 성과는 능력뿐만 아니

---

[1] 회사는 당신가 승진 이전에 더 값싸기 때문에 당신의 승진을 미루는 데 약간의 인센티브를 가지게 될 것이다. 이는 일정 기간 동안 당신의 직무능력 발휘를 위한 최고의 자리에 위치할 수 없음으로 발생하는 손실에 의해 상쇄될 것이다.

라 노력에도 영향을 받기 때문에 직원들은 승진을 하기 위하여 더 열심히 일하게 될 것이다. 사실상 직원들은 승진을 통해 그들의 가치를 외부 시장에 알리고자 노력한다.

이런 측면에서 기업은 인센티브를 최적화하기 위해 직급체계나 급여수준을 명시적으로 설계하는 것은 아니다. 그보다 승진으로부터의 인센티브는 능력에 따른 직원의 배치, 급여에 대한 노동시장의 압력, 직원들의 노동시장으로의 신호 등에 대한 부수적인 효과라고 할 수 있다. 이런 관점은 많은 기업들에게 적절한 것으로 보인다.

이러한 관점이 타당하다는 몇 가지 증거가 있다. 현재 점차 약화되고 있긴 하지만 많은 일본계 대기업들은 제2차 세계대전 이후 기업의 핵심인력에 대해서 종신고용을 보장해 왔다. 이러한 제도는 핵심직원들이 중간에 이직하는 것을 방지하는 역할을 하므로 기업들은 외부 노동시장의 압력을 상대적으로 덜 받게 된다. 사실상 일본계 기업들은 핵심인력에 대해서는 보수를 직급에 직접 연계시키지도 않았으며, 이들 인력이 승진하더라도 임금 상승폭은 그리 크지 않았다. 대신, 이들 기업들은 직원들에게 2개의 별도의 직급을 제시하였다. 하나는 직급상의 지위이고, 다른 하나는 보수상의 지위이다. 이 둘 사이에 어떤 연계관계가 반드시 필요한 것은 아니며 보수가 지위와 직접 연계되지도 않는다. 이러한 관행은 직원들이 자주 이직을 하는 경제에서는 불가능했을 것이다.

하지만 이러한 관점이 옳다고 하더라도 다음에 소개할 승진에 기반하고 있는 인센티브는 중요한 의미를 가진다. 승진에 인센티브 효과가 있다면 그것이 어떻게 작동하고 무엇을 의미하는지 이해하는 것이 중요하다. 하지만 이는 질문을 다시 원점으로 되돌린다. 만약 승진이 비의도적인 인센티브라면 기업들은 언제 강한 인센티브가 나타나고 언제 약한 인센티브가 나타나는지를 파악하기 위해 승진 기반 인센티브(promotion-based incentive) 이론을 사용해야 한다. 이러한 내용은 기업들이 직원들의 동기 문제를 해결하기 위해 어디에 초점을 맞추어야 하는가를 알려주기 때문에 아주 유용하다.

이 절의 나머지 부문에서 우리는 승진체계를 설계하는 데 아무런 제약이 없는 상황을 가정하여 승진 기반 인센티브를 모델화할 것이다. 하지만 대부분의 기업들은 일정한 제약을 가지고 있어 승진에 따른 인센티브가 이상적인 상황과 완벽하게 일치하는 것은 아니라는 사실을 기억할 필요가 있다. 그러한 상황이 벌어졌을 때 기업은 인센티브 문제를 적절히 조정하기 위해 상여금과 같은 다른 인센티브를 사용하거나 승진율(promotion rate)이나 다른 계수를 변화시키기 위해 직급의 체계를 전환할 수도 있다.

승진 규정 : 토너먼트 방식 혹은 표준방식

당신의 기업이 직급이 다른 수준의 근로자들을 보상하기 위한 방법에 대해서 완벽한 유연성을 가지고 있다면, 당신은 인센티브를 최적화하기 위하여 어떻게 하겠는가?(대부분의 기업들은 그 정도로 완벽한 유연성을 가지지 못하겠지만 우리가 승진 기반 인센티브를 이해하는 데 도움이 되기 때문에 먼저 고려해야 하는 유용한 사례이다. 우리는 마지막 절에서 이런 내용에 대해 다룰 것이다.)

첫 번째 질문은 누구를 승진시킬 것인가에 대한 원칙이다. 두 가지 극단적인 경우를 생각해 볼 수 있다. 첫째는 기업이 가장 우수한 실적을 가지고 있는 일정수의 직원(흔히 1인)을 승진시키는 경우로 경쟁 혹은 **토너먼트**(tournament) 방식이다. 둘째는 정해진 기준 이상의 실적을 낸 직원들 모두를 승진시키는 경우로 절대적인 **표준**(absolute standard)방식이다. 따라서 승진에 대한 원칙은 어떻게 실적을 평가할 것인가의 문제로 귀결된다. 그렇다면 각각의 접근방식은 어떤 특징을 가지고 있을까?

승진체계 혹은 직원의 능력에 대한 통제

엄격한 직급을 가지고 있는 기업의 빈자리가 한정되어 있다고 상상해 보자. 예를 들면, 기업은 한정된 수의 지역 책임자로 누구를 승진시켜야 하는지를 결정할 수 있다. 실질적으로 현실에서의 CEO는 오직 한 사람뿐이다. 이런 경우에 직원들은 승진을 위해 서로 경쟁하게 될 것이다. 그리고 기업 내부에서 승진이 이루어진다면 기업은 사실상 토너먼트를 치르고 있는 것과 동일한 상황이라고 할 수 있다. 일반적으로 기업이 승진체계를 바꾸는 데 드는 비용이 많을수록 토너먼트 방식을 이용하는 것이 유리하다.

하지만 토너먼트 방식의 잠재적인 문제는 승진하는 직원의 능력 차이가 클 수 있다는 점이다. 기업에서 실적이 가장 우수한 직원을 승진시킨다고 할 때, 실적이 전반적으로 안 좋은 해에는 적절한 능력을 가지지 못한 직원이 고위직의 책임 있는 자리로 승진할 수도 있다. 실적이 좋은 해에는 능력이 뛰어난 직원(최고는 아니더라도)이 승진하지 못할 수도 있다. 이렇게 되면 능력 있는 직원을 적절히 활용하지 못하는 결과를 초래한다. 직원의 능력에 따른 배치가 중요하다면 직원들의 승진에 토너먼트 대신 표준방식을 적용하는 것이 적절하다. 표준방식을 적용하면 승진하거나 승진 조건을 통과한 직원들의 능력을 더 잘 통제할 수 있게 된다. 이런 이유 때문에 직원들의 능력을 중요시하는 기업들(최고의 법률회사나 대학교)은 토너먼트 대신 표준방식에 기초하여 직원들을 승진시키는 경향이 있다.

직급체계를 바꾸는 데 소요되는 비용이 너무 많고 또한 직원들을 능력에 따라 배치하는 것이 효과적이지 못하기 때문에 대부분의 기업들은 두 가지 접근방식의 형태를 결합하여 활용한다. 즉, 어떤 경우에는 직원들끼리 경쟁하도록 유도하지만, 직원들의 능력 풀(pool)이 특별할 경우에는 원칙을 완화하여 다른 해보다 승진자의 수를 늘리거나 줄이기도 하고, 빈자리를 외부 인력으로 채우기도 한다.

상대평가 대 절대평가

토너먼트와 표준방식의 가장 핵심적인 차이는 성과에 대한 **평가방법**이다. 기업이 표준방식의 평가법을 사용한다면 성과에 대한 평가는 직원 개인별로 이루어지게 될 것이다. 직원들이 서로 경쟁해야 한다면 평가는 상대적으로 이루어지게 되는데 이러한 평가방식은 성과를 평가하는 일반적인 접근방식 가운데에서도 특별한 경우로 **상대적인 성과평가**(Relative Performance Evaluation, RPE)라고 한다. 토너먼트가 상대적인 성과평가의 좋은 사례인데, 이 주제는 제9장에 다루고 있다. 상대적인 성과평가 방법은 이미 많은 기업에서 사용하고 있다.

평가의 용이성과 객관성   한 가지 고려해야 할 것은 표준방식보다 토너먼트 방식의 평가가 더 용이하다는 점이다. 토너먼트 방식의 경우 제한된 수의 직원만이 보상을 받기 때문에 평가에 있어 필요한 정보는 '누구의 실적이 가장 좋았는가'이다. 기업은 성과가 얼마나 더 개선되었는가를 고려할 필요가 없다. 상대적인 성과평가는 순위가 중요하지 경쟁자 사이의 차이는 그리 중요하지 않다는 측면에서 기수적이기보다는 서수적이라고 할 수 있다. 대부분의 경우에서 실적이 가장 우수한 직원을 결정하는 일은 매우 쉽다. 평가 대상이 복잡하고 여러 가지 무형적인 부분이 많은 업무라고 하더라도 어렵지 않다. 그보다는 개별 직원들의 성과를 결정하는 것이 훨씬 어렵다(예 : 2개의 석탄 더미가 있을 때 어느 쪽이 더 큰가를 결정하는 일과 어느 쪽 더미가 더 무거운가를 결정하는 일을 상상해 보라). 더욱이 직원들은 누구의 실적이 가장 우수한지를 알고 있기 때문에, 토너먼트 결과가 상당히 객관적이라고 판단하게 된다. 따라서 토너먼트 형태의 평가 방식은 객관적이라는 장점을 가진다.

리스크   토너먼트 방식이나 표준방식을 사용한 평가는 다른 중요한 방법들과 다르다. 하나의 예가 리스크(risk)이다(여기에서는 통제 불가능한 리스크만 다룬다). 당신의 기업에 덴마크에서 근무하는 직원과 싱가포르에서 근무하는 직원이 있다고 해보자. 직원들의 성과는 노력 e에도 영향을 받지만 행운에 의해서도 영향을 받는다. 이 경우 행운은 측정오류(measurement error)가 된다. 더 나아가 운은 두 가지 다른 요인에 의해 영향을 받는다고 한다. 첫 번째 요인은 지역적인 요인 ε으로 덴마크나 싱가포르의 경제 상황 및 각 지역에서 경쟁 직원의 행위 등이 여기에 포함된다. 두 번째 요인은 세계적인 요인 η로 세계적인 거시경제 여건 혹은 석유가격 등이 포함된다. 하첨자 S와 D는 두 직원을 나타낸다고 해보자. 그러면 각 직원의 성과는 다음과 같이 나타낼 수 있다.

$$PM_D = e_D + \varepsilon_D + \eta$$
$$PM_S = e_S + \varepsilon_S + \eta$$

마지막 항 η는 각 직원이 공통적으로 겪는 세계 전체의 거시경제 여건이므로 하첨자가 없다. 우리가 표준방식으로 승진을 결정한다고 하면, 네덜란드에서 근무하는 직원의 성과지표는 PM_D가 된다. 우리가 토너먼트와 같은 방식을 취한다면 승진은 누가 더 높은 성과를 냈는지에

따라 결정될 것이다. 따라서 네덜란드에서 근무하는 직원의 성과지표는

$$RPE_D = PM_D - PM_S = e_D + \varepsilon_D + \eta - e_S - \varepsilon_S - \eta = e_D - e_S + \varepsilon_D - \varepsilon_S$$

(이 경우에 $RPE_S = -RPE_D$이다.) 이러한 성과지표는 표준방식과 여러 가지 다른 측면을 가지고 있다. 첫째, 두 직원 모두에서 행운을 나타내는 항 η는 사라진다. 따라서 덴마크에서 근무하는 직원에 대한 측정오류가 감소한다. 하지만 새로운 오차항 $-\varepsilon_S$가 들어온다. 마지막으로 싱가포르에서 근무하는 직원의 노력 e_S가 새로운 역할을 한다. 그렇다면 어느 평가방식이 더 바람직할까?

첫째, 리스크와 관련된 이슈를 먼저 고려해 보자. 두 성과지표의 분산은 다음과 같다(μ'와 η의 상관계수가 0이라고 가정한다).

$$\sigma_D^2 = \sigma_\varepsilon^2 + \sigma_\eta^2$$
$$\sigma_{RPE}^2 = 2 \times \sigma_\varepsilon^2$$

두 직원의 성과를 평가할 때 각각의 직원에서 영향을 미치는 리스크 ε보다 두 직원에게 공통적으로 영향을 미치는 요인 η가 더 중요하다면 상대적인 성과평가는 리스크를 감소시킨다. 우리의 예에서, 세계적인 요인이 지역적인 요인보다 덴마크와 싱가포르에서의 매출에 더 중요한 영향을 미친다면 상대적인 평가는 분명 리스크를 감소시킨다. 이 경우 상대평가는 인센티브 체계를 개선시킬 수 있다. 하지만 개인적인 요인 혹은 지역적인 요인이 더 중요하다면, 상대적인 성과평가는 성과지표가 가지고 있는 리스크를 더욱 악화시킬 것이다.

왜곡 상대평가가 가지고 있는 문제점 가운데 하나는 직원들 사이에 서로 협력하고자 하는 인센티브를 왜곡시킬 수 있다는 점이다. 이 부분을 더 명확하게 알아보기 위해서 직원 A, B가 두 가지 종류의 노력을 하는 모델을 고려해 보자. 첫 번째 노력 e^P은 해당직원의 성과를 증대시키지만, 두 번째 노력 e^S은 동료의 성과를 감소시킨다고 하자. 이것은 사보타주를 단순한 형태로 모델화한 것이라 할 수 있다. 이 경우 직원 A와 직원 B의 절대적인 성과지표는 다음과 같다.

$$PM_A = e_A^P - e_B^S + \varepsilon_A + \eta$$
$$PM_B = e_B^P - e_A^S + \varepsilon_B + \eta$$

그리고 직원 A의 측면에서 측정된 상대적인 성과지표는 다음과 같다.

$$\begin{aligned}
RPE_A &= PM_A - PM_B \\
&= \left(e_A^P - e_B^S + \varepsilon_A + \eta\right) - \left(e_B^P - e_A^S + \varepsilon_B + \eta\right) \\
&= \left(e_A^P - e_B^P\right) + \left(e_A^S - e_B^S\right) + (\varepsilon_A - \varepsilon_B)
\end{aligned}$$

상대평가 체계에서 직원들은 두 가지 방법으로 자신들의 성과를 개선시킬 수 있다. 첫 번째 방법은 표준방식으로 더 열심히 일해 e^P를 증가시키는 것이다. 다른 방법은 **사보타주** e^S를 하는 것이다. 만약 상대평가가 아니고 개인의 성과만을 평가하는 방식이라면 직원들이 사보타주를 할 인센티브는 전혀 없다.

직원들이 자신의 성과에 초점을 맞추기보다 평가자를 대상으로 로비를 하거나 평가자가 좋아할 만한 행위를 하는 것도 인센티브를 왜곡시키는 요인 가운데 하나이다. 상대평가 체계하에서 이러한 행위를 통해 평가결과가 개선될 수 있다고 직원들이 믿는다면, 그러한 행위를 하고자 하는 직원들의 인센티브는 증가할 것이다.

상대평가는 또한 직원들이 서로 **협력**하도록 하는 인센티브를 감소시킨다. 대부분의 업무는 일정 정도 직원들의 상호 협력을 요구하는 경우가 많은데, 상대평가는 이러한 인센티브를 감소시킨다는 점에서 심각한 문제를 가지고 있다.

원칙적으로 상대평가를 (승진을 위한 토너먼트로) 활용하는 것이 가능할 뿐만 아니라 협력과 사보타주를 성과평가에 포함하면 위에서 제시한 문제점들도 해결 가능하다. 예를 들어, 직원들 사이의 협력을 촉진하고 동료에게 해를 끼치는 유혹을 줄이기 위한 방법으로 주관적인 평가를 활용할 수도 있다. 팀의 일원으로서 부족하다고 평가된 직원은 승진하기 어렵게 될 것이다. 기업들이 처한 환경이 위와 같다면 기업들은 분명 이러한 이슈들을 고려하게 될 것이다. 하지만 협력과 사보타주를 식별하거나 수량화하기가 쉽지 않기 때문에 이러한 보완책이 나온다 하더라도 불완전할 수밖에 없다. 따라서 상대평가가 가지고 있는 단점 가운데 하나는 직원들이 독립적으로 일하는 상황에서는 효과적이지 못하다는 점이다. 예를 들어, 서로 다른 지역에서 일하는 판매직원들 혹은 독립적으로 조립라인에서 일하는 직원들을 대상으로 실적을 높이기 위한 대회를 개최한다면 매우 효과적일 것이다. 하지만 동일한 그룹 내의 직원들을 대상으로 상대평가를 실시하겠다는 것은 좋은 아이디어가 아니다.

확대된 평가지표로 $PM_A + PM_B$를 사용할 수도 있다. 이 경우 직원들의 보수와 동료들의 성과에 따라 달라지기 때문에 직원들은 사보타주를 하지 않고 서로 협력할 인센티브를 가진다. 이런 이유로 많은 기업들이 사업체 혹은 과 단위 등의 그룹 형태로 직원들을 조직화한다. 물론, 이런 방법을 활용한다고 하더라도 상대평가(RPE)가 가지고 있는 근본적인 측정오류를 모두 걸러낼 수는 없다. 오히려 측정오류가 더 커지기도 한다. 좀 더 구체적으로 당신이 그룹의 성과에 기초하여 보상을 받는다고 할 때, 당신은 동료들의 행위와 동료들의 행운을 통제할 수 없기 때문에 여전히 리스크에 노출된다. 이것이 우리가 제9장에서 살펴본 내용이다. 즉, 확대된 평가지표는 왜곡을 감소시킬 수는 있지만 대신 리스크를 증가시키는 경향이 있다.

평가과정에서의 왜곡을 완전히 배제할 수 없을 뿐 아니라 업무의 연관성 때문에 직원들 간의 협력이 매우 중요한 상황이라면, 기업은 인센티브 구조를 적절히 바꾸어야 한다. 승진을 여전히 인센티브를 유도하기 위해 사용한다면 보상은 감소할 것이다. 이것이 기업 전체의 인센티브를 감소시킬 수는 있지만 대신 사보타주가 줄고 직원 간의 협력은 증가할 것이다. 이러한 사례는 평가가 다업무(多業務) 인센티브를 왜곡시키는 상황에서 인센티브는 억제되어야 한다는 것을 적용한 것이라 할 수 있다.

또 다른 방법은 기업이 그룹 단위로 평가하여 보상을 지급하는 것인데, 그렇게 되면 성과지표와 보상이 모두 그룹의 결과에 따라 달라지게 된다. 또 다른 방법은 평가하기가 더 어렵고 제9장에서 제기되었던 이슈들이 해결되어야 하는 문제가 있지만, 상대평가보다는 절대평가에 근거하여 승진을 결정하는 방법이다.

추가적으로 직원들 간의 협력이 중요하다면 기업은 직원들이 보상 때문에 경쟁하도록 하면 안 된다. 이것은 경쟁하도록 하는 그룹의 구성이 중요하다는 것을 의미한다. 이 부분에 대해서는 뒤에서 다시 다룰 것이다.

마지막으로 기업은 신입직원을 뽑을 때 사보타주의 가능성이나 직원 간 협력의 중요성 등을 고려해야 한다. 사람들마다 다른 직원들과 협력하는 정도가 다르고 일을 사보타주하는 것에 대해 죄책감을 느끼는 정도도 모두 다르다. 업무가 상호의존적인 것이라면 협동심이 강해 개인적으로 일하기보다는 다른 직원들과 그룹으로 일하는 것을 선호하는 직원을 뽑을 필요가 있다.

평가를 위한 커브식 상대평가곡선

성과에 대한 평가에서 자주 나오는 불만 가운데 하나는 매니저가 많은 직원들에게 동일한 등급을 준다는 점이다. 또 다른 문제점은 평가에 매우 관대한 매니저가 있는가 하면, 어떤 매니저는 매우 엄격하게 평가할 수도 있다는 것이다. 이러한 다소 행운의 요소가 임금체계의 리스크를 증가시킨다.

이러한 문제점을 해결하기 위해서 어떤 기업들은 직원들의 등급이 *커브식 상대평가곡선* 형태를 가지도록 하기도 한다(일부 대학교들도 등급을 매길 때 이와 유사한 체계를 사용한다). 일부 기업들은 등급별로 일정 비율을 배정하기도 하고, 일부 기업들은 평균을 일정하게 유지하는 대신 평균 주변의 분포들이 변화하도록 하기도 한다. 이런 방법들은 한 직원에게 높은 등급을 주면 다른 직원은 낮은 등급을 받아야 하기 때문에 상대적인 성과평가의 일부 요소와 관련이 있다.

이러한 접근법은 직원들의 평가등급을 분산시키는 효과가 있을 뿐만 아니라 평가자의 성향에 따른 리스크도 줄일 수 있다는 장점을 가지고 있다. 평가자의 관대함 혹은 엄격함이 평가에 미치는 영향은 평가대상자 *전체*의 등급이 올라가거나 내려가는 것인데, 이런 점들은 상대적인 성과평가에 대한 논의에서 지적했듯이 일반적인 측정오류 η의 한 형태가 된다. 상대적인 성과평가는 이러한 효과를 거르는 역할을 한다.

커브식 상대평가곡선 위에서 제시한 장점을 가지고 있기는 하지만 문제점도 있다. 상대적인 성과평가는 직원 간의 협동을 저해하고 심지어 사보타주를 유도할 수도 있어 다른 상대적인 성과평가가 가지고 있는 문제를 그대로 가지고 있다. 이러한 평가체계는 우수한 그룹을 기준으로 다른 직원들의 등급을 낮추기 때문에 평가제도 자체의 문제점을 안고 있다(이 효과는 그룹의 크기가 아주 작아 등급을 매기기 어렵다면 나타나지 않을 것이다). 그리고 직원들에게 평가 후 평가결과에 대한 분명한 사유를 제시하는 것도 반드시 최적의 행위라고 보기 어렵다. 따라서 많은 기업들은 커브식 상대평가곡선를 사용하지 않는다. 일부 기업들은 어떤 평가제도도 완벽하지 않다는 점 때문에 두 가지 접근방법을 병행하여 사용하기도 한다.

　GE(General Electric)는 커브식 상대평가곡선를 성공적으로 사용했던 가장 유명한 기업 가운데 하나로 GE는 이 제도를 최고 등급이라 불렀다. 하지만 GE는 그 프로그램이 효과적으로 작동되게 하기 위하여 다른 제도를 도입하는 등 많은 노력을 기울이고 있다. 예를 들어, GE는 매니저들을 평가방법에 대하여 훈련시켰고 평가과정을 감독하고 문서화하였다. 이러한 과정을 통해 GE는 평가결과에 불만을 가진 직원들이 제기할 수 있는 법적 소송의 부담을 많이 줄일 수 있었다. GE가 매우 공격적인 기업이라는 점도 중요하다(이 점은 뒤에서 '매와 비둘기'의 사례에서 다시 다루어질 것이다). GE에서는 2년 연속 평가결과가 좋지 않으면 해고될 리스크가 매우 높아진다는 사실을 직원들은 잘 이해하고 있었다. GE는 매우 크고 방대한 조직이다. 따라서 직원 해고에 따른 비용을 줄이기 위하여 평가결과가 나쁜 직원들은 그들의 적성에 맞는 직종에 재배치되기도 한다.

승진은 어떻게 인센티브를 발생시키는가

보상의 구조와 인센티브

앞선 2개의 장에서 설명했듯이 인센티브는 두 가지에 의존한다. (사보타주를 하지 않고 생산성을 증대시키는) 노력이 평가에 주는 영향과 평가와 연계하여 보상이 이루어지는가 하는 점이다.

$$\frac{\Delta Pay}{\Delta effort} = \frac{\Delta Pay}{\Delta PM} \times \frac{\Delta PM}{\Delta effort}$$

　승진의 경우 직원들은 보상을 받거나 받지 못하거나 둘 중에 하나이기 때문에 오른쪽의 첫 번째 항은 상수로 정액 보상 혹은 승진에 따른 인상분 등을 나타낸다(그림 10.3 참조).

　두 번째 항은 조금 복잡하다. 절대평가 기준에서 볼 때 보상을 받을 수 있는 기준점이 정해져 있다. 하지만 토너먼트의 측면에서 보면 보상을 받기 위해서는 일정 수의 경쟁자를 물리쳐야 한다. 다른 직원들의 성과가 사전적으로 알려져 있지 않기 때문에 보상을 받을 수 있는 기준점도 불확실하다. 일종의 이동표적(moving target)이라 할 수 있다. 토너먼트와 표준방식 모두 동일한 방법으로 분석이 가능하다.

　이런 생각들이 승진에 어떤 영향을 주는지를 알아보기 위해 직원이 보상을 받을 수 있는 조건을 적어보자. 이 회사의 직원은 W_1만큼의 기본임금을 받고, 승진을 하면 임금이 W_2로 인상된다고 한다. 이 경우 승진에 따른 임금 증가분은 $\Delta W = W_2 - W_1$ 이 된다. 확률을 $pr(\cdot)$로 표기하면 이와 같다.

$$Pay = pr(\text{미승진}) \times W_1 + pr(\text{승진}) \times W_2$$
$$= W_1 + pr(\text{승진})\Delta W$$

두 번째 식은 $pr(\text{미승진}) = 1 - pr(\text{승진})$이기 때문에 성립한다. 따라서,

$$\frac{\Delta Pay}{\Delta effort} = \Delta W \times \frac{\Delta pr(\text{승진})}{\Delta effort}$$

성과지표를 2변수 함수(승진할 만큼 성과가 좋은 경우와 그렇지 못한 경우)로 보면, 첫 번째 항은 $\Delta Pay/\Delta PM$이 되고, 두 번째 항은 $\Delta PM/\Delta effort$가 된다. 두 개의 항은 항상 인센티브에 영향을 미치는 동일한 항이다.

급여수준   위의 수식에서 바로 유도되는 결과는 승진과 관련된 인센티브에서 가장 중요한 것이 급여의 변화분 ΔW라는 점이다. 이는 제10장에서 살펴본 바와 같이 급여-성과 사이의 관계가 인센티브에 미치는 영향은 단순히 보수의 수준을 결정하는 것 그 이상의 의미를 가진다는 것을 뜻한다. 그림 10.1에서 급여수준은 전체적인 기대 임금을 올리거나 낮춤으로써 '급여-성과 관계'를 위로 이동시키거나 아래로 이동시키게 된다. 예를 들어, 위의 식에서 기대 임금은 ΔW은 고정시키더라도 W_1을 변화시킴으로써 조정이 가능하다(따라서 W_2는 W_1만큼 변화한다).

어떤 기업이 2개의 상이한 목적을 가지고 2개의 상이한 수단을 이용하여 급여체계를 설계한다고 가정해 보자. 기본급은 기업이 신입직원을 채용할 수 있다는 것과 일정 수준의 능력 있는 직원을 보유할 수 있다는 것을 보여주기 위해 이용되고, 노동시장에서의 수요와 공급에 따라 결정된다. 기본급은 또한 전체적인 수준에서의 노력과 리스크의 수준에 따라 조정되기도 한다.

많은 경우 기업들은 성과에 따라 급여를 지급하는 것에 대해 거의 제약받지 않는다. 이는 장기적으로도 마찬가지이다(이는 나중에 성과가 아닌 근속년수에 따른 급여 지급체계에 대해 논의할 때 다시 살펴볼 것이다). 기본급은 신입직원의 문제나 기존 노동력의 압류 등과 별개로 적절한 인센티브를 유도할 때 유연성 있게 활용될 수 있다.

승진에 따른 보상   마지막 수식에서 가장 중요한 것은 승진에 따른 임금인상분이 클수록 승진하려는 인센티브가 커진다는 점이다. 어떤 경쟁에서든 보상이 크면 클수록 참가자들은 더 많은 노력을 하게 될 것이다. 이런 사례는 스포츠에서 많이 볼 수 있다. 선수들은 많은 상금이 걸려 있는 중요한 경기에 훨씬 많은 노력을 기울이는 경향이 있다. 그리고 중요도가 상대적으로 낮은 경기에 대해서는 다소 느슨한 경향을 보인다. 이러한 현상은 직장에서의 승진에도 그대로 적용된다.

우리는 이 내용을 표 11.1에도 적용할 수 있다. 승진에 따른 임금 상승과 장기적인 보수는 상위 직급으로 갈수록 커지는 경향이 있다. 이것은 인센티브가 상위 직급으로 갈수록 강해짐을 의미한다. 그러나 아직 우리가 위 식의 두 번째 항을 분석하지 않았기 때문에 반드시 그런 것은 아니다.

승진에 따른 임금 상승의 정도는 대략 승진에 따른 보상의 크기와 비슷하다. 이러한 임금 상승은 승진이 이루어지는 것과 함께 즉시 나타나는 결과물이다. 따라서 가장 먼저 당신이 근무하고 있는 기업의 직급체계를 분석하는 것이 중요하다.

위에서 언급한 것 외에 승진에 따른 좀 더 복잡한 형태의 보상도 있는데, 이는 직원이 승진하게 되면 추가적인 보상을 받을 자격을 갖게 되면서 다양한 보상을 추가적으로 받게 된다. 승진을 한다는 것은 새로운 업무에 대해 더 높은 급여를 받음과 동시에 다음 단계로의 승진을 위해 경쟁할 능력이 있음을 의미한다. 승진에 따른 즉각적인 임금 상승과 비교할 때 다소 할인되는 부분도 있지만 직원들은 이런 것들에 대해 어느 정도 가치를 인정한다.

더 높은 직급에서 받을 수 있는 보상의 수준은 **모든** 낮은 직급의 승진에 영향을 미친다. 직급 5와 직급 6 사이의 차이가 클수록 직급 1과 직급 5 사이에 있는 **모든** 직원은 승진하려는 더 강한 동기를 가지게 된다(물론, 낮은 등급의 직원일수록 직급 6까지 승진하는 데 많은 시간이 걸릴 것이기 때문에 직급 6보다 낮은 등급일수록 이러한 효과는 감소할 것이다). 달리 이야기하면, 조직상의 직급에 따른 급여 구조가 낮은 직급의 직원들에게 중요한 인센티브가 될 수 있음을 뜻한다.

이것이 의미하는 것은 높은 직급으로 갈수록 승진에 따른 보상이 커야 한다는 점이다. 그 이유는 직장에 높은 직급보다 낮은 직급의 직원들이 훨씬 많으므로 이러한 급여체계는 대부분의 직원들에게 열심히 일하여 승진하려는 인센티브가 될 수 있기 때문이다. 이것이 그림 11.1에서 높은 직급으로 올라갈수록 급여가 빠르게 상승하는 이유와 최고 경영진의 급여가 매우 높게 결정되는 이유가 된다. 고위 임원진에 대한 높은 급여는 단순히 임원이 된 것에 따른 보상 그 이상의 의미가 있다. 고위 임원진에 대한 높은 급여는 아래 직급에 있는 직원들에게 열심히 일하여 임원이 되고자 하는 동기를 부여하기도 한다.

승진의 가능성과 인센티브

위 마지막 식의 첫 번째 항은 어떻게 노력이 승진 가능성에 영향을 주는지를 보여주는 항이다. 추상적인 의미에서 보상이 고정액일 때 성과지표는 보상을 받을 수 있을 만큼 높았는가 혹은 그렇지 못했는가의 두 가지 가능성밖에 없다. 이 항이 바로 $\Delta PM/\Delta e$이다.

승진 가능성을 확률로 분석하는 것은 기술적인 성격이 강하다. 하지만 직관은 매우 직선적이며, 토너먼트든 표준방식이든 모든 형태에 적용된다. 다음의 두 가지 극단적인 상황을 고려해 보자. 첫 번째는 승진이 보장되어 승진 확률이 1인 경우이고, 두 번째는 승진이 불가능하여 확률이 0인 경우이다. 두 가지 경우 모두 노력의 여부가 결과에 영향을 미치지 않기 때문에 직원들은 승진을 위해 노력할 필요성을 느끼지 못하게 된다. 그러므로 인센티브는 0이 된다. 따라서 승진에 따른 인센티브가 효과를 발휘하기 위해서는 승진하는 것이 지나치게 힘들어도 안 되고 지나치게 쉬워도 안 되는 극단적인 경우의 중간에 위치해야 한다.[2]

행운이 일정한 역할을 하는 상황에서 승진은 직원들로부터 승진을 하려는 추가적인 노력을 직관적으로 유도할 수 있어야 인센티브가 될 수 있다. 운이 아주 좋거나 아주 나쁜 경우는 발생할 가능성이 상대적으로 낮다. 승진 확률이 낮을 경우, 승진을 하려면 상당한 행운이 따라야 하기 때문에 최종 결과에 영향을 주기 위해 추가적인 노력을 할 가능성은 매우 낮다.

덜 직관적이기는 하지만 이것은 승진 확률이 매우 높은 경우에도 적용될 수 있다. 승진 가능성이 높을 경우 직원들은 추가적인 노력을 하지 않더라도 승진에서 탈락할 확률이 낮기 때문에 열심히 일하지 않을 인센티브를 가지게 된다. 이들이 승진에서 탈락하려면 아주 큰 불행이 따라주어야 한다. 따라서 스포츠 팀들은 경기에서 많이 앞서갈 경우 2진을 투입하는 경향이 있다.

실제 회사에서는 고위직으로 갈수록 다음 직급으로의 승진 확률은 $\frac{1}{2}$이 안 된다. 따라서 승진에 따른 보상이 고정되어 있다면 승진에 따른 인센티브가 약해질수록 승진율도 낮아진다.

운

앞에서 살펴보았듯이 운(運)도 승진에 일정한 역할을 한다. 제10장에서 살펴본 단순화된 모델에서 운의 효과는 리스크 프리미엄을 줄여 결과적으로 최적 인센티브 집중도의 강도를 줄이는 것이다. 운은 여기서 그러한 역할을 한다. 하지만 운은 다른 역할도 하는데, 여기에서는 인센티브를 감소시키는 역할을 한다.

당신이 테니스 경기를 하고 있다고 가정해 보자. 어떤 날은 바람이 잠잠하고 어떤 날은 강풍이 불기도 한다. 당신은 바람이 없는 날에는 공을 정확히 칠 수 있지만 바람이 많이 부는 날에는 정확히 치기가 쉽지 않다. 이것은 바람이 많이 부는 날에 하는 테니스 시합에서는 승부가 상대편의 경기 내용보다는 운에 의해 결정될 가능성이 높음을 의미한다. 이러한 현상은 직장에서의 승진에도 그대로 적용된다.

이러한 효과 때문에 노력을 통해 최종 결과물에 영향을 미칠 수 있는 가능성은 감소한다. 즉, 이것은 Δpr(승리)$/\Delta e$의 값을 감소시킨다.[3] 이것에 대한 증명은 부록에서 이루어진다. 그리고 이

---

2) 회계 및 심리학의 여러 연구는 보상에 대한 목표를 충족확률이 50%일 때 인센티브가 강한 것으로 결론을 내렸다. 경제 모델링은 왜 이것이 이렇게 되는지를 설명하는 데 도움을 준다.

3) 이것은 승진률이 0 혹은 1에 매우 가깝지 않을 경우에만 해당된다. 0 혹은 1 양 극단값에 가까울 경우 그 반대가 사실이 될 것이다. 이러한 상황에서 매우 운이 좋은 경우와 매우 운이 나쁜 경우가 조합될 때 점진적인 노력만이 차이를 만들어내기 때문이다.

것은 측정오류가 커지면 $\Delta PM/\Delta e$가 더 낮아진다는 것을 의미한다. 당신은 이제 이것이 무엇을 의미하는지 이해할 수 있을 것이다. 바로 인센티브를 낮춘다.

최적 인센티브에서 운이 함축하는 바는 무엇일까? 만약 기업이 보상의 크기를 증가시키지 않는다면, 측정오류가 커질수록 인센티브는 작아질 것이다. 이에 대한 한 가지 대응책은 직원들의 성과를 좀 더 조심스럽게 측정하는 데 따른 비용을 부과하는 것이다. 또 다른 방법은 보상의 구조를 바꾸는 것으로, 운이 더 큰 역할을 할 때 최적의 보상 구조는 더 나은 성과를 낸 직원에서 더 큰 보상이 가는 방향으로 치우치는 경향이 있다.

운이 중요하고 최적의 임금 구조에 영향을 미친다는 점 때문에 보상의 형태는 산업 및 국가에 따라 달라진다. 예를 들어, 미국과 일본을 비교해 보자. 일본의 임금체계는 미국에 비해 압축적이라고 할 수 있는데, 일본에서 생산직 직원의 보수에 대한 최고 경영진의 상대적 보수 차이는 미국에서만큼 크지 않다. 이것을 미국 기업들과 최고 경영진들의 측면에서 사치라고 해석하는 이들도 있다.

미국에서의 경영환경이 일본보다 더 위험하기 때문인 것으로 설명하는 이들도 있다. 미국 기업에서의 승진은 확률적인 요소에 더 많이 영향을 받는다. 예를 들어, 일본 기업에서의 승진은 미국기업에서보다 늦어지는 경향이 있다. 일본기업에서는 매니저가 CEO가 될 때쯤이면 기업은 해당 CEO의 생산성에 대해 상당히 정확한 정보를 가지게 된다. 따라서 승진에서 측정오류가 어떤 역할을 할 가능성은 크게 감소한다. 미국 기업에서의 승진이 운에 크게 영향을 받는다면, 미국 기업은 보수의 차이를 확대함으로써 직원들의 노력을 감소시키는 운의 효과를 상쇄시킬 수도 있다.

이러한 것은 기존의 구산업과 신산업 사이에도 적용될 수 있다. 직원들의 성과에 미치는 운의 영향이 기존산업보다 신산업에서 더 크다면, 신산업의 기업들이 기존산업보다 임금 격차를 확대하는 방향으로 임금 구조를 설계할 수 있다.

요약

우리는 여러 가지 측면에서 토너먼트와 표준방식의 인센티브 설계가 서로 동일한 의미를 가진다는 것을 살펴보았다. 여기서 제기되는 가장 중요한 질문은 승진에 따른 보상의 크기이다. 이에 대한 적절한 추정치는 승진에 따르는 임금 상승분이 될 수 있다. 승진을 하게 되면 더 나은 경력을 쌓을 수 있는 기회를 가지게 되는데 이렇게 부수적으로 추가되는 부분까지 포함하면 더 적절한 추정치를 얻을 수도 있을 것이다.

다음으로 중요한 요소는 승진 가능성이다. 승진 가능성이 지나치게 높지 않는 한 동일한 수준의 보상에 대하여 승진 가능성이 높을수록 더 강한 인센티브가 된다.

이 두 가지 아이디어를 결합하면, 기업이 최적의 인센티브를 유도하기 위하여 직급에 따라 급여를 다르게 책정할 수 있을 만큼 충분한 유연성을 가지고 있을 때 승진할 확률이 낮을수록 승진에 따른 급여의 상승분은 커질 것이라고 이야기할 수 있다. 물론, 반대의 경우도 성립한다. 그리고 직급이 올라갈수록 급여의 상승분도 함께 커지는 경향이 있다.

운적인 요소나 측정오류가 승진에 미치는 영향이 커질수록 리스크 프리미엄은 커질 뿐 아니라 승진에 따른 인센티브가 감소하게 된다.

토너먼트와 표준방식은 여러 가지 측면에서 다른 점이 있다. 토너먼트 방식은 승진 자릿수가 정해져 있을 때 승진하는 직원 수를 통제할 수 있다는 점에서 유리하다. 반면, 표준방식은 승진하는 직원들의 능력을 중요하게 여길 때 유용하게 활용될 수 있다. 또한 토너먼트 형태는 상대적인 성과평가의 한 형태로 직원 간의 협력을 저해하고 공동작업을 사보타주할 가능성이 높다는 측면에서 인센티브를 왜곡시키는 경향이 있다. 하지만 표준방식은 이러한 부작용이 없다.

기타 이슈

직원들의 이질성

앞에서 다루었던 이론들은 승진하고자 하는 모든 직원들이 동질적이라는 가정을 전제로 하고 있다. 하지만 직원들이 능력이나 다른 측면에서 차이가 난다면 어떻게 될까? 다른 형태의 직원들을 섞어 배치하는 것은 승진과 관련된 인센티브 체계에서 두 가지 문제를 일으킬 수 있다.

능력의 차이   직원들 사이의 능력 차이가 있다면 그들의 승진 가능성도 차이가 날 것이다. 능력이 뛰어난 직원들은 승진할 기회를 많이 가지게 될 것이다. 앞에서 보았듯이 이들은 뛰어난 능력 때문에 열심히 일하려는 인센티브를 가지기 어렵다. 이와 마찬가지로 성과가 나쁜 직원들은 승진할 기회를 가지기 어려우므로 나태해지는 경향이 있다. 다만, 실적이 승진과 탈락의 기준 인근에 있는 직원들에게는 아주 훌륭한 인센티브가 될 수 있을 것이다.

예를 들어, 제10장의 그림 10.3을 보자. 승진할 수 있는 기준점은 T이다(T는 표준방식에서처럼 고정될 수도 있고, 토너먼트 방식에서처럼 가변적일 수도 있다). 만약 직원들이 자신의 성과가 T 근처에 있어 추가적인 노력으로 큰 보상을 얻을 수 있다고 믿는다면 열심히 일하려는 인센티브는 매우 높을 것이다. 자신의 성과가 T보다 훨씬 낮거나 높다고 믿는다면, 열심히 일하려는 인센티브는 작을 것이다. 달리 말하면, 승진에 기초를 둔 인센티브는 노동력의 질이 상이한 경우에는 제대로 작동하지 않는 경향이 있다.

이러한 원리가 어떻게 활용될 수 있을까? 기업이 승진 시 토너먼트가 아닌 표준방식을 이용한다고 할 때 능력이 다른 직원들에게 서로 다른 T를 적용할 수도 있을 것이다. 능력이 뛰어난 직원에게는 높은 T를 적용하고 능력이 떨어지는 직원에게는 낮은 T를 적용하는 것이다. 하지만 이렇게 직원들을 능력에 따라 구분하는 것은 부작용이 나타날 수 있다. 왜냐하면 능력이 떨어지는 직원은 상대적으로 쉽게 승진을 하는 반면, 능력이 뛰어난 직원은 상대적으로 더 열심히 노력해야 하기 때문이다.

그러한 경우에 기업은 직원들을 능력에 따라 구분하는 데에 일정한 비용을 들일 필요가 있다. 예를 들어, 스포츠 경기에서는 실력이 유사한 선수끼리 경기를 할 수 있도록 선수들의 능력에 따라 리그를 나누기도 한다. 기업 내에 승진한 직원 수가 많아질수록 남아 있는 직원들의 특성은 비슷해진다. 따라서 이러한 문제는 고위직보다는 하위직에서 더 중요하다.

그렇다면 제2장에서 살펴본 것과 같이 직원들은 자신에게 적합한 업무를 찾아갈 수 있을까? 불행히도 이에 대한 대답은 '아니다' 이다. 능력이 떨어지는 직원은 일반적으로 능력이 뛰어난 직원들을 위한 승진제도에 접근하려는 인센티브를 가지게 된다. 이는 실력이 낮은 선수도 우수한 선수들이 뛰는 리그에 들어가려고 하는 것과 동일하다. 그러한 이유는 능력이 뛰어난 직원들이 받는 기본급이 훨씬 높기 때문이다.

직원들의 상이한 능력 차이가 성과 및 승진에 기초한 인센티브에 미치는 영향은 주관적인 평가와 관련이 깊다. 물론, 승진이 감독관의 주관적인 평가에 근거하여 이루어지는 측면도 있다. 당신이 감독관이고 부하 직원들에게 어떤 피드백을 주려고 한다고 가정해 보자. 부하 직원들은 승진을 희망하고 있지만 승진에 대한 결정은 미래에 이루어진다고 해보자. 당신은 무엇을 이야기하겠는가?

승진의 경계점에 있는 직원들에게 어떤 이야기를 하는 것은 단지 그들의 승진에 대한 인센티브만 강화할 뿐이다. 흥미로운 것은 성과가 승진의 기준점 이상인 부하 직원에게 무엇을 이야기할 것인가 하는 점이다. 만약 피드백의 목표가 일할 동기를 극대화함과 동시에 정확하고 명확한 피드백을 주는 것이라면, 승진에 앞서 있는 직원이든 뒤처져 있는 직원이든 인센티브를 감소시키게 될 것이다.

반면, 성과가 뛰어난 직원에게 부정적인 이야기를 하면 그들은 자신들의 성과에 대한 생각을 바꾸어 승진할 수 있는 기준에 다가가려고 노력함과 동시에 열심히 일하려는 인센티브도 증가할 것이다. 마찬가지로 실적이 떨어지는 직원에게 기대했던 것보다 긍정적인 이야기를 하게 되면 승진에 대한 희망을 버리지 않음으로써 일하려는 인센티브가 증가하게 된다.

이것은 승진하려는 인센티브가 크고 평가가 주관적일 경우 감독관은 부하직원에게 하는 피드백을 왜곡시킬 인센티브를 가지게 됨을 의미한다. 감독관들은 실적이 나쁜 직원의 사기 저하를 걱정하여 실적이 나쁜 직원에게 부정적인 이야기하기를 무척 꺼린다. 설령 직원들의 실적에 대한 피드백을 왜곡시키지 않더라도 승진에 가까운 직원이든 뒤처진 직원이든 자신들이 어느 위치에 있는지를 알 수 없게 하기 위하여 모호한 입장을 취하는 경우가 많다. 이러한 점은 주관적인 평가에 대한 몇 가지 설명에서 도움이 된다. 이런 이유로 평가결과가 위쪽으로 편중되기 때문에, 감독관들은 평가에 대해 명확하게 이야기하는 것을 꺼리고 부하직원들은 평가가 공정하게 이루어졌다고 믿지 않는 경향이 있다.

표 11.2

성격에 따른 직원의 배치

구분	그룹			
	1	2	3	4
A	H_1, H_2, D_1, D_2			
B	H_1, D_1, D_2	H_2		
C	H_1, H_2	D_1, D_2		
D	H_1, D_1	H_2, D_2		
E	H_1	H_2	D_1	D_2

개성의 차이   우리는 이미 앞에서 토너먼트 방식의 승진제도가 가져올 수 있는 사보타주나 협력 부족 문제를 논의하였다. 이제 직원들 사이의 개성도 차이가 난다고 가정해 보자. 즉, 어떤 직원은 공격적이어서 다른 직원과 협력에 소극적인 반면, 어떤 직원들은 다른 직원과 협력하거나 팀으로 일하는 것을 좋아한다고 해보자. 개성이 서로 다른 직원들이 부서 내에 섞여 있는 상황에서 경쟁에 의해 승진이 결정될 경우 문제가 발생한다.

다음의 예를 살펴보자. 공격적인 성향의 매파 직원 H_1와 H_2 2명과 협력적인 성향의 비둘기파 직원 D_1과 D_2등 4명으로 구성된 팀이 있다고 해보자. 4명의 직원을 생산팀에 배치하는 방법은 네 가지가 있다.

두 가지 극단적인 경우는 A와 E로, A에서는 모든 직원이 함께 일하는 반면 E에서는 모두가 별도로 일한다. E는 서로 협력함으로써 얻을 수 있는 장점을 하나도 살리지 못한다는 단점을 가지고 있다. 성격이 서로 다른 직원들을 결합함으로써 얻을 수 있는 잠재적인 시너지 효과가 크다면, 기업은 A와 같은 구성을 원할 것이다. 만약 이럴 경우 토너먼트 방식은 잘못된 선택이 된다.

공격적인 성향을 가진 매파 직원들이 협력적인 비둘기파 직원과 짝을 이루었을 때 나타날 수 있는 문제는 매파 성향의 직원들이 훨씬 비협력적이 된다는 점이다. 토너먼트 방식에서는 보상이 직원들의 상대적인 성과에 의해 결정되므로 둘 모두 협력하려 하지 않기 때문이라는 직관적인 설명이 가능하다. 하지만 매파 성향의 직원은 비둘기파 성향의 직원들이 매파보다는 더 협력적이며 사보타주를 피하려는 성향이 있음을 알고 있다. 이것은 매파 직원이 비둘기파 직원의 성과에 손해를 끼칠 가능성이 높으며 결과적으로 승진에서 더 유리한 위치에 오를 가능성이 높음을 의미한다.

이것은 직원들의 상대적인 성과가 다르다는 것을 의미한다. 위에서도 언급했듯이 직원들의 상대적인 성과에 차이가 나면 토너먼트 방식의 인센티브는 그 유용성이 떨어진다. 따라서 보상이 경쟁에 의해 결정되는 경우에 개인적인 성격 차이는 인센티브 차이를 더욱 악화시키는 역할을 하게 된다.

매파 직원은 매파 직원끼리, 비둘기파 직원은 비둘기파 직원끼리 짝을 이루도록 할 수 있는데, 이렇게 직원을 배치하면 동일한 성격과 동일한 인센티브를 가진 직원끼리 경쟁하게 되므로 인센티브에 영향을 주는 현상은 나타나지 않을 것이다. 불행하게도 매파 성향의 직원들은 비둘기파 직원들을 대상으로 경쟁하려는 인센티브를 가지고 있다. 따라서 토너먼트 방식에서 직원 스스로 적절한 업무나 팀을 선택하도록 하는 것은 적절하지 않다. 이런 이유 때문에 특히 토너먼트 방식을 취하고 있는 기업에서는 직원들을 구분하여 유사한 성향을 가진 직원들끼리 경쟁하도록 할 필요가 있다.

이것이 기업마다 독특한 기업문화를 갖게 된 이유가 되기도 한다. 경쟁을 강조하는 기업은 공격적인 성향을 가진 직원을 분류하는 데 최선을 다하고, 협력을 강조하는 기업은 반대의 문화를 가지게 된다. 우리는 지금까지 몇 가지 이슈들이 서로 연결되어 있다는 것을 살펴보았다. 예를 들어, 업무의 상호 의존성 정도는 직원들을 서로 경쟁하도록 할 것인가를 결정하는 데 중요한 요소가 된다. 이것은 또한 기업이 채용해야 할 신입직원의 성향에도 영향을 미치며 결과적으로 기업의 문화에까지 영향을 주게 된다.

누락자에 대한 인센티브

승진 기반의 인센티브 체계의 한 가지 문제점은 승진을 가득할 충분한 확률이 기대될 때에만 직원들에게 동기부여가 된다는 점이다. 이전 라운드에서 통과하여 막 승진한 직원들과 같이 현재 승진권 내의 경주를 진행하고 있지 않은 직원들은 동기부여가 되지 않을 수 있는 것이다. 한 가지 직무를 오랜 시간 동안 계속 진행하고 있거나 향후 발전에 대한 전망이 없는 직원들에 대한 외인성 동기부여의 감소는 상대적으로 비생산적인 '죽은 나무'와 같은 직원들이 갖는 흔한 불평의 한 가지 이유가 될 수 있다.[4]

이러한 직원들을 위해서 기업이 할 수 있는 몇 가지 일들이 있다. 한 가지는 그들이 기업을 떠나도록 장려하거나 기업 내에서 그들에게 보다 적합한 위치를 찾도록 돕는 것이다(일례로, GE에 대한 이전의 사례를 참고하라). 또 다른 방법은 그들의 성과에 대해 연간보너스와 같은 더욱 강력한 지급의 형태로 승진을 제안할 수 있다는 전망을 제공하는 것이다. 마지막으로 관리자는 직원들에게 새로운 과업을 수행하고 새로운 기술을 학습할 수 있는 기회를 제안함으로써 내재적 동기부여를 증가시킬 수 있다.

---

4) 때때로 피디의 원리(직원들은 본인의 무능력의 수준에 도달할 때까지 승진한다.)라고도 불리우는 이러한 현상에 대한 또 다른 이유는 직원들의 평균적인 기량이 하락하고, 그들이 같은 위치에서 더 오래 머물게 된다는 점이다. 이것은 기업이 지속적으로 승진에 보다 높은 기량의 직원들을 선택하기 때문이다.

경력직 직원의 외부 채용

물론, 기업은 직원을 외부로부터 채용할 수도 있으며, 이때 채용되는 직원이 반드시 최하위직일 필요는 없다. 이러한 외부 채용은 승진에 기반을 둔 인센티브에 어떤 영향을 미치게 될까?

첫째, 이러한 외부 채용은 내부 직원들의 인센티브를 감소시키는 경향이 있다. 즉, 외부로부터 채용을 하게 되면 내부에서 승진 가능성은 그만큼 줄어들게 되어 결과적으로 내부 직원들의 승진에 대한 인센티브를 감소시키게 된다. 여기에 덧붙여, 기업은 일반적으로 높은 직급에 최고의 후보를 승진시키려는 욕구와 성과가 가장 뛰어난 직원을 승진시키려는 욕구를 동시에 가지고 있다. 일단 직원들이 노력을 다했다면, 기업은 실적에 따라 직원들을 승진시키겠다고 주장하면서도 과거 성과가 뛰어난 직원보다 잠재력이 높은 직원을 승진시키고자 하는 유혹을 가지게 된다(이것은 홀드업 문제의 한 형태이기도 하다). 물론, 직원들이 이러한 문제를 미리 예견한다면 우선적으로 자신들의 노력을 줄이게 될 것이다. 외부로부터 직원을 채용하는 것은 이러한 문제를 더욱 악화시킬 뿐이다.

따라서 외부에서 직원을 채용할 때 기업이 중요하게 고려해야 할 비용은 내부 직원들의 의욕 저하에 따른 비용이다. 이런 이유 때문에 대부분의 기업은 내부 승진을 통해 빈자리를 채우는 것을 선호하는 경향이 있다.

외부에서 직원을 채용하는 것은 장점도 가지고 있다. 기업이 승진에 절대적인 기준을 적용하는 이유는 고위직일수록 직원들의 능력을 더 잘 통제하기 위해서이다. 토너먼트 방식의 경우에는 순위만 중요하기 때문에 직원들의 성과를 평가하기가 매우 쉽다. 하지만 외부 채용과 토너먼트 방식을 결합하면, 두 가지 효과를 동시에 거둘 수 있다는 장점이 있다. 토너먼트 방식으로 승진을 결정하는 체계에서 몇 년이 지나고 나면 승진 대상자들의 능력이 매우 낮을 수 있는데, 이때 외부로부터 직원을 채용하는 것이다. 물론, 이로 인해 내부 직원들의 의욕이 일부 저하되는 효과도 있지만, 기업이 외부 채용을 자주 하는 것이 아닌 이상 이러한 효과는 그렇게 크지 않다. 이렇게 하면 기업은 능력이 떨어지는 직원이 높은 직급으로 승진하는 문제를 막을 수 있을 뿐 아니라, 외부에서 채용된 직원과의 경쟁을 유도함으로써 내부 직원들이 사보타주하려는 동기도 줄일 수 있게 된다.

직원의 승진 이동

승진 기반 인센티브 체계에서 직원의 승진 이동은 매우 중요하다. 승진 이동이 많을수록 더 많은 승진 기회가 생겨서 인센티브를 증가시키기 때문이다. 따라서 인센티브로서 승진을 강조하는 기업이라면 건강한 수준의 이동이 직원들의 의욕 고취에 매우 도움이 된다는 점을 인식할 필요가 있다. 반면, 승진 이동이 별로 없다면 승진 기반 인센티브 체계가 제대로 작동하지 않을 가능성이 높다. 어떤 조직에서든 직급을 보면 위로 갈수록 빠르게 줄어드는 추세를 보인다. 즉, 하위직에서 고위직으로 갈수록 자릿수는 빠르게 감소한다. 이런 직급의 승진율은 일반적으로 매우 낮다. 따라서 승진에 따른 보상이 매우 크지 않다면 승진하려는 동기는 크게 감소할 것이다. 이런 상황에서 기업이 선택할 수 있는 몇 가지 방법이 있다. 장기적인 방법으로 기업은 승진율이 상승하도록 기업의 직급체계를 재조정할 수 있다. 단기적으로는 고위직에 있는 직원을 승진시키거나 그렇지 못할 경우에는 해고시키는 방법이 있을 수 있다.

증거

개인별 직원들의 성과에 대한 자료를 이용할 수 없기 때문에 기업 내부에서 승진 기반 인센티브의 효과를 관찰하는 것은 어렵다. 토너먼트 방식이든 표준방식이든 실증적인 증거는 다른 곳에서 얻는 경우가 많다. 예를 들어, 어떤 연구에서 골프경기를 대상으로 상금이 커질수록 경기 실적이 향상되는지를 검증하였다. 연구 결과는 프로 선수들이 인센티브에 잘 반응한다는 점에서 우리의 이론적인 예상을 강하게 뒷받침해 준다. 사실상 많은 스포츠 팀들은 소속의 선수들이 좋은 성적을 내도록 동기를 부여하기 위해 아주 정교한 인센티브 체계를 이용한다.

또 다른 연구들은 실험 참가자들(주로 대학생)이 이론에서 제시한 대로 행동하는지를 보기 위하여 실험을 하기도 한다. 이런 연구들은 상금이 많을수록 열심히 하려는 경향이 있다거나 리스크가 클수록 인센티브가 줄어든다거나 승진 가능성이 낮을수록 열심히 하려는 동기를 감소시킨다는 결과를 보여준다. 이러한 결과들은 모두 이론에서 예상했던 결과들이다. 또한 이러한 연구들은 실험 참가자들이 보여준 노력의 정도가 이론에서 전망한 수준에 빠르게 수렴한다는 것도 보여주었다. 하지만 이론적인 전망과 달랐던 점은 성과물의 차이가 표준방식이 아닌 토너먼트 방식에서 더 높았다는 점이다. 이는 성향이나 능력에 차이가 있는 사람들이 경쟁에 대해 다르게 반응한다는 것을 보여준다고 할 수 있다. 예를 들어, 토너먼트나 표준방식을 선택하라고 할 때 남자들은 여자들보다 상대적으로 토너먼트 방식을 선택하는 경향을 보였다.

몇몇 연구들은 기업들의 평가 관행이나 보상 구조가 이론에서 제시한 대로 변화하는지에 대해 분석하였다. 기업은 승진 대상을 선정할 때 상대적인 성과평가 혹은 절대적인 기준을 일방적으로 사용하기보다는 복합적으로 사용하는 것으로 나타난다. 따라서 기업이 어느 한 가지 방식을 사용한다고 이야기하기보다는 직급체계나 승진 대상자의 능력을 통제할 필요성 등에 따라 적절한 방식을 선택한다고 이야기하는 것이 적절하다.

어떤 연구들은 급여체계에 대한 이론적인 함축성에 대한 분석을 하기도 하였다. 그러한 연구들은 기업들이 보상체계를 설계할 때 이론에 기초한다는 점을 보여주었다. 하지만 이러한 결과들에 대해서는 다른 설명도 가능하다는 점에 유의할 필요가 있다. 예를 들어, 승진율이 매우 낮다면 승진한 직원과 승진하지 못한 직원 사이의 능력 차이는 커야 한다. 이것은 승진에 따른 임금 상승분이 커야 함을 의미한다. 하지만 이러한 설명은 직원들의 분류에 의한 효과이지 인센티브와는 전혀 관계가 없다. 따라서 기업이 인센티브를 최적화하기 위하여 명시적으로 전 직급에 걸쳐 급여 구조를 설계하는지에 대해서 분명히 이야기하기가 쉽지 않다.

경제학과 교수들에 대한 토너먼트

● ● ● ● ● ● ● ● ● ● ●

한 연구는 토너먼트 방식과 표준방식 가운데 어느 것이 대학교 경제학과의 보상체계를 더 잘 설명하는가를 분석하였다. 대학의 경제학과는 계층적인 구조를 가지고 있을 뿐 아니라 승진하지 못하면 학교를 떠나야 하는 체계를 가지고 있다. 또한 교수들의 생산성은 발표된 연구의 양이나 질을 통해 공개적으로 평가가 가능하다.

이 연구에 따르면 조교수와 부교수 사이에 임금 격차가 클수록 젊은 교수들의 생산성이 높아지는 것으로 나타났다. 이러한 결과는 임금 격차가 클수록 인센티브가 커진다는 이론의 내용과 일치한다.

또한 높은 직급의 교수에 대해서는 토너먼트 방식이나 표준방식을 적용하기보다는 내부 후보자들의 자질이 낮을 경우 외부에서 채용하는 것으로 나타났다. 교수들은 기업 내의 특수한 인적자본과 같이 내부적으로 경쟁하는 것이 아니라 학계라는 더 넓은 노동시장에서 서로 경쟁한다. 이런 이유 때문에 교수들은 자주 옮겨 다니게 된다.

출처 : coupé, Smeets, & Warzynski(2006)

경력에 대한 관심 ●●●

직원들은 현재의 직장에서 우수한 성과를 내면 다른 직장으로 옮길 때 더 좋은 기회를 가질 수도 있다는 점 때문에 부분적으로 열심히 일하려는 동기를 가지게 된다. 이런 종류의 인센티브를 흔히 경력에 대한 관심이라 한다.[5] 이러한 인센티브는 인적자본이 전반적으로 많이 활용되는 산업과 향후 직원을 채용할 가능성이 있는 기업이 많은 산업에서 매우 중요한 역할을 한다. 과학자, 프로 선수들, 기업의 최고 경영진 등이 좋은 사례들이다. 이러한 인센티브는 어느 정도까지 모든 산업에 적용된다.

이러한 경력 관리에 따른 인센티브는 몇 가지 흥미로운 점을 가지고 있는데, 첫째, 사람들은 노동시장에서 좋은 평판을 만들기 위하여 직장을 잡은 초기에 보다 더 열심히 하려는 동기를 가진다. 경력이 쌓이게 되면 해당 직원의 능력에 대한 평가가 상당히 이루어지므로 직원은 노동시장에서의 가치를 올리려는 노력을 덜 하게 된다.

둘째, 젊은 직원일수록 전망이 불확실한 업무를 선택함으로써 리스크를 더 감수하려는 경향을 보인다. 리스크를 감수했음에도 좋은 성과를 내지 못하였다면, 회복하는 데 더 많은 시간이 소요될 것이다. 따라서 사람들은 경력이 쌓임에 따라 자연스럽게 좀 더 보수적으로 바뀌

5) 경력에 대한 관심은 인적자본에 대한 투자 및 더 큰 직원의 노력 두 가지 모두에 동기부여를 해야만 한다. 여기서는 후자에 주로 초점을 맞추고 있지만, 인적자본과의 관련성은 제3장을 읽은 후 더 명확히 이해할 수 있을 것이다.

는 경향이 있다.

●●● 연공서열에 따른 임금과 인센티브

그림 11.1의 자료와 표 11.1에 따르면, 수입이 증가하는 것은 승진 때문이 아니라 장기간에 걸친 임금 상승 때문이다. 물론, 급여가 개인적인 성과와 연계된다면 수입이 증가하는 것도 하나의 인센티브가 될 수 있을 것이다. 하지만 많은 기업들은 급여를 인상할 때 연공서열을 중요하게 고려한다. 급여가 개인적인 성과에 직접적으로 연계되지 않고 연공서열에 따라 결정된다면 급여는 인센티브 역할을 하지 못하게 된다. 이 절에서 우리는 연공서열에 따라 급여를 지급하는 것이 어떻게 장기적인 측면에서 인센티브가 될 수 있는지를 살펴볼 것이다.

논의의 편의상 직원들은 자신들이 열심히 일하거나 그러지 않을 선택권을 가지고 있다고 해 보자. 열심히 일한 직원의 성과는 그림 11.2의 V곡선으로 나타나는 경력보다 높을 것이다. 직원들의 경력이 쌓임에 따라 성과는 어느 정도까지 증가하고 그 이후에는 감소할 것이다. 노력을 게을리 한 직원의 성과는 V보다 낮은 V'가 될 것이다. 열심히 일하는 것이 효율적인 선택이었다고 가정하자. 다시 말하면, V와 V'의 생산성 차이는 열심히 일하는 것에 따른 한계비효용을 초과할 것이다. 따라서 기업과 직원은 열심히 일하도록 하는 계약을 체결할 것이다.

간단한 성과평가 체계를 고려하여 요점을 더 명확하게 살펴보도록 하자. 특정 시기에 직원의

그림 11.2 경력에 따른 생산성 및 임금

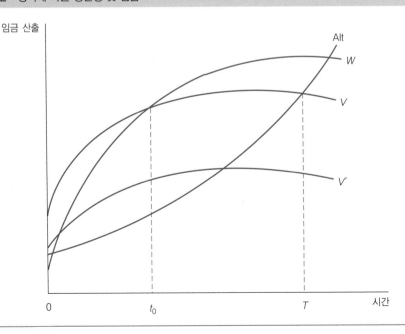

성과가 좋지 않았다면 기업은 이를 감지할 가능성이 높고 그에 따라 해당 직원은 해고와 같은 불이익을 받게 될 것이다.

그림에서 *Alt*로 표기된 경로는 직원이 시간을 다른 데 사용할 수 있는 대안을 나타낸다. 은퇴가 가까운 직원이라면 최선의 대안은 여가를 즐기는 것이 될 것이다. 따라서 T는 직원이 은퇴하는 시기를 나타낸다. 달리 말하면, V만큼 생산하는 자영업자는 T에서 자발적으로 은퇴할 것을 의미한다.

경로 W는 장기간에 걸쳐 직원에게 제공되는 임금의 경로를 나타낸다. 0에서 T까지의 임금 경로인 W의 현재가치는 같은 기간 동안 V의 현재가치와 정확히 일치한다. 매 시기마다 V를 받는 직원은 정확하게 자신이 생산한 가치만큼을 수령하게 된다. W를 받는 직원은 t_0까지는 자신의 생산성보다 적은 임금을 받지만 그 이후에는 자신의 생산성보다 더 많은 급여를 받게 된다. 전체 기간으로 볼 때, 보상액은 현재가치로 생산한 가치에 더해진다.

이런 방법으로 임금체계를 왜곡시키는 이유는 무엇일까? 인센티브는 모든 경로에서 동일한 것은 아니다. 인센티브는 V를 따라 움직일 때보다 W를 따라 움직일 때 더 크다. 그 이유는 간단하다.

기업이 단계마다 V와 동일한 임금을 지급한다고 가정해 보자. 그리고 은퇴 시기인 T 바로 전날 직원이 가질 인센티브에 대해서 고려해 보자. 이 경우 직원은 다음날인 T에 재고용될 가능성이 전혀 없으므로 근무 태만으로 해고되더라도 잃을 것이 없다. 마찬가지로 은퇴시기가 멀지 않은 직원들은 해고를 당하더라도 잃을 것이 거의 없기 때문에 열심히 일하려는 인센티브를 가지고 있지 않다. 이는 그림 11.2에서 V와 W 사이의 간격이 매우 좁은 것으로 나타난다.

일반적으로 현재의 직장과 유사한 외부 직장이 많다면 위와 비슷한 논리가 모든 시기에 똑같이 적용될 수 있다. 따라서 개인 능력이 뛰어나고 새로운 직장을 찾는 비용이 크지 않다면 직원들은 잃을 것이 별로 없기 때문에 근무 태만의 유혹을 받을 것이다.

이러한 문제를 해결할 수 있는 한 가지 방법은 근무 태만에 대한 벌칙을 강화하는 것이다. 예를 들어, 직원이 선금을 내도록 하고 근무를 게을리하지 않는다면 퇴사할 때 돌려 주는 방법이 있을 수 있다. 물론 그림 11.2에서 연공서열에 따라 급여를 지급하는 W 체계는 이러한 방법을 좀 더 정교하게 만든 것이라 할 수 있다. t_0 이후 모든 시점에서 현재가치로 할인된 W는 현재가치로 할인된 V보다 크다. W가 V보다 아래에서 시작하기 때문에 사실상 이것은 **모든** 시점에 모두 해당된다. 그리고 전체 기간으로 볼 때 할인된 현재가치는 동일하다. 따라서 직원들은 더 열심히 일하려는 강한 인센티브를 가지게 되며, 열심히 일한 대가를 받는 시기가 뒤로 밀릴수록 인센티브는 강해진다.

직원들은 V보다 나중에 보상을 받는 W 임금체계를 선호한다. 임금체계 V가 일부 직원들의 근무 태만을 초래하기 때문에 임금의 현재가치는 감소하게 될 것이다. 근무 태만을 줄일 수 있는 방향으로 급여체계가 만들어진다면 직원과 기업 모두의 후생은 개선될 것이다.

현실적인 고려사항

암묵적인 계약으로서의 연공서열에 따른 급여체계

위에서 언급한 인센티브 효과를 얻기 위해 급여를 연공서열에 문자 그대로 연계시킬 필요는 없다. 다만 보상의 시기를 뒤로 미루는 것으로 충분하다. 급여를 공식적으로 연공서열에 연계시키는 것의 장점은 기업이 사전적으로 직원들의 보상을 뒤로 미루겠다는 것을 의미한다. 보상을 뒤로 미루는 것은 기업이 직원들에게 하는 일종의 약속이다. 그림 11.2에서 급여체계가 W라면, 기업은 약속을 깨거나 근무연구가 많아 고임금을 받고 있는 직원들의 임금을 깎거나 해고하고자 하는 유혹을 느낄 수도 있다.

이러한 급여체계는 직원들과 회사 사이에 체결한 일종의 암묵적인 계약이기 때문에 연공서열에 따른 급여체계는 공정하다고 알려진 기업일수록 효과가 뛰어나다(예 : 신생기업과 비교해 역사가 오래되고 안정된 기업). 이러한 기업들은 단기적인 경력보다는 장기적인 경력에 관심이 많을 뿐 아니라 직원들을 공정하게 대우하겠다는 신호를 보내는 정책을 채택할 가능성이 높다. 이 주제는 제15장에서 좀 더 논의한다.

보상을 뒤로 미루는 급여체계를 채택하고 있는 기업의 직원들은 기업의 재정상황이 악화될 경우 약속을 지키지 않을 수도 있다는 리스크를 감수해야 한다. 따라서 연공서열에 따른 급여체계는 리스크가 적어 장기간에 걸쳐 안정적인 성장이 가능한 산업에서 자주 발견된다.

채권자로서의 직원

보상을 뒤로 미루는 급여체계에서 직원들은 사실상 일종의 채권자라고 할 수 있다. 나중에 보상받을 금액이 정해져 있다면 직원들은 일종의 회사채 보유자가 된다. 보상액이 가변적이라면 직원들은 일종의 주식 보유자가 된다.

직원들은 일반적으로 위험을 기피하는 성향이 있기 때문에 기업이 직원들에게 주식을 주는 것은 적절하지 않다. 하지만 기업의 미래가치와 관련하여 이러한 급여체계는 정당화시킬 수 있는 또 다른 인센티브 효과를 가지고 있다. 어떤 경우에 직원들은 기업의 미래가치를 올리기 위해 현재 열심히 일하기도 한다. 법률회사를 고려해 보자. 변호사들이 현재 어떻게 일하고 있는가가 회사의 미래에 큰 영향을 미친다. 또한 변호사들이 데리고 온 현재의 신규고객들은 미래에 중요한 고객이 될 수도 있다. 법률회사는 변호사들이 받을 보상을 기업의 미래가치와 연계시킴으로써 변호사들의 현재 행위가 기업의 가치에 미칠 효과를 장기적인 측면에서 접근하도록 만든다.

이것은 다(多)업무 인센티브 측면에서 나타나는 왜곡현상의 한 예이다. 기업가치에 미치는 장기적인 효과를 현재 측정하는 것은 매우 어렵다. 이런 이유 때문에 전형적인 인센티브 체계는 직원들의 인센티브를 단기적인 방향으로 왜곡시키는 경향이 있다. 직원들에게 주식을 제공하면 이러한 문제를 어느 정도 완화시킬 수 있다. 전문직종에서와 같이 직원들이 기업의 미래가치에 미치는 영향이 큰 경우에는 주식을 제공하는 것이 상당히 일반화되어 있다.

강제 은퇴

직원들에게 W 의 임금을 지급할 때 나타날 수 있는 문제점 가운데 하나는 은퇴시기인 T 시점에 $W > V$ 이기 때문에 직원들은 은퇴하지 않으려는 인센티브를 가진다는 점이다. 은퇴시기가 되면 여가에 대해 직원들이 느끼는 가치가 기업의 생산성에 기여하는 가치보다 크기 때문에 이 직원들을 계속 고용하는 것은 비효율적이다. 기업은 해당 직원을 그만두게 함으로써 더 많은 이윤을 얻을 수 있다. 물론, 기업의 이러한 행위는 기업 스스로 W 의 임금체계를 허무는 꼴이 된다.

이 문제를 해결하는 한 가지 방법은 해당 직원이 T 시점에 은퇴하겠다고 약속하는 것이다. 하지만 직원들은 이러한 약속을 지키지 않을 충분한 인센티브를 가지고 있다. 기업이 T 시점에 해당 직원을 해고하려고 시도할 수도 있지만, 대부분의 경제에서는 은퇴를 앞둔 직원을 해고하는 데 매우 엄격한 규정을 적용하고 있다.

이 문제를 해결하는 한 가지 방법은 은퇴시점인 T 시기에 강제로 은퇴하도록 하는 것이다. 사실상 많은 기업들이 이런 강제적인 정책을 실시하고 있다. 그러나 미국을 비롯한 몇몇 국가에서는 강제적인 정책이 불법이기 때문에 기업들은 연금 재조정 등의 인센티브를 통해 효율적으로 은퇴가 이루어지도록 하고 있다.

요약   •••

많은 직원, 아마도 대부분의 직원들에게 경력 관리는 중요한 외적 동기가 된다. 경력기간 동안 직원들은 새로운 업무, 승진, 장기간에 걸친 점진적인 급여 인상 등을 통해 수입의 대부분을 번다. 특히, 사무직 직원들에게 승진은 성과에 대한 가장 중요한 형태의 보상수단이 된다. 자신들의 평판과 외부 노동시장에서의 가치가 상승할 가능성이 높다면, 이는 모든 직원들에게 아주 큰 동기가 될 수 있다. 특히 경력 초기에는 더욱 그렇다.

왜 승진이 인센티브에서 중요한 역할을 할까? 이에 대한 첫 번째 답은 사무직 직업의 경우 성과에 대한 평가가 매우 어려워 불가피하게 주관적인 평가를 할 수밖에 없다는 것이다. 이런 이유 때문에 단기적인 인센티브 체계는 매우 불완전한 구조를 가질 수밖에 없으며, 기업들도 업무를 할당하기 전까지는 직원들에 대한 평가를 미루는 경향을 보인다. 두 번째 답은 승진이 자동적으로 인센티브를 제공한다는 것이다. 승진을 하게 되면 이 사실은 외부의 노동시장에 알려지고 이로 인해 승진한 직원들의 시장 가치는 상승하게 된다. 따라서 승진이 인센티브와 업무의 역할을 분리하더라도 기업은 승진제도를 활용하여야 한다.

보다 일반적으로 말하면, 위의 사실은 성과에 따른 급여의 차이를 직관적으로 보여준다고 할 수 있다. 기업이 어떤 직원의 인센티브를 분석할 때 가장 먼저 해야 할 일은 해당 직원이 승진에 따른 인센티브를 중요하게 생각하는지 혹은 그렇지 않은지를 파악하는 것이다. 이를 위해 기업은 이 장에서 살펴본 토너먼트 방식이나 표준방식의 인센티브 체계를 활용할 수 있다. 그리고 더 높은 직급으로의 추가적인 승진이 가지는 가치에 대해서도 인식을 하고 있어야 한다.

승진에 따른 인센티브가 약하다면 기업은 직원들의 성과를 보상할 수 있는 보상 이외의 대안을 고려해야 한다. 직급을 강등하거나 고용계약을 종료하겠다는 위협 등이 있을 수 있다. 하지만 앞에서 살펴보았듯이 직급을 강등하는 경우는 매우 드물다. 여러 가지 이유로 대부분의 직원들은 경력이 쌓이면 고위직으로 올라가는 것을 당연하게 여긴다. 해고를 하겠다는 위협도 중요한 인센티브가 될 수 있지만, 이 경우에는 다른 종류의 인센티브에 비해 비용이 발생한다. 즉, 기업은 신입직원의 채용에 따른 비용이 발생하고 직원들은 새로운 직장을 찾는 데 따른 비용이 발생한다. 따라서 다른 형태의 인센티브가 이용 가능하고 새로운 직원으로의 대체비용이 매우 크다면, 기업은 직원을 해고하는 형태의 인센티브를 사용하지 않을 것이다. 사실상 대부분의 기업은 아주 극단적인 경우에만 고용계약을 종료한다. 따라서 이러한 형태의 인센티브는 중요한 인센티브가 될 수 없다.

이것은 승진에 따른 인센티브가 약한 경우, 기업은 상여금을 인상하거나 추가적인 인센티브를 제공하는 방식을 채택해야 함을 의미한다. 예를 들어, 인사 정체로 승진율이 매우 낮다면 우리는 직원들에게 더 많은 상여금을 지급하는 방안을 고려해야 한다. 마찬가지로 최상위 직급(CEO나 최고 경영진)의 경우에는 더 많은 주식, 옵션, 상여금 등을 제공해야 한다. 이러한 접근 방식이 필요하다면 제9장과 제10장에서 다루었던 원칙을 적용하면 된다.

물론, 어떤 경우에 기업은 외적인 인센티브로 승진 사다리를 활용할 수 있다. 이러한 인센티브는 상대평가의 편익이 매우 크거나 기업의 직급구조가 상대적으로 고정되어 있어 직원들 간의 경쟁이 필요한 경우에 가장 잘 적용될 수 있다.

승진에 따른 인센티브가 명시적으로 설계되었든 우연하게 형성되었든 관계없이 토너먼트 방식과 표준방식이 인센티브 체계에 적용된다. 토너먼트 방식을 적용하든 표준방식을 적용하든 대부분 동일한 결과를 얻는다. 즉, 승진율과 평가 리스크의 변화에 따라 변화하는 인센티브와 최적 보상수준은 거의 동일하다.

토너먼트와 표준방식은 두 가지 측면에서 차이가 있다. 첫째, 토너먼트는 외부로부터의 채용이 불가능하고(즉, 해당 기업 특수적 기술이 필요하지 않고 외부에서 채용하는 비용도 크지 않은 경우) 승진 자릿수가 정해져 있는 경우에 활용할 수 있다. 이와는 대조적으로 표준방식은 승진하는 직원의 수가 바뀔 때 활용할 수 있다. 직원들 사이의 능력 차이는 표준방식보다 토너먼트 방식에서 더 클 수 있다. 실적이 안 좋은 해에 기업은 실적이 최고라는 이유로 상대적으로 능력이 떨어지는 직원을 승진시킬 수 있다. 반면 실적이 좋은 해에 기업은 실적이 뛰어난 직원들이 많아 능력 있는 직원을 승진에서 탈락시킬 수 있다. 이러한 토너먼트 방식과는 달리, 표준방식을 채택하는 기업은 승진하는 직원들의 능력 차이를 어느 정도 일정하게 유지할 수 있다.

토너먼트와 표준방식의 중간이 외부 채용이다. 외부 채용은 고위직으로 승진하는 직원들의 질을 일정하게 관리하면서 동시에 조직을 안정시키고자 할 때 활용할 수 있다. 사실상 상대적인 성과평가의 편익 때문에 토너먼트를 채택한 많은 기업들도 내부 승진 후보자의 질이 낮을 경우 외부에서 직원을 채용하는 방법을 활용하고 있다.

토너먼트는 성과의 평가방식에서 표준방식과 차이가 있다. 토너먼트는 상대적인 성과평가의 중요한 사례 중 하나지만, 표준방식은 개인적인 평가방법을 사용한다. 모든 직원들에게 공통적으로 적용되는 중요한 오류가 있는 경우에 상대적인 성과평가는 리스크를 감소시킨다. 하지만 그렇지 않은 경우, 상대적인 성과평가는 경쟁자의 비정상적인 행운을 직원들에게 노출시킴으로써 오히려 리스크를 확대시킨다.

보상이 이분법적인 경우에 상대적인 성과평가가 가지는 장점은 직원들에 대한 평가가 서수적인 성향을 띤다는 것이다. 다시 말해, 기업은 성과가 얼마나 좋았는가보다는 누구의 성과가 가장 좋았는가만을 결정하면 된다. 이렇게 되면 직원들에 대한 평가는 훨씬 수월해지며, 신뢰성 또한 높아진다. 업무의 특성상 성과가 가시적으로 나타나지 않을 경우에 특히 유용하다. 따라서 이 방식은 사무직 업무에 적용될 수 있다. 이런 측면에서는 표준방식보다 토너먼트가 장점을 가진다.

마지막으로 토너먼트는 표준방식과 비교할 때 인센티브를 왜곡시킬 우려가 있다. 토너먼트에서는 직원들 사이의 협력을 유도하기 어려우며 대신 사보타주의 가능성을 높일 수 있다. 업무의 특성상 직원들간의 상호 의존성이 매우 높아 이런 이슈가 중요하다면 기업은 토너먼트보다는 표준방식으로 승진을 결정해야 한다. 보다 일반적으로 말하면, 직원들 사이의 팀워크가 중요한 경우에 상대적인 성과평가를 이용한 인센티브 체계를 적용하는 것은 잘못된 선택이라는 것이다. 상대적인 성과평가가 적용된다면 사보타주하려는 욕구 및 직원들 사이의 협력을 저해하려는 욕구와 생산성을 높이려는 욕구 사이의 균형을 맞추기 위해 기업은 임금을 줄여야 한다. 더 나아가 협력적인 성향의 직원들과 공격적이고 개인적인 성향의 직원들이 함께 경쟁하는 것을 방지하기 위해 기업은 직원들을 개인적인 특성에 따라 분리해야 한다. 물론, 기업은 신규직원을 채용할 때 협력적인 성향(내적인 동기)을 가진 직원을 채용함으로써 이러한 문제를 줄일 수 있다.

연습문제　●●●

1. 직원들이 토너먼트 방식으로 승진을 경쟁한다고 할 때, 이들이 업무상 리스크가 높은 행위

를 하겠는가 아니면 리스크가 낮은 행위를 하겠는가? 이에 대한 답은 승진 경쟁에서 이길 확률에 따라 달라지는가?

2. 한 업무에 종사하는 직원들의 평균 실적은 해당 업무에 오래 종사한 직원들일수록 더 감소하는 경향이 있다. 인적자본에 관한 이론에 따르면 이는 모순된다. 적어도 두 가지 측면에서 이 현상을 설명하라.

3. 토너먼트 방식의 인센티브는 제6장에서 설명한 조직의 구조 형태와 관련이 있는가? 있다면 왜 그런지 설명하라.

4. 당신의 회사에서 승진이 우연적인 요소에 의해 결정된다면, 이러한 현상을 피하기 위해 할 수 있는 일은 어떤 것이 있겠는가?

5. 연초에 경영진이 직원들의 목표를 설정할 때 이들은 종종 목표에 대해 타협을 하기도 한다. 만약 이런 경우에 당신은 이들이 해당 목표를 달성하는 것이 얼마나 어려운지 깨닫게 하기 위해 어떤 제안을 하겠는가?

6. 어떤 기업에 8개의 직급이 있으며, 이 기업의 관리자들은 승진을 중요한 인센티브로 여기고 있다고 한다. 구조조정 때문에 기업은 여러 계층의 경영진을 줄여야 한다. 상이한 직급의 관리자들에게 적용되는 보상체계를 바꾸는 것에 대해 기업은 어떻게 생각하겠는가?

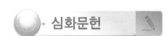

참고문헌

Coupé, Thomas, Valérie Smeets, & Frédèric Warzynski (2005). "Incentives, Sorting and Productivity Along the Career: Evidence from a Sample of Top Economists." *Journal of Law, Economics & Organization*, Spring.

Peter, Laurence & Raymond Hull (1969). *The Peter Principle: Why Things Always Go Wrong*. New York: William Morrow & Co.

심화문헌

Bayo-Moriones, Alberto, Jose Galdon-Sanchez, & Maia Guell (2005). "Is Seniority-Based Pay Used as a Motivation Device? Evidence from Plant Level Data." Working paper, Universitat Pompeu Fabra.

Bull, Clive, Andrew Schotter, & Keith Weigelt (1987). "Tournaments and Piece Rates: An Experimental Study." *Journal of Political Economy* 95: 1–33.

Chan, William (1996). "External Recruitment versus Internal Promotion." *Journal of Labor Economics* 14(4): 555–570.

DeVaro, Jed (2006). "Internal Promotion Contests in Firms." *RAND Journal of Economics* 60(3): 311–339.

DeVaro, Jed & Michael Waldman (2006). "The Signaling Role of Promotions: Further

Theory and Empirical Evidence." Working paper, Cornell University.

Drago, Robert & Gerald Garvey (1997). "Incentives for Helping on the Job: Theory and Evidence." *Journal of Labor Economics*.

Ehrenberg, Ronald and Michael Bognanno (1990). "Do Tournaments Have Incentive Effects?" *Journal of Political Economy* 98(6): 1307–1324.

Eriksson, Tor (1999). "Executive Compensation and Tournament Theory: Empirical Tests on Danish Data." *Journal of Labor Economics* 17(2): 262–280.

Frederiksen, Anders and Elod Takats (2005). "Optimal Incentive Mix: The Dual Role of Promotions and Layoffs in Firms." Working paper, Center for Corporate Performance, Aarhus School of Business.

Gibbs, Michael (1994). "Testing Tournaments? An Appraisal of the Theory and Evidence." *Labor Law Journal* 45(8): 493–500.

Kandel, Eugene & Edward Lazear (1992). "Peer Pressure and Partnerships." *Journal of Political Economy* 100(4): 801–817.

Knoeber, Charles (1989). "A Real Game of Chicken: Contracts, Tournaments, and the Production of Broilers." *Journal of Law, Economics & Organization* 5: 271–292.

Lazear, Edward (1979). "Why is There Mandatory Retirement?" *Journal of Political Economy* 87: 1261–1284.

Lazear, Edward (1989). "Pay Equality and Industrial Politics." *Journal of Political Economy* 97: 561–580.

Lazear, Edward (2004). "The Peter Principle: A Theory of Decline." *Journal of Political Economy* 112: S141–S163.

Lazear, Edward & Sherwin Rosen (1981). "Rank-Order Tournaments as Optimum Labor Contracts." *Journal of Political Economy* 89: 841–864.

Rosen, Sherwin (1986). "Prizes and Incentives in Elimination Tournaments." *American Economic Review* 76: 701–715.

Waldman, Michael (1984). "Job Assignments, Signaling, and Efficiency." *RAND Journal of Economics* 15: 255–267.

Waldman, Michael (2003). "Ex Ante versus Ex Post Optimal Promotion Rules: The Case of Internal Promotion." *Economic Inquiry* 41(1): 27–41.

Zabojnik, Jan & Dan Bernhardt (2001). "Corporate Tournaments, Human Capital Acquisition, and the Firm Size-Wage Relation." *Review of Economic Studies* 68(3): 693–716.

 **부록**

우리는 여기에서 경쟁자가 둘인 토너먼트 모델을 간략히 소개하고, 이를 표준방식의 승진과 비교할 것이다. 분석적으로 복잡해지기는 하지만 이 모델은 다수의 경쟁자가 있는 모델로 확장할 수 있다. 여기에서는 협력이 사보타주의 가능성은 무시한다.

직원의 최적화

직원의 최적화 문제는 다음과 같다.

$$\max_e W_1 + pr(\text{승진}) \times \Delta W - C(e)$$

이는 다음을 의미한다.

$$\frac{\partial pr(\text{승진})}{\partial e} \times \Delta W = C'$$

1계 조건에 대한 해석은 분명하다. 왼쪽 항은 추가적인 노력으로 변화하는 승진 확률에 보상을 곱한 것이다. 오른쪽 항은 추가적인 노력에 따른 비용이다. 위의 식은 토너먼트와 표준방식 모두에 적용될 수 있다.

위의 식은 다음과 같은 의미를 가진다. 승진에 따른 보상 ΔW가 클수록 인센티브는 커지며, 평가에 대한 리스크가 커질수록 인센티브는 약해진다. 이를 보이기 위해서는 약간의 추가적인 노력이 필요하다.

현재까지의 내용은 토너먼트든 표준방식이든 차이가 없다. 하지만 승진할 확률은 승진 규칙에 따라 달라진다. 표준방식을 먼저 고려해 보자. 성과가 어떤 기준점 z 이상이기만 하면 직원들은 승진한다. ε의 누적밀도함수 및 한계밀도함수를 각각 $F(\cdot)$와 $f(\cdot)$라고 하자. 그리고 $f(\cdot)$는 원점 근방에서 대칭적이며 단일 평균을 가지고 있다고 가정하자(즉, 정규분포이다). 따라서 다음이 성립한다.

$$pr(\text{승진} \mid \text{표준방식}) = pr(e + \varepsilon > z) = 1 - F(z - e) = F(e - z)$$

뒷부분의 부등호는 ε이 0 주변에서 대칭적으로 분포되어 있기 때문에 성립한다. 승진 규칙이 표준방식일 때, 승진 확률은 승진방식에서의 치열함과 노동자의 노력 사이의 균형 산출물이라는 점에 유의해야 한다. 적절한 승진율을 설정하기 위해 기업은 표준방식 체계에서 직원들이 노력하는 정도를 추정해야 한다.

이제 토너먼트를 고려해 보자. 오차항 ε이 0 주변에서 대칭적인 분포 및 단일평균을 가지고 있다면, $\varepsilon_S - \varepsilon_D$도 동일한 형태의 분포를 가질 것이다. 이 분포의 분포함수를 $g(\cdot)$, 누적분포함수를 $G(\cdot)$로 표기하자. 덴마크 직원의 실적이 싱가포르 직원보다 높다면 덴마크 직원이 승진할 것이다. 즉,

$$pr(\text{승진} \mid \text{토너먼트방식}) = pr(e_D + \varepsilon_D > e_S + \varepsilon_S) = G(e_S - e_D)$$

게임이 대칭적이기 때문에 우리는 대칭적인 내쉬균형을 가정할 것이다. 이는 두 직원 모두 동일한 수준의 노력을 한다는 것을 의미한다. 마지막 표현을 다시 적으면,

$$pr(\text{승진} \mid \text{토너먼트방식}) = G(0)$$

물론, $g(\cdot)$가 대칭적이기 때문에 $G(0) = \frac{1}{2}$이다. 우리가 대칭적인 토너먼트를 가정했기 때

문에 최종적인 결과는 동전을 던지는 것과 동일한 결과를 얻는다. 토너먼트와 표준방식을 비교하기 위하여, 지금부터 기업은 균형에서 $F(z - e) = \frac{1}{2}$과 $e = z$가 성립하도록 z를 설정한다고 가정하자.

인센티브는 추가적인 노력에 따른 확률 변화에 따라 달라진다. 이것은 다음과 같다.

$$\frac{\partial pr(승진 \mid 표준방식)}{\partial e} = f(0), \qquad \frac{\partial pr(승진 \mid 토너먼트방식)}{\partial e} = g(0)$$

위의 값 가운데 하나를 다음의 식에 대입할 수 있다. 즉,

$$\frac{\partial pr(승진)}{\partial e} \times \Delta W = C'$$

$F(0)$과 $g(0)$은 평균과 중간값이 모두 0인 오차항의 분포에서 최고 높이를 의미한다. 이들 분포가 대칭적이고 단일 평균을 가지고 있기 때문에 분포의 높이가 낮아질수록 분산은 커질 것이다. 따라서 평가의 리스크가 커질수록 인센티브는 약해진다.

기업의 최적화

직원들의 노력이 위와 같이 결정된다고 할 때, 기업은 이윤(노력에서 평균임금을 제외한 부분)을 극대화하기 위해 보상 ΔW를 다음과 같이 책정할 것이다.

$$\max_{W_1, W_2} e - \frac{1}{2}(W_1 + W_2)$$

물론, 이는 노동자들의 노력 제공수준에 대한 제약 및 전체 임금이 노동자의 추가적인 노력을 유도할 만큼 충분해야 한다는 제약을 따른다. 즉,

$$\frac{1}{2}(W_1 + W_2) = C$$

(토너먼트 모델에서 해답을 찾는 것이 불가능하거나 매우 어렵기 때문에 일반적으로 토너먼트 모델에서는 위험 기피 성향을 고려하지 않는다. 우리도 이를 고려하지 않는다.) 기업의 1계 조건은 다음과 같다.

$$(1 - C')\frac{\partial e}{\partial W_1} = 0$$
$$(1 - C')\frac{\partial e}{\partial W_2} = 0$$

이것은 최적인 점에서 $C'(e) = 1$임을 의미한다. 다시 말하면, 기업은 노력에 따른 한계비용과 한계편익(추가적인 산출)이 같아지는 점까지 직원들이 추가적인 노력을 제공하도록 하는 수준에서 임금을 결정할 것이다. 따라서 (위험 기피 성향을 고려하지 않는다면) 토너먼트와 표준방식 모두 균형점에서 직원들이 제공하는 노력 수준은 효율적인 것이 된다.

$C' = 1$을 직원들의 노력공급함수에 적용하고 이를 풀면, 최적의 임금 격차를 구할 수 있다.

$$\Delta W = \frac{1}{f(0)} \ \text{또는} \ \Delta W = \frac{1}{g(0)}$$

다시 한 번 우리는 토너먼트와 표준방식을 간단히 살펴보았다. 이 결과에 따르면, 평가에 대한 리스크가 클수록 최적의 임금 격차도 확대되어야 한다. 이 결과가 최적의 보상수준에 적용되는 것이지 W_1과 W_2로 반영되는 임금수준에 적용되는 것은 아님에 유의해야 한다. 이는 임금수준이 인센티브를 유도하지 못할 뿐 아니라 성과에 따른 임금수준의 변화 방법이 중요하다고 제시한 제10장의 결과를 적용한 사례에 포함된다.

12

옵션과 경영진에 대한 보수

어떻게 당신 직원들에게 임금을 그렇게 잘 지불할 수 있습니까?

– 은행가의 질문

나는 그들에게 다른 방법으로 임금을 지급할 여유가 없다.

– 카네기의 답변, 1932

서론

이번 장은 성과 및 임금체계에 대한 마지막 장으로서 경영진의 보수와 관련된 2개의 특별한 주제를 다룬다. 이 주제들은 현실에서 중요하기도 하지만 마지막 3개의 장에서 그 논의의 적용을 더 흥미롭게 할 것이다.

첫 번째 주제는 스톡옵션이다. 옵션은 공개 상장 회사에서 최고경영진을 위한 인센티브 보상계획의 중요한 부분이다. 또한 많은 중소 신규기업들에게도 상당히 중요한 인센티브이다. 스톡옵션의 활용은 1990년대 기술 분야의 붐이 일어났을 때 폭발적으로 증가하였다. IT 관련 많은 기업들이 전 직원에게 옵션을 지급하기 시작하였고 언론은 옵션으로 부자가 되어 페라리를 타고 출근하는 비서에 대한 이야기를 보도하기 시작하였다. 그리고 옵션은 유럽과 몇몇 아시아국가에도 확대되었다. 우리는 여기서 인센티브로서의 스톡옵션이 가지고 있는 특성에 대하여 논의하고자 한다. 이와 함께 스톡옵션이 현실적으로 훌륭한 보상수단인지 그리고 훌륭한 보상수단이라면 어떤 직원에게 효과가 있는지에 대해 논의할 것이다.

두 번째 주제는 CEO에 초점을 맞춘 경영진에 대한 보수 및 전반적인 인센티브이다. 인센티브 문제는 기업의 핵심 직원들에게 가장 중요하기 때문에 잘 설계된 보상체계는 최고경영진에게 매우 중요하다. 제11장에서 논의되었던 개념들은 CEO들과 최고경영진에게도 다른 일반 직원들만큼 적용된다.

●●● 스톡옵션

스톡옵션 : 개요

모든 독자들이 스톡옵션에 친숙한 것은 아니기 때문에 먼저 스톡옵션에 대하여 간략히 설명하고자 한다. 스톡옵션에 대해 이미 알고 있는 독자들은 이 부분과 부록을 생략해도 된다.

콜옵션(call option)은 소유자에게 회사의 주식을 **고정된 권리행사가격**(strike price 또는 exercise price)으로 매입할 수 있는 권한을 주는 금융적인 안전장치이다. 이런 이유 때문에 주식은 권리행사가격이 실질적으로 0인 특별한 종류의 콜옵션이라 할 수 있다. 물론, 주식의 가격이 권리가격보다 낮다면 옵션을 행사하는 것은 합리적이지 않다. 주식가격이 권리행사가격보다 높다면 옵션의 소유자는 옵션을 행사하여 주식을 매입한 후 매각함으로써 그 차액만큼의 이익을 얻게 된다. 따라서 콜옵션의 소유자는 주식 가격이 상승할 때 이익을 보고 하락할 때는 권리를 행사하지 않음으로써 손해를 방지하게 된다.

풋옵션(put option)은 소유자에게 일정한 가격으로 회사의 주식을 매각할 수 있는 권한을 준다. 이 경우에는 콜옵션과는 반대로 주식의 가격이 하락할 때 풋옵션을 행사하는 것이 합리적이다. 따라서 풋옵션의 소유자는 주식의 가격이 하락하기를 희망한다. 이런 이유 때문에 자사주는 항상 콜옵션으로 직원들에게 지급된다. 이 장에서는 콜옵션만 살펴본다.[1]

그림 12.1은 행사가격이 K, 주식가격이 S인 콜옵션을 가정하여 콜옵션의 소유자가 얻게 되는 수익을 그림으로 나타낸 것이다. 만약 $S < K$라면 옵션은 외가격(out of the money)으로 콜옵션의 소유자가 권리를 행사하지 않아서 수익은 0이 된다. 하지만 $S > K$라면 콜옵션은 내가격(in the money)이 된다. 내가격 옵션의 소유자는 권리를 행사한 후 바로 매각할 것이며 $S - K$만큼의 이익을 얻게 된다.[2] 이 수익을 종종 콜옵션의 내재가치(intrinsic value)라 한다. 콜옵션을 직원들에게 부여하고자 할 때 대두되는 문제가 바로 권리행사가격이다. 직원들에게 주어지는 대부분의 콜옵션은 현재가격으로 결정되는 경우가 많다(권리행사가격인 K가 권리를 부여한 날의 주식가격으로 결정된다). 모든 콜옵션은 만기일이 있어서 만기일까지 권리를 행사하지 않으면 해당 옵션의 가치가 없어진다.

콜옵션의 가치는 종종 블랙-숄즈 공식(Black-Scholes formula)에 따라 평가되기도 한다(부록 참조). 하지만 지금부터 살펴보겠지만, 자사주의 콜옵션은 주식시장에서 거래되는 옵션과 반

---

1) 사실, 미국 기업의 최고경영자가 그 자신의 기업에 풋옵션을 묶어 두는 것은 불법이다.
2) 세금에 대한 사안은 직원들의 스톡옵션에 더욱 복잡하게 작용할 수 있지만 본문의 범위를 벗어나고 있기 때문에 세금문제는 무시한다.

그림 12.1　콜옵션

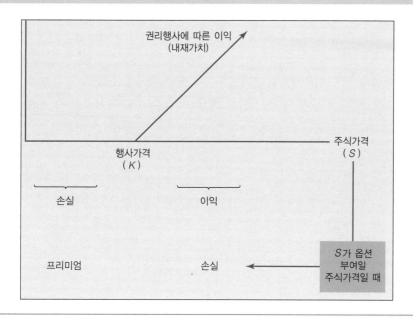

대로 움직이기 때문에 자사주에 이 공식을 적용할 때는 매우 주의해야 한다.

　자사주에 대한 콜옵션은 주식시장(예 : 시카고 옵션거래소)에서 거래되는 옵션과 여러 가지 측면에서 다른 면을 가지고 있다. 첫째, 직원들에게 콜옵션을 줄 때 일반적으로 회사는 직원들이 옵션을 바로 행사하지 못하도록 한다. 직원들은 통상적으로 3~5년이 지난 후에 권리를 행사할 수 있는 권한을 갖게 된다. 옵션을 행사할 수 있는 권한이 있다고 하더라도 바로 행사하는 직원은 거의 없다. 둘째, 옵션을 행사할 수 있는 권한을 가지고 있더라도 직원들은 다른 투자자에게 옵션을 매각할 수 없다. 직원들은 옵션을 소유하거나 행사할 수는 있지만 거래는 할 수 없다. 현대의 옵션이론에 따르면 당신이 옵션을 다른 누군가에게 매각할 수 있을 경우 옵션 만기일 이전에 권리를 행사하는 것은 최적의 행위가 아니다. 이것은 직관적으로 분명해 보인다. 콜옵션은 주식가격이 현재가치보다 높은 경우에만 가치를 가진다. 이런 이유 때문에 거래소에서 거래되는 옵션의 가치는 항상 내재가치보다 높게 형성된다. 그리고 직원이 회사를 떠날 때까지 행사되지 않은 옵션은 일반적으로 사라지게 된다.

기업은 직원에게 콜옵션을 제공할 필요가 있는가

앞에서도 언급했듯이 미국에서 직원들에게 제공하는 콜옵션이 폭발적으로 증가한 것은 1990년대 IT산업을 중심으로 한 버블경기 시기였다. 그 이전에는 최고경영자에게 주어지는 몇몇 경우를 제외하면 콜옵션은 그리 중요한 보상수단이 아니었다. 직원들에게 콜옵션을 제공해야 한다는 주장도 일부 있지만, 일반적으로 회사의 핵심직원을 제외하고는 콜옵션을 제공하는 것은 적절치 못하다.

기업 자금조달의 원천

일부는 직원들에게 제공되는 콜옵션이 기업의 자금을 저렴하게 조달할 수 있는 수단 가운데 하나가 될 수 있다고 주장한다. 이러한 주장은 기업이 직원들에게 급여나 다른 형태의 현금을 지급하는 대신 옵션을 제공함으로써 단기적으로 자금 부담을 완화할 수 있다는 아이디어에서 출발한다. 더욱이 최근까지 직원들에게 주어졌지만 행사되지 않은 옵션은(현금 보상과 달리) 기업 회계상 비용으로 책정되지 않았다. 콜옵션은 단기적으로 기업의 회계에 전혀 영향을 미치지 않는다. 하지만 경제적인 측면에서 보면 이러한 주장은 잘못된 것이다. 옵션은 기업에 기회비용을 발생시키기 때문에 어떻게 보면 가장 **비싼** 형태의 보상수단일 수 있다. 직원들은 옵션 거래자들이 평가하는 것보다 자신의 옵션을 낮게 평가하는 경향이 있다.

이 부분에 대해 뒤에서 다시 자세히 다루겠지만 기업이 기금을 모으는 방법으로 직원들에게 스톡옵션(stock option)을 제공하는 것이 왜 나쁜 방법인지에 대해서 간단히 설명하면 다음과 같다. 기업이 상대적으로 위험 기피 성향이 낮은 투자자를 찾을 수 있다면 기업의 자본비용(기업이 투자자에게 제공해야 하는 투자금에 대한 기대수입)은 작아질 것이다. 이런 이유 때문에 대부분의 대기업에서 경영은 전문경영인이 담당하고 소유는 별도의 투자자가 하는 형태를 취한다. 물론, 이런 형태는 주인-대리인 문제가 나타난다. 투자자들은 한 회사에 집중 투자하기보다는 다양화된 포트폴리오를 소유함으로써 리스크를 줄인다.

이제 직원들에게 급여 대신에 옵션을 제공한다고 가정해 보자. 이 경우 직원들 부의 상당 부분은 옵션으로 구성될 것이다. 어떤 기업들은 직원들이 해당 회사의 주식을 보유하도록 권장하기도 하며, 어떤 기업들은 직원들의 연금 일부를 회사 주식에 투자하기도 한다. 또한 직원들은 자신들의 능력을 회사에 투자하고 있다. 따라서 직원들은 자신의 회사에 **집중화된 포트폴리오를** 가지게 되며 그런 이유 때문에 일반적인 투자자보다 훨씬 위험 기피적인 성향을 보인다. 따라서 직원들은 현금 급여 대신 회사의 콜옵션을 소유하는 데 더 큰 리스크 프리미엄을 요구하게 된다. 이 경우 주식을 발행하거나 채권을 발행하여 자금을 조달하는 일반적인 방법보다 기업의 운영비용은 더 커지게 된다.

직원들로부터 기금을 마련하는 것이 합리적인 경우는 한 가지뿐으로, 기업이 더 저렴하게 자금을 조달할 다른 방법이 없는 상황에서 기업의 현재가치에 대한 투자기회가 긍정적인 경우이다. 이러한 사례는 일반적으로 드물지만 신규 벤처의 경우는 예외가 될 수 있다. 신규 벤처의 경우 역선택이나 **도덕적 해이**(moral hazard) 문제 때문에 벤처 자본가를 포함해 외부로부터 자금을 조달하는 것이 매우 어렵다. 하지만 신규 벤처기업 내부의 직원들은 회사의 미래에 대하여 많은 정보를 가지고 있으므로 전망이 밝다는 확신이 있다면 기꺼이 회사에 투자하려고 할 것이다. 이런 이유 때문에 신규기업에서는 옵션이 중요한 보상수단이 될 수 있다.

직원들의 자기선택

옵션의 또 다른 역할은 신규직원을 채용할 때 직원들의 자기선택을 유도할 수 있다는 점이다. 앞에서 언급했듯이 성과에 대한 임금체계가 더 강해질수록 자기선택 기능은 개선되며, 옵션이 인센티브 역할을 하는 한 적용된다. 기업 전망에 가장 낙관적인 직원일수록 옵션의 가치를 높게 평가한다. 또한 회사의 장래를 낙관적으로 보는 직원들이 생산성도 높다면(예 : 회사를 위해 더 열정적으로 일한다면), 이는 매우 가치 있는 인센티브가 된다. 하지만 이러한 주장은 옵션에만 적용되는 것이 아니라 성과에 따라 급여를 지급하는 모든 기업에 적용될 수 있다는 점에 유의해야 한다.

옵션이 가지고 있는 또 다른 자기선택의 역할은 직원들을 보수적으로 만들거나 기꺼이 리스크를 무릅쓰도록 한다는 점이다. 옵션은 가장 위험한 형태의 보수이다. 더욱이 주식의 가치가 더 위험할수록 옵션의 가치는 더 커진다.[3] 따라서 기업은 직원들에게 옵션을 제공함으로써 직원들이 더 많은 리스크를 감수하도록 유도할 수 있다. 이것을 분명하게 보기 위하여 그림 12.1을 보자. 옵션은 성과가 좋을 때만 제공되며, 성과가 높을수록 수익도 높아진다. 옵션은 위험한 행위로 인해 급여가 하락할 수 있는 가능성을 낮추기 때문에 극단적인 결과(아주 좋거나 아주 나쁘거나)가 나오는 행위를 하도록 직원들을 유도한다. 이것이 기업에 바람직한지 상황에 따라 다르지만 많은 경우 효과가 있는 것으로 나타나고 있다. 이는 직원들이 일반적인 투자자보다 위험 기피적인 성향이 강하기 때문에 나타나는 현상으로, 위험에 대한 성향 차이를 고려하지 않고 인센티브 체계를 설정할 경우 기업이 경영에 관한 결정을 할 때 지나치게 보수적인 방향으로 결정하도록 하는 왜곡현상이 나타날 수 있다. 마지막으로 이런 종류의 자기선택은 자신의 결정이 실질적으로 주식가격 위험에 영향을 줄 수 있는 핵심 임직원들에게만 적용될 수 있다는 점에 유의해야 한다. 즉, 기업의 전략을 결정하는 소수의 핵심 임직원들에게만 적용된다.

이직률 감소

직원들에게 옵션을 제공해야 한다는 주장의 이면에는 옵션이 직원들의 이직을 감소시키는 측면을 고려한 부분도 있다. 이는 옵션을 행사할 수 있는 권한이 직원들에게 점진적으로 주어질 뿐 아니라 회사를 떠날 경우 옵션을 포기해야 하기 때문에 나타나는 주장이다. 이러한 주장이 맞기는 하지만 이것이 옵션에만 적용되는 특별한 내용은 아니다. 연공서열에 따른 임금 상승과 같은 유예된 임금도 직원들의 이직에 대해 옵션과 유사한 효과를 가지고 있다. 따라서 이러한 주장은 직원들에게 옵션을 제공하는 이유가 될 수 없다.

---

3) 이것은 거래소에서 거래되는 옵션에 대해서는 항상 사실일 수 있지만, 위험회피를 위한 직원들 옵션의 경우에는 언제나 사실이 아닐 수 있다.

인센티브로서의 옵션

직원들에게 옵션을 제공하는 가장 중요한 이유 중 하나는 옵션이 인센티브를 제공한다는 데 있다. 이 주장을 평가하기 위해 앞에서 이용하였던 직원들에 대해 스톡옵션이 가지는 인센티브의 특성을 고려해 보자.

성과지표

옵션은 주식가격이라는 동일한 지표를 가진다는 점에서 주식과 유사한 측면이 있다. 주식가격은 매우 광범위한 지표로 인센티브를 왜곡시키는 효과도 거의 없다. 하지만 주식가격은 위험도가 높은 지표이기도 하다. 이런 이유 때문에 직원들에게 주식가격에 바탕을 둔 인센티브를 제공할 때 기업은 상대적으로 높은 리스크 프리미엄을 지급하는 경향이 있다.

기업의 소수 핵심 임직원들에게 주식가격은 거의 통제가 불가능한 성과지표라는 점 때문에 더욱 문제가 된다. 직원수가 극소수인 경우를 제외하면, 직급이 낮은 직원들이 실질적으로 주식가격에 영향을 줄 수 있는 방법은 없다. 따라서 성과지표 측면에서 볼 때 대부분의 직원에게는 옵션이 어떠한 인센티브도 만들지 못한다. 따라서 직원들에게 옵션을 제공하는 것은 복권을 주는 것과 동일하다.

보수-성과 사이의 관계

만약 옵션이 지나치게 손실이 많이 나지 않는다면, 기업은 주식 자체보다는 옵션을 통해 보수를 성과지표(주식가격)에 더 강하게 연계시킬 수 있다. 이것은 옵션이 인센티브에 지렛대 역할을 하기 때문이다. 옵션은 주식가격이 권리행사가격보다 높을 때만 수익을 낼 수 있다. 옵션이 항상 수익을 내는 것은 아니기 때문에 옵션은 주식보다 가치가 떨어진다. 기업 입장에서는 두 가지가 모두 동일한 비용이 소요되므로 주식보다는 옵션을 더 많이 제공하게 된다. 주식가격이 상승하면 직원들의 주식보다 옵션의 가치가 더 빠르게 상승한다. 따라서 이런 이유 때문에 직원들에게 옵션을 제공해야 한다는 주장이 설득력을 가진다. 일반적으로 소수의 핵심직원들은 회사의 주식가격으로 자신들의 성과를 평가받게 되는데, 이때 주식보다는 옵션을 제공하면 성과를 보수와 더 강하게 연계시키게 된다. 그러나 이 논리는 기업의 핵심임직원들에게만 적용될 수 있다는 점에 유의해야 한다.

옵션을 제공해야 한다는 주장에는 단점이 있는데, 옵션이 가지는 인센티브 효과가 주식이 가지는 효과보다 약하다는 점이다. 만약 주식가격이 하락하여 수익을 내기 어려워지면 성과와 보수의 관계는 급격하게 악화된다. 이는 주식가격이 행사가격보다 현저하게 낮을 경우, 임직원의 노력을 통해 수익을 낼 수 있을 만큼 주식가격을 높게 올릴 수 없기 때문에 나타난다. 이러한 문제는 우리가 제10장의 〈그림 10.2〉에서 살펴본 바 있는 승진기준이 지나치게 높게 책정되었을 때 나타나는 문제와 매우 유사하다.

옵션이 사용될 경우 패키지로 제공되는 급여의 가치도 쉽게 약화되는 경향이 있다. 주식가격이 행사가격보다 낮게 형성될 경우 옵션은 거의 가치가 없는 반면, 주식은 S(주식가격)가 0에 근접하지 않는 한 일정한 가치를 가진다. 만약 옵션이 직원들 급여의 상당 부분을 차지하고 있고 주식가격이 하락한다면 직원들의 기대수익은 빠르게 감소할 것이다. 예를 들어, 2000년 3월에 전 세계적으로 IT 업종은 주식가격이 급락하는 경험을 했다. 이 당시 많은 IT 기업들이 직원들에게 옵션을 제공하고 있었는데, 주식가격이 급락하자 직원들이 가지고 있던 옵션은 거의 무용지물이 되었다. 그에 따라 IT 기업의 직원들이 가지고 있던 옵션의 가치는 유사한 직종의 직원들보다도 낮아졌다. IT 기업들은 직원들에게 제공했던 옵션의 행사가격을 재조정하기도 하고 다른 형태의 보상을 지급하였지만, 결국 많은 직원들이 IT 기업에서 떠났다.

이러한 논의가 함축하는 바를 이해해야 한다. 직원의 스톡옵션은 직원들에게 불리한 면을 가지고 있다. $S > K$일 때 옵션의 소유자는 수익을 얻지만 $K > S$이면 직원은 보상받을 수 없으므로 이런 점이 간과된다. 하지만 옵션은 만기 이전에 수익을 낼 수 있어야 가치가 있다. 주식가격이 하락하면 수익을 낼 수 있는 가능성은 점점 감소하며 따라서 옵션의 기대가치도 지속적으로 하락하게 된다. 물론, 옵션의 기대가치 하락폭이 주식가격 자체의 하락폭보다 더 작기는 하지만, 옵션을 가지고 있는 직원은 주식가격 하락에 따른 리스크를 갖게 된다.

장기적인 옵션 제공

직원들에게 옵션을 제공하는 방법은 여러 가지가 있다. 가장 직접적인 방법은 직원들에게 모든 옵션을 한 번(가령 채용 시)에 제공하는 것이다. 이 방법을 활용하면 직원들은 옵션을 받는 즉시 가장 강한 인센티브를 가지게 된다. 하지만 이 방법은 주식가격이 하락할 때 인센티브와 보수의 가치 모두를 급격하게 하락시킬 위험이 있다.

또 다른 방법은 직원들에게 일정 기간(매년 일정한 약간의 옵션)에 걸쳐 옵션을 제공하는 것이다. 여기에는 두 가지 접근방법이 있다. 하나는 매년 고정된 가치(가령, 1년에 2,000달러)의 옵션을 제공하는 것이다. 다른 방법은 매년 일정 수의 옵션(매년 200달러)을 제공하는 방법이다. 어떤 방법이 더 좋을까?

이 질문에 대답하기 위해서는 직원들에게 제공되는 옵션의 행사가격이 부여 당시의 주식가격과 동일하다는 점을 기억해야 한다. 또한 이런 경우 주식의 가격이 상승하면 옵션의 가치도 함께 상승한다는 점을 알 필요가 있다(부록 참조).

매년 일정한 가치의 옵션을 제공하는 경우를 살펴보자. 주식가격이 올해 상승하였다면 다음 해에 지급할 옵션의 가치도 상승한다. 따라서 다음 해 기업이 직원들에게 제공해야 할 옵션의 수는 감소한다. 비슷한 논리로 주식가격이 하락하면 신규 발행된 옵션의 가치는 하락한다. 따라서 기업이 직원들에게 부여해야 하는 옵션의 수는 증가한다. 이러한 접근방식에서는 기업의 실적이 좋지 않으면 직원들은 더 많은 옵션을 받게 되며, 실적이 나쁘면 더 적은 수의 옵션을 받는다. 따라서 옵션을 한 번에 부여하는 방식과 비교할 때 이 방법은 인센티브 효과가 거의 없다. 하지만 보수 총액은 좀 더 예측이 가능해진다.

이제 매년 고정 수의 옵션을 제공하는 경우를 고려해 보자. 지난해 주식가격이 상승하였다면 올해 제공되는 옵션의 가치는 더욱 상승하고, 하락했다면 반대가 될 것이다. 이러한 방법은 초기에 제공된 옵션의 인센티브를 강화하는 경향이 있다. 하지만 이 방법은 보수 총액에 대한 전망을 좀 더 가변적으로 만든다.

따라서 장기간에 걸쳐 옵션을 제공하는 것도 트레이드오프가 있다. 고정된 금액의 옵션은 인센티브 효과가 약한 반면, 보수 전체 금액에 대한 변화는 감소한다. 고정된 수의 옵션을 제공하는 것은 인센티브 효과는 덜 약화되는 반면, 보수 총액에 대한 변화폭은 더 커진다.

옵션의 다른 인센티브 효과

우리가 살펴보았듯이 안 좋은 결과에 대한 불확실성이 증가하면 옵션은 위험을 기피하는 수단이 되며, 좋은 결과에 대한 보상을 증가하면 옵션은 위험을 취하려는 인센티브를 제공한다. 직원들의 성향이 지나치게 보수적인 경우에 옵션은 인센티브를 유도할 수 있는 훌륭한 수단이 되고, 직원들의 성향이 지나치게 위험을 취하려는 경우에 옵션은 매우 위험한 수단이 된다. 이런 이유 때문에 신규업체들을 중심으로 옵션을 활용하는 경우가 많다. 신생기업들은 브랜드명도 없을 뿐 아니라 잃어버릴 평판도 없기 때문에 경영을 보수적으로 할 필요가 없다. 대신 이런 신생기업들은 결과에 대한 보상을 아주 크게 함으로써 기업 자체가 혁신적으로 움직일 수 있도록 유도하며 그와 동시에 보수적으로 변하는 것을 방지한다. 기업의 가치가 상승할 여력은 거의 없고 하락할 가능성만 있는 경우, 옵션을 채택하는 것은 잘못된 선택이 된다.

옵션의 수익구조는 옵션이 현금화되는 시점에서의 기울기의 변화로 나타난다. 이런 이유 때문에 옵션에 의한 인센티브는 현금화가 가까워질수록 극적으로 변하는 경향이 있다. 옵션이 가지고 있는 이러한 특성 때문에 인센티브 구조를 조작하고자 하는 유혹을 가지게 된다. 스톡옵션이 광범위하게 사용되면 경영진은 옵션으로 수익을 낼 수 있도록 불법 혹은 비윤리적인 행위를 하려는 유혹을 가지게 된다. 만약 경영진에게 주식만 제공되었다면 성과에 따른 수익 관계가 옵션만큼 변화가 크지 않기 때문에 이러한 현상은 나타나지 않을 것이다.

옵션 가격은 재조정되어야 하는가?

2000년 3월 주식가격이 폭락한 이후 IT 계열 회사에 근무하던 많은 직원들은 자신들이 가지고 있는 옵션의 가치가 매우 낮아서 가치가 전혀 없거나 인센티브가 전혀 될 수 없다는 것을 깨달았다. 이는 핵심직원들도 똑같았다. 따라서 일부 기업들은 옵션의 행사가격을 재조정하였다. 통상적으로 옵션가격의 재조정은 직원들이 가지고 있는 옵션을 더 낮은 행사가격(당일의 주식가격)을 가진 소량의 옵션으로 교환함으로써 이루어진다. 이러한 관행은 논쟁을 불러일으킬 소지가 있으며, 주식소유자들은 이러한 관행에 대해 비판적이다. 옵션가격을 재조정하는 것에 대한 찬반 주장은 어떤 것이 있을까?

가격 재조정을 반대하는 측의 주장은 옵션가격을 재조정하는 것은 실적이 저조한 것에 대해 보상(적어도 벌칙을 감소)을 하는 것이므로 적절치 않다는 것이다. 주식가격이 크게 상승할 때 옵션 가격의 재조정은 일어나지 않고 다만 주식가격이 하락할 때만 나타난다. 반대측은 직원들이 당초 인센티브 방식에 동의를 한 것이기 때문에 그들이 희망하는 수준의 보상이 이루어지지 않더라도 계약을 준수해야 한다고 주장한다. 옵션의 재조정이 더욱 안 좋은 이유는 향후에도 주식가격이 하락하면 옵션가격이 재조정될 수 있다는 기대를 직원들이 가질 수 있기 때문이다.

옵션가격의 재조정에 찬성하는 측은 반대측의 주장을 인정하면서 동시에 현실적인 문제를 고려한다. 옵션가격이 재조정되지 않거나 다른 형태의 보상이 이루어지지 않으면 직원들이 가지고 있는 옵션의 가치는 지나치게 하락하여 최종적으로 기업은 직원들을 잃을 위험에 놓일 수 있다. 일반적으로 이직을 하는 직원들은 기업 내 능력을 인정받는 직원일 가능성이 높으며 이들은 최상의 기업으로 이직하는 경향이 있다. 옵션가격이 재조정되지 않는다면 옵션은 인센티브로서 거의 역할을 하지 못하게 된다. 옵션가격을 재조정함으로써 직원들이 더 열심히 하려는 동기를 제공할 수 있다면 주주들도 이로부터 이익을 얻을 수 있을 것이다.

이러한 문제는 주관적인 평가 원리를 적용하면 해결할 수 있다. 먼저 주식가격이 하락하는 것이 직원들의 성과가 나빠서인지 아니면 통제 불가능한 요인 때문인지를 알아야 한다. 만약 주식가격이 하락한 원인이 직원들의 성과 때문이라면 옵션가격을 재조정하는 것은 나쁜 성과에 보상을 하는 것이므로 좋은 해결책이 될 수 없다. 만약 통제 불가능한 요소 때문에 주식가격이 하락하였다면 이는 직원들의 잘못이 아니므로 주관적인 평가를 적용하고 평가의 정확성을 개선하는 것이 필요하다. 따라서 해당 산업 전체의 주식가격이 폭락하는 경우와 같은 비정상적인 경우에 옵션가격을 재조정하는 것은 합리적인 방안이 될 수 있다. 더욱이 주식가격에 큰 영향을 미치는 고위임원진보다는 주식가격에 거의 영향을 미치지 않는 하위직을 대상으로 옵션가격을 재조정하는 것이 합리적이다. 하지만 이사회는 선례를 만들지 않도록 신중해야 하며, 옵션가격의 재조정은 아주 예외적인 경우에만 적용되는 것으로 주주, 임원, 직원들 사이에 아주 신중한 협의가 전제되어야 한다.

어떻게 직원들은 옵션의 가치를 평가하는가

앞에서 언급했듯이 직원들에게 제공되는 옵션은 거래소에서 거래되는 옵션과 여러 가지 측면에서 다른 특성을 가지고 있다. 직원들에게 제공되는 옵션은 바로 현금화할 수 없으며 거래도 불가능할 뿐 아니라 회사를 떠나게 되면 사라진다. 더욱이 직원들은 옵션의 리스크를 줄이기 위해 분산 투자할 수도 없다.

이러한 이유 때문에 직원들은 옵션에 대해 상당히 위험 기피적인 성향을 가진다. 반면, 거래소에서 옵션을 사고파는 투자자들은 상대적으로 위험 중립적인 성향을 보인다. 기업들이 직원들에게 위험이 높은 임금체계를 제시할 경우 기업은 직원들에게 위험에 따른 프리미엄을 항상 지급하여야 한다. 위험에 따른 프리미엄은 급여가 옵션 형태로 지급될 때 가장 높다. 사실상 기업들은 블랙-숄즈의 공식을 사용하여 직원들에게 제공되는 옵션을 평가하기도 한다. 반면, 직원들은 스톡옵션을 수용하는 조건으로 블랙-숄즈의 평가액보다 30% 또는 그 이상의 위험 프리미엄을 요구한다. 다시 말하면, 블랙-숄즈의 공식이 시장에서 거래되는 옵션의 가치를 평가하는 데는 매우 유용하지만, 직원들에게 제공되는 옵션의 가치를 과대평가하는 경향이 있다.

직원들에게 제공되는 스톡옵션이 기업의 입장에서 무료가 아니라는 점도 유의해야 한다. 직원들에게 스톡옵션을 제공하면 이 부분은 기업 회계상 비용으로 당장은 나타나지 않지만, 기업은 직원들에게 스톡옵션을 제공함으로써 상당한 기회비용을 유발하게 된다. 이 문제를 이렇게 생각해 보자. 기업이 직원들에게 스톡옵션을 제공하면서 급여는 줄였다고 해보자. 이것은 직원들이 확실한 임금을 포기하고 위험성이 높은 임금을 선택하도록 하기 때문에 기업이 직원들에게 일정 정도 '직업을 구매(buy the job)' 하도록 요청하는 것과 동일한 효과가 있다. 직원들은 이러한 옵션에 대해 블랙-숄즈의 평가액만큼을 지급하려고 하지 않는 대신 평가액에서 리스크 프리미엄을 제외한 평가액만큼을 지급하려고 할 것이다. 따라서 동일한 가치의 옵션을 공개시장에서 판매하는 대신 직원들에게 제공함으로써 기업은 리스크 프리미엄에 대한 비용이 추가로 부담해야 한다. 직원들에게 제공되는 스톡옵션의 리스크 프리미엄은 매우 크기 때문에 직원들에게 제공되는 옵션은 비용이 안 드는 것이 아니라 가장 비싼 형태의 임금이 된다. 스톡옵션은 기업이 제공하는 가장 위험성이 높은 형태의 임금 가운데 하나이기 때문에 이러한 사실은 놀라운 것이 아니다.

●●● 경영진에 대한 보수

이 절에서는 핵심 임직원에 대한 보수에 대해 살펴보면서 앞에서 다룬 여러 가지 이슈들을 좀 더 구체적으로 살펴볼 것이다. 핵심 임직원들은 중요하고 희소한 기술을 가지고 있어 기업가치를 크게 올릴 수 있는 인력을 말한다. 일반적으로 기업에서 가장 중요한 직원은 CEO이다. 이 절에서 우리는 CEO 혹은 최고경영진의 보수와 관련된 이슈들을 살펴볼 것이다. 이를 위해 우리는 주식시장에 상장된 기업을 대상으로 이런 기업에 근무하는 경영진의 목표가 주주들의 이익을 극대화하는 것이라고 가정을 할 것이다. 이 가정은 상당한 논란의 여지가 있다. 그럼에도 불구하고 이 가정은 우리가 관련된 논의를 시작하는 좋은 출발점이 될 수 있다. 만약 기업의 목표가 달리 설정된다면 결론도 달라질 것이다. 하지만 당분간은 경영진에게 주어지는 인센티브에 초점을 맞추어 분석이 이루어질 것이다.

가장 중요한 질문은 무엇인가

경영진에 내한 보수는 항상 논란을 일으켰다. 매년 경영 관련 잡지들은 CEO들이 받는 보수의 평균을 발표해 왔고, 이러한 기사는 항상 많은 사람들의 관심의 대상이 되었다. 상장기업의 최고경영자에게 주어지는 보수는 여러 가지 이유로 종종 비난을 받는다. 대부분의 비평가들은 최고경영자가 지나치게 많은 보수를 받는다고 지적한다. 다른 비평가들은 최고경영자가 실적과 무관하게 많은 보수를 받는다고 지적한다. 또 어떤 사람들은 CEO들이 자신들의 지위를 이용하여 보수를 후하게 책정한다고 비난한다. 실제로 CEO가 스톡옵션으로 1억 달러를 벌거나 회사를 떠나면서 큰 금액의 보상금을 받는다면, 위와 같은 비난은 이해할 만하다.

이런 이슈 가운데 어떤 것이 가장 중요할까? 이 모든 이슈들이 주주에게는 매우 중요한 문제들이다. 하지만 일반 사람들이 하는 비난은 경영진이 받는 금액의 수준에 지나치게 집착하는 경향이 있다. 경영진이 받는 보수 자체가 일반인들에게는 매우 큰 금액이고 때로는 비윤리적인 것으로 비칠 수도 있지만, 만약 CEO가 주주들의 부를 증가시켰다면 CEO에게 주어지는 보수의 크기는 그리 중요한 문제가 되지 않을 수 있다. 이런 경우 CEO가 받는 보수가 매우 큰 금액이라도 하더라도 CEO가 향상시킨 기업의 전체 가치와 비교할 때 그 금액은 아주 작은 부분일 수 있다.

보다 중요한 문제는 성과와 보수의 관계를 어떻게 설정할 것인가 하는 것이다. 제10장의 그림 10.1로 돌아가 보자. 이 그림에 따르면, 인센티브는 전반적인 보수 수준에 영향을 거의 받지 않는다. 대신 성과와 보수 사이의 관계를 의미하는 곡선의 기울기 혹은 인센티브 집중도(incentive intensity)에 영향을 많이 받는다. 따라서 우리는 인센티브와 관련된 질문에 초점을 맞출 것이다.

최고경영진은 종종 자신들에게 주어진 권한을 이용하여 자신들이 받을 수 있는 수준보다 더 높은 보수를 책정한다는 분명한 증거가 있다. 어떻게 이런 일이 벌어질까? 일반적으로 CEO와 경영진에게 주어지는 임금 패키지는 이사회의 보수위원회에서 의뢰한 컨설팅 기업이 디자인한다. 이런 컨설팅 기업들은 CEO와 경영진에 대한 보수수준과 방법을 결정하기 위해 기업의 내부 인사부서 및 다른 부서와 밀접하게 일을 한다. CEO는 종종 이사회 이사들에게 직접 영향력을 행사할 수도 있으며, 보수위원회 위원으로 위촉된 인사를 대상으로 영향력을 행사하기도 한다. 그리고 CEO는 직원들뿐만 아니라 컨설팅 기업에 영향력을 행사할 수도 있다(이런 경우 컨설팅 기업은 자신들의 가장 중요한 고객 한 사람에 대한 보수를 책정하는 결과가 된다).

어떤 연구에 따르면 다른 요소들(기업의 크기, 산업의 종류, CEO의 경력 등)이 영향을 미치지 않도록 했을 때 보수위원회의 위원장이 임명되기 전에 CEO가 임명되면 CEO의 보수가 일반적인 경우보다 11% 높은 것으로 나타났다고 한다.[4] 또한 이 연구는 CEO가 다른 회사의 이사회와 교차되어 있을 경우(A회사의 CEO가 B회사의 이사이고, B회사의 CEO는 A회사의 이사인 경우), CEO들의 보수가 일반적인 경우보다 10% 이상 높다고 지적하였다. 이런 연구들은 CEO들이 종종 자신의 시장가치 이상으로 보수를 받고 있음을 뜻한다.

---

4) Hallock(1997)을 참조

성과에 따른 경영진의 보수

직원들에게 적용했던 스톡옵션의 방법을 이용하면 CEO에 대한 보수도 분석할 수 있다. 먼저 성과에 대한 평가문제를 고려해 보자. 경영진에 대한 가장 중요한 보수가 주식과 옵션이듯이, 경영진을 평가할 수 있는 가장 중요한 지표 또한 주가이다. CEO의 행위가 기업 전체의 가치에 중요한 영향을 미치기 때문에 주가로 CEO의 성과를 평가하는 것은 상당히 합리적인 방법이다. 하지만 성과를 주가로만 평가하는 것은 상당한 위험요인을 가지고 있다. 따라서 경영진에 대한 보수를 결정할 때 주가보다 협소한 의미의 평가지표를 사용하게 되는데, 기업의 회계상 이익이 대표적이다.

성과와 보수와의 관계는 어떨까? CEO에 대한 인센티브 집중도를 추정하면 추정치가 매우 작게 나타난다. 오너경영인이 받는 커미션 비율을 1.0이라 하면, 대규모 기업의 CEO가 받는 커미션 비율은 0.004에 불과하다.[5] 예를 들어, 기업의 가치가 1,000달러 상승했다고 하면 CEO가 받는 보수는 1달러가 되지 않는다. 물론, 최적의 인센티브 집중도는 기업 전체의 가치보다는 기업의 가치 증식에 기여한 정도에 따라 결정된다. 따라서 이러한 추정치들은 실질적인 커미션 비율을 과소평가하는 경향이 있다. 그럼에도 불구하고, 커미션 비율이 낮다는 것은 위험과 같은 다른 요소의 영향을 많이 받는다는 것을 의미한다. 더욱 중요한 점은 오너경영인과 비교할 때 전문경영인인 CEO가 가지는 인센티브는 매우 약하다는 것이다. 회계상의 이윤을 평가대상으로 할 경우 CEO의 인센티브 집중도는 거의 2배가 된다. 이는 위험을 중요한 요인으로 고려해야 함을 의미한다. CEO에 대한 평가지표로 회계상의 이윤을 활용하면 위험요인을 감소시키는 효과도 있지만 인센티브를 왜곡시키는 효과가 더 크게 나타날 수 있다.

불가능한 것은 아니지만 CEO에 적합한 인센티브 집중도를 말하는 것은 결코 쉬운 일이 아니다. 어떤 연구는 이론에서와 같이 인센티브 집중도가 다른 요인에 따라 변화하는가라는 질문을 제기하였다. 이에 대한 대답은 경영진에 대한 보수가 대체적으로 이론에서 제시한 결과와 일치한다는 것이다. 이는 경영진에 대한 높은 수준의 보수가 경제적인 논리로 어느 정도 설명이 가능함을 의미하는 것이다.

예를 들어, 일부 연구들은 주식 가격의 위험도가 낮아질수록 CEO의 인센티브 집중도가 강해진다는 것을 발견하였다. 또한 경영진에 대한 인센티브도 산업의 특성에 따라 달라진다. 정부규제가 있는 전기가스 회사들의 CEO가 받는 보수는 전반적으로 낮으며 인센티브 집중도도 약한 편이다. 이런 산업의 업무는 관계기관의 규제를 받기 때문에 최고경영자의 역할이 크지 않다. 이는 CEO의 재능이 동적인 산업에서보다 낮게 평가됨을 의미한다. 그리고 이런 산업의 경우 CEO와 경영진에게 주어진 권한이 많지 않기 때문에 인센티브 문제는 발생하지 않는다.

---

5) Jensen & Murphy(1990)을 참조

경영진에 대한 보수와 기업의 규모 사이에는 매우 밀접한 관계가 있다. 기업의 규모(매출액 또는 주식 가치로 평가된 규모)가 10% 커질 때마다 경영진에 대한 보수도 1%씩 상승하는 경향이 있다. 이런 현상은 유능한 경영자일수록 자신의 능력을 더 잘 발휘할 수 있고 더 나은 평가를 받을 수 있는 대규모 기업체에 취업한다는 일반적인 경향과 일치한다.

대조적으로 규모가 작은 기업과 비교할 때 규모가 큰 기업일수록 경영진에 대한 보수와 성과와의 관계가 약한 현상을 보인다. 대부분의 연구는 경영진에 대한 인센티브 집중도를 추정하기 위하여 다음 방법을 이용한다.

$$\hat{b} = \frac{\Delta Pay}{\Delta Stock\ Value}$$

앞에서도 언급했듯이 대규모 기업체의 경우 이 추정치는 약 0.004 정도밖에 되지 않는다. 이 추정치는 기업의 규모가 작아질수록 커진다. 만약 이 추정치를 인센티브 집중도의 대리변수로 활용한다고 가정하면, 결과는 기업의 규모가 커질수록 경영진의 인센티브는 약해진다는 것을 의미한다. 이에 대한 한 가지 설명은 규모가 큰 기업체의 경영진에게도 동일한 인센티브 집중도를 제공하면 위험이 크게 증가하기 때문에 대형 기업체일수록 위험 기피적인 성향의 경영진에게 인센티브에 대해 언급하지 않는 경향이 있다는 것이다.

또 다른 설명은 위의 추정치가 앞의 두 장에서 다루었던 두 가지 효과가 복잡하게 얽혀있는 결과라는 것이다. 경영자의 보수는 다음과 같이 결정되었다는 점을 기억하기 바란다.

$$\frac{\Delta Pay}{\Delta e} = \frac{\Delta Pay}{\Delta Stock\ Value} \times \frac{\Delta Stock\ Value}{\Delta e}$$

위의 식에서 두 번째 항이 고정되어 있는 경우에만 첫 번째 항은 경험적인 대리변수로서 기업에 따라 인센티브가 어떻게 변화하는가를 보여주는 좋은 수단이 된다. 하지만 만약 주식가치가 기업의 규모에 따라 변화한다면 어떻게 될까? 만약 그렇다면 우리는 이 부분도 고려해야 한다.

이 부분을 고려하는 한 가지 방법은 두 가지 종류의 경영 의사결정이 있다고 가정하는 것이다.[6] 첫 번째 의사결정은 전략적인 것이다. 경영진이 더 나은 전략적 결정을 내리면 기업의 가치가 퍼센트 비율로 상승한다. 이러한 결정은 기업 전체의 운영에 영향을 미치기 때문에 전략적 의사결정이라 한다. 대표적인 전략적 의사결정의 사례들이 기업 경영 전반에 대한 결정, 상품에 대한 선택, 기업의 합병 등이다.

두 번째 종류는 기업 운영과 관련된 의사결정이다. 경영진이 더 나은 결정을 내리면 기업의 가치는 절대액으로 상승한다. 경영진이 기업의 가치를 50,000달러만큼 상승시키는 의사결정을

---

6) Baker & Hall(2004)를 참조

하면 기업의 규모와 무관하게 기업의 가치는 50,000달러만큼 상승한다. 이러한 의사결정의 사례로는 특정 공장의 운영을 개선시키는 것을 꼽을 수 있다.

위의 방정식의 마지막 항을 다시 살펴보자. 이 항은 경영진이 더 열심히 일함으로써 얻는 주식가치의 절대적 변화를 나타낸다. 경영진이 하는 모든 의사결정이 기업의 운영과 관련된 것이라면 이 항은 하나의 상수가 될 것이다. 경영진의 의사결정이 모두 전략적인 것이라면 이 항은 기업의 크기에 따라 일정하게 변화할 것이다. 특히 경영진의 노력의 효과는 기업의 크기가 클수록 크게 나타나고, 작을수록 작게 나타날 것이다.

따라서 경영진의 의사결정이 전략적이고 기업의 규모와 연관되어 있을 경우, 인센티브 집중도 b가 고정되었다고 하면 경영진의 인센티브는 큰 기업일수록 더 강해질 것이다. 이런 점을 고려하면 전반적인 CEO의 인센티브는 기업 규모가 작아진다고 크게 감소하지는 않는다는 것을 알 수 있다.

다른 종류의 인센티브와 통제

열심히 일하려는 직원의 동기는 성과에 대한 보수 외의 다른 요인에 의해서도 영향을 받는다. 기업은 직원들을 직접 감독하거나 의사결정에 제한을 두는 방식 등의 통제를 통해 직원들의 행위에 영향을 미치기도 한다. 물론, 경영진에게도 동기를 부여하는 중요한 요인들이 있다.

일반적으로 (1) 지지자나 주주 등으로부터의 외부적인 압력, (2) 시장에서의 상품경쟁, (3) 기업의 지배 구조(적대적 기업 인수), (4) 이사회의 태만과 같은 네 가지 외부적인 요인이 경영진의 행위에 영향을 준다.

외부 압력 그룹의 영향이 기업에 부정적 혹은 긍정적인 영향을 주는지는 분명하지 않다. 기업에 대한 정보를 많이 가진 주주들이 주도하여 경영진이 더 나은 정책을 채택하도록 압력을 행사하면 기업의 가치는 상승할 수 있을 것이다. 하지만 다른 목적을 가지고 압력을 행사한다면 CEO의 인센티브를 왜곡시키게 될 것이다(예 : 기업의 성과에 중요한 직원들이 해고를 피하기 위해서 또는 옵션 사용을 확대하거나 하위직 직원들에게 이윤 분배가 비효율적으로 적용되도록 하기 위하여). 한 가지 가능성은 최고경영진의 보수에 대한 일반 사람들의 부정적인 의견 때문에 기업이 최고경영진에게 적절한 보수를 지급하기 어려울 수도 있다는 점이다. 이러한 가능성이 상존하는 한 연구의 초점은 그러한 효과가 중요한지 아닌지에 맞춰지게 될 것이다.

경영진에게 가장 큰 제약을 주는 것이 상품시장에서의 경쟁이다. 시장에서의 경쟁이 심해질수록 기업의 생존을 위해 비용을 낮추고 품질을 높이며 다양한 형태의 혁신을 추구하도록 하는 압력이 강해진다. 따라서 경쟁이 상대적으로 약한 경우 우리는 거버넌스와 인센티브 문제를 좀 더 심각하게 고려해야 한다. 이러한 예에는 독점력을 제공하는 특허나 정부 규제 등과 같이 진입장벽을 가지고 있는 기업들이 포함된다.

과거에 CEO의 행위에 영향을 미쳤던 잠재적인 세 번째 요인은 기업의 지배 구조다. 시장 공개가 이루어진 기업의 경우 경영 실적이 나쁘다면 주주들의 권한을 대행하는 회사 혹은 대규모 주식을 보유하고 있는 투자자들은 원칙적으로 경영진을 교체할 수 있다. 적대적 인수 혹은 기업을 지배하려는 경쟁 등이 기업의 가치를 증대시킨다는 연구는 매우 많다.

1980년대 미국에서 복합기업의 효율성을 제고하기 위하여 일련의 적대적 기업 인수를 통해 지배 구조를 바꾸었는데, 이때 경영진은 경영권 방어를 위하여 투자를 축소하고 현금보유량을 늘렸다. 이 당시의 경험으로 현재에도 이러한 흐름이 있다는 것은 놀라운 일이 아니다. 과거 10~20년 사이에 기업을 둘러싼 환경은 크게 변하였다. 국제 거래가 활성화되었고 큰 폭의 규제완화가 이루어졌으며 IT 산업이 크게 발전하였다. 이러한 변화에 대응하기 위해 기업들은 기업의 구조를 재조정해야 할 필요성이 크게 증가하였다. 많은 경영진이 해당 기업을 변화시키는 데 적합하지 않았고, 어떤 경우에는 기업을 대대적으로 재조정하기가 어려웠으며, 어떤 경우에는 기업을 변화시키는 것을 거부하기도 하였다. 이런 경우 기업을 더 잘 운영할 수 있다고 주장하는 외부 세력이 기업 인수를 추진하면 이는 기존의 경영진에게 커다란 자극제가 될 수 있다.

기업의 지배 구조를 둘러싼 경쟁은 종종 대규모 해고와 일부 자산매각 등 기업 구조에 급격한 변화를 가져오기 때문에 논란의 여지가 많다. 이러한 메커니즘은 규제가 심한 유럽(영국은 제외)에서는 쉽게 일어나지 않는다. 미국 기업과 유럽 기업 사이에는 급격한 조직변화를 피하려는 기업의 사회적 책임이 어디까지인가에 대한 문화적 차이가 존재한다. 따라서 기업의 적대적 인수와 같은 일은 유럽에서는 중요한 역할을 하지 못한다. 적대적 기업 인수는 오히려 일부 아시아 국가에서 보편화되어 있다. 미국에서조차 적대적 기업 인수는 매우 드문 일이 되었다. 대부분의 주에서 기업의 적대적 인수가 더욱 어렵도록 관련 법률을 제정하였기 때문이다. 따라서 적대적 기업이 경영진을 제약하는 일은 과거보다 많이 줄어들었다.

최고경영진의 행위에 영향을 주는 마지막 요인은 이사회의 태만이다. 이사회의 역할은 크게 두 가지이다. 첫 번째 역할은 CEO 및 경영진을 지지하고 이들에게 자문을 제공하는 것이다. 이사들은 기업의 전략과 전술에 대해 논의하고 자문을 제공하여 CEO가 적절한 결정을 할 수 있도록 도와준다. 이사회의 두 번째 역할은 경영진의 결정을 감시하고 인준함으로써 기업경영의 최후의 보루 역할을 한다. 또한 이사회는 경영진에 대한 인센티브도 결정한다. 달리 말하면, 이사회의 가장 중요한 업무는 경영진의 성과를 주관적으로 평가하여 보상하거나 벌칙을 주는 것이다. 따라서 이사회는 한편으로는 CEO와 경영진의 후원자 역할을 하며, 다른 한편으로는 주주들의 대표로서 역할을 한다. CEO가 직원들을 지지함과 동시에 원칙을 적용하는 것이 어렵듯이 이사들도 이 두 가지 역할 사이에 선을 긋기 매우 어려우며 종종 두 가지 역할이 상충하기도 한다.

한 조사에 의하면 이사들 가운데 약 35% 정도만이 CEO의 성과를 평가하는 것을 자신들의 일이라고 생각한다고 한다. 이사회 위원들의 대부분은 CEO가 추천하는 경우가 많다. 그에 따라 이사들은 자신들의 역할이 최고경영진을 지지하는 것이라 믿는다. 왜 이런 일이 벌어질까?

한 가지 이유는 CEO가 이사회를 구성할 때 상당한 지렛대 역할을 할 수 있기 때문이다. 대부분의 이사들은 CEO가 추천한다. 자연스럽게 CEO는 개인적인 친분이 있거나 CEO의 전략에 동의하는 사람들을 이사로 선택하려고 할 것이다. 더욱이 일부 이사들은 다른 기업의 CEO인 경우가 많다. 이런 경우 자신의 이사회에 동일한 전례를 남기기 싫어하기 때문에 경영진에 압력을 행사하는 것을 꺼리게 된다.

경영진에 대한 인센티브는 중요한가

CEO에 대한 적절하지 못한 인센티브의 재미있는 사례가 나비스코(RJR Nabisco)의 CEO였던 Ross Johnson이다. 그는 자신의 애완견을 휴가지로 데려오기 위해 회사 소유의 비행기를 이용하기도 하였다.[7] 최근에도 회사 자금을 이용하여 호화로운 생활을 하였던 악명 높은 CEO들이 일부 있는데, 이는 이사회가 역할을 제대로 하지 못했기 때문이다. 하지만 이런 부분은 대규모 기업 측면에서 아주 작은 액수일 수 있으며, 경영진에 대한 전체 보수의 일부로 볼 수도 있다. 따라서 이런 것들은 비효율적인 것이 아닐 수도 있다.

엄밀히 말해서, 최고경영진이 적절한 인센티브를 가지고 있지 않다면 어떤 문제가 발생할까? 물론, 기업의 성과가 나빠질 것이다. 국영기업(예 : 국가가 운영하는 우편 서비스)과 국영기업 가운데 민영화되어 경쟁에 직면했던 많은 기업들에게서 이런 현상이 나타났다.

그러면 최고경영진에 더 강한 인센티브를 제공하면 성과가 좋아지는가? 이 질문에 대한 해답은 보이는 것만큼 쉽지 않다. 경영진에 대한 인센티브와 주식으로 평가되는 결과를 서로 연계시키기가 쉽지 않다. 그 이유는 주식시장이 매우 효율적이라서 기업가치에 관한 모든 새로운 정보가 제시되는 즉시 주식가격에 반영되기 때문이다. 만약 기업이 경영진에 대한 훌륭한 보수체계를 가지고 있다면 미래의 주식가격으로 반영되지 않았음에도 바로 주식가격에 반영된다(기업이 정책을 후에 다시 변화시키지 않는다면).

일부 연구는 경영진에 대한 보수체계를 발표한 당일 해당 기업의 주가가 **비정상적인**(기대치 못한)으로 **변화**하는 경우를 발견하기도 하였다. 이들 연구에 따르면 주식 혹은 옵션 등의 인센티브를 경영진에게 추가적으로 지급하면 발표 당일의 주가는 일반적으로 예상됐던 수준 이상으로 상승하는 것으로 나타났다. 이러한 현상은 경영진에 대한 인센티브가 개선되면 기업의 가치도 상승한다는 아이디어와 일치한다.

하지만 이런 현상을 다르게 해석하기도 한다. 하나는 내부거래로 해석하는 경우이다. CEO가 기업의 미래 전망에 대해 **사적인** 정보를 가지고 있다고 가정해 보자. CEO가 과거보다 위험성이 높은 옵션과 주식을 기꺼이 보수로 받아들였다면, 이러한 정보로부터 주주들은 기업 전망이 전에 기대했던 것보다 밝다고 추측할 수 있다. 이로 인해 주가가 상승하겠지만 이는 CEO가 더 나은 인센티브를 받기 때문은 아니다.

마찬가지로 이런 현상은 시장에 어떤 신호를 보내는 것으로 해석할 수도 있다. 이사회와 CEO들은 (기업 운영에 따른 사적인 정보에 근거할 때) 회사의 주가가 과소평가됐다고 믿는다고 가정해 보자. 그러면 이사진과 CEO는 더 많은 옵션과 주식을 수용하는 방식을 통해 이 사실을 시장에 보낼 수도 있다. 다시 주가는 상승할 것이다. 따라서 주식가격을 평가지표로 사용하는 것은 모호한 측면이 전혀 없다. 다른 연구들은 회계상의 평가지표를 대상으로 분석하였는데 결과는 주가를 대상으로 할 때와 유사한 것으로 나타났으며, 이들 연구는 경영진에 대한 인센티브가 중요하다는 사실을 다시 한 번 확인하였다.

또 다른 접근방식은 사례별 연구를 분석하는 것이다. 예를 들어, 경영권이나 레버리지를 이용한 기업 매수(MBOs 또는 LBOs)의 경우, 일반적인 기업에 비해 아주 큰 규모의 보수를 경영진에 제공하는 경향이 있기 때문에 매우 특별하다. 이들 기업은 부채(레버리지)를 최대로 이용한다. 부채가 많기 때문에 부채가 경영에 부담으로 작용한다. 따라서 이사진은 파산을 피하기 위해 현금 흐름을 개선하도록 경영진을 강하게 압박하는 경향이 있다. 여러 연구에서 이런 기업을 자세하게 분석하였다. 이들 연구에 따르면, 기업 매수 이후 기업의 성과가 눈에 띄게 개선되었다고 한다.

경영진이 내재적인 동기를 가지고 있을 때, 외부의 인센티브는 경영진의 관심을 회사로 돌리는 데 중요한 역할을 한다. 이러한 문제를 해결하는 하나의 방법은 경영진에게 내부적인 목표가 무엇인지 물어보는 것이다. 일반적으로 경영자들은 거대 기업제국을 만드는 데 관심이 많다. 달리 말해, 이들은 조직을 확대하는 데 관심이 많다. 이는 약한 인센티브를 가진 CEO는 조직의 성장과 기업합병의 전략을 추구하게 됨을 의미한다.

CEO의 내재적인 동기는 무엇일까?

한 연구는 많은 수의 미국 기업을 대상으로 인센티브가 없는 상황에서 최고경영진이 추구하는 내부적인 목표가 무엇인지를 분석하였다. 이들 연구자에 따르면, 기업 인수합병을 방지하는 법적인 보호수단은 주마다 달라, 미국 내에는 50개의 상이한 법 체계가 존재한다고 한다. 주마다 인수합병의 보호수단이 다르기 때문에 이를 연구하면 보호 정도에 따른 효과를 분석할 수 있다.

연구결과에 따르면, 거대 기업제국을 만든다는 관점은 적절하지 않은 것으로 나타났다. 대신 경영자들은 '조용한 삶'을 추구하는 것으로 나타났다. 외부의 인수 위협에 노출될수록 기업은 직원들, 특히 사무직 직원들에 대한 보수를 인상하는 경향이 있다. 오래된 공장을 폐쇄하는 일은 잘 일어나지 않는다. 거대 기업제국을 만드는 것과 달리 공장을 신규로 건립하는 것도 감소한다. 직원들의 보수를 인상하고 전반적인 변화에 저항함으로써 경영진은 저항이 가장 적은 경로를 채택한다. 이 연구에 따르면 이런 기업의 생산성과 이윤도 감소한다고 한다.

출처 : Bertrand & Mullainathan(2003).

CEO의 또 다른 목표는 위험 감소와 생존이다. 주주들이 위험을 감소시키는 방법은 전혀 관련이 없는 기업의 주식을 구매함으로써 포트폴리오를 다양화하는 것이다. CEO는 기업 내부의 생산라인을 다양화함으로써 보수와 채용의 위험을 감소시킬 수 있다. 기업이 서로 다른 영역의 사업을 소유하고 있다면, 한 영역의 성과는 저조할 수도 있고 다른 영역에서는 성과가 상대적으로 좋을 수도 있다. 관련이 없는 사업 분야가 많을수록 모든 사업의 성과가 동시에 안 좋을 가능성은 작아진다. 따라서 기업의 전반적인 현금 흐름도 위험성이 낮아진다.

이것이 좋은 생각처럼 들릴지 모르지만 주주들의 입장에서는 이런 선택이 반드시 적절한 것은 아니다. 투자자들은 다양한 회사의 주식을 소유함으로써 주주 스스로 자산을 다양화할 수 있다. 기업이 사업영역을 광범위하게 다양하게 하는 것은 경제적으로 정당화될 수 없다. 사업 영역이 매우 광범위하면 규모의 경제(시너지 효과)를 실현하기 어려울 뿐 아니라 효율적으로 운영하기도 매우 어렵다.

다양화를 통해 경영진(주주가 아닌)이 얻을 수 있는 또 다른 혜택은 외부의 압력으로부터 경영권을 방어할 수 있다는 점이다. 현금 흐름이 안정적일수록 경영진은 자금을 빌리거나 주식을 추가 발행할 필요가 없어진다. 그렇게 되면 경영진은 비효율적인 사업영역에 투자할 여력이 생긴다. 예를 들어, CEO는 개인적으로 직원들을 해고하고 싶지 않거나 처음 일을 시작했던 곳이라는 이유로 낡은 공장을 폐쇄하기보다는 재투자하는 방안을 선택할 수도 있다. 실제로 적대적 기업 인수가 붐을 이루었던 1980년대까지 미국의 기업은 다양한 사업영역을 가진 거대 기업군을 형성하고 있었다. 유럽과 아시아의 많은 기업들은 여전히 이런 형태를 가지고 있다.

최고경영진이 투자를 하지 않고 현금 보유량을 늘리려는 동기를 가질 수도 있다. 극적인 예이기는 하지만 마이크로소프트는 최근까지 800억 달러의 현금을 보유하고 있었다. 기업이 이윤을 내고 그 이윤을 현금으로 보관한다고 해보자. 기업이 현금으로 무엇을 할 수 있을까? 위험을 지속적으로 관리한 후 기업은 투자수익률이 더 높을 때만 현금을 투자한다. 그러면 주주들은 자금 투자로부터 무엇을 얻을까? 순현재가치 기회에 투자하고 남은 현금을 잉여현금 흐름(free cash flow)이라 하며, 이는 원칙적으로 주주들에게 환원되어야 한다.

하지만 수익을 낼 수 있는 기회가 있다면 원칙적으로 바람직한 것은 아니지만 경영진은 현금을 투자할 수도 있다. 사실상 경영진은 미래에 사용하기 위해 단순히 현금을 보유할 수도 있다.

경영진이 미래에 추진할 전략을 위해 기업 내부에 현금을 축적하는 것은 드문 일이 아니다. 하지만 전망이 좋은 프로젝트가 있다면 기업은 언제든지 기금을 만들 수 있기 때문에 이러한 주장은 별로 설득력이 없다. 따라서 부적절한 동기로 경영진이 잉여현금을 보유하려고 할 수 있다. 1990년대 있었던 몇몇 적대적 기업 인수과정에서 큰 규모의 배당금이 주주들에게 지급되었고, 결과적으로 경영진의 통제하에 있던 잉여현금을 제거하였다.

마지막으로 최고경영진은 회사 자금을 잘못 사용하거나 성과가 나쁘거나 개인적인 목적을 추구하다가 회사로부터 방출될 위험을 줄이기 위해 스스로를 보호하려는 강한 인센티브를 가지고 있다. 우리는 앞에서 어떻게 최고경영자가 자신에게 동조하는 사람들로 이사진을 구성하는가를 살펴보았다. 경영진은 포이즌필(poison pill)과 같은 수단을 통해 적대적 인수가 어렵도록 만들 수도 있다.[8] 기업은 공개매수(tender offer) 제의를 받을 수도 있는데, 이 경우 주주들은 많은 프리미엄을 받을 수 있을 수 있기 때문에 다수의 주주들은 이런 제의를 수용하려고 한다. 하지만 그런 경우라고 하더라도 경영진은 공격적으로 이런 제의에 저항하는 모습을 보인다.

전반적으로 기업이 최고경영진에게 적절한 인센티브를 제공하지 않고 권한도 주지 않는다면 기업의 가치는 크게 감소할 수 있다. 반대의 경우도 사실이다. 즉, 경영진에 대한 인센티브가 적절하다면 기업의 성과가 개선될 것이며, 결과적으로 기업은 혁신적 및 동적으로 바뀔 것이다.

요약

직원에 대한 스톡옵션

우리는 직원들에게 스톡옵션을 제공하는 여러 가지 근거에 대하여 논의하였다. 다른 형태의 보수를 통해서도 동일한 목적을 달성할 수 있기 때문에 대부분은 옵션 그 자체와는 관계가 없다. 스톡옵션이 (적어도 일정한 조건하에서) 정당화되는 경우는 기업의 핵심인력에 적용될 때만이 해당된다. 예를 들어, 주식가격에 영향을 줄 수 있는 직원들만이 옵션에 따른 위험을 감수하려 할 것이다.

직원들에게 옵션을 제공하는 가장 중요한 근거는 동일한 비용일 경우 옵션이 주식보다 더 강한 인센티브를 제공한다는 점이다. 옵션은 강한 인센티브가 매력적이기는 하지만 중요한 단점도 있다. 스톡옵션은 (세금과 회계상의 복잡성을 고려하지 않더라도) 성과에 대한 매우 복잡한

8) 포이즌 필은 기업의 현재 주주들에게 시가보다 상당히 낮은 가격으로 더 많은 주식을 구입할 수 있는 권리를 부여한다. 이 옵션은 취득자(인수자)가 기업의 특정 비율 이상을 구입하려 할 경우에 발동하며, 취득자(인수자)에 의해서는 행사되지 않는다. 따라서 포이즌 필이 있는 경우 기업의 지배지분을 구입하기 위해서 취득자는 기존의 주주들에게 프리미엄을 지불해야만 한다. 이러한 프리미엄은 상당히 커서 포이즌 필을 시행하는 기업에 대한 적대적 인수를 성공하지 못하게 하는 역할을 했다.

형태의 보수이다. 주가가 하락하면 스톡옵션에 따른 인센티브와 보수수준이 급락한다는 점에서 옵션이 제공하는 인센티브와 보수수준은 매우 취약한 구조를 가진다고 할 수 있다. 옵션을 직원들에게 제공하면 직원들은 실적을 조작하려는 동기를 가지게 된다. 기업이 전례 없는 실적 부진으로 어려움을 겪을 때 기업은 직원들에게 시차를 두고 추가로 옵션을 제공하거나 옵션 가격을 재조정하는 것을 고려하게 되는데, 이는 매우 조심스럽게 접근해야 한다. 가장 중요한 점은 옵션을 받은 직원들은 더 많은 위험 프리미엄을 요구하기 때문에 옵션이 직원들의 성과를 보상하는 가장 비싼 형태의 보수라는 것이다.

이런 이유 때문에 기업이 직원들에게 스톡옵션을 제공하는 것은 매우 주의할 필요가 있다. 모든 직원들에게 옵션을 제공할 이유는 없다. 스톡옵션은 기업의 핵심인력에게만 제공하는 것이 합리적이며 인센티브가 복잡성에 따른 부작용을 초과할 경우에만 정당화될 수 있다. 역사적으로 보면 1990년대 IT산업이 붐을 이루면서 비합리적으로 성장하던 시기를 제외하더라도 기업들은 최고경영진 외의 직원들에게도 옵션을 제공하였다.

경영진에 대한 보수

CEO와 최고경영진은 기업 내에서 가장 중요한 직원들이다. 이들은 기업의 가치를 창출할 수도 있고 파괴할 수도 있다. 이런 이유 때문에 기업이 특히 인센티브에 신경을 써야 하는 그룹이 최고경영진과 이들을 감독하는 이사회이다.

CEO와 최고경영진에 대한 인센티브가 중요하다는 것을 뒷받침하는 여러 가지 증거가 있다. 경영진에 대한 인센티브가 좋아지고 경영에 대한 권한과 적대적 인수 등에 대한 경영진의 통제권이 강화될수록 기업의 성과는 개선될 뿐만 아니라 경영진은 힘든 결정도 내리게 된다.

하지만 최고경영진에게도 최고의 보수를 지급하지 말아야 하는 몇 가지 이유가 있다. 하위 직의 직원들과 달리, CEO에 대한 감독은 매우 약한 편이다. 이런 문제는 소유와 경영을 분리하는 기업의 구조 때문에 발생한다. 주주들은 리스크를 줄이기 위한 방법으로 투자를 다양화하는데 그에 따라 개별 기업에 대한 통제력은 감소한다. 기업에 대한 통제권이 적절히 작동하지 않기 때문에 최고경영진을 통제하기 위한 메커니즘은 불완전하다.

이런 이유 때문에 CEO는 종종 자신의 사업 방향에 동조하는 사람들이 이사회에 들어가도록 노력하기도 한다. 이사진은 우리가 기대하는 것만큼 경영진을 감독하는 역할을 제대로 수행하지 못할 가능성이 높다. CEO는 자신의 보수를 결정하는 데 일정한 영향력을 행사할 수도 있다. 이러한 문제들에도 불구하고 경영진에 대한 인센티브와 권한은 기업가치를 상승시키려는 최고경영진의 동기를 북돋우는 데 기여한다. 따라서 이러한 구조는 불완전하기는 하지만 매우 중요하다.

연습문제

1. IT산업의 주가가 급격하게 상승하던 시기(2001년 버블이 붕괴되기 전)에 직원들은 비정상적인 풍족함 때문에 스톡옵션의 가치를 과대평가했다. 이러한 경우에 기업은 직원들에게 스톡옵션을 제공해야 하는가? 그렇게 함으로써 얻는 편익과 비용은 각각 무엇인가?

2. 어떤 기업의 직원들이 해당 회사에 특화된 인적자본에 투자한다고 할 때, 기업은 스톡옵션을 더 많이 혹은 더 적게 이용하는가? 인센티브로서 기업의 이윤을 직원들과 공유하는 것은 어떤가?

3. 당신이 규모를 크게 축소해야 하는 기업의 이사회에 포함되어 있다고 하자. 기업의 규모를 축소하면 대중의 비난이 매우 심할 것으로 예상된다. 이런 상황에서 이사인 당신은 어떤 요소를 고려해 새로운 CEO를 채용하고 그에 대한 급여를 책정하겠는가?

4. 어떤 회사의 CEO라고 할 때, 당신은 어떤 부류의 사람들에게 이사가 되도록 요청하겠는가?

5. 기업이 다른 매수자에게 매각되어 CEO가 직장을 잃을 경우, CEO에게 **황금우산**(golden parachute)이라 불리는 고액의 상여금을 지급하는 기업도 있다. 이런 관행은 합리적인 인센티브처럼 보이는가? 그 이유에 대하여 설명하라. 이때 어떤 문제가 발생하는가?

6. CEO들이 지나치게 많은 급여를 받는가? 어떤 측면에서 그렇게 생각하는가? CEO에게 주어지는 인센티브가 주주들의 가치를 올리는 데 중요하다면, 많은 급여 이외에 다른 대안이 있는가?

참고문헌

Baker, George and Brian Hall (2004). "CEO Incentives and Firm Size." *Journal of Labor Economics* 22(4): 767–798.

Bertrand, Marianne and Sendhil Mullainathan (2003). "Enjoying the Quiet Life? Corporate Governance and Managerial Preferences." *Journal of Political Economy* 111(5): 1043–1075.

Black, Fischer and Myron Scholes (1973). "The Pricing of Options and Corporate Liabilities." *Journal of Political Economy* 81(3): 637–654.

Burrough, Bryan & John Helyar (1990). *Barbarians at the Gate*. New York: Harper & Row.

Hallock, Kevin (1997). "Reciprocally Interlocking Boards of Directors and Executive Compensation." *Journal of Financial and Quantitative Analysis*, 32(3): 331–344.

Hendrick, Burton (1932). *Life of Andrew Carnegie, v. 1*. Garden City: Doubleday, Doran & Co.

Jensen, Michael & Kevin J. Murphy (1990). "CEO Incentives: It's Not How Much You Pay, But How." *Harvard Business Review*, May–June.

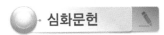 **심화문헌**

Abowd, John (1990). "Does Performance-based Compensation Affect Corporate Performance?" *Industrial and Labor Relations Review* 43(3): 52S–73S.

Conger, Jay, David Finegold, and Edward Lawler (1998). "Appraising Boardroom Performance." *Harvard Business Review* 76(1): 136–148.

Hall, Brian and Thomas Knox (2002). "Managing Option Fragility." Working paper, National Bureau of Economic Research.

Hall, Brian and Kevin J. Murphy (2003). "The Trouble with Stock Options." *Journal of Economic Perspectives* 17(3).

Jensen, Michael (1986). "Agency Cost of Free Cash Flow, Corporate Finance, and Takeovers." *American Economic Review Papers and Proceedings* 76(2).

Kaplan, Steven (1989). "The Effects of Management Buyouts on Operating Performance and Value." *Journal of Financial Economics* 24(2).

Murphy, Kevin J. (1999). "Executive Compensation." In *Handbook of Labor Economics 3b*, Orley Ashenfelter and David Card, eds. Elsevier Science North Holland.

Oyer, Pay & Scott Schaefer, 2005. "Why Do Some Firms Give Stock Options to All Employees? An Empirical Examination of Alternative Theories." *Journal of Financial Economics* 76: 99–133.

Watson Wyatt, Inc. (2007). "How Do Employees Value Stock Options?" Washington, DC.

 **부록**

옵션의 가격 설정

먼저 블랙–숄즈의 공식을 살펴보자(Black & Scholes, 1973). 상장된 기업의 가치는 다음과 같은 공식에 의해 결정된다.

$$C = S \times N(d_1) - K \times e^{-rT} \times N(d_2)$$

여기서

$$d_1 = \left[\ln(S/K) + (r + 1/2\sigma^2) \times T \right] / \sigma \sqrt{T}$$
$$d_2 = d_1 - \sigma \sqrt{T}$$

그리고

C = 콜옵션의 가치

S = 주식 가격

K = 행사 가격

r = 무위험 이자율

T = 옵션의 만기일

$\sigma = S$의 변동성(표준편차)

$N = $ 표준 정규누적 분포함수

각각의 변수가 바뀌면 옵션의 가치는 어떻게 바뀔까? 몇 가지 직관적인 대답이 가능하다. 대략적으로 말해, 직원들은 블랙-숄즈의 공식으로 도출되는 가치보다 높은 리스크 프리미엄을 요구하기는 하지만, 직원들에게 적용되는 직관도 이와 유사하다. 다른 변수는 모두 고정되어 있고 한 가지 변수만 바뀔 때의 결과는 다음과 같다.

$S:$ 　주식가격이 상승하면 수익을 낼 가능성이 높아질 뿐만 아니라 수익성이 상승하기 때문에 주식가격이 높을수록 옵션의 가치도 올라간다. 옵션을 행사할 때 S만큼의 가치가 있는 주식을 매입할 때 행사가격 K를 지불하므로, 옵션을 즉시 행사하면 수익은 $S - K$가 된다.

$K:$ 　행사가격이 높을수록 옵션의 가치는 감소한다. 이는 행사가격 S에 반대된다.

$r:$ 　r이 클수록 옵션의 가치는 상승한다. 주어진 기간 동안 채권이 얼마나 빠르게 성장하는가를 나타내는 지표로 r을 볼 수 있다. 채권가치가 빠르게 상승하면 옵션은 수익을 내기 좋은 환경이 되며 결국 옵션의 수익이 올라간다.

$T:$ 　T가 상승하면 옵션의 가치도 상승한다. 옵션의 만기가 길어지면 주식가격이 상승할 수 있는 기회가 많아진다. 따라서 수익을 낼 가능성이 높아지고 현금화했을 때 수익이 좋을 가능성이 상승한다. 당신이 옵션을 만기까지 가져가지 않고 또한 해당 옵션이 거래가 가능하다면, 당신은 옵션을 시장에서 매각할 수도 있다. 만기가 늘어나면 추가적인 시간의 가치도 상승하기 때문에 당신은 옵션을 시장에 매각함으로써 만기 연장에 따른 추가적인 가치를 얻을 수도 있다(주의 : 옵션을 받으면 많은 직원들은 옵션을 바로 행사한다. 직원들이 이렇게 행동하는 이유는 직원들이 위험 기피적인 성향을 가지고 있다는 점과 주식가격이 하락할 수도 있다는 걱정 때문이다).

$\sigma:$ 　σ가 클수록 옵션의 가치도 올라간다. 콜옵션은 주식가격이 상승하면 수익이 나지만 가격이 하락하더라도 벌금을 부과할 수 없다. 따라서 옵션이 높은 수익을 낼 가능성이 커지고 주식가격의 변동성도 커지면 옵션의 가치도 상승한다.

직원들에게 제공된 옵션의 가치를 이해하는 데는 옵션가격이 가진 두 가지 특징이 도움이 된다. 첫째, 직원을 대상으로 한 모든 옵션은 $K = S$일 때 제공된다. 다른 변수들이 일정하다고 가정하면, 그 가격에서의 옵션 가치가 상승할수록 S도 커진다. 공식이 **퍼센트** 수익률에 의존하기 때문에 이는 당연한 결과이다. 퍼센트 수익이 일정할 때 위의 공식에서 S가 변한다는 것은 S가 증가할 뿐만 아니라 **절대** 수익률도 증가한다는 것을 의미한다. 물론, 옵션의 실제 가치는 절대 수익에 따라 달라질 것이다. 이는 옵션이 수익(내적 가치인 $S - K$)을 낼 가능성이 높음을 의미한다고 할 수 있다.

두 번째 특성은 어떤 시기에 개별 직원에게 제공된 옵션의 할인된 현재가치가 옵션의 오늘 가치와 같다는 점이다. 따라서 옵션 패키지를 평가할 때, 직원들은 자신이 받은 옵션을 현재의 시기까지 할인할 필요가 없다. 대부분의 자산을 평가할 때 현재까지 할인하는 것이 일반적이기 때문에, 이와 같은 주장이 선뜻 이해되지 않을 수도 있다. 배당을 지급하지 않는 주식을 생각하면 이를 이해하기 쉽다. 현재의 주당 가격이 S인데, 기업이 다음 해에 당신에게 주식 한 주를 주겠다고 약속했다고 가정해 보자. 미래에 받을 주식의 가치는 어떻게 될까? 그 가치는 정확히 오늘의 주식가격인 S와 동일하다. 왜냐하면 당신은 오늘 주식을 매입하여 다음 해까지 보유함으로써 해당 주식을 동일하게 복사할 수 있기 때문이다. 옵션은 이보다 복잡하기는 하지만 동일한 논리가 적용된다.

제4부

적용

지금까지 앞에서 논의한 개념들을 다음 3개의 장에 걸쳐 특수한 주제들에 적용해 보는 것으로 이 책을 마치도록 하겠다. 제4부에서는 앞서 논의했던 아이디어들이 실제로 어떻게 적용되는지 살펴보고, 그동안 발전되어 온 폭넓은 주제들에 대해 다시 한 번 강조하고자 한다.

제13장에서는 직원의 편익에 대해 논의한다. 이 장은 제3부의 성과에 따른 보수와 관련된 논의의 연장선상에 있다. 기업들은 종종 연금, 의료보험, 유급휴가 등의 비금전적인 방식으로 직원들에게 보상을 제공하기도 한다. 이 장에서는 왜 기업들이 이러한 보상제도를 실시하는지에 대해 논의해 볼 것이다. 우리가 앞에서 다루었던 주제들 중에는 이를 정당화하는 여러 설명들이 있다. 직원의 분류, 이직률 관리, 생산성 향상, 대리인 문제와 같은 주제들이 그러하다. 그런 다음 우리는 복리후생제도의 설계에 대한 주제를 논의할 것이다.

제14장에서는 기업가 정신과 사내기업가 정신에 대해 논의할 것이다. 기업가 정신은 자본주의의 핵심요소이다. 이는 시장에서 비롯된 아이디어를 회사 내부 설계에 도입하고자 하는 이 책의 초점을 고려해 봤을 때 상당히 흥미로운 주제가 될 것이다. 창업 초기 신생기업은 백지 위에 자유롭게 조직을 설계할 수 있다는 장점이 있다. 이러한 상황에서 어떻게 신생기업이 인사경제학 분야의 원리들을 적용하여 기업의 성공확률을 개선해 나가는지를 살펴보는 것은 매우 흥미로울 것이다.

신생기업이 성공적으로 성장하기 시작했다면 기업조직은 점차 진화하기 시작한다. 제14장에서는 기업이 성장해 가면서 직면하는 여러 가지 이슈들에 대해 간략히 논의해 볼 것이다. 이 논의는 다시 두 번째 주제인 사내기업가 정신으로 이어진다. 크고 오래된 조직들은 신생기업과 비교했을 때 종종 느리고 보수적이며 관료주의적인 모습을 보인다. 따라서 우리는 왜 이러한 현상이 발생하는지, 이러한 현상에 따른 비용과 편익에는 무엇이 있는지 등에 대해 논의해 볼 것이다. 그런 다음 우리는 성숙한 기업이 인사경제학의 아이디어들을 활용하여 어떻게 기업의 역동성을 개선해 나갈 수 있는지에 대해 알아볼 것이다. 특히 사내기업가 정신에 대한 논의를 통해 기업 내부에서 효율적인 시장경제 시스템을 구축하는 방안에 대해서도 고찰해 볼 것이다.

제14장에서 우리는 이 책의 두 가지 주제를 다시 강조할 것이다. 첫 번째는 조직 설계를 위한 시장 은유이다. 두 번째는 조직이 직면하게 될 창의성과 통제 사이의 근본적인 트레이드오프 관계이다. 두 주제 모두 우리가 앞에서 다루었던 주제들로 직원의 분류와 투자, 조직 및 직무 설

계, 성과에 대한 보수지급 등의 정책을 설계할 때 고려해야 할 것들이다.

　제15장에서는 기업과 직원 사이의 관계에 대해 논의할 것이다. 이는 경제적 관계이기도 하지만, 일반적인 경제적 계약관계보다 복잡하고 미묘한 관계이다. 조직 설계를 완벽히 이해하고자 한다면 이 둘 간의 관계를 깊이 고려해봐야 할 것이다. 따라서 이 장에서는 내재적 계약에 관한 논의를 확장하는 동시에 기업문화, 기업구조변화 등의 이슈에 대해서도 논의해 볼 것이다. 이러한 주제들은 일반적으로 무형적인 것으로 간주되어 심리학이나 사회학의 관점에서 논의되어 왔다. 따라서 제15장에서는 이러한 주제에 대한 관점을 보완하여 인사경제학적 관점을 제공할 것이다.

13

복지

노동의 대가는 삶이다. 그것으로 충분하지 않은가?

– 윌리엄 모리스, 1890

서론

기업의 복지는 점점 보상의 중요한 부분이 되고 있다. 기업이 복지를 위해 임금의 25%를 쓰고 있다는 것은 이제 비상식적인 일이 아니다. 의료보험, 연금설계, 유급휴가는 기업에서 제공하고 있는 전형적인 복지이다. 예를 들어, 미국 근로자의 약 70%는 의료보험을 받으며 과반수 이상이 치과보험을 받는다. 또한 일부 기업들은 학비상환, 직장 내 탁아소 운영, 식사제공, 컨시어지 서비스(concierge service) 등을 제공하여 직원들의 사적인 일에 도움을 준다. 이번 장에서는 기업들이 현금 보상 대신에 복지를 제공하는 이유를 분석하고 이러한 복지제도의 설계와 관련하여 중요한 경제적 이슈들을 검토해 보자.

임금 대 복지

기업은 어느 정도의 임금을 지급하고 복지를 제공해야 하는가? 다음 사례를 살펴보자. 트리플 옵션이라고 부르는 의료보험은 연간 약 3,500달러의 비용이 든다. 이 보험은 대부분의 질병을 보장하고 HMO 요소를 가지고 있으며, 일정 수준에서 의사를 선택하여 연간 1,500달러까지 지출의 일부를 기업과 직원이 공동부담한다. 이런 보험은 근로자들에게 꽤 매력적으로 들릴 것이다. 하지만 근로자들의 특성에 따라 매력도가 달라질 수 있다. 젊은 근로자에 비해 병에 걸릴 가능성이 더 많은 고령 근로자는 보험에 관심을 더 갖는다. 또한 가족이 있는 근로자에 비해 미혼인 근로자는 의료보험에 관심이 더 적고, 여자에 비해 남자가 건강관리에 더 소홀하다.

어떤 기업이 의료보험을 모든 직원에게 제공하거나 제공하지 않는다고 가정해 보자.[1] 의료보험의 비용은 3,500달러로 이미 알려져 있지만 직원에게 그 보험의 가치는 반드시 3,500달러가 아닐 수 있다. 직원 스스로 의료보험의 가입을 선택할 수 있어서 어떤 직원에게 이 보험에 대한 가치가 3,500달러 이하라면 그 직원은 보험을 가입하지 않을 것이다. 가치는 한 개인이 어떤 특정 상품 또는 서비스를 획득하기 위해 기꺼이 지불하고자 하는 금액으로 정의된다. 어떤 사람이 무엇을 구입하지 않으려 한다면 정의상 이 상품의 가치는 비용보다 낮다. 물론 가치는 사람의 소득에 의존한다. 한 상품에 대해 기꺼이 지불하고자 하는 금액은 그 사람의 소득에 따라 다르므로 부유한 개인들은 기초 필수품에 더 높은 가치를 부여할 수 있다. 어쨌든 근로자가 복지를 위해 기꺼이 지불하고자 하는 금액은 고용주가 제공해야 할 복지의 수준을 말해 준다.

또한 근로자는 어떤 복지에 대해 그 비용보다 더 높은 가치를 부여할 수도 있다. 이는 통상 두 가지 경우에 발생한다. 첫째, 기업은 근로자 개인이 구입하는 것보다 더 낮은 가격으로 복지를 구입할 수 있다. 다른 사람들과 연합을 통해 개별 비용을 낮추는 단체 의료보험이 여기에 해당된다(리스크가 낮은 근로자들은 고위험 근로자들이 혜택을 받을 수 있게 해준다). 둘째, 세금 아비트리지의 기회가 존재할 수 있다. 세금 아비트리지는 근로자에게 복지가 제공되거나 기업이 조세 목적상 비용으로 처리할 때 생길 수 있다. 그러나 근로자의 소득은 세금 아비트리지가 되지 않는다. 기업은 의료보험을 3,500달러에 가입하지만 어떤 근로자에게 의료보험은 3,000달러의 가치만 있을 수 있다. 그러나 기업이 근로자에게 현금으로 3,000달러만 지불한다면 근로자들은 이 보험에 가입할 수 없다. 20%의 세금을 지불하고 나면 2,400달러만 남는다. 근로자에게 3,000달러의 구매력(buying power)을 제공하기 위해서 기업은 3,750달러를 지불해 세후 소득이 3,000달러가 되게 하여야 한다. 기업은 3,500달러의 복지를 제공하는 것과 3,500달러의 현금을 지급하는 것 사이에 별 차이가 없다. 두 가지 방법 모두 기업은 3,500달러의 비용 처리가 가능하기 때문이다. 그러나 근로자는 3,000달러 가치의 의료보험을 구매하기 위해 3,750달러의 현금이 들기 때문에 현금보다 복지를 더 선호한다.

기업은 근로자에게 제공하는 의료보험의 가치를 어떻게 결정할 수 있는가? 가능한 방법 중 하나는 직접 물어보는 것이다. 기업은 근로자로 하여금 3,500달러의 현금을 선호하는지 또는 3,500달러의 복지를 선호하는지 투표를 통해 알아볼 수 있다. 투표의 결과와 상관없이 기업 입장에서의 비용은 동일하다. 다수가 의료보험을 선호한다면 기업은 복지로 현금 지급을 대체할

---

1) 어떤 세법은 개인이 직장인인 경우 복지에 대한 부분을 세금 공제해 주기도 한다.

수 있다. 이것이 임금 삭감을 의미할 수는 있지만 근로자들이 선택한 결과일 수 있다. 기업이 복지를 제공하는 것은 결국 근로자에게 더 높은 급여를 지급하여 현재의 임금에서 3,500달러의 가격으로 복지를 구매하게 하는 것과 같다.

하나의 단점은 보험이 실제로 근로자에게 3,500달러 이상의 가치가 있는 경우, 기업은 그만큼의 효과를 얻지 못한다는 것이다. 앞에서 제시했던 시나리오에서 근로자는 의료보험을 위해 3,750달러만큼 기꺼이 포기하였고, 기업은 그 복지를 3,500달러에 구매하였다. 따라서 기업은 3,500달러의 의료보험을 제공하는 대신 3,750달러만큼의 임금을 삭감할 수 있다. 기업에게 복지로 인해 발생되는 비용이 3,500달러라는 사실이 근로자에게 3,500달러만큼만 '부과' 함을 의미하지는 않는다. 기업은 복지로 근로자에게 가치 있는 금액까지 부과할 수 있다. 그러나 기업이 근로자에게 복지의 가치가 얼마인지 어떻게 알 수 있을까? 이에 대해 근로자에게 직접 질문하는 것은 의미가 없다. 만약 근로자들이 가치 있다고 말하는 금액까지 기업이 근로자에게 부과하려는 사실을 안다면 근로자들은 실제 가치를 낮게 평가할 것이다. 만약 근로자들이 기업이 지불하는 복지비용을 알고 있다면 정확히 그 금액을 이야기할 것이다. 낮은 가격에 대해 기업은 복지를 제공하는 것을 선호하지 않을 것이고, 높은 가격에 대해서는 근로자가 기업에게 추가 금액을 지불해야 한다.

근로자들이 전략적으로 행동할 것이라는 것을 알게 되면 기업은 직원이 느끼는 복지의 가치를 어떻게 알아낼 것인가? 한 가지 방법은 임금과 복지의 관계에 대한 시장연구를 활용하는 것이다. 시장 데이터에 대한 통계분석은 특정 복지에 대한 한계 근로자(marginal worker)의 가치 추정치를 제공할 수 있다. 복지를 제공받는 근로자의 임금과 복지가 없는 근로자의 임금 간의 차이를 검토함으로써 시장계수를 추정할 수 있다.

인적자원 컨설턴트로부터 일련의 자료 세트(data set)를 입수하였다고 가정하자. 자료 세트에는 의료보험을 가지고 있거나 가지지 않는 25개의 기업이 있다. 컨설턴트는 중견관리직의 급여에 대한 자료를 제공하였다. 이 상담 기업에 대한 데이터가 표 13.1에 제시되어 있다.

기업이 의료보험을 가진 경우 1의 값을 갖고, 없는 경우 0의 값을 가지는 더미변수에 대해 급여의 회귀 결과는 다음과 같다.

$$급여 = 55,827 - 1,836 \times (의료보험 \ 더미변수)$$

이는 의료보험이 없는 경우(의료보험 설계 더미 = 0) 통상 급여가 55,827달러이고, 의료보험이 있는 경우 통상 급여는 55,827 - 1,836 = 53,991달러라고 해석할 수 있다.

이러한 정보가 주어질 경우 기업은 어떻게 해야 하는가? 시장 데이터에 의하면 한계 근로자는 그 복지에 대해 1,836달러의 삭감을 기꺼이 받아들일 것이다. 기업은 의료보험으로 인해 3,500달러의 비용이 든다. 이들 자료에 따르면 근로자들이 보험가치만큼의 충분한 임금을 기꺼이 교환하지 않을 것이다. 기업은 근로자에게 의료보험과 함께 55,000달러를 제공하는 것보다 의료보험 없이 57,500달러를 제공하는 것이 더 나을 것이다. 한계 근로자는 의료보험 대신 추가 현금 2,500달러를 더 선호한다. 이는 의료보험이 없는 근로자가 의료보험이 있는 근로자에 비해 평균 1,836달러의 수입을 더 벌기 때문이다. 만약 근로자들에게 의료보험이 1,836달러 이상의 가치를 가진다면, 임금으로 1,836달러를 더 제공한 기업은 최저 임금을 주지만 의료보험을 복지로 제공하는 기업에게 더 밀릴 것이다. 따라서 의료보험 대신에 임금을 2,500달러 더 제공하는 것은 기업과 근로자 모두를 만족시키는 방법이 될 수도 있다. 모든 사람이 복지로서

표 13.1

급여 및 의료보험 상태

기업 번호	급여($)	의료보험 가입 여부
1	59,701	아니오
2	52,594	아니오
3	59,193	예
4	54,817	예
5	50,666	아니오
6	54,739	예
7	50,172	예
8	52,472	예
9	56,899	아니오
10	51,765	예
11	53,628	예
12	52,372	예
13	58,450	아니오
14	55,404	예
15	53,270	예
16	54,566	예
17	58,791	예
18	52,472	예
19	54,724	아니오
20	51,181	예
21	58,711	아니오
22	59,346	아니오
23	55,188	예
24	51,356	아니오
25	53,832	예

의료보험을 갖고자 하더라도, 실제로는 많은 사람들이 보험과 같은 복지보다 급여로 직접 받는 것을 더 선호할 수 있다.

그러나 이러한 수요가 모든 근로자에게 해당되지는 않는다. 기업이 연간 200,000달러 이상을 받는 관리자를 구하고 있다고 가정하자. 근속년수가 오래된 선임자일수록 급여가 증가하는 경향이 있기 때문에 이러한 근로자들은 기업의 다른 관리자보다 더 고령일 수 있다. 상기의 데이터가 연간 50,000달러 범위의 급여를 받는 관리자들이 중심일 경우 의료보험의 추정가치는 더 많이 지급되는 고령 근로자에 대한 의료보험의 가치를 저평가할 수 있다. 고령 근로자의 경우 의료보험에 관심을 가질 가능성이 더 높다. 또한 고임금 근로자는 높은 한계 조세율이 적용될 수 있으므로 세금이 부과되지 않는 복지의 형태를 선호한다. 일반적으로 보상 전문 컨설턴트로부터 구할 수 있는 좀 더 자세한 시장 데이터는 특정 그룹에 대한 추정치를 제공할 것이다.

이 사례의 핵심은 근로자들이 기업이 제공하는 복지에 대한 대가를 지불하고 있다는 것이다. 복지는 비용이 많이 들며 기업과 직원은 '복지 보상'과 '현금 보상' 간의 트레이드오프에 직면한다. 스톡옵션에도 같은 논리가 적용될 수 있다. 즉, 스톡옵션은 다른 형태의 보상에 대한 대체품으로 제공된다. 복지는 단순히 현금 보상에 '추가'되는 것이 아니다. 이러한 이유로 기업은 경제적으로 정당화될 때에만 복지를 제공할 수 있도록 신중해야 한다.

왜 복지를 제공하는가

이번 장은 복지에 대한 가치가 기업이 복지를 조달하는 비용을 초과한다면 (그리고 직원이 개별적으로 구매하는 데 드는 비용을 초과한다면) 기업이 근로자에게 복지를 제공해야 한다고 주장하고 있다. 따라서 기업은 '조달 비용우위' 또는 '직원의 가치 우위'에 대해 살펴보아야 한다. 이 절에서는 이러한 아이디어와 기업으로 하여금 임금 대신에 복지를 제공하게 하는 여타 모든 유인들을 자세히 다루고자 한다.

비용 우위

규모의 경제

우리는 앞에서 의료보험 사례를 소개하였다. 기업은 직원들의 리스크를 모아 보험비용을 시장가보다 낮추고 있다. 만약 기업의 규모가 크고, 특히 기업 근로자들의 평균 리스크가 낮다면 (예 : 청년층의 건강 또는 생명보험 리스크에 대한) 더 많은 비용을 절감할 수 있다.

이와 유사하게 기업이 직원들에게 가치있는 상품을 수량 할인을 통해 시장가격보다 낮은 가격에 제공할 수 있다. 이와 같은 복지는 매우 유용하다. 예를 들어, 지역 헬스클럽이 다수의 회원 확보를 위해 수량 할인을 제공한다면 기업은 근로자들에게 해당 헬스클럽의 회원권을 제공할 수 있다. 규모가 큰 기업은 보다 더 많은 할인 효과를 얻을 수 있다. 이러한 이유로 큰 기업은 작은 기업보다 더 광범위한 복지 제도를 제공할 수 있게 된다. 실제로도 이와 같은 모습을 확인할 수 있다.

복지가 기업의 사업 분야와 관련이 있다면 기업은 적은 비용으로 복지를 조달할 가능성이 훨씬 더 높다. 예를 들어, 기업의 직원들에게 식사를 복지로 제공하는 거대한 식품 서비스 회사 소덱소(Sodexo)를 고려해 보자. 소덱소의 주요 사업은 식품 서비스이다. 이 회사는 직원을 위한 식사를 준비하고 직원들은 식사를 할인된 가격으로 구매할 자격이 있다. 여러 가지 이유로 자신의 직원들에게 추가로 식사를 제공하는 데 따른 소덱소의 한계비용은 시장 가격보다 훨씬 더 낮다. 직원들에게 회사식당에서 식사하도록 장려함으로 해서 이 회사는 공급자의 구매로 인한 추가적인 규모의 경제효과를 누릴 수도 있다. 중요한 요소는 대부분의 고객들이 직장의 점심시간과 같이 표준 시간대에 식사를 하는 경향이 있기 때문에 식품 서비스가 몰리는 시기(rush period)와 한가한 시기(slow period)가 있다는 점이다. 따라서 소덱소는 하루에 여러 번 초과설비를 갖게 된다. 만일 한가한 시기에 추가적인 식사를 제공한다면 한계비용을 낮추고 고정비용 상각을 할 수 있다. 따라서 회사가 사업 영역과 밀접한 관계에 있는 복지, 특히 회사 제품에 대한 직원 할인을 제공하는 것을 쉽게 관찰할 수 있다.

조세 재정거래 또는 보조금

조세법은 복지를 제공하는 것이 기업에게 비용적인 이점을 주는 원인 중 하나이다. 정부는 때때로 보조금을 이용하여 (세금 감축의 형태로) 기업이 직원에게 복지를 제공할 수 있도록 한다. 초반에 언급한 바와 같이 국가 차원에서 제공되는 의료보험이 없는 경우, 흔히 기업은 직원들에게 의료보험을 복지로 제공한다. 이는 기업으로 하여금 세금 부담 없이 복지를 제공하게 하여 (또는 직원으로 하여금 세금에서 복지를 감축하게 함으로써) 강력하게 권고하는 것이다. 미국에서 사업주가 제공하는 의료보험은 이러한 감면을 허용하도록 조세법이 변경되기 전에는 일반적이지 않았다(이것은 직원들의 리스크를 보다 낮은 비용으로 보험을 제공하는 것 자체가 기업이 직원에게 건강보험을 제공하는 충분한 이유가 될 수 없음을 보여준다). 이와 유사하게 많은 국가에서 기업으로 하여금 직원들이 세 전 소득을 연금에 투자하고 은퇴 시점에 지불될 때까지 세금을 부과하지 않는 연금제도를 제공하도록 허용한다.

가치 우위

직원 선별

직원들이 복지의 가치를 높게 평가할수록 복지는 임금 대신 직원들에게 유익하게 제공될 가능성이 더 많다. 따라서 기업은 근로자의 선호를 고려하여 복지제도를 구성하여야 한다. '학비 변제(tuition reimbursement)'와 같은 복지는 중년층 근로자에게 제공하는 것보다 청년층 근로자에게 제공하는 것이 더 유용할 것이다.

직원들이 어떤 복지를 높게 평가한다는 사실 자체만으로 복지 제공에 정당성이 생기지는 않는다. 직원들은 그들 스스로 복지를 구매할 수 있으며, 그러한 경우 기업은 복지 대신에 현금을 지급할 수도 있다. 한편 직원들의 선호도가 모두 다른 상황에서 복지제도는 기업에 관심 있는 근로자들을 선별하는 효과를 가져올 수 있다. 신규채용에 있어서 자기선택을 개선하도록 복지를 구성하는 것은 임금 대신 복지를 제공하는 것의 정당성을 부여할 수 있다. 이 부분은 뒤에서 다시 다룰 것이다.

직원 생산성

어떤 경우에는 복지가 직원의 생산성을 증가시키기 때문에 기업이나 직원들에게 가치를 줄 수 있다. 우리는 제3장에서 재직훈련(on the job training)에 대해 논의하였다. 재직훈련은 확실히 생산성을 증가시킨다. (특히 일반적인 인적자본의 경우) 훈련은 임금의 삭감을 통해 암묵적으로 직원들에게 비용을 부과할 수 있으며, 또는 (특히 기업특수적 인적자본의 경우) 투자를 공유할 수 있다.

직원들에게 할인된 식사를 제공하는 소텍소의 예를 떠올려 보자. 이것이 제공하는 추가적인 이점은 직원들이 자신이 생산한 재화를 소비한다는 것이고 이것은 아마도 생산성을 향상시킬 것이다. 직원들은 제품을 직접 경험하기 때문에 품질을 향상시키게 되고, 이는 고객의 피드백을 받는 것보다 문제를 찾아내는 데 훨씬 더 나은 방식이다. 또한 직원들이 자신의 고객이 경험하는 서비스 문제를 더 잘 이해하게 되어 고객 서비스가 향상된다. 이러한 복지는 직원에 의한 지속적인 개선을 강조하는 조직에서 특히 중요할 수 있다. 제품의 소비는 그 제품을 단순히 생산함으로써 제공할 수 없는 상당한 피드백을 가져온다.

이러한 효과는 직원들에게 자사 제품의 할인을 제공하려는 기업의 성향을 강화한다. 예를 들어, 컴퓨터 판매점은 매장에서 판매되는 제품에 대해 25% 할인을 직원에게 제공하기도 한다. 직원이 이들 제품을 구매하고 사용함으로써 이들은 제품의 장점과 단점, 사용 방법, 기타 등등에 대해 더 잘 이해하게 된다.

어떤 복지는 기업의 제품 또는 산업과 직접적으로 관련이 없을지라도 생산성을 향상시킬 수 있다. 예를 들어, 어떤 기업은 직원에게 컨시어지(concierge) 서비스를 제공한다. 이것은 직원들이 업무 수행에 필요로 하는 시간 중 일부를 자유롭게 해준다. 이와 유사한 효과를 가지는 복지로는 주차장 제공, 탄력 근무제도, 식사 제공, 자동차 서비스 또는 (고위급 임원에 대한) 전용 비행기(jet) 제공 등이 있다.

(가령, 납기일을 맞추거나 긴급한 상황에 대응하기 위해) 근로자들이 상대적으로 장시간 근무를 하거나 긴급제안에 기꺼이 응하기를 원하는 업체를 고려하자. 근로 시간이 길어질수록 추가 근로에 따른 노력의 한계비효용은 더 커진다. 컨시어지와 같은 복지는 필요한 추가 근로시간에

직원들이 기꺼이 제공하고자 하는 노력의 비효용을 충분히 감소시킬 수 있다.

이러한 효과는 다음과 같은 두 가지 특성을 가진 근로자들에게 중요할 수 있다. 첫 번째는 근로자가 이미 장시간 근로를 하고 있으며, 높은 생산성을 가지고 있을 때이다. 근로자가 추가 노력으로부터 높은 비효용을 가지고 있고 따라서 컨시어지 복지는 상대적으로 큰 영향을 줄 수 있음을 의미한다. 두 번째는 근로자의 추가 시간의 한계생산성이 더 높을 때이다. 이것은 복지 제공으로부터 가치가 비용을 초과하여야 하기 때문에 중요하다.

이러한 분석이 함축하는 것은 다른 기업에 비해 일부 기업에는 생산성을 향상시킬 수 있는 복지를 더 발견할 수 있다는 것이다. 직원들이 전일제 또는 장시간 근로하는 기업의 경우 시간제 근로자가 근무하는 기업보다 이러한 복지로부터 더 많은 이익을 얻을 것이다. 왜냐하면 시간제 근로자들은 일반적으로 추가 근로의 한계비효용이 더 낮기 때문이다. 이러한 복지는 추가 근로의 한계가치가 더 높은 매우 숙련된 근로자들과 고위급 임원에게 제공될 가능성이 더 높다. 마지막으로 높은 성장과 이윤을 경험하는, 추가 근로의 가치가 높은 산업에서 이러한 복지를 더 발견할 수 있을 것으로 기대한다.

이러한 아이디어는 또한 생산성을 향상시키는 복지의 제공이 경기순환과 함께 변동하여야 함을 암시한다. 호황일 때 직원들의 추가 근로는 가치가 더 높고 따라서 기업은 컨시어지 서비스, 회사 차 등을 제공할 가능성이 있다.

정부 명령

마지막으로 일부 복지는 법에 의해 직원들에게 제공되고 있다. 예를 들어, 가족 및 의료 휴가법(FMLA)은 75마일 반경 내에서 일하는 최소 50명의 직원을 보유한 모든 미국의 기업들로 하여금 무급 휴가를 특정 직원들에게 (대략적으로 말하면 12개월 동안 회사에서 근무하는 전일제 직원) 제공하도록 요구하고 있다. 이 기업들은 갓난 아기를 돌보거나 아픈 아동, 배우자, 부모를 돌보기 위해서 또는 직원이 아파서 일을 할 수 없는 경우에 대해서 12개월 기간당 12주의 무급 휴가를 제공하여야 한다. 이와 유사하게 대부분의 정부에서는 최소 수준의 작업장 안전을 요구하고 있다.[2] 기업은 일정 비용으로 최소 수준보다 더 높은 수준의 안전을 제공할 수 있다. 그렇게 한다면 이것은 그 일자리의 추가 복지가 된다. 정부에서 규제를 통해 이러한 것을 금지하지 않는다면 기업은 위험이 더 높고 안전성이 낮은 일자리를 제공할 것이다.

---

2) 작업장의 안전은 직업상의 위험으로 간주될 수 있다. 기업은 근무자가 리스크를 느끼는 경우 해당 리스크에 대한 보상을 해야 한다. 기업은 근무자에게 위험 정도를 실제보다 축소해서 말할 수 있는 확률이 있고, 이러한 이유로 노동안전규정은 정당화될 수 있다.

임원 특전은 효율적인가 또는 비효율적인가?

고위급 임원은 종종 한정된 클럽 회원권과 기업 제트기와 같은 그러한 값비싼 개별 특권을 제공받는다. 물론, 이러한 복지가 하급 직원들에게까지 제공되는 일은 드물다. 이러한 복지는 관리자의 생산성을 향상시키는가? 또는 이러한 복지는 제12장에서 논한 바와 같이 임원의 급여 패키지 설정에서 대리인 문제의 결과로써 더 잘 설명될까? 두 가지 요소가 역할을 할 것으로 보인다.

한 연구는 CEO에게 개인 제트기를 제공하는 것에 관해 집중하였다(Yermack, 2006). 기업이 이러한 복지를 공표하였던 날, 평균적으로 주식가격이 기대되었던 것보다 1.1% 더 하락하였다. 또한 이후의 주식가격 성과는 기대보다 연간 4%가 더 낮았다. 이러한 상당히 부정적인 결과(return)는 이러한 기업들에서 관리 문제와 상대적으로 약한 CEO 인센티브에 대한 강력한 증거이다. 또한 이 연구는 기업이 CEO에게 개인 제트기를 제공할지 여부는 CEO가 회사 본사로부터 멀리 떨어져 있는 골프 클럽의 회원인지 여부를 통해 예측할 수 있다고 밝히고 있다.

Rajan and Wulf(2006)는 임원 특전에 관한 대규모 자료를 검토하였다. Yermack의 연구와는 달리 이들은 특전의 규모와 기업이 잘 관리되고 있는지 사이의 체계적인 관계를 발견하지 못하였다. 이들은 적어도 일부 임원 특전이 생산성을 증가시키도록 설계되었다는 증거를 찾아냈다. 예를 들어, (주로 자가용차의) 운전사와 같은 시간-절약 특전은 더 많은 시간을 절약할 수 있을 때 많이 사용되며, 높은 생산성을 낼 수 있도록 해준다(예 : 고위급 임원의 경우).

복지의 시행

직원 선별의 개선

직원에게 자체 보험 가입을 결정할 수 있는 선택적 생명보험을 제공하고 있는 대기업을 고려해 보자. 이 기업은 생명보험을 다른 회사로부터 구매하지 않는다. 대신에 보험에 가입한 직원이 죽었을 때 기업은 내부 자금에서 직접 복지를 지불한다. 기업이 이러한 계획의 비용을 충당할 수 있을 정도로 충분한 비용을 근로자들에게 청구한다면 전혀 문제가 없다. 그러나 기업이 더 높은 급여와 사망위험을 가진 고령 근로자에게서만 보험료를 받는다면 이 프로그램에 대한 비용을 충당하지 못하게 된다.

이것이 문제인가? 반드시 그렇지는 않을 것이다. 기업은 상이한 근로자에게 상이한 가치를 갖는 복지를 제공함으로써 복지의 가치가 근로자 1인당 동일하더라도 일부 근로자에게는 더 높은 복지를 제공하고 다른 근로자에게는 더 낮은 복지를 제공한다. 생명보험 구조가 고령 근로자에게 암묵적인 보조금이라고 가정하면 고령 근로자는 이러한 설계를 구매하지 않는 젊은 근로자보다 복지 측면에서 더 많이 받게 된다.

이와 유사하게 기업은 가족이 있는 근로자들이 그렇지 않은 근로자들보다 더 생산적이라고 믿는다. 기업은 시장가격보다 저렴한 탁아 서비스를 제공하여 가족이 있는 근로자들을 끌어들인다. 가족이 있는 근로자들은 이러한 복지제도에 특히 매료된다. 하지만 가족 규모에 따라 임금을 차등 지급하는 형태로 가족을 가진 근로자에 대한 선호를 표현하는 것은 매우 어렵다. 이러한 방법은 많은 나라들에서 정부 규제를 위반하거나 다른 문제를 야기할 수 있기 때문이다. 기업은 가족 지향적인 복지를 제공함으로써 이러한 제약을 피하고, 이를 선호하는 유형의 근로자들을 끌어들인다. 또 다른 예는 기업이 근로자의 진학을 지원하는 것이다. 기업에게 근로자의 진학은 직접적인 혜택이 없을 수도 있고 오히려 해를 줄 수도 있다. 어떤 기업은 주된 복지로 근로자의 일반적인 교육비를 지원하기도 한다. 이는 추가적인 교육을 원하는 근로자에게는 가치가 크지만 원하지 않는 근로자에게는 가치가 없다. 추가적인 교육에 대한 열망이 근로자의 근본적인 우수성과 관계가 있다면 이러한 복지를 제공하는 것은 우수한 근로자와 그렇지 못한 근로자를 선별하는 데는 도움이 된다. 그래서 기업은 단순히 연간 5,000달러 이상을 임금으로 제공하는 것보다 학비 복지로 10,000달러를 제공한다. 좀 더 유능한 근로자는 복지를 선호하고 덜 유능한 근로자는 현금을 선호한다. 따라서 기업은 근로자의 우수성을 완벽하게 관찰할 수 없더라도 복지의 선호를 통해 근로자를 선별할 수 있다. 그러나 더 많은 교육을 받은 근로자는 교육을 마친 뒤에 기업을 떠날 수도 있다는 점에서 기업에게 비용이 존재한다.

이러한 논의의 핵심은 복지제도를 사용하여 종종 기업의 채용(또는 이직, 다음에 논의될 연금에 대한 장과 제4장을 참조)을 개선할 수 있다는 점이다. 수습채용(probationary hiring)을 포함하여 다른 방식으로 근로자를 선별하는 경우 비용이 많이 들 수 있기 때문에 복지는 채용을 개선하는 좀 더 효과적인 방법일 수 있다. 또는 특정 유형의 근로자 채용을 목표로 기업이 사용하는 다른 방법들을 강화할 수 있다.

이러한 선별의 중요한 시사점은 근로자가 기업에 더 잘 매칭된다는 점이다. 근로자는 일부 비금전적인 복지를 즐겨 선택한다. 이것은 근로자가 외부 제안을 선택할 가능성을 줄이고, 이직을 감소시킨다. 따라서 낮은 이직을 바라는 기업들은 (다시 말해서 기업 특수적인 인적자본이 상대적으로 중요하기 때문에, 또는 채용비용이 상대적으로 높기 때문) 근로자가 자기선택을 강화하도록 고안된 복지제도를 통하여 이러한 목적을 달성할 수 있다.

선택적 복지제도

특정한 복지를 제공하는 것에 따른 문제는 동일한 복지가 모든 근로자에게 맞지 않을 수 있다는 점이다. 예를 들어, 고령 근로자는 건강 관련 복지에 매우 관심을 갖지만 아동관리에는 관심이 없다. 역으로 젊은 근로자는 아이들에 관한 복지에 더 많이 관심을 갖지만 연금 복지에는 관심이 덜하다. 카페테리아 플랜이라고 불리기도 하는 선택적 복지제도는 복지 선택에 있어서 근로자에게 더 많은 유연성을 제공한다. 회사별로 조금의 차이가 있을지라도 선택적 복지제도의 기본 아이디어는 근로자에게 일정한 금액 하에 여러 복지를 선택할 수 있게 해주는 것이다.

특정한 복지대신 선택적 복지제도를 제공하는 주요한 장점은 주어진 지출에 대해 기업이 근로자에게 최대의 가치를 제공할 수 있다는 것이다. 설계에 붙여진 가격이 기업의 실제 비용이고 다른 조건이 동일하다고 한다면, 기업은 근로자가 선택하는 복지의 구성에 대해서는 차이가 없다. 그러나 근로자에게는 차이가 있다. 어떤 근로자는 의료보험과 같은 유형을 선호하고 어떤 근로자는 다른 유형을 선호할 수 있다. 또 어떤 근로자는 생명보험에 관심이 없지만 보육 지원을 매우 선호한다. 기업은 근로자에게 복지에 대한 선택권을 제공함으로써 주어진 지출에 대한 가치를 최대화한다.

통상적인 선택적 복지제도는 근로자에게 매달 복지 300달러를 제공한다. 근로자는 원하는 복지 또는 특정 복지 세트에 대해 복지달러를 사용할 수 있다. 표 13.2에는 설계의 한 예를 제시한다. 한 근로자가 자신과 아내를 위해 Kaiser 의료보험, Delta 치과보험, 그리고 생명보험의 구매를 선택한다고 가정하자. 전체 비용은 410달러이고, 이 중 300달러는 기업이 지불하며 세금이 면제된다. 나머지 110달러는 근로자의 세후 소득에서 공제된다.

설계는 일부 선택권을 제공하기 때문에 근로자는 상이한 복지 요소들을 선택할 수 있다. 모든 근로자들이 동일한 복지를 선택하지 않는다는 것은, 제공된 복지의 유형으로부터 명백하다. 아이가 없는 근로자는 회사가 제공하는 보육 지원을 선택할 가능성이 낮다. 매우 젊은 근로자는 다음과 같은 두 가지 이유로 고령 근로자보다 생명보험을 선택할 가능성이 낮다. 첫째, 젊은 근로자는 미혼일 가능성이 높고 생명보험에 대한 욕구가 낮을 것이다. 둘째, 젊은 근로자는 고령 근로자보다 사망할 가능성이 낮고 고령 근로자는 젊은 근로자보다 연간 급여가 높기 때문에, 나이와 무관한 복지의 가격은 고령 근로자보다 젊은 근로자에게 상대적으로 더 비싸다. 동일한 보험을 고령 근로자는 매월 100달러의 비용으로 선택할 수 없고, 젊은 근로자는 매월 100달러 이

표 13.2

선택적 복지제도	
	(단위 : $)
복지	**가격**
세 가지 옵션 의료보험 : 개인	156
가족	320
Kaiser 의료보험, 가족	240
Delta 치과보험	30
생명보험(double annual salary)	100
생명보험, 배우자($50,000)	40
장기 장애(full salary)	90
자녀 1명당 탁아시설	200
복지 달러 : 매달 300달러	

하로 선택할 수 있다.

보험 예시는 선택적 복지제도에 관한 주요한 이슈들 중 하나인 선별을 지적한다. 자기선택은 기업의 이득이 되지 않는 방식으로 작동할 수 있다. 이러한 점을 볼 수 있는 가장 쉬운 방법은 자체 보험을 고려하는 대기업을 살펴보는 것이다. 자체 보험을 하는 기업들은 다른 회사로부터 생명보험을 구매하지 않는다. 대신 보험에 가입한 근로자가 사망할 경우 기업 자체의 펀드에서 보험금을 지불한다. 기업이 이러한 계획의 비용을 근로자에게 청구한다면 문제가 없다. 그러나 기업이 높은 급여와 높은 사망률을 가진 고령 근로자에게만 보험료를 받는다면 그 프로그램에 기여하는 비용을 충당하지 못할 것이다.

흔히 선택적 복지제도가 그것을 원하는 근로자들이 기업에 관심을 가지게 하지 못한다고 말한다. 앞의 두 예시에서 살펴본 바와 같이 위의 주장은 부분적으로만 맞는다. 기업이 복지에 유연하다면 특정 근로자들은 근무하길 원할 수도 있으며, 반대의 경우가 생길 수도 있다.

그러나 선택적 복지제도 없이 근로자를 선별하는 것이 더 쉬울 수 있다. 기업이 모든 근로자의 아이들에게 무료 보육지원을 제공하고 이것이 그 기업의 유일한 복지라고 하면, 아이가 없는 근로자들은 표 13.2에서 기술한 선택적 복지제도보다 훨씬 덜 매력을 느낄 것이다. 비선택적 복지제도의 복지 구조는 매우 왜곡된 가격을 가진 선택적 복지제도의 특수한 경우이다. 이 예시에서 무료 무료 보육지원을 제공하고 그 밖에 아무것도 제공하지 않는 기업은, 보육 지원 복지의 가격이 제로이고 모든 다른 복지의 가격이 무한대인 선택적 복지제도를 제공하는 것으로 간주할 수 있다.

종종 복지는 기업에게 의도하지 않은 불리한 결과를 가져온다. 두 기업의 의료보험을 예로 들어 보자. 기업 1은 매우 관대한 의료보험을 제공한다. 기업 2는 매년 급여로 3,500달러를 더 지급한다. 두 근로자 스미스와 존스를 고려한다. 두 사람은 모두 2명의 아이가 있다. 그러나 존스는 많은 건강관리를 필요로 하는 아이를 키우고 연간 100,000달러 이상의 비용이 든다. 급여를 더 많이 지급하지만 의료보험을 제공하지 않는 기업 2를 존스가 선호한다고 믿기는 어렵다. 다른 한편 스미스에게는 차이가 없을 것이다. 이것은 기업 2의 근로자가 높은 건강관리 비용을 가지게 됨을 의미한다.

이것이 어떻게 나타나는가? 기업이 자체보험을 운영한다면 건강비용을 직접 지불하게 된다. 건강보험을 많이 이용하는 근로자가 많을 수록 기업의 비용은 증가한다. 기업이 다른 회사로부터 의료보험을 구매한다면 보험회사가 단체보험(group coverage)에 대해 기업에게 부과하는 가격은 그 기업의 그간 보험 이용률에 달려있다. 회사가 건강보험을 많이 이용하는 근로자를 보유한다면, 보험회사는 그 기업에게 더 높은 금액을 지급할 것을 요구할 것이다.

이것은 역선택이다. 비용은 높아지지만 기업은 이익이 없다(건강하지 못한 아이를 가진 사람은 아마도 더 생산적이지 못하다). 근로자들이 건강보험을 많이 이용하기 때문에 건강보험 제공을 위해 기업은 더 많은 금액을 근로자의 임금에서 제하여야 한다. 왜냐하면 근로자들이 건강관리를 많이 사용하기 때문이다.

월마트의 선별과 복지비용 관리

2005년 거대 회사 월마트는 선두 컨설팅 기업을 고용하여, 복지제도의 변화를 통해 생산성을 증가시키고, 근로자 건강관리 복지를 줄이며, 복지 지출을 더 잘 배분하는 방식을 연구하였다. 예로써, 하나의 제안은 전반적인 복지비용을 줄이기 위해 복지에 대한 적격성(eligibility)이 더 낮은 시간제 근로자를 더 많이 고용하는 것이었다.

또 다른 제안은 건강하지 못한 사람들이 월마트에서 근무하는 것을 막아서 건강관리 비용을 줄이는 것이었다. 이것은 복지 제도 변화를 통해 더 젊고 더 육체적으로 적합한 근로자들을 고용하여 달성할 수 있을 것이다. 예를 들어, 월마트는 근로자 401K(연금)제도에 대한 기여를 줄였다. 이것은 고령 근로자에게는 월마트에 근무하는 것에 대한 가치를 떨어뜨리지만 젊은 근로자에게는 영향을 거의 주지 않을 것이다. 더 나아가 건강하지 못한 근로자들이 회사에서 근무하는 것을 막기 위해 모든 직종에서 육체적 활동에 대해 조정할 것을 권고하였다.

또한 월마트는 부정적인 평판을 피하기 위해 이러한 제도 변화들을 선전하는 방법에 대해 고민하였다. 이 회사는 여러 해 동안 사회 운동가와 노동조합으로부터 낮은 임금과 복지에 대하여 비난을 받았다. 유감스럽게도 이러한 제안들에 대한 내부 문건이 언론에 누설되었다.

출처 : Greenhouse & Barbaro(2005)

연금

많은 기업에서 복지의 가장 큰 요소로 급여의 10%에 달하는 연금제도(pension plan)를 도입하고 있다. 연금제도는 상당히 치밀할 뿐만 아니라 많은 인센티브 기능이 있다. 많은 국가에서 강제적인 은퇴가 폐지되고, 고령 근로자의 은퇴를 권유하는 중요한 수단으로 연금을 활용하였다. 체계적인 연금제도는 은퇴 행위뿐만 아니라 근로시간, 노력, 이직 등에도 극적인 영향을 줄 수 있다. 다양한 연금제도의 유형에 대한 설명을 통해 각각을 이해하게 되면 인센티브에 대한 이해에 도움을 준다.

연금제도의 유형

연금제도는 확정기여형(defined contribution)과 확정급여형(defined benefit) 제도와 같은 두 가지 기본 유형이 있다. 확정기여형 연금제도는 매우 간단하다. 매 지급기간 (흔히 분기별로) 기업은 근로자의 연금계좌에 일정액을 지급을 한다. 그 계좌는 기본적으로 근로자가 소유한다. 계좌의 돈은 이자를 산출하는 증권에 투자된다. 근로자가 은퇴할 때 그 계좌는 — 이제 지급 원금에 붙어난 이자, 자본이득, 배당금 등으로 구성된다 — 연금의 기본을 형성한다. 경우에 따라 계좌의 펀드는 정액(lump sum) 지급으로 근로자에게 단순 지급되기도 한다. 다른 방식은 펀드를 사용하여 근로자용 연금을 구매하고 근로자가 사망할 때까지 매년 일정한 금액을 지급하는 것이다.[3] 물론 연금의 규모는 은퇴 시점에 근로자가 연금계좌에 가지고 있는 금액에 의존한다. 계좌에 있는 금액이 많을수록 더 많은 연간 연금으로 전환된다. 더 높은 임금을 받는 근로자는 일반적으로 매년 연금 펀드에 불입하는 절대 금액이 더 크며, 이는 은퇴 시점에 연금계좌의 금액이 더 많은 것을 의미한다. 근로자가 은퇴 연금으로부터 매년 받는 금액은 일하면서 받는 연간 급여를 초과할 수도 있다.

확정급여형 연금제도는 좀 더 복잡하고 다양하다. 이 제도의 경우 근로자는 펀드에 있는 금액과 관계없이 일정한 연금을 약속받는다. 고용주는 펀드에 부족한 금액을 모두 보충하고 초과 수익을 모두 가져간다. 근로자의 연간 연금 지급액은 공식으로 구할 수 있다. 첫 번째 유형인 소위 패턴 제도는 대부분의 블루칼라, 특히 조합 근로자를 포함한다. 공식은 매우 단순하며 일반적으로 다음과 같은 식으로 나타낼 수 있다.

$$\text{연간 연금} = B \times (\text{은퇴 시점까지의 근무 연수})$$

여기서 B는 지정된 금액이고 흔히 조합 협상에 의해 결정된다. 예를 들어, B가 500달러일 경우 30년 근무하고 은퇴한 근로자는 죽을 때까지 연금으로 연간 15,000달러를 받을 것이다.

두 번째 유형의 확정급여형 연금제도는 주로 화이트칼라 근로자에게 적용되는 것으로 형식(conventional) 또는 정식(formula) 제도라 부른다. 공식은 때때로 매우 복잡해질 수도 있지만 기본구조는 연간 연금수급액을 최종 급여와 근무기간의 공식으로 묶을 수 있다.

$$\text{연간 연금} = g(\text{근무기간})(\text{최종 급여 평균})$$

여기서 g는 비율이고 최종 급여 평균은 마지막 년도 몇 년간 급여의 평균을 나타낸다. 예를 들어, $g = 0.01$이고 최종 급여의 평균이 근로의 마지막 10년 중 가장 높은 5년간 급여의 평균과 같다면, 은퇴 시 30년 근무한 근로자는 사망할 때까지 매년 이러한 최종 급여 평균의 30%를 받게 된다.

정식 설계는 연금 복지를 최종 급여에 연결하기 때문에 자동적으로 인플레이션과 함께 움직인다. 가격과 임금이 인플레이션 때문에 상승하면 최종 급여는 더 높아질 것이고 연금 복지는 이러한 증가를 반영할 것이다. 사실상 패턴 제도는 임금에 자동적으로 연결되지 않으며 협상 과정의 결과로서 연결되는 경향이 있다. 근로자들이 임금을 협상할 때 두 번째 방정식의 B를 또한 협의한다. 일반적으로 협의하는 B는 인플레이션 비율을 반영한다. 패턴 설계 또는 정식 설계 어느 것도 수령자의 연금 복지를 지수화하지 않는다. 일반적으로 근로사가 연금을 받기 시작하

---

3) 근로자가 사망하면, 대개 살아있는 배우자에게 기존 액수보다 조금 삭감된 연금이 지급된다.

면 금액은 시간에 걸쳐 일정하다.

게다가 연금 복지를 최종 급여에 연결하는 것은 인센티브에 영향을 준다. 근로자는 높은 연금을 받고자 하기 때문에 패턴 제도를 적용받을 때보다 마지막 기간에 더 열심히 일하게 해준다. 종종 이러한 유인이 지나치게 강하게 작용될 수 있다. 다음의 이야기는 이러한 점을 예시한다.

> 몇 년 전 보스턴의 지하철은 앞에 있던 또 다른 열차와 충돌하여 다수의 부상자를 발생시켰다. 충돌의 원인을 결정하기 위해 조사가 시작되었다. 가해 차량의 운전자가 작업 중에 졸았다는 사실이 밝혀졌다. 그는 64세이고 주당 60~70시간 정도 일하고 있었다. 연금 제도는 그의 연금을 최종 연도의 임금에 달려있었다. 결과적으로 자신이 일할 수 있는 최대로 초과근무를 하여서 잠이 부족해졌다.

분명한 것은 그 지하철 운전자가 보인 행동이 바람직하지 못하다는 것이다. 연금 제도는 열심히 일하도록 인센티브를 제공하지만 그 인센티브가 너무 강력하면 여가의 가치가 하락하면서 생산성도 하락한다. 이러한 경우 근로자의 생산성은 매우 부정적이다. 근로자에게 근로시간의 선택권을 제공하는 것과 더불어 연금 공식은 비효율적인 행위를 권유하는 좋지 않은 인센티브 구조를 가져왔다.

연금과 이직

보스턴 지하철의 예시는 연금 공식이 근로자 행동에 어떻게 영향을 줄 수 있는지에 대하여 보여준다. 연금이 근로자의 행동에 영향을 주는 또 다른 부분은 이직이다. 특히 확정급여형 연금제도를 통해 기업은 근로자가 특정 시기에 은퇴하도록 유도할 수 있다. 이것을 살펴보기 위해 그림 13.1을 고려하자.

그림 13.1 연금 복지의 기대 현재가치 : 확정급여형 연금제도

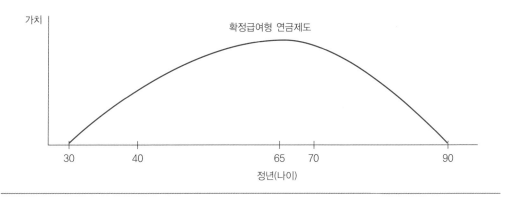

그림은 30세에 기업에서 근무를 시작한 근로자를 나타낸다. 은퇴 연령은 수평 축에 나타나고 연금 복지의 기대 현재가치는 수직 축에 나타난다. 이 가치는 연금이 한 번에 모두 지급되지 않는 점을 고려해서 할인율을 적용해야 한다. 또한 근로자가 사망할 수도 있다는 사실도 고려해야 한다. 은퇴 시점까지 거슬러 할인율이 적용된 금액은 대규모 근로자 집단에 지급되는 평균 금액에 가깝다.

그림 13.1의 기초 데이터는 통상적인 패턴 또는 정식 제도와 관련이 있다. 각각의 설계는 은퇴 시점에서 근무기간이 길수록 은퇴 이후 연금을 더 많이 받는다는 특성을 가진다. 그림은 다음과 같이 은퇴 이후 매년 또는 65세 이후에 지급하는 패턴 제도이다.

$$연간 \ 연금 = (500달러) \times (근속 \ 연수)$$

근로자는 30세에 기업에서 근무를 시작한다. 따라서 시작한 날 은퇴를 하면 연금을 전혀 받지 못한다. 이것은 30세에 현재가치가 0달러로 표시된다. 만약에 1년간 근무를 하면 65세가 되었을 때 죽을 때까지 매년 500달러를 받게 될 것이다. 근로자가 90세에 죽는다고 가정하자(비록 사망 시점을 모를지라도 사망이 발생함은 명백하다). 65세에 시작하여 90세까지 지속하는 연금 복지 500달러의 흐름을 31세까지 할인할 수 있다. 연간 이자율 4%를 적용하면[4] 31세에 연금 복지의 현재가치는 2,101달러와 같다. 전체 수령액은 연간 500달러에 25년을 곱한 것으로 12,500달러다. 그러나 연금의 지급은 근로자가 65세가 될 때 시작하기 때문에 복지의 현재가치는 오로지 2,101달러다.

근로자가 90세에 은퇴할 때까지 기다린다면 대규모의 연금을 지급받을 것이다. 이 경우 연간 30,000달러가 된다. 문제는 은퇴 시점에 사망하게 되면 연금을 전혀 받지 못한다는 것이다. 따라서 복지의 가치는 제로가 된다. 65세에 은퇴를 하면 35년간 공적을 갖게 되고, 이것은 나머지 25년 생존기간에 대해 17,500달러의 연간 연금 흐름을 함축한다. 65세에 그 흐름의 현재가치는 278,879달러가 된다. 복지의 기대 현재가치는 67세에 최대에 도달한다. 근로자가 1년 더 근무를 하면 실질적으로 289달러를 상실할 것이다. 왜냐하면 68세에 연금 복지의 가치는 67세에 연금 복지의 가치보다 289달러 작기 때문이다. 물론, 근로자는 그 기간 동안 임금을 받는다. 그러나 연금 가치의 하락은 임금과 연금으로부터 받는 실제 보상이 임금보다 낮음을 의미한다. 일단 근로자가 67세에 도달하면 연금 증가액은 실제로 음수이다.

모든 확정지급형 연금제도는 이러한 특징을 가진다. 한 근로자가 근무를 시작한 날에 그만두면 연금 복지는 제로가 된다. 사망할 때까지 근무를 하면 받게 되는 연금 복지는 제로가 된다. 연금의 가치는 시작 연령과 사망 연령 사이에서 양수이기 때문에 은퇴 연령의 함수로서, 적어도 대략 그림 13.1에서와 같이 역 U자 형태를 나타낸다.

---

4) 실제로는 3.92%의 이자율이 적용된다.

그림 13.2 연금 복지의 기대 현재가치 : 확정기여형 연금제도

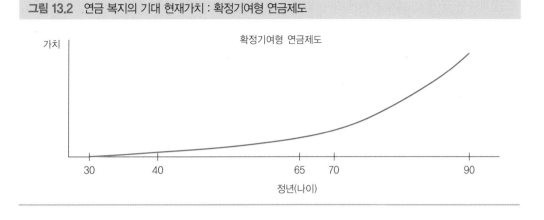

확정기여형 연금제도는 어떠한가? 확정기여형 연금제도는 역 U자 형태를 나타낼 수 없다. 확정기여형 연금의 기대 현재가치는 은퇴 연령과 함께 증가하여야 한다. 그 차이의 원인은 확정기여형 연금제도의 경우 기대 연금지급액이 생명의 잔존 연수에 의존하지 않기 때문이다. 어떤 사람이 89세까지 일을 한다면 이 연령까지 계정에 축적되는 모든 금액은 자신의 것이 된다. 정액지급을 받는다면 일한 금액의 합만큼이 지급액이 된다. 연금으로 받는다면 연금 지급액은 일한 금액의 합과 동일한 현재가치를 가질 만큼 높아야 한다. 따라서 사망 전에 지급되는 기대 금액은 89세에 펀드의 금액과 동일하여야 할 것이다. 분명한 것은 연금 펀드의 실제 가치는 투자 방식에 따라 감소할 수 있다는 것이다. 그러나 매년 연금 펀드에 금액이 추가되기 때문에 근무 기간이 길수록 기대 가치 금액은 항상 증가한다.

그림 13.2는 확정기여형 연금제도에 대한 연금 증가량의 패턴을 나타낸다. 연금 가치는 항상 은퇴 연령의 함수로서 증가한다. 그림 13.1과 13.2의 비교는 연금 제도의 유형 선택에 대해 중요한 핵심을 말해준다. 연금 증가량은 확정기여형 연금제도의 경우 항상 양수이고, 확정급여형 연금제도의 경우 음수가 되기 때문에 확정급여형 연금제도만이 은퇴의 지연 시 부정적인 영향이 있다. 앞의 예시에서 어떤 근로자가 67세 도달하면 추가 근로 연수는 실제로 연금 복지 비용을 유발한다. 확정기여형 연금제도의 경우 그 반대이다. 추가 근로 연수는 더 높은 연금 증가량으로 보상을 받는다. 하지만 근속 연수가 30년이 넘어가면 더 이상 연금이 늘어나지 않는 확정기여형 연금을 계획할 수도 있다. 이 경우 증가량은 0이 될 것이다. 그러나 확정기여형 연금제도의 경우 기대 증가량이 음수가 되게 하는 것은 불가능하다.

강제적인 은퇴가 금지된 이후 기업은 근로자들이 은퇴하도록 유도하는 다른 방식을 찾아야 했다. 윈도우 플랜은 그중 한 가지 방법이다. 즉, 특정 연령 그룹의 근로자들이 즉각적인 은퇴에 대한 보상으로 지급액 수락을 선택하도록 하는 제도이다. 다른 하나의 방법은 확정기여형 연금제도를, 추가 근로에 대해서 일정 연령을 넘는 근로자에게 제약을 가하는 확정급여형 연금제도

로 대체하는 것이다. 강제 은퇴에 대한 법률의 변화는 실제로 윈도우 플랜을 장려하고 연금제도를 확정기여형 연금제도에서 확정급여형 연금제도로 교체하는 효과를 가져왔다.[5]

(소유권) 귀속

근로자는 연금이 증가하는 만큼을 다 소유하지는 않는다. 어떤 근로자가 처음 일을 시작할 때부터 일정 기간 기업에 재직해야 연금의 소유권이 근로자에게 귀속된다. 근무 첫해 동안 근로자는 복지에서 2,250달러가 증가할 수 있다. 그러나 귀속되기 전 통상 5년 이내에 근로자가 떠난다면 아무런 복지를 받지 못한다. 5년간 기업에 재직한 이후 그 시점까지 증가한 모든 복지는 귀속될 수 있으며, 이것이 의미하는 바는 근로자가 떠날 경우 퇴직 시점에 현금이나 62세 또는 65세와 같이 일정 연령에 도달 했을 때 연금 복지로 복지를 수급할 권리를 받게 된다는 것이다. 비귀속 복지는 이직에 영향을 준다. 이것을 살펴보기 위해 군인연금제도를 예시로, 귀속의 가장 극단적인 형태들 중 하나를 고려하자.[6] 이 제도는 은퇴 시점의 계급과 근무기간에 따라 은퇴 군인에게 매년 일정액을 지급할 것을 보증한다. 그러나 일정액을 받기 위해서는 최소 20년을 근무하여야 한다. 이는 그림 13.3의 예시와 같이 절벽처럼 보이는 그림을 나타내기 때문에 종종 절벽 귀속이라고 불린다.

20년 근무 이전에 퇴직한 군인은 연금으로 매년 0달러를 받는다. 일단 군인이 20년 동안 근

그림 13.3　군인연금

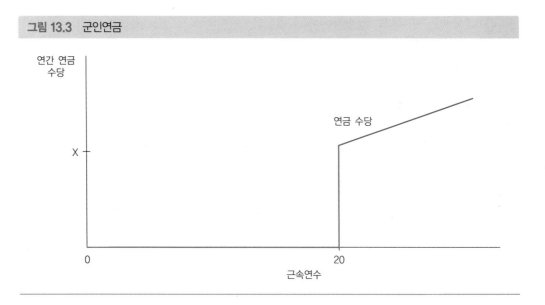

---

5) 동시에 확정기여형 연금제도의 수가 급격히 늘어났다. 확정기여형 연금제도의 대다수는 보충 용도이며, 연금 제도를 통해 세금 우대를 받기 위한 것이다.

6) 미국에서 군인연금제도는 정부에 의해 운영되지 않으며, 귀속에 관련된 법을 위반하고 있다.

무를 하면 은퇴 이후 매년 X를 받는다. 은퇴하는 군인의 나이가 38세일지라도 가능하다. 더 오래 머무는 경우 매년 연간 연금은 근무기간과 더불어 증가하지만 언제든 떠날 수 있다. 왜냐하면 그의 연금은 이미 완전히 귀속되었기 때문이다.

심지어 20년이 되기 1년 전에 떠난 군인은 연금을 받지 못한다. 이것은 매우 흥미로운 제외 (separation) 패턴이다. (퇴직과 만기의 합으로 정의하는) 제외 비율은 상대적으로 높게 시작한다. 일부 사람들은 단순히 군대 생활에 잘 적응하지 못하고 근무 첫 몇 개월 내에 떠나거나 축출된다. 이 시점 이후 제외 비율은 떨어지기 시작한다. 20년 근무에 근접하는 경우 제외 비율은 거의 제로이다. 실제로 17년 또는 18년 근무 이후 어느 누구도 자진하여 군대를 떠나지 않는다. 왜냐하면 2년간 더 머물기만 하여도 풍부한 연금의 유적격자가 되기 때문이다. 20년 시점에 제외 비율은 극적으로 뛰어오른다. 떠나기를 기다려 왔던 모든 사람들이.이제 떠나고 연금 복지를 받을 수 있다. 많은 비율의 군인들이 연금 복지에 귀속된 바로 직후, 20년이 되는 해에 떠난다.

이 예시는 특히 은퇴가 의미 있는 연령에 도달하는 근로자에게 연금 공식이 얼마나 중요한지를 분명히 보여준다. 그러나 경력의 초기 단계에 있는 사람들에게도 영향을 줄 수 있다. 이러한 점을 검토하기 위해 또 다른 개념을 정의할 필요가 있다.

휴대성

종종 귀속과 혼동하는 **휴대성**은 연금제도가 가지고 있는 다른 특성이다. 완전히 휴대 가능한 설계는 고용주가 변화할 때에도 변하지 않는 가치를 가진 제도이다.

미국의 사회보장 시스템은 면제된 고용주에 적용 가능하다. 복지 계산에 사용되는, 한 달 또는 한 분기로 계산되는 사회 보장 자격은 고용주가 바뀌는 것과 관계없이 근무기간에 따라 쌓인다. 사회보장의 유적격자가 되기 위해서는 이 시스템에 40분기의 참여가 요구된다. 이러한 40분기의 경험은 어디에서 획득하든 문제가 되지 않는다. 근로자는 근로의 처음 10년 동안 매년 고용주를 변경할 수 있다. 근로자는 40분기 (또는 10년) 동안 시스템에 기여하기만 하면 유적격자 연령에 도달할 때 복지를 받을 자격이 된다. 근로자는 40분기 동안 일하고 사회복지 시스템에 기여할 때 비로소 사회보장 복지에 귀속된다. 그때까지는 복지에 유적격자가 아니다. 휴대성은 근로자들의 고용주 간 이동(=이직)을 보장한다.

사회보장이 휴대 가능하지만 즉시 귀속되지 않기 때문에 종종 민간 연금 제도는 즉시 또는 곧바로 귀속하지만 휴대가 불가능한 반대의 특성을 가진다. 다음 확정급여형 연금제도의 공식을 고려해 보자.

$$\text{65세 이후 연간 연금} = 0.01 \times (\text{근무 연수}) \times (\text{기업에서 최종 급여})$$

두 기업 팔로알토반도체(PAS)와 산타클라라반도체(SCS)가 정확히 똑같은 제도를 제공한다고 가정하자. 제도가 즉시 귀속한다고 가정하고, 따라서 근로자는 일을 시작하고 즉시 연금 복지를 받을 수 있는 유자격이 되자마자 연금액이 증가하기 시작한다. 따라서 30세에 시작해서 연간 30,000달러 소득을 벌고 1년 후 떠난 근로자는 65세 이후 생존하는 기간 동안 매년 $0.01 \times 1 \times 30,000 = 300$달러를 받을 것이다.

PAS에서 30세에 일을 시작하고 30,000달러 소득을 버는 한 사람을 고려하자. 이 사람이 65세까지 PAS에 남아 있으면 급여는 89,694달러가 될 것이다. 은퇴 시 연간 연금은 $0.01 \times 35 \times 89,694 = 31,393$달러가 될 것이다. 이제 SCS는 정확히 동일한 소득 프로파일과 연금 제도를 가진다고 가정하자. 30세에 시작하여 65세에 은퇴하는 근로자는 역시 31,393달러의 연간 연금을 받을 것이다.

한 근로자가 PAS에서 시작하여 45세까지 일하고 (이 시점에서 62,368달러의 소득을 벌고) 45세에 SCS로 이동하여 65세까지 일을 계속하는 경우 어떻게 되는가? 급여가 두 기업에서 정확히 동일할지라도 연금은 낮아질 것이다. PAS로부터 $0.01 \times 15 \times 62,368 = 9,355$달러를 받고, SCS로부터 $0.01 \times 20 \times 89,694 = 17,939$달러를 받을 것이다. 두 기업으로부터 연금 지급의 합계는 27,294달러고, 이는 전체 기간 동안 어느 한 기업에서 일을 하는 경우 받을 수 있는 것보다 15% 낮다.

이러한 차이는 고용주와는 무관하게 받게 되는 최종 급여가 아닌, 현 기업의 최종 급여에 기초하고 있는 연금 공식으로부터 발생한다. 이직을 하면 PAS에서 최종 급여가 낮기 때문에 15년간 연금 증가액은 한 기업에서 근속하는 것보다 적다.

이 설계는 휴대할 수 없기 때문에 경력을 분리하는 것은 연금 복지의 약 15% 비용을 유발한다. 이 설계가 완전히 휴대 가능하다면 연금 복지는 사회보장의 경우처럼 고용주와 무관하게 최종 급여에 기초할 것이다. 휴대할 수 없는 제도는 근로자가 경력 중간에 떠나는 것을 제약하기(penalize) 때문에 이직을 줄이는 경향이 있다.

이 제도가 휴대 가능하기 위해서 PAS는 다른 기업이 제공하는 급여 증가로부터 발생하는 연금 증가를 포괄하여야 한다. 이것은 문제가 된다. 위에서 언급한 근로자는 SCS가 더 많은 연금을 지급하고 더 높을수도 있었던 최종 급여를 충당할만큼 더 많은 급여를 주도록 협상할 수 있다. 이것은 PAS에게 곤란을 겪게 할 것이다. 왜냐하면 45세부터 64세까지 지급되는 더 낮은 급여에 대한 복지의 이익을 누릴 수 없기 때문이다. 결과적으로 기업들은 휴대성을 제공함으로써 연금 지급을 다른 기업이 결정하도록 허용하지 않는다.

휴대 가능한 설계는 통상 제3자가 관리하는 제도를 포괄한다. 제3자는 참가하는 고용주로부터 요금을 걷고 일련의 공식에 따라 복지를 분배한다. 사회보장은 정확히 이러한 유형의 시스템이다. 이상적으로는 연금 관리자가 연금 펀드에서 너 많은 지급(disbursement)을 유발하는 기업에게 더 높은 요금을 부과할 수 있다. 사회보장 시스템은 어느 정도 이것을 실행한다. 고용주는 지불 임금의 일정 비율을 이 시스템에 기여하도록 요구받기 때문에 더 높은 임금을 지급하거나 더 많은 근로자를 가진 고용주는 시스템을 유지하기 위해 더 많은 금액을 지불한다. 지급하는 경향이 있다. 그 관계는 완벽하지 않다. 부분적으로는 기업이 시간에 걸쳐 변하기 때문이다. 기업의 현재 인력은 그 기업이 현재 시스템에 얼마나 지급해야 하는지를 결정한다. 현재의 연금 수령인이 얼마를 받을 수 있는지는 과거에 의해 결정된다.

휴대 가능한 제도는 종종 조합에 의해 운영된다. 건설업의 근로자는 경력 중 여러 번 한 현장에서 다른 현장으로 이동한다. 작은 건설 기업은 자신의 연금 제도를 소유할 가능성이 낮다. 심지어 소유하더라도 이러한 기업들은 생성과 소멸이 빈번하기 때문에 신뢰도를 거의 갖지 못할 것이다. 해답은 조합이 연금 펀드를 소유하고 관리하게 하는 것이다. 근로자는 조합 펀드에서 지급받고 근로 경험이 연금에 기초가 되는 전체 연금액을 계산한다.

휴대성에 대한 가장 손쉬운 해법은 확정기여형 연금 펀드이다. 펀드는 근로자가 소유하고 복지는 은퇴 시점에 근로자 포트폴리오의 시장가치에만 의존하기 때문에 휴대성 문제는 사라진다.

직원 주식 소유권

인센티브 제도로서 (특히 이러한 목적에 단점으로서) 직원의 주식 소유권의 활용에 대해서는 이미 논하였다. 여기서는 연금제도와의 관계에 대해 주목한다. 과거 수십 년간 많은 기업들은 직원의 연금 자산 일부를 회사 주식에 투자하였다. 이러한 실행에 대한 정당성은 없다. 사실 이것은 매우 부당하다. 문제는 이러한 실행이 직원의 은퇴 자금을 상당수 위험에 처하게 만들었다. 첫째, 은퇴 자산은 일반적으로 가치의 변동성(volatility)을 줄이기 위해 매우 다양한 포트폴리오 자산에 투자되어야 한다. 직원 은퇴 펀드의 상당 비율을 단일 자산에 넣는 것은 이러한 원리를 위반하는 것이다. 둘째, 직원은 이미 기업특수적인 인적자본을 축적함으로써 기업에 투자하고 있고, 경력 전망은 이미 기업의 전망과 강하게 상관되어 있다. 은퇴 자산을 그 기업에 다시 투자하는 것은 직원의 은퇴 자금을 비다양화(undiversified)하게 한다. 다행히도 이러한 실행의 대부분이 지난 십 년간 사라져 왔다.

유급휴가

유급휴가는 주요 기업의 경우 전체 보상의 10~15%를 차지한다. 근로자는 보통 2~3주의 일반 휴가에 더하여 연간 8~12일의 병가와 7~10일의 유급휴가를 받는다. 이것은 연간 25~37일의 휴가에 이른다. 일반적으로 1년 근로는 약 260일이고, 근로자는 연간 근로의 85~90% 일하고 연봉을 모두 받는다. 물론 임금 비율을 조정하여 보상한다. 매일 100달러를 받고 근로 260일 중 26일 유급휴가를 받는 근로자는 실제로 일평균 111.11달러를 받는다. 연간 보상은 모두 $100 \times 260 = 26,000$달러고, 이는 유급휴가를 제외한 234일 근로에 대한 소득이므로 매일 $26,000/234 = 111.11$달러를 번다. 근로자가 매일 적어도 111.11달러를 생산하지 못하는 경우 기업은 연간 26,000달러를 지급할 수 없고 26일의 유급휴가를 제공할 수 없을 것이다. 근로자가 매일 100달러만 생산한다고 가정하자. 기업은 유급휴가를 제거하거나 임금 비율을 조정하여 전체 보상이 234 × 100 = 23,400달러를 초과하지 않도록 하여야 할 것이다. 매일 임금을 23,400/260 = 90달러로 줄이고 유급휴가 26일을 제공하여 이를 쉽게 달성할 수 있을 것이다.

기업은 유급휴가 없이 매일 100달러를 제공하거나 26일의 유급휴가와 함께 매일 111.11달러를 제공하는 데 차이가 없을 것이다. 하지만 실제로 기업뿐만 아니라 근로자에게도 두 선택지는 차이가 있다. 다른 고려 사항이 영향을 주지 않는다면 유급휴가 없이 더 높은 임금을 제공하는 것이 항상 더 나을 것이다.

유급휴가가 주어질 때 근로자는 이것이 특별히 가치가 없을 지라도 받아들일 유인을 갖는다. 근로자에게 유급휴가를 제공하는 것은 근로자로 하여금 이를 가치 있는 것으로 받아들이게 한다. 다음 예시는 이러한 점을 보여준다.

어떤 근로자가 매일 111.11달러를 생산한다고 가정하자. 또한 연중 200일과 300일 사이에 장소와 상관없이 근로를 하는 경우 휴가를 하루 더 갖는 것에 대해 95달러로 평가한다고 가정한다. 이런 상황에서 A, B 두 제도를 고려한다. A제도는 근로자에게 연간 26,000달러를 지급하고 유급휴가 26일을 제공한다. 지역에 무관하게 A제도는 근로일 기준 100달러를 지급하지만 연간 유급휴가 26일을 제공한다. B제도는 근로자에게 근로일 기준 110달러를 지급하고 유급휴가를 제공하지 않는다. B제도에서 234일 일한 근로자는 연간 25,740달러 소득을 벌고, 이는 동일 근무량에 대해 A제도에서 버는 소득 26,000달러보다 작다.

기업은 어느 제도를 선호하는가? 분명히 기업은 B제도를 선호한다. B제도에서 기업은 근로일 기준 110달러를 지급한다. A제도에서 기업은 실제로 근로 일 기준으로 111.11달러를 지급한다. B제도에서 기업은 근로자 1인당 근로일 기준 1달러의 잉여를 번다. A제도에서 기업의 잉여는 제로이다.

근로자는 어느 제도를 더 선호하는가? 근로자가 234일 근로를 하는 경우 기업이 A제도보다 B제도를 선호하는 이유와 동일하게 B제도보다는 A제도를 선호한다. 근로자는 A제도에서 234일 근로에 대해 26,000달러를 받는다. 그러나 B제도에서 234일 근로에 대해서 25,740달러만을 받는다. 그러나 B제도는 A제도에서 이용할 수 없는 유연성을 제공한다. B제도에서 근로자는 휴가를 26일 이하로 선택할 수 있지만 A제도에서는 26일 휴가를 개별로 선택하지 않을 인센티브가 없다. B제도에서 근로자가 택하는 각각의 휴가는 110달러의 비용이 든다. 휴가의 가치는 95달러이기 때문에 A제도에서 제공되는 26일 휴가보다 근로를 선호한다. 소득은 260 × 110 = 28,600달러고, 이는 A제도에서 버는 것보다 2,600달러가 더 많다. 물론, 여가 26일을 포기하면 1일 기준 95달러이므로 2,470달러의 가치가 있다. 추가 근로 시간은 상실한 여가에 대해 충분한 보상 이상을 가져온다. 따라서 B제도를 역시 선호한다. 기업과 근로자 모두 유연한 제도를 선호하면 이것이 실행되어야 한다.

이것은 단지 수치상의 예시이지만 유연성을 제공하고, 근로자와 기업 모두에게 좋으며 더 높은 임금을 근로자에게 지급하는 설계를 구성할 수 있다. 근로자에게 유급휴가를 제공함으로써 기업은 기본적으로 근로자로 하여금 가치가 없을 수 있는 시간을 받아들이도록 압박을 가하는 것이다. 만약 근로자가 기업보다 시간에 덜 가치를 둔다면, 기업과 근로자 모두가 좋은 방법이 항상 존재할 수 있다.

이러한 논리는 너무 강하다. 따라서 기업은 항상 근로자에게 유급휴가를 받아들이도록 강요하기보다는 근로와 비근로 중에서 선택할 수 있도록 해야 한다. 일부 기업은 근로자가 휴가를 쓰지 않는 것을 허용하고, 추가 임금을 지불하기도 한다. 그러나 대부분의 기업은 근로자에게 휴가를 수락하는 것에 대해 선택권을 주지 않는다. 대다수의 근로자는 신년기념일(New Years Day)에 보너스 지급받고 휴가를 써야 한다. 즉, 신년기념일에 일을 하고 추가 근로 급여를 받는 것에 대한 선택권이 없다.

왜 기업은 근로자에게 선택을 제공하는 대신에 일정한 급여와 유급휴가를 공언하는 것을 선호하는가? 몇 가지 가능한 대답이 있다. 어떤 상황에서는 근로자가 휴가를 간다는 것은 기업에게 가치가 있다. 가장 좋은 예시 중 하나는 은행이다. 은행 직원은 일반적으로 휴가를 가도록 요구받으며, 이는 휴가 중인 근로자가 관리하는 계정과 계약을 감사할 수 있는 기회를 은행에게 제공한다. 횡령(embezzlement)의 가능성이 농후한 경우, 그리고 직원이 많은 돈을 횡령할 수 있는 경우, 기업은 근로자가 휴가 가기를 원하고 횡령자를 발견할 가능성을 높일 수 있다.

앞에서 제시하고 있는 은행의 사례는 현실적이지만 일반적이지는 않다. 대부분의 직종이 매년 몇 주 내에 재직자(incumbent)를 휴가 보내 과거에 직원이 무슨 일을 하고 있었는지 파악할 수 있다고 주장하기는 어렵다. 이러한 극단적인 사례를 따르지는 않지만 근로자로 하여금 휴가를 가도록 하는 것에 대해 생산성이 있는 이유가 있다. 조립라인에 대한 사례에서처럼 근로자가 팀 생산과 관련이 있을 때, 한 근로자가 휴가를 즐기면서 집에 있을 때 다른 근로자가 출근하는(come in) 것은 가치가 없다. 생산성이 낮을 것이기 때문에 기업은 근로자에게 하루 출근하는 것에 대해 임금을 기꺼이 제공하지 않는다. 생산성 논리는 사실과 일관된다. 관리자는 휴일에 대한 선택권을 생산 근로자보다 더 원한다. 교수는 종종 주말에도 사무실에 나온다. 대학에서 수업이 없어도 연구와 강의 준비를 할 수 있기 때문이다. 교수들의 생산성은 다른 사람들이 근로하지 않을 때에도 매우 높을 수 있는데 조립라인 생산 모형에서는 적용되지 않는다.

생산직 근로자들조차도 휴일(holiday hours)보다 휴가(vacation hours)에 대한 선택의 여지가 주어질 가능성이 더 높다. 근로자는 휴일을 포기하고 추가 급여를 받는 것처럼 휴가를 포기하고 추가 급여를 받을 수 있다. 근로자들의 휴가는 서로 다른 시기에 행해지기 때문에 근로자가 휴가를 보내는 기간 동안에도 조립라인은 여전히 가동되고 있다. 신년기념일에는 조업이 중단된다. 따라서 기업은 근로자가 휴가를 가는 것은 허용하지만 휴일에 쉬는 것은 허용하지 않는다.

●●● 요약

금전적인 보상은 다른 지불 형태에 비해 뚜렷한 장점을 가진다. 직원들은 그들이 선택하고자 하는 상품이나 서비스를 돈으로 쉽게 살 수 있다. 그러함에도 불구하고 기업들은 종종 다양한 종류의 복지를 통해 보상의 일부분을 지급한다. 이번 장에서 우리는 왜 그런지 이유를 논의하고, 최적의 복지 정책을 분석하였다.

몇몇의 복지와 일부 일자리의 특성은 법에 의해 의무화되어 있다. 그래서 기업은 직원들에게 복지를 제공해야만 한다. 그러나 복지를 제공하는 것은 다른 유익한 이유가 있다. 이것은 일반적으로 두 가지 범주로 분류된다.

첫째, 직원들에게 복지를 제공하는 것은 효율적인 보상이 될 수 있다. 직원 스스로 선택해서 상품을 구입하거나 현금을 받지 않는 것의 단점을 충분히 극복할 수 있을 만큼 기업은 직원이 직접 구입했을 때보다 상당히 더 낮은 비용으로 복지를 제공할 수 있다. 기업이 이렇게 할 수 있는 데는 다음과 같은 몇 가지 이유가 있다. 복지의 한 방법으로 세법(tax code)을 통한 보조금을 지급할 수 있다. 미국에서 건강보험은 일반적으로 고용주가 제공하고 있다. 그러나 복지를 위한 세금 공제 보상이 적용되기 전까지는 그런 게 없었다. 또한 한 회사에서는 직원들이 어떤 상품들을 구매하는데 수량 할인의 복지를 누릴 수 있다.

보험의 경우, 특히 평균보다 낮은 위험들로 직원풀(employee pool)을 모집할 수 있다면, 기업은 리스크의 분산(pooling risk)에 의해 보험비용을 줄이는 것이 가능하다. 이런 경우, 기업은 보험 회사가 직면하고 있는 역선택 문제를 해결해 줄 수 있다.

마지막 두 가지 요인들—수량 할인과 리스크의 분산—이 일반적으로 큰 규모의 기업에서 더 중요하게 다뤄지는 것을 주목하자. 규모가 큰 회사는 작은 회사보다 직원 복지를 더 제공하는 경향이 있다(가업을 잇는 경우보다 대기업에서 더 많은 복지를 누릴 수 있음).

또한 기업이 초과 생산 설비를 가지고 있다면 시장비용보다 낮게 그들의 직원들에게 상품이나 서비스를 제공할 수 있다. 이는 기업이 임금을 대신해 복지를 제공하는 두 번째 일반적인 이유를 이끌어 낼 수 있다.

둘째, 복지는 대다수 사람들과 비교해 그 기업과 직원에게 특별히 높은 가치를 가진다. 중요하게 고려할 사항은 복지가 어떤 상황에서 직원의 생산성을 향상시킬 수 있다는 것이다. 예를 들면, 기업이 직원에게 기업의 상품과 서비스를 할인해서 제공할 때 직원은 소비자 입장이 될 수 있다는 것이다. 이는 기업이 상품과 서비스를 계속 개선할 수 있는 완벽한 방법이다. 직원들은 고객의 선호도와 관점을 이해하고 상품의 질과 서비스를 직접 경험하여 새로운 아이디어와 새로운 서비스를 개발할 수 있다. 이와 유사한 이유로 기업은 그들의 산업과 관련이 있지만 그들의 제품은 아닌 것으로 복지로 제공하기도 한다.

복지 정책은 특정 직원에게 가치를 줄 수 있다. 만약 기업이 그들의 산업과 관련된 복지를 제공한다면(도요타에서는 직원들을 위해 자동차 부품을 할인하는 복지를 제공하고 있음), 기업은 그 산업에 흥미가 있는 직원을 채용할 가능성이 높아진다.

몇몇 기업들은 직원들이 열심히 일하기 위한 동기를 부여하기 위해 노력의 한계효용이 낮게 설계된 복지를 제공한다. 이것은 긴 시간을 일해야 하는 직원들이 필요한 기업이나 몇 가지 단기목표를 충족시키기 위해 더 많은 시간을 일해야 하는 기업에게 특히 중요하다. 이런 의미에서 일에 대한 노력을 증가시킬 수 있는 복지는 일부 서비스의 현장 제공을 포함하고 있다(예 : 주차, 식사, 심부름 서비스). 이런 현장에서는 높은 한계 생산성을 가진 직원들이 경제적인 수익성도 더 좋다. 높은 계급수준, 이윤이 높은 산업 그리고 빠른 경제성장에 있는 직원들이 여기에 해당된다. 그래서 이런 복지의 유형은 산업 주기에 따라 변한다.

일반적으로 기업은 복지의 분류 효과에 대해 분석해야 한다. 복지 정책은 기업과 근로자의 매칭에 도움이 되지만 역선택이 발생할 수도 있다. 복지는 이직에도 영향을 줄 수 있다. 입사지원자들은 복지 정책에 따라 회사를 선택하기도 하며, 근로자에게 어떤 비금전적(nonpecuniary) 가치를 제공하기 때문에 복지 정책은 이직률을 감소시킬 수 있다.

어떤 곳에서는 연금이 가장 중요한 직원 복지 중 하나이다. 연금은 과세 시 장점을 주기 때문이다. 또한 인센티브와 이직률에 매우 중요한 효과를 가져올 수 있다. 연금 계획의 이직률에 대한 영향은 계획의 설계에 결정적으로 종속되어 있다. 실제로 어떤 경우에 연금계획은 매우 높거나 매우 낮은 이직률과 매우 강한 인센티브를 발생시키기도 한다. 우리는 직원 복지가 인사 관리에 놀라울 정도로 폭넓은 의미를 가지는 것을 보았다. 그것은 직원들의 자기선택, 기술 축적, 인센티브, 그리고 이직률에 영향을 줄 수 있다.

또한 복지는 노동비용에 영향을 준다. 기업은 직원들에게 복지를 제공할 때 임금을 낮춰서 직원들에게 암시적으로 이를 '청구'한다. 복지는 시장 가격보다 충분히 저렴하게 공급될 때 또는 직원의 가치, 생산성, 직원 채용으로 발생한 손실을 메꾸는 것 등에서 이득이 있을 때 가치가 있다.

마지막으로 복지에 대하여 살펴보면서 직원-고용주 계약에 대한 분석을 완결지었다. 제1장에서 고용에 대한 견해를 '현물시장(spot market)'에서 시작한 이후로 장을 거듭하며 논의를 발전시켜 왔다. 제15장에서 이 내용을 다시 다루고 고용관계를 전체적으로 논의할 것이다.

연습문제 ●●●

1. 통상적인 관점에서 회사 직원의 복지는 임금수준에 영향이 없는, 임금에 '추가적인' 것이

다. 왜 이 관점에 문제가 있는지 그리고 복지의 비효율성에 대해 생각하는 회사를 어떻게 이끌 수 있을지 설명하라.

2. 만약 제7장에서 설명된 것과 같이 '현대적인' 설계로 기업이 일자리를 제공한다면, 더 높은 보상을 지급해야 하는가 또는 더 낮은 보상을 지급해야 하는가? 이번 장의 개념과 관련되도록 대답해 보라. 대답에 영향을 주는 많은 요인을 당신이 생각할 수 있는 만큼 논의해 보자.

3. 많은 대학은 모든 직원에게 학비 보조금 혜택을 제공하고 있다. 더 높은 임금을 지급하는 것과 비교했을 때, 왜 대학들이 더 효율적인지 그 이유를 논의해 보자. 또 다른 산업의 기업에 비해 대학의 복지가 왜 더 좋은가?

4. 당신의 직원들에게 제공하려고 생각하는 새로운 복지와 상응하는 금액을 어떻게 계산할 수 있는가?

5. 직원들은 임금 삭감에 매우 저항적인 경향이 있다. 부분적으로 그들이 모기지 지급(mortgage payment)과 같은 재정적 부채를 해결해야 하기 때문이다. 기업이 임금을 줄이면서 새로운 복지를 추가하려고 한다고 가정해 보자. 기업은 어떻게 임금 삭감의 저항을 피하고 이것을 실행할 수 있는가?

6. 확정기여형 또는 확정급여형의 퇴직연금 유형은 직원에게 위험한가, 아니면 기업에게 위험한가? 왜 그러한가?

7. 어떤 상황에서 퇴직연금 제도가 직원에게 너무 많은 인센티브를 제공하게 되는가?

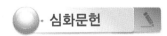 참고문헌

Greenhouse, Steven & Michael Barbaro (2005). "Wal-Mart Memo Suggests Ways to Cut Employee Benefit Costs." *New York Times*, October 26.

Rajan, Raghuram & Julie Wulf (2006). "Are Perks Purely Managerial Excess?" *Journal of Financial Economics* 79: 1–33.

Yermack, David (2006). "Flights of Fancy: Corporate Jets, CEO Perquisites, and Inferior Shareholder Returns." *Journal of Financial Economics* 80: 211–242.

심화문헌

Lazear, Edward (1983). "Pensions as Severance Pay." In Zvi Bodie & John Shoven, eds., *Financial Aspects of the U.S. Pension System*. Chicago: University of Chicago Press.

Lazear, Edward (1986). "Pensions and Turnover." In John Shoven, Zvi Bodie, & David Wise, eds., *Issues in Pension Economics*. Chicago: University of Chicago Press.

Lubotsky, Darren (2006). "The Economics of Employee Benefits." In Joseph Martocchio, ed., *Employee Benefits: A Primer for Human Resource Professionals*, 2nd ed. New York: McGraw Hill.

Morris, William (1890). "News From Nowhere," *Commonweal*. London: Socialist League.

Oyer, Paul (2008). "Salary or Benefits?" *Research in Labor Economics*.

Rosen, Sherwin (1974). "Hedonic Prices and Implicit Markets." *Journal of Political Economy* 82: 34–55.

14

기업가 정신과 사내기업가 정신

천재는 1%의 영감과 99%의 노력으로 된다.

– 토머스 에디슨, 1932

서론

제14장에서는 개인 정책이 동기와 창의성에 어떤 영향을 미치는지를 다룬다. 창의성이 나타나는 현상 가운데 가장 흥미로운 것은 기업가 정신이다. 기업가는 조직 설계에 대한 가장 분명한 시장의 은유적 표현이다. 기업가는 새로운 아이디어를 개발하고 새로운 경쟁과 함께 산업에 진입하고 기존 기업들이 좀 더 창의적이도록 자극을 한다. 지난 20년간 기술개발의 빠른 속도로 인하여 기업가 정신은 특히 괄목한 역할을 해왔다. 또한 기업가 정신은 저개발 경제의 현대화에 있어 핵심 구성요소이다. 우리는 현재 동유럽, 아시아, 남아메리카, 아프리카 등 도처에서 기업가 정신의 급증을 목격하고 있다.

이번 장에서는 기업가 정신과 관련한 몇 가지 이슈를 논의한다. 이 주제에 대해 포괄적인 논의를 제공하지는 않는다. 대신에 개인 경제학의 관점에 집중한다. 첫 번째 주제는 기업가의 경력이다. 기업가는 특정한 유형의 숙련 포트폴리오를 보유한다고 주장한다. 왜냐하면 이들의 중요한 역할 중 하나는 새로운 투자사업에서 다양한 전문 업무들을 조정하는 것이기 때문이다. 따라서 이 장에서는 서로 다른 산업으로 기업가들을 배분하는 것과, 인적자본에 대한 투자가 지니는 함축적 의미를 약술한다.

이번 장의 두 번째 파트에서는 사내기업가 정신, 즉 기업이 직원의 동기와 창의성을 향상할 수 있는 방법에 집중한다. 성숙한 기업들, 특히 대규모의 복잡한 운영 영역을 가진 기업은 종종 혁신에 있어서 관료적이고 느슨하고 부족한 태도를 지니고 있다는 비난을 받는다. 이 장에서 논의된 개념들을 사용하여 이러한 경향을 이해하고 논박할 수 있다.

기업가 또는 사내기업가는 무엇인가?

한 연구는 조직의 변화를 겪었던 10개의 기업을 분석하여 관리자의 어떠한 속성이 사내기업가 정신에 가치가 있는지를 조사하였다. 이러한 기술은 또한 기업가에게도 가치가 있는 것 같다. 저자는 다섯 가지 기술이 특히 중요하다고 결론을 내렸다.

*자발성*은 관리자가 사업상 문제에 대해 사후 반응적인 태도를 보이기보다는 보다 능동적으로 전략적인 접근법을 취할 것을 제안한다. 이러한 접근법은 결과를 더 잘 제어할 수 있게 하고 또한 창의성과 연관될 수 있다.

현재의 역량을 넘고자 하는 소망은 계속해서 진보하고자 하는 바람이고 지속적인 향상의 중심이다. 저자는 또한 *학습 역량*(learning capability)이 관리자와 조직 설계 모두에 가치가 있다고 판단한다. 이러한 아이디어를 이 책의 제2부에서 강조하였으며, 후술하는 사내기업가 정신에 관한 절에서 다시 다룬다.

팀의 방향성과 난제를 해결하는 역량은 상이한 그룹이 효과적으로 함께 일하게 하는 능력이 중요함을 제안한다. 이것은 분명히 기존의 조직을 변화시키려 할 때의 경우이다. 왜냐하면 다양한 그룹이 변화의 필요를 확신하고, 따라서 동일한 방향으로 변화해야 하기 때문이다. 좀 더 일반적으로 이들 두 요소는 상이한 사람들을 통합하는 능력이 하나의 중요한 속성임을 나타낸다. 기업가 정신에 관한 절에서 이러한 견해를 강조한다.

출처 : Stopford & Baden-Fuller(1994)

●●● 기업가 정신

기업가는 종종 자신만의 사업을 창업하거나 새로운 벤처에 있어서 중요한 역할을 하는 사람으로서 여겨진다. 이러한 견해가 바로 우리가 이 장에서 취하고 있는 관점이다. 그렇다면 성공한 기업가를 만드는 특질은 무엇인가?

하나의 견해는 가장 유능한 (특히 가장 창의적인) 사람이 기업가가 된다는 것이다. 그러나 이것은 분명하지 않다. 유능하고 창의적인 사람은 기존 기업 내에서 경력을 추구함으로서 훨씬 더 많은 영향력을 가질 수 있다. 이들은 자신이 의존할 수 있는 많은 자원과 더불어 더 안정적인 환경을 가질 것이다. 이들의 재능은 대규모 기업에서 더 크게 작용할 수 있으며, 여기서 이들은 더 많은 자원을 감독할 수 있다. 이들의 창의성은 기존 기업에서 더 잘 배치될 수 있으며, 여기서 이들의 아이디어는 이미 제대로 확립된 인프라 또는 인지도 높은 브랜드와 더 잘 매칭될 수 있을 것이다. 즉, 유능하고 창의적인 사람이 종종 스스로 기업가가 될 수도 있지만, 좀 더 일반적인 고용 상황에서의 경력을 추구할 수도 있다는 것이다.

기업가의 또 하나의 특질은 위험을 견디는 능력이다. 모든 사람이 위험 기피적인 가운데 어떤 사람은 다른 사람보다 덜 위험 기피적이다. 기업가가 되는 것은 여러 가지 이유에서 매우 위험 한 선택이 될 수 있는데, 특히 새로운 벤처 창업이 실패할 확률이 매우 높을수록 그 위험성이 커 지게 된다.

그러나 위험 기피의 효과는 과장될 수 있다. 새로운 투자사업에서 실패는 일반적으로 기존 조 직에서 실패만큼이나 비용이 많이 드는 것은 아니다. 왜냐하면 잠재적인 손실이 더 적기 때문이 다. 투자 규모가 언제나 큰 것은 아니며, 타격을 입을 수 있는 기존의 브랜드나 고객 관계 역시 존재하지 않는다. 뿐만 아니라 창업은 이를 성공한 사람에게 전통적인 취업 경력에 비해 상대적 으로 더 높은 보상을 가져다 줄 수 있다. 따라서 기업가들은 때때로 큰 실패의 위험 없이 높은 긍정적 기회를 얻을 수 있다. 그러한 경우에 비교적 위험 기피적인 성향을 가지고 있는 사람이 라 할지라도 종종 자신만의 사업을 창업하는 선택을 하기도 한다.

위험 기피적 성향의 영향이 분명하지 않더라도, 사람들은 그들이 직접 만들어내거나 직면하게 되는 위험과 기회에 대해 서로 다른 평가를 내린다. 이것은 심리학적인 차이 때문일 수 있고, 또 는 상이한 경험 때문일 수 있다. 원인과는 무관하게 더 낙관적인 사람은 긍정적인 기회 요인을 더 높게 평가할 것이다. 왜냐하면 가능성이 더 높다고 생각하거나 그러한 기회가 실현될 경우 더 큰 이윤을 기대하기 때문이다. 비슷하게 이들은 부정적인 위험 요인에 가중치를 적게 둘 것 이다.

이러한 특질들, 즉 위험 기피적 성향과 낙관주의는 모두 연령에 따라 다를 수 있다. 특히 위험 기피적 성향은 젊은층에서 더 낮을 수 있다. 즉, 이들은 더 오랫동안 혜택을 누릴 수 있기 때문 에 자신이 선택한 위험으로부터 얻어지는 성공에 따른 이득을 더 많이 가질 수 있다. 또한 이들 은 초기 실수에 대해 노동시장이 가하는 불이익을 덜 받기 때문에 실패에 따른 위험을 제한할 수 있다. 게다가 더 나이든 근로자는 변동이 큰 보상에 대해 더 기피하도록 하는, 일정한 재무적 의무(모기지, 대출, 대학에 갈 자녀)를 가질 가능성이 높을 것이다.

기업가가 되기 위한 선택

기업가의 매우 중요한 역할 중 하나는 사업 전체 혹은 대부분의 영역을 조립하고 조정하고 감 독하는 것이다. 기업의 창업자는 인적자본, 금융자본, 물적자본, 정보 등을 모아야 한다. 그러 고 나서 이들 자원을 조합하고 다양한 전문화된 직원들을 조직하여 제품을 만들고 전체 사업 프로세스를 개발하고 사업 계획을 시행해야 한다. 이는 곧 기업가 기업에 고용되어있는 일 반적인 근로자들에 비해 보다 다양한 숙련의 포트폴리오를 필요로 한다는 것을 의미한다. 기 업가는 전문가가 되는 대신에 다수의 상이한 기술을 아우르는 균형 잡힌 일련의 재능을 필요 로 한다.

예를 들어, 대규모 조직 내에서 제품 설계에 중점을 두고 일하는 엔지니어를 고려하자. 그게 아니라면, 그는 스스로 자신의 회사를 창업할 것이다. 기업가로서 그는 성공적인 제품 설계뿐만 아니라 더 다양한 종류의 기술들을 익힐 필요가 있다. 일부 재무 전문가는 현금 흐름을 예측하고 사업 계획을 투자자에게 정당화하는 것을 도울 것이다. 예산을 수립하고 시스템을 제어하며 현금 흐름을 추적하기 위해, 회계에 대한 기본적인 이해 역시 필수적이다. 생산과 배분의 작용에 대한 이해가 필요하고 제품을 판매하기 위해 마케팅과 판매에 대한 이해가 필요하다. 마지막으로 관리 기술은 기업을 조직화하고 개인 정책을 설계하고 팀을 주도하는 데 도움이 된다.

물론 한 기업가가 이러한 모든 영역에서 전문가일 수는 없다. 그러나 이러한 영역들 각각에 대해, 비록 각 기능을 실행하기 위해 특화된 전문가를 고용할지라도, 적어도 약간의 지식은 필요하다. 창업자는 적절한 관리 팀을 선별하고 모집하기 위해 이러한 기술들을 이해하고 있을 필요가 있다. 따라서 직무를 설계하고 의사결정권을 배분하고 성과를 평가하기 위해 각 업무에 대해 이해할 필요가 있다. 마지막으로 이들 전문가 각각을 조정할 필요가 있다.

비슷한 주장이 특히 다수의 기능 분야를 감독하는 조직 단위의 최상부에 있는 관리자에게 적용된다(예 : CEO). 이러한 이유로 인하여 이 장의 도입부에서 기업가를 자가고용된(self-employed) 것으로 정의하지 않았다. 어떠한 조직이든 간에 최상위 계급의 관리자는 어느 정도 기업가적인 기능을 지닌다. 이러한 면에서 비즈니스 스쿨에서 기업가에게 중요하다고 여겨지는 다양한 숙련 포트폴리오를 정확히 제공하고 있다는 것은 주목할 가치가 있다.

이번 절에서는 다양한 기술을 가진 기업가가 되거나 또는 좀 더 전문화된 훈련을 받은 직원이 되는 것 사이의 선택 모형을 제시한다.[1] 이것은 기업가의 경력이 일반적인 직원과 어떻게 다른지에 대한 함의를 보여준다. 따라서 이러한 관점의 기업가 정신과 일관된 일부 증거를 제시하고자 한다.

만물박사

아이디어를 고정하기 위해 매우 단순한 모형을 고려하자. 오로지 두 가지 기술(예 : 제품 설계와 마케팅) x_1과 x_2만이 존재한다고 가정한다. 개인은 전문화된 한 직무를 선택한다. 대안으로 기업가가 되는 것을 선택할 수 있다. 이 책의 제1부를 상기해 보면, 보통 인적자원에 대한 투자의 전문화가 훈련비용을 절약하고 특정 기술에 대해 장점을 지니고 있는 개개인의 역량을 잘 활용하는 데 있어 효율적이라는 것을 알 수 있다. 또한 직무 설계에서 전문화는 종종 강력한 효율성을 발휘하고, 더 나아가 이러한 효과는 기업으로 하여금 조직 구조에 있어서 기능적으로 강력한

---

1) 이 장은 Lazear(2005)에서 가져왔다.

계층 구조를 선택하도록 한다는 것을 제2부에서 제시하였다. 따라서 전문화된 직무는 기존 기업에서 직원이 되는 것으로 생각하라.

문제를 단순하게 하기 위해 x는 사람들이 소유하고 있는 각 기술의 수준을 계측하고, 두 기술은 전문화된 근로자에게 단위기간에 1달러를 지급한다고 가정한다. 다시 말해서 첫 번째 기술을 사용하는 직무에서 일을 하면 소득이 x_1과 같아진다. 두 번째 기술을 사용하는 직무에서 일을 하면 소득은 x_2와 같다. 따라서 전문화된 직원은 자신이 지닌 최고의 기술과 잘 매칭되는 직무를 선택할 것이다. 따라서 다음과 같이 나타낸다.

$$\text{전문가 소득} = maximum\{x_1, x_2\}$$

언급한 이유들로 인해 기업가는 각 직무를 수행하거나 이들 직무를 수행하는 다른 사람들을 감독하는 능력을 가져야 한다. 이러한 이유로 기업가로서의 가치는 단순히 가장 높은 (기술)수준에 의존하는 것이 아니라 보유하고 있는 각 숙련수준에 의존한다. 사실 자원을 조합하고 기능을 조정하는 기업가의 능력은 거의 틀림없이 그들이 지닌 가장 낮은 수준의 기술에 의해 제약을 받을 수도 있다. 이러한 아이디어를 활용하기 위해 다음과 같이 가정한다.

$$\text{기업가 소득} = \lambda \times minimum\{x_1, x_2\}$$

달리 말하면 기업가의 성공은 새로운 투자사업의 조직과 감독에 필요한 기술들 중에서 가장 낮은 레벨의 기술들로 이루어진 공통분모의 함수이다. 이것은 x의 최소치이다.

λ는 몇 가지 다른 아이디어를 반영할 수 있는 파라미터이다. 첫째, 좀 더 일반적인 고용에 최상의 기술을 활용하는 것과 대비하여 기업가 정신에 활용된 최소 기술수준의 상대적 가치를 나타낼 수 있다. 따라서 이러한 의미에서 λ는 전문화된 기술과 대비하여 폭넓은 기술에 대한 상대 노동시장 가격을 반영한다. 이것은 경제 전체에서 전문화되고 가장 일반화된 근로자에 대한 공급과 수요에 의해 결정된다.

게다가 창의성은 기업가 정신의 **중요한** 구성요소가 될 수 있다. λ는 기업가마다 다를 수 있다. 좀 더 창의적인 사람은 더 높은 λ를 가질 것이다. 즉, 다른 사람과 동일한 숙련 포트폴리오로부터 더 큰 가치를 만들어낼 수 있다. 이러한 관점에서 λ는 사람들마다 다를 것이다.

이제 이러한 단순한 구조에서 어떠한 사람이 기업가가 되고 전문가가 되는지 결정하는 것은 간단하다. 개인은 다음과 같은 경우 기업가가 되는 것을 선택한다.

$$\lambda \times minimum\{x_1, x_2\} > maximum\{x_1, x_2\}$$

이러한 선택이 그림 14.1에 나타낸다. x_1, x_2 공간에서 각 점은 한 개인의 가능한 기술수준 조합을 나타낸다. 45도 선 위의 점들은 $x_2 > x_1$인 사람들을 나타내고 반대의 경우도 마찬가지이다. 정확히 45도 선에 있는 사람들은 $x_1 = x_2$인, 기술이 정확히 균형을 이루는 경우이다.

그림 14.1 누가 기업가가 되는가?

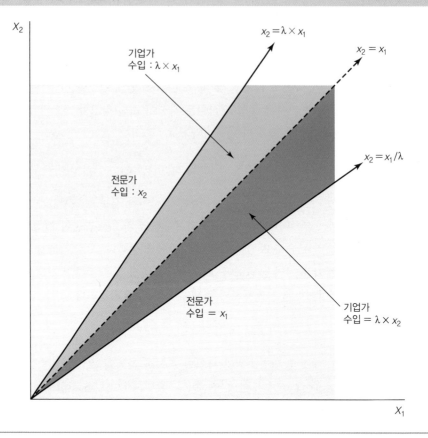

$x_2 > x_1$인 사람을 고려하자. 이 사람은 기술 1과 비교하여 기술 2에서 비교우위를 갖는다. 전문가로서 소득은 x_2이고 반면 기업가로서 소득은 $\lambda \times x_1$이다. 따라서 이 사람은 $x_2 > \lambda \times x_1$일 경우 전문가(직원)가 되기를 선택하고, 이는 45도 선 위와 다음 x_2축 사이에 음영 처리된 (shaded) 영역으로 표시된다. $x_2 < \lambda \times x_1$일 경우 기업가가 되기를 선택하고, 이는 45도 선 위와 옆의 음영 처리된 영역으로 표시된다.

비슷한 논리를 $x_2 < x_1$인 사람에게 적용한다. 이 사람은 전문가로서 x_1 소득을 벌거나 기업가로서 $\lambda \times x_2$ 소득을 받을 것이다. 이 사람이 기업가가 되는 것을 선택하게 되는 영역은 45도 선 아래와 옆의 음영 처리된 영역으로 표시된다. x_1 축을 따라서 아래에 음영진 영역은 전문가 영역이다. 이들 두 영역을 분할하는 선은 방정식 $\lambda \times x_2 = x_1$에 의해 결정된다. 어떤 사람을 이 선에 정확히 놓이게 하는 기술은 기업가 정신과 일반고용 사이에 무차별할 것이다.

이것은 몇 가지 함의를 제공한다. 첫째, 어떤 사람의 기술이 불균형할수록 기업가 정신을 선택할 가능성은 더 작아진다. 그림에서 x_1과 x_2사이에 불균형이 큰 것은 45도 선에서 먼 곳에 위치하고 축의 어느 한쪽에 근접함을 의미한다. 2개의 음영진 영역 외부에 놓일 가능성이 더 높다. 이것이 우리의 주요 가설이다. 즉, 균형 기술이 기업가 정신의 중요 구성요소이다.

둘째, λ가 커질수록 기업가가 될 가능성이 더 커진다. λ가 증가할 때 전문화된 기술과 비교하여 폭넓은 일련 기술의 상대 시장가치는 상승한다. 이것은 그림에서 음영진 영역을 커지게 하고, 따라서 더 많은 사람을 기업가 정신 영역으로 포괄한다.

셋째, 위에서 지적한 바와 같이 λ는 사람들 사이에 창의성이 다르다는 것을 포착할 수도 있다. 또한 창의성을, 상이한 숙련들을 가진 사람들을 조정하는 — 함께 효과적으로 일하게 하는 — 방식을 찾는 능력으로 해석할 수도 있다. 이러한 경우 창의성의 수준에 따라 음영진 영역을 다르게 표시하여야 할 것이다. 분명한 것은 λ가 사람들 사이에 다르다는 것을 인정할 때 좀 더 창의적인 사람들이 기업가 정신을 선택할 가능성이 더 높다는 것이다.

이러한 해석은 일부 사람들이 기업가 정신을 시도하고 나서 일반 노동시장에 직원으로 들어가는 이유를 설명하는 데 도움을 줄 수 있다. 새롭게 기업가의 길을 선택한 사람들 중 많은 수가 빠르게 일반 노동 시장으로 돌아온다. 기업가의 창의성이 불확실한 경우 기업가 정신을 초기에 시험하는 것은 가치가 있다. λ가 높다고 판명이 되면 사람들은 기업가로 남아 있지만, 낮을 경우 전문화된 직무로 전환한다. λ를 전문가로 평가하는 것은 어려울 것이다. 즉, 어떤 사람이 실제로 시도하지 않고서 기업가가 되는 능력을 계측하는 것은 어렵다.

산업 간 차이

또한 이 모형은 기업가 정신이 산업들 사이에 어떻게 다른지에 대해 함의를 가진다. 상이한 산업들은 상이한 기술 조합의 전문가를 필요로 한다고 가정하자. 예를 들어, 보험회사를 운영하는 것은 복잡한 보험 상품을 이해할 수 있는 능력을 필요로 할 뿐만 아니라 회계와 관리 기술도 필요하다. 비슷하게 성공한 공예기업은 예술적 기술과 회계 및 관리 기술 모두 필요하다.

균형 기술을 가진 사람들의 공급은 상이한 기술 세트 사이에 다를 것이다. 그리고 이러한 차이는 다양한 산업으로 기업가의 공급에 영향을 준다. 보험 기술은 회계 및 관리 기술과 상관관계가 높을 것이고, 따라서 보험회사 관리에 적합한 사람들의 공급은 많을 것이다. 이러한 이유로 상대적으로 작은 보험회사의 수가 많을 것으로 기대한다. 반대로 예술적 기술은 회계 및 관리 기술과 상관관계가 낮을 것이다. 예술적이고 회계에 능숙한 사람들의 공급은 상대적으로 적을 것이다. 따라서 예술가이자 관리자인 사람은 드물 것으로 기대한다. 대신에 예술가는 전문화하는 경향이 있고, 다른 사람이 그의 작품을 팔고 작업장을 관리한다.

산업들 간에 차이가 있는 또 하나의 중요한 고려사항은 사업 과정의 복잡성이다. 사업의 어떤 영역은 매우 단순하여 상대적으로 작은 기술 세트의 조합을 필요로 한다. 다른 영역은 좀 더 복잡하다. 예를 들어, 농업과 자동차 제조업을 고려하자. 자동차 제조의 복잡성은 농업보다 훨씬 더 크다. 이러한 복잡성의 효과는 무엇인가? 일반적으로 복잡성은 산업에서 기업가의 공급을

줄이게 된다.[2]

이것을 살펴보기 위해 3개의 독립적인 기술이 관련되어 있는 산업을 고려하자. 앞서 다루었던 내용들을 상기해보면, 전문화 정도가 가장 낮은 기술의 시장가치가 전문화 정도가 가장 높은 기술의 최대 가치보다 높을 경우 창업을 선택하게 될 것이라는 것을 알 수 있다.

$$\lambda \times minimum\{x_1, x_2, x_3\} > maximum\{x_1, x_2, x_3\}$$

앞에서 보였던 2개의 기술 사례에 대한 조건과 이것을 비교하라. 조건은 3개의 기술 모두를 동시에 충족하기보다는 오로지 2개의 기술(x_1과 x_2, x_1과 x_3, 또는 x_2와 x_3)에 대해서 충족하는 것이 가능성이 더 낮을 수 있다. 그 이유는 세 번째 기술을 추가할 경우 좌변 값의 최소치가 증가할 수 없으며 오히려 감소할 수도 있기 때문이다. 비슷하게 우변의 식은 하락할 수 없다. 이는 세 번째 기술을 추가하는 경우 최대 가치는 하락하지 않고 상승할 수 있기 때문이다. 네 번째 스킬을 추가하는 경우에도 비슷한 논리가 작용한다. 부록에서는 이를 명시적으로 보인다.

따라서 산업이 복잡할수록 기업가의 공급은 더 낮아진다. 그리고 그 반대도 성립한다. 이것은 상이한 산업에서 기업가의 시장가격(λ)뿐만 아니라 산업의 구조에도 영향을 준다. 상대적으로 덜 복잡하고 요구되는 기술이 적은 산업에서는 기업가의 시장진입이 높고 기업가에게 돌아가는 경제적 이익은 상대적으로 낮을 것으로 예상된다. 대조적으로 좀 더 복잡한 산업에서 새로운 기업의 진입은 조금 덜하지만 이 산업에서 기업을 설립하는 데 요구되는 폭넓은 숙련 포트폴리오를 가진 소수의 사람들에게 돌아가는 수익은 매우 높을 것이다.

인적자본 투자에 대한 함의

이러한 관점에서 기업가가 되는 것은 인적자본의 투자에 있어 보통의 평범한 근로자가 될 사람에 대한 투자보다 더 다양한 접근법을 시사한다. 기업가가 되고자 할 때 균형 투자에 더 가치가 있다. 이러한 점을 고찰하기 위해 기업가가 되고자 계획하고 추가적인 기술에 투자하는 방법을 먼저 결정해야 하는 사람을 고려하자. 어떻게 투자하여야 하는가? 세 가지 가능성이 있다. 좀 더 엄밀한 도출은 부록에 제공한다.

첫째, 추가 훈련의 비용이 너무 높은 경우, 추가 투자는 최적이 아닐 수 있다. 그러한 경우에 기업가의 시장가치는 x_2와 비교한 x_1의 최소 수준에 기초한다.

둘째, 추가 기술에 대해 상대적으로 적은 투자가 최적이고, 높은 투자가 최적이 아닌 사람이다. 이 사람은 현재 그림 14.2의 점 A에 위치한다고 가정하자. 이 사람은 x_2보다 상대적으로 더 많은 x_1을 갖기 때문에 기업가로서 소득은 $\lambda \times x_2$와 같아 질 것이다. x_1에서 약간의 증가는 소

---

2) 이 절에서 주가적 요소들로 구성된 언급은 그 요소들이 개인에 걸쳐 독립적으로 배분되는 경우에 한해서이다. 기술이 결과를 변경할 수 있다는 충분한 상관관계가 존재하지만, 대부분의 경우 직관을 적용할 가능성이 높다.

득에 영향을 주지 못하고 이득은 없을 것이다. 그러나 x_2에서 약간의 증가는 소득을 증가시킬 것이다. 도표에서 이 사람의 최대 투자 전략은 점 A에서 화살표로 나타낸 45도 선을 향해 이동하는 것이다. 따라서 이 사람은 인적자본 투자에 특화하지만 가장 약한 숙련에 투자를 증가시킨다. 이것은 전문적인 숙련투자에 관한, 이 책의 앞에서 주장했던 것과 상반된다. 이 사람의 최대 전략은 덜 특화하는 것이다.

셋째, 가능한 사례는 두 번째 사례에서보다 더 큰 숙련투자를 하는 기업가이다(투자비용이 충분히 낮거나 이득이 충분히 높기 때문이다). 이러한 사람은 초기에 두 번째 사례에서 기술한 것처럼 투자하고, 그림 14.2에서 45도 선의 방향으로 숙련 포트폴리오를 이동한다. 이것은 가장 약한 숙련에서 초기 전문적인 투자를 포함한다. 그러나 일단 숙련 포트폴리오가 균형이 되면 즉, 45도 선에 도달하면, 추가 투자는 x_1과 x_2사이에서 균형이 되어야 한다. 그 점에서 두 숙련 모두에 투자하여야 하고 그 수준은 서로 동일하게 유지하여야 한다. 이것은 그림에서 45도 선 위로 이동하는 두 번째 화살표로 나타난다. 어떠한 불균형 투자는 이 모형에서 이득이 없을 것

그림 14.2 기업가에 대한 최적 숙련투자

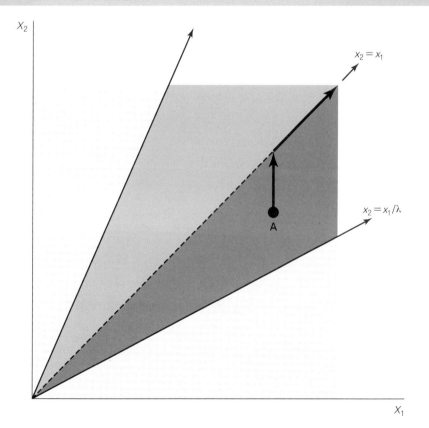

이다. 왜냐하면 이 사람의 시장가치는 두 숙련의 최소 수준에 기초하기 때문이다.

모형이 정형화(Stylized)되면 인적자본의 투자는 직원보다 기업가에게 더 상이한 패턴을 가질 것이라는 검증 가능한 예측을 할 수 있다. 기업가는 인적자본에 대해 특화보다는 균형된 접근법을 취할 것이다. 이들은 더 약한 기술에 더 많이 투자하고 다중 기술에 동시적으로 투자할 가능성이 높다.

이러한 관점의 기업가 정신과 숙련은 기업 내부에서 관리자가 하는 많은 것들이 기업가 정신과 유사하다는 주장과 일관된다. 관리자의 가장 중요한 책임 중 하나는 기능적 전문가와 상이한 사업 단위 전반에 걸쳐 활동을 조정하는 것이다. 이것은 폭넓은 일련의 숙련에 대한 이해를 필요로 한다. 이것은 다양한 사업 기술에서 상대적으로 비전문적이지만 폭넓은 훈련을 강조하는 전형적인 MBA 커리큘럼에 대한 좋은 설명이다.

증거

위에서 기술한 이론은 스탠퍼드대학교 MBA 프로그램 졸업생의 경력에 관한 데이터를 이용하여 Lazear(2005)에 의해 검증되었다. 데이터는 1990년대 말 수천 명의 졸업생 경력과 학교 공부에 관한 정보를 포함한다. 이것은 고용 경험(경험했던 다양한 직업) 각각을 포함한다. 자신이 고용의 특정 경험 동안 '처음에 사업을 시작했던 사람들 중에서 창업자'라고 진술한 사람으로 기업가를 정의한다.

검증한 주요 가설은 기업가가 폭넓은 기술 세트를 더 가질 가능성이 더 높다는 것이다. 이것은 폭넓고 다양한 직업, 덜 전문화된 교육 또는 양자로부터 얻어질 수 있다. 폭넓은 세트의 중요한 직업의 효과를 검증하기 위해 각각의 고용 경험에 대해 사람들이 가졌던 중요한 직업의 수를 계산하였다. 이것과 이러한 경험 동안 기업가가 될 가능성 사이에 통계적 상관관계를 추정하였다. 추정은 (개인의 노동시장 근속연수, 연령, 성 등과 같은) 기업가 정신에 영향을 줄 수 있는 다른 변수들을 통제한 이후에 이루어졌다.

중요한 직업 경험을 더 많이 하는 것이 기업가 정신에 미치는 효과는 상대적으로 크게 나타난다. 특정한 직업 경험 동안 기업가가 되는 가능성은 대체로 약 7%였다. 다른 변수들을 조정한 후, 중요한 직업의 수에서 표준편차 1의 증가는 기업가 정신의 확률을 약 1.8% 증가시키는 것으로 추정되었다. 이것은 기업가 정신의 가능성에서 약 25% 증가이다.

또한 이 연구는 경험이 중요함을 밝힌다. 즉, 더 많은 경험이 기업가가 되는 가능성을 증가시킨다. 반대로 경험과 중요한 역할의 수를 통제한 결과 젊을수록 기업가가 될 가능성이 더 많아졌다. 기업가의 조급함이 이러한 효과를 유발하는 것 같지는 않다. 중요한 직업을 경험한 평균 시간이 더 긴 사람들이 기업가가 될 가능성이 더 높았다. 이것은 젊은 사람이 덜 위험 기피적이라는 아이디어와 일관된다. 마지막으로 남자가 여자보다 기업가가 될 가능성이 더 높았다.

다음 단계의 연구는 기업가가 좀 더 일반적인 훈련에 투자하는지를 조사하였다. 이것을 연구하기 위해 졸업생 일부에 대해 학교 기록을 분석하였다. 전문화된 훈련의 정도는 한 전공에서 이수한 최대 과목 수에서 전공 전체에서 이수한 평균 과목수를 뺀 것으로 계측하였다.

다시 결과는 이론과 일관된다. 다른 변수들을 통제한 결과 기업가는 폭넓은 세트의 과목을 이수할 가능성이 더 높았다. 비기업가는 교육을 전문화할 가능성이 높았다. 게다가 좀 더 전문화된 과목을 수강한 사람은 경력에서 또한 더 전문화되어, 평균보다 더 적은 근로 역할을 수행했다.

마지막으로 연구는 또한 비슷한 효과가 높은 직급의 관리자에게 작용하는지를 검증하였다. 높은 직급의 관리자는 이들의 역할 중 하나가 기능적 전문가들 사이에 결과를 조정하는 것이기 때문에, 더 폭넓은 기술 세트를 필요로 한다고 주장한다. 이러한 의미에서 최고관리자는 대규모 기업 내부에서 기업가적 역할을 한다. 이것을 검증하기 위해 연구는 또한 위에서 기술한 변수들이, 졸업생이 높은 직급 일반관리자가 되는 가능성에 미치는 효과를 시험하였다. 중요한 역할의 수는 기업가 정신에 미치는 효과 만큼이나 고위 관리자가 될 가능성에도 유사한 효과를 갖는 것으로 나타났다. 이러한 증거는 높은 직급의 관리자가 기업가의 역할과 상당히 유사한 역할을 한다는 아이디어와 일관된다.

이 마지막 결과는 다음 절의 내용과 매우 잘 연결된다. 즉 기업가적 행동은 기존 기업 내부에서 만들어질 수 있음을 제안한다. 마지막 절에서는 이러한 주제를 사내기업가 정신이라 하고 이를 고려한다.

사내기업가 정신 ◆◆◆

기업가 정신보다 사내기업가 정신을 정의하는 것이 더 복잡하다. 사내기업가 정신은 기존 기업 내에서 새로운 제품 라인을 만들거나 또 다른 급진적인 변화를 일으키는 것 또한 포함하는 개념인가? 더 점진적인 조직 변화의 관리를 포함하는가? 또는 기존보다 덜 관료적이면서도 역동적인 새로운 기업 정책을 설계하는 행위가 이에 포함되는가? 후자의 견해를 강조할 것이다. 따라서 이번 절에서 조직의 변화에 집중하지 않고, 조직 설계가 얼마나 더 혁신적이고 적합할 수 있는지에 집중한다.

이제 막 성장을 시작하여 성공 가도를 달리게 된 한 기업가의 기업을 상상해 보자. 그러한 기업은 일반적으로 더 많은 체계를 추가하기 시작한다. 예를 들어, 브랜드를 개발하고 단골 고객을 유치할 때 기업은 새로운 제품에 대해 더 보수적이기를 원할 수 있다. 이를 위한 한 가지 방법은 새로운 제품 아이디어에 대해 분석할 때 보다 많은 계층구조를 활용하는 것이다. 그러나 이러한 계층화는 신제품의 시장 진입 시간을 늦출 수 있고, 개발되는 신제품의 수를 적게 만들며, 보다 큰 성공을 거둘 기회를 줄일 수 있다. 이 기업의 제품라인은 창업 시기와 비교하여 보수적으로 보일 수 있다.

기업은 또한 더 많은 직원을 고용할 것이다. 이는 지리적으로 분산될 수 있다. 기업은 더 집중된 형태의 더 공식적인 절차와 정책에 투자할 것 같다. 이렇게 하는 하나의 이유는 잘 작동하는 정책들이 더 많은 근로자들에게 되풀이될 수 있기에 관리적으로 규모의 경제를 누릴 수 있기 때문이다. 또 다른 이유는 조정에 도움을 줄 수 있는 사업을 실행하는 표준 기법을 기업이 개발하는 데 도움을 주기 때문이다. 비슷하게 기업으로 하여금 더 큰 조직에 일관된 문화를 개발하거나 유지하는 데 도움을 줄 수 있다.

기업의 규모가 커질수록 직원의 더 많은 비율이 관리적 지위에서 일을 할 것이다. 제어, 순응, 회계 시스템 등을 더 강조할 것이다. 조직이 더 복잡해질수록 더 많은 조정과 의사소통이 요구된다. 중간 레벨의 관리가 더 많이 추가될 것이다.

이러한 성숙 기업은 또한 보상과 인센티브 정책을 발전시켜야만 할 것이다. 예를 들어, 스톡옵션과 기업 이윤 공유 설계가 소규모 기업에서 잘 작동하는 반면 대규모 기업에서는 효과적이지 못할 수도 있다. 대신에 기업은 개인의 기여를 더 잘 계측하는 성과평가로 이동할 수도 있다. 불행히도 기업이 커질수록 성과평가를 잘 실행하는 것은 어려워지고 계측에 오류가 발생하는 경향이 더 커질 것이다. 왜냐하면 대부분의 근로자들은 최저 수준의 이윤과는 거리가 먼 대기업에 속해 있기 때문이다. 계측 오류 때문에 인센티브는 조직의 중간계급에 위치한 직원에게 더 약해질 수 있다.

이러한 모든 것이 일반적으로 관측되는 패턴을 설명하는 데 도움을 준다. 즉, 더 크고 더 복잡하고 더 성숙한 기업이 더 관료적인 경향이 있다. 이들은 일반적으로 덜 기업가적으로 행동한다. 이것은 당연하고 종종 적절한 경향이다. 그러나 이것을 멀리하는 것이 가능하다. 많은 기업이 이상적이기보다는 더 관료적인 것 같다. 이러한 경향은 특히 시장의 경쟁이 더 심하고 기술적 변화가 더 빠를 때 많이 나타난다.

이번 절에서는 성숙한 기업이 사내기업가 정신을 후원하는 몇 가지 방식을 설명한다. 이 책에서 연구 영역 모두가 이러한 이슈를 해결하는 데 관련이 있음을 보게 될 것이다. 다수의 정책들을 수정하여 기업에 더 많은 동태성을 추가할 수 있다. 기업의 구조와 정책을 연결하는 것이 매우 중요하다. 모든 기업은 다양한 종류의 트레이드오프와 기술, 전략, 산업 구조 등에 직면한다. 따라서 여기서 살펴본 모든 정책이 모든 기업에게 적합하지는 않다. 그러나 이러한 정책들 중 일부는 적어도 조직의 일부에게 도움이 될 것이다.

내부시장

조직 설계를 위한 시장 은유는 사내기업가 정신을 숙고하는 유용한 출발점이다. 어떠한 경우에 기업의 일부가 사실상 독립적인 사업으로서 행동하도록 하기 위해 개인 정책을 설계하는 것이 가능하다. 이것을 실행할 수 있을 때 직원을 혁신적이게 하는 상대적으로 강력한 인센티브가 발생할 수 있다.

코치 인더스트리의 시장 기반 경영

●●●●●●●●●●

코치 인더스트리는 천연 자원에 기초한 제품을 다각화한 제조업체이다. 이 회사는 수십 년간 꾸준히 성장하여 2007년에 약 900억 달러의 가치가 되었다. 때때로 세계에서 가장 큰 민간 기업으로 불리운다. 그동안 코치의 경영진은 시장 기반 경영(market-based management)라는 새로운 접근법을 개발했다. 그들은 이러한 접근법에 대해 다음의 다섯 가지 측면으로 설명한다.

비전 : 조직이 가장 뛰어난 장기적 가치를 어디서 찾아야 하고 또 어떻게 찾을지를 결정하는 것

장점과 재능 : 적합한 가치와 기술, 역량을 지닌 사람을 고용하고 보유하고 개발하는 활동을 보증하는 것

지식 프로세스 : 관련 지식을 창조하고 획득하고 공유하고 응용하는 것, 그리고 이윤을 계측하고 추적하는 것

의사결정권 : 적합한 사람이 의사결정하고 적합한 *권위*를 가진 적합한 역할에 놓이도록 보증하는 것, 그리고 이들이 책임지도록 하는 것

인센티브 : 조직을 위해 창조한 가치에 따라 사람들에게 보상하는 것

물론 이들은 이 책을 통하여 제시하였던 그러한 측면들과 매우 유사하다. 즉, 마지막 3개는 시장 은유의 주요한 구성요소이다. 이들은 상대적으로 독립적인 사업의 본질로 인하여 코치에서 잘 작동한다.

출처 : Koch(2007)

좋은 예시는 몇 개의 상이한 사업라인을 가진 기업이다. 각 단위의 최고관리자는 그 사업의 준-CEO로 생각하라. 부서의 관리자가 기업가처럼 행동하도록 동기를 부여하기 위해 각 부서를 구조화할 수 있는가? 대답은 '그렇다'이다. 부서의 지식을 활용하도록 분산화를 활용하고, 성과평가와 인센티브에서 변화를 연결하여 이를 강화함으로서 달성할 수 있다.

첫째, 부서에 영향을 미치는 의사결정을 할 수 있는 상당한 권위를 관리자에게 주어야 한다. 이것은 생산, 배분, 마케팅, 인적자원 등을 포함한다. 이러한 의사결정권을 관리자에게 주는 것은 조직 설계에서 많은 유연성을 허용한다. 대표자를 파견할 수 있고, 적합한 기술의 유형을 선발하여 개발하고, 다른 정책들과 밀접하게 연결하는 인센티브 계획을 세울 수 있다. 이것은 상이한 유형의 사업에 대해 상이한 기법을 용이하게 하고, 부서들마다 다른 특정 지식의 활용을 고무하는 우수한 방식이다.

더 극단적인 사례에서는 생산라인 자체에 대해 의사결정을 할 수 있는 권리가 관리자에게 주어질 수 있다. 이러한 종류의 권위는 관리자로 하여금 창의성을 더욱 허용한다. 매우 폭넓은 제품라인을 가진 많은 조직들(예 : 코치 인더스트리, 소니)은 제품 개발을 할 수 있는 많은 권위를 부서관리자에게 수여한다. 이는 신제품과 디자인에 대한 결정을 고객들의 선호도와 부서 레벨의 엔지니어들에 관련된 중요한 전문 지식에 밀접하게 관련짓는다.

일단 폭넓은 재량이 주어지면 매우 폭넓은 성과 계측을 활용하여 부서관리자에게 동기를 부여해야 한다. 다시 말해 궁극적인 목표는 각 부서의 주인의식을 모방하는 것이다. 이러한 방향에서 취할 수 있는 하나의 조치는 부서의 이윤을 계측하는 것이다. 왜냐하면 이윤은 수입과 지출이 모두 고려되어 있는 지표이며, 폭 넓은 재량이 주어진 관리자는 이 두 가지 사항을 대체로 잘 제어할 수 있기 때문이다. 그러나 이윤은 단기적 척도이고, 이는 투자와 R&D에 대한 의사결정을 왜곡한다. 따라서 자본의 기회비용(예 : 경제 부가가치)을 포함하거나 미래 이윤을 보상하려는(예 : 부서의 성과에 기초한 장기적 보너스 계획) 더 폭넓은 성과 측정을 활용하는 것이 종종 도움이 된다.

부서 단계에서 성과를 주의 깊게 측정하는 것으로부터 얻는 추가적인 혜택은 이러한 성과 측정이 부서 내에서 관리자를 위한 인센티브 설계에 유용하다는 것이다. 이러한 척도는 전체적인 기업의 성과가 되기보다는 이들의 책임을 포착하는 것에 가깝다.

조직 설계에 대한 이러한 기법은 대규모 사업부제기업(multidivisional firms)에서 상당히 일반적이다. GE는 유명한 사례이다. 일부 회사는 제품 디자인 엔지니어를 고무하여 새로운 제품라인을 제안하도록 하는 정책을 펴고 있다. 만약 이들이 기업의 수익성을 유지할 수 있을 것으로 기대되는 훌륭한 제품을 성공적으로 설계할 경우, 이것은 새로운 제품을 개발하도록 하는 강력한 인센티브가 될 수 있다. HP는 컴퓨터 회사가 되기 전에 이러한 정책을 실행했다. 그 결과는 200개 이상의 상이한 부서에서 대규모로 성공한 제품들이다. HP는 이러한 조직 전략을 위한 은유로서, 생물학으로부터 세포 분열의 아이디어를 차용하였다.

기업을 조직하는 이러한 일반적인 방식은 강력할 수 있지만 상당한 제한을 가진다. 각 부서에 대한 보다 큰 분권화는 부서 사이의 조화 역시 줄일 수가 있다. 기업이 부서 간의 조화를 바랄 경우, 이러한 기법은 조금 지나친 면이 있다. 소니(Sony)의 사례는 이러한 트레이드오프의 중요한 예라고 볼 수 있다. 소니는 매우 폭넓은 가전제품라인을 가지고 있다. 수년간 이들은 부서가 창의적이도록 고무하고 많은 새로운 혁신적인 제품을 만들었던, 상당히 분산된 구조를 추구하였다. 그러나 최근 더 많은 가전제품이 함께 작동(convergence)하도록 하는 추세이다. 제품이 함께 작동할 필요가 있는 경우 분산된 제품 설계는 심각한 문제를 야기할 것이다. 실제로 소니는 최근 보다 더 중앙집중화된 전략을 수립함으로써 이러한 문제를 완화하려고 시도하였다.

HP는 컴퓨터를 처음 선보였을 때 이러한 동일한 문제에 직면하였다. 분산된 부서 구조는 제대로 작동하지 않았다. 때때로 이들이 출시한 컴퓨터 모니터와 프린터들 중 일부는 그들의 미니컴퓨터와 제대로 연동되지 않았다. 전체 컴퓨터 시스템을 소비자에게 판매하기 위해 HP는 이들 제품이 함께 작동하도록 할 필요가 있었다. 이러한 문제를 해결하기 위해 여러 해에 걸쳐 어렵사리 조직을 재구성해야만 했다. 따라서 기업은 매우 극단적인 시장 유형 구조를 적용할 때, 이것이 자신들의 사업에 부적절한지의 여부를 주의 깊게 살펴야만 한다. 조정으로부터 강력한 혜택을 만드는 요소들은 제5장에서 논의하였다. 그리고 이들은 이러한 기법을 어느 정도까지 적용할지 결정함에 있어서 고려되어야 한다.

창의성 vs. 제어

지금까지 창의성과 통제 혹은 위험 관리라는 목표들 사이의 트레이드오프를 만들어내는 개인 정책들의 여러 가지 방법들에 대해 논의했다. 이러한 정책들은 재조정을 통해 기업을 더 동태적으로 할 수 있다.

예를 들어, 기업은 어떤 의사결정에서 계층의 정도를 줄이는 것을 고려할 수 있다. 이것은 일부 승인단계를 축소해서 의사결정에 대해 엄밀성을 완화하거나 자원의 상대적 배분을 사업의 창의적인 방향으로 변경할 수 있다. 목표는 더 새로운 아이디어를 만들고 실행하는 것이다.

물론, 이것은 성공적이지 않은 더 많은 아이디어를 실행하는 비용을 수반한다. 기업은 몇 가지 방식에서 이러한 위험을 완화시킬 수 있다. 하나의 방법은 가능한 한 오랫동안 새로운 아이디어의 실행에 관대한 태도를 취하는 반면, 새로운 제품의 마지막 의사결정 바로 직전 또는 대규모 자원이 마지막으로 배분되기 직전 단계 의사결정에서 엄격해지는 것이다. 이것은 벤처 캐피탈 기업이 실행하는 방식이다. 이해관계가 너무 높아지기 전까지 많은 아이디어를 제시하고 조성하고 권장한다. 그 시점에서 전진하는 것에 대해 더 주의를 기울이는 것이 합당하다.

기업은 또한 아이디어를 실행할 때 있어서 손해를 볼 수 있는 위험을 줄이기 위해 조치를 취할 수 도 있다. 예를 들어, 새로운 제품을 세계 시장에 내놓기 전에 단일 시장에서 검증할 수 있다. 또는 고객의 평가를 얻기 위해 초기에 다른 브랜드로 검증할 수 있다. 따라서 성공한 제품만 세계 시장에 내놓거나 성공의 확신이 높을 때 회사의 브랜드로 내놓을 것이다.

창의성을 주입하는 두 번째 기법은 신규채용에서 위험을 더 감수하는 것이다. 살펴본 바와 같이 직원은 실물 옵션을 생각할 수 있다. 기업은 우수한 직원을 보유하고 승진시키기 위해 옵션을 실행할 수 있다. 이러한 기법이 함축하는 것은 기업이 실수로 밝혀지는 더 많은 직원을 고용할 것이라는 점이다. 그래서 여기에는 어느 정도 위험이 있다. 그러나 기업은 일정 기간 고용 계약이나 수습기간을 통해 이러한 손해를 제한할 수도 있다.

일부 위험한 후보자를 고용해 얻는 잠재적 혜택은 능력의 작은 차이가 직업 성과에서 큰 차이를 함의하는 직위에서 가장 클 것이다. 이것은 기업의 의사결정에 있어서 그 후보가 많은 책임을 가지게 되는 핵심 지위 또는 혁신에서 핵심 역할을 하는 직위에 채용하려는 사례일 가능성이 높다. 따라서 기업은 R&D와 리더십 직위에 일부 위험한 후보자 해용을 고려할 수 있다. 이러한 경우 그 직업에서 검증할 때까지 새로운 사람에게 너무나 많은 권위를 주는 것을 피하기 위해 주의 깊게 수습기간을 구성하여야 한다.

더 위험한 후보자를 고용하는 것은 직원 이직을 증가시킬 것이다. 이것은 혁신을 향상한다는 관점에서 도움이 될 수 있다. 더 높은 이직은 기업으로 하여금 상이한 훈련과 경험을 가진 새로운 직원을 데려올 자리를 열어두도록 한다.

창의성을 높이는 세 번째 기법은 인센티브를 바꾸는 것이다. 창의성은 종종 수치로 계측하기 매우 어렵다. 적어도 성과 계량이 무엇이 될지를 미리 설정하는 것은 매우 어려울 수 있다. 일부 기업들은 매년 도입하는 새로운 제품의 수에 대해 목표를 설정한다. 대규모 제품 세트를 생산하는 기업에게 효과적일 수 있다(예 : 3M). 그러나 종종 이러한 기법은 관리자가 제품 도입의 품질 대신에 수량에 집중하기 때문에 성공적이지 못한 제품의 도입으로 이어진다. 이러한 문제를 완화하기 위해 기업은 새로운 제품이 가져올 이윤과 같은 더 폭넓은 성과 측정을 사용할 수도 있다. 창의성 연구자에 따르면 더 폭넓은 성과 측정이 창의적 행동을 가져올 가능성이 더 크다고 한다. 그 이유는 더 넓은 측정이 인센티브를 덜 왜곡하고 통상적으로 조작하는 것이 더 어렵기 때문이다. 더 넓은 측정은 또한 투입보다는 산출에 기초하는 경향이 있다. 투입에 근거한 성과 측정은 창의성을 줄일 것이다. 왜냐하면 창의성이 언제 필요한지를 미리 파악하기 어려운 과정에 집중하기 때문이다.

폭넓은 수량 계측의 대안은 주관적 성과평가이다. 창의성을 미리 알기 어렵기 때문에 이러한 방식으로 사후(ex post) 평가는 종종 상당히 도움이 된다. 게다가 주관적 평가는 실수에 대한 벌칙 대신에 성공에 대한 인센티브 시스템의 보수 강조를 향상할 수 있다. 주관적 평가는 보통 감독자가 성공한 위험에 대해 보답하는 것을 용이하게 하고, 반면 성공하지 못한 위험에 대해서도 벌칙을 적용하지 않는다. 이것은 직원의 효과적인 위험 기피를 줄일 수 있고, 따라서 더 큰 위험 감수를 고무한다.

마지막으로 더 많은 창의성을 고무하기 위해 평가 시스템을 변경한다면 기업은 우수한 성과와 연계하여 보수를 증가시킬 수 있다. 따라서 인센티브는 동기를 재설정하고, 그 방향으로 이를 강화한다.

의사결정 속도

기업이 보수적으로 될 수 있는 하나의 방식은 느린 의사결정을 통하는 것이다. 느린 의사결정은 조직의 체계를 오르내리는 더 많은 의사소통을 요구하는 계층제와 집중화의 강조로부터 발생한다.

의사소통을 가속하기 위해 기업은 더 많은 의사결정을 분산할 필요가 있다. 물론, 이것은 조직 간의 조화와 통제를 줄일 것이다. 이러한 염려는 조화와 통제에 영향을 덜 주는 의사결정의 분산화에 집중함으로써 해결될 수 있다. 예를 들어, 운영을 결정하고 직원을 관리하고 또는 가격을 설정하는 더 큰 재량을 부서에 부여할 수 있다. 반면 제품라인 결정에 대해 여전히 승인을 필요로 한다. 게다가 기업은 정확성을 증가시키기 위해 더 나은 의사결정에 더 많은 자원을 지출할 수 있는 반면, 요구되는 승인단계의 수를 줄이게 된다.

의사결정은 또한 정보기술에 대한 더 많은 투자를 통해 가속할 수 있다. 이는 종종 더 빠른 의사소통을 함축한다. 마지막으로 표준 운영 절차를 더 많이 강조할수록 의사소통에 대한 수요 없이 부서 간의 조화를 향상시킬 수 있고, 그러한 방식으로 의사결정의 속도를 증가시킨다.

관료제 축소

강조하였던 것처럼 대규모의 복잡한 조직에는 관료제로 조직을 운영하는 데 합당한 이유가 존재한다. 그러나 이러한 구조와 정책들은 혁신을 방해할 수 있다. 어떤 경우에 기업은 관료제를 축소하여 이러한 것을 해결할 수 있다.

그렇게 하는 한 가지 방법은 혁신에 필수적인 조직의 일부(예 : 기초연구, 제품 설계, 또는 광고)를 구조의 나머지로부터 분리하고, 그 부분에 관료제를 덜 부과하는 것이다. 관리상의 규칙과 절차는 반드시 조직의 모든 부문에 적용되는 것은 아니다. 따라서 균형은 깨질 수 있다. 기업이 창의적인 부서에서 더 많은 유연성과 더 느슨한 정책의 적용을 허용하는 것은 상당히 흔하다. 어떤 기업들은 그러한 그룹들을 다른 건물로 또는 심지어 다른 지리적 위치로 물리적으로 분리하기도 한다. 이는 특히 스컹크 웍스에서 행해진 기초연구에 있어서 매우 일반적이다.[3] 물리적인 분리는 충돌을 야기하지 않고 다른 공식적이고 비공식적인 정책을 유지하는 것을 더 용이하게 한다. 물론, 이에 대한 트레이드오프는 외부 그룹이 기업의 나머지 부문과 일을 함에 있어서 더 끊임이 발생한다는 것이다. 물론 외부 그룹은 이윤이 있는 제품으로 변환될 수 있는 결과에 대해, 특히 결과를 산출하기 위해 규율을 준수하도록 충분한 감시를 받아야 한다.

관료제 문제를 처리하는 더 극단적인 기법은 기업 운영의 복잡성이 이러한 문제를 야기하는 중요한 요인이라는 사실에 집중한다. 제6장에서 보았던 것처럼 더 복잡한 기업은 더 많은 부서와 기반 또는 다른 잠재적인 조정 메커니즘을 포함하여 더 복잡한 구조를 사용한다. 기업 운영의 복잡성을 줄임으로서 관료제를 줄일 수 있다. 이것을 실행하는 두 가지 방식이 있다.

하나는 기업의 제품라인을 단순화하는 것이다. 소수의 사업에 집중하는 기업은 복잡한 구조를 필요로 할 가능성이 낮을 것이다. 기업에 집중하는 시도는 종종 **핵심 역량**(core competence) — 기업이 경쟁자와 비교했을 때 특히 효과적으로 운영되는 부분에 있어서 가능한 한 많이 운영 비용을 줄이는 것 — 에 대한 보수라고 칭한다. 이것은 극적인 수단이지만 비핵심 제품라인이 이윤이 낮을 경우 특히 도움이 될 수 있다.

기업의 운영을 단순화하기 위한 덜 극단적인 기법은 비핵심 활동을 **아웃소싱**하는 것이다. 예를 들어, 애플은 제품의 대부분 부품을 제조하지 않고 조립한다. 즉, 수직적 분할(dis-integration) 기업이다. 유사하게 많은 기업들이 보안, 공장의 물적 관리, 직원 카페테리아 등과 같은 시설 관리 업무를 외주한다. 일부 기업은 행정상 업무, 특히 인적자원을 외주한다. 이러한 기법은 장기적인 공급자 관계에 대한 효과적인 계약을 필요로 한다. 잘 실행될 때 이것은 경영진

---

3) 이 용어는 록히드마틴 사의 선진 개발 프로그램(Advanced Development Program)의 가명으로서 보다 선진화된 R&D 프로젝트를 위해 시도된 것이다.

으로 하여금 더 작은 규모의 조직 설계 이슈들에 집중할 수 있게 한다.

지속적인 향상

지속적인 향상은 변화하는 환경에 기업을 적응시키는 우수한 방식이다. 직원에게 문제를 탐지하고 해답을 제안하고 검증하고 최선의 해답을 실행하도록 부과한다. 이것은 비록 새로운 제품 설계와 상당히 다르지만 또 다른 혁신의 형태이다. 목표는 새로운 제품을 제안하기보다는 이미 선정된 제품 또는 프로세스의 점진적인 향상이다.

지속적인 향상 아이디어의 변형은 **실험**(experimentation)이다. 어떤 은행이 지점에서 고객 서비스의 품질을 향상하고자 한다고 가정하자. 한 가지 기법은 지속적인 향상이고, 이는 각 지점이 새로운 아이디어를 제안할 것을 요구한다. 또 다른 기법은 한 독립 그룹이 서비스를 향상할 기법을 고안하고, 모든 지점에서 이를 실행할 수 있다(이것은 본질적인 테일러리즘의 형태이다). 그러나 이러한 아이디어를 실행하기 전에 먼저 소규모로 실험하는 것이 유용할 수 있다. 따라서 우수한 아이디어는 모든 지점에 적용시키기 전에 다듬을 수 있다. 분산화된 지속적인 향상은 이러한 종류의 실험을 자동적으로 실행하지만, 새로운 아이디어에 대한 집중화된 기법은 아이디어의 성공을 향상하기 위해 실험을 활용할 수 있다는 것에 주목해야 한다.

지속적인 향상과 관련한 과제는 지속적인 향상이 분산화된 기법이고 따라서 우수한 아이디어는 조직 전반에 자동적으로 확산되지 않을 것이라는 사실이다. 이러한 기법을 훨씬 더 효과적으로 만들기 위해 많은 기업이 **지식관리** 시스템을 구축한다(build in). 이러한 시스템의 목표는 분산화된 단위로부터 최상의 아이디어를 끌어내고 이들로부터 우수 사례를 만들고 기업의 나머지 전반에 이들을 전파하는 것이다. 지식관리 시스템은 조직 전반에서 아이디어를 끌어낼 수 있는 집중화된 그룹이 관리해야 하고, 반대 방향으로 우수 사례를 건네주어야 한다. 또한 지역 혁신을 제안하는 사람이 조직의 핵심과 이러한 아이디어를 문서화하고 공유하도록 적절한 인센티브가 필요하다.

3M의 새로운 제품 설계와 지속적인 개선 간 충돌

3M 기업은 수년간 새로운 제품 아이디어를 촉진하는 효과적인 기법으로 칭송을 받아왔다. 50년 이상 이 기업은 기초 R&D에 분산된 장기적 투자를 강조하였다. 동시에 부서는 새로운 제품에서 연간 매출 결과의 상당 비율을 얻을 것으로 예상되었다. 그 결과 Post-It Notes를 포함하여 새로운 제품이 성공하였다.

2000년 말 3M은 GE의 James McNerney를 새로운 CEO로 임명하였다. GE는 모든 사업과정에서 6시그마 전체 품질관리기법의 광대한 사용을 강조하였고, 지속적 향상의 선도자로 널리 주목받았다. McNerney는 GE의 방식들을 3M에서 실행하였고, 효율과 품질에서 상당한 향상에 도달하였다.

그러나 3M은 지속적인 향상 기법이 새로운 제품 개발에는 적합하지 않을 수 있음을 발견하였다. 이들 방식은 목표가 알려져 있고 수량화할 수 있다고 가정한다. 공식적인 절차를 이용하여 현재의 상황에서 바람직한 목표로 이동한다. 그러한 기법은 비용을 절감하는 데 매우 효과적일 수 있지만 창의적인 새로운 제품을 제안하는 데 적합하지 않는다. 3M은 결국 R&D에서 6시그마를 강조하는 것을 그만두었다.

출처 : Hindo(2007)

요약 ●●●

기업가 정신은 경쟁과 튼튼한 경제를 이루는 근간이다. 제14장에서 우리는 기업가와 관련된 인사경제학의 몇몇 측면을 논의하였다. 우리는 두 가지 주제를 다루었는데 우선, 개인 기업가의 경력에 관한 것이었고, 둘째, 어떤 기업 정책이 사내기업가 정신을 향상시킬 수 있는가였다.

기업가란 무엇인가. 가장 근본적으로 기업가는 부분의 합보다 더 큰 무언가를 창조하는 아이디어를 가지고 있거나 그러한 사람들을 결합해 낼 수 있는 사람이다. 창조성이 공통된 관점 중의 하나이다. 또한 회사를 위해 일하는 직원보다 관리와 조정 능력을 갖고 있다. 일반 근로자는 일반적으로 자신의 경력과 인적자본 투자를 전문으로 해야 한다. 기업가는 반대일 수 있다. 우리는 이런 경우의 몇 가지 증거를 제시하고 있다. 회사의 중요 관리자들이 기업가처럼 역할을 한다는 것은 전혀 이상할 것이 없는 사실이다. 왜냐하면 그들은 사업을 조정하고 결합하는 데 많은 시간을 소비하기 때문이다.

사내기업가 정신은 무엇인가? 관료주의와 맞서고 혁신과 변화의 능력을 향상시키기 위한 기업 정책을 만들어가는 것이다. 대기업과 성숙 기업에서 종종 관료주의적 모습이 나타난다. 이러한 우려는 채용, 교육훈련, 직무 설계, 조직 구조, 성과평가 및 인센티브 등의 다양한 도구를 사용하여 해결할 수 있다. 사실 조직 설계 방식은 두 가지 주제, 즉 시장원리를 활용하여 기업 개별 정책을 염두에 두는 것과 지식과 정보의 사용자 및 창조자로 기업 개별 정책을 염두에 두는 것에 적합하다.

연습문제 ●●●

1. 기업가 정신 모델은 사내 다양한 행위를 조정하는 기업가에 관한 것이었다. 기업가가 창조적이기 위해 필요한 기술이 어떤 것일지 설명해 보라.

2. 개인이 서로 양(+)의 관계를 갖는 기술 x_1과 기술 x_2를 가지고 있다고 가정하자. 어떻게 위와 같은 일이 기업가 공급에 영향을 미치게 되는가? λ의 값은 얼마인가?

3. 당신이 대기업의 고위관리자라고 가정하자. 당신은 어떤 방법으로 기업에서 기업가 정신을 육성할 것인가? 당신은 어떤 방법으로 그것을 저해시킬 것인가? 어떤 상황이 기업가 정신을 저해시켜야 할 상황인가?

4. 경제학자들은 기업가들이 동등한 경험과 교육을 받은 일반 근로자들보다 더 적은 보상을 받을 수 있다고 이야기한다. 이러한 사례들을 고민해 보고, 이를 검증할 방법은 무엇인지 이야기해 보자.

5. 두 가지 기술 모두를 한 사람이 지니는 것이 매우 어렵다고 가정해 보자(하나의 기술이 한 사람에게 유용하면 다른 하나는 다음 사람에게 유용하다). 당신은 운이 좋게도 두 가지 기술을 모두 지닌 사람 중 하나이고 이 두 가지 기술을 활용하여 기업가가 되기로 결정했다. 한 사람이 함께 지니기는 어렵지만 이를 잘 결합할 경우 매우 높은 시장 가치를 가지게 되는 기술들의 예를 들 수 있는가? 당신의 예에서 개인들은 어떻게 그들의 기술을 활용한 사업을 시작할 수 있을까?

6. 관리자들이 그들의 의사결정의 질을 위해 자신들의 평판을 관리한다고 가정해 보자. 새로운 임무에 있어서 기회를 잡는 것과 보다 보수적으로 행동하는 것에 있어서 그들의 성향은 어떠한 영향을 미치는가? 그들이 좀 더 그 자리에 오래 남거나 혹은 성과를 남기려면 의사결정을 어떻게 진화시켜야 하는가? 젊은 직원들과 오래된 직원들 사이에 의사결정 방식이나 위험감수 성향은 어떤 차이를 보이는가? 만약 문제가 있다면 회사는 어떤 정책을 써야 하는가?

7. 당신이 벤처캐피탈 회사를 운영하고 있다고 가정하자. 투자의 여부나 사업계획을 어떻게 판단할 것인가? 우선, 일반 평가 프로세스는 다른 사업계획과 비교를 하는 방법이 있다. 다음으로 벤처경영, 채용, 조직 구조, 의사결정, 거버넌스, 인센티브 시스템 등의 특정 주제를 염두에 두는 방법이 있다. 이러한 절차로 투자의 여부나 사업계획을 평가할 방법을 설명해 보자.

8. 7번 질문에 이어 만약 당신이 벤처에 투자한다면 어떤 기업가와 투자자를 선택할 것인가? 그 이유는 무엇인가? 벤처가 성장함에 따라 의사결정은 어떠한 형태로 바뀌어야 하는가? 벤처가 성공하지 못한다면 의사결정 방식은 어떻게 바뀌어야 하는가?

참고문헌

Hindo, Brian (2007). "3M: Struggle Between Efficiency and Creativity." *Business Week*, June 11.

Koch, Charles (2007). *The Science of Success: How Market-Based Management Built the World's Largest Private Company*. New York: Wiley.

Lazear, Edward (2005). "Entrepreneurship." *Journal of Labor Economics* 23(4): 649–680.

Stopford, John & Charles Baden-Fuller (1994). "Creating Corporate Entrepreneurship." *Strategic Management Journal* 15(7): 521–536.

심화문헌

Hamel, Gary & C. K. Prahalad (1990). "The Core Competence of the Corporation." *Harvard Business Review* 68(3): 79–87.

Hamilton, Barton (2000). "Does Entrepreneurship Pay? An Empirical Analysis of the Returns to Self-Employment." *Journal of Political Economy* 108(3): 604–631.

Hannan, Michael, M. Diane Burton, & James Baron (1999). "Engineering Bureaucracy: The Genesis of Formal Policies, Positions and Structures on High-Technology Firms." *Journal of Law, Economics & Organization* 15(1): 1–41.

Kaplan, Steven & Per Stromberg (2002). "Financial Contracting Theory Meets the Real World: An Empirical Analysis of Venture Capital Contracts." *Review of Economic Studies* 70: 281–315.

Kaplan, Steven & Per Stromberg (2004). "Characteristics, Contracts, and Actions: Evidence from Venture Capitalist Analyses." *Journal of Finance* 59(5): 2177–2210.

Prendergast, Canice & Lars Stole (1996). "Impetuous Youngsters and Jaded Old-Timers: Acquiring a Reputation for Learning." *Journal of Political Economy* 104(6): 1105–1134.

Rosanoff, Martin André (1932). "Edison in His Laboratory." *Harper's Weekly Magazine*, September.

부록

기업가가 될 확률은 부가적인 기술의 추가에 의해 증가할 수 없다

이 단원에서는 다른 모든 상황이 동일할 때, 산업이 보다 많은 수의 기술을 요구한다고 해서 이것이 기업가가 될 확률을 더 높일 수는 없다는 것을 증명한다. 이는 추가적인 기술들이 여러 개인들에게 걸쳐 x_1과 x_2에 서로 독립적으로 분포한다는 가정에 의존한다. 단 2개의 기술만으로 이루어진 산업으로부터 논의를 시작해 보자. 개인들을 둘러싼 이러한 기술들의 결합밀도(joint density) 함수는 $g(x_1, x_2)$와 같다. 여기서 기술 x_3가 추가되어 세 결합 밀도가 $k(x_1, x_2, x_3)$라고 가정하자. 만약 x_3이 x_1과 x_2에 독립적이며, 한계밀도(marginal density)가 $m(x_3)$라면, 세 기술의 결합밀도는 다음과 같다.

$$k(x_1, x_2, x_3) = \int m(x_3) \left\{ \iint g(x_1, x_2) \, dx_2 \, dx_1 \right\} dx_3$$

두 변수에 대한 기업가 정신 조건은 동일하게 유지되어야 한다. 특정 x_3와 λ에 대하여 만약

$\lambda \times \min[x_1, x_2] < \max[x_1, x_2]$라면, x_3에 관계없이 개인은 전문화된다. 또한 기업가 정신에 요구되는 $x_3{}^*$와 $x_3{}^{**}$의 잠재 기준치가 존재한다. 따라서 기업가 정신 확률은 다음을 초과할 수 없다.

$$\int_{x_3{}^*}^{x_3{}^{**}} m(x_3) \left\{ \int_0^\infty \int_{\frac{x_1}{\lambda}}^{\lambda x_1} g(x_1, x_2) \, dx_2 \, dx_1 \right\} dx_3$$

다음과 같이 표기할 수 있다.

$$\{M(x_3{}^{**}) - M(x_3{}^*)\} \int_0^\infty \int_{\frac{x_1}{\lambda}}^{\lambda x_1} g(x_1, x_2) \, dx_2 \, dx_1$$

첫 번째 항이 1미만으로 확률은 2개 기술요인을 가진 기업가 정신 확률을 초과할 수 없다. 2개 기술에서 3개 기술로 가기 위한 방법을 설명하고 있다. 어떤 기술이 독립적으로 추가되더라도 이를 따를 것이다.

기업가를 위한 최적의 인적자본 투자

개별 기술 I에 대하여 초기레벨 $x_i{}^0$과 최종 레벨 x_i를 정의하자. 초기의 $x_i{}^0$로부터 시작하여 기술 x_i에 투자한 비용을 $C(x_1, x_2)$라 하고, 편미분 값을 $C_1 > 0$, $C_2 > 0$, $C_{ii} > 0$라 하자. C가 x_1과 x_2에 대하여 대칭이여서 각 기술 모두 비용편익은 없다고 가정하자.

x_1은 개인에게 가장 많이 부여되어 있는 기술이라고 하자. 자신의 경력을 한 사람의 근로자로서 전문화하고자 하는 계획을 지닌 사람은 두 가지 기술 모두에 투자하지 않거나 오직 x_1에만 투자할 것이다. 그렇다면 기업가가 되고자 하는 사람은 x_1과 x_2에 모두 투자 해야 하는가?

x_2는 x_1하에서 시작된다는 제약이 있기 때문에 x_2가 적어도 x_1의 레벨 이상으로 커지지 않는 한 x_1에 대한 투자는 아무런 의미가 없다. x_2가 내부적으로 문제해결이 될 경우 다음을 만족시킨다.

$$\lambda - C_2(x_1, x_2) = 0$$

이때 세 가지 가능성이 존재하는데 우선, $C_2(x_1{}^0, x_2{}^0) > \lambda$이라면, x_2에 대한 투자를 하지 않는 (혹은 전혀 하지 않는) 경우가 존재한다. 만약 $C_2(x_1{}^0, x_2{}^0) < \lambda$이지만 $C_2(x_1{}^0, x_2{}^0) > \lambda$일 경우, 최적의 전략은 x_2에 투자하는 것일 테지만, x_1 수준 미만일 때에는, x_1에 대한 투자는 일어나지 않을 것이다. 마지막으로 $C_2(x_1{}^0, x_1{}^0) < \lambda$라면, 그때는 x_1과 x_2를 $x_1{}^0$이상으로 투자해야 한다. 최적은 $x_1 = x_2 > x_1{}^0$인 상태이다.

15

고용관계

구두계약은 문건화된 서류만큼의 가치가 없다.

— 사무엘 골드윈

서론

직원과 기업은 심리와 유인과 같은 행동적 특성에 많은 영향을 받는 장기적 관계를 발전시키곤 한다. 이것은 직원과 기업 사이의 계약이 대부분의 경제적 계약보다 더 복잡하다는 것을 의미한다. 협력과 충돌은 지속적인 관심사이고 따라서 단순한 미시경제학적인 직관은 실제 개인경제학을 완전히 이해하는 데 있어 적합하지 않다. 각 장에서는 처음 시작한 기본 아이디어에 추가 개념과 복잡성을 더하였다. 이번 장에서는 이러한 아이디어를 한데 모아 직원과 기업 사이에 관계를 논하고자 한다.

경제교류 관점에서의 고용

완전경쟁

경제학 연구는 일반적으로 완전하게 경쟁적인 시장에 초점을 맞추어 시작된다. 이러한 시장에서는 다수의 구매자와 판매자가 존재하고, 공급과 수요를 균형적으로 가져올 수 있는 하나의 시장 청산 가격이 존재한다. 오로지 하나의 시장가격만 존재하기 때문에 협상의 역할이 존재하지 않는다. 계약과 관련한 유일한 조건은 가격과 수량이며 제품 특성 역시 관련이 없다. 완전하게 경쟁적인 시장에서는 생산자들이 서로에게 완전한 대체재인 재화를 판매하기 때문이다. 마지막으로 이 시장은 익명성을 가진다. 즉, 공급자는 누가 자신의 제품을 구매하는지 알 필요가 없고, 구매자는 자신이 소비하는 것을 누가 생산하는지 알 필요가 없다.

완전하게 경쟁적인 이러한 시장을 현물시장(spot market)이라고도 부른다. 현물시장은 재화, 서비스, 금융자산 등이 즉시 계약되어 인도되는 시장이다. 이는 분명히 실제 시장에 대한 이상적인 모형이지만 논의의 출발점에서 이러한 기초 사례를 이용하면 시장이 어떻게 작동하는지에 대한 많은 통찰을 제공할 수 있다. 이것은 공급과 수요의 결정요소, 경쟁, 자원 배분에서 가격이 중요한 역할을 하는 것 등을 강조한다.

뿐만 아니라 이 모형은 일부 실질 세계시장에 대해 상대적으로 만족스러운 설명을 현실한다. 예를 들어, 주식, 미래 계약, 또는 공공거래 옵션 등에 대한 시장은 이러한 이상적인 모형과 매우 유사하다. 또한 일반 상품도 종종 이 모형으로 특성들이 잘 설명된다. 현실에서 많은 산업이 완전하게 경쟁적이지 않으며, 따라서 계약은 다른 특성들을 가지고 더 복잡하다. 전략과 같은 경영학 교육의 전체 분야는 이러한 시장을 분석하기 위해 설계된다. 그럼에도 불구하고 훨씬 덜 완전하게 경쟁적인 시장은 이러한 기초 사례를 연구함으로써 유용하게 분석할 수 있다. 실제로 모든 산업이 약간의 경쟁을 가지고 있으며, 소비자 수요의 분석은 독점적인 산업에서 유사하기 때문이다.

똑같은 논리가 노동시장에도 적용된다. 일부 노동시장은 현물시장 모형으로 특성들이 잘 설명된다. 예를 들어, 건설 현장의 일용노동자(day labor)에 대한 시장은 현물시장이다. 즉, 근로자는 하루 동안 고용되어 주어진 근로시간을 제공하면 이에 대한 시급이 지급된다. 다음날은 다른 근로자가 동일한 직무를 수행할 수 있으며, 한편 이전의 근로자도 다른 건설 회사에 의해 또 다른 직무에 고용될 수 있다. 패스트푸드 식당의 직원 역시 현물시장과 대체로 비슷하다. 대부분의 근로자는 비슷한 숙련도와 경험을 가지고 있으며, 밀접한 대체재로부터 많은 공급이 존재한다. 대부분의 직업은 임금, 복지, 근로 환경 등의 조건에서 서로 유사하다. 따라서 비슷한 특성들을 가진 두터운 고용주의 시장 역시 존재한다.

이러한 예와 대조적으로 단순한 현물시장으로는 특성들이 잘 설명되지 않는 노동시장들이 있다. 노동시장 계약 — 고용관계 — 는 현대 경제에서 가장 복잡한 경제 계약의 유형들 중 하나라고 할 수 있다. 이 책의 앞부분에서 논의된 아이디어는 이러한 복잡성을 소개하고 분석하였다. 이제 이 책 전반을 통해 소개하였던 고용계약체결의 다양한 복잡성을 좀 더 심층적으로 이해해 보도록 하자.

불완전경쟁

많은 노동시장은 불완전하게 경쟁적인 특성들로 가장 잘 설명될 수 있다. 왜냐하면 근로자는 서로에게 완전한 대체재가 아니고 기업이 제공하는 직업 역시 서로에게 완전한 대체재가 아니기 때문이다. 모든 개인 — 특히 높은 수준의 능력, 인적자본, 또는 근로경험 등을 가진 사람들 —

은 생산 능력, 직무의 적합한 유형 등에서 어느 정도 다른 유형을 가지고 있다. 모든 고용주와 그 고용주의 조직 내에서 직무들도 다소 다르다. 이것은 기업과 근로자 모두 누구를 고용하고 누구를 위해 일을 할지에 대한 일련의 선택에 직면하고 있음을 의미한다.

이러한 일련의 선택은 고용관계에 대해 중요한 함의를 가진다. 가능한 선택에 대한 불완전한 정보는 기업과 직원 모두 적절한 매치를 찾기 위해 탐색이 필요함을 의미한다. 적절한 매치를 찾게 되면 그 계약은 더 이상 익명적이지 않다. 즉, 근로자와 기업 모두 누구와 일을 할 것인지에 대해 관심을 갖는다. 예를 들어, 근로자가 직업을 잃고 노동시장으로 복귀해야 한다면 임의적으로 선택한 새로운 직업이 이전의 구직 활동을 통해 찾았던 현재의 직업보다 열등할 가능성이 있다. 이 근로자가 현재의 직업과 비슷한 수준으로 새로운 직업을 구하기 위해서는 최소한도로 탐색비용이 유발될 가능성이 있다. 기업이 직원을 교체할 때에도 비슷한 논리가 적용된다.

이러한 탐색 또는 **전환비용**(switching cost)은 직원과 고용주 모두에게 계속해서 함께 일할 유인을 제공한다. 이들은 이제 여러 해에 걸쳐 함께 일하는 가장 기본적인 관계를 형성한다. 이러한 간단한 수준에서 경제 계약은 현물시장에서와 다르다. 왜냐하면 그 계약은 한 시점 이상을 포함하기 때문이다. 이러한 아이디어를 예시하기 위해 결혼의 은유를 이용하였다.

그 계약은 또 다른 방식, 즉 가격에 있어서도 또한 다르다. 근로자와 직업은 불완전한 대체재이기 때문에 근로자와 기업이 계약하는 하나의 시장가격이 존재하지 않는다. 대신에 비슷한 근로자와 직업에 대해 급여와 복지의 범위가 존재할 것이다. 예를 들어, 근로자는 자신이 찾을 수 있는 대안적인 직업들이 무엇인지, 그리고 이들 직업 중 하나를 택할 경우 받게 될 급여가 얼마인지를 정확히 알 수 없을 것이다.

이것은 그 계약에 새로운 요소를 추가한다. 즉, 협상이다. 근로자와 기업의 결합은 공동잉여를 창출한다. 공동잉여는 기업에 대한 가치(생산성)와 근로자에 대한 가치(유보임금) 사이의 차이이다. 불완전 경쟁과 불완전 정보는 많은 직업에서 이들 가치가 동일하지 않음을 의미한다. 생산성이 근로자의 유보임금보다 높을 경우 실제 가격―근로자와 기업이 동의하는 임금, 복지, 기타 직무 특성 등―은 근로자와 기업 사이에서 협상이 어떻게 작동하는가에 따라 이들 두 가지 가치 사이에서 결정될 것이다. 제3~4장과 제9~12장에서 이에 대한 시사점을 검토하였다.

이러한 협상과정은 고용주와 직원의 편에서 **전략적 행동**으로 특성이 설명된다. 이들은 상대편과 전체 정보를 공유하지 않으며 심지어는 정보를 왜곡하려고 시도할 수 있다. 왜곡의 한 유형은 더 나은 계약을 갖기 위해 대안적인 가치를 과장하는 것이다. 위에서 기술한 바와 같이 불완전 경쟁은 현물시장과 노동시장 사이에 근본적인 차이를 만든다. 하나의 기간, 하나의 가격, 익명적 계약 대신에 여러 기간, 가격 변화, 유일한 계약을 가지기 때문이다. 이를 위한 관계 형성과 협상이 요구된다. 양측은 탐색과정이 끝나면 함께 일할 유인을 갖는다. 그러나 이들은 또한 서로에게 전략적으로 행동할 유인을 갖는다. 왜냐하면 이들이 계약하는 가격은 협상을 통해 결정되기 때문이다.

복잡한 계약체결

선별과 인적자본 투자

제1~4장에서 위험한 고용, 수습기간 검증, 자기선택, 직업 안전, 이직 등을 논의하였다. 특히 수습기간 모형의 함의를 고려하자. 이 모형은 몇 가지 흥미로운 측면을 고용관계에 추가하고 있다.

수습기간 모형은 현물시장과 유사한 기간당 임금과 시간 투입(commitment)으로 구성된 단순한 직업 제안 대신에 세 가지 독특한 측면에서 확장된 더 복잡한 모형을 가진다.

첫째, 기업은 일련의 반복적인 단일 기간 계약보다는 공식적인 여러 기간을 제안한다. 둘째, 직업 제안은 성과 지급을 포함한다. 성과평가를 통해 직원이 수습기간을 극복하는지 여부를 파악한다. 이는 수습기간 동안 우수한 성과를 조건으로 하는 보수 또는 벌칙을 포함한다(예 : 승진 혹은 해고). 성과 지급을 설계하여, 동기를 향상하기보다는 채용에서 자기선택을 향상한다.

마지막으로 수습기간 모형은 기업의 잠재적인 직원에 대한 약속을 포함한다. 기업은 성과와 합리적으로 연결된 방식으로 직원을 평가할 것을 약속하고 수습기간 이후 직원의 생산성과 시장가치보다 더 높은 임금을 지급할 것을 약속한다. 약속이 경제 계약의 실행 가능한 요소가 되기 위해서는 어느 한쪽의 상대방에 대한 신뢰 또는 양자의 신뢰가 요구된다. 이번 장의 후반에서 신뢰의 경제적 역할을 논의할 것이다.

일단 직업으로 직원 선별을 논의하였다면 새로운 아이디어를 고용관계, 즉 인적자본 투자에 추가한다. 직업 훈련이 존재하면 기업의 직업 제안은 이러한 훈련 기회를 포함한다. 훈련이 일반 인적자본이면 기업은 사실상 그 훈련을 직원에게 판매하는 것이고 훈련이 기업 특수적이면 근로자와 기업이 투자의 비용과 수익을 공유할 것이라고 주장한다. 이러한 공유된 투자만이 근로자와 기업이 형성하는 장기적 관계를 강화시킬 수 있다. 이들은 비용과 복지를 공유하고 장기적으로 함께 할수록 근로 생산성에 함께 투자할 가능성은 더 커진다.

마지막으로 기업 특수적인 인적자본 투자의 경우 약속의 이슈가 다시 발생한다. 양자는 상대에게 바가지를 씌우거나 공격적으로 재협상을 시도하지 않을 것을 서로에게 암묵적으로 약속할 것이다.

직원은 직업에서 무엇을 평가하는가?

직업 제안은 근로자들이 다양한 방식으로 가치를 평가하는 많은 측면들을 가지고 있다. 어떤 일련의 특성들을 가진 직업을 수락함으로써 근로자는 암묵적으로 자신들이 높게 평가하는 특성들을 구매하고, 그렇지 않은 것들에 대해서는 보상을 요구한다. 예를 들어, 어떤 직업이 전문화되어 있고 근로자는 보다 많은 업무를 필요로 하는 직업을 선호한다면, 근로자는 전문화된 직업에서 더 높은 급여로 보상받아야 할 것이다.

최근의 한 연구는 이러한 아이디어를 활용하고 대규모 직업 표본의 보상과 기타 특성들에 관한 조사 자료를 이용하여, 근로자가 다양한 직업 속성들에 부여하는 가치를 추정하였다. 근로자는 자신들의 관리자를 신뢰하는 정도, 멀티태스킹 또는 전문화 등을 평가하도록 질문을 받는다. 연구 결과에 따르면 통상적인 근로자는 다음과 같은 순서로, 최고에서 최저 순으로 이들 직업 특성을 평가한다고 한다.

1. 관리자에 대한 더 큰 믿음
2. 업무 수행에서 더 많은 다양성을 가진 직업
3. 높은 수준의 숙련을 가진 직업
4. 업무 마감을 위한 충분한 시간 보장
5. 더 높은 보상

첫 번째, 경영진에 대한 더 큰 신뢰는 보상에 영향이 큰 것으로 추정되었다. 이것은 근로자가 위험을 기피하고, 관리자를 신뢰하지 않으면 상당한 위험 프리미엄을 요구함을 암시한다. 두 번째와 세 번째는 업무와 숙련의 다양성에 관한 것으로 이는 제7장에서 논의하였다. 이들은 내재된 동기가 직업 제안의 중요한 요소임을 나타낸다. 네 번째 요소는 직업 스트레스와 관련이 있는 것으로 보인다. 보상의 수준이 고려하고 있는 요소들 중에서 가장 중요성이 낮다는 사실은 주목할 만하다. 직원은 직업의 기타 특성들, 단기와 장기, 유형과 무형 등에 대해 상당히 관심을 갖는다. 기업이 근로자 신뢰, 직무 설계, 또는 기타 요소들을 향상할 수 있다면 보상비용을 상당히 낮출 수 있을 것이다.

출처 : Helliwell & Huang(2005)

직무 설계

두 번째 절에서 근로자와 기업 간 계약의 또 다른 중요한 요소인 직무 설계에 대하여 분석하였다. 직업은 단순히 근로시간과 보상, 복지 등의 조합이 아닌 그 이상의 가치를 지닌다. 직원이 수행할 것으로 기대하는 특정 업무, 그리고 직장에서 권한이 주어지거나 제약을 받는 정도는 계약의 중요한 부분이라 할 수 있다.

한 가지 고려해야 할 것은 협력을 요구하는 정도에 따라 직무 설계가 변한다는 것이다. 기업이 더 분산화되고 지속적인 향상 기법을 채택하는 정도에 따라 근로자는 새로운 방법을 학습하고 아이디어를 기업과 팀 동료와 공유하는 데 집중할 것으로 기대한다. 근로자는 이러한 아이디어를 자유롭게 공유할 수도 있고 전략적으로 근로자 본인만 아이디어를 간직하면서 행동할 수 있다. 이는 동료보다 더 생산적이고자 하는 욕구 또는 과도한 생산성의 향상이 일시해고로 이어질까하는 염려에서 발생할 수 있는 행위이다. 팀 동료와 기업이 협력적이며, 그리고 기업이 어느 정도의 직업 안전을 제공하면 근로자는 새로운 아이디어를 공유할 가능성이 더 클 것이다.

이 책에서 고려하였던 고용관계에서 추가적인 요소는 동기이다. 직원은 내재하는, 특히 학습하고자 하는 동기를 직업에 가져오고, 이러한 내재적인 동기는 직무 설계에 따라 변한다고 주장한다. 직무가 얼마만큼의 내재적 동기를 지니고 있는지, 또는 얼마나 통제를 하는지, 그리고 얼마만큼의 임무를 부여하는지에 대한 직원들의 평가는 이들에게 부여되어야 하는 마땅한 보상의 수준에 영향을 미칠 것이다.

성과 지급

수습기간 경력 시스템이 성과 지급의 형식을 포함한다는 것을 앞에서 살펴보았다. 물론 성과 지급의 주요 역할은 선별이 아니라 외부의 동기를 제공하고 내재적 동기를 재조정하는 것이다. 거의 모든 고용관계의 중요한 부분은 성과를 어떻게 평가하고 보상하거나 징벌을 할지에 대한 동의이다.

성과 지급은 특정 지식, 숙련, 노력 등을 전략적으로 사용하여 자신의 이익 추구를 시도하는 기업과 직원의 관심을 조정하기 위해 필요하다. 달리 말하면 성과 지급은, 기업이 직원과 협력을 향상할 수 있는 하나의 중요한 방식이라 할 수 있다. 게다가 많은 인센티브 시스템에서 주관적인 성과평가의 중요성 때문에 기업과 직원 사이에 더 큰 신뢰는 여기에서도 중요한 역할을 할 것이다.

요약

근로자와 기업 사이에 계약은 대체로 상당히 복잡하다. 근로자 또는 직무의 유형들 사이에 불완전한 대체는 매치(match)가 형성됨을 함축한다. 이것은 협상을 수반하는 반복적인 관계로 계약을 전환하는 경향이 있다. 신규채용에서 역선택을 완화하려는 욕구는 성과평가와 조건부 보상을 포함하는 장기간 고용 계약의 제안으로 이어질 수 있다. 숙련, 특히 기업 특수적인 숙련에 대한 투자는 이러한 성향을 강화한다.

직무 설계는 새로운 요소를 추가한다. 기업은 직무에서 학습하는 능력과 임무 수행에서 습득하는 지식의 활용을 최적화하도록 직무를 설계할 것이기 때문이다. 기업은 종종 팀워크, 다른 부서와의 조정, 지식 공유 등을 포함한 몇 가지 방식으로 근로자의 협력을 희망한다. 게다가 직업 설계는 근로자의 동기에 중요한 영향을 줄 수 있다.

성과 지급은 성과평가와 보상을 훨씬 더 중요하게 한다. 이들은 선별, 숙련투자, 지속적 향상, 효율성, 동기 등을 포함하여 기업의 모든 인적 목적을 강화하기 위해 활용될 수 있다. 인센티브는 또한 근로자와 기업 사이에 협력을 향상하기 위해 설계된다.

검토하였던 한 가지 테마는 근로자나 기업이 전략적으로 행동하거나 협력하려는 유혹 사이의 충돌이다. 다음 절에서 근로자 권한부여(empowerment)의 맥락에서 이러한 충돌을 예시로 살펴보고자 한다.

경영진과 근로자 사이의 의사소통

경영진에서 근로자에게로 의사소통

최근의 혁신 중 하나는 개방회계경영(open book management)이다. 근로자는 기업의 재무 상황에 대한 자세한 정보를 제공받는다. 종종 이것은 직무에서 대체로 중요하지 않은 기타 기술과 회계에서 인력의 훈련을 수반한다. 이것을 행하는 것은 명백한 비용이 발생하지만 혜택이 비용을 능가한다고 일부에서는 주장한다. 비용은 다양한 형태로 나타난다. 첫째, 근로자에게 정보를 전달하고 이를 처리하도록 가르치는 데 시간이 요구된다. 둘째, 근로자에게 정보를 제공하는 것은 역화과(backfire)를 일으킬 수 있다. 기업에 대해 모든 것을 알고 있는 근로자는 기회주의적으로 행동하고 상당한 정도의 기업 이윤을 빼낼 수 있다. 이것이 회계 공개에 대해 경영진이 통상적으로 우려하는 것이다.

개방회계경영의 주요 장점은 기업의 존속을 도울 수 있는 방식으로 근로자가 자신의 기대수준을 낮춘다는 것이다. 근로 위원회(council)가 일반적인 유럽의 경우 관리자는 위원회를 통한 근로자 권한부여가 경영에 도움이 된다는 견해를 종종 나타낸다. 이것은 특히 의사소통이 원활하지 않을 때 사실이다. 다음 예시는 그러한 부분에서 의미가 있다.

근로자는 일반적으로 더 높은 임금을 받고자 하나 기업이 극심한 곤란에 처했을 때 자신이 보상으로 받는 양이 감소하여야 함을 인식한다. 문제는 근로자가 위급할 때 더 낮은 임금을 수락할 것임을 아는 경영진은 근로자들을 속일 유인을 갖는다는 점이다. 기업은 종종 경기가 중요함을 말하지만 불황기의 심각성과 발생 횟수를 과장하려 할 것이다. 근로자가 경영진에만 의존한다면 경영진의 진술을 감안하여 받아들이거나 또는 사실로 받아들이고 더 낮은 보상을 수락하여만 한다.

각 근로자는 주당 900달러를 제공하는 기회 대안을 가지고 있다고 가정하자. 호황기에 근로자는 현재 기업에게 주당 1,800달러의 가치가 있다. 반면 불황기에는 주당 1,000달러의 가치가 있다. 1,000달러는 900달러의 대안보다 더 크기 때문에 근로자는 다른 곳으로 이동하는 것보다 기업에 남아 있는 것이 항상 더 좋다. 즉, 근로자를 떠나게 하는 것보다 현재 기업과 근로자 모두를 더 좋게 하는 어떤 임금(예 : 불황기에 950달러)이 항상 존재한다. 950달러는 근로자의 가치보다 낮기 때문에 기업은 근로자에게서 이윤을 얻는다. 또한 950달러는 다른 경우에 얻을 수 있는 900달러를 초과하기 때문에 근로자 역시 현재 기업에 잔류하는 것이 더 이득이다. 여기에 문제가 있다. 기업은 근로자가 900달러를 기꺼이 받아들일 것을 알기 때문에 경영진은 수요 상황에 대해 거짓말을 할 유인을 갖는다. 경영진은 경기가 호황임을 인정하기 보다는 불황이라고 근로자를 설득하고자 시도한다. 근로자는 경기가 불황임을 믿는 경우 이들은 기업이 1,000달러 이상 지급할 수 없음을 안다. 따라서 이러한 상황에서 근로자 받을 것으로 기대하는 최대 임금은 1,000달러이다. 물론 경기가 불황이라고 경영진이 항상 주장하는 경우 이들의 진술은 모든 신뢰성을 상실할 것이다. 결과적으로 관리자는 진술을 혼합하여야 한다. 그러나 여전히 경영진은 사실보다 더 불황이라고 주장하는 경향이 있고, 근로자는 이러한 사실을 인지한다.

근로자는 무엇을 하는가? 추가적인 정보가 부족한 상황에서 근로자는 경영진을 믿고 더 낮은 임금을 받아들이거나 또는 경영진이 거짓말을 한다고 추측하고 더 높은 임금을 요구할 수 있다. 통상적으로 근로자가 범할 수 있는 두 가지 종류의 실수가 있다. 경영진의 진술을 받아들이는 경우 이들은 항상 자신의 직업을 유지할 것이나 호황기에도 낮은 임금을 수락하는 실수를 범할 것이다. 만약에 경영진이 거짓말을 한다고 추측하고 높은 임금을 요구한다면 호황기에 높은 임금을 받을 수 있을 것이나 불황기에 자신의 직업을 상실할 것이다. 불황이라고 주장하는 시기가 오로지 일부이기 때문에 근로자는 거짓 진술한 불황기에 이러한 전략으로 승리를 하지만 정확히 진술한 불황기에는 이러한 전략으로 직업을 상실할 수 있다. 실제 불황기에 근로자는 회사가 실제로 지급할 수 없는 높은 임금을 요구함으로써 자신의 직업을 상실한다. 따라서 회사가 기꺼이 제공하고자 하는 1,000달러보다 작은 900달러의 외부 기회에 의존할 수밖에 없다.

경기가 불황이라고 발표가 주어질 경우 근로자는 그 진술이 정확할지 확률을 평가하여야 한다. 이것은 산업의 실제 상황에 의존한다. 주로 호황기 상황을 살펴보는데 인력을 사용하면 근로자는 기업이 단지 더 나은 계약을 협상하려는 시도라고 추측하고 경기가 불황이라는 발표를 많이 감안할 수 있다. 현재의 예에서 기업과 근로자가 산정된 잉여를 나눈다고 가정하면 이것이 의미하는 것은 근로자가 기업의 진술을 믿는 경우 불황이라고 언급된 시기에 950달러 임금을 받을 것이라는 점이다. 기업이 거짓을 하고 있다고 추측하여 강경 노선을 택할 때 기업이 거짓 진술을 하는 경우 $\frac{1}{2}(1{,}800+900)=1{,}350$달러를 받을 것이다. 그러나 기업이 진실을 말하는 경우 자신의 직업을 상실할 것이다. 경영진이 병적인(pathological) 거짓말쟁이로 구성되어 있거나 산업의 상황이 거의 항상 호황이기 때문에 기업이 거짓을 할 가능성이 있는 경우 근로자는 강경 노선을 택할 것이다. 때때로 이러한 행동은 고임금을 가져오지만 직업을 잃을 수도 있다.

기업은 근로자가 더 유연한 접근을 취하는 것을 선호할 것이다. 따라서 경기가 불황이라고 이야기한 기간에 비용이 큰 일시해고는 생기지 않고 기업은 더 낮은 임금의 이점을 갖는다. 기업이 근로자에게 정보를 제공하고자 하는 것은 이러한 이유에서이다. 경기가 실제로 나쁘다는 것을 근로자 스스로 결정하도록 하기 위해 충분한 정보를 제공하는 것은 근로자의 위치를 누그러뜨리고 보증이 없는 일시해고를 방지한다. 단점은 근로자에게 완전한 정보를 제공하는 것이 기업의 상황이 호전되는 동안 근로자가 의혹을 풀도록 강화한다는 점이다. 이것은 기업이 해야 할 계약이다. 근로자가 강경 노선을 너무 자주 택하는 경우 기업은 정보 제공의 이득이 호황기에 기업이 감당하는 비용을 능가하는지 결정한다. 계산은 간단하며 자세한 내용은 부록에 있다. 기본 요점을 여기에서 요약한다.

기업은 근로자가 강경 노선을 택할 때 근로자에게 정보를 제공하여 이득을 얻는다. 근로자가 유연하면 기업이 근로자에게 정보를 밝혀 얻는 이득은 없다. 이것은 오로지 호황기에 근로자를 호전적이게 할 것이다. 문제는 결국 정보가 부족한 상황에서 근로자가 강경 노선을 택하는 시기를 결정하는 것이 된다. 기업은 다음과 같은 조건들이 유지될 때 근로자에게 정보를 제공하여 이득을 얻을 수 있다.

1. 호황기에 지급되는 임금과 불황기에 지급되는 임금 사이에 많은 차이가 있다. 임금 차이가 많을 때 근로자는 경기가 불황이라는 기업의 말을 받아들이기 꺼려한다. 그렇게 하는 것은 많은 임금 삭감을 가져오고 이는 근로자에게 많은 불리한 영향을 준다. 강경 노선의 선택에서 얻는 이득이 많이 존재하는 경우 근로자는 공격적인 성향이 더 많고 기업은 불황기에 근로자의 공격적인 요구를 단념시키기 위해 정확한 정보를 제공하는 성향이 더 많다.

2. 현재 기업에서 불황기에 지급되는 임금과 이용 가능한 대안적인 임금 사이에 차이가 적다. 근로자가 유리한 대안을 가지는 경우 불황기에 일시해고를 당한다 해도 그 손해가 크지 않다. 강경한 협상은 경기가 실제로 불황이고 근로자가 기업의 주장에 대한 진실성을 잘못 판단할 때 일시해고를 가져온다. 그러나 근로자의 대안이 유리할 때 일시해고는 덜 치명적이다. 결과적으로 대안이 유리할 때 근로자는 직업 상실을 덜 염려하고 더 공격적이게 될 것이다. 따라서 근로자 대안이 유리할 때 기업은 근로자가 불황기에 너무나 많이 요구하는 것을 단념시키기 위해 정확한 정보를 근로자에게 제공하려는 성향이 더 많을 것이다.

3. 당연한 결과로서 젊은 근로자는 기업 특수적 자본을 덜 지니고 있으며 상대적으로 잃을 것이 적기 때문에 나이든 근로자보다 더 공격적인 경향이 있다. 따라서 개방회계경영은 인력이 젊을 때 이로울 가능성이 더 높다. 기업의 입장에서는 온전한 노선을 택할 것을 이미 약속한 근로자에게 정보를 제공하는 것은 손해로 이어지기 때문에 개방 회계 경영은 인력이 나이가 더 많을 때 가치가 덜하게 된다.

   실제로 이것은 이러한 이슈에 대한 대부분 독자의 직관과 일치한다. 종종 강력한 노동운동의 선도자가 되는 사람은 상실할 것이 거의 없다고 생각하거나 또는 위험을 감수하는 성향이 가장 높은 젊은 근로자이다. 가족을 가지고 있고 동등한 직업을 찾는 것이 어렵다고 생각하는 나이든 근로자 일수록 수동적일 가능성이 더 높다.

근로자에서 경영진에게로 의사소통

근로자 권한부여의 또 다른 잠재적 이점은 근로자가 자신의 견해를 경영진에 더 적극적으로 전달하도록 만든다는 것이다. 때때로 근로자는 자신의 선호에 대해 경영진에게 너무나 많은 정보를 제공하는 것에 대해 두려워한다. 왜냐하면 기업이 그 지식을 근로자 자신들에게 불리하게 활용할 수도 있다고 염려하기 때문이다. 예를 들어, 근로자가 특정 복지에 대해 매우 관심이 많다는 것을 알게 되면 기업은 복지를 제공하지만 반대로 임금을 삭감할 수 있다. 이것은 근로자가 복지를 매우 높게 평가하여 기업을 떠나지 않을 것임을 알기 때문이다. 근로자는 기업이 이러한 전략적인 방식으로 행동할 수 있다는 생각에서 처음에는 기업에게 관련 정보를 제공하지 않을 수도 있다. 그러나 정보를 갖는 것은 양측 모두에게 이로울 수 있다. 기업은 근로자가 선호하는 복지를 근로자가 기꺼이 지불하고자 하는 것보다 더 낮은 가격에 제공할 수도 있다.

이는 중요한 점이다. 기업은 근로자의 선호에 대해 정확한 정보를 얻고자 한다. 이는 주로 근로자의 복지후생에 대해 관심을 갖기 때문이 아니라 기업은 이윤에 관심을 갖고 근로자 선호에 영합하는 것이 이윤을 증가시키기 때문이다. 근로자에게 이들이 원하는 것에 더 잘 맞는 패키지를 제공함으로써 기업은 전체적인 보상비용을 줄이고 이윤을 증가시킬 수 있다.

근로자가 진실하게 의사소통하도록 유인하기 위해 근로자는 정보를 이용하는 방식에 대해 어떤 권한을 가져야만 한다. 이것은 근로자 권한부여에 대해 정당성을 제공한다. 인력은 경영진에 제공되는 정보가 자신에게 불리하게 사용되지 않을 것임을 알고 있을 때 진실을 말할 가능성이 더 높아질 것이다. 진실은 기업으로 하여금 근로자 환경을 근로자의 선호에 더 잘 맞추도록 하기 때문에 양측 모두 이득을 얻을 수 있다.

근로자가 진실을 말하지 못하게 만드는 것은 경영진의 전략적인 행태에 대한 두려움이다. 따라서 근로자 권한부여의 또 다른 이점은 이윤을 증가시키는 효과를 갖는 근로자로부터 기업으로 이어지는 의사소통의 개선이다. 다음과 같은 원리가 나타난다.

> 근로자에서 기업에게로 진실한 의사소통을 바라는 기업은 밝혀진 정보가 근로자 자신에게 불리하게 사용되지 않을 것임을 확신하도록 어느 정도 근로자 권한부여를 제공할 필요가 있다.

이것은 실제적인 문제로 근로자가 직면하는 근로 상황을 이야기하도록 허용함으로써 달성될 수 있다. 근로자가 하고자 하는 말이 많을수록 자신의 선호에 대해 진실할 가능성이 더 많다. 그러나 뒤에서 나타나는 바와 같이 근로자가 가지고 있는 이야기가 많을수록 자신들 스스로 삭감할 수 있는 파이의 비중이 더 많아질 수 있다.

한 가지 대안은 근로자 의사소통을 모두 무시하는 것이다. 기업은 근로자 선호에 대해 단지 추측하고 그에 따라 지급할 수 있다. 근로자에 대한 서비스를 두고 경쟁하는 다른 기업들이 충분할수록 장기간에 걸쳐 근로자는 자신의 선호에 따라 기업을 선별할 것이다. 복지 사례의 맥락에서 복지 애호가가 선호하는 패키지를 제공하는 기업은 복지 애호가만 끌어들일 것이다. 제13장에서처럼 시장은 선별을 유발할 것이다. 그러나 애호가의 패키지가 복지 애호가인 직원 그룹에 제공되는 경우 애호가는 떠날 것이다. 이들을 대체하는 것은 특히 기업 특수적인 인적자본이 존재할 때 비용이 많이 들 수 있다.

두 전략 사이에서의 선택은 유럽의 노동관계와 미국의 노동관계 간의 차이를 예시로 들 수 있다. 유럽, 특히 독일은 근로자 위원회를 구성하는데 이는 다양한 이슈, 주로 근로 상황과 관련된 것에 대한 노동의 관심을 주장하는 근로자 선발 단체이다. 정보가 어떻게 활용되는지에 대해 일부 통제권을 근로자에게 제공함으로써 근로자는 더 솔직해 질 수 있고 환경은 더 협력적일 수 있다. 여기서 발생하는 비용은 기업이 유연성을 포기한다는 점이다. 왜냐하면 기업은 근로자 위원회의 권한 내에서 변화를 하기 위해서 근로자 위원회 동의를 얻어야만 하기 때문이다. 협력은 이익을 가져오지만 비용이 발생한다.

반면 노동조합이 결성되어 있지 않은 미국 기업은 더 독재적이다. 이들은 근로자 단체의 승인을 구하지 않고서 자신의 계획을 실행할 수 있기 때문에 유연성을 가진다. 근로자-관리자 협력이 덜할 수 있으나, 또한 이윤이 없는 사안들을 논의하면서 허비하는 시간이 덜 할 수 있다.

권한 부여와 소득 프로파일

기업 특수적인 인적자본을 가진 근로자는 권한이 주어질 것을 주장할 가능성이 더 높다. 근로자는 기업 특수적인 자산에 기꺼이 투자하기 전에, 떠나도록 강요하고 투자를 잃게 하는 그러한 경영진의 임의적인 행동으로부터 자신의 투자를 보호받도록 하는 보장을 원할 가능성이 있다.

> 특수한 인적자본과 근로자 권한부여는 함께 가는 경향이 있다. 많은 기업 특수적인 인적자본을 가진 근로자는 조직 내에서 권한을 찾을 것이고, 근로자가 기업 특수적인 인적자본을 투자할 것을 기대하는 기업은 자신의 근로자에게 권한을 제공할 준비가 되어 있어야 한다.

다른 근로자들 또한 권한을 요구할 수 있다. 제11장의 생애-주기 인센티브 프로파일을 상기하라. 이야기의 요지는 젊은 근로자는 자신의 가치보다 덜 지급받고 고령 근로자는 자신의 가치보다 더 많이 지급받는다는 점이다. 고령 근로자는 암묵적으로 기업에 투자하였고 이들의 투자는 기업의 신뢰에 의존한다. 이러한 상황에서 근로자는 조직의 문제에서 어느 정도 발언을 요구할 가능성이 있다.

근로자에게 있어 기업 내에서의 권한을 원하도록 만드는 필수적인 요소는 특수한 인적자본이 아니라, 근로자가 다른 직업으로 이동할 경우에 더 많은 손해를 보게 될 것이라는 사실이다. 따라서 상향하는(upward sloping) 인센티브 계약, 현재 기업에서 더 많은 임금을 가져오는 노동조합형성(unionization), 또는 특수한 인적자본 등은 근로자가 권한을 원하도록 유발하는 모든 요인들이다. 증거는 이러한 점과 일관되어 보인다. 노동조합 근로자는 기업의 일상 운영에서 비조합 근로자보다 더 많은 목소리를 낼 것을 요구한다. 이는 노동조합에 가입한 근로자의 경우 직업을 바꿔야 할 때 더 많은 손해를 감수해야 하기 때문이다. 따라서,

> 근로자는 자신에게 가장 유리한 대안적인 임금이 현재 기업에서의 임금보다 더 낮을 때마다 권한을 요구할 가능성이 높다.

이것은 어느 정도 긴장을 야기한다. 근로자는 권한을 원하지만 기업은 이를 제공함으로써 얻

는 이익이 줄어든다. 근로자가 자신이 하는 일의 가치를 초과하는 임금을 지급받고 그들의 대안이 좋지 않을수록, 신뢰할 만한 행위를 통해 위험을 방지할 수 있는 능력은 줄어든다. 기업은 근로자들이 현재의 직업으로부터 떠나게 될 경우 매우 심각한 문제를 겪게 될 것이라는 사실을 알기 때문에, 근로자들의 공격적인 행동에 대해 두려움을 느낄 가능성은 적다.

근로자 권한부여와 창의성

제2부에서 근로자 권한부여로부터 얻는 중요한 이점에 대해 장황하게 논의하였다. 즉, 근로자는 생산성을 증가시키고 지속적인 향상을 창출하는 지식을 보유하고 있다. 이러한 지식은 근로자가 개인적으로 소유하는 특수한 지식의 형태로 존재하지만, 기업의 운영에 있어서도 가치를 지닌다. 그러한 지식은 경영진에 전달되는 데 비용이 들고, 따라서 유용하게 사용되기 위해서는 근로자에게로 분산화가 필요하다. 게다가 근로자는 자신의 임무를 수행할 때 자신과 동료의 생산성을 향상하는 데 사용될 수도 있는 새로운 아이디어를 학습할 수 있다. 그러한 경우에 기업은 근로자로 하여금 자신의 아이디어를 조직의 그 외 사람들과 공유하도록 고무하는 것이 중요하다.

> 근로자 권한부여는 근로자가 생산에 가치가 있는 더 특수적인 지식을 가질 때, 기업이 생산에서 지속적인 향상을 더 많이 강조할 때, 그리고 근로자의 새로운 아이디어가 다른 근로자에게 응용성을 가질 때 기업에게 더 가치가 있다.

근로자 권한부여 의사결정

앞에서 근로자에게 권한을 부여함으로써 생산성을 향상할 수 있는 방식을 설명하였다. 그러나 근로자 권한부여와 관련한 비용이 존재할 수 있으며 얻을 수 있는 이점을 상쇄할 수 있음을 시나리오를 통해 분명히 하였다. 기업은 근로자에게 추가 권한을 제공하는 의사결정에 대해 어떻게 생각해야 하는가? 주요한 요지는 기업이 통상 근로자에게 생산성을 극대화하는 수준의 권한을 제공하지 않아야 한다는 것이다. 왜냐하면 생산성은 이윤이 아니기 때문이다. 근로자에게 권한을 제공하는 과정에서 기업은 또한 근로자에게 파이의 많은 몫을 빼낼 수 있는 능력을 제공할 수 있다. 따라서 파이의 크기를 최대화하는 것은 기업에 관한한 적절한 기준이 아니다. 기업의 관점에서 적절한 기준은 기업에게 돌아가는 이윤의 양을 극대화하는 것이다. 달리 말하면 9인치 파이의 $\frac{1}{2}$ 보다는 8인치 파이의 $\frac{3}{4}$ 을 갖는 것이 더 낫다는 것이다. 다음 분석은 관련 이슈를 예시로 근로자에게 제공할 권한의 양을 선택하는 데 방향을 제시한다.

그림 15.1(a)에서 기업의 이윤 몫은 근로자 권한의 함수로 나타내고 있다. 근로자가 권한을 갖지 못할 때 기업의 몫은 1이고, 이는 기업이 부가가치의 100%를 갖는다는 의미이다. 이러한 극단적인 경우는 있을 수 없다. 왜냐하면 근로자는 항상 대안을 가지고 있으며, 이것이 여가를

그림 15.1 근로자 권한부여와 부가가치

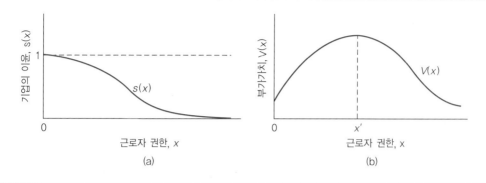

소비하는 것일지라도 이는 기업에 대한 약간의 영향력(hold)을 제공한다. 기업이 부가가치의 100%를 갖는다면 근로자는 아무것도 지급받지 못할 것이다. 심지어 가장 온순한 근로자도 이러한 상황에서 근로를 거부할 의지력을 가질 것이다.

다른 극단에서는 근로자가 권한을 많이 보유함에 따라 기업의 몫이 0이다. 기업은 이윤을 갖지 못한다. 심지어 자본에 대한 정상적인 수익도 노동으로 귀속된다. 이러한 상황도 또한 안정이지 않다. 주식의 수익이 0%으로 알려진 기업에 투자하는 투자자는 없을 것이다. 가장 강력한 근로자 그룹일지라도 수익의 일부를 자본으로 귀속하도록 하여 관리자뿐만 아니라 투자자에게 지급해야 할 것이다.

그러나 일반적인 요지는 근로자 권한과 기업의 몫 사이에 관계가 역의 관계라는 점이다. 근로자가 권한을 많이 소유할수록 기업이 갖는 파이의 몫은 더 작아진다.

그림 15.1(b)는 근로자 권한과 부가가치의 관계를 보여준다. 역 U자 형태 관계는 근로자 권한부여가 너무나 많을 수 있는 것과 마찬가지로 근로자 권한부여가 너무나 적은 상태를 의미한다. 근로자 권한부여가 없는 경우 앞에서 논의하였던 그러한 힘은 방해를 받는다. 기업은 신뢰할 수 있는 방식으로 근로자와 의사소통할 수 없다. 근로자는 자신의 실제 감정을 보이는 것을 두려워하고, 기업이 근로자의 견해, 바람, 제안 등을 무시할 때 창의성은 억눌린다. 근로의욕은 이러한 상황을 경험하고 생산성이 극단적으로 낮아지는 경향이 있다.

근로자는 어느 정도 권한을 부여받을수록 생산성이 상승하고, 궁극적으로는 x' 에서 정점에 도달한다. x' 이후에서 추가 권한은 부가가치를 감소시킨다. 근로자의 권한이 강해질수록 기업에 필요한 경영의 유연성은 감소하게 된다. 기업은 위원회에 의해 운영되지만 경쟁에 대응할 수 없다. 근로자는 자신의 권한을 이용하여 기업으로부터 자원을 뽑아낼 수 있고, 그것으로 인하여 기업의 가치를 떨어뜨리고 생산 역량을 감소시킨다. 궁극적으로 기업은 파산할 수도 있다. 기업에서 근로자에게 너무나 많은 또는 너무나 적은 발언이 주어질 수 있다는 생각은 논의의 여지가 없다. 궁극적으로 관리자는 근로자에게 얼마나 많은 권한을 주어야 할지 결정해야 한다. 그림

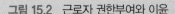

그림 15.2 근로자 권한부여와 이윤

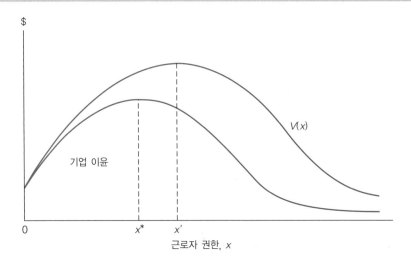

15.2는 이러한 결정에 도움을 준다.

그림 15.2는 앞선 두 그래프의 정보를 조합한다. 가장 높은 곡선 $V(x)$는 그림 15.1(b)에 나타낸 곡선과 동일하며 앞의 그래프에서 단순히 복사한 것이다. 주목할 점은 근로자 권한이 x'에 설정될 때 정점에 도달한다는 것이다. 더 낮은 곡선은 기업 이윤은 총부가가치와 그림 15.1(a)에서의 기업의 몫을 곱한 것과 동일하다. 즉, 기업 이윤 = $s(x)$ × (부가가치)이다.

그림 15.1(a)와 그림 15.1(b)의 곱인 이 곡선을 이해하기 위해 변곡점을 살펴보자. 근로자가 권한이 없을 때 모든 부가가치는 기업에게 돌아간다. 기업 이윤은 부가가치와 동일하고, 따라서 곡선은 근로자 권한이 최소일 때 교차한다. 다른 한편에서 근로자 권한은 매우 높아서 기업의 몫은 실제로 0이 된다. 부가가치는 여전히 양수이지만 기업은 거의 갖지 못한다. 근로자는 부가가치 전체를 가지지만 부가가치가 매우 낮아서 근로자의 전체 소유는 매우 작다.

그림 15.1(b)에서처럼 권한이 x' 수준에서 근로자에게 주어질 때 부가가치는 최대가 된다. 그러나 기업은 부가가치를 최대화하는 것에 관심을 두지 않는다. 즉, 기업의 목표는 자신의 이윤을 최대화하는 것이다. 이것은 근로자가 x'에서가 아니고 x^*에서 권한을 가질 때 발생한다. 기업의 부가가치를 최대화하는 것보다 더 낮은 권한을 근로자에게 제공함으로써, 기업이 이윤을 최대화하는 것을 분석적으로 쉽게 볼 수 있다. 즉, x^*는 항상 x'의 왼쪽에 놓여야 한다. 직관은 다음과 같다. 기업이 이미 근로자에게 권한 x^*를 주었다고 가정하자. 근로자에게 추가 권한을 제공하는 것은 전체 부가가치를 증가시킬 수 있지만 추가 권한과 더불어 부가가치가 증가하는 비율은 매우 낮다. [$V(x)$ 곡선의 정상 부근에서 $V(x)$는 추가 근로자 권한에 대해 거의 증가하지 않는다.] 동시에 근로자는 더 많은 권한을 가지기 때문에 기업의 몫은 감소한다. 일단 x^*에 도

그림 15.3 근로자 권한부여 : 두 가지 시나리오

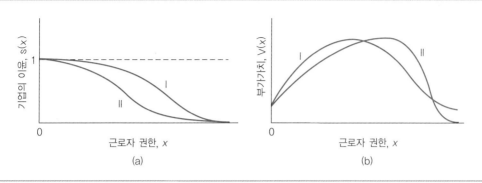

달하면 더 작은 몫에 의한 효과는 더 많은 파이에 의한 효과를 능가한다. x가 x'과 같아지기 전에 더 작은 몫의 효과는 더 많은 파이 효과를 상쇄하여야만 한다. 왜냐하면 x가 x'에 가까워질 때 파이는 거의 증가하지 않기 때문이다. 동시에 근로자의 몫은 여전히 증가하고 있다.

결론은 주주의 관점에서 기업은 기업의 부가가치를 최대화하는 것보다 근로자에게 낮은 권한을 부여하는 것이 더 이득이 된다는 것이다. 목표는 생산성 극대화가 아니라 이윤 극대화이다.

기업은 부가가치를 최대화하는 양보다 작은 권한을 근로자에게 제공하고자 한다는 것을 앞에서 보았다. 근로자에게 얼마나 권한을 제공할지에 대한 기업의 의사결정에 영향을 주는 요소는 무엇인가? 두 가지 요소가 작용한다.

첫째, 기업의 몫은 근로자 권한의 함수로서 더 빠르게 하락할 때 기업은 x의 더 낮은 값을 선택하고자 할 것이다. 이것은 더 작은 몫의 효과가 근로자 권한의 더 낮은 값에 대한 더 큰 파이 효과를 능가하기 때문이다. 이것을 그림 15.3(a)에서 볼 수 있다. 곡선 I는 그림 15.1(a)의 해당 곡선이다. 곡선 II는 또 다른 가능한 $s(x)$ 함수이다. 이것은 더 급격히 하락한다. 그 결과 x^*는 $s(x)$가 곡선 I의 형태를 가질 때보다 II의 형태를 가질 때 더 낮아진다.

둘째, 그림 15.1(b)에서 $V(x)$ 함수의 정점이 더 오른쪽에 위치하도록 하는 x의 높은 값에 대해 부가가치 함수가 급격히 상승할 때 기업은 상대적으로 더 많은 권한을 근로자에게 제공하고자 할 것이다. 이것은 더 큰 파이 효과가 근로자 권한의 높은 값에 대해 더 작은 몫의 효과를 능가하기 때문이다. 이것을 그림 15.3(b)에서 볼 수 있다. 곡선 I는 그림 15.1(b)에 해당 곡선이다. 곡선 II는 또 다른 가능한 $V(x)$ 함수이다. 이것은 더 급격히 상승한다. 그 결과 x^*는 $V(x)$가 곡선 I의 형태를 가질 때보다 II의 형태를 가질 때 더 높아진다.

$s(x)$ 곡선은 언제 곡선 I보다는 II에 더 가깝게 보이는가? 여기에는 몇 가지 지침이 있다. 근로자에게 증가된 권한을 제공하는 것은 다음과 같은 경우에 자본의 몫을 감소시킬 수 있는 가능성이 있다.

1. 근로자는 논의하고 조직하고 통제하는 것이 용이하도록 함께 일한다.
2. 근로자는 자신의 몫을 증가시키는 데 기꺼이 더 많이 투자하기 위해 기업과 장기적 관계를 가진다. 이것은 또한 근로자가 권한을 최고로 얻고자 하는 상황이다.
3. 근로자는 자신의 권한을 확대하고(leverage), 이를 지대 추출과 생산성 증대를 위해 활용할 수 있는 외부인과 접촉한다. 외부인의 가장 흔한 경우는 근로자의 주장에 호의적인 노동조합 또는 정부 기관의 형태이다.

이러한 세 가지 조건들 중 어느 하나가 존재할 때 유의한 근로자 권한부여 수준은 이윤의 감소를 가져올 가능성이 있다.

유사하게 "$V(x)$ 곡선은 언제 곡선 I보다 II에 더 가깝게 보이는가?"라고도 질문할 수 있다. $V(x)$ 함수가 곡선 II와 같을 경우 기업은 근로자에게 더 많은 권한을 제공함으로써 이득을 얻는다. 다음 조건들은 $V(x)$ 함수를 급격하게 상승시키고 x의 큰 값에 대해서도 지속적으로 상승하게 한다.

1. 근로자는 생산과 관련이 있지만 기업이 소유하지 못하는 많은 양의 정보를 가진다. 따라서 근로자 권한부여와 관련한 창의성 증대가 가장 클 것이다.
2. 근로자 선호는 특유하고 경영진에게 알려져 있지 않다. 이러한 상황에서 근로자는 지식이 자신에게 불리하게 전략적으로 이용될 수 있다는 염려에서 자신의 욕구를 경영진에 밝히는 것을 꺼릴 수 있다. 따라서 근로 인력에 권한을 부여하는 것은 근로자에게서 관리자에게로 향하는 의사소통의 가치를 향상할 수 있다.

때때로 정부가 개입하여 근로자가 가지는 권한의 양을 법령으로써 변경하는 규정을 만든다. 이러한 유형의 조치에 대해 효율성 논란이 존재한다. 기업은 근로자에게 부가가치를 최대화하는 충분한 권한을 제공하지 않기 때문에, 정부가 기업에게 x' 수준까지 근로자에게 권한을 부여하라고 명령함으로써 부가가치를 향상시킬 수 있다고 주장할 수 있다. 이것은 잠재적으로 유효한 주장일지라도 실제에서는 두 가지 문제를 가지고 있다.

첫째, 얼마나 많은 권한이 부가가치를 극대화하는 수준과 일치하는지 정부가 알고 있다고 믿을 만한 근거가 없다. x'을 과소 추정할 수 있는 것만큼이나 과대 추정할 가능성이 있다. 이것은 사회적인 관점에서 보더라도 근로자 권한부여의 최적 수준이 기업마다 다름을 인지할 때 더 진실에 가까워진다. 그림 15.3(b)의 곡선 II는 최적 권한부여의 다양한 수준과 관계가 있다. 입법은 둔감한 도구일 수 있다. 이것은 모든 경우에 동일하게 통용되는 법이고, 이는 법이 어떤 특정한 상황에 잘 맞추어 만들어져 있지 않음을 의미한다. 그러한 경우 법은 이롭다기보다는 더 해로울 수 있다.

둘째, 법은 호의적인 독재자에 의해서가 아니라 정치적 과정에 의해서 만들어진다. 정치적 과정은 노동자 그룹을 경영진 그룹과 반목시켜 어부지리를 얻는다. 이러한 과정에서 나온 입법은 당연히 이익 단체의 상호작용을 반영한다. 이러한 상호작용의 산물이 근로자 권한부여의 최적 수준을 가져올 것이라고 기대할 근거가 없다. 근로자 권한부여 또는 이러한 문제의 산업적인 측면에 관한 정부 규제는 단순히 산업 정책을 국가 정책으로 대체한다.

응용 : 노동조합 조직 운동

노동조합에 의한 근로인력 조직 시도는 이번 장의 분석에서 발생한 상쇄의 주요한 예이다. 일부의 주장에 따르면 노동조합은 실제로 다양한 조치를 통해 기업을 더 생산적이게 한다. 이러한 조치의 일부는 이미 앞에서 논한 바 있고 주장했던 바와 같이, 노동조합은 근로자가 자신의 선호사항을 경영진에 전달하는 상대적으로 효율적인 방식으로 제공할 수 있다. 노동조합은 또한 경영진이 정보를 활용하여 근로자를 이용할 가능성을 줄일 수 있기 때문에 근로자는 노동조합이 없는 환경에서보다 노동조합이 있는 환경에서 경영진과 의사소통하는 경향이 더 존재한다. 대개 노동조합이 있는 기업에서 공식화된 불만을 토로하는 절차는, 근로자가 자신에게 불리한 정보가 기업에 의해 활용되는 것을 방지할 수 있는 한 가지 방식이다. 그러나 여기에서도 상쇄가 존재한다. 노동조합이 근로자로 하여금 더 생산적이게 할지라도 반드시 기업에게 이윤을 더 가져다주는 것은 아니다. 왜냐하면 기업은 파이의 크기보다는 전체 이윤에 관심을 갖기 때문에 생산성을 향상하는, 그러나 또한 근로자의 몫을 너무나 많이 증가시키는 노동조합에 반대할 수 있다.

기업은 빈번하게 노동조합에 반대한다. 이러한 많은 반대비용과 생산성 증가로 인한 잠재적 이득이 존재하는 경우 기업은 왜 노동조합에 그렇게 반대하는가? 이유를 살펴보기 위해 다음 계산을 고려하자.

10억 달러 매출을 가진 대규모 기업은 노동조합 조직 운동에 직면한다. 매출에서 근로자의 몫은 대략 75% 가량이며, 이는 모든 세 후 이익의 75%가 궁극적으로는 근로자에게 귀속하고 25%는 주주에게 귀속한다는 의미이다. 노동조합 인력이 생산성을 향상하는 근로자 권한부여의 원인이더라도 기업이 기꺼이 노동조합을 환영하기 위해서는 이러한 효과가 얼마나 커야 하는가?

일반적인 10억 달러 기업에서 7억 5,000만 달러는 노동에 대한 보수로 지불된다. 기업을 조직하는 데 효과적인 노동조합은 임금인상을 기대할 수 있다. 노동조합이 있고 없고에 따른 임금 수준의 격차는 일반적으로 10%에서 20% 정도가 되는 것으로 알려져 있다. 보수적인 관점에서 노동조합의 결성이 임금에 미치는 효과의 추정치로서 작은 값을 택하자. 노동조합이 성공적으로 조직된다면 임금 청구서는 7억 5,000만 달러에서 8억 2,500만 달러로 10% 상승할 것이다. 다른 조건이 불변일 경우 자본의 수익은 2억 5,000만 달러에서 1억 7,500만 달러로 하락할 것이다. 놀랍지 않은 것은 7,500만 달러의 수익 감소가 반대에 직면한다는 것은 놀랍지 않다. 그러나 생각하건데 노동조합은 생산성을 증가시킴을 상기해야 한다. 자본의 순이익을 함축하기 위해서 생산성이 증가되어야 하는 양을 결정하기 위해서는, 노동조합화 이후 노동의 몫은 82.5%이고 자본의 몫은 17.5%임을 주목하라. 따라서 기업이 노동조합을 환영하기 위해서는 다음과 같은 경우여야 한다.

$$0.175 \times (\text{노동조합화 이후 순이익}) > 0.25 \times (\text{노동조합화 이전 순이익})$$

위 식의 좌변은 노동조합화 이후 자본의 몫이고, 반면 우변은 노동조합화 이전 자본의 몫이다. 위 식은 다음과 같이 다시 쓸 수 있다.

$$(\text{노동조합화 이후 순 이익})/(\text{노동조합화 이전 순 이익}) > 0.25/0.175 = 1.4286$$

자본이 노동조합화를 선호하기 위해서, 노동조합화와 관련한 생산성 증가는 터무니없는 수치인 42.86%를 초과하여야만 할 것이다. 인류 역사에서 생산성을 42%만큼 증가시킨 변화는 거의 없으며, 노동조합화는 그것들 중 하나가 아니다.

기업은 노동조합의 결성을 막기 위해 기꺼이 막대한 양의 액수를 지불하고자 할 것이다. 노동조합화가 기업 생산성을 10%만큼 증가시킨다고 가정하자. 10%는 임금을 증가시키는 수준이다. 따라서 자본의 수익은 0.175(11억 달러), 또는 1억 9,250만 달러가 될 것이다. 노동조합화 이전에 자본의 몫은 2억 5,000만 달러임을 상기하라. 이들 수치는 연간 기준으로 계산되었음을 또한 주목하라. 자본으로 귀속하는, 노동조합과 비노동조합 수익 사이의 차이는 2억 5,000만 - 1억 9,250만 = 5,750만 달러/연간이다. 기업이 향후 10년간 생존할 것으로 예상된다면 이자율 4%에서, 노동조합을 보유하지 않음으로 인하여 자본에 귀속하는 현재가치는 다음과 같이 계산된다.

$$\sum_{t=1}^{10} \frac{5,750\text{만 달러}}{1.04^t} = 4\text{억 } 6,600\text{만 달러}$$

기업은 노동조합을 보유하지 않기 위해서 연간 매출의 거의 절반을 기꺼이 포기하고자 할 것이다. 기업이 노동조합화를 방해하기 위해 극렬히 저항하는 것은 이상한 일이 아니다.

이것은 이 장의 서두에서 제시한 요지를 예시한다. 근로자에게 권한을 부여함으로써 생산성이 증가하지만 그 생산성 증가는 자본 몫의 감소 효과를 능가하는 매우 큰 수준이어야 한다. 통상적인 상황에서 이러한 요건은 충족될 가능성이 없다. 결과적으로 생산성을 최대화하는 것보다 적은 권한을 근로자에게 제공하는 것이 기업의 최대 관심사이다. 비슷하게 기업은 대개 노동조합화가 생산성을 상승시키는 경우에서도 노동조합화를 반대함으로써 이득을 얻는다.

물론, 이러한 관점은 너무나 부정적일 수 있다. 기업이 창출한 부가가치의 더 큰 몫을 받고자 하는 욕구로부터 발생하는 기업과 근로자 사이의 잠재적인 충돌을 강조하고 있다. 더 많은 몫에 대한 욕구와 양측이 전략적으로 행동할 수 있다는 염려는, 경영진과 근로자 사이에 더 나은 협력에 의한 경우와 비교하여 가치의 상실로 이어진다. 이러한 충돌을 줄이기 위해 기업이 취할 수 있는 조치가 있는가? 다음 주제에서 이를 다룬다.

협력 증진

한 측면의 이득이 다른 측면에서 비용이 될 때 근로자와 주주, 그리고 경영진 사이에 충돌이 발생할 수 있다. 이것은 앞 장에서 논의한 보상수준에 관한 것이다. 모든 것이 동일한 조건에서 근로자가 더 높은 보상을 받으면 주주의 비용은 더 높아지기 때문에 주주는 더 손해를 본다. 이것이 실제 상황인 경우 이것을 제로섬 게임(zero sum game)이라고 부른다(이 용어의 출처는 게임이론 분야이다). 제로섬 게임은 한 경기자가 이득을 얻으면 나머지 다른 경기자가 동일한 양만큼 손해를 보는 전략적 상황이다. 즉, 전체 이득(payoff)은 일정하다. 이러한 경우 협력에 유인이 존재하지 않는다.

이것은 실제적인 관점인가? 이 장의 서두에서 근로자와 기업이 협력으로부터 이득을 얻는 많은 이유를 강조하였다. 예를 들어, 근로자가 지속적인 향상에 관한 자신의 아이디어를 공유하면 자신의 생산성은 상승한다. 기업은 근로자에게 더 많이 지불할 수 있고, 반면에 주주에게 더 높은 배당을 여전히 지불한다. 기업이 공정한 성과평가 또는 보류된 보상에 관하여 약속을 이행하면 더 우수한 근로자를 선발하고 더 강력한 유인을 제공할 수 있다. 전체 이득이 일정하지 않는 전략적 상황은 논제로섬 게임(non-zero sum game)이라고 부른다. 이 책을 통해 고용관계가 논제로섬 게임이라는 점을 살펴보았다. 근로자와 기업이 협력을 하면 양자는 모두 더 나아질 수 있다. 그렇지 않으면 양자 모두는 더 나빠질 수 있다.

불행히도 앞에서 보았던 것처럼 협력은 제로섬이 아닌 상황에서조차도 보장되지 않는다. 협력적으로 행동하는 대신에 이기적으로 행동하려는 유혹이 존재한다. 이것의 발생 여부는 협력적 행동보다는 이기적 행동으로부터 발생하는 잠재적 이득에 좌우된다.

이상적으로는 근로자와 기업 사이에 협력을 증가시키는 방법을 찾을 수 있다면 조직은 더 효과적일 것이다. 이것을 어떻게 달성할 수 있는가? 아이디어에 집중하기 위해서 먼저 표 15.1에

표 15.1

죄수의 딜레마		
	B 침묵	**B 자백**
A 침묵	둘 다 징역 6개월	A : 징역 10년, B : 석방
A 자백	A : 석방, B : 징역 10년	둘 다 징역 5년

예시된 게임이론의 고전적인 죄수의 딜레마 게임을 고려하자. 이 게임에서 두 죄수는 함께 저지른 범죄 때문에 체포되었다. 경찰은 이들을 분리된 취조실에 가두고 각각을 납득시켜 밀고하도록 시도한다. 두 죄수는 두 가지 전략을 가진다. 침묵함으로써 상호 간에 협력하거나, 또는 서로를 밀고한다. 두 행은 죄수 *A*의 전략을 나타내고 두 열은 죄수 *B*의 전략을 나타낸다.

행렬의 4개 셀은 각각의 상응하는 전략이 선택되는 경우 각 죄수에 대한 징벌을 나타낸다. 두 죄수가 협력하여 침묵하는 전략을 택하는 경우 경찰은 불충분한 증거에 의존하여 각 죄수는 6개월간 감옥형이 예상된다. 두 죄수가 자백하는 경우 각각 5년간 감옥행을 받게 된다. 그러나 어느 한쪽이 상대를 밀고하고 다른 한쪽이 침묵하는 경우 침묵하는 쪽은 10년 형을 받게 된다. 반면 밀고자는 형을 받지 않는다. 분명히 두 죄수 모두에게 선호되는 결과 — 형벌의 합계를 최소화하는 결과 — 는 모두 침묵하는 것이다.

각 죄수에게 최적의 전략은 무엇인가? 죄수는 분리된 방에 있다는 점을 기억하면, 이들은 서로 의사소통할 수 없다. 최적의 전략은 각각에게 동일하다(게임은 대칭적이다). 즉, 자신이 무슨 행동할지 상대가 예상하는 것과는 무관하게 상대를 밀고하는 것이다. 예를 들어, 나를 죄수 *A*라고 가정하자. 죄수 *B*가 침묵할 것으로 예상되는 경우 *B*를 밀고하면 나의 형벌은 더 낮아진다. *B*가 나를 밀고할 것으로 예상되는 경우에도 동일한 논리를 적용한다. 게임이론의 용어에서 밀고는 우월 전략(dominant) — 상대가 취하는 전략에 무관하게 항상 최적인 전략 — 이라고 부른다.

이것은 어느 죄수에게도 선호되는 결과는 아니다. 양쪽은 협력할 유인을 갖지 않는다. 이것은 상기의 근로자 권한부여의 논의와 비슷하다. 협력할 수 있는 방식을 어떻게든지 찾는다면 양쪽은 더 좋은 결과를 얻을 수 있지만 전략적인 행동은 양쪽이 원하지 않는 결과로 이어질 가능성이 있다.

이러한 딜레마를 해결하기 위해 무엇을 할 수 있는가? 일반적으로 두 가지 가능성이 있다. 하나는 서로를 밀고하는 여부에 의존하는 보상 또는 형벌에 대비하는 계약을 미리 맺는 것이다. 두 죄수에게 가장 가치 있는 결과는 양자가 침묵하는 것이기 때문에, 이러한 게임에는 밀고에 대해 한쪽이 다른 한쪽에 가하는 벌칙이 존재할 수 있다.

불행히도 이러한 명백한 계약은 많은 상황에서 몇 가지 이유로 인하여 실제적이지 않다. 두 실제 범죄자의 경우, 증거를 보류하거나 벌칙을 가하는 어떠한 합의도 법적으로 구속력이 없을 것이다. 다른 경우에 가능한 결과는 너무나 많거나 또는 예측할 수 없으며, 따라서 모든 상황을 포함하는 공식적인 계약을 하는 것은 불가능하다.

두 번째 해결책은 게임이 반복적일 경우에 가능하다. 표 15.1에서와 같은 게임이 계속해서 반복됨을 생각하라. 이제 죄수들은 계속해서 상호작용하기 때문에 어느 정도 관계를 맺게 된다. 이것은 새로운 전략의 가능성을 열어 놓는다. 예를 들어, 경기자는 한 기간 또는 두 기간 침묵을 결정한다. 비록 그것이 단기에 최적은 아니지만 이러한 행동이 상대에게 침묵할 것을 고무할 것으로 또한 기대한다. 다른 경기자가 협력하지 않는다면 계속해서 상대를 밀고함으로써 대응할 수 있다. 게임의 반복적 특성은 여러 기간에 걸친 보상과 벌칙 설계의 가능성을 열어 놓는다. 경기자가 서로에게 신호를 하는 것을 허용하고, 상대 경기자가 사용하는 전략의 유형을 파악하기 위한 시도로 서로를 검증하는 것을 허용한다. 이러한 모든 가능성은 협력의 가능성을 증가시킨다.[1]

일단 게임이 반복되면 각 경기자는 상대 경기자의 전략을 변경할 수 있는 신용에 기대는 시도를 할 수 있다. 예를 들어, 범죄에서 파트너의 협력을 이끌어 내고자 한다고 가정하자. 여러 기간에 계속해서 침묵한다면 파트너는 결국 협력을 선호한다는 메시지를 얻을 수 있다. 따라서 상대가 협력을 시작하면 더 많이 협력함으로써 호의를 되돌려 준다. 그러나 상대가 밀고로 시험한다면 1회 이상 상대를 밀고함으로써 즉각적으로 보복할 수 있다. 이러한 아이디어는 협력에 대해 보상하고 밀고에 대해 응징한다는 메시지를 상대에게 보내는 것이다.

이러한 반복 게임에 대해 가능한 전략 집합은 방대하다. 가장 유명한 것은 가장 단순하다. 즉, **맞받아치기**(tit for tat)이다. 맞받아치기전략은 쉽게 설명할 수 있다. 첫 번째 기간에 협력하고, 이후 바로 앞선 기간에 상대 경기자가 취했던 행동을 따라한다. *B*가 밀고하면 금번 기간에 *B*를 밀고한다. *B*가 침묵하면 침묵한다. 이것은 상대로부터 협력을 이끌어 내기 위해 고안된 단순한 보상과 응징이다. 실제 게임이론가는 이런 단순한 전략이 반복적인 죄수의 딜레마 게임에서 가장 복잡한 전략을 능가한다는 것을 안다.

어떠한 전략을 택하든 간에 일반적인 요지는 반복적인 상호작용은 두 그룹이 상호 간에 서로 협력하도록 자극하는 방식을 찾을 수 있고, 상대 경기자와 더 생산적인 상호작용에 이르는 평판을 쌓을 수 있다는 가능성을 높인다는 것이다. 이것은 고용관계가 종종 복잡하고 여러 기간을 걸치는 중요한 이유들 중 하나이다. 이 책에서 기술한 이유들로 인해 기업과 근로자가 관계를 더 형성할수록 작업장에서 더 협력하는 방식을 찾을 수 있는 유인과 능력은 더 커진다. 그리고 이러한 협력을 고무하는 개인 정책을 찾을 수 있게 된다.

죄수의 딜레마에서 고용으로

이제 기업 특수적인 인적자본의 투자에 대해 근로자와 기업 사이에 암묵적 계약이라는 아이디어를 소개하였던 제3장의 논의로 돌아가자. 관계 특수적인 투자는 죄수의 딜레마 게임과 유사하다. 근로자와 기업 모두는 투자가 이루어질 경우 더 많은 이득을 가질 수 있으며 순생산성 역시 증가할 것이다. 양자는 투자의 비용과 이후 수익을 공유할 것을 합의할 수 있다. 그러나 양자는 또한 나중에 약속을 어기려는 유혹이 생길 수 있다. 재협상에서 이러한 유혹의 위험이 매우

---

1) 기술적으로 이 문장은 관계의 빈도가 무한정적이거나 불확실한 경우에 맞는 말이다. 그러나 고용관계는 분명히 무한정적이 지 않으며 불확실한 경우가 대부분이다.

높을 경우 양자는 처음부터 기꺼이 협력하고자 하지 않을 것이다. 따라서 투자는 이루어지지 않을 것이고 양자의 상황은 더 나빠질 것이다.

설명했던 바와 같이 이론에서는 이러한 투자의 모든 비용과 혜택의 공유를 기술하고, 순응하도록 유인하는 벌칙을 제공하는 명백한 계약이 체결될 수 있다. 그러나 현실에서 그러한 계약은 대게 불가능하다. 훈련의 질과 양은 측정하기 어려울 수 있다. 훈련의 기회비용에 대해서도 마찬가지이다. 훈련에 기인할 수 있는 근로자 생산성의 증가는 양자가 동의하는 방식으로 수량화하는 것이 쉽지 않다.

종종 기업과 근로자는 가능한 많은 항목의 관계를 설정하는 공식적인 계약을 작성하려고 시도한다. 이러한 가장 좋은 예는 노동조합 계약이다. 예를 들어, 포드 자동차 회사와 전미 자동차 노조(United Auto Workers) 사이의 계약은 근로자를 어떻게 대우하고 많은 상황에서 무엇을 기대할 수 있는지에 대해 상세하게 기술한다. 이러한 계약은 6권의 책으로 구성되어 있다. 이 계약서를 테이블에 펼쳐놓을 경우 6인치 높이에 달한다. 계약의 길이와 상세함에도 불구하고 사실상 모든 가능한 상황을 포괄하지 못한다. 노동조합 계약의 중요한 부분은 노동조합과 기업이 계약에 명시적으로 기술되지 않았던 이슈를 해결하기 위해 사용하게 되는 절차를 기술한다.

대부분의 기업과 근로자는 고용의 모든 측면을 포괄하는 완전한 계약을 작성하기에는 능력의 한계가 분명히 존재하고, 또한 그렇게 하려는 시도가 오히려 고용관계에 더 해가 될 수도 있다. 양측이 모든 가능한 상호작용에 대해 협상과 조건 설정을 통해 어떤 임의의 경제 관계에 접근할 때 이것은 종종 글로 명시되지 않은 상황에서 서로의 관계를 변경시킨다. 협력적인 접근을 취하는 대신에 상대에 대해 법률적이고 경쟁적인 방침[제로섬(zero sum), 법률비용이 발생할 때는 네거티브섬(negative sum)]을 취할 가능성이 더 커진다. 불행히도 이것은 종종 노동조합이 존재하는 상황에서도 발생하는데, 근로자와 노동조합 대표, 경영진은 새롭게 발생한 문제를 협력을 통해 풀어가기보다는 이를 잠재적인 분쟁의 요소로 취급함으로써 대립적이고 법률적인 접근을 선택하는 경향이 있다.

대조적으로 대부분의 기업과 직원 사이의 고용계약은 노동조합 계약보다 훨씬 단순하다. 대체로 고용계약을 작성하면 직책, 급여, 고용기간 등을 기술하는 하나 또는 몇 개의 문장으로 구성된다. 계약의 다른 항목들은 기업의 직원 안내서에 포함되지만 대체로 길지는 않다. 이러한 경우 무엇이 고용관계를 관장하는가? 이는 종종 명시적 계약 대신에 방대한 암묵적 계약이다. 직원은 자신의 상관과 기업의 다른 리더들의 성격을 알고 있다. 고용주로서 기업의 이전 행동이나 평판으로부터 조직의 과거사에 대해 생각을 가지고 있다. 직원은 이러한 것들을 고려하여 어떤 직무를 수용할 것인지 또는 남아 있을 것인지, 그리고 그 직업에서 어떻게 행동할지를 결정한다. 직원은 기업으로부터 상호이익을 기대하는 경우 협력을 제공할 가능성이 더 많아진다.

명성과 고용관계

협력과 암묵적 계약을 재구성하는 유용한 방식은 질문을 하는 것이다. 어떠한 상황에서 기꺼이 협력할 만큼 충분히 상대방을 신뢰할 수 있는가? 고용주 또는 직원에게 신뢰를 주는 것은 비록 단기적 관심에 거스르고 행태가 공식적인 수단을 통해 강제할 수 없을 지라도 협력할 것이라는 의견을 주는 것이다. 협력을 받을 가능성이 높을 경우 기꺼이 그러한 의견을 나타낸다.

따라서 어느 한쪽이나 양쪽이 '공정한 고용주' 또는 '충실한 직원'으로서 충분한 평판을 가지고 있는 경우 기업과 직원 사이에 더 많은 협력을 기대할 수 있다. 이러한 점에서 두 가지 요점은 논의할 만한 가치가 있다.

첫째, 이것은 평판이 가치 있는 무형의 자산이 될 수 있음을 예시한다. 평판은 거의 항상 수량화하는 것이 어렵거나 불가능하기 때문에 측정이 불가능하다. 상대적으로 복잡한 다기간의 경제 계약에서 평판은 관계 구조를 개선하고 더 높은 공동 이익으로 이어질 수 있기 때문에 자산이다. 여기서는 고용에 집중하지만 이러한 요지는 두 기업 사이에 조인트 벤처(joint venture), 파트너십, 또는 벤처 투자(venture capitalist)와 기업 사이의 관계와 같은 많은 다른 상황들과 관련이 있다.

고용의 경우에 협력을 위한 평판은 많은 잠재적인 혜택을 가진다. 이들은 기업 특수적인 인적 자본에 대한 투자, 직원에 의한 혁신의 더 많은 공유, 더 강력하고 더 집중화된 내재적 동기, 더 많은 직업 안정성, 향상된 성과평가, 더 나은 외부적 유인 등을 포함한다. 강력한 평판은 협력을 개선할 수 있고 직원-기업 관계의 모든 면에서 바라는 결과를 가져올 수 있다. 이것은 상기에서 인용한, 경영진의 신뢰가 보통의 근로자에게 가장 가치 있는 직업 속성이었다는 점을 발견한 연구를 이해하는 데 도움을 준다.

둘째, 평판은 무형의 자산일 수 있기 때문에 때때로 평판에 투자하는 것이 가능하다. 이것은 다음 절에서 탐구할 내용이다. 셋째, 개별 직원이 협력적인 직원이라는 강력한 평판을 노동시장에서 쌓는 것은 상당히 어려울 것이다. 평판은 대체로 관찰 가능한 과거의 행적에 근거한다. 개인은 잠재적인 고용주가 입증할 수 있는 추적 기록—특히 초기 경력에서—을 쌓을 수 있는 능력이 거의 없다. 평판은 여전히 직원에게 가치가 있지만 대개는 기업이 고용주로서 평판을 개발하는 것이 실행 가능하다. 이러한 이유로 기업이 고용주로서 평판을 개발할 수 있는 방법에 집중한다.

명성에 대한 투자

기업이 장기적으로 직원을 선발하고 개발하고 보유할 수 있는 능력을 향상하려고 한다고 가정하자. 기업은 기업 특수적인 인적자본, 공정혁신, 팀워크 등에 투자하고 공유하는 준-파트너로 직원을 간주함으로써 좀 더 협력적인 접근을 취하고자 결정한다. 직원이 이러한 방식으로 행동하는 경우 기업은 더 많은 이윤을 낼 수 있고, 이러한 이윤의 일부는 직원과 공유할 수 있다. 원리상으로 이는 직원의 그러한 행동을 자극할 수 있다. 불행히도 앞에서 설명한 이유들로 인하여 그러한 복잡하고 정성적인 이슈를 포함하는 공식적이고 강제할 수 있는 계약을 작성하는 것은 불가능하다. 따라서 직원은 협력하고자 하는 유인이 있는 경우 기업에 대해 일정 수준의 신뢰—자신들을 공정하게 대우하고 있다—를 가질 필요가 있다.

이것을 통계적 추론의 문제로 생각하라. 현 직원과 잠재적인 직원은 신뢰할 만한 가치가 있는지에 대한 믿음의 여부에 근거하여 기업과 협력할지를 결정한다. 적절한 확신과 더불어 기업을 신뢰할 수 있을 것이라는 충분한 확률이 있는 것으로 평가하는 경우 협력할 것이다. 통계적인 관점에서 기업 역시 협력할 것이라는 확률이 충분히 높다고 추정하면, 그리고 이들의 추정치가 높은 정확성(낮은 분산)을 가진다면 협력할 것이다. 이것이 평판을 쌓는 데 핵심이다. 즉, 평가자가 확신할 수 있도록 충분한 일관성을 가지고 충분한 데이터를 제공할 필요가 있다. 이러한 관점에서 몇 가지 쉬운 요점들을 곧바로 추론한다.

과거

오랜 역사를 가진 기업은 신생기업보다 노동시장에서 강력한 평판을 가질 가능성이 훨씬 더 높다. 예를 들어, UPS는 100년 이상 근로자들을 고용하였다. 이것은 UPS가 직원을 어떻게 취급하였는지에 대해 잠재적 직원에게 많은 정보를 제공한다. UPS가 이 기간 직원의 대우에 일관적이었다면 대부분의 구직자들은 UPS가 미래에도 지속적으로 동일한 방식으로 직원을 대우할 가능성이 높다고 예측할 것이다. 대조적으로 페덱스 익스프레스는 1980년대에 신생기업으로 동일한 산업에 진입했을 때 고용주로서 추적 기록이 전혀 없었고, 따라서 평판은 거의 없었다.

일관성

비록 과거 행태의 역사가 길더라도 그 행태가 이례적인 경우 미래 행태는 예측 가능하지 않다고 추론할 수 있으며, 따라서 명백한 평판을 갖지 못할 것이다. UPS의 예를 다시 들면, 오랜 역사에 더하여 이들이 직원을 대우했던 방식은 존속하는 100년 이상 거의 변하지 않았다. 낮은 분산과 더불어 오랜 행태의 역사를 갖는 것은 평판을 쌓는 가장 강력한 방식이다. 하지만 불행히도 이러한 일관성을 갖는 데는 시간이 걸리기 때문에 특히 실행하기 어렵다.

첫인상

추론에 근거할 자료가 거의 없을 경우 각각의 새로운 정보는 기대의 형성에 상당히 기여한다. 따라서 첫 번째 교류는 때때로 자신이 희망하는 평판을 얻기 위한 투자에 있어서 가장 중요한 요소로 작용한다. 고용의 관점에서 기업은 잠재적 구직자와 새로운 고용에 대해 어떻게 처리하는지에 대한 자신들의 메시지를 심사숙고함으로써 이러한 아이디어를 장점으로 활용할 수 있다. 채용된 이후 새로운 고용이 조직에 **통합되는** 방식은 직원과의 효과적인 암묵적 계약을 확립하는 데 중요한 도구가 될 수 있다.

일부 기업은 이러한 목적에서 공식적인 내부 프로그램(inboarding program)을 가지고 있다. 이러한 프로그램은 기업의 역사, 문화, 정책 등을 포함할 수 있다. 또한 직원이 작업 그룹과 생산적으로 유대하는 데 도움을 주도록 고안된 활동들도 포함할 수 있다. 다른 기업들은 새로 고용된 직원을 기존의 직원과 일정기간 짝을 지어주는 멘토링 프로그램 혹은 '버디 시스템(buddy system)' 등을 포함하여 동일한 목적을 달성하려는 적어도 비공식적인 방법들을 가지고 있다. 관리자는 또한 이러한 점들을 장점으로 활용할 수 있다. 새로운 사람이 고용될 때 관리자는 의식적으로 첫 번째 교류를 활용하여 직원과의 관계에서 바라는 유형의 근로관계를 쌓으려고 시도할 수 있다. 처음부터 이러한 효과에 주의를 기울이지 않으면 뒤에 근로관계를 형성하는 데 어려울 수 있다.

첫인상

첫 번째 교류는 생산적인 근로관계를 구축하는 중요한 기회가 될 수 있다. 왜냐하면 기대를 형성하는 주요한 과거 또는 데이터가 존재하지 않기 때문이다. 작업장에서 발생하는 두 가지 예시가 있다. 하나는 기업과 직원과의 관계를 포함하고 다른 하나는 기업과 고객과의 관계에 관한 것이다.

리츠칼튼 호텔
리츠칼튼 호텔은 5성급의 고급 호텔 체인이다. 이 회사는 질 높은 서비스로 인정을 받아 말콤 볼드리지 국가품질상을 두 번 수상하였다. 이러한 서비스의 중요한 근원은 동기를 부여받은 직원이다. 리츠칼튼의 직원의 슬로건은 "우리는 신사와 숙녀를 접대하는 신사와 숙녀이다." (주목할 것은 이러한 슬로건은 단순한 암묵적 계약이라는 점이다. 이것은 직원에게 자신들이 어떻게 행동해야만 하고, 그 트레이드오프로 기업이 자신들을 어떻게 대우할 것으로 기대하는지를 말해 준다.) 회사는 의식적으로 처음부터 직원과 좋은 관계를 구축하려고 시도한다. 지원자는 심지어 고용되기 전부터, 호텔이 지원자로 하여금 호텔 손님에게 궁극적으로 대우하기를 원하는 만큼의 높은 수준의 관심과 예의로 대우를 받는다. 직원의 고용 계약이 연장되지 않을 경우 호텔은 이러한 계약 거절 의사를 매우 정중하게 전한다. 고용 계약이 체결될 경우, 호텔은 21일 안에 새로운 직원과 체결한 어떠한 약속이라도 준수할 것임을 확인하기 위해 연락을 취하는 정책을 가지고 있다. 처음 이틀간 훈련은 기업의 가치, 문화, 그리고 강력한 팀워크 구축에 집중한다. 이러한 훈련을 마친 후에 호텔은 근로자에게 자신의 특정 업무를 수행하는 방법을 훈련한다.

소덱소의 외주화한 영국 교도소
소덱소는 고객에게 다양한 외주화한 서비스, 특히 음식과 시설 관리 서비스를 제공하는 프랑스 기업이다. 이들 사업의 작은 영역 중 하나는 영국 정부를 위해 몇 개의 교도소를 관리하는 것이다. 이들 교도소를 맡고 있는 소덱소의 관리자는 죄수들과 기업의 근로관계를 향상하도록 고안된 정책을 구축하였다. 새로운 죄수가 교도소에 들어올 경우 이들은 즉시 두 가지 질문을 받는다. 첫 번째 질문은 "어떻게 불러주길 원하는가?" 그다음에 죄수가 제공하는 이름은 그 교도소에 머무는 동안 모든 교도소 직원이 사용한다. 두 번째 질문은 "차 또는 커피를 원하는가?"이다.

대부분의 교도소에서 새로온 죄수는 이러한 질문을 받지 않는다. 소덱소의 경영진은 존경심으로 죄수를 대하는 것이 목표라고 말한다. 이는 죄수들이 협력적으로 행동하여 주고받기를 기대하기 위함이다. 그들은 죄수들과의 관계를 형성할 때, 이들이 협력 추구 혹은 협력 기피의 태도를 결정하는 데 있어 첫 번째 교류가 매우 중요한 역할을 한다고 느끼고 있다. 이러한 정책은 성공적이다. 소덱소 교도소는 죄수 문제 발생 비율이 낮았고 모범 사례로 폭넓게 인용되었으며, 이들의 관리 정책은 수차례 수상받았다.

출처 : Sucher & McManus(2001), 소덱소 관리

규모의 경제

명성은 또한 기업이 다른 직원을 대우하는 방식에도 의존한다. 구직 면접에서 잠재적인 직원은 대개 현재의 직원이 자신의 근로 조건과 대우에 대해 어떻게 생각하는지를 측정하려고 시도한다. 더 강력한 평판을 쌓는 한 가지 방식은 다수의 직원과 근로관계를 가지고, 상대적으로 일관되게 이들을 대우하는 것이다. 대규모 그룹의 근로자를 비슷하게 대우하는 것은 어떤 기업에서 근로를 고려하는 사람들에게 강력한 증거가 될 수 있다. 게다가 기업이 클수록 가능한 구직자가 그 기업에 익숙할 가능성은 더 커진다.

더군다나 특정한 평판을 쌓은 기업이 이후 그 평판과 매우 일관되지 않는 방식으로 직원을 대우하는 경우 이는 다른 직원과의 신뢰성에도 해를 끼칠 수 있다. 이것은 기업에게 직원에 일관되게 대우하도록 하는 유인을 제공하고, 이러한 효과가 강력할수록 기업의 직원 수는 더 많아진다.

따라서 좋은 고용주로서 평판을 개발하는 데 규모의 경제가 존재한다. 이러한 이유로 인하여 대기업일수록 직원과의 신뢰 관계를 형성하고 유지하도록 고안된 정책에 더 분명하고 집중된 관심을 보일 수 있다.

성격

일부 사례에서는 특정 관리자의 성격이 고용주로서 기업의 평판에 중요한 효과를 끼칠 수 있다는 것을 볼 수 있다. 확실히 관리자의 성격은 해당 부하직원에 중요한 파급효과를 가진다. 관리자의 성격이 부하직원의 신임을 창출하는 경우 조직의 효율성에 미치는 결과적인 영향은 매우 중요할 수 있다. 물론 그 반대도 또한 사실이다.

CEO 또는 또 다른 고위급 관리자의 성격은 기대의 형성과 기업문화에 큰 영향을 줄 수 있다. 때때로 이것은 기업의 창업사가 기업을 어떻게 관리할지에 대한 강력한 견해를 가지고, 이러한 견해는 공식적인 정책, 비공식적인 문화, 창업자의 리더십 성향을 지속시키는 인력 등을 만들기

때문에 발생한다.

리더가 매우 강력한 개성과 강압적인 리더십 성향을 갖는 경우 관리자는 암묵적으로 또는 명시적으로 유사한 행동 패턴으로 조직 전반의 다른 관리자에게 전할 수 있다. 때때로 리더의 강력한 믿음은 공식적인 정책에도 반영된다. 예를 들어, 잭 웰치는 거대복합기업(conglomerate) GE의 전설적인 리더였다. 별명이 '중성자 잭(Neutron Jack)'이었던 웰치는 개인의 성과를 파악하고 보상하는 것이 중요하다는 강력한 믿음으로 유명하였다. GE는 수년간 성공적으로 시행되었던 곡선 성과평가 시스템 중의 하나인 탑그레이딩(TopGrading)을 개발하였다. 이 시스템에서 감독자는 성과가 부진한 사람을 찾아내고, 몇 년간 연속해서 부진한 평가를 받은 직원은 개선이 요구되거나 GE로부터 퇴출되었다. 이러한 정책은 효과적인 직원 관리에 관한 웰치의 믿음을 반영하였고, 웰치의 강력한 믿음과 강력한 징벌은 그의 임기 동안 이러한 정책을 사용하여 성공을 거둔 원인의 핵심으로 널리 인식되었다.

GE의 성과평가에 관한 잭 웰치

아래의 내용은 2000년 GE 주주에게 보냈던 잭 웰치의 서신 중 일부이고 탑그레이딩에 대한 그의 견해를 기술하고 있다.

사람

"우수한 사람들을 항상 보유하지 못한다면 우리의 기술, 사업, 성과 및 자원은 우리를 세계 1위로 만들기에 충분하지 않다. 이를 위해서는 조직 안의 모든 사람들에 대한 평가에 있어 엄밀한 규율과 공명정대한 기준이 요구된다."

"모든 평가와 보상체계에서 전체 사람을 상위 20%, 중간 70%, 하위 10%의 세 범주로 구분한다."

"상위 20%는 마법을 유발했던 사람들이기 때문에 정신적 및 물적 보상과 보살핌이 있어야 한다. 이들 중 하나를 상실하는 것은 리더십의 죄악인 진정한 실패로 간주하여야 한다."

"상위 20%와 중간 70%는 영속적인 수준이 아니다. 사람들은 항상 이들 사이에서 이동한다. 그러나 하위 10%는 경험상 그 자리에 머무는 경향이 있다. 자신의 미래를 근로자에게 거는 회사는 그 낮은 10%를 제거하여야 하고 매년 지속적으로 제거하여야 한다. 항상 성과 범위를 증가시키고 리더십의 능력을 증가시켜야 한다."

"경력 초기에 그 하위 10%를 제거하지 않는 것은 관리 실패일 뿐만 아니라 그릇된 관용이다. 왜냐하면 불가피하게도 새로운 리더는 사업에 참여하고 그 하위 10%를 곧바로 내보내기 때문이다. 이것은 그들을 ― 때로 경력 중반에 ― 방황하게 하고 다른 곳에서 시작하도록 한다. 경력 초기에 성과가 미미한 직원들을 제거하는 것은 그들에게 올바른 것을 행하는 것이다. 불가피하게 끝나게 될 경력에 정착하도록 내버려 두는 것은 옳지 않다. GE 리더는 이들 상위 20%를 장려하고 격려하고 보상할 필요성을 이해하여야 하고, 높은 성과를 내는 70%는 항상 향상하고 상향 이동하도록 활기 있게 확실히 하여야 한다."

출처 : General Electric(2000)

응용 : 기업문화와 집중화된 인적자원 정책

이번 장을 마무리하면서 이러한 아이디어를 기업문화 주제에 간단하게 적용하고, 인적자원 정책을 집중화하는지 또는 분산화하는지에 관한 질문과 연관 짓고자 한다.

기업문화는 엄밀하게 정의하기에 매우 어려운 개념이다. 이 장과 이 책의 다른 부분에서 취했던 관점은 개념을 좀 더 조작적이게 하는 방식이다. 기업문화를 생각하는 유용한 방식은 고용관계를 관장하는 방법에 관한 일련의 비공식적인 규칙과 같은 것, 달리 말하면 근로자와 기업 사이에 암묵적 계약의 일부와 같은 것이다. 이러한 방식으로 생각하면 기업의 운영을 향상하는 방식으로 문화를 형성하려는 시도는 가능하다.

예를 들어, 관리자가 직원에게 이들의 성과에 대해 피드백을 주는 방법에 관한 문제를 고려하자. 많은 기업에서 전형적인 문제는 관리자가 부정적인 피드백을 제공하기 매우 꺼린다는 점이다. 유사하게 직원은 종종 부정적인 피드백에 대해 자신의 성과를 향상하는 방법에 대한 가치 있는 정보로 취급하기보다는 분노하거나 방어적으로 대응한다. 불행히도 이러한 행동은 성과평가의 목적을 훼손하고 평범한 조직의 성과로 이어질 수 있다.

앞에서 논의한 GE와 같은 일부 조직은 그러한 행동이 일반적이지 않은 문화를 구축할 수 있었다. 어느 정도 이들 기업은 건설적인 피드백이 직원에게 제공되고 그러한 피드백을 방어적으로 행동하지 않고 받아들일 것으로 기대되는 규범을 가지고 있다. 유명한 대학들 역시 일반적으로 연구에 대한 피드백을 제공할 때 교수들 사이에서, 그리고 교수와 학생 사이에 강의실에서 이러한 규범을 가지고 있다. 이러한 조직에서 암묵적 계약은 모든 참가자가 건설적인 피드백을 제공하고 받는 것에 적절히 그리고 건설적으로 기여할 것으로 기대한다는 것이다. 게다가 규범은 대체로 그러한 피드백에 저항하는 것을 비공식적으로는 인정할 것이라는 점이다.

일부 조직은 피드백에 대해 생산적인 **규범**을 가지지만 다른 조직은 그렇지 않다는 사실이 그러한 규범을 만들거나 변경할 것을 암시하지는 않는다. 기존의 규범을 강력하게 보호하는 경우 이것을 행하는 것이 쉽지는 않지만 리더의 업무 중 중요한 부분은 기업문화를 정교하게 만들고 발전시키는 것이다. 우수한 관리자는 자신의 행동이 만들어내는 암묵적 계약에 대해 의식적으로 생각하여야 한다. 그리고 관리자는 또한 자신이 만들어내는 평판에 대해서도 의식적으로 고려하여야 한다.

마지막으로 인적자원 정책의 집중화에 대해 간단하게 고려하자. HR 정책은 집중화되어야 하는가 아니면 분산화되어야 하는가? 분산화된 정책들에 많은 장점이 있다. 이들은 개별 사업 단위의 다양한 상황에 더 큰 유연성을 허용한다. 이들은 지역의 관리자에게 자신의 운영 방식에 대해 재량을 제공한다. 그러나 HR 부서는 종종 조직 전반에 걸쳐, 심지어는 대규모 조직에 공통된 정책을 부과한다(예 : GE의 모든 부서에 걸쳐 곡선 성과평가). 이들은 대체로 관리자가 자신의 부서를 감독할 수 있는 방법에 대해 관료주의적인 구속을 부과하는 것이라고 조롱을 받는다. 이러한 집중화된 정책에 대해 어떤 정당성이 존재하는가?

하나의 잠재적인 타당성은 이것이 전체 조직에 나누어 주는 일관성이라는 것이다. GE의 예에서 성과평가에 대해 동일한 규칙을 사용하는 것은 직원이 어느 지역, 부서, 또는 자신의 상관에 관계없이 조직 전반에 걸쳐 동일한 방식으로 대우받고 있다는 것을 의미한다. 기업이 조직 전반에 걸쳐 일관된 기업문화를 개발하고자 한다면 인적자원 정책의 집중화는 거의 요구된다. 개별적인 재량에 일부 제한을 가하지 못한다면 행동의 일관성을 얻는 것은 어렵다.

이러한 의미에서 기업문화는 기업의 제품 브랜드화와 유사하다. 기업의 제품은 품질, 특성 등에 관하여 소비자와의 평판을 개발한다. 이러한 브랜드는 마케팅 비용을 감소시킨다는 점에서 매우 가치가 있다. 기업문화처럼 제품의 브랜드는 무형의 자산이다. 제품관리자가 너무나 많은 자치권을 가지면 다수 제품 기업에서 브랜드를 유지하는 것은 어렵다. 이러한 이유로 일부 집중화는 일반적으로 일관된 브랜드 관리를 유지하는 데 필수적이다. 똑같은 이유로 인적자원 정책의 일부 집중화는 일관된 기업문화를 유지하는 데 필수적일 수 있다.

터키의 알파벳 변경

1928년 터키대통령 아타튀르크는 아랍어에서 터키 알파벳으로 변경할 필요가 있다고 결정하였다. 그 당시 터키에서 사용하고 있는 아랍어 원본은 482개의 문자 조합을 가졌다. 읽기에는 아름답지만 학습하기가 매우 어려워 읽고 쓰는 사람이 20% 이하였다. 라틴 알파벳에 기초한 새로운 알파벳은 29개의 문자만을 가졌다.

이러한 변화를 실행하기 위해 아타튀르크는 그 변화가 한 번에 즉각적으로 나타나도록 포고하였다. 예를 들어, 신문은 11월 1일부터 새로운 알파벳을 사용하도록 명령하였으며, 12월 1일까지 이러한 변화를 완전히 실행하도록 요구하였다. 정부는 이러한 변화를 전체 사회에 적용하는 데 강력한 역할을 하였다.

이러한 고도로 집중화된 변화는 매우 성공적이었다. 결과적으로 터키의 문맹률은 10% 이하로 줄어들었고 경제의 현대화에 도움을 주었다.

출처 : Williams(1929)

요약

현행 인사관행

고용관계는 가장 복잡한 경제교류 유형 중 하나이다. 이 책 전반에 걸쳐 우리는 이러한 경제교류에 대한 이해를 도울 수 있도록 점점 늘어나는 복잡성을 첨가하는 경제적 도구를 사용했다. 이 장에서는 이러한 맥락을 함께 엮어 보았다. 우리의 요점은 고용계약에 대한 비공식적인 그러나 매우 현실적이고 경제적으로 중요한 면에 대한 논의이다.

회사와 직원 간 다기간의 경제관계는 여러 가지 면을 갖는다. 예를 들어, 업무, 의사결정, 학습과 혁신 공유, 훈련에 대한 투자, 업무 평가, 보상과 징계 등이다. 여기에는 회사와 직원들 사이에 잠재적인 협력을 해야 하는 부분이 많이 있다. 그러나 불행히도 전략적으로 이러한 협력을 약화시키거나 함께 일함으로써 얻을 수 있는 총이익을 감소시키려는 유혹도 존재한다.

이러한 복잡성과 다기간인 상황 및 예측 불가능성 때문에 공식적인 계약에서 고용관계의 모든 면을 다루는 것은 거의 불가능하다. 어떤 측면은 법이나 회사의 정책에 따라 좌우된다. 그러나 많은 부분이 계약에 내포된 내용에 의해 통제된다. 내포된 계약이란 매니저와 직원 개개인의 관계일수도 있고 혹은 회사의 평판과 회사 분위기 등을 말한다. 직원과 회사가 내포된 규칙이 무엇인지에 대해 이해를 공유하고 있는 범위에서는 효과적으로 업무를 한다. 그리고 적어도 한쪽(혹은 양쪽 모두)은 신뢰성을 갖춰야 한다. 즉, 적어도 한쪽에서 상대를 충분히 믿고 있어야 한다. 그렇지 않으면 내포된 계약은 효력이 없어지기 쉽다. 이 경우 회사와 직원은 형식적인 계약과 전략적인 행동에 기대게 되고 이는 이익의 감소로 이어진다.

이 주장은 믿음 혹은 평판이 경제적 가치를 지닌 무형의 자산이라는 것을 말해 준다. 우리는 평판에 투자할 수 있는 방법에 대해 논의하고, 회사 정책을 위한 함의를 갖는 예를 제시하였다. 그러나 이러한 내용을 수박 겉핥기처럼 다뤘다. 우리의 목적은 당신이 인사경제학에서 내포된 계약의 중요성을 의식하도록 만드는 것이다.

마지막 장에서는 이전의 내용으로 돌아가 이 책에서 언급된 인사관리와 조직 설계에 관한 몇 가지 주제를 상기하고자 한다.

첫째, 회사가 곧 시장은 아닐지라도 시장으로 비유하는 것은 조직과 인사경제학에 대해 생각할 때 효과적인 방법이다. 시장은 정보가 분권과 강력한 인센티브를 통해 가치를 창출하는 시스템으로 볼 수 있다. 분권과 인센티브의 원칙은 인사경제학의 핵심이다. 그러나 시장에서처럼 더 나은 협동 혹은 외적인 요소나 그 외 '시장 실패'를 해결하기 위한 집중화의 역할 또한 필요하다. 더욱이 회사 내의 인센티브는 훨씬 더 복잡한데, 시장가격이 결정되어 있지 않은 개개인의 실적을 평가하는 것은 더 어렵기 때문이다.

둘째, 회사는 정보 시스템으로 간주된다. 장기적인 경제적 이익은 새로운 혁신에서 비롯된다. 이러한 혁신은 조직 전체의 지식의 효과적인 사용으로 인해 발생한다. 이러한 혁신의 중요한 원천은 보다 낮은 지위의 근로자들의 지식에 대한 지속적인 개선이다.

셋째, 우리는 여러 차례 창의성과 통제의 균형을 강조했다. 우리는 처음에 회사가 위험한 지원자를 고용해야 하는지 여부에 대해 논의했다. 이 문제는 집중화 대 분권화에 대한 논의와 수평 대 계층 구조의 활용에서 다시 발생한다. 또 인센티브에 대한 내용에서, 예를 들어 주관적인 업무 평가에 대한 논의와 직원 스톡옵션에 대한 맥락에서 다시 언급된다. 간략하게 말하면, 조직이 내적인 시장처럼 작동하는 범위가 클수록 그 조직은 창의적일 수 있는 것이다. 그러나 창의성은 비용이 든다. 이는 예측 불가능성, 불일치, 조화의 부족 등을 포함한다. 창의성과 통제의 목표를 동시에 달성하기는 매우 어려운 일이다. 회사의 조직 설계는 반드시 이들의 조화를 갖춰야 하며 이것이 마주친 경쟁적인 내용과 정보 문제와 잘 매치되어야 한다.

밀접하게 연관된 네 번째 주제는 조직이 특정 환경에 최적화할 수 있거나 혹은 스스로의 적응력을 설계할 수 있어야 한다. 예를 들어, 테일러리즘은 한 조직이 굉장히 효과적으로 한 가지 일을 하나의 방법으로 할 수 있게 한다. 그러나 만약 상황이 바뀌면 회사는 적응하는 데 어려움을 느낄 것이다. 왜냐하면 모든 정책(채용, 훈련, 의사결정, 직무 설계, 인센티브, 문화)이 하나의 구체적인 목적을 위해 설계되었기 때문이다.

하나의 대안은 인사 정책을 보다 유연하게 설계하는 것이다. 특정한 상황에는 덜 알맞을지 몰라도 이러한 인사 정책은 회사가 역동적인 산업에서 더 빠르고 효과적으로 적응할 수 있도록 한다. 이는 더 융통성 있는 근로자를 고용하고 보다 다양한 역량을 교육하고(문제해결 능력을 포함하여) 지역적 적응성과 지속적인 향상을 강조하고 인센티브 체계와 이런 정책을 강조하는 문화를 가진 분권화된 구조를 활용함으로써 달성할 수 있다.

마지막 다섯 번째는 이론적으로 근로자에게 좋은 것은 회사에도 좋은 것이라는 점이다. 회사의 기능은 직원과 회사가 공통의 장기적인 목표를 가질 수 있도록 조직 및 인력 정책을 설계할 때 최선이 될 수 있다. 그러나 협동은 보장된 것이 아니다. 왜냐하면 계약이 공식적인 계약으로 완벽히 통제할 수 없는 계약에서는 전략적으로 행동할 수 있는 유혹이 항상 존재하기 때문이다. 우리는 초반에 기업의 특수한 인적자본 유지를 위한 잠재력에 대해 언급했고, 노동자와 관리자 사이의 소통에 대해 논의할 때도 다뤘다. 물론 이는 제3부의 주요 이슈이기도 하다. 왜냐하면 인센티브 시스템의 목적이 분쟁보다는 협력을 증진시키는 것이기 때문이다. 공식적이거나 비공식적인 인사 정책의 아주 중요한 목적은 보다 높은 수준의 협력을 보장하는 충분한 신뢰를 개발하여 근로자와 회사의 이익을 최대한 가깝게 조정하는 것이다.

연습문제

1. 당신의 직업을 생각해 보라. 당신과 고용주 사이 경제적 관계의 조건은 무엇인가? 명시적인 조건은 무엇이고 암묵적인 조건은 무엇인가? 그 이유는 무엇인가? 당신과 고용주가 좀 더 협력적이기 위해서는 어떻게 해야 하는가?

2. 일본은 **노동조합** 체계를 가지고 있다. 노동조합은 직원을 대표하며 개별 회사에 대해서만 업무를 한다. 대조적으로 대부분의 경제주체들은 연합된 형태(예 : 미국의 자동차 노조)가 일반적이다. 역사적으로 일본 노동조합은 덜 적대적인데 그 이유가 무엇일까?

3. 회사가 기업 특수적 인적자원에 기대하는 수준이 상대적으로 높다면, 직원들을 어떻게 다루는 것이 이러한 방향으로 갈 수 있는지 설명해 보라.

4. 당신의 회사가 해외로 생산을 확대하고 싶어 한다고 가정하자. 이때 해당 국가의 기존회사

를 인수하는 방법이 있고 신규인력으로 새로운 조직을 만드는 방법도 있다. 이때 장점과 단점을 생각해 보자. 동일산업에서 성숙 기업이 신규 창업기업과 비교하여 가질 수 있는 장점과 단점에 대해서도 논의해 보자.

5. 큰 규모의 조직이 변화한다는 것은 상당한 위기에 직면할 가능성이 있다. 왜 그런지 설명해 보고 이 책의 앞 부분에서 나온 내용과 원칙을 고려하여 설명해 보라.

6. 가능한 엄격한 조직문화의 정의를 내려 보라. 실제 활용 가능한 정의가 중요하다. 조직문화가 변경 가능한가? 시간이 지남에 따라 변화 가능한가?

7. 강력한 기업문화가 가진 경제적 이점은 무엇인가? 커뮤니케이션 비용, 협력과 갈등, 교섭 비용 등을 고려하여 설명해 보자.

8. 강력한 기업문화가 가진 경제적 위험은 무엇인가?

참고문헌

General Electric (2000). *Annual Report*.

Helliwell, John & Haifang Huang (2005). "How's the Job? Well-Being and Social Capital in the Workplace." Working paper, National Bureau of Economic Research.

Sucher, Sandra & Stacy McManus (2001). "The Ritz-Carlton Hotel Company." Harvard Business School case study.

Williams, Maynard Owen (1929). "Turkey Goes to School." *The National Geographic Magazine*, 94–108.

심화문헌

Camerer, Colin & Ari Vepsalainen (1988). "The Economic Efficiency of Corporate Culture." *Strategic Management Journal* 9: 115–126.

Coase, Ronald (1960). "The Problem of Social Cost." *Journal of Law and Economics* 3(1): 1–44.

Freeman, Richard & Edward Lazear (1995). "An Economic Analysis of Works Councils." In Rogers & Streeck, eds., *Works Councils: Consultation, Representation, and Cooperation in Industrial Relations*. Chicago: University of Chicago Press, for the National Bureau of Economic Research.

Freeman, Richard & James Medoff (1984). *What Do Unions Do?* New York: Basic Books.

Kreps, David (1990). "Corporate Culture and Economic Theory." In Alt & Shepsle, eds., *Perspectives on Positive Political Economy*. Cambridge: Cambridge University Press.

Poundstone, William (1992). *Prisoner's Dilemma*. New York: Doubleday.

 **부록**

열린 경영

기업의 실질적인 수익에 대한 정보는 언제 직원들에게 공개될까? 다음 모델이 그 해답을 제시한다. 이 프레임워크는 본문에서 논의한 것보다 좀 더 일반적인 모델이다.[2] 이 프레임워크는 직원의 임금에 관한 문제뿐만 아니라 직원의 효용(utility)에 관한 논의까지 포함하고 있기 때문이다. 즉, 직업과 업무에 대해 임금지불 외에도 비금전적인 속성도 대안으로 제시할 수 있다. 임금의 상승 또는 업무 여건 및 특성의 개선은 모두 직원들의 효용을 높여줄 것이다. 지금부터 다음의 상황을 가정하여 모델을 세워 보도록 하자.

한 기업과 그 기업의 직원들은 업무공간의 변수로서 업무속도 한 가지를 결정했다. 업무속도는 빠르거나(F, fast) 보통(N, normal)일 수 있다. 직원들은 업무속도가 빠른 것을 좋지 않게 생각하며, 보통의 업무처리속도를 선호한다. 직원들은 각 업무속도에 따라 다른 효용 U_N, U_F을 얻으며, 이 둘은 $U_N > U_F$의 관계를 갖는다. 추가적으로 직원들은 실직상태보다 빠른 업무속도를 선호한다고 가정하여, $U_F > U_0$의 효용을 갖는다. 여기서 U_0는 기업을 떠난 경우 즉 실직일 때의 효용을 나타낸다. 반면 기업의 입장에서는 직원들이 빠르게 일할수록 수익이 증가하므로, 직원들과 대조적으로 빠른 업무속도를 바람직한 상태로 인식한다.

기업환경은 좋거나 어려운 두 가지 상태가 p와 $1 - p$의 확률로 유지된다고 가정한다. 좋은 기업환경에서 기업의 수익은 빠른 업무속도일 때 π_F, 보통의 업무속도일 때 π_N의 값을 갖고, 둘 사이의 관계는 $\pi_F > \pi_N$와 같다. 어려운 기업환경에서는 빠른 업무속도일 때 기업의 수익이 $\pi_B > 0$ 로 나타나지만, 보통의 업무속도로는 기업수익이 적자가 되어 폐업의 가능성이 증가한다. 기업의 총잉여(total surplus)는 기업환경이 좋을 때 더 커지며, 어려운 기업환경에서는 보통의 업무속도로 기업이 적자를 겪는 상황보다는 빠른 업무속도를 보일 때 더 크다. 이는 빠른 업무속도를 원하는 경영자의 바람에 직원이 응하지 않으면서, 기업이 폐업에 이르게 되어 주요한 사회적 손실이 발생한다는 것을 보여주는 결과이다.

이때 직원들이 어려운 기업환경에서 빠른 업무속도를 선호한다 하더라도, 그들은 기업의 상황에 대해 신뢰할 수 있는 정보를 얻기 어렵다는 문제가 발생한다. 기업 환경이 좋을 때에도 경영진이 직원들에게 거짓으로 기업 상황이 악화된 것처럼 전함으로써 직원들의 업무속도를 높이고 수익을 증대시키려는 전략을 취할 수도 있기 때문에, 직원들은 경영진을 불신하게 되는 것이다. 만약 경영진들이 기회주의적으로 행동을 함으로써 기업 이익을 증진시키고자 한다는 사실을 인지하게 된다면, 직원들은 신뢰도가 낮아진 경영진의 의견을 무시하고 항상 보통의 업무속

2) 이 부분은 Freeman과 Lazear(1995)를 직접적으로 인용하였다.

도나 빠른 업무속도로 일하고자 할 것이다. 기업이 어려운 상황에 처했을 때에도 보통의 업무속도를 유지하게 된다면 결국 기업은 폐업하게 될 것이고, 직원들 또한 U_F가 아닌 U_0의 효용을 얻게 될 것이다. 반면에 좋은 기업환경에서도 빠른 업무속도로 일을 하게 된다면, 직원들은 낮은 효용을 얻게 될 것이다(직원이 얻는 효용은 $U_N > U_F$이기 때문이다). 만약 직원들이 U_N의 효용을 유지한다면, 그들은 전체 시간 중 p의 기간 동안에는 올바른 판단을 한 것이고, $1-p$의 기간에는 U_0의 효용을 얻게 될 것이다. 직원의 기대효용은 다음과 같다.

$$EU_N = p \times U_N + (1-p)U_0$$

반면 만약 직원들이 항상 빠른 업무속도로 일을 한다면, 그들의 기대효용은 항상 U_F로 결정된다. 직원들은 기업환경의 확률과 기대효용에 따라 빠르거나 보통으로 업무속도를 선택하게 될 것이다. 좋은 기업환경이 유지된다고 판단하면 N의 업무속도를 취할 것이고, 나쁜 기업환경이 유지된다 판단하면 F의 업무속도를 취할 것이다. p^*는 직원들이 N과 F에 무차별적일 경우의 확률로 정의된다.

$$p^* \times U_N + (1-p^*)\, U_0 = U_F$$
$$p^* = (U_F - U_0)/(U_N - U_0)$$

각 효용 간의 관계는 $U_0 < U_F < U_N$이므로, p^*는 0에서 1 사이의 값을 갖는다. p^*는 효용의 값에 따라 달라지므로, 이는 회사의 경영상황의 가능성이 아닌 직원의 태도와 상황을 반영한다. 만일 p가 낮다면 직원들은 더욱 빠른 속도로 작업에 응하기보다는 보통의 속도로 작업하는 것에 더욱 집착하는 것으로 보아도 될 것이다. p값이 p^*보다 클 경우 직원들은 보통의 속도로 일하고자 하고, p가 p^*보다 낮은 경우 빠른 속도로 일하려고 할 것이다.

효용 U_N과 U_0가 증가하면 p^*는 감소하고, U_F가 증가하면 p^* 또한 증가한다. 따라서 U_N이 크거나, U_0가 클수록(U_0가 충분히 크면 직원들은 해고를 크게 신경 쓰지 않게 된다.) 또는 U_F가 작을수록 직원들은 더 강하게 보통의 업무속도로 일할 것을 요구하게 된다(각각의 상황에 따라 p^*가 감소하면, $p > p^*$인 경우가 더 많아지기 때문이다). 또는 U_N과 U_F의 차이가 크거나 U_0와 U_F의 차이가 작다면, 직원들의 요구가 더 강해질 것이다. 회사에서 받는 임금과 회사 밖에서 얻을 수 있는 소득 간의 차이는 특정 인적자원과 선임권제도(seniority rule)에 따라 결정되므로, 특정 재직훈련이 적거나 근무연수가 낮은 젊은 직원들은 근무연수가 긴 고령 직원들보다 이에 대해 더 강하게 주장할 것이다.

표 15A.1은 열린 경영(open book management)인 경우와 아닌 경우에 따라 직원과 회사에게 돌아가는 잉여(surplus)를 보여준다. 표의 상단은 직원들이 기업환경 확률 p만 알고 있을 때의 잉여를 보여준다. 이런 조건에서 직원들은 두 가지 상황에 따라 빠른 업무속도와 보통의 업무속도를 선택해야 한다. p^*에 대한 정의에 따라 직원들은 $p > p^*$이면 N을, $p < p^*$이면 F를

표 15A.1

대안적인 정보 상황에서 산출되고 분배되는 잉여

	직원이 상황에 대해 아무런 정보가 없을 때	
	N을 선택할 경우 $(p > p*)$	F를 선택할 경우 $(p < p*)$
직원	$p \times U_N + (1-p)U_0$	U_F
기업	$p \times \pi_N$	$p \times \pi_F + (1-p)\pi_B$
	완전한 정보를 가지고 있을 때	
직원	$p \times U_N + (1-p)U_F$	
기업	$p \times \pi_N + (1-p)\pi_B$	
	정보에 따른 복지의 변화	
	N을 선택하게 됨	F를 선택하게 됨
직원	$(1-p)(U_F - U_0)$	$p(U_N - U_F)$
기업	$(1-p)\pi_B$	$p(\pi_N - \pi_F) < 0$
사회	$(1-p)[(U_F - U_0) + \pi_B]$	$p[U_N - U_F + \pi_N - \pi_F]$

선택할 것이다. 표의 중간은 직원들이 모든 정보를 알고 있을 때의 잉여를 보여준다. 이 경우 직원들은 기업환경이 좋을 때에 보통의 업무속도로 일하고, 안 좋을 때에는 빠른 업무속도로 일한다. 이는 사회적으로 최적의 상황으로 직원 효용의 평균은 $p \times U_N + (1-p)U_F$이고, 회사 수익의 평균은 $p \times \pi_N + (1-p)\pi_B$이다.

표의 하단은 직원과 회사, 그리고 사회 전체가 얻는 잉여의 두 상황 간의 차이를 보여준다. $p > p*$일 경우 완전정보가 없는 상황에서 직원들은 항상 N을 선택할 것이고, 완전정보가 주어진다면 직원들은 $(1-p)(U_F - U_0)$의 이익을 얻고, 회사는 $(1-p)\pi_B$의 이익을 얻으며, 사회 전체적으로는 $(1-p)[(U_F - U_0) + \pi_B]$의 이익이 발생한다. 따라서 어려운 기업환경일 때 정보는 모든 구성원들의 상황을 개선시켜 준다. 반대로 $p < p*$일 경우 직원들은 F를 선택할 것이며, 정보가 주어지지 않은 상황에서는 직원들은 $U_F - U_N$만큼의 손해를 보고, 회사는 $\pi_F - \pi_N$의 이익을 얻는다. 정보에 의한 사회적 이익은 어려운 기업환경에서도 직원들이 N을 선택할 위험성을 없애준다는 것이다. $p > p*$인 조건은 이러한 상황을 잘 보여준다. $p > p*$에서 회사 상황은 전반적으로 좋으며, 직원들은 업무를 줄일 것을 강하게 요구한다. 회사 상황이 좋기 때문에 직원들은 회사가 위기라는 주장을 신뢰하지 않고, 어려운 기업환경에서도 업무속도를 높이는 것을 거부하게 된다. 완전한 정보는 직원들이 상황에 따라 유연하게 대처할 수 있도록 만들어, 어려운 기업환경에서는 자발적으로 업무속도를 높이고, 좋은 기업환경에서는 보통의 업무속도로 전환할 수 있도록 한다. 어려운 기업환경에서도 정보를 제공함으로써 회사와 직원 모두 이익을 얻게 되므로, 회사와 경영진 입장에서는 직원들에게 '나쁜' 뉴스를 전달하는 유용한 방법으로서 위원회를 활용할 것이다.

그림 15A.1

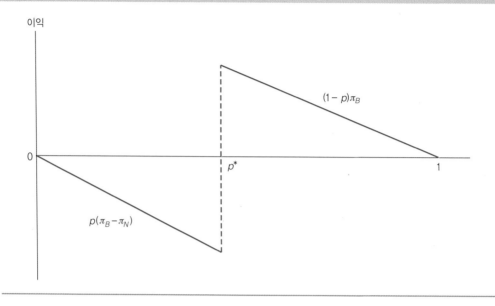

　회사가 정보를 제공함으로써 얻는 이득은 경제적 불확실성에 따라 어떻게 달라질까? 모델에서 불확실성은 p로 측정되며, 이는 $p = 0.5$에서 최대가 되고, $p = 1$ 또는 $p = 0$에서 최저가 된다. 그림 15A.1은 완전정보에 의한 회사의 잉여를 p의 함수로 표현하였다. p가 0 또는 1인 경우, 정보에 따른 문제는 없으며, 열린 경영에 의한 사회적 가치는 0이다. p가 0일 경우, 직원들은 경제상황이나 기업환경이 항상 안 좋다는 것을 알기에 추가적인 정보로 인한 이득은 없다. 또한 $p < p^*$이므로 직원들은 항상 빠른 업무속도로 일할 것이다. p가 1인 경우, 회사 상황이 항상 좋다는 것을 직원들도 알고 있고, 회사는 계속 운영될 것이다. 정보 제공에 의한 가치가 가장 높아지는 지점은 경기 불확실성이 가장 클 때가 아닌 p가 p^*보다 살짝 높을 때이다. $p > p^*$에서 직원들은 보통의 업무속도로 일하기 때문이다. 상대적으로 p가 낮을 때에는 비협조적인 직원들에 의해 파업과 낮은 수익의 문제가 빈번하게 발생할 수 있다. 따라서 회사는 어려운 상황의 빈도가 높은 경우 직원들에게 정보를 제공함으로써 가장 높은 이익을 얻을 수 있다. 다만 그 빈도가 너무 잦은 경우에는 기업환경에 따라 다른 전략방안으로 전환하도록 직원들을 유도하기 어려울 것이다.[3]

3) 하나의 추가적인 개선이 필요하다. 만약 경기가 좋지 않은 상황에서 직원들에게 정보를 공개할 경우 경영진은 직원들이 업무를 빨리 처리해야 한다는 사실을 납득시킬 수 있으며, 기업이 그렇게 행동할 것이라 예상이 되면 정보의 의무공시에 대한 요구는 배제된다. 반면 경기가 좋지 않은 상황에서 정보를 공개하는 것은 역설적으로 직원들로 하여금 기업이 다른 기간 동안에는 좋은 상황에 있었다는 것을 알게 하는 것이 되므로, 이는 기업이 상황이 좋은 기간에 직원들에게 빠른 업무를 요구할

마지막으로 직원들에게 정보를 제공함으로써 그들이 실제 요구 상황에 따라 자신들의 업무를 조절할 수 있도록 한다는 점을 주목해야 한다. 따라서 정보가 완전히 공개된다면 어려운 기업환경에서도 직원들이 업무 속도에 대해 덜 민감하게 반응하게 만들 것이며, 이는 결과적으로 열린 경영이 업무 활동의 유연성을 높여 준다는 것을 시사한다.

수익을 최대화하는 권한부여는 부가가치를 최대화하는 것보다 작다.

직원에게 부여되는 권한의 양을 x 라고 정의한다. 부가가치는 $V(x)$ 라고 정의한다. 본문에서 논의하였듯이, $V(x)$ 는 역 U 자 형태를 가질 것이라 예측된다. 그리고 주주에게 돌아가는 부가가치의 몫을 $s(x)$ 라고 정의하며, $s'(x) < 0$ 인 성질을 갖는다. 이 경우 경영진은 x 를 조정하여 $s(x) \times V(x)$ 를 최대화하고자 할 것이다. 이에 대한 제1계조건은 다음과 같다.

$$s'(x) \times V(x) + s(x) \times V'(x) = 0$$

이 공식을 다시 정리하면 다음과 같다.

$$V'(x) = -s'(x) \times V(x) \, / \, s(x)$$

여기서 $s(x) < 0$ 이기 때문에, 식의 우변은 양의 값을 갖는다. 즉, 수익이 최대화되는 지점의 x 에서 $V'(x)$ 는 양의 값을 갖는다. 하지만 $V' > 0$ 라면, $V(x)$ 는 x 에 따라 계속 증가한다. 이는 곧 수익을 최대화하는 권한부여의 정도(x)가 부가가치를 최대화하는 것보다 작다는 것을 의미한다.

수 있는 선택지의 상실로 이어진다. 기업은 오직 경기가 좋지 않은 때에 기업을 유지하는 것이 경기가 좋은 기간에 직원들에게 더 빠른 업무를 요구할 때보다 더 큰 이득을 가져올 때에만 자발적으로 자신들의 상태를 공개할 것이다.

거버넌스(Governance)　이사진들이 기업의 경영과 전력을 감독하는 것

거짓긍정(I종 오류, false positive)　잘못된 선택이 채택될 오류. 나쁜 프로젝트가 선택되는 것(귀무
가설이 참인데도 불구하고 잘못하여 귀무가설을 기각하고 대립가설 H_1을 채택할 확률. 즉, 옳은
모집단의 특성을 틀리다고 기각하는 오류)

거짓부정(II종 오류, false negative)　옳은 선택이 기각될 오류. 좋은 프로젝트가 기각되는 것(대립
가설이 참인데도 불구하고 잘못하여 대립가설을 기각하고 귀무가설 H_0을 잘못 채택할 확률. 틀
린 모집단의 특성을 옳다고 잘못 받아들이는 오류)

경력에 대한 관심(Career concern)　현재 성과가 미래 보상에 미치는 영향에 의해 파생된 인센티
브. 이 용어는 다른 보상 종류를 포함할 수 있지만, 대개 근로자의 현재 성과가 미래의 노동시장
기회에 미치는 영향으로 나타냄

경험적 정보(Experiential information)　이해하기 위해 반드시 경험이 필요한 정보. 이 때문에 경
험적 정보는 의사소통하는 데 큰 비용이 듦

계층 구조(Hierarchical structure)　낮은 직급의 직원들이 높은 직급의 관리자들에게 정보를 전달
하는 구조(관리자들은 낮은 직급의 직원들이 이행하는 의사결정을 함). 조직은 조직도의 최상위
와 최하위 사이에 여러 계층으로 구성될 수 있음. 의사결정 통제를 더 많이 강조함

계획(Initiative)　의사결정의 첫 단계. '브레인스토밍' 인 일련의 옵션을 제안하는 절차

고정비용(Fixed cost)　기업의 경영활동으로 인해 발생되지만 생산량에 따라 변동되지 않는 비용

공공재 문제(Pubilc good problem)　비용을 충당하기 충분하지 않기 때문에 이익을 추구하는 기업
에 의해 제공되지 않는 재화

관계 특수적 투자(Relationship-specific investment)　계약 당사자 간의 업무적 관계가 지속되지
않으면 투자 가치가 없음. 인사경제학에서 기업 특수적 훈련을 한 예로 들 수 있음

관대성 편의(Leniency bias)　평가자가 낮은 점수를 주기 꺼릴 때 발생하는 것으로 주관적 성과 측
정에서 일어나는 긍정적 편의(positive bias)

관료주의 비용(Bureaucracy cost)　　한 기업 내에 규모의 불경제의 가장 중요한 자원의 하나. 느린 의사결정, 창의성 상실, 불완전 조정이 포함됨

광의의 성과 측정(Broad performance measure)　　좁은 범위의 측정치라기보다 성과에서 더 많은 측면에 중점을 둠. 예를 들면, 이익은 수익(revenue)이나 비용보다 넓은 개념의 성과 측정치임. 이익은 두 개념을 합친 것. 조정할 수 있는 위험이 많을 때나 조직 설계가 더 분권화됐을 때 종종 사용됨

구조적 공백(Structural hole)　　구조적 공백은 네트워크상에서 서로 직접적으로 연결되지 않은 행위자나 집단들 사이에 존재하면서 각자와 연결 관계를 갖고 있는 위치를 의미(사회적 자본 참조)

권리행사가격(Exercise price)　　옵션 보유자가 옵션 계약 성사 시에 콜옵션으로 기초주식을 구매하거나 풋옵션으로 기초주식을 파는 정해진 주당 가격[권리행사가격(strike price) 참조]

권리행사가격(Strike price)　　옵션 계약에서 옵션 매입자가 만기일 또는 그 이전에 권리를 행사할 때 적용되는 가격을 말함[권리행사가격(exercise price) 참조]

권한위임(Empowerment)　　직원에게 의사결정 권리는 주는 것(자율권과 분권화 참조)

(소유권) 귀속(vesting)　　일정 기간 이후 어떤 실체에게 일정한 경제적 가치가 이전되는 것. 직원과 관련된 예로 스톡옵션 행사권리 또는 연금 수취 권리가 있음

규모의 경제(Economies of scale)　　평균비용이 생산량 상승에 따라 줄어드는 경우(투입 규모가 커질수록 장기 평균비용이 줄어드는 현상)

규범(Norms)　　사회 그룹에서 주로 통용되는 규칙. 이 책의 목적은 조직에서 주로 사용되는 전형적인 실례와 예외임. 실제로 그룹 구성원 사이에 암묵적 계약의 결과

기능 구조(Functional structure)　　생산라인이 아닌 마케팅, 회계 등과 같은 기능 분야에 따라 조직을 구성하는 구조. 이 조직은 기능적 분야 간 조정비용을 창출하는 것이 아니라 직무 설계, 경력 경로, 인적자본 투자의 전문화로부터 이익을 극대화함

기수적 순위(기수순위/기수척도, Cardinal ranking)　　양적인 일련의 수에서의 위치를 가리킴. 경쟁자들 사이에 거리와 순서가 모두 열거됨(서열적 순위 참조)

기술 정보(Technical information)　　완전한 이해를 위해서 기술적 훈련이 요구되는 정보

기술 일출효과(Technology spillover)　　의도하지 않은 외적 영향의 한 예로, 특허와 저작권의 보호가 완벽하지 못해 많은 경우 기업들은 보상 없이 남의 아이디어를 모방할 수 있음

기업 특수적 훈련(Firm-specific training)　　인적자본에의 투자 훈련으로 훈련을 제공하는 기업에만 생산성을 증가시키는 것임(일반 훈련과 반의어. 인적자본 참조)

기회비용(Opportunity cost)　　대안적인 행동이 선택되었을 때 포기된 이득의 경제적 가치. 예를 들어, 한 기업이 근로자들에게 제한 주식(양도제한부 주식, restricted stock)을 제공할 때 근로자들의 가치보다 더 높은 가격으로 외부인에게 판매 가능하기 때문에 기회비용이 생김

내가격(In the money)　　기초 주식의 시가가 옵션의 행사가를 초과했을 때 콜옵션을 '내가격'이라

고 부름[콜옵션의 내가격(In The Money, ITM)이란 '기초자산 > 행사가격'임]

내재적 동기(Intrinsic motivation)　내재적 동기는 외부의 보상이 아닌 정신적으로 인한 동기임. 예를 들어, 흥미나 호기심과 같은 내부적인 요인에 의해 발생하는 동기를 내재적 동기라 함

네트워크 구조(Network structure)　전통적 구조보다 덜 형식적으로 설계된 조직 구조. 직무 설계와 관계 보고가 덜 엄격하게 정의됨. 근로자는 반드시 영향력을 행사하고 업무를 수행하기 위해 사회적 계약과 관계 네트워크를 사용해야 함

노이즈(Noise)　관련 변수를 완벽하게 측정할 수 없는 것에서 초래된 결과. 또는 관련 변수를 완벽하게 통제할 수 없는 것에서 초래된 결과의 불규칙한 변동성

도덕적 해이(Moral hazard)　위험을 당할 수 있는 한쪽이 위험에 완전히 노출될 경우 다르게 행동할 가능성. 도덕적 해이는 개인 또는 상황이 그들의 행동에 대한 결과를 받아들이지 않기 때문에 일어나며 따라서 그들 행동의 결과에 대한 책임을 지니는 다른 쪽이 떠나면, 다른 경우보다 행동에 부주의한 경향이 있음. 예를 들어, 기업과 근로자간의 인센티브 문제(주주−대리인 문제 참조)

레버리지(Leverage)　투자액 일부를 빌림으로써 소규모 투자액에서 큰 이익을 내는 힘. 투자 수익률이 대출금을 상환하기에 충분히 높다면 대부자는 기업이 빌리지 않는 투자금액의 일부에서 더 높은 수익률을 얻을 수 있음(차입금 · 사채 등의 고정적 지출과 기계 · 설비 등의 고정비용이 기업경영에서 지렛대와 같은 중심적 작용을 하는 일)

리엔지니어링(Reengineering)　기업의 체질 및 구조와 경영방식을 근본적으로 재설계하여 경쟁력을 확보하는 경영혁신 기법. 작업장에 최첨단의 컴퓨터 기술을 사용하는 등의 전통 테일러리즘 방식 적용 사례

맞받아치기전략(Tit for tat)　게임이론 중 죄수의 딜레마에서 매우 효과적인 전략. 이를 사용하는 사람은 협조적인 자세로 시작해 상대편의 행동에 따라 대응함. 상대방이 먼저 협조적이라면 행위자도 협조적임. 만약 상대방이 협조적이지 않다면 행위자도 비협조적임

매칭(Matching)　경제적 자산을 효율적 생산을 위해 함께 두는 과정. 예를 들면, 근로자를 경영자(고용주)와 함께 두는 것

매트릭스 구조(Matrix structure)　다른 기능부서의 전문가들을 제품, 지역 등에서 함께 일하도록 할당하는 조직 설계로 매트릭스 관리자에 의해 유도됨. 따라서 매트릭스 구조에 있는 근로자는 기능과 부서에 각각 상사가 있음

모듈성(Modularity)　전체 단위를 상대적으로 자립형인 세부단위로 분리하는 것을 말함. 모듈 이론은 이 책에서 많이 응용되고 있음. 예를 들면, 기업이 일련의 업무를 다른 근무자들의 다른 직무로 분리하기 위해 모듈을 사용할 수 있음. 유사하게 기업의 조직 구조를 개별부서로 분리하기 위해 모듈을 사용할 수 있음

목표관리(Management by objective)　관리자가 일 년 동안 근로자가 근무를 하기 위해 상호 간에

합의된 일련의 목표를 협상하는 것. 연말에 목표가 달성된 정도에 따라 보상이 결정됨. 일반적으로 주관적 성과평가가 사용됨

복잡한 정보(Complex information)   다차원적이고 상호의존적인 정보

분권화(Decentralization)   하위 직급의 근로자들이 실수 없이 다수의 의사결정을 하도록 허용하는 경우(Practice). 의사결정 통제보다 의사결정 관리를 강조함(자율성과 권한부여 참조)

분리(Separation)   직원이 발의한 종료 혹은 고용주가 발의한 만기(만료)

블랙−숄즈 옵션 가격 결정 모형(Black-Sholes option pricing model)   Fischer Black과 Myron Scholes가 개발한 수학 모형으로 콜옵션의 가격을 추정하는 데 사용됨. 이 모형은 옵션시장에서 계약된 옵션 시장가치의 좋은 추정치를 제공함. 하지만 대개 그 가치를 과대 측정하는데 이는 노동자가 보상패키지의 일부로서 받는 옵션으로 두는 가치이기 때문임

부서 구조(Divisional structure)   조직을 독자적 관리 단위로 구분하는 조직 구조. 부서는 제품 또는 시장 그룹으로 편성되거나 2개 이상의 그룹이 결합하여 편성됨. 회계 또는 인사부서와 같은 지원기능은 모든 부서에 제공됨

사내 기업가 정신(Intrapreneurship)   기업 내부의 근로자들의 기업가 정신 및 행위

사적 정보(Private information)   계약에 있어 오직 한쪽만이 보유하고 있는 정보. 예를 들어, 근로자가 연말에 그만둘 것이라는 것을 본인은 알고 있는 반면 회사는 그 의도에 대해 알지 못함

사회적 자본(Social capital)   동료, 고객, 공급자 경제적 행위 주체 간의 네트워킹으로부터 오는 내재적 가치(구조적 공백 참조)

산업별 노동조합(Industrial union)   산업에 따라 조직된 노동조합(예 : 자동차 노조, 철강 노조)

상대 성과평가(Relative performance evaluation)   한 사람의 성과평가가 동료들의 성과평가에 비교되어 측정됨. 상대 성과 측정은 근로자들에게 통제 불가능 위험이 일반적인 것에 대하여 근로자들을 고립시킬 수 있으나, 또한 다른 근로자들에게 특유한 위험에 대한 노출이 증가할 수 있음 [절대적 차이(absolute difference), 서열 순위, 토너먼트 참조]

상대평가곡선(Forced curve)   상대 성과평가 시스템의 한 예. 상대평가곡선에서 평가자는 직원 평가를 어떤 형태의 상대적 곡선에 놓도록 요구됨. 예를 들어, GE에서 관리자는 직원의 10%에게는 가장 낮은 평가를, 20%에게는 가장 높은 평가를 주어야 함. 약한 형태의 사례로는 Lincoln Electric를 들 수 있는데 관리자들이 모든 직원들을 평점 100점으로 평가를 줌

상보성(상호보완성, Complementarity)   한 요소와 다른 요소 사이의 양의 상호작용. 노동의 경우 한 근로자의 생산물이 다른 노동자의 생산량을 증가시킬 때, 한 노동자가 다른 노동자에게 상보성을 제공함

상한선(최고액, 상한액, Cap)   고용주에게 받을 수 있는 최대 보상 금액

서열적 순위(Ordinal ranking)   서열에서의 위치를 나타냄. 경쟁자 사이의 거리가 아닌 순서 문제임(기수적 순위 참조)

성과평가(Performance evaluation)　　피드백이나 인센티브의 목적으로 근로자의 성과(수치적 또는 주관적으로)를 판단하는 것

성과급(제도)(Piece rate)　　생산량의 각 단위로 근로자에게 지불되는 미리 결정된 금액. 성과에 대한 지급의 한 형태

손실위험(Downside risk)　　위험 또는 수익에 잘못된 결정을 한 비용. 잘못된 종류의 근로자를 고용한 것, 또는 결국 실패한 사업에 투자한 것과 같이 '안 좋은' 결과와 관계있는 것

수요 독점(Monopsony)　　문자 그대로 구매자가 한 사람인 것. 일반적으로는 판매자가 상대적으로 적은 구매자들을 만나는 것. 예를 들어, 근로자가 작은 마을에서 잠재력이 거의 없는 경영자를 만났을 때. 이 예에서 판매자의 행동은 가격에서 유효한 효과를 나타냄

수평적 구조(Flat structure)　　의사결정 통제보다 의사결정 관리가 강조가 된 조직으로 상대적으로 분권화 됨(계층 구조 참조)

순현재가치(순현가, Net present value)　　투자의 결과로 미래 순현금 흐름의 오늘의 가치. 시행된 투자의 순현재가치

승인(Ratification)　　의사 결정의 두 번째 단계. 일련의 가능성에서 선택권을 선택하는 것으로 '전략'

승자의 저주(Winner's curse)　　경매에서 어떤 물건(혹은 노동자)을 얻기 위해 최고가를 부른 사람은 지나치게 높은 가격을 불렀을 것이라는 생각. 어떤 물건의 가치가 불확실할 경우 입찰자들은 가치를 다양하게 추측하므로, 최고입찰자는 가치를 과대평가했을 가능성이 큼

승진 표준(Promotion standard)　　기업의 성과가 일부 표준을 초과하거나 충족하는 근로자 일부 또는 전부를 승진하기 위한 규칙

시그널(Signal)　　잘 관찰되지 않는 몇 가지 특징에 기초하여 정보를 제공하는 대리 행위

시그널링(Signaling)　　대리인 문제의 한 형태로 대리인에 관한 정보 부재 및 불신관계로 인하여 주인과 대리인이 다 같이 경제적 손실을 경험하게 되는 경우를 '역선택의 문제'에 직면하였다고 하며 이를 해결하기 위한 방법을 '시그널링'이라 함.

신뢰성이 높은 조직(high reliability organization)　　항공모함에 비유되는 조직으로 조직이나 직무 설계가 일반기업보다 어려움. 왜냐하면 실패비용이 높기 때문

실물 옵션(Real option)　　투자의 기회 가능성이 있는 선택 또는 대안. 이것은 파생상품이 아니고, 어떤 노력을 맡음으로써 기업이 이익을 얻는 옵션(선택권이 있는 느낌의 옵션). 만약 근로자들이 기업과 잘 맞지 않는 것으로 판명되어 기업이 근로자들을 해고할 수 있다면 기업은 위험한 고용이 실물 옵션임

썩기 쉬운 정보(Perishable information)　　반드시 빨리 실행되거나 또는 그 가치를 잃는 것

암묵적 계약(Implicit contract)　　공식적으로 구체화된 동의는 아니지만 암묵적으로 맺은 것

아비트리지(Arbitrage)　　2개 이상의 시장에서 발생하는 가격 차이를 이용한 기법(practice). 예를 들어, 기업과 근로자에게 교육 및 훈련비에 대한 세금 혜택이 다르다면, 기업은 노동자에 비해 학

교교육비 지불에 대한 비용 이득을 얻을 것임. 기업은 세금 차익거래의 형태로 학교 교육 혜택을 제공함

얇은 시장(Thin market)　구매자와 판매자의 수가 모두 적거나 구매자 또는 판매자의 수가 적은 시장. 이러한 시장에서는 판매자가 구매자를 찾기 어려우며 구매자도 판매자를 찾기 더 어려움. 독점과 구매자독점이 이러한 시장의 극단적인 예

역선택(Adverse selection)　구매자와 판매자 사이에 갖고 있는 정보의 비대칭 때문에 시장에서 판매자가 원하지 않았던 방향으로 구매행위가 일어나는 것을 말함. '좋지 않은' 제품 또는 소비자들이 선택될 가능성이 더 큼. 노동 경제학에서 '좋지 않은' 근로자들이 고용된 경우를 가리킴[스크리닝(선별하기)과 시그널링(신호보내기) 참조]

영국식 경매(English auction)　개인이 시간에 관계없이 입찰가를 부르는 입찰방식. 최고 입찰가보다 더 높은 가격을 부르는 사람이 없을 때 입찰은 중지됨. 그 시점에 상품은 최고가를 부른 입찰자에게 그 가격으로 팔림. 예술, 골동품, 가축류를 경매에서 팔 때 사용하는 가장 흔한 방식

영향력 비용(Influence cost)　주관적 성과평가를 개선하기 위한 노력의 일환으로 감독자에게 근로자가 부과하는 비용

왜곡(Distortion)　노력에 대한 기업의 실제 평가에 비하여 부적절하게 성과평가가 다른 종류의 노력에 가중치를 주기 때문에 잘못된 종류의 노력에 초점을 맞추는 것

외가격(Out of the money)　기초 주식의 시장가가 행사가격을 초과할 때 주식 옵션을 외가격에 있다고 함

외부효과[Externality (positive or negative)]　한 경제 행위자가 한 행동이 계약을 하지 않은 제3자에게 이익을 주거나 비용을 부과하는 경우 초래되는 이익 또는 비용. 시장에서 부정적 외부효과의 예로 자동차를 운전하여 발생된 오염이 있음. 조직 내에서 긍정적 외부효과로 동료 사이의 성과를 증가시키기 위해 협력하여 얻는 이익이 있음

외재적 동기유발(Extrinsic motivation)　비심리적인 요인에 의한 동기. 특히 성과에 의한 지급(내재적 동기유발의 반의어)

우월전략(dominant strategy)　게임이론에서 상대방이 어떤 전략을 선택하는지에 상관없이 항상 최적의 게임을 하는 전략. 모든 게임 참가자와 모든 게임들이 항상 우월전략을 갖는 것은 아님

위험 기피 성향(Risk averse)　두 가지 선택의 기로에서 위험성이 낮고 예상하는 선택을 하는 경향. 위험을 감수하는 성향의 사람을 위험 선호적(risk preferring)이라 하고, 위험을 감수하거나 때때로 피하려는 경향의 사람을 위험 중립적(risk neutral)이라고 할 때, 대부분의 경제적 상황에서 개인은 위험 회피적임. 만약 이해관계자들이 포트폴리오를 잘 구성한다면 위험 중립적일 수 있음

의사결정 관리(Decision management)　의사결정의 초기 및 이행 단계(의사결정 통제 참조)

의사결정 통제(Decision control)　의사결정을 하는 승인과 감시단계. 더 계층적이고 중앙집권화된 조직이 의사결정 관리보다 의사결정 통제를 더 강조함(의사결정 관리 참조)

이동성(이직, Portability)　　고용 만기에 대해서 근로자들이 근로자의 계획에서 벌금 없는 다른 곳으로 연금 펀드를 이직할 때 일어남. 예를 들어, 미국 사회 보장 시스템은 이동성을 지님

이질성(특이성, Idiosyncratic)　　개인적 상황 또는 특정 상황에서 독특한 특성이나 자질

이행(Implementation)　　계획과 인증 이후 의사결정 단계. 승인된 선택을 추구하는 가능한 방법을 결정하는 것으로 '전략'

인센티브 강도(Incentive intensity)　　성과 관계를 지불하는 기울기. 성과 변화에 대한 보상의 변화를 측정하는 것. 기울기가 클수록 보상의 강도는 큼. 최적 인센티브 강도는 근로자 위험 혐오, 근로자의 인센티브에 대한 반응, 그리고 추가 노력에 대한 트레이드오프의 증분을 포함한 여러 요인에 따라 결정됨

인적자본(Human capital)　　직무로부터 보유한 지식이나 기술을 축적하고 있는 개인. 인적자본은 교육, 재직훈련, 그리고 건강을 위한 투자를 통해서 증가할 수 있음

일반 훈련(General training)　　경제적으로 다른 회사뿐만 아니라 훈련을 제공하는 기업의 생산성을 증가시키는 훈련(기업 특수적 훈련과 인적자본 참조)

일반적 지식(General knowledge)　　의사소통에 비용이 들지 않는 정보

지연된 임금(deferred pay)　　당회계기간을 지나 특정 일자에 근로자의 임금 일부를 지급하도록 조정하는 것. 이런 지연된 임금을 즉시 또는 점차적으로 받을 것임. 지연 보상의 예로 퇴직금제도나 주식옵션이 있음(예 : 퇴직금이란 기업이 노동자에게 지급해야 할 임금을 기업에서 영원히 퇴직하는 시점까지 미루었다가 주는 지연된 임금임

자율성(Autonomous)　　자치의(권한부여와 분권화 참조)

재협상 위험(Renegotiation risk)　　투자가 실패되었을 때, (조건에) 동의한 한 당사자가 조건을 재협상하려고 시도하려는 위험(홀드업 문제 참조)

전문화(Specialization)　　한 근로자의 직무 범위를 구체적으로 정의하는 것. 분업의 결과로서 생기는 기능순화의 총칭

정보의 비대칭성(Asymmetric information)　　계약관계에 있어 한 편이 상대편보다 더 많은 정보를 보유하고 있는 상황으로, 대개 근로자(직원)가 기업(회사)보다 많은 정보를 보유하는 상황

조작(Manipulation)　　실제 기업가치가 개선되지 않는 방법으로 성과 측정치를 개선하는 것. 근로자들이 특정 지식을 보유하고 전략적으로 사용하기 때문에 일어날 수 있음. 협의의 성과 측정치와 함께 일어날 가능성이 있음(왜곡의 유의어)

조정(Coordination)　　업무, 사업 단위의 상호의존성을 조정하는 것

직원 수익분배제(Employee profit sharing plan)　　한 무리의 직원(주로 공장 전체 또는 기업 전체)에 대한 이익 측정을 기초로 한 성과평가 또는 보너스 기금으로 이루어진 보상제도

주관적 성과평가(Subjective performance evaluation)　　관리자의 주관적인 판단으로 직원의 성과를 평가

주관적 정보(Subjective information) 정확히 혹은 정량적으로 표현하기 어려운 정보

주인-대리인 문제(Principal-agent problem) 대리인이 주주를 대신하여 행동하는 도덕적 해이의 형태. 대리인은 주로 주주보다 그의 행동이나 의도에 대해 더 많은 정보를 보유하는데 이는 주주가 대리인을 완벽하게 모니터링을 할 수 없기 때문. 만일 주주와 대리인의 이익이 일치하지 않을 경우 (주주의 입장에서) 대리인은 부적절하게 행동할 인센티브가 있음(도덕적 해이 참조)

중앙집권화(Centralization) 대다수의 결정들이 최고경영진의 손에 놓여 있는 경우. 의사결정 관리보다 의사결정 통제를 강조함. 이득은 조정, 규모의 경제, 통제를 포함(분권화와 반의어)

지속적 개선(향상, Continuous improvement) 효율성과 질적인 측면에서 이익을 증가시키고 지속적인 적응(변화)을 강조하는 조직 설계에 대한 접근법. 분권화, 멀티태스킹, 그리도 더 많이 숙련된 근로자들을 강조하는 경향이 있음(테일러리즘과 반의어)

지식 이전(Knowledge transfer) 개인 또는 그룹에서 다른 쪽으로 정보가 이전되는 것. 창조성을 창출하기 위해 분권화된 조직을 주로 이용. 하지만 기업이 조직을 통해 새로운 아이디어를 공유하는 것은 쉽지 않음. 많은 기업들은 지식 이전을 개선하기 위해 지식 경영 시스템을 이용

직무확충(Job enrichment) 근로자들에게 임무와 의사결정을 더 많이 부여하는 것

추가 생산(Additive production) 각 요소의 기여도가 다른 요소에 더해지는 생산. 즉, 한 요소의 생산량은 사용된 다른 요소의 생산량과 독립적임을 의미함

콜옵션(Call option) 미리 정한 만기 이전에 미리 결정한 가격으로 기초자산(예 : 주식 또는 주가지수) 한 주를 살 수 있는 권리

테일러리즘(Taylorism) 프레드릭 테일러가 1920년대 주창한 조직 설계 방식으로 산업 엔지니어링 기법이라고도 불림. 테일러리즘은 사업 프로세스의 사전적인 최적화 과정으로 최적의 기술이 발견되면 조직은 그것을 시행함. 직무 설계의 전문화와 낮은 재량권 그리고 직원 숙련을 유도하는 경향이 있음(지속적 개선과 비교)

토너먼트(Tournament) 노동자는 가장 성과가 우수한 노동자에게 수여되는 승진(혹은 일정한 보상)을 위해 경쟁함(서열 순위와 상대 성과평가 참조)

톱니바퀴효과(관성효과, Ratchet effect) 성과평가가 좋은 기간 이후에 성과평 기준이 높아지는 경향. 소득이 높을 때에 했던 소비행태가 소득이 떨어진 상태에서도 변하지 않고 계속 높은 상태를 유지하는 것을 말함

통제 가능한 리스크(Controllable risk) 근로자가 어느 정도 예측하고, 예방하고, 반응할 수 있는 사건(가능한 랜덤으로). 사건이 일어나는 것과 상관없이 근로자가 통제할 수 없는 것과 달리, 근로자가 어느 정도는 그 사건이 기업가치에 미치는 영향을 통제할 수 있음(통제 불가능한 리스크와 반의어)

통제 불가능한 리스크(Uncontrollable risk) 직원이 예측, 예방, 대응할 수 없는 변칙적인 사건들(예 : 거시경제적 사건들)(통제 가능한 리스크의 반의어)

통합 문제(Integration problem) 의사결정이 조직의 다른 부서 내의 근로자들이 가진 여러 부분의 특정 지식을 필요로 할 때. 특정지식은 의사소통하는 데 비용이 들고, 따라서 통합 문제를 풀기 위해서는 프로젝트나 팀, 매트릭스 구조 등을 이용해서 구성하여 서로 다른 전문화된 지식을 지니고 있는 직원들을 하나로 모아야 함

특수적 지식(Specific knowledge) 전달 시 비용을 수반하는 정보(일반적 지식과 비교)

팀 보너스(Team bonus) 그룹 전체의 성과에 근거하여 전체 내 일부그룹의 개인들에게 주는 보너스로 여러 방법에 근거해 구성원들에게 배분될 수 있음

풋 옵션(Put option) 미리 정한 만기 이전에 미리 정한 가격으로 기초자산(주식 또는 주가지수)의 일부분을 팔 수 있는 권리

프랜차이즈(Franchise) 일반적으로 초기비용과 연회비를 지불하고 경영하기 위해 지식, 전문성, 그리고 주로 브랜드 또는 브랜드명을 허가받는 경영배치. 프랜차이즈는 상대적으로 경영하는 방식에 대한 재량권이 많이 있지만, 실소유자에 비해서 적음

피드백(상호작용, Feedback) 의사결정 결과에 대한 정보 제공

한계생산성 체감의 법칙(Diminishing marginal productivity) 한 생산요소가 많이 사용될수록 추가 생산요소의 산출 기여도가 감소하는 경향. 따라서 첫 번째 근로자보다 천 번째 근로자의 생산 기여도가 적음

현대 직무 설계(Modern job design) 본질적으로 동기를 불어넣는 조직 설계. 업무와 기술 다양성, 분별력, 근무자 기술에 의해 특성이 부여됨. 학습을 강조함

현재가치(현가, Present value) 미래 지불 흐름의 현재가치. 현재가치는 시간 패턴, 할인 요소(이자율에 비례하여), 각 기간의 지급 크기에 따라 결정됨. 현재가치는 현금의 시간 가치를 고려함

협의의 성과 측정(Narrow performance measure) 광의의 성과 측정보다 좁은 범위의 성과에 초점을 맞춤. 수익, 이익, 또는 비용이 상대적으로 협의의 성과 측정임

홀드업 문제(Holdup problem) 한쪽이 파트너와 함께 실패한 특정 관계 투자를 하려 할 때 발생함. 그 파트너는 투자가 실패한 후 조건을 재협상하려고 시도함. 인사경제학에서 직원이 기업 특수적 인적자본을 제공받은 후에 직원이나 회사에 의하여 보상을 재협상하려는 것이 그 예

확정급여형 연금제도(Defined benefit pension plans) 연금금액이 근속기간과 임금에 관련한 공식을 사용하여 산정됨. 근로자의 퇴직연금 금액은 미리 정해져 있음

확정기여형 연금제도(Defined contribution pension plans) 연금금액이 기여 지급액, 투자수익 금액, 근로자가 퇴직할 때 이 돈으로 사는 연금의 양을 기초로 정해짐. 따라서 근로자의 퇴직연금금액은 미리 정해져 있지 않음

회귀분석(Regression) 직선에서 모든 점들 사이의 수직 거리의 제곱의 합을 최소화함으로써 직선을 일련의 점들에 맞추는 통계적 기법

˙찾˙아˙보˙기˙

| 저자 소개 |

Edward P. Lazear 교수는 Jack Steele Parker 석좌교수로 스탠퍼드대학교 경영대학원에서 인적자원관리 및 경제학 분야를 맡고 있다. 그는 동 대학교에서 다수의 우수강의상을 수상했을 뿐 아니라 Hoover Institution, National Bureau of Economic Research, Center for Corporate Performance, Center for Economic Policy Research 그리고 Institute for the Study of Labor의 연구위원이기도 하다. UCLA에서 학사와 석사 학위를, 하버드대학교에서 경제학 박사 학위를 취득했고 수년간 시카고대학교에서 강의를 한 바 있다.

Lazear 교수는 인사경제학 분야의 창시자로 알려져 있으며 100편이 넘은 연구논문과 여러 저서와 연금, 차별, 보상, 커리어, 장려급제, 인적자본, 기업가 정신 등 여러 분야에 관해 보고서의 저자이기도 하다. 동시에 2006년에서 2008년까지 워싱턴에서 미국 대통령 경제자문위원회의 위원장으로 재직하였고 여러 국가의 경제정책을 자문한 바 있다. *Journal of Labor Economics*의 설립 편집자이다.

Michael Gibbs 교수는 경제학과 인적자원 분야의 석좌교수로 시카고대학교 경영대학원에 재직하고 있다. 그는 Institute for the Study of Labor의 연구위원이기도 하다. 시카고대학교에서 경제학으로 학사, 석사, 박사 학위를 받았고 하버드대학교, 미시간대학교, USC, 파리정치대학 등에서 강의했으며 덴마크 오르후스경영대학에서 연구하였다.

그는 커리어, 업무고과, 인센티브 디자인, 직무 설계, 합병과 조직통합 같은 주제에 관해 연구한 인사경제학 분야의 세계적인 학자이기도 하다. 시카고, 런던, 싱가포르 등에서 최고위 MBA 강의를 했고, 미국회계학회로부터 우수논문상과 다수의 우수강의상을 수상한 바 있다.

| 역자 소개 |

비즈니스경제연구회Business Economics Research Forum

박재민
건국대학교 교수
서울대학교 학사
Ohio State University 석사
Ohio State University 박사

고상원
정보통신정책연구원(KISDI) 선임연구위원
연세대학교 학사
Cornell University 석사
Cornell University 박사

김윤식
경상대학교 교수
서울대학교 학사
서울대학교 석사
University of California at Davis 박사

이우성
과학기술정책연구원(STEPI) 연구위원
고려대학교 학사
Northern Illinois University 석사
Northern Illinois University 박사

배성오
한양사이버대학교 교수
한양대학교 학사
University of Minnesota 석사
University of Minnesota 박사

전주용
한국고용정보원(KEIS) 부연구위원
전주대학교 학사
서강대학교 석사
서강대학교 박사

김선우
과학기술정책연구원(STEPI) 부연구위원
인하대학교 학사
고려대학교 석사
고려대학교 박사